In den Tiefen meiner Seele
– Erfahrungen in völliger Dunkelheit –

Saskia John

Die Überarbeitung meiner Erfahrungsaufzeichnungen
erfolgte in Zusammenarbeit mit Gabriele Fröhlich

In den Tiefen meiner Seele

– Erfahrungen in völliger Dunkelheit –

Saskia John

Die Überarbeitung meiner Erfahrungsaufzeichnungen
erfolgte in Zusammenarbeit mit Gabriele Fröhlich

WAGNER VERLAG
www.wagner-verlag.de

Ein Buch aus dem WAGNER VERLAG

Lektorat & Layout: Sandra Schmidt; www.text-theke.com
Umschlaggestaltung: Wagner Verlag GmbH

1. Auflage

ISBN: 978-3-86279-112-5

Bibliografische Information der Deutschen Nationalbibliothek:
Die Deutsche Nationalbibliothek verzeichnet diese Publikation in der Deutschen Nationalbibliografie; detaillierte bibliografische Daten sind im Internet über http://dnb.d-nb.de abrufbar.

www.wagner-verlag.de/Saskia_John/In_den_Tiefen_meiner_Seele

Druck: dbusiness.de gmbh · 10409 Berlin

Meinen Eltern

in Liebe und Dankbarkeit

Inhaltsverzeichnis

Vorwort

Nepal 1968. Hippizeit. Eine Pferdekarawane schlängelt sich bei Mondschein über schmale Bergpfade in Richtung tibetische Grenze: Ziel ist Lo Mustang, ein kleines, selbstständiges Königreich innerhalb Nepals. Ein befreundeter Lama und ich – 18 Jahre alt, lange Haare, Ketten um den Hals, indische Kleidung und voller naiver Träume – befinden sich unter der Truppe von Kampas, tibetischen Guerillas, die von Nepal aus ihren Widerstand gegen die chinesische Besatzung führen. Nach mehreren Wochen Marsch gelangen wir nach Lo Mustang. Das kleine Königreich Lo Mustang ist zu dieser Zeit der westlichen Welt völlig unbekannt, noch nie war ein Westler dort. Ich werde neugierig beäugt und angefasst. Aus einem Haus dringen Zimbel- und Trommeltöne und auf mein Fragen macht man mich in einem dunklen Keller mit einem Mann bekannt, der hier seit Langem in vollkommener Dunkelheit lebt. Sein Anliegen: Auflösung des beschränkten Ich-Bewusstseins. Das war mein erster Kontakt mit Yangtik, der Dunkeltherapie, wie ich diese heute nenne.

Ich hörte, Yangtik wird bei einigen buddhistischen Schulen als Abschluss der Mönchsausbildung durchgeführt. Da mein Aufenthalt in dieser Region gefährlich und verboten ist, suche ich eine Unterkunft bei einem Bauern, dunkle alles ab und beginne meine erste Dunkeltherapie. 7 Wochen allein, Yoga, Meditation, täglich ein Gespräch mit einem Lama.

In den ersten Tagen geschieht nichts Dramatisches, ich schlafe und döse, Gedanken jagen durch den Kopf, durchlebe eingeschliffene Denkmuster, dann wieder bin ich eine Zeit lang „weg“, fühle mich in der Dunkelheit mal geborgen, dann wieder allein, langweile mich, traumartige Gedanken gleiten vorbei, symbolische dreidimensionale hyperreale Bilder und Filme an den Wänden. Es kommt zu tiefen Selbsterkenntnissen und hinter meinem Rücken arbeitet unbemerkt ein Entleerungsprozess – ich werde reiner, nur noch Dasein, ewiges Jetzt, Sein tritt auf der Stelle, eine Art Energie pulsiert, abwechselnd wird mir heiß und kalt.

Das zentrale Geschehen im Dunkel ist die Zunahme von Bewusstseinsklarheit. Mein Bewusstsein ist im Allgemeinen verdunkelt und überlastet mit mentalen Handlungen. Mit dem Leerlaufen geht eine verschärfte Erfahrung für Seelenprozesse einher. In Tibet behauptet man, im Dunkeln werde das Bewusstsein siebenmal schärfer.

Dunkelheit bewirkt in mir Leere, sprich Abwesenheit von Gedanken und Gefühlen, was sich im fortgeschrittenen Stadium als Lichterfahrung ausdrückt, weshalb Licht und Leere zwei Worte für die gleiche Sache sind. In diesem Zustand erfahre ich die Welt als wahr und schön und gut.

Mein Körper schläft ein aber der Geist bleibt wach; dadurch entwickelt sich Klarheit im Wachen wie im Träumen, denn die Klarheit des Wachzustandes wird mit in den Traum hineingenommen, der Traum wird zu einer Art Tagtraum, ich erlebe meine Träume bewusster.

Bald treten Wesen auf, die meiner Imagination entspringen und zunächst nur mit geschlossenen, dann auch mit offenen Augen klar zu sehen sind. Sie flattern wie Tücher und verformen sich schnell zu anderen Wesen und Szenen. Doch bald setzt eine Stabilisierung des Bilderflusses ein, ich kann ein inneres Bild länger halten.

Immer wieder erfahre ich Seinsblitze, erkenne Sinn und Wesen des ganzen Seins. Ein Lebewesen, erfahre ich, kann nur leben, wenn es alle paar Sekunden einen unbewussten Blick auf den reinen Seinszustand erhascht. Seinszustände sind im Alltagsleben des Menschen heruntergekommen auf Seinsblitze, die zwischen zwei Augenblicken unbemerkt auftauchen. So wie wir den Tiefschlaf benötigen, um uns zu erholen, so benötigen wir Seinsblitze, um uns vom Dauerkampf des Alltags zu erholen. Später reißt das reine Sein ab und zu wie ein Vorhang auf, ich erfahre für Sekunden die unbeschreibliche Urnatur der Welt. Danach sind Wissen und Weisheit der Menschwelt vernichtet und erscheinen wie ein verschwommener Traum. Nach längerer Dunkelheit meine ich sehen zu können. Das Licht ist zunächst neblig-hell wie Dämmerungslicht. Gelegentlich tritt ein bläulicher Lichtschimmer auf. Meine Wahrnehmung hat sich verfeinert und nimmt pure Energie wahr.

Davon zu unterscheiden ist das innere klare Licht des Geistes. Das tauchte etwa nach vier Wochen, nach dem Verlust aller Konzepte, auf und nachdem ich mich nur noch gelegentlich als Einzel-Ich erfahre. Dieses Licht ist alles, alles ist dieses Licht, es ist in mir und überall.

Als ich nach 49 Tagen ins Tageslicht trete, erfahre ich das Sonnenlicht als das Geistlicht, die Natur enthüllt in jedem Blatt und Stein als Miniaturkosmos die ganze Welt. Eine Welt, in der jedes alles ist. Nach einigen Tagen nehme ich mein Bündel, schaue meinem Lama, diesem ewigen Wanderer durch den Himalaya, in die Augen, stumm trennen sich unsere Wege. Wir sahen uns nie wieder. Was blieb? Nun, die Natur des Geistes blieb in mir!

Viele Jahre später und nach zwei weiteren Dunkelaufenthalten in Kinnauer (Nordindien) und Tibet fragte mich ein Journalist, ob er bei mir eine Dunkeltherapie machen könnte. Ich sagte, es sei keine Therapie und ich hätte gar keinen Platz für ihn im Haus. Aus Freundschaft richtete ich ihm dann doch ein Zimmer ein und so kam es zur ersten Dunkeltherapie. Später gab ich meine Arbeit als Psychotherapeut auf, kaufte ein größeres Haus und begann, Leute für einen Dunkelretreat aufzunehmen. Und auf diese Weise landete auch Saskia John bei mir, die Frau, die in diesem Buch ihre umfangreichen Erfahrungen im Dunklen darstellt.

Es ist einige Jahre her seitdem Saskia bei mir war, und sie war mehrmals hier. Im Dunklen erzählte sie mir ihre Eindrücke und wir nahmen das auf Tonband auf. Dieses Material, das täglich aus ihr floss und das wir dann abends besprachen, wirft Licht auf eine neue Psychologie, zumindest gibt es einen Blick auf bisher unbeachtete Gebiete unserer Seele frei. Saskia hat einige Zeit benötigt, ihre Erlebnisse niederzulegen, nun aber liegt das Werk vor. Jeder, der versteckte Hintertüren seines Geistes öffnen möchte, dem bieten diese ganz persönlichen Erfahrungen einen roten Faden durchs Labyrinth der Seele in die Hand. Saskia war lange Zeit die Enthüllung einiger ihrer Seelenzustände peinlich, doch ist die Wahrheit einfach immer nur wahr und Dunkelheit führt eben ins Licht.

Holger Kalweit
Januar 2011

Einleitung

Ich wurde im Jahr des Mauerbaus in der ehemaligen DDR geboren. Meine Eltern waren Kriegskinder, beide Lehrer, und ich wuchs innerhalb der Mauern in einer Welt des Materialismus, Gehorsams, Gottlosigkeit und Energie von „Machen-was-gesagt-Wird" auf. Mein Weg war immer geplant und ich wanderte auf den vorgegebenen Etappen zielstrebig von einer zur nächsten: Schulabschluss, Lehre, Abitur, Studium, Heirat, Kinder kriegen, Beruf ausüben. Bis zum Mauerfall arbeitete ich als Tierärztin und die Welt lief für mich in „geordneten" Bahnen. Ich hatte diese Welt nie in Frage gestellt. Das Jahr des Mauerfalls wurde nicht nur für Deutschland und die Welt zu einem bedeutenden Ereignis, sondern es war zugleich das Jahr, das meine persönliche Wende einleitete – ich begann, den Blick nach innen zu richten. Damals ahnte ich allerdings nicht, wie sehr dies mein Leben einmal verändern sollte.

Das Thema „Mauer" begleitet mich also seit meiner Geburt – vielleicht investiere ich deshalb so viel Energie, Mauern in mir fallen zu lassen und meine inneren Grenzen zu erweitern. All mein Tun ist ausgerichtet auf die Werte des Lebens, auf inneren Reichtum und Souveränität, auf Mitmenschlichkeit und bedingungslose Liebe. In mir ist ein tiefes Bedürfnis nach Freiheit und Erwachen, das mich Dinge tun lässt, die nicht unbedingt jeder tut. In vielen Jahren erkundete ich über Meditation, Tai Chi Quan, Reisen, Selbsterfahrungsworkshops, therapeutischen Sitzungen und zwei Dunkelretreate das innere Universum meiner Seele und gelangte so zu einem Erfahrungs-Wissensschatz, durch den sich mir immer wieder die Aussagen weiser Menschen oder solche, die ich aus „Weisheitsbüchern" kannte, bestätigten, sodass ich meine inneren Zweifel an dem Wirklichkeitscharakter meiner Erfahrungen überwinden konnte und meine eigene Wahrheit fand. Das Erkunden der psychischen Landschaft war und ist ein tiefer Lernprozess, der mit inneren Loslass-, Wachstumsprozessen und Bewusstseinserweiterung einherging und noch immer geht. Es ist ein innerer Reinigungsprozess, der sich für mich überaus schwierig und sehr schmerzvoll gestaltete – ich musste dafür alte Sicherheiten aufgeben und mich dem Unbekannten anvertrauen.

Infolge dessen erhielt ich über eigene Erfahrungen tiefere Einblicke in das psychische Universum, die Funktionsweise der menschlichen Psyche, das Wechselspiel zwischen Geist, Seele und Körper und die sich daraus ergebenden Auswirkungen auf die Gesundheit, wodurch sich mir auf dem Gebiet der Heilkunst neue Möglichkeiten eröffneten, weil ich vieles klarer und in einem größeren Bild sehen konnte.

Aber zurück zu dem Jahr, in welchem mein Leben nach dem Mauerfall erneut eine Richtungsänderung nahm – die Jahrtausendwende. Im Sommer 2000 begegnete ich Gabriele Fröhlich – für mich war dies eine Schicksalsbegegnung. Die innere Arbeit, die ich über sie kennenlernte, fesselte mich so tief, dass sich daraus eine intensive Zusammenarbeit mit ihr bis zum heutigen Tag entwickelte. Ich lernte ihr Modell „Das intelligente Herz“ und die Auswirkungen seiner Anwendung einerseits tief in mir selbst kennen, andererseits wende(t)e ich diese Arbeit auch in meiner eigenen Praxis in der Zusammenarbeit mit Klienten an. Dabei zeigte sich, dass sich nicht nur bei mir tiefe Wachstums- und Wandlungsprozesse vollzogen, sondern ebenso bei vielen anderen Menschen, die es schafften, sich über einen längeren Zeitraum tief auf sich selbst einzulassen.

Parallel zur Arbeit mit G. Fröhlich lernte ich das Familienstellen kennen, wobei sich die Erfahrungen, die ich dabei machte, und das, was ich in der Ausbildung zum systemisch-phänomenologischen Familiensteller bei Bert und Sophie Hellinger lernte, in die Arbeit mit G. Fröhlich wundervoll einfügten und ergänzten.
Auf meinem Weg des inneren Wachstums begegnete mir im Jahr 2002 in einer Fachzeitschrift ein Artikel über Dunkeltherapie, der

mich sofort fesselte und nicht mehr losließ. Ich war neugierig, was sich dahinter verbarg, andererseits machte mir der Artikel auch Angst – allein über eine längere Zeit in absoluter Dunkelheit! Ich brauchte fast ein Jahr, ehe ich Holger Kalweit, den Autor des Artikels, kontaktierte und um einen Termin bat.

Im Sommer 2003 begab ich mich für 12 Tage in das erste Dunkelabenteuer. Alle meine Erfahrungen nahm ich auf einem Diktiergerät auf, um sie später für mich vertiefend nacharbeiten zu können. Während dieser Zeit kam ich in eine tiefe Krise und drückte Holger bei einem seiner Besuche das Diktiergerät in die Hand, damit er im Bilde darüber war, was in mir ablief. Er erkannte den Wert der Aufzeichnungen und regte mich an, ein Buch über meine Erfahrungen zu schreiben. Anfangs war ich begeistert von der Idee und setzte mich nach Ende der Dunkelzeit daran, die Kassetten abzuschreiben. Dabei machte ich wiederum tiefe Prozesse durch und erhielt weiterführende und neue Einsichten über mich selbst, die ich in Kursivschrift dem Manuskript zufügte. Der ganze Prozess dauerte zwei Jahre.

In der Zwischenzeit hatte ich mich zu einer 2. Dunkeltherapie, diesmal über 25 Tage, entschieden. Ich dachte, an die Erfahrungen des 1. Dunkelretreats anknüpfen zu können und diese zu vertiefen. Dass alles auch ganz anders kommen könnte, hatte ich nicht in Erwägung gezogen.

Nach Ende des 2. Dunkelaufenthaltes setzte ich mich erneut an die Arbeit des Transkribierens der vielen Kassetten. Ich brauchte dafür ca. ein Jahr, durchlief dabei einen ähnlichen tiefgehenden Prozess wie beim ersten Mal und fügte die neuen Erkenntnisse und Einsichten über mich selbst dem Manuskript in Kursivschrift hinzu. Im Zuge dieser Arbeit wurde ich immer wieder mit der Angst konfrontiert, die Erfahrungsinhalte mit all meinen Gedanken und Gefühlen zu veröffentlichen. Ich hatte das Gefühl, mich zu entblößen und mit meinem ganzen Wesen nackt vor der Welt dazustehen. Auch waren viele Ereignisse mit so viel

Schmerz für mich verbunden, dass ich sie nicht mit der Welt teilen wollte. Den Ängsten und dem Schmerz stellte ich mich und löste beides in vielen Einzelsitzungen nach und nach immer mehr auf. Nach drei Überarbeitungen beider Manuskripte war ich nach weiteren drei Jahren Arbeit (mit zwischenzeitlichen Unterbrechungen) endlich so weit, dass ich die Manuskripte für druckreif hielt. Da ich mich in der Dunkelheit auf das Modell „Das intelligente Herz“ von Gaby Fröhlich stützte, um die Erfahrungen zu integrieren, bat ich Gaby im Sommer 2008 um Feedback zu den beiden Manuskripten, um sicherzugehen, dass ich das Modell in ihrem Sinne anhand meiner Erfahrungen und Träume interpretiert und erklärt hatte. Ihr Feedback regte mich an, die Erfahrungen nochmals zu überarbeiten und weitergehende Erkenntnisse und Einsichten aus heutiger Sicht einzufügen. Es ergab sich über E-Mails, Gespräche und viele Einzelsitzungen mit ihr über für mich schwierige Themen ein intensiver Austausch, der eine weitere Runde in meinem Wachstumsprozess einleitete.

Parallel dazu begegnete ich im Frühjahr 2008 dem spirituellen Lehrer Thomas Hübl und meldete mich für sein dreijähriges Timeless-Wisdom-Training (TWT) an. Die Arbeit mit Thomas fügt(e) sich nahtlos in meine bisherige Arbeit ein und unterstützt(e) meinen ganzen Prozess auf wunderbare Weise. Im Rahmen des Trainings war im zweiten Jahr eine Projektarbeit umzusetzen, die mir am Herzen liegen und der Welt auf irgendeine Weise zu Gute kommen sollte. Ich entschied mich, das Buch als Projekt zu nehmen – der gesetzte Zeitrahmen ließ mich intensiver daran arbeiten. In der Zwischenzeit war ich auch so weit, dass ich innerlich der Veröffentlichung zustimmen konnte, ohne vor Angst und Scham im Erdboden zu versinken.

Das Buch gliedert sich in seiner jetzigen Form in drei Teile. Als Erstes stellt G. Fröhlich das von ihr entwickelte Modell „Das intelligente Herz“ als Grundlage für den psychodynamischen Aufarbeitungsteil des Dunkeltherapie-Erfahrungsberichtes vor und verweist auf die im Buch aufscheinenden Übergänge zwischen psychodynamischen und transpersonalen Aspekten in ihrer Relevanz für den westlichen Kulturkreis.

Es folgen die aufgenommenen transkribierten Erfahrungsberichte aus den beiden Aufenthalten über 12 bzw. 24 Tage in völliger Dunkelheit, die ich so belassen habe, wie sie seinerzeit entstanden sind. Ich habe lediglich einige wenige akustisch oder inhaltlich unverständliche Stellen und auch sehr intime Passagen, in denen es um meine damalige Ehe ging, entfernt. Gemachte Zeitangaben sind immer geschätzte Angaben und entsprangen meiner Empfindung in dem Moment. Ich behielt die Erzähl- und Ich-Form bei, weil sie das unmittelbare Geschehen viel lebendiger wiedergeben als ein mehr unpersönlicher Stil. Es werden sowohl die Auseinandersetzung mit dem dunklen Unbewussten (nach C. G. Jung der „Schatten") als auch mehr transpersonale Erlebnisse beschrieben und wie ich damit umgegangen bin, um die Erfahrungen auf eine gesunde Weise zu integrieren. Dadurch bleibt es nicht aus, dass sich im Zuge des ganzen Prozesses Wiederholungen ergeben, da mich verschiedene Themen immer wieder beschäftigten, bis sich das, was ich mein Leben lang verdrängt hatte, ganz an die Oberfläche meines Bewusstseins gearbeitet, in kleinen Dosen verändert, entknäult, aufgelöst und integriert hatte.

Im Erlebnisteil eingebunden sind als Drittes die nachträglichen Einfügungen (Erkenntnisse, Einsichten und psychodynamischen Analysen aus heutiger Sicht), die einerseits während der jahrelangen Manuskriptüberarbeitung und andererseits in enger Zusammenarbeit mit G. Fröhlich entstanden und alle in Kursivschrift und mit Datum gekennzeichnet sind. So kann der Leser wählen, entweder nur den reinen Erfahrungsbericht zu lesen oder sich auch über tiefere psychodynamische Hintergründe zu informieren.

Das Buch ist mein Beitrag für eine Welt, in der Hektik, Stress, materielles Denken und Handeln und Machtausübung vorherrschend sind und die inneren geistig-seelischen Wahrheiten und wahren Werte des Menschen m. E. nach zu wenig Berücksichtigung finden. Das Ausblenden des authentischen Selbst im Menschen führt zum rücksichts- und lieblosen Umgang mit sich selbst und anderen und unserer Umgebung, der Erde und des Weltraums und erzeugt einen Spannungszustand, der sich zunächst einmal in jedem Menschen selbst und darüber hinaus im Großen Bild über kriegerische Spannungsherde und Naturkatastrophen weltweit unübersehbar bemerkbar macht.

Es ist ein sehr persönliches Buch, in welchem ich intime Details aus meinem Leben offen darlege und dem Leser im Grunde Einblick in mein ganzes Wesen gebe. Um die Schwierigkeiten auf dem Weg der Selbsterkenntnis für den Leser besser nachvollziehbar zu machen, habe ich alle Details und Themen im Buch belassen, wie sie in mir auftauchten. Ich verbinde mit der Veröffentlichung dieser Inhalte die Hoffnung und den tiefen Wunsch, dass diese Informationen Menschen helfen mögen, die bereits auf ihrem Weg der ernsthaften Selbst-Erforschung sind, die damit verbundenen Gefahren und Irrwege besser erkennen zu können und möchte Anregungen geben, wie damit umgegangen werden kann. Anderen geben meine Erfahrungen vielleicht auch Mut und Anstoß, sich selbst auf den Weg in die Tiefen des eigenen Universums hin zu innerer Wahrheit, Heilung, Empathie, Mitgefühl, bedingungsloser Liebe und Weisheit zu machen. Wenn das Buch auch nur einer kleinen Anzahl von Menschen in einer (spirituellen) Krise oder ihrem persönlichen Erkenntnis- und Veränderungsprozess weiterhilft, hat sich für mich persönlich sowohl der Preis der Offenbarung meines innersten Wesenskerns als auch die Mühe und der Aufwand gelohnt, den mich dieses Buch gekostet hat (ganz abgesehen davon, dass es meinem eigenen Wachstumsprozess auch zu Gute kam).

Sollten Sie sich durch das Buch angeregt fühlen, sich in das Modell „Das intelligente Herz“ einarbeiten und es in ähnlicher Weise anwenden zu wollen, wie ich dies tat und hier beschreibe, so weise ich darauf hin, dass meiner Fähigkeit, in den beiden

Dunkelaufenthalten das Konzept des Modells so selbstverständlich anzuwenden, ein jahrelanger Übungsprozess unter Anleitung und Feedback von G. Fröhlich voraus ging, sodass ich bereits ein gutes Verständnis vom Modell und eine gute Übung darin hatte, die einzelnen Energien in mir unterscheiden zu können. Meines Erachtens nach braucht es zumindest in der Anfangszeit dafür Anleitung und Hilfe, um einerseits vom Erwachsenen-Ich aus in eine echte und lebendige Kommunikation mit dem Inneren Kind zu kommen und andererseits die Fähigkeit zu entwickeln, die einzelnen Energien (Pig Parent, Anpasser, Inneres Kind und Positives Eltern-Ich[1]) im eigenen Selbst unterscheiden zu lernen. Die genauen Beschreibungen dienen der Nachvollziehbarkeit und dem besseren Verständnis für den Leser, ersetzen aber keine ärztliche Hilfe und Rat und selbstverständlich kann auch keine Haftung übernommen werden – die Verantwortung liegt bei Ihnen selbst.

Sollte das Buch in Ihnen zu irgendeinem Zeitpunkt auf tiefe Gefühle stoßen, wäre es ratsam, sich an dem Punkt zu fragen, ob jetzt der rechte Zeitpunkt ist, es zu lesen und ob Sie weiterlesen möchten. Sie haben jederzeit die Wahl und lesen das Buch in Eigenverantwortung sich selbst gegenüber.

Ich wünsche Ihnen von Herzen viel Spannung, viele Erkenntnisse, vielleicht auch tiefe Erfahrungen oder einfach nur Spaß beim Lesen dieses Buches.

Saskia John
März 2011

---

[1] Die genannten Begriffe, auf die ich mich im Erfahrungsbericht immer wieder beziehe, sind auf den Seiten 21 – 33 genauer erklärt.

Kapitel 1 – Ein psychodynamisches Modell: „Das intelligente Herz“

Ein psychologisches Modell zur Integration transpersonaler Erlebnisse

Als ich vor Jahren meine Rebirthing-Ausbildung – eine Form der transpersonalen Atemtherapie – in Vollzeit über drei Monate antrat, wurde mir bald bewusst, wie hilfreich sich meine zuvor absolvierte kognitiv orientierte Psychotherapie-Ausbildung und Erfahrung mit der Materie auswirken würde.

Die transpersonale Psychologie befasst sich mit Aspekten der persönlichen Erfahrungswelt, die das Individuelle in Bereiche archetypischer und höherer geistiger Zugangsebenen transzendieren, und sie wird als eine zugänglichere Form der spirituellen Erfahrung gegenüber den älteren esoterischen Traditionen betrachtet.

Mir war vor Beginn der Ausbildung klar, dass das Anliegen war, sich auf weitgehend transpersonale, nicht mit der Ratio erfassbare innere Bilder, Erlebnisse und Prozesse einzulassen; das Ziel war nicht, Probleme des Alltags zu lösen, gezielt Kindheits-Trauma aufzuarbeiten oder freie Assoziationen zu interpretieren. Der „Stoff“ würde sich von selbst einstellen, und seine Auflösung auf der Erlebnisebene häufig auch. Was hier gebraucht wurde, war in erster Linie eine begleitende Beobachterposition, die es möglich machen würde, eine Identifikation (und damit das Risiko einer inneren Überwältigung durch das Erlebte) zu verhindern. Nun ist diese Art von Beobachterfunktion integraler Bestandteil einer jeden Meditationspraxis und damit kein neuer Gedanke. Im Zuge der Rebirthing-Ausbildung und anderer verwandter Trainings zur Persönlichkeits-Entwicklung mit einem stark experientellen Anteil wurde für mich aber zunehmend klarer, dass diese so wichtige Beobachterfunktion auf innere Integrationsprozesse zurückgeht und daher gewissermaßen erst erworben werden muss. Bei einer starken emotionalen Belastung entweder durch die Lebenssituation der Person oder durch akute Aufarbeitungsphasen psychischer Prozesse, wie sie in derartigen Intensiv-Erfahrungen ja an der Tagesordnung sind, kann dieser Beobachterposten eine große Herausforderung darstellen. Der Vorgang der Beobachtung in diesem Zusammenhang ist in sich selbst ein subjektiver Prozess, relativ zur aktuellen inneren Balance, in der die Person sich befindet, oder eben auch nicht. Intrapsychisch hängt der Beobachtungsprozess von der emotionalen „Ladung" des Beobachteten ab. Ein in dieser Hinsicht ungeschulter Mensch wird tröpfelnden Regen auf buntes Herbstlaub aller Wahrscheinlichkeit nach mit einiger innerer Gelassenheit registrieren und auf Nachfrage hin diesen Vorgang auch recht realitätsgetreu wiedergeben können. Wenn es sich um einen schweren Autounfall handelt, dürfte sich die objektive Beobachtung des Vorgangs hier schon deutlich schwieriger gestalten. Die übliche Divergenz zwischen Zeugenaussagen verschiedener Anwesender bei derartigen Geschehen sind ein deutlicher Hinweis für die subjektive Wahrnehmung und innere Verarbeitung von Beobachtetem in Abhängigkeit von seiner emotionalen Belastung. Im Extremfall mag es zu einer totalen Blockierung des Beobachteten kommen, d. h. es stellt sich ein innerer Schutzmechanismus ein, wonach unbewusst das sehr wohl registrierte traumatisierende Erlebnis quasi als nicht stattgefunden „erinnert" wird. In weniger dramatischer Form finden vergleichbare Vorgänge durch die gesamte Lebensspanne hindurch statt; Unangenehmes aus Erwachsenensicht wird in der Frühkindheit häufig als existentiell bedrohlich empfunden und entsprechend dem beschriebenen Mechanismus oft weit ins Unbewusste verdrängt.

Zum Verständnis unserer Wahrnehmungen und Erfahrungen bedarf es der inneren Kommunikation zwischen verschiedenen Persönlichkeits-Aspekten in uns, die die gleiche Situation oft auf jeweils unterschiedliche Weise wahrnehmen. Je besser diese innere Kommunikation innerhalb einer Person funktioniert, desto besser ist auch ihre Aussicht auf Erfolg in der Kommunikation mit anderen. Um die wichtigsten Persönlichkeits-Anteile, ihre Funktionen und die Dynamik im Umgang mit uns selbst und anderen zu veranschaulichen, habe ich das „Intelligente-Herz-Modell" entwickelt.

Leser, die mit der Transaktions-Analyse von Eric Berne vertraut sind, werden im umseitig stehenden Schema einige ihnen schon bekannte Namen oder Zuordnungen in ähnlicher Form wiedererkennen.

Der Zweck dieses Modells orientiert sich eng an dem Konzept der emotionalen Intelligenz. Der Begriff „emotionale Intelligenz" hat sich im alltäglichen Umgang inzwischen so eingebürgert, dass er uns allen einigermaßen geläufig sein dürfte. Er wurde zum ersten Mal Mitte der 90er-Jahre von Daniel Goleman in seinem gleichnamigen Bestseller vorgestellt, in dem Goleman zur Vereinfachung auch die Abkürzung „EQ" für einen emotionalen Intelligenz-Quotienten einführte. Der EQ umschreibt die Fähigkeit zum Mitgefühl, der Empathie, des inneren Antriebs, des Selbstbewusstseins (im Sinne von: sich seiner selbst bewusst zu sein), des Altruismus, zu angemessenen inneren Reaktionen auf emotionale Impulse und dem Treffen von geeigneten Entscheidungen im Umgang mit allen Lebenssituationen. Sinn des „Intelligenten-Herz-Modells" ist es, die Energieflüsse nachvollziehbar zu erfassen, die einen emotional intelligenten Umgang mit intra- und interpersönlichen Prozessen (solche, die sich auf uns selbst und den Umgang mit anderen beziehen) ausmachen.

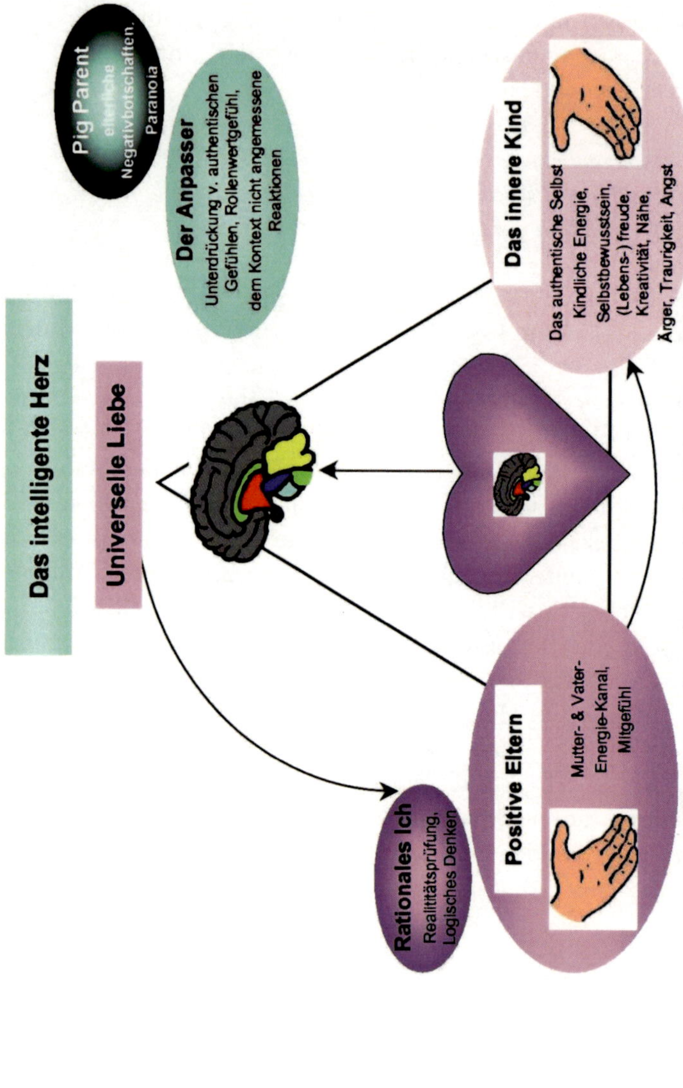
Das intelligente Herz
Universelle Liebe
Pig Parent
elterliche Negativbotschaften, Paranoia
Der Anpasser
Unterdrückung v. authentischen Gefühlen, Rollenwertgefühl, dem Kontext nicht angemessene Reaktionen
Rationales Ich
Realitätsprüfung, Logisches Denken
Positive Eltern
Mutter- & Vater-Energie-Kanal, Mitgefühl
Das innere Kind
Das authentische Selbst
Kindliche Energie, Selbstbewusstsein, (Lebens-) freude, Kreativität, Nähe, Ärger, Traurigkeit, Angst
© Gabriele Fröhlich, 1998
Das physiologische & emotionale Herz

Das folgende Erklärungs-Schema beschreibt die Persönlichkeits-Anteile im IH-Schema, wofür sie stehen und worin ihre Funktion besteht.

Universelle Liebe – spirituelle Quellen-Energie. Das persönliche Erleben in der inneren Verbundenheit mit einer höheren Quelle der Weisheit, innerhalb eines religiösen Glaubenssystems oder völlig unabhängig davon. Die übergeordnete geistige Instanz, innerhalb derer sich Lebenserfahrungen in einen größeren, karmischen Gesamtkontext einordnen, was eine Perspektiven-Änderung zum eigenen Erleben ermöglicht.

Rationales Ich (RI) – die Fähigkeit zum logischen Denken, Realitätsprüfung; die Fähigkeit, rationale Entscheidungen zu treffen, zur Kooperation mit anderen, weil es „Sinn macht", weil gemeinsam genutzte Ressourcen allen zugute kommen. Weil sich in gegenseitigem Einvernehmen mehr erreichen lässt.

Der Anpasser (AP) – Anpassung an die empfundene emotionale Realität der Person, als „Überlebensmechanismus". Verinnerlichte Opfer-Rollen: Kannst du nicht sehen, dass ich ein Holzbein habe? Verinnerlichte Negativbotschaften: Ich würde das nie schaffen; ich bin nicht intelligent genug; ich muss gerettet werden; ich muss andere retten. Wenn ich mich aufopfere, wird man mich mögen. Wenn ich niedlich (kindlich) bleibe, werde ich nicht zur Verantwortung für meine Handlungen gezogen werden. Das Rationalisieren traumatisierender Ereignisse oder unsere eigene Rolle darin; post-traumatische Überlebens-Mechanismen verschleiern unsere realistische Einschätzung einer Sachlage.

Positives Eltern-Ich (PE) – „Mutter- und Vater-Energie-Kanal": umfasst alle verinnerlichten elterlichen Positiv-Botschaften (-Introjekte); auch die anderer wichtiger Bezugspersonen, wie Verwandte, Lehrer, Nachbarn; ermöglicht es, sich selbst und anderen Fürsorge zuteilwerden zu lassen, in Zusammenarbeit mit dem Rationalen (Erwachsenen-) Ich (RI) über seine Fähigkeit zur Realitätsprüfung. Meine eigenen Bedürfnisse erkennend, mich gleichzeitig in die Lage einer anderen Person versetzen können.

Pig Parent (PP) – verinnerlichte elterliche Negativ-Botschaften (die nicht unbedingt je verbalisiert worden sein müssen). Negative Introjekte; angstbesetzte, eigene Unzulänglichkeit fürchtende Grundhaltungen. „Du bist viel zu dumm dafür, du wirst nie einen Mann finden, du bist nicht hübsch genug, du bist ja nur ein Mädchen. Du bist genau wie dein Vater. Alle Männer sind gleich." Auch: kulturell informierte Vorurteile über Menschen anderer ethnischer Herkunft/kulturell bestimmter Wertesysteme.

Das innere Kind (IK); authentisches Selbst – der authentische, natürliche, essentielle Persönlichkeits-Teil eines Menschen, der altersunabhängig ist. Sitz der natürlichen Spiritualität, der Intuition, spontaner Geistesblitze und von authentischen Gefühlen wie Freude, Angst, Trauer, Ärger oder Überraschung. Es ist kreativ und lebensbejahend sich selbst und anderen gegenüber; es erkennt den Unterschied zwischen Liebe und Hass (wenn ihm von der Person der Raum dazu gelassen wird); es geht die Exploration von Neuem mit kindlicher Neugierde an; ist fasziniert von dem, was das Leben zu bieten hat; es ist an Vielfältigkeit interessiert und schätzt eigene Erkundungen mehr als Nachahmung.

Die rechte und linke Hand repräsentieren die beiden Hirnhemisphären in ihren neurologischen Zuordnungen.

Die rechte Hand steht mit der linken Hirnhemisphäre in Verbindung, die für strukturierte, analytische Denkprozesse zuständig ist.

Die linke Hand steht entsprechend mit der rechten Hirnhemisphäre in Verbindung, die für kreative, imaginative Prozesse und Vorstellungen sowie für die künstlerisch-musischen Fähigkeiten zuständig ist. Sie steht auch mit den Hirnarealen für höhere Bewusstseins-Entwicklung und spirituelles Erleben in Zusammenhang.

Das langsame Zusammenbringen beider Hände (Handfläche zu Handfläche) vor dem Gesicht, in dem Bewusstsein, dass (bei Rechtshändern) die rechte Hand für die Erwachsenenseite, die linke Hand für das innere Kind steht, verstärkt die entsprechenden Neuronen-Bahnungen im Gehirn und kommt dem inneren Kind zugute, besonders, wenn die Verbindung zur spirituellen Quellen-Energie (universelle Liebe) dabei in der inneren Vorstellung mit einbezogen wird.

Das „Intelligente-Herz-Schema" berücksichtigt andere Darstellungs- und Erklärungs-Modelle, die sich zur Veranschaulichung unserer inneren (intrapersönlichen) Kommunikation schon anderswo bewährt haben. Wie schon erwähnt, enthält es Elemente, wie sie ähnlich in der Transaktionsanalyse (mit ihren Eltern-/ Erwachsenen-Ich und inneren Kind-Anteilen) vorkommen; es veranschaulicht aber auch die zugrunde liegenden energetischen Prozesse, wie sie in etwas anderer Form im NLP berücksichtigt werden. Vor allem aber bezieht es auch die spirituelle Erlebensebene als Faktor mit ein, wie sie in ihrer psychologischen und geistigen Wirkungs-Funktion neurowissenschaftlich vielfach belegt wurde.

Für allgemeine Anwendungsbeispiele des IH-Modells sowie Informationen zu seinen neurophysiologischen- und Entstehungshintergründen siehe: http://www.global-develop.com/intel2.4.html

In den Anmerkungen und psychodynamischen Reflektionen zu ihren Dunkeltherapie-Erlebnissen bezieht Saskia John sich im vorliegenden Buch durchgehend auf das IH-Schema und bietet Anwendungsbeispiele für die psychologische Aufarbeitung auch von transpersonalen Erlebnissen mithilfe des Modells.

Unter dem Untertitel „Frühe Kindheitserinnerungen und ihre Veränderung" (siehe S. 89 – 97) verweist sie auf typische psychodynamische Beispiele für ihren inneren Kampf mit elterlichen Introjekten (verinnerlichten Botschaften), die sie anschaulich anhand des IH-Modells erklärt.

Der Einsatz des IH-Schemas im psychotherapeutischen- und Mediations-Kontext, wie auch im Umgang mit schwer traumatisierten Menschen, hat mir viele wichtige Zuordnungs-Einblicke darüber vermittelt, wie die betroffenen Personen durch ihre negativen Intensiv-Erlebnisse auf psychodynamischer Ebene beeinträchtigt waren, und innerhalb welcher intrapsychischen Mechanismen sich scheinbar nicht-nachvollziehbare Schwierigkeiten in ihnen verankert hatten. Besonders, wenn gleichzeitig ein starker Bezug zu einer spirituellen Tradition besteht, stellt sich durch dieses Verstehen oft das Gefühl ein, dass es ein übergeordnetes Prinzip zu all diesem Geschehen gibt; dass ein Weg aus dem Leiden heraus möglich wird und Anlass zu neuer Hoffnung auf eine erfreulichere Zukunft besteht. Das IH-Modell ermöglicht es, dass Trauma-bedingte Selbstzweifel bei entsprechend religiös orientierten Menschen nicht z. B. einem „Versagen Gottes" zugeordnet werden, sondern dass Zusammenhänge zwischen Erlebtem und Interpretiertem für die betroffenen Personen psychodynamisch nachvollziehbar und auf Gefühls- und Empfindungsebene energetisch spürbar werden.

In ähnlicher Form eignet sich das IH-Modell auch für die Aufarbeitung transpersonaler Erlebnis-Inhalte. Auch hier besteht die

Gefahr, dass aktuell Erlebtes unbewusst aus der (Übertragungs-) Sicht von traumatisierenden Kindheits-Erlebnissen interpretiert wird. Das IH-Schema trägt dazu bei, dass Historisches von Aktuellem getrennt interpretiert werden kann und sich somit die Ebenen nicht vermischen oder es im Extremfall aufgrund einer Überwältigung durch ungewohnte Erfahrungs- und Empfindungs-Inhalte gar zu psychotischen Wahrnehmungs-Entgleisungen kommt. Die inneren Strukturen, die es einer Person ermöglichen, das erforderliche Maß an innerer Autonomie zu erwerben, müssen weitgehend in der Frühkindheit angelegt werden. Peter Breggin erklärt, dass, wenn persönliche Bedürfnisse nicht von frühestem Kindesalter an befriedigt werden und die in unserer Kultur übliche persönliche Autonomie nicht früh entwickelt und gefördert wird, sie der Person sehr wahrscheinlich ein Leben lang Probleme bereiten wird.

Während traumatische Kindheits-Prägungen über die Projektionen alter Ängste zu fehlinformierten Interpretationen transpersonalen Erlebens führen können, kommen bei diesen Interpretationen darüber hinaus auch noch Prägungen archetypischer oder tiefen-struktureller, kulturell vorbestimmter Art mit zum Tragen. In kollektivistischen Gesellschaften besteht häufig ein sehr offener Zugang zur geistigen Welt, da er durch die spirituell/schamanisch/religiöse kulturelle Vorprägung sozusagen schon „im System“ ist. Zu diesen Vorprägungen gehören komplexe Ahnenbeziehungen, schamanische Rituale, fetischistische Strukturen, Hexenjagden oder die auch in westlich-esoterischen Kreisen an Bedeutung gewinnenden bewusstseinserweiternden Erfahrungen mit der Droge Ayahuasca; die Wahrnehmung transpersonalen Erlebens für Menschen anderer kultureller Prägung kann daher eine völlig andere Bedeutung haben als für eine Person aus dem westlichen Kulturkreis im Zuge ihrer Individuations-Explorationen. Die Individuation umschreibt direkt den inneren Prozess der Person hin zu ihrer Unabhängigkeit von der Psychologie ihres Kollektivs. Dieser innere Emanzipations-Prozess ist wiederum Voraussetzung für die Fähigkeit zur Beobachtung erlebter transpersonaler Phänomene, um von ihnen nicht psychisch überwältigt zu werden.

Für Mitglieder vieler kollektivistischer Gesellschaften könnte das Dunkelerlebnis aufgrund ihres kulturell vorbestimmten Verständnisses von dem, was ihre Welt ausmacht daher als ungeheuer bedrohlich empfunden werden. Transpersonale Erlebnisse mögen integraler Bestandteil ihres Gesellschaftslebens sein, indem sie oft in ritueller Form evoziert werden; für gewöhnlich werden sie aber ausschließlich an die Kompetenz von Schamanen delegiert. Als Ausflüge in die Welt des Transpersonalen auf unabhängige Initiative einzelner Gesellschaftsmitglieder hin wären sie aber eher undenkbar. Innerhalb des westlichen Kulturkreises geht es bei der Exploration des Transpersonalen dagegen um das Erleben-Beobachten von Elementen, die in ihrer Mehr-Dimensionalität für den menschlichen Geist nur schwer erfassbar sind, die sich aber in ihrer inneren Verarbeitbarkeit für die Person nicht auf schamanische Initiations-Riten oder Geister-Beschwichtigungen verlassen kann. Sie braucht daher ein Referenzsystem, das imstande ist, eine so nachhaltige Bewusstseins-Vereinnahmung zu verhindern, dass sie ein Funktionieren im Alltag erschweren würde. Eine Exploration der transpersonalen Erlebniswelt, wie Saskia John sie über ihre Erfahrungen in der Dunkeltherapie beschreibt, setzt somit einen relativ hohen Individuationsgrad der interessierten Person voraus, der weitgehend von rigiden gesellschaftlichen Normen und Wertungssystemen unbeeinflusst bleibt.

Es gibt aber auch Übergänge zwischen der schamanischen Zugangswelt und sich spontan einstellenden Erlebnissen im westlichen Bewusstseins-Raum. In den schamanistischen Ritualen vieler Kulturen werden Seelenreisen in entfernte Erfahrungs-Welten unternommen, um mit den Geistern von Lebenden und Toten zu kommunizieren, zum Beispiel, um Informationen zu Heilzwecken in die Alltags-Realität zurückzubringen. Oft werden dabei in rituellen Vorgängen mittels rhythmischen Trommelns die Schläfenlappen des Gehirns, und mit ihnen in Zusammenhang stehende Anteile des limbischen Systems, in Erregung versetzt. In erstaunlicher Analogie zu diesen rituell evozierten Erlebnissen zitiert Dana Zohar einen ihrer Patienten mit Epilepsie, der ihr diese aufgeregte Beschreibung gab: „Frau Doktor, auf einmal war mir alles kristallklar. ... Es gibt eine endgültige Wahrheit, die sich völlig außerhalb des Zugangs normaler Gemüter befindet, die viel zu beschäftigt mit dem Alltagstreiben sind, um die Schönheit und Großartigkeit dieser Erkenntnis wahrzunehmen." (Meine Übersetzung). Beschreibungen dieser Art sind typisch in Situationen, in denen eine verstärkte elektrische Aktivität in den Temporal-Lappen des Gehirns ausgelöst wird, und man findet sie daher neben den erwähnten schamanistischen Kontexten auch in spezifischen patho-physiologischen, mit Krankheiten des Gehirns einhergehenden Zusammenhängen. Sie können aber auch spontan, jenseits jeder Neuropathologie, ausgelöst werden, und sie sind typisch für den Erfahrungsbereich der neueren, im westlichen Kulturkreis entstandenen geistig-evokativen Disziplinen, zum Beispiel der (westlichen Variante der) Dunkeltherapie oder des Rebirthings.

Wie eingangs erwähnt, haben mich die Erfahrungen aus meiner transpersonalen Ausbildungszeit und Praxis zu der Ansicht gebracht, dass die Auseinandersetzung mit dem inneren Integrationsprozess von unbewussten emotionalen Inhalten eine essentielle Voraussetzung ist, sich tiefgehenden transpersonalen Prozessen risikofreier zu öffnen. Durch die Erfahrung der Transformierbarkeit von negativen Befindlichkeits-Zuständen wird eben gerade die Beobachterposition ermöglicht, die transpersonales Geschehen gleichzeitig erfahren und im Geiste Revue passieren lassen kann und erst damit die Öffnung in einen neuen Raum des Erlebens und der geistigen Expansion ermöglicht.

Saskia Johns Bericht über ihre Dunkeltherapie-Erfahrung ist somit mehr als nur ein Narrativ ihrer Erlebnisse, denn er erfüllt parallel dazu eine wichtige Vorbildfunktion der intrapsychischen Integrationsmöglichkeit von Konsensrealitätsfremden Erlebnisinhalten.

Saskias besondere Fähigkeit besteht in ihrer überdurchschnittlich ausgeprägten Wahrnehmungs- und Empfindungsfähigkeit, sowohl auf Körperebene als auch in Hinblick auf Veränderungen innerhalb ihres eigenen Energiekörpers und dem ihres Umgebungs-Energiefeldes. Somit ist sie imstande, Erlebensinhalte oft in sehr subtilen Nuancen der sie begleitenden physiologisch-energetischen Vorgänge zu erfassen und mitzuteilen, wodurch sich dem Leser das Erleben in einer besonders plastischen, empfindungsmäßig nachvollziehbaren Form präsentieren. Durch diese Form der Vermittlung erschließt sich beim Lesen eine Form der Erfahrungswelt, die bei bestimmten Menschen auf ungeahnte Resonanz stoßen und einen Trainingseffekt für ihre eigene Wahrnehmungsfähigkeit erwarten lassen kann.

Es ist daher zu hoffen, dass Neu-Interessierte an der Materie sich durch diesen Erfahrungs- und psychischen Aufarbeitungs-Bericht gleichzeitig zu eigenen Explorations-Abenteuern ermutigt, aber auch mit mehr Informationen über eine angemessene innere Vorbereitung ausgestattet fühlen mögen.
In „The Invitation" („Die Einladung") umschreibt Oriah Mountain Dreamer den Übergang zwischen der eigenen emotionalen Realität und der inneren Öffnung zu schamanisch-unterweltlichen Sphären, die jenseits der Gesetzmäßigkeiten normaler menschlicher Existenz liegen.

„Ich will wissen, ob du bereit bist, für die Liebe, für deine Träume, für das Abenteuer, lebendig zu sein, den Spott der anderen auf dich zu nehmen …
… Ich will wissen, ob du den Kern deines eigenen inneren Schmerzes be-

rührt hast, ob du dich durch die Verrats-Momente des Lebens geöffnet hast, oder ob du eingeschrumpft bist und dich eingeschlossen hast aus Angst vor noch mehr Schmerz!
Ich will wissen, ob du Schmerz aushalten kannst; meinen oder deinen eigenen; ob du ausgelassen tanzen kannst und dich bis an die Finger- und Zehenspitzen mit Ekstase füllen lassen kannst, ohne uns zur Vorsicht zu mahnen, dass wir realistisch sein müssten oder uns der Begrenzungen des Menschseins gewahr zu sein hätten …
Ich will wissen, ob du mitten im Feuer mit mir stehen wirst, ohne zurückzuschrecken." (Oriah Mountain Dreamer, Mai 1994, meine Übersetzung aus dem Englischen)

***

Gabriele Fröhlich ist Ärztin, transpersonale Psychotherapeutin, Coach und Konflikt-Mediatorin im internationalen Bereich. Ihr besonderes Interesse gilt der Erforschung paranormaler und interdimensionaler Phänomene im Kontext ihrer Chancen und Gefahren für die Menschheit im aktuellen kosmischen Geschehen. Sie arbeitet an einem Buch zu diesem Thema und ist Autorin verschiedener akademischer Artikel im Kontext der angewandten emotionalen Intelligenz.

www.global-develop.com
www.humanitad.org/team/60/

Kapitel 2 – Erste Dunkeltherapie

1. Tag – Angst

Ich bin aufgeregt, in Erwartung dessen, was da auf mich zukommt. 7 ½ Stunden Autofahrt von der Heimat (in der Nähe von Berlin) in den Schwarzwald liegen hinter mir. Für die herrliche Umgebung habe ich vor lauter Aufregung kaum ein Auge übrig und auch in den nächsten Tagen werde ich nichts davon sehen, denn ich bin gekommen, um in die Dunkelheit zu gehen.

Ich habe Angst. Vor allem davor, Dinge zu sehen oder zu erfahren, die es eigentlich dem „normalen" Menschenverstand nach nicht gibt, z. B. Geister. Und ich habe riesige Angst davor, dass dann in mir eine Sicherung durchbrennt und ich verrückt werde, oder dass ich auf der Stelle tot umfalle vor Schreck.

Es ist jetzt später Nachmittag. Mein Herz schlägt aufgeregt und ich folge Holger, meinem Betreuer, nach der ersten Begrüßung mit äußerst gemischten Gefühlen in mein Appartement. Er wird mich in diesen 12 Tagen begleiten, indem er mir Tee bringt und eine Stunde am Tag für Gespräche zur Verfügung steht. Die restlichen 23 Stunden werde ich mit mir und der Dunkelheit allein sein.

Ich schaue in ein ganz kleines, schlicht eingerichtetes Zimmer mit einer gemütlichen Dachschräge. Rechts an der Wand das Bett, ein kleiner flacher Tisch an der linken Wand und eine Matratze am Boden, ca. 2 m vor mir, das ist alles. Die Schlichtheit und Enge wirken ernüchternd auf mich. *(Den Vorteil dieser schlichten Einrichtung für den Aufenthalt in der Dunkelheit kann ich momentan noch nicht sehen.)* Holger zeigt mir das Bad, das im Gegensatz zum Zimmer groß und geräumig auf mich wirkt. Badewanne, Toilette und Waschbecken, alles da, was ich brauche. Alle Fenster und Schlitze in den Räumen und auf dem Flur sind sorgfältig abgedunkelt. Holger geht und kündigt an, dass er in einer ¼ – ½ Stunde wiederkommt, um das Licht auszuschalten.

Ich schlucke bei dem Gedanken an die Dunkelheit, habe aber keine Zeit, mich mit meinen Gefühlen zu befassen. Ich packe meine Waschsachen aus, ziehe mir bequeme Kleidung an und merke mir, wo ich alles hingestellt habe. Außerdem stelle ich meine Mineralstofftabletten, Säfte und Pulver für Brühe bereit, denn ich werde in den 12 Tagen fasten. Viel merken muss ich mir nicht, da das Zimmer so klein ist und ich auch nur die notwendigsten Dinge dabei habe.

Kaum bin ich fertig, steht Holger auch schon in der Tür. Oh Gott! Jetzt wird es ernst. Er erklärt mir, dass er die Sicherungen für das Licht raus dreht, damit ich nicht aus Versehen im Dunkeln an die Lichtschalter komme und das Licht einschalte. Mir wird ganz mulmig dabei, keine Chance, um zu schummeln! Bevor er meine Etage verlässt, drücke ich ihm noch einmal meine Angst aus. Dass ich ihn am liebsten festhalten und nicht weglassen möchte vor lauter Angst und mich in diesem Moment wie ein kleines Kind fühle, das Schutz und Geborgenheit bei Papa sucht, verschweige ich ihm – kommt mir zu lächerlich vor. Er beruhigt mich und meint, das ginge jedem vorher so mit der Angst; ist man aber erst mal in der Dunkelheit, möchte man gar nicht mehr heraus. Ich nehme es hin, nach außen hin so gelassen wie möglich, es jedoch im Inneren nicht so recht glaubend und mit aufkommenden Tränen und meiner Angst kämpfend. Am liebsten wäre ich auf der Stelle auf nimmer Wiedersehen in einem Mäuseloch verschwunden. Ich befinde mich in einem inneren Kampf zwischen Sofort-Gehen und die Sache abblasen einerseits und Bleiben und voller neugierig gespannter Erwartung auf die Erfahrung andererseits. Da ich mir ziemlich albern vorkäme, wenn ich jetzt vor Holger zu weinen anfinge, schlucke ich die Tränen „tapfer“ runter und sage nichts weiter. Holger verabschiedet sich und knipst das Licht aus – in dem Moment gibt etwas in mir auf und ich füge mich einfach in mein mir selbst gewähltes „Schicksal".

Ich untersuche sofort ziemlich hektisch meine Umgebung, rufe mir alles ins Gedächtnis zurück, was ich mir gemerkt hatte, prüfe, ob ich alles wiederfinde. Dadurch werde ich innerlich ruhiger – alles ist an seinem Platz … Da ich total k. o. bin, gehe ich recht schnell schlafen.

Alles, was im Folgenden geschieht, habe ich mit einem Diktiergerät aufgenommen. Die Knöpfe am Gerät kenne ich schnell in- und auswendig – wie leicht das im Dunkeln geht, hätte ich nie gedacht …

2. Tag – Unzufriedenheit

Mein Herz schlägt wild und laut gegen meine Brustwand. Ich fühle mich wie aufgedreht; der Kopf ist wie zugezogen und schmerzt. Die Augen tun weh und auf dem Klo war ich auch noch nicht – trotz Abführmittel. Mir ist hundekalt. Wie geht's mir mit der Dunkelheit? Nun, meine Angst ist weg – oder verdränge ich sie nur? Egal, ich fühle sie jedenfalls nicht mehr. Jetzt finde ich es spannend, von der Dunkelheit umgeben zu sein. Alles, was ich tue, ist neu und anders. So muss ich mich bei jedem Vorhaben, z. B. etwas trinken, beim Laufen, vorwärts tasten.

Mit der Zeit weiß ich sehr genau, wo etwas steht. Ich bin sehr achtsam und hochgradig aufmerksam beim Laufen, um nirgendwo anzustoßen. Die pechschwarze Dunkelheit beansprucht all meine Aufmerksamkeit und schürt meine Neugier und Spannung auf „größere" Erfahrungen.

Da ich absolut nichts sehe, wird mir bewusst, wie sehr ich mich vorher auf meine Augen verlassen habe. Ich vergleiche mich mit einem Blinden. Eine andere Welt – andere Dinge werden wichtig und die anderen Sinne, v. a. Tasten und Hören, treten für mich jetzt deutlich in den Vordergrund. Meine Hände werden zu meinen Ersatzaugen und am liebsten hätte ich riesige Ohren, um noch besser zu hören. Sie erscheinen mir einfach zu klein.

Meine ersten Tai Chi-Übungen im Dunkeln erweisen sich als unglaublich schwierig. Ich habe ständig das Gefühl, völlig falsch zu stehen – Kontrolle ist ausgeschlossen, da meine Augen fehlen. Fußspitzenkick? Unmöglich! Ich kann nicht auf einem Bein stehen, weil ich ständig mein Gleichgewicht verliere. Wie in meiner Anfängerzeit vor acht Jahren! Ich bin leicht angesäuert.

Da ich trotz der Schwierigkeiten mit ganz langsamen Bewegungen weitermache, um nirgendwo hart anzustoßen, komme ich tiefer in meinem Körper an. Ich fühle den Körper auf eine mir noch unbekannte Weise.

Der sehr kleine Raum, das fehlende Sehen und der durch die Dunkelheit veränderte Gleichgewichts- und Orientierungssinn lassen mich in eine andere Art von Aufmerksamkeit – viel konzentrierter und höher als gewöhnlich – gleiten, die mich den äußeren Raum und zugleich den Körperinnenraum deutlicher wahrnehmen lässt. Ich bin ganz in der Hüfte versammelt und spüre, wie von hier alle Bewegungen ihren Ausgangspunkt nehmen, habe ein AHA-Erlebnis, weiß plötzlich, was mein chinesischer Tai Chi-Lehrer meinte, wenn er auf das harmonische Zusammenspiel der Hüfte, Arme und Beine hinwies. Ich dachte immer, ich hätte das verstanden – hatte ich aber nicht, wie ich jetzt merke. Ich hatte es nur vom Kopf her verstanden, aber nicht vom Inneren heraus. Spannend!

Wenig später grummle ich völlig unzufrieden vor mich hin: „Wärst du doch für das viele Geld bloß nach Indien geflogen, da hättest du bestimmt mehr erlebt!“

Mir wird deutlich bewusst, wie sehr ich hierher gekommen bin, um etwas zu erleben. Und es fällt mir schwer, dieses Erleben-Wollen, diese Erwartungshaltung irgendwie loszulassen. Ich erinnere mich, warum ich hier bin: um in der Dunkelheit zu erfahren, wer ich bin, was mich ausmacht, woher ich komme, wohin ich gehe. Ich möchte tiefer in das SEIN eintauchen.

Und nun werde ich gleich zu Beginn hart mit den beiden Seiten in mir konfrontiert. Einerseits denke ich: „So ein Mist, für das viele Geld sitzt du jetzt hier im Dunkeln rum und nichts kannst du tun“, anderseits ist zugleich das Bewusstsein da, dass alles, was ich anderes tun würde, nur eine Ablenkung wäre von dem, was ist, vom JETZT. Nichts wollen, nichts erwarten, nichts begehren …, loslassen! Wie geht das nur?

Ich schätze, es ist nachmittags: Mein Herz schlägt wieder ruhiger und ich spüre nur noch wenig Aufregung in mir. Der Kopf ist noch immer wie zugezogen und fängt regelrecht zu lärmen an, wenn ich das dicke, schwarze, schwere Tuch um den Kopf binde, das meine Augen vor dem Tageslicht schützt, wenn ich das Badfenster zum Lüften öffne.

Wie fühle ich mich? Wie bestellt und nicht abgeholt! Unzufriedenheit und Unmut sind in mir. Ich kriege das nicht hin mit dem Loslassen! Wenn das die ganze Zeit so weitergeht, werde ich überhaupt keine tiefen Erfahrungen machen …

Nachdem mir klar wird, dass ich mir mit meiner Unzufriedenheit selbst im Weg stehe und schon wieder mitten drin bin im Wünschen, Wollen und Erwarten, rede ich mir selber gut zu: „Ist ja erst der erste richtige Dunkeltag …, einfach irgendwie sein, versuche einfach nur zu sein und die Zeit zu nutzen, um auszuruhen. Die Gedanken einfach kommen lassen …, alles darf sein.“

Die Konzentration für eine Meditation fällt schwer und ich kann im sitzen nicht tief in den Bauch hinunteratmen.

Die erste Gesprächsrunde mit Holger liegt hinter mir. Er hat mir ganz viele Fragen gestellt, z. B.: „Was ist das Ich? Was sind Gedanken? Woher kommen die?“ Unsere Unterhaltung zieht noch einmal durch meinen Kopf und ich stelle fest, dass ich von dem, was er über das Ich erzählte, nichts behalten habe. Da werde ich noch mal nachfragen.

(07/2010: Die ersten Gespräche hatte ich noch nicht aufgenommen; die Idee dazu kam mir erst später als ich merkte, dass ich vieles von dem, was Holger sagte, nicht behalten konnte. Ich fand das schade und da ich für mich die Erfahrungen und Gespräche später nachbearbeiten wollte, bat ich Holger um seine Zustimmung, die Sitzungen aufzeichnen zu dürfen.)

Die Gedanken kommen lt. Holger aus dem Nichts, springen hoch wie Delphine und ich solle versuchen, bevor der nächste Gedanke hochspringt, in die kleine Pause oder Lücke dazwischen einzutauchen – dann würde ich in eine andere Dimension kommen. So ungefähr habe ich es verstanden.

Weiter erklärte Holger, dass man in der Seelenwelt ganz real vorhanden und genau an dem Ort ist, wo man sich hindenkt. Man ist, was man denkt. In der Seelenwelt gäbe es weder Ort, Raum noch Zeit, deshalb könne die Seelenwelt nur ganz schwer mit normalen Worten beschrieben werden. Nach der Seelenebene käme die Geistwelt, die auch eine Realität sei. Also drei Ebenen: 1. Der Körper; 2. Die seelische Welt und als 3. und Höchstes die geistige Welt.

Ich gehe ins Bett. Der „Tag“ kam mir heute unendlich lang vor, als ob er 36 Stunden gehabt hätte …

Von einem Traum wache ich auf, gehe auf Toilette und sehe überall Lichtstreifen, als ob sanftes Licht durch die Schlitze eines nicht vollständig heruntergelassenen Rollos scheint. Ich bin irritiert, die Streifen sind mir unklar.

In meinem Bett denke ich noch ein wenig über die Streifen nach und sinke dabei wieder in den Schlaf …

3. Tag – Die Maus auf dem Heuboden

Als ich aufwache, ist mein Kopf ganz klar und es geht mir richtig gut, ich bin total euphorisch und freue mich auf den „Dunkeltag“.
Holger ist gerade gekommen, um mir Tee und heißes Wasser zu bringen; leise geht er wieder.

Mir geht gerade durch den Kopf, wie mein Körper auf die ersten beiden Tage in Dunkelheit extrem mit Spannung reagierte. Ich konnte nicht tief durchatmen, alles war eng in mir und das Herz schlug schnell und spürbar stark gegen die Brustwand. Alles körperliche Zeichen einer Angst, obwohl ich keine Angst in mir fühlte. Sie ist mir zumindest nicht bewusst – doch mein Körper scheint es besser zu wissen. Wie muss der Körper erst reagieren, wenn Dunkelheit als Strafe benutzt wird! Ich bin ja freiwillig hier im Dunkeln, mit einem positiven Verständnis und wissend, dass ich jederzeit abbrechen kann, wenn ich möchte. Wie muss es Menschen, v. a. Kindern gehen, die in die Dunkelheit gegen ihren Willen gesperrt werden, als Strafmaßnahme? Wie extrem muss da der Körper reagieren, wenn Angstgefühle und eingesperrt sein noch dazu kommen? In meinem Inneren tauchen Kriegsbilder auf. Ich sehe Menschen in Luftschutzbunkern sitzen, um sich vor Bombenangriffen zu schützen und bekomme eine Vorstellung davon, dass man vor Angst sterben kann.

Ich erzählte Holger gestern von meiner Angst vor dem Tod und von meinem Kindheitswunsch berühmt zu sein, damit nach meinem Tod der Nachwelt etwas von mir erhalten bleibt und sich die Welt auch Jahrhunderte später noch an mich erinnert und ich nicht ganz „verloren oder vergessen“ bin. So wie „man“ heute über längst verstorbene Staatsoberhäupter, Goethe und Schiller redet.

Holger meinte, das könnte auch karmisch bedingt sein und die Angst vor dem Tod sei wie der Stachel im Fleisch. Diese Angst vor dem Tod würde mich dazu bewegen, mich damit tiefer zu beschäftigen, Leute zu heilen und Vorträge darüber zu halten. Dadurch könnte ich die Angst dann mit der Zeit auflösen. Diese Angst vor dem Tod aufzulösen sei sozusagen eine Lebensaufgabe für mich. Und wenn ich das gelöst habe, dann würde ich sterben …

Hhuuuuu. Mich durchzieht ein grausiges Gefühl, ich schüttle mich und alle meine Körperhaare stellen sich kerzengerade auf. Indem ich die Forschungen über den Tod durch Vorträge u. a. Öffentlichkeitsarbeit weitergebe, würde lt. Holger nebenbei auch mein Berühmtheitswunsch erfüllt. Es sei Quatsch, das Berühmt-Sein-Wollen zu unterdrücken, sondern es müsse einfach gelebt werden.

Ich denke eher, dass der Berühmtheitswunsch aus der Angst vor dem Tod und dem Gedanken, dann **niemals** je wieder zu leben, seine Kraft zieht.

Ich setze mich zu einer Meditation, aber es ist wie gestern: Die Atmung geht nicht tief, totale Spannung in mir, die Beine tun gleich weh, die Atmung wird immer schneller und flacher, das Herz wird immer aufgeregter und ich fange an zu schwitzen. Angstreaktion!? Ich rede mir innerlich gut zu, mich auf das 1. und 2. Chakra konzentrierend: „Ist ja spannend, wie du reagierst. Mach mal einfach weiter, egal, wie der Körper reagiert, mal schauen wie es weitergeht." Durch diese Gedanken werde ich ruhiger.

Außerdem stelle ich eine Flut an Gedanken fest, die mich pausenlos durchziehen, als ob die verhindern wollen, dass ich in eine tiefe Ruhe hineinkomme.

„O. k.", sage ich mir, „alle Gedanken dürfen sein, haben ihre Berechtigung und ich mache trotzdem weiter." Die Gedankenflut bleibt jedoch, als ob die Gedanken mein Abtauchen in die Tiefe verhindern wollen.

Unglaublich diese Schwierigkeiten! Ich fühle mich wieder wie ein Anfänger, als ob ich noch nie meditiert hätte.

Durch weitere unbeirrbare Konzentration auf die Chakren komme ich beim 4. Chakra, in meinem Herzen, an. *(Das Ankommen in meinem Herzraum erinnerte mich an ein Seminar bei Bert Hellinger, wo es darum ging, der Mutter oder anderen wichtigen Personen einen Platz im Herzen zu geben.)*

Ich sehe, wie mein engster Familienkreis sich vor mir versammelt und führe meine Eltern und Großeltern mütterlicher- und väterlicherseits zu einem eigens für sie bestimmten Ehrenplatz in meinem Herzraum. Ein berührender Moment!

Den Großeltern väterlicherseits stelle ich meine Familie vor, da ich die beiden nie kennengelernt habe. Wie sehr sie sich freuen, uns alle zu sehen … Wellen von Liebe und Zuneigung strömen durch mich hindurch …

Nachdem wir uns bekannt gemacht haben, blicke ich auf alle meine Ahnen und bitte sie, freundlich auf mich und meine Familie zu schauen. Ein zustimmendes Nicken lässt mein Herz ganz warm und weit werden.

Ich nehme auch noch meine verstorbene Stiefmutter dazu. Diese Frau hat mir viel gegeben und ich habe sie als Zweit-Mutter sehr lieb gewonnen. Ich danke ihr noch einmal für die gemeinsame Zeit, die wir miteinander hatten und schaue in die große Runde. Dabei fühle ich mich sehr wohl, bereichert und auf berührende und ganz neue Art und Weise wunderbar vollständig. Ich denke an meinen Mann – auch er ist in meinem Herzen, obwohl ich mich vor Kurzem von ihm trennte.

Ich konzentriere mich nun auf das 5. Chakra *(Halsbereich)* und lande in meiner Klause im Himalaja, die ich aus früheren Meditationen schon kenne. Ich habe mir in 4.000 m Höhe eine Höhle eingerichtet. Während ich draußen sitze, schweift mein Blick über hohe Berge und weite Täler. Ich genieße die Stille, die Weite und die erfrischende Klarheit der Luft.

Im Innern der Höhle befindet sich ein Gang, der in einer Rechtskurve nach oben geht. Ich komme an die Stelle, an der eine Klappe den weiteren Weg nach oben versperrt. Seit zwei Jahren versuche ich sie zu öffnen, was mir jedoch nie gelang. Ich weiß: Wenn es mir gelingt, die Klappe zu öffnen, gelange ich in den nächsten Raum *(6. Chakra)*.

Ich untersuche die Klappe … sie sieht anders aus als sonst … wie eine schwere Eisenfalltür, die ich mit einiger Kraftanstrengung bewegen kann. Ungläubig schaue ich auf die Klappe … ich kann es kaum glauben … Hurra!!!

Doch noch bevor ich sie öffne, schiebt sich ein Gedanke in den Vordergrund: „Was verbirgt sich hinter der Eisenklappe?" Ein beklemmendes Gefühl kommt auf und verdrängt die anfängliche Freude. Mein Herz reagiert sofort mit ein paar schnelleren und lauteren Schlägen.

Eine plötzliche Erkenntnis trifft mich: Es war meine Angst, die in den vergangenen zwei Jahren verhindert hat, dass ich die Klappe öffnen kann. Ich bin baff.

Mit klammen Händen öffne ich langsam die Klappe und erblicke eine Treppe, die ich langsam und ganz vorsichtig mit laut klopfendem Herzen nach oben gehe. Ich komme auf einen riesengroßen Heuboden, dessen Wände aus alten dicken Holzlatten bestehen. Ein angenehmer Heugeruch zieht in meine Nase, den ich trotz starker Zugluft deutlich wahrnehme. Anderthalb Meter vor mir sitzt eine dunkelbraune Maus mit einem schwarzen Strich auf dem Rücken und schnabbelt an einer Kornähre rum. Sie sieht ganz dick aus … ganz zufrieden … ganz glücklich. In vielleicht 15 m Entfernung vor mir liegen etliche Heuballen. Als ich mich umdrehe, sehe ich an der Wand dicke große Strohballen bis zur Decke hoch sauber gestapelt. Die vielen Heufusseln auf dem Boden werden vom Wind hin und her bewegt. In der Mitte des Heubodens zieht es am meisten. Einerseits ist es hier urgemütlich, andererseits wegen der kalten Zugluft aber zugleich auch sehr ungemütlich.

Ich frage die kleine Maus, warum sie so viel frisst. Sie meint, sie müsse sich Winterspeck anfressen, weil es im Winter hier kaum Futter zu fressen gäbe und es auch furchtbar kalt wäre.

Ich schaue mich um: rechts von mir ist ein großes Schiebetor, das weit offen steht. An der linken Wand klafft ein großes Loch – eine der großen Holzlatten ist kaputt. Auch die anderen Latten sind an mehreren Stellen undicht nebeneinandergesetzt, sodass überall Ritzen sind. Jetzt ist mir klar, warum es hier so zieht.

Ich frage die Maus, ob es ihr besser ginge, wenn ich den Heuboden repariere. Sie meint nein, denn dadurch gäbe es im Winter auch nicht mehr zu fressen. Daher müsse sie sich den Winterspeck jetzt schon anfressen, um den Winter gut zu überstehen.

Mir kommt die Idee, ihr Milch, Korn und Käse hinzustellen und Heu bereitzulegen, damit sie es kuschelig und warm hat. Nachdem ich alles fertig habe, wende ich mich wieder an sie: „Ist das o. k. für dich, Mäuschen?"

Da guckt mich die Maus mit ihren großen tiefschwarzen Kulleraugen längere Zeit ganz direkt an und geht kurz darauf weg. Ich deute es so, dass sie sich sicher fühlt und nicht mehr alles so „zur Vorsorge" in sich rein fressen muss.

[02/2010: Aus heutiger Sicht würde ich sagen, dass das Mäuschen auf unbewusste Ängste hinweist, an die ich durch das „Dunkelvorhaben" tiefer dran kam. („Am liebsten vor Angst im Mäuseloch verschwinden" war ja das Grundgefühl, bevor Holger das Licht ausknipste – in dem Moment fühlte ich mich auch nicht größer als eine Maus.) Die Aussagen der Maus sprechen dafür, dass ich mir in einem sehr frühen kindlichen oder auch frühgeburtlichen Stadium einer kontinuierlichen Versorgung und dauerhaften (emotionalen) Wärme nicht sicher war und deshalb etwas ändern („einen Vorrat anlegen") wollte, um diesem Zustand möglichst weniger ausgesetzt zu sein, weil er als furchtbar empfunden wurde. Es geht um eine existentielle Angst, denn die Maus weist immer wieder darauf hin, wie

wichtig es ist, sich Winterspeck anzufressen, um die (emotionale) Kälte und Hungerszeit zu überstehen. Indem ich mich der Maus liebevoll zuwandte, erhielt sie, was sie brauchte an Zuwendung, Nähe, Nestwärme (über das Heu), genährt werden in Form des „Lieblingsfutters". Das Weggehen der großen Maus und (später) auch das Verschwinden der kleineren Mäuse zeigt m. E. nach die zunehmende Transformation der tiefliegenden Ängste in mehr existentielle Sicherheit an.]

Ich nehme mir vor, den Heuboden sauber zu machen, alles zu reparieren, aufzuräumen und gemütlich herzurichten. Mir gefällt es hier.

Wenig später habe ich die kaputte Latte repariert und schaue, an die Holzwand gelehnt, zu dem geöffneten Tor hinüber. Ich muss recht weit oben sein, denn außer grauem Himmel kann ich nichts weiter erkennen. Es ist ziemlich diesig und stürmisch draußen und mein Magen zieht sich zusammen bei der Vorstellung, dichter an das Tor heranzutreten. Heftiger Wind weht herein, was auf Kosten der Gemütlichkeit geht. Ich spüre den Wunsch in mir aufsteigen, doch das Tor zu schließen.

Ängstlich gehe ich langsam näher auf das Tor zu. Aus 2 m Entfernung werfe ich einen kurzen Blick nach unten – schwindelerregend! Der Wind streift hart mein Gesicht und meinen Körper.

Gedanken wie: „Ich könnte das Gleichgewicht verlieren und runterfallen, wenn ich noch näher heran gehe." Oder: „Wenn der Wind mich zu fassen kriegt, zieht er mich raus", überschwemmen mich und verstärken meine Angst. Das ist mir bewusst, ich kann sie jedoch nicht ausschalten. Die Gedanken und die daraus folgende Angst, die ich im Bauch als mulmiges Gefühl spüre, haben mich „im Griff".

Ich bleibe im Sicherheitsabstand zur Öffnung, gehe an das Rückteil vom Tor, stemme mich dagegen und versuche es zuzuschieben. Der Wind pfeift laut um mich herum …, brrrrr …, ich bekomme das Tor trotz größter Kraftanstrengung nicht zu. Zunächst gebe ich auf. Dann bleibt es eben erst mal offen …

Doch es lässt mir keine Ruhe und ich schaue mir das Tor näher an: Ein großes schweres Eisentor, das nach rechts aufgeschoben ist und auf völlig eingerosteten Rollen ruht.

Da ich dieses Tor nicht schließen kann und es wegen dem Wind so ungemütlich und mittlerweile auch kühler geworden ist, verlasse ich den Heuboden wieder. Ich schließe die Klappe und gehe den Weg zurück, sitze wieder oben in meiner Klause mit einem wunderschönen Ausblick auf die Berge und fühle mich sauwohl. Der Ruf meiner Blase nach einer Toilette lässt mich meine Meditation beenden.

Auf dem Rückweg von der Toilette ins Zimmer verlor ich die Orientierung und landete, in der Meinung, es gehe geradeaus, an der Wand. Im 45°-Winkel rechts von mir fand ich die gesuchte Badtür. Es dauerte einige Zeit, bis ich mich neu orientiert hatte. Selbst in dem kleinen Flur fand ich mich nur schwer zurecht.

Ich habe mich zum meditieren ins Bett gelegt, um mich den Gedanken als auch den Lücken dazwischen zu widmen und zu schauen, woher sie kommen. Lange Zeit vergebliche Versuche: Die Gedanken sind immer plötzlich schon da und ich kann sie nicht an ihren Ursprung zurückverfolgen.

Nach intensivierter Konzentration gelingt es mir, einzelne Gedanken in den Blick zu bekommen, die von vorne auf mich zukommen. Ich schnappe mir den nächsten Gedanken, der von einer Blase umgeben ist und hefte ihn an die Zimmerdecke, damit er dort bleibt und mich nicht weiter ablenkt. Als ich nach einer Weile an die Decke schaue, muss ich lachen, denn die Decke sieht schon aus wie ein mit vielen Schröpfgläsern bedeckter Körper. Mindestens 50 Gläser müssen das schon sein. In den Blasen sehe ich die Gedanken, die sich teilweise beschweren, dass sie an der Decke gefangen sind. Wütend schlagen einige von innen gegen die dicke Blasenwand.

Ich grinse triumphierend, gelassen und siegessicher zurück, da sie mich nicht mehr belästigen und ablenken können. Jetzt ist die Entscheidungskraft auf meiner Seite – ich kann entscheiden, ob und wann und wie lange ich mich mit ihnen beschäftige oder auch nicht. Ich kann, wenn ich meine Aufmerksamkeit auf die einzelnen Gläser richte, genau erkennen, welcher Gedanke darin gefangen ist. Es erstaunt mich, was sich da an verschiedenen Themen so alles ansammelt mit der Zeit.

Kaum habe ich jedoch einen Gedanken an die Decke „geheftet“, bin ich schon verfangen in einem nächsten. Der steht entweder einfach vor mir oder ich bin sofort mit ihm verwickelt, durch ihn abgelenkt und weggetragen, ohne zu sehen, woher er kommt.

Es ist, als ob mir die Gedanken nicht erlauben wollen, frei von ihnen zu sein. Immer neue Gedanken kommen, die ich an die Decke heften kann, dann bin ich für einen kurzen Moment frei, bis der nächste kommt, der mich in sein Thema verwickelt und fortträgt. Es ist wie ein Kampf zwischen den Gedanken und mir – ich möchte frei sein und meine Ruhe haben, während die Gedanken versuchen, genau dies zu verhindern. Ich fühle mich bedrängt und belästigt, ohne eine Ahnung, wie ich das ändern kann. Es sind so viele!

Von irgendwoher taucht plötzlich ein dreidimensionaler Dinosaurierkopf mit riesig großen Zähnen auf. Ich kann mir seine Zähne genau ansehen und finde sie sehr beeindruckend: groß, spitz und scharf. Unwillkürlich spreche ich den Dinokopf an: „Was hast du nur für große Zähne!“ Der Kopf verschwindet und erscheint wenig später wieder. Ich finde das sehr spannend und fühle mich in der gleichen Situation wie Rotkäppchen, das angstfrei mit dem bösen Wolf redet. Ich bekomme nur keine Antwort von dem Dino. Nach kurzer Zeit verblasst der Kopf.

Ich entschließe mich, noch einmal auf den Heuboden zu schauen und hebe die Klappe gerade so weit an, dass ich mit dem Kopf und Oberkörper durchpasse. Mit einem Blick zum geöffneten Tor erfasse ich, dass es draußen regnet und stürmt. So halb auf der Treppe stehend und die Klappe mit meinem Rücken hochhaltend, fülle ich die Näpfe für das Mäuschen nach, da bereits alles aufgefressen ist. Ich gieße frische Milch ein und lege ein extra dickes Stück Käse in die Schale. Danach schließe ich die Klappe wieder – ist mir zu ungemütlich.

Mir fallen immer wieder die Fahrräder ein, von denen Holger mir erzählt hat *(er hatte mal einen Mann in der Dunkeltherapie, dem zeigten sich tagelang Fahrräder, die von der Decke fielen. Der ganze Raum war schon voll, sodass er kaum noch laufen konnte und er wusste nicht, was er damit anfangen sollte. Ich konnte mich kaum halten vor Lachen, es war zu drollig, wie Holger das erzählte).*

Es ging mir mit den Fahrrädern jetzt wie dem Mann, der beim meditieren bloß nicht an Kamele denken sollte, sonst würde ihm die Meditation nicht gelingen. So wie dieser Mann freilich nur noch an Kamele dachte, gingen mir die Fahrräder nicht mehr aus dem Kopf. Anfangs fand ich das sehr amüsant und musste wieder und wieder darüber herzlich lachen, bis mir die Tränen kamen.

Später jedoch, als sich die Fahrräder in meinem Kopf so richtig eingenistet hatten und ich sie nicht mehr loswurde, war es sehr nervend! Ich kam mir echt bestraft vor, weil ich so über den Mann mit den Fahrrädern gelacht habe.

Ich liege nur herum und bin faul. So faul war ich glaube ich noch nie in meinem ganzen Leben! Währenddessen gehen die Gedanken kreuz und quer, völlig sinn- und zusammenhangslos: einem Sohn Haare schneiden, mit dem anderen Sohn über die Schule sprechen, mit einer Freundin philosophieren, meine Eltern, meine Tochter in Amerika …, alles taucht nur ganz kurz auf, dann gleich wieder ab und ein neuer Gedanke kommt. So geht das eine lange Zeit.

Zwischen all den Gedanken taucht erneut ein dreidimensionaler Dinosaurierkopf vor mir auf, noch größer als der erste. Die Zähne sind sehr beeindruckend und ganz klar zu sehen, als würde ich sie in einem Museum studieren können, so nahe sind sie. Ich brauche nur die Aufmerksamkeit auf einen bestimmten Zahn zu lenken, sofort kommt dieser näher, wie herangezoomt, um ihn besser studieren zu können … spannend: Die Zähne haben was von Größe, Erhabenheit, Stärke, können Furcht einflößend sein, zollen mir Respekt ab, machtvoll, kraftvoll; dennoch habe ich keine Angst. Mir ist trotz des lebendigen und realen Aussehens zugleich sehr klar, dass dies nur ein Bild ist.

Eine Blume löst den Dinokopf ab, dann folgen Sternchen – es ist wie im Kino. Als der Kinofilm zu Ende ist, tauchen erneut Gedanken auf – hin und her, zusammenhangslos. Ich bin müde.

Beim Tai Chi verliere ich zu meiner Verwunderung noch immer schnell das Gleichgewicht und es braucht meine volle Sammlung im Körper, um überhaupt im Stand zu bleiben. Dadurch bringe ich eine um ein Vielfaches erhöhte Form von Konzentration und Aufmerksamkeit auf, als ich sonst beim Üben aufbrachte. Dabei dachte ich immer, eine gute Aufmerksamkeit zu haben und ganz gut im Körper und der Hüfte gewesen zu sein, aber das sind im Nachhinein betrachtet nicht mal 50 % gewesen gegenüber dem, was ich jetzt empfinde. Weder war es eine hohe Aufmerksamkeit noch war ich gut **im** Körper.

Nach dem Tai Chi stärke ich mich mit wundervollem Kamillentee. Der Körper fühlt sich total locker an und ich spüre ein starkes und warmes Strömen überall in mir.

Ich werde zur Abwechslung mal wieder meditieren …, plötzlich muss ich lachen über meine Gedanken, denn mir scheint, ich würde die ganze Zeit nichts anderes tun als genau das.

Ich sitze im halben Lotussitz, fühle mich innerlich total zufrieden, vermisse nichts und tauche ab in meine Innenwelt …

Mein Herz schlägt ganz aufgeregt, als ob es Angst hat – oder? Ich weiß es nicht. Fühle eine innere Aufregung, als ob irgendetwas bevorsteht. Trotzdem ist die Atmung ganz ruhig und fließt leicht und tief in den weichen, lockeren Bauch hinunter.

Ich komme zum Heuboden, öffne die Luke und schaue direkt auf das Mäuschen. Sie muffelt an dem dicken Käse, den sie zwischen ihren Pfötchen hält. Es schmeckt ihr sichtlich gut. Die Milch ist bis auf wenige Tropfen ausgetrunken.

Es hat durch das offene Tor reingeschneit. Den glitzernden Schnee fege ich mit einem Besen raus – mich schaudert ob der Tiefe, in die ich ihn fallen höre …

Dann nehme ich mir das Tor wieder vor. Ich entferne so gut es geht den Rost von den Rollen und öle sie ein. Dann löse ich den dicken Haken, der das Tor sichert, und versuche erneut, es zu schließen. Dabei riskiere ich einen Blick nach draußen. Es sieht weiß aus, wie dichter Nebel. Nichts weiter zu sehen. Laut quietschend schiebe ich das Tor langsam zu. Da ich nun im Dunkeln dastehe, öffne ich das Tor wieder einen Spalt breit, um nach Fenstern zu suchen. Auf der linken Seite sehe ich zwei Fenster mit geschlossenen Fensterläden – und überall Spinnweben! *(Als ob hier Jahrhunderte niemand mehr war.)*

Ich mache erst mal sauber. Der Heuboden ist ca. 30 m lang und 15 – 20 m breit. Ich fege die Heufusseln am Boden zusammen und die Spinnweben weg, öffne die Fensterläden und schiebe das Tor vollständig zu. Wie gemütlich jetzt …
Körperlich macht es sich bemerkbar, dass ich hier nur herumsitze oder liege. Beim Tai Chi vorhin habe ich total geschwitzt und Liegestütze schaffte ich mit Mühe und Not 20. Danach: völlig k. o.

Alles, was ich in diesem unkonventionellen „Kino" zu sehen bekomme (Punkte, Stäbchen, Blume, Drachenkopf …), sehe ich mit geöffneten wie mit geschlossenen Augen, ohne Unterschied. **Immer online.** Das ist neu für mich.

Gespräch mit Holger
Im heutigen Abendgespräch hat Holger viele spannende Dinge erzählt, zu viel, um alles zu behalten.

Er meinte, Materie sei geronnener Geist und Seele sei alles, was du gedacht und gefühlt hast. Dies würde übrig bleiben, wenn der Körper gestorben ist. Holger sagt zu Seele Plasma und dieses Plasma sei ein offenes System und mit allem verbunden.

Ich erinnere weiter von seinen Erklärungen, dass das Seelenreich die Hölle sei, weil man im Seelenreich **das ist**, was man als Lebender die ganze Zeit über gedacht und gefühlt hat. Im Moment des Sterbens würde man durch einen Tunnel gehen. Kurz davor gäbe es einen Rückblick über das gesamte Leben, den seinen Erfahrungen nach ausnahmslos jeder habe. Im Augenblick des Rückblicks würde dein gesamtes Leben plötzlich verstehbar: warum du umgebracht oder verprügelt wurdest oder warum du diese oder jene Entscheidung getroffen hattest. Du würdest erkennen, dass alles in deinem Leben einen Sinn hatte und wie sich die einzelnen Lebenssituationen aus den vorangegangenen ergeben haben. Durch dieses Erkennen könne sich Hass, Wut, Angst oder Traurigkeit wandeln und der Frust auf den anderen würde sich auflösen, weil du genau verstehst, warum er dir etwas antat oder warum du bestimmte Dinge getan hast oder warum sich auch unschöne Dinge für dich oder den anderen ereigneten. Du verstehst, dass alles Erlebte mit dir zusammenhängt und nichts ein „Zufall" war. Alles, was du als Lebender „falsch" gedacht oder getan hast – aus falschen Überlegungen oder Überzeugungen heraus –, kommt auf dich wieder zu, wenn du gestorben bist und deshalb sei das Seelenreich die Hölle.

Nach dem Lebensrückblick gehst du dann in das geistige Reich ein.

Das Wort Hölle leitet sich lt. Holger von dem griechischen Wort Hel ab. Hel sei ein Zustand von Dämmerlicht, ähnlich der Morgen- und Abenddämmerung. Wenn jemand erzählt, er habe etwas erlebt, das von einem Gefühl der Nebligkeit und Diesigkeit draußen begleitet war, dann weiß Holger, dass der im Begriff ist, diese Dimension zu verlassen. Gleiches würde gelten, wenn jemand von Wasser (Fluss, Strömung, See etc.) erzählt. Das sei auch als Hinweis für den Übergang ins Totenreich zu deuten. Dann sollte man achtgeben und wissen, dass derjenige im Begriff ist, ins Totenreich zu gehen. Laut Holger hat die Seele den Körper dann schon verlassen.

Ich frage mich: Wie kann so ein Mensch dann noch berichten, wenn er doch gar nicht mehr in seinem Körper ist? Körper verlassen heißt für mich tot sein. Mein Verstand produziert ein Knäuel von Fragezeichen.

(02/2010: Ich kenne das Symbol Wasser auch als Hinweis auf die Gefühlswelt.)

Laut Holger gibt es drei Möglichkeiten, eine Gotteserfahrung zu machen:

1. Über ein Nahtoderlebnis
2. Über Meditation
3. Spontan

Nur ganz wenige Personen hätten eine wirklich mediale Begabung. Oft sei es der einfache Bauer oder Bürger von nebenan, der auf einem bestimmten Gebiet medial ist. Diese Menschen würden meist nur ein, zwei oder drei Richtungen haben, in denen sie medial sind, z. B. der Bauer, der die frische Kuhmilch in einer bestimmten Weise umrührt, sodass sie nicht sauer wird. Holger meint, es gäbe nur eine Handvoll Menschen, die rundum medial begabt sind.

Holger fand es ganz gut, dass ich heute so faul war, denn Faulheit sei der beste Weg zur Seele. Er spielte mir am Ende der Sitzung auf seinem großen Gong vor. Einfach toll, die Klänge zu hören. Gegen Ende hatte ich mit jedem Schlag einen weißen spiralartigen Lichtkreis in meinen Augen, der immer wieder verblasste, um mit dem nächsten Ton wieder kraftvoll aufzuleuchten, als gäbe es da einen Zusammenhang. Spannend. Bis der letzte Gong leise verhallt, bin ich ganz in der Beobachtung versunken …

Nach den Klängen schlafe ich recht schnell ein und habe folgenden Traum:

„Ich bin mit noch jemandem auf einer Ausbildungstour und wir sind auf dem Heimweg. Das gerufene Taxi kommt sofort. Es sollte uns nach Berlin-Adlershof fahren, wo ich wohne *(vom 10. – 14. Lebensjahr wohnte ich wirklich dort)*. Plötzlich ändert sich die Szene und ich stehe vor meinem Postauto. Meine Frau macht sich über irgendetwas lustig und meint, ich sei doch blöd oder so ähnlich. Es fängt an, riesig große Regentropfen zu regnen, als würden Steine oder anderes Zeug vom Himmel fallen – keine Ahnung, jedenfalls nehme ich meine Frau am Arm und renne mit ihr unter ein Schutzdach. In Sicherheit angekommen, rege ich mich fürchterlich auf und sage ihr, wenn sie zu mir noch mal so was sagt, dann lasse ich mich scheiden. Woraufhin sie völlig ausklinkt und zu weinen beginnt.“ Ich wache auf.

Mir wird bewusst, dass ich die Worte „dann lasse ich mich scheiden“ zu einer Frau sagte, zu meiner Frau! Eigenartig – also muss ich ja wohl ein Mann sein. Ich bin sehr verwundert.

4. Tag – Sexuelle Dämonen

Ich finde es wunderschön, wieder ins Bett zu krauchen, bin richtig lustlos und faul. Ein Flackern ist in den Augen, ähnlich dem einer Kerze. Mal flimmert es links, mal rechts oder auf beiden Augen. Irgendwann ringe ich mir 30 Liegestütze und 28 Kniebeuge ab. Total k. o. danach.

Ich setze mich zur Meditation und gleite in einen unheimlich tiefen meditativen Zustand. Die Gedankenschicht liegt weit über mir und belästigt mich nicht mehr. Je tiefer ich komme, umso mehr habe ich ein unbestimmtes Gefühl von Angst. Mein Herz drängt sich laut gegen die Brustwand hämmernd in den Vordergrund, die Atmung wird flacher …

Ich spüre, wie Energie vom untersten Chakra in der Wirbelsäule nach oben steigt. Als sie im Nackenbereich ankommt, tauche ich wie von allein noch mal eine Schicht tiefer ab *(als ob ein Fahrstuhl eine Etage tiefer fährt)*, was erneut starkes Herzklopfen und eine flachere Atmung auslöst. Komme in einen Bereich einer bisher unbekannten und ungeheuren Tiefe. Ich konzentriere mich weiter auf die Atmung, um der Angst nicht so den Raum zu geben …

Währenddessen streckt sich meine Wirbelsäule wie von allein völlig geradeaus. Ich fühle, wie jeder einzelne Wirbel sich, z. T. laut knackend, ohne mein Zutun kerzengerade aufrichtet, sodass die gesamte Wirbelsäule eine völlig gerade Linie ergibt. *(Als ob der Körper sein eigenes Ding machte und die Wirbel sich eigenständig entschlossen, kerzengerade zu stehen.)*

Später in der Meditation nahm ich meinen Körper wie eine Hülle wahr und hatte dabei das Gefühl, nur noch im obersten Schädelbereich direkt unter der Schädeldecke zu sein. Nach einiger Zeit entstanden in der Stirn leichte Kopfschmerzen, während die Schmerzen in den Knien und in der Hüfte vollständig aufgelöst waren. Die Wirbelsäule fühlte sich ganz frei und warm an – insgesamt war mir sehr warm.

Nach und nach verschwand auch die „Körperhülle“ und ich nahm nur noch mein klopfendes Herz und den Atem wahr. Als ob das Herz ohne Körper schlägt und die Atmung ohne Körper atmet. Diese beiden Körpersignale sagten meinem Verstand, dass der Körper noch da sein musste.

Nach dieser stundenlangen Meditation bekam ich starke sexuelle Gefühle und quäle mich seitdem damit herum. In mir vibriert, rauscht und strömt alles ganz doll, was sexuell sehr anregend ist. Gegen den immer stärker werdenden Wunsch, den sexuellen Gefühlen nachzugeben, kämpfe ich an. Ich weiß, dass wenn ich nachgebe, der Orgasmus mich zwar in den 7. Himmel befördert, nach einem kurzen Moment jedoch alles vorbei und die Energie raus ist. Da ich aber möchte, dass mir die Energie für geistige Prozesse zur Verfügung steht, fokussiere ich auf diesen Gedanken, wodurch sich die Lustgefühle beruhigen. Es kostet aber meine stärkste Konzentrationsfähigkeit und äußerste Willenskraft. Lasse ich mit meinem gedanklichen Fokus, meiner Konzentration und meinem Willen auch nur wenig nach, schon stehen die sexuellen Gedanken und Wünsche wie von allein „auf der Matte". Als ob sie nur darauf warten, dass meine Konzentration nachlässt und mein Wille zermürbt ist. Jetzt weiß ich, was Dämonen sind!

Ich lenke mich mit Gemüsesuppe trinken ab, was gut gelingt, dann setze ich mich wieder zur Meditation.

Von der vorhergehenden Meditation bin ich noch immer in einem sehr ruhigen und tiefen Zustand; habe keine Schwierigkeiten, wieder in größere Tiefen abzutauchen, keine Gedanken, die mich daran hindern. Ich fühle mich sehr, sehr ruhig und zentriert …

Während ich abtauche, verschwindet der Fußboden und ein bodenloser Abgrund tut sich auf. Wenn jetzt Holger reinkäme, könnte er mir gar keinen Tee bringen. Nur der Platz, wo ich auf einem Kissen sitze, und die Wand links neben mir sind noch vorhanden.

Ich schaue in die schwarze Tiefe vor und rechts von mir. Meine Atmung ist ganz tief und ruhig, mit sehr langen Pausen nach der sehr langen und tiefen Ausatmung. In meinem Kopf ist es hell, ich sehe Sternchen und Punkte ab und an flimmern …, so geht das schon den ganzen „Tag".

Meine sexuelle Energie *(und mit ihr die Lust)* meldet sich wieder, und ich versuche, sie in die Wirbelsäule umzuleiten, damit sie nach oben strömen kann. Ich fühle Wärme im Rücken nach oben steigen. Strikt konzentriere „ich" mich auf die Atmung, wodurch Trieb und Lust verschwinden.

Kaum fällt es mir jedoch bewusst auf, den Trieb besiegt zu haben *(zumindest für ein paar Minuten)*, und erfüllt mich diese Erkenntnis mit Freude und einem Siegergefühl, bringt er mich auch schon wieder in Versuchung. Ein interessantes Wechselspiel. Über die Konzentration kann der Dämon vertrieben werden. Ich darf mich nur nicht einlassen auf die sexuellen Gedanken und Vorstellungen und schon gar nicht auf das körperliche Lustgefühl. Gelingt mir dies, verschwinden die sexuellen Gedanken und mit ihnen die körperliche Lust. Aber es ist ein schwerer Kampf. Wer ist stärker? Wer hat den längeren Atem? Wer kämpft da eigentlich? „Ich" gegen meinen Trieb. Wer oder was ist denn dieses „Ich"? Bewusstsein. Trieb und Bewusstsein sind also getrennte Dinge. Verrückt. Habe ich noch nie so wahrgenommen.

(02/2010: Heute würde ich sagen: Sexuelle Gedanken gehen mit sexuellen Vorstellungen einher und diese wiederum lösen im Körper sexuelle Gefühle aus. Es geht also weniger darum, „wer gegen wen kämpft", sondern darum, in welchem Maße mir diese Zusammenhänge bewusst sind und welcher Grad an Gedankenbeherrschung erreicht ist, d. h. inwieweit ich frei bin in meiner Entscheidung, mich auf sie einzulassen oder nicht.)

Total warm ist mir. Bei der Ausatmung fließt die Luft lang anhaltend aus mir heraus, so lang, als würden mehrere normale Atemzüge zusammenfallen. Wo kommt nur die ganze Ausatemluft her? Ich bin über die Länge der Ausatmung sehr erstaunt. Als ob sie gar nicht aufhört … der Atem fließt unendlich lang aus mir heraus … ganz langsam … als ob sich ein volles Gefäß langsam bis auf den letzten Rest entleert …

Die nach der Ausatmung folgende Pause dauert lange … sehr lange … es verlangt mich nicht nach Einatmung … Ruhe … Stille … SEIN …

Irgendwann bewertete der Verstand die Pause als „gefährlich" lange. Sofort tauchte Angst auf, mein Herz fing wild an zu klopfen und ich schnappte in mehreren schnellen Atemzügen nach Luft, als ob ich nach einem tiefen Tauchgang endlich wieder an die Wasseroberfläche zum Luft holen komme …

[07/2010: Die Wertung „gefährlich" basierte auf den Gedanken „Jetzt musst du aber Luft holen, sonst nimmt dein Gehirn Schaden aufgrund des Sauerstoffmangels und du könntest sterben!" Ich hatte mich dieser allgemeinen Ansicht gefügt, weil sie Angst auslöste. Aber wäre ich wirklich gestorben oder habe ich mich hier um die Möglichkeit einer sehr tiefen Erfahrung gebracht? Welche Erfahrung hätte ich gemacht, wenn diese Gedanken nicht aufgekommen wären? Ich habe über Yogis gelesen, die sehr lange (Stunden, Tage, sogar Wochen) ohne Luft auskommen – ist das nicht ein Hinweis, dass dies nicht unbedingt zum Tod führt?]

Nach geraumer Zeit hat die Lust mich überwältigt, ich konnte ihr nicht mehr standhalten, konnte das Verlangen nicht mehr verdrängen – oder wollte ich es nicht mehr? Wollte ich mich überwältigen lassen? Ja! Es war viel einfacher, nachzugeben. Ich habe mich ergeben. Es wurde zunehmend schwieriger, mich auf die Atmung zu konzentrieren. Aufdringlich wie Schmeißfliegen kamen die sexuellen Gedanken und Vorstellungen wieder und wieder und stürzten sich regelrecht wie Furien auf mich. *(Die „Furien" sind Spiegel für den verdrängten Wunsch.)*

Ich schwebe … in einem berauschten Zustand … kaum beschreibbar … ein Gefühl wie abgehoben … starkes Strömen und Fließen im ganzen Körper … sehr warm … heiß … Schwitzen … Rauschzustand …

Später überfällt mich eine Trägheit und Schwere, Kopfschmerzen kommen auf im Stirnbereich und der Mitte der Schädeldecke. Gleichzeitig fühle ich mich „sauwohl". Gefühl von erschöpft und zutiefst zufrieden. Weiterhin die Empfindung im Körper, an einer starken Stromleitung angeschlossen zu sein … es strömt …

Mir scheint, ich liege seit Stunden im Bett, fühle mich müde und schlapp, wie eine Trantüte. Würde am liebsten noch weiter einfach nur herumliegen. Aber ich werde jetzt noch ein wenig trinken *(obwohl ich keinen Durst habe)*, Toilette ist auch wieder dran und Holger wird wohl auch bald kommen.

[02/2010: „Wie eine Trantüte" ist nach dem Modell (s. Kapitel 1) eine Wertung (Pig Parent Energie), wo ein Gefühl des Schlappseins und der Müdigkeit negativ bewertet (faul, träge, zu langsam) und erwartet wird, dass dies nicht so zu sein hat. In Anpassung an diese unbewussten verinnerlichten elterlichen Negativbotschaften werde ich aktiv (stehe auf, trinke etwas, gehe zur Toilette, raffe mich zu einer erneuten Meditation auf), um nicht als „Trantüte" oder „faul" abgestempelt zu werden, obwohl es nicht mein Bedürfnis war und ich viel lieber liegengeblieben wäre. Diese Diskrepanz zwischen liegenbleiben wollen und dem Zwang, etwas tun/machen zu „müssen", zeigt sich noch an mehreren Stellen, auf die ich aber nicht weiter eingehe.]

Nach Brühe und Tee schaffe ich es, mich zu einer erneuten Meditation aufzuraffen. Die frische Luft tut gut, die durch das geöffnete Badfenster reinkommt. Während ich versuche mich zu konzentrieren, stattet mir ein Brummer einen Besuch ab. Ich bin sehr erfreut und begrüße ihn: „Hallo, guten Tag! Schön, dass du mich besuchst." Ich verfolge ihn mit verbundenen Augen, lausche seinem Gebrumm. Hört sich an, als wäre er riesig. Ich tauche in sein Brummen ein … höre ihm zu … lausche in mich versunken … bis er durch die Badluke meine Gemächer wieder verlässt. War ein netter Besuch. Danke!

Ich konzentriere mich wieder nach innen und stelle erschrocken fest, dass die Energie, die vom Steiß aus in der Wirbelsäule (WBS) nach oben fließt, jetzt im Gegensatz zu vorher (stark, kräftig, leicht fließend) lediglich noch ein dünner, mickriger Strahl ist, der sich mental nur mit Mühe nach oben leiten lässt. Ich hatte nicht erwartet, dass die durch den Orgasmus eingetretene Energieentladung so deutlich spürbar sein würde.

Ich hatte darüber gelesen und rein rational machte es Sinn, dass sich bei einem Orgasmus Energie entlädt, doch hatte ich nie darüber nachgedacht, ob hinter solch nüchtern-theoretischen Feststellungen auch Erfahrungen stehen könnten. Dass an der Aussage was dran ist, weiß ich nun, zumindest bringe ich diesen Unterschied damit in Verbindung.

Beim Tai Chi bewege ich mich heute deutlich sicherer, kann auch auf einem Bein stehend den Fußspitzenkick ausführen. Ich habe mehr Gleichgewicht. Mein Herz macht ein paar Freudensprünge.

Kreative Energie lässt mich mit viel Spaß einen Kopfstand machen. Die Gammelphase und Lustlosigkeit von heute Nachmittag scheint total vorbei zu sein.

Holger macht mir gerade Tee und heißes Wasser – ich freue mich auf die bevorstehende Unterhaltung.

Gespräch mit Holger

Holger sagt, die Seele umfasse Gefühle und Gedanken und diese seien auch Energie. Gedanken und Gefühle bestimmen den Energiefluss. Wenn der Geist unruhig wird, entstehen Gedanken, Gefühle und das Ich.

Auf meine Frage, was das „Ich" ist, erklärt Holger, dass Seele und Geist identisch seien. Ich bin verwirrt über die Antwort, auch wegen der vielen Begriffe für ein und dasselbe.

„Wir sprechen doch von Körper, Geist und Seele, wie kann Geist und Seele da identisch sein?", frage ich und versuche ernsthaft, Holgers Gedankengängen zu folgen, was mir nur teilweise gelingt.

Ich fasse laut zusammen, was ich verstanden habe, um Holger die Möglichkeit zu geben, mich zu korrigieren: „Am Anfang ist reiner Geist, wenn der sich verdunkelt, dann sind wir Seele und wenn es noch dunkler wird, geht die Seele in den Körper."

Holger bestätigt das, aber für mich sind es nur Sätze, wirklich verstanden habe ich sie nicht.

Wir kommen auf Dämonen zu sprechen. Laut Holger sind das real existierende Wesen, die nie irdisch inkarniert sind und von Energie leben. Sie würden sich auf verschiedenste Art und Weise darstellen – z. B. erotisch, schrecklich, Angst einflößend – und sich ganz subtil in unsere Gedanken und Gefühle einschleichen. Deswegen gäbe es bei der Meditation auch immer die verschiedensten Versuchungen, z. B. erotischer Art oder ein Gefühl der Müdigkeit oder des Krankseins usw., um nicht weiterzukommen. Die Dämonen, so Holger, hindern einen am Weiterkommen. Diese Versuchungen wären so stark, dass es unheimlich schwer sei, sich dagegen zu wehren. Absolute Willenskraft und die Beherrschung der Gefühle und Gedanken seien notwendig, um stärker als die Dämonen zu sein.

Ich weiß, wovon er redet, habe ich doch die erotische Art gerade sehr eindrucksvoll kennengelernt und vielleicht waren meine Müdigkeit und Faulheit auch nichts anderes als Dämonen?

Holger lenkt das Gespräch erneut auf das Thema Sterben und die Todesreise. Ich lausche seiner bildlichen Beschreibung, wonach der Sterbende in einen Nebel und nach dem Durchschreiten dessen an den Totenfluss komme. In diesem würden Tote schwimmen, die ein Bild des Jammers abgeben und um Hilfe schreien. Nach Holger gibt es verschiedene symbolisierte Möglichkeiten, über diesen Fluss zu kommen: durch Überfliegen, das Erscheinen einer Brücke oder indem man direkt an den Fluss herantritt und diesen überquert, wobei die letzte die unangenehmste Variante wäre. Auf der anderen Fluss-Seite würde der Tunnel kommen, durch den der Sterbende in das geistige Reich gelangt, wo Licht, Liebe und universales Wissen ist. In der Regel würden die Seelen das Licht, die Liebe und das Wissen nicht lange aushalten und nach einer gewissen Zeit wieder zurück in das seelische Reich fallen. Es gibt, so Holger, auch noch die Variante, mit dem Nebel gleich im seelischen Reich zu sein. In diesem Seelenreich können die toten Verwandten auftreten und hier würden auch die Dämonen, Feen und Alpen (Elfen) existieren. Dies seien alles Energieformen, die im Seelenreich real lebten. Das Seelenreich sei keine Spielwiese und nicht ganz ungefährlich wegen der Dämonen, die einen ziemlich schnell gefangen nehmen können. Gefangen in dem Sinne, dass sie mit dir herumspielen oder dich erschrecken oder schlimmstenfalls deine Energie aussaugen; in dem Fall wäre das der sichere Tod.

Ich wechsle das Thema und frage Holger nach der Durchführung der Kundalini-Meditation. Er meint, ich solle die Energie (E.) aus den verschiedenen Körperteilen im Afterbereich sammeln, dann würde sich, wenn genug E. gesammelt ist, die Aftermuskulatur spontan zusammenziehen und dabei die E. in die Wirbelsäule (WBS) drücken. Dabei könnten all die Phänomene auftreten, die auch der Yogi Muktananda beschrieben hat. Mit ein wenig mentaler Kraft ließe sich die ganze E. nach oben zum Herzchakra ziehen. Ich könne die E. auch bis zum Scheitelchakra weiterleiten, aber dann würden noch mehr Phänomene auftreten. Er erwähnt, Muktananda hätte die körperlichen Phänomene übertrieben bewertet und man solle da nichts drauf geben, sie wären halt interessant, mehr aber nicht, einfach völlig normal.

Holger ist wieder weg und ich habe ganz schön zu tun mit den Dämonen und mir. Das Thema löst jetzt, wo ich in der Dunkelheit wieder allein bin, Angst in mir aus. Ich möchte einerseits das Seelenreich näher erkunden, habe zugleich aber Angst, dabei Dämonen real zu begegnen. Aber der Wunsch ist stärker, mich näher damit zu befassen und mich nicht von der Angst jagen zu lassen.

Ich fliehe in Tai Chi-Übungen, um von den Dämonen und der Angst vor ihnen weg zu kommen …

Ein ausgiebiges heißes Bad sowie Haare waschen und trocknen lenkt mich weiter von den Dämonen ab.

Es ist so spannend, den Stecker vom Fön mit aller Aufmerksamkeit in die Steckdose zu stecken! Im Alltag ist das eine völlig nebensächliche Sache, aber hier in der Dunkelheit ist das ein spannendes Puzzle, das mir Freude macht. *(Ich spürte, wie wichtig Abwechslung ist, wie sie mich wieder lebendiger fühlen ließ – für Langzeitisolierte m. E. nach ein wesentlicher Fakt, um seelisch stabil zu bleiben oder auch wieder zu werden.)* Ich bin voll bei der Sache und sehr bewusst in meinem Tun. Welche Freude doch solche einfachen Tätigkeiten auslösen können …

5. Tag – Visualisationsreise in das Totenreich

Mir geht es richtig gut, habe gut geschlafen, von Familienaufstellungen geträumt und ich bin guten Mutes. Spüre großen Tatendrang in mir – ich könnte Bäume ausreißen. Werde jetzt mein Frühstück trinken und dann meditieren …

Ich habe sehr lange mit hoher Konzentration meditiert und versuchte, entsprechend Holgers Hinweisen, Energie im Afterbereich zu sammeln. Aber außer einem Kribbeln und Druckgefühl in der Umgebung des Afters nahm ich keine weiteren körperlichen Reaktionen wahr.

Nach einer kurzen Trinkpause meditiere ich weiter. Nach mehreren Stunden Sitzen und unbeirrter höchster Konzentration auf das 1. Chakra kam der Körper in eine äußerst heftige sexuelle Erregung. Der ganze Körper vibrierte, als ob er nur aus reiner wogender Energie bestünde … ein einziges Strömen … bebender, lebendiger Energiefluss … ich legte mich hin … sackte in tiefere Bewusstseinsschichten ab … war mit dem Fokus meiner Aufmerksamkeit direkt vor Ort im Bereich des 1. Chakras. Hier sah ich mich plötzlich konfrontiert mit einer Energiewelle, die aus der Richtung der Geschlechtsorgane auf mich zuströmte und mich schnell erreichte. Dieser Moment fühlte sich an, als ob ein breiter und starker Wasserfluss über mich strömte, bis ich „ganz unter Wasser“ war, das mich drohte wegzuschwemmen. Für den Bruchteil einer Sekunde kam Angst in mir auf, aber ich hatte weder Zeit, mich darauf einzulassen noch Zeit, um nachzudenken, was ich tun könnte. Ich handelte ganz spontan und leitete die Energie in Richtung After bzw. Steißbeinspitze um, gleich einem Verkehrspolizisten, der den linken Arm nach vorn und den rechten Arm seitlich ausstreckt, sodass der Autostrom umgeleitet wird. Ich hatte den festesten Vorsatz, die Lust dieses Mal nicht auszuleben und es nicht zu einem entladenden Orgasmus kommen zu lassen. Im Moment der höchsten Erregung kam es – unterstützt durch meine innere Haltung – statt der üblichen Entladung zu einer Art „umgekehrten Presswehe“, die sich täuschend ähnlich denen bei der Geburt anfühlte. Auch kam sie genauso spontan und überraschend und von allein wie Presswehen, nur die Richtung war genau andersherum; statt heraus- wurde „etwas“ in mich hineingepresst. Die Schließmuskeln im Bereich des 1. Chakras (vaginal und im Afterbereich) schlossen sich, als wollte man Urin und Stuhlgang mit größter körperlicher Kraftanstrengung um jeden Preis unterdrücken. Ich fühlte, wie mit großer Kraft ein dicker „Pfropfen“ durch eine Membran nach innen in die Wirbelsäule gepresst wurde. *(Die „Membran“ wirkt wie ein dickes, gut verschlossenes Tor und ist der Eingang zum Wirbelsäulenkanal. Sie befindet sich nach meiner Erfahrung vor dem letzten Steißbeinwirbel bzw. direkt über dem After, ein Stück nach innen in den Körper hinein.)* Der Moment, als der „Pfropfen“ durch die Membran stieß, wurde von einem lauten Geräusch begleitet, annähernd vergleichbar mit dem Geräusch, das entsteht, wenn man in ein Blasrohr stark hineinpustet und dann das „Geschoss“ das Blasrohr mit viel Druck verlässt. Wie eine Druckwelle. Der „Pfropfen“ schoss durch die Druckwelle *(oder mit ihr; es stimmt beides: durch die und mit der Welle)* wie ein Blitz in meiner Wirbelsäule hoch, bis zu den Schulterblättern, was zugleich mit einem unglaublichen Hitzegefühl in der WBS verbunden war. Die Hitze fühlte sich wie ein glühender Strahl oder Draht an, genau begrenzt durch den Wirbelkanal, und dehnte sich aus vom letzten Steißbein- bis zum 3./4. Brustwirbel, wo der Pfropfen zum Stillstand kam. Durch die Hitze in der Wirbelsäule kam es im gesamten Körper zu einem starken Wärmegefühl. Zugleich Gefühle von Strömen, Fließen, Ruhe, Stille, Weite, Glückseligkeit, Dankbarkeit, Ergriffenheit …

Die sexuelle Erregung flaute in dem Moment ab, wo der Blitz bzw. Pfropfen die Wirbelsäule hinaufschoss. Plötzlich angenehme Stille in mir nach dem Kampf, der sexuellen Lust und Erregung nicht nachzugeben. Schlagartig tiefe, tiefe Ruhe und Stille.

Die Intensität der Hitze hat mich stark beeindruckt. Es war ein Gefühl, als hätte ich einen glühend heißen Draht in die Wirbelsäule geschossen bekommen. Die Hitze hielt längere Zeit an und ich lag nach meinem Empfinden noch ca. zwei Stunden und spürte den Körperempfindungen, Gefühlen und dem Strömen in mir nach. Dieses Erlebnis empfand ich als ein großes Geschenk.

Ich fühle mich heute unglaublich wach, munter, frisch und euphorisch und könnte die ganze Welt umarmen. Ich schiebe das auf das viele Meditieren und das gleichzeitige Fasten. Zum anderen habe ich das Gefühl, ich schlafe sehr, sehr wenig.
Ich will eine außerkörperliche Erfahrung machen und habe mich zum Meditieren hingelegt.

Schnell gleite ich in mir nach unten … auf Herzhöhe … in den Raum der Entspannung … und sehe irgendwann kurz vor mir eine große dreidimensionale Hand. Sie ist mit der Handfläche nach oben gedreht. Es sieht so aus, als ob sich Wasser in der etwas gebogenen Handfläche befindet und als ob sie mir etwas reichen möchte. Ein tiefes friedliches Gefühl geht von ihr aus, das sich auf mich überträgt. Ich fühle mich sehr geborgen und in meinem Herzen berührt, lasse den Kontakt auf mich tief einwirken.

Ich sehe die Hand auch mit offenen Augen. Nach einer Weile entfernt sie sich, zieht sich wie in ein endloses Universum zurück. Bin gerade ziemlich müde.

Ich bin ganz begeistert über das tolle Körpergefühl, dass ich seit ca. zwei Tagen habe. Die Nasennebenhöhlen und der Hals fühlen sich völlig frei an, der Rücken, Nacken und Schultern total leicht, locker und frei, ebenso die Lunge. Ich kann ganz leicht, frei und leise atmen. Alles ist so herrlich locker, völlig frei von Schmerzen, einfach toll!!!

Kopfstand, Dehnungsübungen, Tai Chi …, alles geht wie von allein, es braucht nichts mehr „gedehnt" werden, weil bereits alles ganz locker ist. Mein ganzer Körper fühlt sich wie neugeboren an, ich habe ein völlig neues und anderes Gefühl – leicht, locker und geweitet, als ob ich überall im Körper mehr Raum habe.

Das ist so ungewohnt, dass es richtig auffällt. Dadurch wird mir überhaupt erst bewusst, was vorher im Körper alles zu eng, verspannt und blockiert war. Ich hatte mich über Jahrzehnte so daran gewöhnt, dass ich das für den Normalzustand hielt und nicht darüber nachdachte, ob das noch „normal" ist. Mir war nicht klar, dass es auch anders geht und der jetzige Zustand der Normalzustand ist.

Den gesellschaftsüblichen Tenor „ist ja normal, dass es hier und da mal zwickt, weh tut oder verspannt ist; das sind Verschleißerscheinungen …" hatte ich unreflektiert übernommen und geglaubt.

Nun stelle ich fest: Dem ist nicht so! Der Körper kann sich regenerieren und Spannungen/Schmerzen abbauen, wenn ihm die Gelegenheit gegeben wird. Psychohygiene und bedingungslose Liebe sich selbst (incl. dem Körper!) und anderen gegenüber kann vieles heilen, davon bin ich überzeugt. Hier ist jeder selbst in seinem Tun gefragt.

Ich gönne mir eine wohltuende Fußreflexzonenmassage und lasse meine Seele baumeln.

In der Meditation besuche ich den Heuboden. Als ich die Klappe öffne, sehe ich ein kleines schwarz-weißes Kätzchen, das sofort auf mich zukommt und um meine Beine streicht. Ich nehme es hoch und nach ausgiebigem schmusen und kuscheln stelle ich ihr Milch und Futter hin. Die Mäuse bekommen frischen Käse, obwohl im Napf noch Krümelreste liegen – scheinbar sind sie schon etwas gesättigt.

Nachdem die Tiere versorgt sind, nehme ich mir erneut das Tor vor, entferne auch den letzten Dreck und Rost von den Rollen und fette sie gründlich ein. Sie blinken wieder wie neu.

Nach wie vor habe ich nicht den Wunsch, das Tor zu öffnen. Einerseits traue ich mich nicht, andererseits habe ich das klare Gefühl, dass die rechte Zeit dafür noch nicht gekommen ist.

Ich säubere auch noch die Klappe und verlasse den Heuboden wieder.

Meine Konzentration richtet sich darauf, den Körper zu verlassen, aufmerksam fokussiert auf das Kronen-Chakra.

Ich stehe am Boden im Inneren einer wundervollen weißen Blüte, die an das Erhabene einer Seerose erinnert, schaue nach oben und überlege, wie ich die einige Meter hohen und weitausladenden Blätter hinaufkomme. Ich schaue mich um und sehe in der Ecke eine ausfahrbare Leiter stehen, die ich behutsam gegen die Blütenblätter lehne. Langsam und vorsichtig klettere ich hinauf und schaue über den äußersten Rand des Blütenblattes in die Weite des Weltraums. Ich traue mich nicht, meine Blüte zu verlassen und in die kosmische Unendlichkeit zu springen. Diese WEITE! Beeindruckend …

Mental rufe ich mein Krafttier. Der Adler kommt majestätisch angeflogen und setzt sich auf meine rechte Schulter und den ausgestreckten Oberarm. Aber auch er fliegt nicht wie sonst üblich mit mir los, sondern startet wenig später wieder – ohne mich.

Nach einer Weile verlasse ich meinen Ausguck wieder.

Ich versuche, mich einfach aus dem Körper herauszurollen oder umzudrehen und einfach auszusteigen – ohne Erfolg. Ich spüre die Angst in mir, nicht mehr in meinen Körper zurückzukommen. Das lässt alle meine Versuche scheitern.

Ich werde Holger bitten mir zu helfen, den Körper zu verlassen.

Gespräch mit Holger

Holger schlägt vor, mich über eine Visualisierungsreise in das Totenreich zu führen und ich stimme zu.

Zur Einstimmung geht er für ein paar Minuten den Gong schlagen, während ich die Zeit nutze mich zu entspannen.

Holger kehrt zurück und über Entspannungssuggestionen führt er mich tiefer in mein Inneres. Ich fühle, wie mein Körper schwerer und allmählich steifer wird und sich mehr und mehr in die Unterlage presst, bis er sich völlig steif und starr anfühlt *(wie eine starre Hülle, in der „ich" mich befinde)*, zugleich sehr warm und locker. Die Aufregung *(wohl eher Angst)* legt sich langsam und je ruhiger ich innerlich werde, desto freier und lockerer kann ich bis tief in den Bauch hinein atmen …

Holger entwickelt ein Bild, in dem ich eine Seele und im Wasser bin …

Nach kurzer Zeit fühle ich mich von Wasser umgeben. Angst kommt kurz auf, im Wasser keine Luft zu bekommen, aber ich lasse mich darauf nicht ein.

Holger meint, ich solle mir vorstellen, dass ich im Wasser schwinge, wie ein Pendel, hin und her. Es dauert nur einen kurzen Moment und ich fühle mich leise und sanft schwingen. Ein schönes Gefühl …

Holger beschleunigt: „Das Schwingen wird immer schneller und schneller." Das stört mich; ich möchte einfach weiter schwingen, wie ein Kind auf einer Schaukel. Schließlich folge ich ihm doch und stelle mir vor, ganz schnell zu schwingen. *(Aber nur als reine Vorstellung, ohne das Gefühl, dass es so ist.)* Ich höre ihn sagen, ich solle mich um die eigene Achse drehen, immer schneller und schneller, wie eine Schaukel, die sich überschlägt. Dann so schnell wie ein Autoreifen. Ich sehe einen sich schnell drehenden Autoreifen vor mir, habe aber nicht das Gefühl, dass **ich** mich drehe …

Holger meint, jetzt solle ich einen Satz machen und außerhalb des Körpers **sein**. Ich setze zum Sprung an …, springe aber nicht wirklich. Ich traue mich nicht. Die Angst ist viel größer als mein Mut. Ich stehe da wie angewurzelt …

Da Holger mich bereits suggestiv aus dem Raum raus führt, stelle ich mir stattdessen einfach vor, ich sei draußen. Ich folge ihm in die Umgebung seines Hauses und komme in mir unbekannte herrliche Landschaften, die an mir vorbeifliegen. Felder in den verschiedensten Grüntönen, Berge, Seen, Flüsse, Hügel weit unter mir, in der Ferne eine Stadt. Ich komme mir wie ein Vogel vor. Wundervoller Überblick … Freiheitsgefühl.

Holger redet plötzlich von Nebel …, wie kommt er nur darauf? Es ist doch überall strahlender Sonnenschein und klare Sicht, so weit mein „Adlerauge" reicht.

Um seiner Vorstellung von Nebel zu folgen, springe ich in eine Erinnerung. Dichtester Nebel um mich herum, kann die Hand vor den Augen nicht sehen. Vorsichtig taste ich mich voran. Holger meint, da wäre ein Fluss, den ich mir genauer anschauen soll. Ich schaue angestrengt in den weißlichen Nebel, der sich etwas lichtet und unweit vor mir viele kleine Wellen aus wolkenartiger Konsistenz preisgibt – ein Wolkenfluss. Aus der Entfernung hatte ich den Eindruck, dass Leute darin schwimmen, als ich jedoch näher komme, sehe ich nur die weißlichen Knochen etlicher Totenschädel im Wasser schwimmen. Ich bekomme, im Gegensatz zur überflogenen Landschaft vorher, nur ein verschwommenes Bild.

Holgers schlägt vor, dass ich mich dem Fluss anvertrauen und selbst Wasser sein solle. Kaum ausgesprochen, befinde ich mich von einer Sekunde zur anderen in einem ganz klaren Gebirgswässerchen oder Bach. Ich fühle mich nur noch so groß wie ein Tropfen und werde von der Wasserströmung mitgenommen …

Holger weist mich auf eine Hand hin, die sich mir helfend entgegenstreckt. Ich sehe eine Hand und weiß nach ein paar Sekunden, dass sie zu meiner Stiefmutter gehört, die vor einem Jahr ganz plötzlich binnen kürzester Zeit gestorben ist. Sie steht auf einer Brücke und reicht mir ihre Hand. Ich ziehe mich mit ihrer Hilfe aus dem Wasser und stehe direkt vor ihr … schaue auf sie und drehe mich dann, um zu sehen, wer noch alles da ist. *(Holger ließ mir viel Zeit an der Stelle.)* Nacheinander sehe ich viele meiner verstorbenen Verwandten: Meine Oma mütterlicherseits kommt aus der Ferne auf mich zu, der kleine Sohn meiner Tante, die Eltern von meinem Vater *(die ich nie kennengelernt habe)* und zum Schluss schaue ich auch auf meinen Opa mütterlicherseits.

Meine Stiefmutter nimmt meine ganze Aufmerksamkeit in Anspruch und fragt, wie es mir, meiner Familie und ihren drei Kindern geht. Sie möchte alles haargenau wissen. Als sie nach meinem Vater fragt, nimmt ihr Gesicht einen besorgten, bekümmerten, ja, fast ängstlichen Ausdruck an – als hätte sie Angst vor meiner Antwort. Ich bestelle ihr liebe Grüße von ihm und berichte, dass es ihm jetzt recht gut gehe. Das beruhigt sie und ihr Gesicht glättet sich zu einem sehr zufriedenen und glücklichen Ausdruck. Schön für mich, sie so zu sehen. Dann frage ich, wie es ihr geht und glaube ihr sofort, dass sie sich wohl fühlt, da es ihr deutlich anzusehen ist: Ihre Haut sieht rosig und gepflegt aus, was sie viel jünger aussehen lässt. Insgesamt macht sie einen erholten und zufriedenen Eindruck auf mich. Sie hat sich mit ihrem Tod arrangiert und wünscht sich nichts sehnlicher, als dass dies mein Vater und ihre Kinder auch tun.

Ich wende mich meiner Oma zu, drücke und umarme sie ganz freudig und fest. Einfach schön, sie zu sehen und von ihr umarmt zu werden. Ich löse mich aus ihrer Umarmung und gehe zu den Großeltern väterlicherseits, stelle mich ihnen vor *(was überflüssig war, da sie mich kannten)* und stammle etwas unbeholfen: „Schön, euch wirklich zu sehen. Schade, dass ich euch zu Lebzeiten nie kennengelernt habe." Die folgende innige Umarmung ergibt sich wie von selbst. Ich bin bewegt in meinem Herzen. Es ist eine richtig schöne Gruppe. Ich umarme auch noch meinen anderen Opa mit einem guten Gefühl.

Plötzlich zieht die noch lebende Mutter meiner Stiefmutter meine Aufmerksamkeit auf sich. Ich sehe sie halb von unten kommen; sie scheint auf dem Weg zu sein und hat die Richtung von der Erde nach oben zum Himmel eingeschlagen, kommt aber nicht ganz da an, wo wir alle stehen. Als ich sie sehe, erschrecke ich mich: „Mensch, sie ist doch noch gar nicht gestorben!" Sie ist auch noch nicht ganz im Totenreich, aber weit über die Hälfte des Weges dahin hat sie schon hinter sich. Es sieht so aus, als ob sie nach oben zu uns schweben möchte, aber kurz vorher immer wie gegen einen Widerstand anstößt, der es ihr unmöglich macht, bei uns anzukommen. Sie schwebt immer wieder hoch und dann wieder runter, wie ein Ball, der, wenn er auf der Erde aufkommt, wieder nach oben springt – nur hier umgekehrt. Sie hängt wie zwischen Seelenlandschaft und Erde fest, eine unsichtbare Barriere trennt uns, die sie nicht überwinden kann. Meine toten Verwandten sehen sie offensichtlich nicht, auch meine Stiefmutter reagiert nicht auf ihre Mutter – was ganz untypisch für sie ist. Als ich versuche, mit der Mutter meiner Stiefmutter zu reden, wird mein Kontakt zu den Toten unterbrochen – ich sehe sie weiterhin, aber sie beachten mich nicht mehr und wundern sich scheinbar auch nicht, mit wem ich versuche zu sprechen. Sie können mich nicht mehr hören und ich habe das Gefühl, als sei ich für sie nicht mehr anwesend.

Ein wundersamer Moment für mich, die Leute zu sehen und direkt vor ihnen zu sein, aber selbst nicht gesehen und gehört zu werden.

Ich frage mich, ob mit der Mutter meiner Stiefmutter in der Zwischenzeit was passiert ist, immerhin ist sie schon 90 Jahre alt *(sie ist ein Jahr später gestorben).*

Holgers Stimme reißt mich aus meinen Überlegungen: „Und jetzt passiert was." Im gleichen Augenblick werden alle meine toten Verwandten weggezogen wie eine Seelengruppe, die sich in sich geschlossen entfernt. Ich stehe wieder allein da.

Holger meint, dass ich jetzt weggezogen würde zu einem warmen, wundervollen und liebevollen Licht hin. Doch bevor ich in das Licht eintauche, gäbe es einen Rückblick über mein gesamtes Leben. Alles würde mir mit einem mal klar werden, ebenso der Sinn meines Lebens. Er lässt mir viel Zeit …

Ich sehe mich in meiner Kinderstube mit vielen Spielsachen wieder …, sehe mich von meiner Kindheit bis zum heutigen Tag. Bekomme ein klares Bild über die Zeit mit meinem Mann, sehe, dass ich in der Ehe gewachsen bin – Dankbarkeit ihm und unseren Kindern gegenüber erfüllt mich. Sehe, dass sich unsere Wege trennen und ich ihn verlasse. Spüre tiefen Schmerz darüber in mir … und doch ist alles genau richtig.

Zu der Frage nach dem Sinn meines Lebens bekomme ich einerseits klare Antworten, anderes bleibt noch offen: wer oder was ich bin und was meine wahre Bestimmung ist. Ich spüre, dass das Wissen, dass ich eine Seele bin, nach wie vor nur rationales Buchwissen ist, keine eigene Erfahrung und Wirklichkeit.

Es fällt mir schwer, in das Licht vor mir einzutauchen. Ich stelle mir vor, dass ich mich auf das Licht zubewege und fühle, wie ich immer schneller werde … schneller … rasend schnell … fühle mich in einem Tunnel entlangrasen, auf das Licht zu. Die Tunnelwand fliegt an mir vorbei – ich kann nichts Genaues erkennen, das Tempo ist zu hoch. Merkwürdigerweise kommt das Licht trotz meiner hohen Geschwindigkeit nicht wirklich näher. Holger kündigt an, ich würde durch einen schwarzen Tunnel rasen. Eigenartig, es passierte schon, bevor er es erwähnt. Das Licht am Ende des Tunnels sieht wie ein runder heller Fleck aus, kein warmes, strahlendes, liebevolles Licht, wie ich es von der „Lichtfrau“ (siehe Anmerkungen S. 218) kenne. Ich fliege und fliege, doch die Distanz zum Licht wird kaum geringer.

Ich höre Holgers Stimme sagen, ich sei jetzt im Licht. Plötzlich bin ich mitten in dem hellen Kreis. Es war, als hätte ich nur einen Sprung in den Lichtkreis gemacht. Ich wundere mich, dass alle meine vorherigen Anstrengungen, dem Licht einfach nur näher zu kommen, nicht gelungen sind, in das Licht einzutauchen jedoch so leicht und wie von allein ging.

Holger meint, es komme jetzt eine Lichtfigur auf mich zu, die mich abholt. Ich stelle mir meine Lichtfrau vor … sie kommt auf mich zu und führt mich entsprechend Holgers Vorschlag in einen Raum des Wissens.

In diesem Raum wird das gesamte Wissen des Universums vermittelt. Als ich mich im Raum umschaue, sehe ich noch viele andere Seelen und mich selbst, irgendwelche Bücher studierend. Weitere Informationen erhalte ich nicht, was mich etwas enttäuscht. Ich hatte gehofft, dass ein Lehrer mich in die Geheimnisse des Lebens und des Universums einführt. Vielleicht bin ich noch nicht reif genug dafür oder muss tatsächlich erst all die Bücher lesen, welche auch immer es sind, tröste ich mich selbst.

Nach langer Zeit höre ich Holgers Stimme …, die Lichtfigur käme, führe mich wieder aus dem Raum und dann würde ich wieder zurückgezogen werden – durch den Tunnel zurück in meinen Körper und dann gäbe es einen lauten Knall und ich würde wieder in meinem Körper sein, als Seele in Flüssigkeit …

Meine Lichtfrau kommt prompt auf mich zu und gemeinsam verlassen wir den Raum des Wissens. Ich sause durch den

Tunnel zurück zu meinem Körper. Einen lauten Knall hat es nicht gegeben, ich nehme aber meinen Körper wieder wahr.

Holger verabschiedet sich mit den Worten, ich solle jetzt noch für mindestens zehn Minuten in diesem Zustand bleiben – als Seele in dieser Flüssigkeit und dann sei alles wieder wie es vorher war.

Leise geht er aus dem Raum und ich liege wie angenagelt im Bett. Ich wollte ihn zurückrufen und ihm erzählen, was ich erlebt habe, aber sein Befehl, noch mindestens zehn Minuten so zu verbleiben, wirkt und ich bin unfähig zu sprechen oder mich zu bewegen. Ich tauche wieder ab in die Flüssigkeit und das wohlige Gefühl darin …

Nach schätzungsweise zehn Minuten recke ich mich und öffne die Augen für einen kurzen Moment. Aber ich bin innerlich aus der Tiefe noch nicht richtig aufgetaucht, in die ich mit Holgers Hilfe gekommen war, und drifte wieder ab in eine tiefere Sphäre. Mein Körper verfällt wieder in diesen starren Zustand.

Ich sehe einen Paravent vor mir, über dessen oberste Begrenzung ein helles Licht hervorlugt und denke erfreut: „Toll, jetzt kommt das Licht!" Aber kaum gedacht, verschwindet das Licht wieder.

Kurze Zeit später erscheint links von mir für einen kurzen Moment ein Licht – so hell, als ob ein Auto seine Scheinwerfer *(Fernlicht)* angeschaltet hätte. Danach sehe ich wieder die üblichen Punkte, Kreise oder Figuren, die sich vor meinem inneren Auge abwechseln.

Es kommt mir vor, als würde ich stundenlang in dieser Starre sein. Der Körper fühlt sich an wie in das Bett reingepresst, völlig steif, wie Tote es sind. Es fällt mir sehr schwer, diesen Zustand zu beenden und meine Fingerspitzen und Zehen wieder zu bewegen – alles ist starr und steif wie Beton, was sich teilweise sehr schmerzhaft anfühlt.

In diesem Zustand bin ich eingeschlafen (ich weiß nicht, ob ich wirklich geschlafen habe) und wache auf von meinem ersten Traum (oder werde mir dessen bewusst):

Traum: Pfirsiche und Weintrauben

Ich kaufe Pfirsiche für 10 € (völlig überteuert) und die Verkäuferin reicht sie mir auf einem kleinen transparenten Glasteller. Es waren höchstens zwei Pfirsiche, die in Scheiben geschnitten auf dem Teller in zwei Reihen angeordnet waren. Und weil die so teuer waren, denke ich mir, „die sparst du dir auf" und stelle den Teller auf einem der vielen Tische ab. Manche Tische sind leer, auf einigen steht benutztes Geschirr. Es sind viele Leute anwesend (ich weiß nicht mehr, ob das eine Feier war oder ein Markt). Ich stehe vielleicht einen Schritt neben „meinem" Tisch, als eine Frau kommt und sich meinen Pfirsichteller schnappt. Ich rufe ihr zu: „He! Das sind meine Pfirsiche! Gib die wieder her!" Die Frau macht sich aber einen Jux daraus und rennt mit den Pfirsichen weg. Ich renne anfangs hinterher, aber dann ist mir das zu blöd, mit ihr um die Tische zu rennen, um sie zu fangen. Ich bleibe stehen, sie auch. Sie schaut mich direkt an und bietet mir dann ihre Billigweintrauben an im Tausch gegen die saftigen, süßen, wohlschmeckenden Pfirsiche. Ich erkenne die Weintrauben, die auf einem weißen Porzellanteller liegen, wieder. Ich hatte sie probiert, bevor ich auf die leckeren Pfirsiche stieß, und wusste also, dass sie viel billiger und zudem sauer waren und dass sie mir nicht schmecken. Da die Frau schon von ihren Weintrauben als auch bereits eine Scheibe von meinen Pfirsichen gegessen hatte, muss sie den deutlichen Geschmacksunterschied bemerkt haben und will nun tauschen, denke ich. Das macht mich richtig wütend und ich schreie sie an, sie soll mir unbedingt meine Pfirsiche wiedergeben. Aber diese dumme Kuh isst einfach vor meinen Augen die ganzen Pfirsiche auf, bis auf das letzte Stück – mit einem sehr provozierenden Blick in meine Richtung. Stinksauer bin ich auf sie! Ich könnte sie umbringen.

Vom Traum wechselt mein Bewusstsein in die Gegenwart. Ich kann danach stundenlang nicht wieder einschlafen.

Wahrscheinlich bin ich doch kurz eingeduselt, denn mir wird ein 2. Traum bewusst. Inhalt des Traumes war meine Familie und die damalige schwierige Situation in der Trennungsphase von meinem Mann. Nach diesem Traum bin ich fix und fertig.

Ich fühle mich total erschlagen. Mir tun Rücken, Hintern und Kreuzbein weh, keine Ahnung, warum. Vielleicht vom langen Sitzen gestern, sagt der Kopf. Das Gefühl meint, es hängt wohl eher mit der Kundalini-Erfahrung von gestern zusammen. Jedenfalls ist das tolle Körpergefühl nach dieser Nacht weg. Ich bin sehr müde. Wahrscheinlich bin ich nur kurz eingeschlafen, um diese beiden blöden Träume zu haben! Ich bin ziemlich sauer.

6. Tag – Sisyphusarbeit: Die zwei Seiten in mir

Ich kann nicht mehr einschlafen. Es muss noch Nacht bzw. vor 9 Uhr sein, denn Holger war mit dem Tee noch nicht da. Ich habe weitere Träume, während ich zugleich wach bin:

Wachtraum: Ich bin ein Mann
Ich sehe mich als einen hübschen Mann nackt dastehen – schaue auf die männlichen Geschlechtsorgane.

Ich habe starken Muskelkater im Rücken und Hintern. Zu viel Tai Chi gestern gemacht? Ne! So viel Tai Chi war das nämlich nicht bei ehrlicher Betrachtung. Vielleicht hat es mit dem sexuellen Erlebnis oder der Visualisationsreise, wo ich mich am Ende starr wie Beton fühlte, zu tun? Ach, liegen und bloß nicht bewegen! Dann geht es mir gut.

Holger erzählte mir gestern, dass es nicht so einfach sei, den Körper zu verlassen, wie es sich vielleicht anhört. Es gäbe einen natürlichen Schutzmechanismus, damit die Seele nicht ständig raus und rein geht und dieses Schloss gilt es zu knacken, um raus zu kommen. Eine Methode wäre raus zu springen, aber auch herausdrehen oder herausrollen sei möglich. Jeder müsse da seinen eigenen Weg finden.

Holger brachte gerade meinen Morgentee und riet mir, schon wieder im Begriff zu gehen, zu einem heißen Bad, nachdem ich ihm kurz erzählt hatte, wie müde und abgeschlafft ich mich nach der schlaflosen Nacht fühle; dazu der furchtbare Muskelkater!

Nachdem ich meinen Morgentee getrunken habe, setze ich mich zur Meditation … und betrete meinen Heuboden.

Ich bin zunächst erschrocken, als ich das Kätzchen mit einer ganz kleinen Maus spielen sehe. „Die Maus hat doch gegen die Katze keine Chance“, denke ich. Dennoch greife ich nicht ein, sondern schaue einfach nur zu, weil ich das Gefühl habe, dass die kleine Maus nicht in Gefahr ist.

Lange schaue ich dem Spiel der beiden gespannt zu und bin beeindruckt von der Sanftheit der Katze gegenüber der Maus. Zwischendurch halte ich immer mal wieder Ausschau nach der dicken großen Maus, die ich schon lange nicht mehr gesehen habe. Aber ich kann sie nirgends entdecken. Ich verlasse den Heuboden wieder.

Ich greife Holgers Vorschlag auf und gehe ins Bad, um mir Wasser in die Wanne einzulassen …

Ich liege schon in der Wanne, während noch angenehm heißes Wasser mit lautem Geräusch einfließt.

Der Klang des einfließenden Wassers trägt mich zu einer auf einem Berg liegenden Quelle. Lieblich plätschert das Wasser von oben in die Tiefe. Ich liege direkt unter dem kleinen Wasserfall, geschützt durch einen Vorsprung am Berg. Einzelne Wasserspritzer perlen auf meiner Haut ab.

Das warme Wannenwasser lässt große Wärme in mir aufsteigen – sofort sehe und fühle ich mich in einer Sauna schwitzen.

Zugleich erkenne ich, dass diese Bilder auftauchen, weil alle anderen Reize fehlen und der Geist nun das vorhandene Geschehen nutzt, um sich was Neues zu kreieren oder das aktuelle Geschehen mit bereits bekannten Erfahrungen verbindet und sich daraus „etwas strickt". Das ist mir noch nie so bewusst geworden.

Als ich einige Zeit nach dem Bad vom Bett aufstehe, ist mir ganz schwindlig. „Scheint wohl ein wenig zu heiß gewesen zu sein", denke ich, obwohl – es kam mir doch gar nicht so vor!

Um den Kreislauf anzukurbeln, trinke ich Brühe, Tee, heißes Wasser und den Rest Pflaumensaft. Körperlich geht es mir wieder besser, ich kann mich mit weniger Schmerzen in den Muskeln bewegen.

Ich habe keine Lust, mich zu bewegen. Ich sitze viel (im Meditationssitz), da Liegen mit der Zeit irgendwie nicht mehr geht – ich kann einfach nicht mehr liegen! Laufen ist auch blöd – zum einen, weil alles stockdunkel, zum anderen, weil wenig Platz ist. Außerdem fehlt die Lust, die mittlerweile bestens bekannten Räumlichkeiten vor und zurück zu laufen. Auch Tai Chi macht nicht wirklich Spaß wegen der Enge (obwohl dies meine Aufmerksamkeit und Achtsamkeit fördert) … Nein. Wenn ich ehrlich zu mir selbst bin, sind es nicht die kleinen Räume, die die Bewegung verhindern, sondern es fehlt ganz einfach die Motivation und die Lust.

Wachtraum: Schlamm auf der Treppe

Ich bin Studentin und stehe vor der Turnhalle einer Grundschule, um dort gleich Sport zu machen. Vor dem Sport muss ich eine Treppe saubermachen, die voller Schlamm ist. Sie steht im

Freien auf dem Schulhof vor einer Wand, ist ca. 2 – 3 m breit und hat 5 Stufen. Ich beginne mit saubermachen …, ein dicker Kerl kommt und legt sich auf der obersten Stufe schlafen. Ich bin ganz leise und vorsichtig, nehme Rücksicht auf ihn, um ihn nicht zu wecken und wische um ihn herum die gesamte Treppe sauber. Den Schlamm von der Treppe und deren näheren Umgebung schiebe ich auf dem Schulhof zu mehreren großen Haufen zusammen.

Als ich mit der Treppe fertig bin, erwacht er, steht auf und kommt die Treppe herunter. Dabei verbreitet er den Schlamm, der noch auf der obersten Stufe und an seinen Schuhen und Sachen dran ist und mit jedem Schritt von ihm abfällt. Ich ärgere mich darüber, sage aber nichts.

Die Schulklingel schrillt – Unterrichtspause. Eine Kinderschar strömt aus der Schule, direkt auf die Schlammhaufen zu. Sie wollen ausgerechnet in dem Modder herummatschen. Ein Kumpel meiner 9-jährigen Zwillinge kommt fröhlich auf mich zugerannt und will mit mir schmusen. Ich schiebe ihn sanft weg mit dem Hinweis, dass ich gerade k. o. bin vom saubermachen und jetzt keinen Nerv für schmusen und auch keine Zeit habe, weil der Schlamm noch aufgeladen werden muss. Den anderen Kindern rufe ich zu, sie mögen aufpassen und nicht die Schlammhaufen wieder breittreten. Ich bitte die Kinder, dass sie mir beim aufladen helfen, was sie auch gerne tun, da sie dabei im Schlamm rummoddern können.

Ich schaue über den Schulhof und stelle fest, dass ich zwei Autos an der Turnhalle stehen habe: mein Auto und einen LKW, mit dem ich den Schlamm wegbringen will. Ich weiß jetzt gar nicht so richtig, wie ich mit zwei Autos zugleich nach Hause kommen soll. Ich werde auf meine Freundin warten, um sie zu fragen, ob sie mir helfen könnte … Sie macht es möglich. Ende Traum.

Meinem Gefühl nach muss es jetzt langsam auf Mittag zugehen und ich bin immer noch total müde und schlapp. Ich hätte mir gestern nicht im Geringsten vorstellen können, dass es mir heute so völlig anders, ja, total entgegengesetzt geht. Gestern war ich voller Tatendrang und Elan, wovon heute überhaupt nichts mehr übrig ist.

Ich überlege, ob ich meine Willenskraft benutzen soll, um mich zum Tai Chi, Sport oder zu irgendwas zu motivieren oder ob ich doch lieber einfach weiter so herumliege. Nein, Zwang fühlt sich nicht gut an – ich bleibe weiter liegen. Das Leben draußen ist eh schon Zwang genug – Zwang, den ich mir selber mache aus den verschiedensten Gründen. Früher bestand mein Leben zu 100 % aus solchem Selbstzwang, ohne mich dabei schlecht zu fühlen und ohne auch nur im Geringsten zu bemerken, wie ich mich dabei selbst übergehe, mich nicht ernst nehme und an mir selbst vorbei lebe. Findet heute schon viel weniger statt. Ich habe mich mehr in den Blick bekommen. Diese Betrachtungen vor Augen fällt es mir leicht, mich für Weitergammeln zu entscheiden. Das entspricht meinem gegenwärtigen inneren Gemüt. Die Energie, mich für irgendetwas „Sinnvolles" *(wer entscheidet denn, was sinnvoll ist und was nicht?)* zu motivieren, habe ich jetzt nicht und will sie auch nicht von weiß nicht woher mobilisieren. Ja – gammeln und faul sein ist ja soooo schön!

Während des Liegens ziehen pausenlos Gedanken und Erinnerungen durch meinen Kopf. Fiel mir noch nie so deutlich auf, dass mein Geist so fleißig und ständig in Aktion ist. Ich sehe den Unterschied zur Meditation, wo tatsächlich Ruhe einzieht, so klar wie nie vorher. Diese Erkenntnis ist mir nicht neu, aber sie hat eine neue Qualität.

Das Hervorbringen der Gedanken kann ich förmlich sehen – ich erlebe meinen Geist als Produktionsstätte. Im Alltag wurden mir die Gedanken durch äußere Ablenkungen entweder gar nicht bewusst oder sie waren eben einfach da, um dann wieder zu verschwinden. Vielleicht 1/3 der Gedanken sind mir vorher bewusst geworden, während ich all die anderen erst gar nicht wahrgenommen habe. Deshalb kommt es mir jetzt so vor, als sei mein Geist viel unruhiger als vorher. Es liegt am Bewusst-Sein und momentan, ohne jegliche äußere Reize, scheint mir wirklich *jeder* einzelne Gedanke bewusst zu werden. Die Gedanken scheinen wie aus einer Quelle hervorzusprudeln – ohne Pause. Das ist neu für mich. Ich lasse alles einfach kommen, staunend über die Quelle.

Irgendwann raffe ich mich zu einer Meditation auf …

Kreislaufmäßig fühle ich mich wieder gut, bin halt nur müde, träge und faul. Mein Muskelkater ist besser.

Mir fällt auf, dass ich immer die Augen geschlossen halte, obwohl es stockdunkel ist. Besonders wenn ich etwas tue, z. B. trinken, zum Bad gehen oder mit Holger reden. Ob das ein Schutzreflex ist? Unwillkürlich kneife ich die Augen besonders fest zu, wenn ich lüfte und dadurch Licht hereinkommt, obwohl meine Augen durch den schwarzen Schal geschützt sind. Ich mag nicht den kleinsten Lichtschimmer sehen. Holger erzählte mir, dass es ihm und den Leuten vor mir mit dem Augen zukneifen auch so erging.

Habe gerade ziemlichen Durchfall und es stinkt, als ob sich eine Jauchegrube neben mir befindet. Oder deutlicher gesagt: Jauchegrube riecht noch gut dagegen.

Ich setze mich zur Meditation, meine Konzentration ist jedoch miserabel. Mein Bauch rumort lauthals in verschiedenen Tönen. Das zieht meine Aufmerksamkeit immer wieder weg und lässt mich überlegen, ob es nicht doch angebracht ist, so schnell es im Dunkeln geht, zum Klo zu stürmen. Irgendwann höre ich mit meinem Meditationsversuch auf und entschließe mich für Tai Chi, um mich einfach zu bewegen.

Mein Muskelkater hat sich gelegt, bin körperlich gut drauf und fühle mich wieder sehr wohl – dies liegt mit Sicherheit zu einem großen Teil an der Bewegung und der Dankbarkeit darüber, dass ich beim Tai Chi gerade ein Geschenk für mich erfahren durfte. Ich hatte mich entschieden, Tai Chi dieses Mal statt im Flur in meinem viel kleineren Zimmer zu machen. Die Enge darin zwang mich zu einer noch höheren Konzentration, ganz und gar bei der Übung und sehr aufmerksam zu sein und diese noch langsamer und bewusster auszuführen, damit ich nicht schmerzhaft gegen die Wände oder Dachschräge stoße. Dadurch kam ich in einen tiefen meditativen Zustand. Es zählte nur noch die Übung selbst; gleichzeitig war mir alles um mich herum klar bewusst. Die Aufmerksamkeit führte den Körper durch die Übung, als ob sie wie ein Anführer vornweg ging. Der Körper folgte ihr „auf dem Fuß", ganz unmittelbar und direkt, als ob er an der Aufmerksamkeit klebte. Dies lässt sich beschreiben mit „die Übung selbst sein". Dabei fühlte ich und war mir bewusst, dass mein Kopf (Denken) bei der Übung „außen vor" ist und der Weg über den Kopf ein Umweg wäre. Sobald ich jedoch mit Denken anfing und mich z. B. freute, „wie gut das klappt", in dem Moment riss die „klebende" Verbindung zwischen Aufmerksamkeit und Körper ab und ich kam aus dem Gleichgewicht. Dabei wurde mir bewusster, dass Aufmerksamkeit zu steigern geht und was es bedeutet, wirklich *ganz* Übung zu sein.

Das war für mich eine sehr interessante und vollkommen neue Erfahrung, in der ich viel über Aufmerksamkeitsgrade, Konzentration und das Wechselspiel zwischen Aufmerksamkeit und Körper lernte. Mir wurde in dieser Übung sehr klar: Materie (Körper) folgt ganz genau dem Geist – auf den Punkt!

Ich bin total dankbar für diese Erfahrung, weil mir klarer geworden ist, was es bedeutet, innerlich „leer" zu sein, sich weder von äußeren Dingen ablenken zu lassen noch von inneren. Mir wurde bewusster, dass mich noch vieles ablenkt – von außen und vor allem von innen – über mein Denken.

Die Dunkelheit und das Alleinsein, ohne äußere Ablenkungen, fördern das Tiefergehen nach innen. Jede Ablenkung zieht die Aufmerksamkeit nach außen, also von innen weg.

Für mich bedeutet „leer sein“ ein Zustand fokussierter Aufmerksamkeit und sehr klarer Bewusstheit. Es ist, als ob die Aufmerksamkeit in dem Moment im Herzen ist, nicht mehr im Kopf. Wiederum ist sie auch nicht nur im Herzen, sondern im gesamten Inneren und gleichzeitig auch außerhalb dessen. Der Begriff „Wahrnehmung“ scheint es am besten zu treffen. Diese Aufmerksamkeit oder Wahrnehmung oder Klarheit/Bewusstheit ist jenseits des üblichen „Denkens“ und m. E. nach daher vom „normalen“ Denken aus nicht erfassbar; es braucht die Erfahrung dessen. Es ist zwar verstehbar, dennoch gibt es einen Unterschied zwischen „etwas darüber hören und vom Verstand aus zu beurteilen“ oder etwas selbst „erfahren zu haben“.

Ich gönne mir nach dem Tai Chi eine Fußreflexzonenmassage. Dabei kam mir der Gedanke, dass meine Kreuzbein- und Lendenschmerzen von heute Morgen auch eine Reaktion auf meine gestrigen Massage gewesen sein könnte. Die Fußreflexzonen von Lendenwirbelsäule und Kreuzbein waren sehr schmerzempfindlich gewesen und ich hatte sie intensiv massiert.

Frisch motiviert setze ich mich wieder zur Meditation. Währenddessen spüre ich im linken Lungenbereich leichte Spannungen – es ist nicht so locker wie gestern.

Gespräch mit Holger

Holger ist gekommen und stellt mir Tee für die Nacht bereit. Dann analysieren wir meine Träume.

Analyse: Pfirsichtraum

Holger meint: „Du bist die Frau, die sich teure Pfirsiche besorgt, also gut in sich investiert, gleichzeitig bist du aber auch die Frau, die sich alles wieder weg nimmt und sich zum Ausgleich dafür saure Weintrauben anbietet. Du gibst dir und nimmst dir hinterher wieder. Es sind Gegensätze im ganzen Traum zu sehen: die gute Frau – und die böse stehlende andere; teure und gut schmeckende Pfirsiche gegen billige lange nicht so köstliche Weintrauben; süß – sauer; transparenter Teller – nichttransparente weiße Schüssel, wie Licht und Schatten. Schöner Dualismus, was immer das bedeutet."

Schlagartig fängt mein Gehirn an zu arbeiten – es stimmt, dass ich viel in mich investiere, ich kann aber nicht sehen, wo ich mir das alles größtenteils wieder wegnehme. Das stimmt mich sehr nachdenklich.

Holgers Analyse meines 2. Traums, der von meiner Familie handelte, wirkt wie ein Schlag auf mich, bringt mich zu meinem Schmerz, den ich glaubte, schon verarbeitet zu haben – nur diesmal eine Etage tiefer. Die vergangenen 14 Jahre stehen mir mit einem Mal klar vor Augen und ich erzähle Holger davon.

Ich frage mich selbst und Holger, warum dieser Traum jetzt kommt!? „Ich habe doch alles geklärt und bereinigt oder mache ich mir mal wieder was vor?"

Holger lässt diese Frage zunächst im Raum stehen und wir kommen auf den 3. Traum zu sprechen.

Analyse: Wachtraum Schlamm auf der Treppe

Dazu meint Holger, dass auch dieser 3. Traum Sisyphusarbeit ausdrückt: „Du machst sauber und deine Arbeit wird von dem dicken Mann wieder zerstört, der alles wieder schmutzig macht. Die Kinder mahnst du an, nicht den Schlamm wieder zu verteilen. Bei dem Mann greifst du nicht ein, du findest es lediglich nicht nett. Die Treppe ist dein Lebensweg und das bist du. Du bist voller Schlamm – Seelenschlamm. In eigenem Auftrag machst du sauber und hast mit dem LKW alles gut organisiert. Du bist auch der Mann, der den Schlamm nach dem Wischen wieder verbreitet. Auch hier Dualität: Du machst sauber und gleichzeitig wieder dreckig – wie bei den Pfirsichen – du kaufst dir was und nimmst es dir wieder weg; also du tust was für dich und gleichzeitig zerstörst du es wieder – eben Sisyphusarbeit!"

Saskia (S.): „Aber ein Fortschritt ist doch mit drin, erkenne ich. Ich bekomme immerhin zwei Pfirsichstücke ab und die Treppe ist zwar schmutzig, aber nicht so schmutzig wie vor dem säubern. Mit ein wenig mehr Durchsetzungsvermögen dürfte ich es leichter haben und die Früchte meiner Arbeit auch mehr ernten. Ich mache es mir selbst zu schwer."

[03/2010: Seine Bemerkung tat mir weh und ich suchte sofort nach Möglichkeiten, mich in ein besseres Licht zu stellen – ein unbewusster Versuch, den in mir aufkommenden Schmerz „vom Leibe" zu halten (Anpasser).]

H.: „Du reinigst dich und dann kommt der Rückschlag, indem du in Form des Mannes und der Kinder alles wieder dreckig und kaputt machst. Du bist auch der Kumpel, der schmusen will und du schiebst ihn weg – du hast also keine Zeit für dich, gibst dir keine Eigenliebe."

Autsch! Das hat gesessen! Er traf genau ins Schwarze.

(04/2004: Jede weitere Rechtfertigung war zwecklos. So viel hatte ich immerhin schon begriffen: Wenn etwas wehtut oder ich versuche, mich zu verteidigen oder zu rechtfertigen, dann ist mehr Wahres dran als das es nicht stimmen würde. Aber es war das Letzte, was ich nach drei Jahren harter Arbeit von ihm hören wollte. Hatten die Menschen in meiner nächsten Umgebung vielleicht doch recht, die immer anmerkten, wie lange ich denn noch Therapie machen wolle, was es mir denn bringe, wenn ich in der Vergangenheit rumkrame? Aus ihrer Sicht war es tatsächlich schwer oder kaum nachvollziehbar, warum ich an der Therapie festhielt. Sahen sie mich doch in den letzten drei Jahren so oft weinen, was nicht mal ich selbst in den letzten 35 Jahren von mir kannte. Ich war unausgeglichen und unzufrieden und fühlte einen permanenten Schmerz. Die Fröhlichkeit war aus meinem Leben gewichen. Dennoch hatte ich das Gefühl, dass die Therapie mir gut tat und mich stabilisierte, auch wenn **niemand** *außer mir selbst das so sah. In mir wuchs durch die Therapie ein Pflänzchen wahren Selbstvertrauens und Stärke heran, das äußerlich wohl noch nicht sichtbar, aber innerlich*

für mich gut fühlbar war. Das war „ich“ und das fühlte sich so gut an. Doch wie sollte ich das meiner Umwelt vermitteln? Ich hatte Angst, für verrückt erklärt zu werden, wenn ich ihnen was von „Pflänzchen“ und „ich“ erzählt hätte. Versucht hatte ich es, hatte aber nie das Gefühl, verstanden zu werden. Oft genug war ich mit diesen Selbstzweifeln, ob die Therapie richtig ist oder nicht, konfrontiert gewesen und Holgers Bemerkung ließ die Zweifel binnen Sekunden und den damit verbundenen alten Schmerz in mir hochkommen, ich sagte aber nichts zu ihm, hielt alles in mir unten. Ich wollte und konnte mir in dem Moment nicht eingestehen, dass er recht hatte. Immerhin bildete ich mir ein, „wie weit ich schon bin“ und diese Illusion wollte ich mir von ihm nicht kaputt machen lassen.)

(03/2010: Aus heutiger Sicht schätze ich ein, dass der Schmerz in mir daher rührte, weil ich mich an der Einschätzung anderer über meine therapeutischen Bemühungen orientierte. Ich stellte also meine Entscheidung für die Therapie und das, was mir zugutekommen sollte, wieder in Frage, weil andere in meinem Umfeld das taten. Darin bestand die „Selbstsabotage“ und das tat weh. Das ich noch nicht so weit war wie ich dachte und deswegen so betroffen war von Holgers Analyse ist ja kein Hinweis auf die „falsche Spur“, sondern ggf. nur darauf, auf ihr noch nicht weit genug gekommen zu sein.)

Holger spürte offensichtlich den Volltreffer, denn er setzte nach und fasst unbarmherzig klar zusammen: „Dein Lebensweg ist voller Schlamm, es ist eine Wiederholung des Traumes mit den Pfirsichen und Weintrauben – du tust was für dich und gleichzeitig zerstörst du es wieder. Auch eine Wiederholung zum 2. Traum, in dem deine Familie im Mittelpunkt steht. Du machst alles und doch endet es im Chaos, du hast keine Hilfe, machst alles allein und deine Arbeit wird wieder zerstört. Das Grundprinzip aller drei Träume ist dauernde Selbstaufhebung, du arbeitest quasi für nichts. Aus irgendeinem Grund, der hier in den Träumen nicht genannt wird, nimmst du all deine Bemühungen wieder zurück. Alle drei Träume zeigen dir immer wieder das gleiche: Meine Liebe, so geht das nicht. Aber du kriegst jetzt keine Lösung. Du erwachst vorzeitig aus den Träumen, dann nämlich, wenn es kritisch wird. Im 1. Traum wachst du auf, nachdem die Frau alle, bis auf ein Pfirsichstück, aufgegessen hat; im 2. Traum erwachst du im totalen Chaos. Im Traum mit der Treppe ist über die Freundin die Lösung angedeutet, indem sie dir hilft, ein Auto nach Hause zu fahren. Diesmal ist es nicht ganz so drastisch. Da wird ein Grundproblem in dir aufgezeigt durch die Wiederholung in allen drei Träumen, aber das nennst du nicht. Die Träume zeigen dir: Schau doch mal hin! Da stimmt doch was nicht!"

Wir reden beide noch über meine familiäre Situation und Holger gibt mir viele Denkanstöße. Ich bin fix und fertig nach dem Gespräch. Holger verabschiedet sich und ich bin wieder allein mit der Dunkelheit.

Holger gab mir in der Sitzung heute noch Feedback. Er sagte, als er mich am ersten Tag gesehen und in meine Augen geschaut hat, hatte er den Eindruck, ich hätte etwas Engelhaftes an mir. Ich weiß nicht mehr, in welchem Zusammenhang er das sagte. Außerdem meinte er heute noch, dass ich wahrscheinlich so eine große Angst vor dem Tod habe, damit ich mich damit beschäftige. Über die Beschäftigung mit dem Tod könne ich diese Angst überwinden und die Blockade lösen. Alles, was man besonders weit wegdrängt, sollte man sich besonders gut anschauen. Es sei vielleicht der Sinn meines Lebens, mich ganz intensiv und tiefgründig mit dem Tod zu beschäftigen. Weiter meinte Holger, wer nicht erkenne im Leben, dass es den Tod gar nicht wirklich gibt, sondern dass dies nur ein anderer Seins-Zustand sei, der wäre einfach dumm.

Der Satz wurmt mich noch immer, denn dann bin ja auch ich in seinen Augen dumm.

Ich gehe ins Bett, kann aber nicht einschlafen, weil die Traumdeutung und das Gespräch über meine familiäre Situation mich doch ganz schön aufgewühlt hat. Ich bin innerlich aufgekratzt und spüre den Unterschied zur vorhergehenden Ruhe jetzt ganz besonders. Auch bin ich erstaunt, wie sehr mich dieses Thema doch noch innerlich bewegt. Ist die Trennung von meinem Mann der richtige Schritt? Ich frage mich das wieder und wieder.

7. Tag – Bewusste Änderung meiner Träume

Vogelgezwitscher sagt mir, dass der Morgen angebrochen ist. Geschlafen habe ich nicht; ich bin ein wenig müde, ansonsten geht es mir sehr gut. Ich höre noch einmal die Kassette ab, was Holger über meine drei Träume gesagt hat. Das beschäftigt mich doch sehr.

An welchem Punkt lasse ich es zu, dass ich mir das, was ich mir gebe, auch wieder wegnehme, schlammig oder kaputt mache? In welchen Momenten geschieht dies in der Realität, wodurch es Sisyphusarbeit wird wie in den drei Träumen? Ich gebe zu schnell auf und rede zu viel; bin nicht konsequent in mancherlei Hinsicht, nehme noch zu oft falsche Rücksicht. Irgendwie finde ich mich auch immer wieder dabei, mich zu rechtfertigen. Dadurch mache ich mir selbst alles wieder kaputt. Dieses Muster, aus meinem Harmoniebedürfnis *(inneres Kind)* heraus gewisse unschöne Situationen zu überspielen oder gar nicht erst wahrzunehmen *(Überlebensmechanismus; Anpasser)*, scheint noch sehr präsent zu sein und macht mich blind für die Wahrheit. Ich bin mir jedoch sicher, dass die Alltagssituationen mir schon zeigen werden, an welchen Punkten ich mich noch in Situationen bringe, die mir nicht gut tun, wo ich noch nicht zu mir stehe und mich nicht abgrenze, obwohl es angemessen wäre, dies zu tun. Ich weiß: Wie innen in mir, so kommt es auch im Außen auf mich zu.

Mein Kopf arbeitet pausenlos, immer wieder und wieder gehe ich die Träume durch, suche nach Lösungen …

Holger bringt mir neuen Tee und ich erzähle ihm, dass ich die ganze Nacht geistig aktiv war und was mich beschäftigt hat. Er meint: „Eine Seite in dir macht sauber, die andere verhindert, dass es sauber bleibt. Und diese andere Seite lässt auch die vollständige Reinigung nicht zu. Diese andere Seite ist auch die Frau mit den Weintrauben. Also Schlamm, saure Weintrauben und Chaos stellen dein Unbewusstes dar, das dir auf die Art deutlich sagt: Da stimmt was nicht."

Ja, ja – das liebe Unbewusste! Hat mehr Macht und Kraft, als ich jemals dachte. Erschreckend für mich immer wieder zu sehen, wie ich größtenteils aus unbewussten Prozessen heraus das Leben gestaltet habe – bis hin zur Partner- und Berufswahl, Kinder kriegen, Hobbys usw. Ein Trugschluss zu glauben, dass dies alles bewusst geschieht. Es gibt auch keine Zufälle!

Ich habe das Gefühl, ich bin eine Spielfigur auf einem Schachbrett. Einerseits versucht das Unbewusste, seine Züge durchzusetzen und andererseits gibt es eine höhere Kraft, die übergeordnet alles steuert, was ich tue. Vor dem Hintergrund stelle ich mir die Frage: Gibt es überhaupt so etwas wie einen freien Willen und eine Wahl?

Holger ist wieder weg und ich nehme mir vor, in alle drei Träume noch einmal einzusteigen und sie zum Positiven zu verändern.

Bewusste Änderung 1. Traum: Weintrauben/Pfirsiche

Ich gehe in den 1. Traum rein und kaufe mir neue Pfirsiche – genauso in Stücken angeordnet wie beim ersten Mal – in der gleichen Schale. Es ist nicht mehr als ein Pfirsich, in Scheiben geschnitten. Ich setze mich diesmal mit meiner Schale hin und fange an zu essen. Die gleiche Frau wie im Originaltraum kommt auf mich zu, hält ihre weiße Schüssel mit den Weintrauben in der Hand, setzt sich zu mir und bietet mir von den Weintrauben an. Ich komme ins Grübeln, ob ich das Angebot annehmen soll. Zuerst wollte ich ablehnen, dachte dann aber daran, dass sie ja zu mir gehört und ich eine Annäherung haben möchte. Ich entscheide mich für den Austausch. Süß und sauer gehört auch wieder zusammen, warum soll ich ihr nicht von den leckeren Pfirsichscheiben abgeben und von ihr ein paar saure Trauben nehmen? Gedacht, getan. Die Weintrauben schmecken besser als ich noch in Erinnerung hatte. Wir unterhalten uns beim Essen über belanglose Dinge.

Frühe Kindheitserinnerungen und ihre Veränderung
(siehe Anmerkungen S. 308)

Währenddessen fühle ich mich in eine Kindheitserinnerung reingezogen. Ich sehe mich plötzlich angeschnallt als ca. Fünf- bis Sechsjährige im Bett liegen *(als Kind hatte ich ein Klappbett, das an den Seiten Bänder zum Festschnüren des Bettzeugs hatte, damit es beim Hochklappen nicht runterrutschte. Außerdem war da ein Vorhang, der zugezogen werden konnte, wenn das Bett hochgeklappt war)*. Die Bänder sind äußerst straff über dem Bauch und der Brust festgezogen, ich habe mich selbst gefesselt.

Ich gehe als Erwachsene in die Situation dazu, trete an das Bett des Kindes, schaue sie liebevoll an und rede mit ihr, während ich die Stricke durchschneide. Die Kleine schaut mich völlig ängstlich und verstört an, als ob sie ein Donnerwetter erwartet. Ich frage, ob es in Ordnung ist, dass ich da bin. Sie nickt und wirkt beruhigter, das kleine Gesicht sieht offener aus. „Wollen wir nicht ein neues Bett, eins, was man nicht hochklappen braucht und was auch keine Schnüre hat, in das Zimmer stellen?“, frage ich sie. Kopfschüttelnd gibt sie mir zu verstehen, dass sie das nicht möchte, da sie sich dann ja nicht mehr anschnallen könne. Als Erwachsene bin ich äußerst betroffen von dieser Aussage. Mir kommen die Tränen.

Eine andere Kindheitserinnerung taucht auf, wo ich mit meiner Mutter zum Arzt muss, weil ich wieder mal krank war. *(Ich war oft krank bis zum 9./10. Lebensjahr. Bronchitis, Mittelohrentzün-*

dung, Angina wechselten sich ständig ab. Das Wort Arzt war wie ein rotes Tuch für mich. Manchmal halfen die Antibiotika-Tabletten, die ich immer sofort bekam, nicht. Als letzte Lösung bekam ich dann eine Penicillin-Spritze verpasst – völlig gegen meinen Willen. Ich war vielleicht zwei – drei, höchstens vier Jahre alt, wo das öfters der Fall war. Ich habe geschrien so laut ich konnte, mich gewehrt und gebettelt, sie sollen mir keine Spritze geben, weil das immer soooo weh tut!!! Aber es half nichts, ich wurde einfach von der Schwester, meiner Mutter (?) und z. T. der Ärztin festgehalten und drin war die Spritze in meinem völlig verkrampften Hintern, was mir heute noch weh tut, wenn ich nur daran denke.)

Ich sehe, wie die kleine ca. drei Jahre alte Saskia auf dem Bauch liegt, festgehalten wird und verzweifelt schreit. *(02/2010: Das gewaltsame Festhalten ist auch eine Form des Fesselns.)* Auch hier gehe ich als Erwachsene in die Situation dazu und trete an die Liege, um meinem verzweifelt schreienden Kind zu helfen. Entschlossen schiebe ich die Ärztin und Arzthelferin beiseite, nehme die Kleine auf meinen Arm und sage zu ihr: „Zu dieser Ärztin musst du nie wieder, dafür sorge ich!“ Die Ärztin und die Krankenschwester machen große Augen und wissen nicht, was sie dazu sagen sollen. Zu meiner erstaunten Mutter sage ich: „Du kannst ruhig arbeiten gehen, ich passe in der Zwischenzeit auf die Kleine auf und pflege sie. Mach dir also keine Sorgen.“ Meine Mutter schiebt erstaunt ihre Brille hoch, schluckt aber, was ich in vollem Ernst und mit äußerster Entschlusskraft zu ihr sage.

Große Erleichterung überkommt mich, breitet sich in meinem ganzen Körper aus. Mein Brustraum fühlt sich an, als ob er weiter wird, im Bauch entknotet sich etwas und ich spüre, wie wieder Energie durch meinen Körper fließt, die vorher offensichtlich blockiert war. Ein warmes Gefühl im gesamten Körper, verbunden mit einem Gefühl von Leichtigkeit und Freude. Fühlt sich klasse an! Ich schaue in die glücklichen und dankbaren Augen der kleinen Saskia. Sie kann es noch nicht wirklich fassen. „Nie wieder?“, fragt sie mich. „Nie wieder, versprochen!“

[02/2010: Diese Stelle eignet sich sehr gut, um das Modell des inneren Kindes zu erklären. Mutter, Ärztin und Arzthelferin stehen hier für verinnerlichte Pig-Parent-Stimmen, die ich als Kind als bedrohlich und angstauslösend im Unbewussten abgespeichert hatte und die bis in die Gegenwart unterschwellig meine Gefühle und Handlungen beeinflussten. Das zeigte sich z. B. darin, wenn ich als Erwachsene auf Aggressivität bei anderen Menschen traf, ich sofort mit den alten Gefühlen reagierte: mich ausgeliefert, hilflos, ohnmächtig, klein, ängstlich und bedroht zu fühlen. In Anpassung an diese Angst vor Aggressivität (d. h. um die unangenehmen alten Angst- und Ohnmachtsgefühle nicht zu spüren) gibt es verschiedene Möglichkeiten, wie ich (i. d. R. unbewusst) versuchte, den für mich unangenehmen Gefühlen aus dem Weg zu gehen (= Anpasser):

a) Ich flüchtete vor dem Menschen, ging einer Begegnung aus dem Weg.

b) Die Begegnung fand statt, ich versuchte aber, es dem anderen recht zu machen, um nicht mit seiner Aggressivität konfrontiert zu werden, z. B. indem ich Dinge nicht ansprach, die mir missfielen. Ich ordnete mich dem anderen unter, indem ich Dinge tat, wo ich meinte, das gefällt dem anderen und „hält ihn bei Laune" (ich für mich allein hätte diese Handlung aber nicht getan). Oder ich unterließ eigene Aktivitäten, wo ich meinte, sie könnten dem anderen missfallen oder ihn ärgerlich machen. Meine Handlungen orientierten sich am anderen entsprechend der Devise: „Bloß nicht auffallen und keinen Ärger heraufbeschwören!" Energetisch war ich nicht präsent und gab dem anderen Menschen dadurch Macht über mich.

c) Ich war in der Begegnung in innerer Verteidigungshaltung, d. h., ich war auch aggressiv, um mich mächtiger als der andere zu fühlen. Indem ich mich mächtiger fühlte, spürte ich die eigene Angst nicht, die sich hinter dem Machtgefühl verbarg. Ich versuchte, den anderen „unterzubuttern" und hielt das für kraftvoll. Zugleich war es ein Energieabzug vom anderen und innerhalb meines Selbst. Vor allem schwächeren Menschen, z. B. meinen Kindern gegenüber, habe ich mich oft unbewusst so verhalten. Wenn andere Erwachsene sich mir gegenüber aggressiv verhielten, traute ich mich nicht, dagegen Grenzen zu setzen, sondern hielt den Mund und kuschte genau wie in der Kindheit. Meinen angemessenen Ärger über deren unangemessenes Verhalten mir gegenüber schluckte ich runter, woraufhin er sich in mir an-

sammelte. Kam ich dann abends von der Arbeit nach Hause, steckte ich manches Mal voll angestautem Ärger, der sich dann an den Kindern bei Lappalien entlud, denn vor ihnen hatte ich keine Angst und traute mir, ihnen zu zeigen, wie wütend ich werden kann (was für eine Glanzleistung, sich das vor hilflosen und schwächeren Kindern zu trauen!!!) Ich hielt es zudem für „richtig", ihnen meinen Ärger zu zeigen, wenn sie sich nicht so verhielten, wie **ich** *es wollte. Damit verhielt ich mich als Erwachsene genauso einschüchternd und machtausübend, wie sich Erwachsene mir gegenüber in meiner Kindheit verhalten hatten. Einstmals Opfer, wurde ich nun zum Täter. Welch ein Unrecht an den Kindern!*

Diese Erkenntnis tut echt weh, ist ziemlich bitter und macht mich sehr traurig, dass ich es als junge Mutter nicht anders konnte. Es ist an mir, Verantwortung dafür zu übernehmen und dazu zu stehen, ihnen emotional und körperlich weh getan zu haben. Es gehört zu meiner und ihrer Realität, dass ich es heute weder ändern noch rückgängig machen kann. Es ist jedoch heilsam für die Kinder (egal in welchem Alter, auch erwachsenen Kindern tut das gut), wenn sie von ihren Eltern hören, dass ihnen das Problem heute bewusst ist, es ihnen im Nachhinein von Herzen leid tut und das Kind über den Schmerz offen mit den Eltern reden kann, ohne Gefahr zu laufen, dass die Eltern die Sache bagatellisieren, abwerten, sich rechtfertigen, verteidigen oder dem Kind die Schuld zuschieben. Ein Kind ist im Grunde genommen nie schuldig, da die Verantwortung immer bei den Eltern liegt, egal was passiert ist. Wenn das Kind die Wut und die Traurigkeit über die emotionale/körperliche Verletzung ausdrücken darf und von den Eltern liebevolles Verständnis für seine Position bekommt, ist das im Nachhinein heilsam für das Kind und es braucht nicht länger diese Emotionen verdrängen. Ich spreche das hier so deutlich an, da genau das Problem, wie wir mit unseren Kindern umgehen, auch in unserer heute fortgeschrittenen Gesellschaft ein häufig auftretendes Problem ist – die Sprache der Erwachsenen den Kindern gegenüber ist oftmals eine fordernd-erwartende, unterstellende, schuldzuweisende und aggressive – also lieblos, was für eine innere Überforderung der Erwachsenen spricht. Überall kann dem Problem durch überforderte Eltern und Erwachsene begegnet werden: in der Kaufhalle, S-Bahn, auf der Straße, dem Flughafen, in der Schule … Und wie sieht es zu Hause in den eigenen vier Wänden aus, wo es niemand sieht und hört? Ausrastende und um sich schießende Jugendliche sind das Ergebnis unserer Erziehung und unseres Umgangs mit ihnen in der frühen und späten Kindheit. Wenn wir daran gesellschaftlich etwas ändern wollen, müssen wir Erwachsenen Verantwortung übernehmen und bei uns selbst anfangen und nicht von den Kindern etwas abverlangen (Achtung, freundlicher Ton, Höflichkeit ...), was wir ihnen gegenüber und im Umgang unter uns Erwachsenen selbst nicht leisten.

Die Aufarbeitung und Lösung besteht darin, die alten Gefühle wieder zu fühlen. Ich (= liebevolle Erwachsene, positives Eltern-Ich; PE) gehe dazu in die alte Situation hinein, d. h. ich bin „vor Ort" und fühle die Atmosphäre des Ortes, rieche den Krankenhausgeruch, fühle die Hilflosigkeit meiner Mutter und der Ärztin, weil keine Medikamente halfen, höre, was die Erwachsenen sagen, erlebe die Verzweiflung des Kindes in mir, höre das Kind schreien, kann sogar den Griff der Erwachsenen fühlen, mit dem sie mich als Kind festgehalten hatten. Alles, was ich damals als Kind fühlte, kann ich in dem Moment wieder recht stark fühlen – es ist so, als ob es gerade erst stattfindet. Obwohl ich alle kindlichen Gefühle fühle, ist mein Erwachsener Verstand zugleich auch da, der beurteilen kann, was das Kind jetzt braucht, damit es sich besser fühlen kann. Als diese Erwachsene kann ich dem inneren Kind vom Herzen her das geben, was es gerade braucht: Liebe, Anerkennung, Schutz, Verständnis, jede Art von Hilfe, die gerade nötig ist. Wenn ich erkannt habe, was es braucht (ich erkenne über die Gefühle in meinem Körper, wie das innere Kind sich gerade fühlt), dann handle ich entsprechend dem Bedürfnis des Kindes. In der o. g. Situation brauchte mein inneres Kind Schutz, um sich wieder sicher fühlen zu können, statt ausgeliefert, ohnmächtig und ängstlich. Durch meine Handlung als Erwachsene (ich schob die festhaltenden Personen vom Kind weg und beendete damit die angstauslösende Situation für das Kind) erhielt das innere Kind eine neue Botschaft: hier ist jemand für dich da, der dich in deinem Bedürfnis nach Sicherheit sieht. Das entspannte sofort das Kind, was körperlich als Entspannung unmittelbar fühlbar war – im ganzen Körper. Durch die Grenze, die das Erwachsene-Ich (RI & PE) den verinnerlichten Pig-Parent-Stimmen (PP) gesetzt hat (ich hatte ihnen das Kind entzogen), wurden diese in ihrer Macht entschärft und das Kind verstand: „die Gefahr ist vorbei, findet nie wieder statt." Im Kind wächst Vertrauen und Sicherheit, was der Erwachsene wahrnehmen kann. Wenn das innere Sicherheitsgefühl wirklich ***fühlbar*** *ist für den Erwachsenen, dann ist ihm auch ein anderes Verhalten im Alltag möglich. Je nachdem wie transformiert die kindliche Angstenergie bereits ist, kann der Erwachsene gelassener und mehr in der inneren Mitte, Liebe und Kraft bleiben, wenn ihm irgendwo Aggressivität und Leid begegnet. Gelassener bleiben heißt nicht, gleichgültig demgegenüber zu sein. Das gilt es zu unterscheiden und umzusetzen.]*

Danach befinde ich mich wieder bei der fünfjährigen Saskia *(die auf das Bett mit den Schnüren nicht verzichten möchte)* und versuche ihr schmackhaft zu machen, dass wir beide das Kinderzimmer völlig neu einrichten können. Ein neues Bett kaufen und schöne bunte Möbel, die Tapeten farbenfroh streichen. „Wir können alles so einrichten, wie du es magst, kleine Saskia." Das weckt dann doch die Begeisterung der Kleinen und sie stimmt zu.

Wir gestalten das ganze Kinderzimmer komplett neu und setzen die beiden Teddys auf das neue Bett, das jetzt ca. 2 x 2 m groß ist, sodass ich als Erwachsene mit bei der Kleinen schlafen kann. Auch die große Eisenbahn aus Stahl darf jetzt mit in das Zimmer rein, die ich als Kind abgöttisch liebte, und die bunten Murmeln bekommen einen schönen Extraplatz, wo sie gut zu sehen sind.

[02/2010: Dass das Kind meinem Vorschlag, das alte Bett rauszuschmeißen, letztendlich zustimmt, bedeutet, dass sie sich ein Stück weit sicherer fühlte mit dem Erwachsenen-Ich (RI & PE). In der Zustimmung zeigt sich auch das Nachlassen des Wunsches, sich zu fesseln. Das Fesseln des Kindes mit den Bettschnüren war ein Hinweis darauf, dass das Kind das Trauma, gegen seinen Willen festgehalten worden zu sein, um eine schmerzhafte Spritze zu bekommen, nicht verarbeitet hatte. Das eigentliche Trauma war das gewaltsame Festhalten gegen den eigenen Willen, wodurch das Kind in die Position „den Erwachsenen ausgeliefert zu sein" kam. Als meine Mutter mich einmal im Bett gefesselt „erwischte", fragte sie mich ent-

setzt, was ich da mache. Ich antwortete ihr damals: „Ich spiele Doktor." Das waren die Hinweise (gefesselt =festhalten und Doktor) für meine Mutter, die sie aber nicht verstanden hatte. Mit der Handlung des sich selbst fesselns i. V. m. dem Gedanken „Doktor" waren alle Hinweise gegeben, was die Seele des Kindes damals belastete und wo es Hilfe zur Aufarbeitung benötigt hätte.]

Diese Erinnerungen an meine Kindheit berühren mich ganz stark. Ich bin innerlich sehr bewegt.

Während ich mit meiner kleinen Saskia das Kinderzimmer neu gestaltete, blendete sich zwischendurch immer mal eine Zwischenschau aus dem Pfirsichtraum ein, mit dem ich ja begonnen hatte, ihn zu verändern. Die Pfirsiche und Weintrauben nahmen immer weiter ab. Der Traum gestaltete sich von allein weiter, ohne dass ich konkret dabei sein musste. Als das Kinderzimmer fertig und das alte Bett vom Möbelwagen abgeholt war, waren auch die Pfirsiche und die Weintrauben alle aufgegessen. Ich hatte mich gut mit der Frau mit den Weintrauben unterhalten, während wir beide langsam die Früchte im gegenseitigen Austausch aufaßen. Am Ende trennten wir uns im guten Einvernehmen. Von meiner Seite aus ist keine Wut mehr auf die Frau da. Der Traum ist verändert.

[02/2010: Der Pfirsichtraum zeigte den Fortschritt an und entwickelte sich parallel zur aktiven Veränderung der Kindheitserlebnisse weiter. Indem ich meine Vergangenheit fühlbar für mich änderte und das Kind in mir sich wohler und sicherer mit der Erwachsenen fühlte, in dem Maße wurde es auch harmonischer zwischen den beiden Frauen. Intrapsychisch bedeutet das eine Stärkung des Energieflusses zwischen der Erwachsenen- (RI & PE) und Kind-Energie (IK) und damit ein Nachlassen der Macht und Kraft der verinnerlichten Pig-Parent (PP)-Stimmen. Die Frau, die mir die Pfirsiche wegnahm, ist Pig-Parent-Energie, der Teil in mir, der sich die Pfirsiche wegnehmen ließ, ist dem IH-Modell nach Anpasser-Energie (AP). Die Wut der Frau gegenüber entstand aus der empfundenen Hilflosigkeit und der inneren Zuordnung, dass ich hilflos bin und mir hier etwas „angetan" wird.]

Eine weitere Kindheitserinnerung taucht auf: Mit 15 bekam ich von meinem Onkel „aus dem Westen“ zum ersten Mal ein Paket geschickt – ein ganzes Paket voller Kaugummis! Diese Kaugummis waren wie ein Schatz für mich und ich sparte sie mir auf, weil ich damit so fantastisch große Blasen machen konnte, die nicht im Gesicht festkleben blieben. Die gab es in der DDR nicht und die Gedanken an Nachschub verwarf ich. Trotz meiner Sparmaßnahmen nahmen sie rapide ab, da mein kleiner 5-jähriger Bruder sich heimlich fleißig bediente, ohne mich zu fragen. Ich war mächtig wütend auf ihn und hätte ihn am liebsten lauthals zur Rede gestellt. Aber das durfte ich nicht, da meine Mutter das nicht duldete. Am Ende war ich die Dumme und wurde ausgeschimpft, warum ich so ein Theater mache wegen der Kaugummis! Ich fühlte mich bestohlen und ungerecht behandelt und war sehr wütend.

Ich sehe den Zusammenhang zum Traum mit den „gestohlenen“ Pfirsichen – das Gefühl der riesigen Wut ist absolut identisch. Ich ändere auch diese Situation für das Kind in mir, indem ich zu der wütenden 15-Jährigen gehe, den Kontakt zu ihr herstelle und mit ihr rede: „Ich kann genug Kaugummis besorgen. Du kannst essen, so viel du magst, brauchst nicht mehr zu sparen. Und für den kleinen Bruder ist auch noch was da.“ Die Wut wandelt sich in Erstaunen; sie schaut mich an als wollte sie sagen: „Was, da gibt es jemanden, der mir hilft und der versteht, warum ich wütend bin?“ Mitfühlend rede ich weiter: „Ja, ich verstehe, warum du wütend bist und kann das absolut nachvollziehen. Es wäre merkwürdig, wenn du nicht wütend wärst, wenn dir was weggenommen wird!“ Die 15-Jährige ist gerührt, Tränen sammeln sich in ihren Augen, sie fühlt sich zutiefst gesehen und verstanden. Nach kurzer Überlegung gibt sie dem sehnsüchtig schauenden Bruder einen Kaugummi ab, jedoch nicht ohne sich nochmals bei mir *(Erwachsenes Ich = RI & PEI)* Rückversicherung zu holen, dass ich halte, was ich ihr in Aussicht gestellt habe. Sie hat Angst, dass ich mein Versprechen breche. Ich versichere ihr, dass ich es ernst meine. Sie schaut jetzt glücklicher, ist aber immer noch eine Spur skeptisch. Doch letztendlich vertraut sie mir. Ich fühle große Erleichterung im gesamten Körper, vor allem aus dem Kopfbereich fließt Energie fühlbar raus oder ab.

[02/2010: Wut- und Ärger-Energie sammelt sich üblicherweise im Kopf und Hals an und führt dort mit der Zeit zu einem Stau, wenn der Ärger/die Wut bleibt und nicht aufgelöst wird. Daran ändert sich auch nichts, wenn das Ereignis (oder mehrere) vergessen/verdrängt und damit auch der Ärger zunächst wieder vergessen wird. Die ***energetische*** *Blockade bleibt bestehen, bis sie in der Situation wieder aufgelöst wird, in der sie ursprünglich entstanden ist. Ich hatte in der Jugend einen „dicken Hals", was auf eine Fehlfunktion der Schilddrüse von Seiten der Ärzte zurückgeführt worden war und bekam Jodtabletten, was am Symptom jedoch nichts änderte. Aus meinem heutigen Verständnis heraus war der „dicke Hals" das Ergebnis jahrelanger angestauter Wut und Ärger, den ich „runtergeschluckt" hatte. Die hervortretenden Halsschlagadern bei wütenden Menschen als auch das Sprichwort „Ich kriege so'n Hals, wenn ich dieses/jenes sehe oder höre!", das i. d. R. von Personen verwendet wird, wenn eine Situation sie wütend macht, verdeutlicht den Zusammenhang zwischen Psyche und Körper ganz klar. Jeder Mensch könnte diese Körperreaktionen im ganz normalen Alltag an sich selbst beobachten, wenn darauf geachtet würde.]*

Bewusste Änderung des 3. Traumes: Schlamm auf der Treppe

Der 3. Traum kommt mir in den Sinn … Ich steige die Treppenstufen hoch und schaue auf den schlafenden Mann. Mir bewusst machend, dass er hier nicht hergehört, schüttle ich ihn zunächst vorsichtig an der Schulter und spreche ihn an. Da er nicht reagiert, werde ich deutlich stärker in meinen Versuchen ihn aufzuwecken … ohne Erfolg. Ich hole mir vom Gartenzaun einen Grashalm und kitzle ihn damit im Gesicht und an der Nase. Der Mann holt tief Luft … „Geschafft!", denke ich. Aber er muss nur niesen, dreht seinen Kopf zur anderen Seite und schläft tief und fest weiter. Ich schaue mich um und rufe die Kinder vom Schulhof zu mir. „Hey Kinder, habt Ihr eine Idee, wie ich den Mann aufwecken könnte? Ich habe schon alles versucht, aber er wacht nicht auf." Vier Kinder kommen die Treppe hoch, stellen sich hinter den Mann und wollen ihn herunterrollen. Erschrocken bitte ich die Kinder zu warten. Stufe für Stufe runterzuplumpsen tut ihm sicher weh. Die Idee selbst finde ich super. Ich hole aus dem Geräteschuppen der Schule ein breites Brett, lege es quer über die Treppe und breite auf dem Boden davor noch eine weiche Matte aus. „Fertig, jetzt kann es losgehen." Mit vereinten Kräften rollen wir den Mann wie eine Teppichrolle die Rampe runter. Er spürt von der ganzen Aktion nicht das Geringste. Ich decke ihn zu und wische mit einer Art Scheibenwischer den dünnflüssigen Schlamm grob von den Stufen runter. Helles, wunderschön gemasertes Holz kommt zum Vorschein. Wohin jetzt mit all dem Schlamm? In Eimer? Nein, zu schwer zum Tragen, wenn die voll sind. Mein Blick fällt auf die alte Badewanne im Schul-Gemüsegarten, der hinter der Schule liegt. Kommt auch nicht in Frage … Genau – wegspritzen! Ich ziehe mir den gelben Wasserschlauch, der gleich neben der Badewanne zum Wässern der Beete bereitliegt, zur Treppe. Den groben Schlamm fege ich mit einem alten Besen in den Gully und spritze abschließend den Schulhof und die Treppe ab. Alles sieht blitzblank aus – bis auf den schlafenden Mann auf der Matte. Ich schaue zufrieden auf die saubere Treppe … und finde, dass sie hier draußen völlig fehl am Platz ist – ist doch keine Außentreppe! Das Holz ist viel zu schön, um bei Wind und Wetter zu vergammeln. Ich gehe zig Möglichkeiten durch, was ich mit der Treppe mache. In meine Wohnstube oder mein Zimmer? Nein, zu groß. Doch draußen stehen lassen und mit einer Plane abdecken? Fühlt sich nicht gut an. Dazu ist sie viel zu wertvoll und schön, um unter einer Plane zu verschwinden. Die Turnhalle! Da könnte sie gut stehen …

Ich rufe die beiden Männer, die gerade die Straße entlangkommen, zu mir und bitte sie, die Treppe genau in die Mitte der hinteren Längsseite der Turnhalle zu tragen und direkt an die Wand zu schieben. So können die Kinder bei Wettkämpfen die Treppe mitbenutzen, indem z. B. der Schiedsrichter auf der Treppe sitzt. Da die Kinder hier nur mit Turnschuhen oder barfuß rein dürfen, kann „mein Schmuckstück" jetzt auch nicht mehr durch Schuhe beschmutzt oder zerkratzt werden. Links und rechts auf die oberste Treppenstufe stelle ich zwei Rankpflanzen … sieht hübsch aus, wie das dunkle Grün der Pflanzen neben der hellen Holztreppe herunterhängt. Fertig! Die Treppe ist gut geschützt und hat einen passenden Platz.

Ich gehe aus der Turnhalle – der Mann liegt noch immer tief schlafend auf der Matte. Was mache ich nur mit ihm? Ohrfeigen oder Tritte sind mir zu brutal. Die Kinder schlagen vor, ihm einen Eimer Wasser über den Kopf zu gießen oder ihn mit dem Schlauch nass zu spritzen. Ich schüttle den Kopf. Mein Innerstes wehrt sich dagegen, dem Schlafenden kaltes Wasser über den Kopf zu schütten – das könnte ihn schocken. Ich fühle mich hilflos, weiß nicht, was ich mit ihm machen soll. Ihn einfach liegenlassen? Nein, es könnte regnen oder schneien, die Nächte sind noch ziemlich kalt. Bevor der aufwacht, erfriert er eher! Die Klingel ruft die Kinder wieder zum Unterricht, sodass ich jetzt allein mit ihm bin. Vielleicht doch einfach liegenlassen, nach dem Motto: Wenn ihm zu kalt wird, wird er schon aufwachen?

Ich kann mich mit der Idee nicht anfreunden, sie löst kein gutes Gefühl in mir aus – ich kann doch nicht einfach gehen! Da bis zur Nacht noch viel Zeit ist, hole ich mir Schreibtisch und Stuhl aus der Schule, setzte mich neben ihn in die Mittagssonne und schreibe all meine Träume auf, die ich bis jetzt schon hatte, während der Mann weiterschläft. Im Traum ist es jetzt 14 Uhr. Mit der Zwischenlösung fühle ich mich erst einmal gut.

Ich habe das Gefühl, als hätte ich stundenlang schwer gearbeitet. Seit dem Morgen, als Holger mir Tee brachte, habe ich durchweg geistig gearbeitet, mein Kopf raucht, dazu die schlaflosen letzten beiden Nächte … Ich fühle mich total erschöpft und lege mich ins Bett, um zu schlafen.

Doch ich kann nicht schlafen, komme stattdessen in sexuelle Erregung. Ich leite die sexuelle Energie erneut in die Wirbelsäule um und erlebe einen ähnlich starken Energiestoß in den Rücken hinein wie beim letzten Mal. Nach diesem Erlebnis bin ich energiegeladen und vollkommen wach.

Ich gehe in den Traum mit dem schlafenden Mann und sitze an meinem Schreibtisch. Es ist schon später Nachmittag, die Sonne ist dabei unterzugehen. Plötzlich bewegt sich der Typ, wacht auf und setzt sich hin. Ich schaue zu ihm rüber und bin völlig verblüfft: Das ist kein Mann mehr, sondern eine Frau! Eine Patientin von mir. Ich frage sie erstaunt, was sie denn hier mache? Sie schaut mich an und sieht aus, als sei sie noch immer nicht richtig wach. Sie meint, sie musste schlafen und weiß auch nicht so genau, was sie hier mache. Nachdem ich mich von meinem Erstauen erholt habe, packen wir alles zusammen und räumen Matte, Schreibtisch und Stuhl wieder in die Schule. Dann verabschiedet sich die Patientin von mir mit den Worten, jetzt nach Hause zu müssen. Ich schaue ihr nach und weiß für mich, dass der Traum jetzt geändert und beendet ist.

Das Ende verwundert mich sehr, denn sowohl auf der Treppe als auch auf der Matte liegend, war es eindeutig ein Mann. Und dann entpuppt „er“ sich als Frau.

Ich bin total fasziniert von der anhaltenden Wärme in mir, vor allem im Bereich des Herzchakras … nicht zu fassen … einfach irre … wundervoll … Was so ein Energiestoß in die Wirbelsäule alles bewirkt …

(2004: Es ist ein so wunderbares Körpergefühl, dass mein Ego beim Lesen sofort denkt: „Das will ich wieder haben!“ Ich empfinde das Ego gerade wie eine diebische Elster, die alles, was ihr gefällt, sofort vereinnahmt, festhält und nicht wieder hergibt. Diesem Festhalten des Egos ist sehr schwer beizukommen. Ein Kreislauf zwischen festhalten und loslassen. Kaum ist es mir gelungen, in einem schweren inneren Prozess etwas loszulassen, findet das Ego – wie mir scheint mühelos – Ersatz, was es einkrallen und festhalten kann. Wenn das Loslassen doch nur auch so mühelos wäre …!)

Mein Muskelkater ist wieder weg. Beim Tai Chi habe ich gerade geschwitzt wie ein Teufel. Bin beeindruckt über die Veränderungen, die ich beim Üben spüre. Körperlich merke ich im Gegensatz zu den ersten beiden Tagen keine Schwäche, kann auch gut auf einem Bein stehen. Nach 30 Liegestützen – gerade so mit Mühe und Not – setze mich zur Meditation …

Vielleicht eine ½ Stunde später breche ich die Meditation ab wegen Schmerzen im linken Knie, in der linken Hüfte und überhaupt im ganzen linken Bein und linken Fuß. Ich lege mich ins Bett. Holger kommt gerade zum Gespräch.

Gespräch mit Holger

Ich lenke das Gespräch auf meine Todesangst und Holger gibt mir daraufhin Feedback: „Du hast was sehr klares, sehr nüchternes, liebevolles, arbeitsames, fleißiges. Zu arbeitsam, zu fleißig, zu ordentlich, alles gute Eigenschaften, aber zu viel des Guten. Da ist irgendwo eine zu starke Ich-Kontrolle. Andererseits bist du auch wieder ganz offen – du machst so etwas wie Dunkeltherapie, Meditation, Tai Chi …, also wieder zwei Seiten in dir – so wie die zwei Frauen in dem Pfirsichtraum. Licht und Schatten, beides beieinander. Du bist sehr offen und dann doch wieder nicht.“ Holger meint, das hänge mit der Todesangst zusammen und dies sei ein tiefgreifendes Problem. Was sich bis jetzt gezeigt habe, sei nur die Spitze des Eisberges. Er meint weiter, dass die Tiere keine Angst haben, Bäume/Pflanzen keine Todesangst haben und dass die Menschen auch keine Todesangst zu haben bräuchten.

Dann fragt er mich, wovor genau ich denn Angst hätte, das Sterben betreffend. Ich erzähle noch mal meine Alpträume aus der Kindheit, in denen ich verfolgt, erschossen, gewürgt, erstochen, erhängt wurde und ertrunken bin.

S.: „Wirklich gestorben bin ich nur in dem Traum, wo ich erschossen wurde. Ich spürte den Einschlag der Kugel in meinem Brustraum, sah und fühlte das warme Blut an meinem Körper herunterlaufen, wunderte mich, dass das alles gar nicht weh tat und spürte, wie meine Kräfte mich verließen und mir langsam das Bewusstsein schwand, weil mein Herz nicht mehr schlug. Ich dachte, sterben ist ja gar nicht so schlimm, tut ja gar nicht weh. *(Diese Erkenntnis erleichterte mich damals, offensichtlich gab es eine Angst vor Schmerzen.)* Dann wachte ich auf und fing an zu weinen, weil ich das gerade Erlebte ganz furchtbar fand, vor allem das viele Blut ängstige mich. Es dauerte eine Zeit, ehe ich realisierte, dass ich gar kein Blut am Körper hatte und ‚alles gar nicht wahr war', wie meine Eltern zu sagen pflegten, wenn sie mich beruhigen wollten. Ich war vielleicht fünf Jahre alt. Beim Erhängen wachte ich in dem Moment auf, wo mir der Klotz unter den Beinen weggehauen wurde und das Seil um den Hals straff wurde. Ertrinken war schrecklich – ich versuchte verzweifelt, unter Wasser Luft zu bekommen und wachte an dem Punkt auf. Bei allen anderen Träumen stand die Angst, umgebracht zu werden, im Vordergrund. ‚Ein Böser' verfolgte mich, aber bevor er mich erwischte, wachte ich jedes Mal auf. Die Hauptangst ist, dass ich nach dem Tod *nie mehr* auf der Welt bin und nicht sehe und erlebe, wie es weitergeht auf der Erde – und das für *immer, endgültig.* Diese Endgültigkeit ist das Erschreckende und löst die Angst aus, ein Ende ohne neuen Anfang. Die Erde entwickelt sich immer weiter, über Millionen von Jahren und viel weiter und alles das erlebe ich niemals wieder. Keiner wird sich mehr an mich erinnern, es gibt mich dann einfach nicht mehr – *nie mehr!* Ich kriege keine Luft mehr (grauenvoll!!!) vor dem Tod, liege dann in der kalten und nassen Erde und die Würmer fressen mich auf. Spätestens an dem Punkt meiner kindlichen ‚Fantasien' krümmte ich mich vor seelischer Qual zusammen, es trieb mich fast in den Wahnsinn und ich fing meistens an zu weinen, wenn es mir nicht gelang, diese lebendigen Bilder zu verdrängen. Auch die Vorstellung, verbrannt zu werden nach dem Tod war mir nicht angenehmer."

(02/2010: Ich bekam als Kind die Vorstellung nicht hin, ***wirklich*** *tot zu sein und von der Beerdigung, auf welche Art auch immer, nichts mitzukriegen. Bei allen Beerdigungsvorstellungen kam immer Zweifel auf: „Was ist, wenn ich doch noch nicht tot bin und dann lebendig begraben oder verbrannt werde, weil die Leute nicht merken, dass ich noch lebe?" An dem Punkt kam die Angst vor dem Schmerz bei der Verbrennung oder keine Luft zu kriegen unter der Erde – also eine Angst vor Qual und Schmerz. Vielleicht wollte mein Unbewusstes in Form der Zweifel mir damals sagen, dass es in Wirklichkeit keinen Tod gibt; weil ich es jedoch nicht verstanden hatte, löste es Angst aus. Bezüglich der Todesangst habe ich zwischenzeitlich weitere tiefe Einsichten für mich gewonnen, die so komplex sind, dass ich sie hier bewusst weglasse, um den Rahmen des Buches als Erfahrungsbericht nicht zu sprengen.)*

S.: „Diese Fantasien quälten mich fast jeden Abend vor dem Einschlafen und waren einfach schrecklich. Ich nahm mir vor, berühmt zu werden, damit nach meinem Tod wenigstens die Erinnerung an mich bleibt, wenn ich schon nicht mehr da bin. Nur über berühmte Leute spricht man nach deren Tod, vor allem lange Zeit nach ihrem Tod. Mir fällt gerade ein, dass mein Vater immer in einer besonderen Energie von berühmten, aber bereits verstorbenen Leuten (z. B. Goethe, Schiller, Mozart, Rembrandt) sprach. Das war eine Energie, die Hochachtung, Lob, Anerkennung, Wertschätzung, Freude und Begeisterung ausdrückte. Die machten nie was falsch! Da stimmte jeder Pinselstrich und jede Note. ‚Wie schlau die waren und was die alles konnten!', dachte ich oft als Kind, wenn ich ihn über diese Leute reden hörte. Genau **so** wollte ich auch von ihm gelobt werden. Was mir nie gelungen ist, denn seinen perfekten Maßstäben konnte ich nie gerecht werden und ich war auch nicht berühmt."

[02/2010: Mein Vater redete mit mir immer in einer anderen Energie (eher ernst und belehrend), nie in der bewundernden und freudigen Energie, in der er über die „Größen vergangener Jahrhunderte" sprach. Da ich aber auch diese freudige und einfach schöne Energie wollte, die er z. B. Rembrandt zukommen ließ, dachte ich als Kind, die Lösung liegt im Berühmt sein. So verknüpfte ich als Kind die Fantasien und Ängste vor dem Tod mit dem Wunsch nach Berühmt sein. „Ich muss auch berühmt werden, damit mein Vater so mit mir redet, wie er über diese berühmten Leute redet." Durch diese Beschreibungen wird klarer, dass es nicht um einen „Berühmtheitsimpuls" geht, sondern dass anscheinend nur über Berühmt sein die Anerkennung vom Vater erreicht werden kann und das wiederum nur, wenn ich schon tot bin.]

Holger meint, die Todesangst könnte auch karmisch bedingt sein.

Weiter erzähle ich Holger, dass ich bis zum ca. 5. Lj. in Abständen immer mal wieder ins Bett nässte. Meine Mutter schimpfte dann mit mir und war enttäuscht. Für mich waren ihr enttäuschtes Gesicht und ihr Ärger furchtbar. Da ich wusste, was auf mich zukommt, wenn das Bett nass ist, hatte ich Angst davor. Eines Morgens, als ich wieder in ihr enttäuschtes und verärgertes Gesicht sah, erzählte ich ihr unter Angst und Tränen, dass ich immer das Gefühl habe, ich würde zur Toilette gehen und sogar jeden Schritt auf dem Gang dorthin spüren, auch den Griff, woran ich ziehen musste, um zu spülen. Selbst den Klodeckel unter meinem Hintern fühlte ich. Meine Mutter war überrascht und riet mir, mich beim nächsten Mal zur Kontrolle in den Arm und ins Bein zu kneifen. So würde ich unterscheiden können, ob ich wach bin oder träume. Aus lauter Angst vor Ärger, wenn ich wieder ins Bett mache, wendete ich diesen Kneiftest an: Ich kniff mich ins Bein oder den Arm, um sicher zu sein, dass ich nicht träume, sondern wach bin und auf Toilette sitze. Erst dann entleerte ich mich – wenn ich wirklich sicher war, auf der Toilette zu sitzen. Und trotzdem war ich nicht auf der Toilette, sondern in meinem Bett, was ich erst wirklich merkte, wenn das Bett bereits nass war. Das war alles so real, dass ich nie unterscheiden konnte, ob ich nun auf Toilette sitze oder nicht. Selbst der Kneiftest hat mir da nicht geholfen. Aber nachdem ich meiner Mutter dies erzählt hatte, war es mit der Schimpfe vorbei. Sie hatte seitdem Verständnis für mich und ich verlor allmählich meine Angst davor einzunässen, wodurch sich das Problem nach und nach auflöste.

Holger findet das interessant und fragt mich, ob ich eine Todessehnsucht habe. Da muss ich fast lachen, denn meine Devise lautet, am besten unsterblich zu sein oder das Sterben so weit wie möglich rauszuschieben, so alt wie es nur geht zu werden. 120 Jahre oder noch älter habe ich als Wunsch im Visier.

[03/2010: Der Wunsch, so alt zu werden, speist sich aus der Angst vor dem Tod. Die Angst vor dem Tod ist verinnerlichte Pig-Parent-Energie (PP) und der Wunsch, so lange wie möglich zu leben, ist eine Gegenreaktion darauf (Anpasser, AP). Die Angst vor dem Tod kann auch auf spezifische PP-Botschaften zurückgehen, z. B: „Du bist es nicht wert zu leben", kann aber auch geburtstraumatisch bedingt sein (wenn vielleicht durch meine Steißlage und die Drehung während der Geburt ein Risiko für mich bestand und meine Existenz bedroht war) – dann ist sie eine IK-Funktion.]

H.: „Was hast du davon, wenn du immer lebst?"

S.: „Dann kann ich viele Erfahrungen machen und sehe, wie es weitergeht auf der Erde. Das ist doch alles ganz spannend, wie die Welt sich entwickelt."

H.: „Ich kann deine Gedanken gut nachvollziehen. Die meisten Menschen haben im Alter eher eine Todessehnsucht, die wollen gehen und nicht mehr leben."

S.: „Ich kenne aber viele Leute, die ganz viel Angst haben vor dem Tod. Nur Leute, die viele körperliche Beschwerden haben und wo keine Besserung in Sicht ist, die wollen oft nicht mehr leben."

H.: „Du möchtest doch aber außerkörperliche Erfahrungen machen."

S.: „Ja, aber doch nicht um zu sterben, sondern um der Erfahrung wegen. Ich habe das Gefühl, wenn ich einmal eine echte außerkörperliche Erfahrung hätte, dass meine Todesangst sich auflösen könnte. Das wäre für mich der Beweis, dass ich außerhalb meines Körpers existieren und leben kann. So steht das zwar in vielen Büchern, z. B. in solchen über Nahtoderlebnisse, es bleibt aber Buchwissen für mich, nicht meine eigene Erfahrung. Mein Zweifel löst sich dadurch nicht auf."

H.: „Für mich ist das ein Widerspruch, denn den Körper verlassen heißt Tod."

S.: „ Ja, das spüre ich auch. Deshalb habe ich auch Angst davor und die Angst verhindert die Erfahrung. Ich habe Angst, dass ich nicht wieder in meinen Körper zurückkomme. Also ich will die Erfahrung machen und doch wieder nicht, weil ich Angst habe, dabei zu sterben … Mir fällt ein Seminar ein über außerkörperliche Erfahrungen, an welchem ich im Herbst 2000 teilgenommen hatte. Ich meldete mich, um in der Mitte zu liegen und mithilfe der Suggestionen des Seminarleiters und der Gruppenenergie aus dem Körper zu gelangen. Ich ging davon aus, dass dies eine interessante Visualisierungsreise werden könnte … Ich war in tiefer Trance und es geschah, dass ich mich von ‚etwas' körperlich angehoben fühlte – es war ein starker Zug/Sog nach oben. Ich erschrak heftig und bekam panische Angst. Das war mir so ungeheuerlich, dass ich mich vehement gegen den starken Zug nach oben wehrte, indem ich zappelte und meine Hände zur Abwehr nach oben ausstreckte. Ich hatte doch nicht im Ernst daran geglaubt, dass man **wirklich** den Körper verlassen kann, dachte, es ist nur eine Vorstellung, aber doch keine Realität!!! Es kostete mich enorme Kraft, dem Zug/Sog nach oben Widerstand entgegenzusetzen und so ein weiteres Höhergehen zu verhindern. Sprechen konnte ich nicht, war viel zu sehr mit meinem Dagegenstemmen beschäftigt, die Idee dazu kam mir auch gar nicht. Außerdem war ich der Meinung, dass die Gruppe und der Seminarleiter meinen Kampf sehen müssen. Es kann ihnen doch nicht entgehen, dass ich mein Gesicht vor Anstrengung verzerrte und mich mit meinen Armen mit aller Kraft dagegen stemmte. Zumindest vom Seminarleiter erwartete ich, dass er mich im Auge behält und ich wurde wütend, dass er den Versuch nicht sofort abbrach – ich selbst war nicht in der Lage dazu. Die Wut gab mir die Kraft, um mich gegen den Sog nach oben zu wehren und ich war heilfroh, als der Seminarleiter den Versuch endlich beendete. Als ich aus der Trance wieder aufgetaucht war und mich beruhigt hatte, fragte mich der Gruppenleiter, ob ich von meinen Erfahrungen berichten möchte. Ich bejahte und erzählte. Am Ende fragte ich sie ziemlich vorwurfsvoll: ‚Warum habt ihr den Versuch nicht sofort abgebrochen, als ich mich heftig wehrte? Ihr müsst doch auch an meinem vor Anstrengung verzerrten Gesicht und meinen nach oben gestemmten Armen gesehen haben, dass mit mir was nicht stimmte? Habt ihr mich vielleicht hochgehoben?' Aber alle verneinten und versicherten mir, mich nicht berührt und auch nicht hochgehoben zu haben. Ich konnte das kaum glauben. Niemand hatte etwas von meinem inneren Kampf und meiner Angst mitbekommen. Ich hätte ganz ruhig und vollkommen entspannt dagelegen, weswegen sie keinen Anlass hatten anzunehmen, dass es mir nicht gut ginge. Das passte für mich überhaupt nicht zusammen mit meiner Erfahrung, aber alle sahen so ehrlich aus und ein Teil in mir spürte, dass sie mich nicht anlügen." *(An diesem Widerspruch hatte ich lange zu knabbern, weil ich es mir nicht erklären konnte.)*

Holger schlägt mir eine Übung vor: Ich solle mir vorstellen, ich sterbe und dann mal da reinzuspüren und zu schauen, was alles kommt und das mal zu untersuchen.

Sofort kommt großer Widerstand in mir: „Alles, was man sich vorstellt, passiert auch – früher oder später. Nein, Holger, das stelle ich mir nicht vor!“ Ich will es mir nicht vorstellen, schiebe das weit von mir.

H.: „Es gibt keinen Tod, sondern das ist nur ein anderer Seins-Zustand.“

Der Zweifler in mir fragt ihn mit scharfem Unterton, woher er das weiß. Holger meint, dass das nicht beweisbar sei. Es gäbe aber viele Leute, die Nahtodeserlebnisse hatten und lt. Ärzte schon tot waren. Und die würden alle ähnliche Dinge erzählen: von Licht, Tunnel, außerkörperlich sich wahrnehmend und trotzdem alles sehen und hören, was passiert, aber keine Möglichkeit habend, sich mit den Leuten zu unterhalten. Auch dass sie verstorbene Familienmitglieder u./o. Gott, Jesus, Engel usw. treffen.

Wie gern möchte ich das glauben. Ich würde mich sehr erlöst, erleichtert und frei von meiner Todesangst fühlen. Aber es bleibt nur ein Wunschtraum von mir, mein Inneres nimmt diese Version einfach nicht an.

Holger würdigt meinen Werdegang, was ich schon alles geschafft habe: das Veterinärmedizinstudium, die vier kleinen Kinder, die Vollzeitarbeit im Veterinäramt, die Umschulung nebenbei zum Heilpraktiker, dann auch noch Hausbau, großen Garten und Haus sauber halten, Mutter und Ehefrau sein, Praxisgründung … Er könne sich nicht mal vorstellen, wie das gehen soll. Der Sprung vom Veterinärmediziner zum Heilpraktiker und das neben der Arbeit (40 Stunden-Woche) und den vier kleinen Kindern sei in seinen Augen eine ganz große außergewöhnliche Leistung. *(Es tut mir echt gut, so gewürdigt zu werden, wundere mich aber auch darüber. Für mich war das so „normal“.)* Er meint, mir fehle irgendwie die Möglichkeit, sich in dieses Mystische einfach hineinfallen zu lassen.

S.: „Ja, ich habe dafür einen viel zu starken Kontrollfaktor.“

Ich erzähle Holger ausführlich, was mir dazu in den letzten

drei Jahren rückblickend über mich bewusst wurde und dass ich bereits im Spannungsfeld meiner beiden Eltern stand, bevor ich überhaupt geboren war. Holger meint, der Kontrollfaktor würde die Angst erzeugen. Andererseits wirke ich gar nicht kontrolliert auf ihn, sondern eher im Fluss, sehr locker und sehr ruhig. In der Tiefe sei der Kontrollfaktor aber eben noch da.

Ich mache mir auch Gedanken über diese Diskrepanz zwischen „alles unter Kontrolle haben wollen" und „innerer Ruhe und Gelassenheit" in mir.

S.: „Kontrolle, Todesangst und Berühmtheitswunsch hängen irgendwie eng miteinander zusammen. Wenn ich berühmt wäre, könnte ich mir sagen: Wenn du stirbst, dann bleibst du der Nachwelt aufgrund deiner Berühmtheit auf jeden Fall erhalten. Aber die Angst wäre nicht wirklich gelöst – es wäre nur ein ‚gut zureden', um die Angst vor mir selbst herunterzuspielen *(unter Kontrolle zu halten)*."

[02/2010: Im Berühmtheitswunsch zeigt sich unbewusst der Wunsch nach Anerkennung, indem die Nachwelt noch von mir redet, weil ich etwas „Besonderes und Großes für die Gesellschaft" geleistet habe, sodass „ich es wert bin", nach meinem Tod erwähnt und erinnert zu werden. Unbewusst habe ich hier meinen Wert als Mensch an Leistungen gekoppelt, die auch noch groß und bedeutend sein müssen, um von der Gesellschaft (stellvertretend für Vater und Mutter) Beachtung zu finden und als wertvoll eingestuft zu werden.]

H.: „Immer wenn Gefühle stark unterdrückt worden sind, ist auch gleichzeitig immer eine Angst vor dem Tod da. Das hängt beides miteinander zusammen und du hast das intuitiv schon sehr clever gelöst durch deinen Berufswechsel. Als Heilpraktikerin hast du viel mehr mit Gefühlen zu tun und wirst anders mit dem Tod konfrontiert, als wenn du bei den Tieren geblieben wärst."

S.: „Weißt du, warum ich Tierärztin geworden bin? Ursprünglich wollte ich Humanmedizin studieren, wusste aber, dass im Studium Verstorbene seziert werden müssen. Den Gedanken, Tote anzusehen, konnte ich nicht ertragen. Bei den Tieren hat mir der gleiche Fakt nichts ausgemacht. Es war mir nicht egal, aber damit konnte ich eher umgehen."

Holger meint, es sei immer gut, wenn ich so arbeite, dass ich mehr gefordert bin als meine Patienten. Über die neue Arbeit würde ich mich mehr mit diesem Thema auseinandersetzen, als ich dies als Veterinärin getan hätte. Und über die Arbeit könne sich wahrscheinlich mit der Zeit auch diese Angst auflösen.

Nach einer kurzen Pause fragt Holger mich: „Was ist denn das Dasein?"

Ich bin total überrascht von der Frage und stammle, nach einer Antwort suchend: „Meine Gefühle, meine Gedanken, dass ich mir meiner Selbst bewusst bin, meine Erfahrungen, die ich mache usw., einfach das Gefühl, dass ich vorhanden bin."

H.: „Hast du manchmal das Gefühl, dass du mehr bist als das? Dass du was GANZES bist?"

Ich erzähle ihm von meinem Gefühl bei mancher Meditation, dass ich mich ausdehne und größer werde, einen Umkreis von ca. 5 – 7 m als einen zu mir gehörigen Bereich fühle. Es ist aber kein Gefühl von Gesamtheit oder Ganzheit da. Ich bin dies, das Weltall ist das, ich bin zwar da eingebunden, aber ich **bin** es nicht, bin nicht eins mit dem Raum um mich, sondern bin in dem Raum ein Teil des Ganzen, solange ich da bin. Und wenn ich gestorben bin, rücken andere nach und nehmen meinen Platz ein. Ich fühle mich getrennt vom Ganzen.

Nach kurzer Pause erwähne ich, dass ich mich seit etwa einem Jahr mit dem Gedanken trage, eine Ausbildung zum Hospiz-Helfer zu machen und vielleicht auch in der Richtung zu arbeiten, um mich dem Thema Tod, Sterben, Sterbeprozess anzunähern.

Holger findet die Idee klasse und meint, er stelle sich das ganz schrecklich vor, solche Angst vor dem Tod zu haben, weil man da auch gar nicht richtig leben könne. Für ihn gibt es kei-

nen wirklichen Unterschied zwischen Leben und Tod, es ist alles Sein. Er erwähnt, dass Todesangst auch eine Angst vor dem Leben ist. Den Satz kenne ich schon aus meiner Therapie und er macht mich erneut nachdenklich. Da ist was dran. Ich fühle etwas Neid in mir aufsteigen, als Holger erzählt, er wäre jederzeit bereit zu sterben und hätte alles geregelt und sein Testament gemacht, weil er weiß, dass jeden Moment der Tod da sein kann und das für ihn auch noch in Ordnung ist.
Holger sagt, dass er ein tiefes Gefühl von Vertrauen hat, dass das Dasein weiß, was richtig ist. Er braucht sich über nichts Gedanken machen, hat über nichts die Kontrolle, kann überhaupt nichts tun. Er sei wie ein kleiner Wurm, der das Vertrauen in das Dasein hat, dass alles, was kommt, richtig für ihn ist, das Gute wie das Schlechte. Er könne weder was dafür noch was dagegen tun, er lässt alles geschehen, ist ganz passiv und alles ist o. k. für ihn. Mein Denken dagegen sei anders: Ich würde meinen, ich habe die Kontrolle und ich müsse immer alles machen und tun.

Anhand seiner Worte wird mir bewusst, wie aktiv ich im Gegensatz zu ihm bin und wie sehr ich über die Aktivität alles kontrolliere. Ich bin keinesfalls passiv.

Holger meint, wenn er sich vorstellt, dass er das alles **tun** müsste, was so in seinem Leben passiert, dann würde er sich restlos überfordert fühlen. Ich gebe ihm recht. Wenn ich mich in seine Position hineinversetze, spüre ich eine große Entlastung. Wie leicht das Leben wäre, einfach mitzufließen. Daran merke ich, dass mich meine Angst vor dem Tod und mein Kontrollfaktor mehr belasten, als ich es bislang wahrgenommen habe. Im normalen Alltag spüre ich die Angst ja nicht.

[10/2004: Während ich die Kassette abschreibe, sehe ich gerade, dass mein Kontrollfaktor in der tiefsten Tiefe mit der Angst vor dem Tod zusammenhängt. Ich ***muss*** *mein Leben unter Kontrolle haben und planen und tun. Darüber grenze ich den Tod aus, indem ich alles für mein Leben tue. Indem ich alles plane, meine ich, über alles die Kontrolle zu haben, denn den Tod*

plane ich ja nicht mit ein. Was ich nicht gesehen habe, ist die Tatsache, dass ich keine Kontrolle über den Tod habe und auch nie haben kann. Deshalb macht er mir auch solche Angst. Ich sehe gerade, dass der Tod so ziemlich das Einzige ist, was ich **nicht** *unter Kontrolle habe. In mir kraucht ganz langsam Entsetzen auf über die Klarheit, mit der ich das so plötzlich sehe und wie sehr ich mich selbst eingrenze über meine eigenen Kontrollmechanismen. Wie sehr mein Leben von einer tiefen Angst bestimmt wird – ohne dass ich es je merkte, denn im alltäglichen Leben habe ich keine Ängste, die mich eingrenzen. Jetzt zu sehen, dass mein* **ganzes** *Leben von dieser tiefliegenden Angst bestimmt wird, erschreckt mich. Ich fühle Ernüchterung, Entsetzen, Traurigkeit, Panik, flaues Gefühl im Magen, Hilflosigkeit. „Wie soll ich das nur ändern, um es wieder unter Kontrolle zu bekommen?" Ein Kreislauf, in dem ich mich plötzlich gefangen sehe. Es ist, als ob ich von oben plötzlich über mein gesamtes bisheriges Leben schaue und sehen kann, wie die Angst mich dirigiert hat, ohne dass ich es bemerkte. Ich hielt mich für stark, mutig, alles schaffend … und für alles war die treibende Kraft mehr oder weniger meine tiefe Angst. Das schockiert mich bis in jede Zelle meines Selbst, tut weh und macht mich sehr nachdenklich. Komplett nichts von dem stimmt, wie ich mich bislang in der Welt gesehen habe. Alles, was ich bisher erreicht habe, steht plötzlich von einer Sekunde auf die andere in völlig anderem Licht da … Alles kein echter Mut, keine wahre Kraft und Stärke, sondern der tiefsitzenden Angst entsprungen. War alles nur eine rosarote Brille über einem Zwangsjackett, in dem ich mich sehr wohl fühlte und mich mit der Angst nicht auseinandersetzen brauchte? Erschütternd für mich zu erkennen, dass all mein Tun in meinem Leben von der tiefen Angst gesteuert wurde/ wird. Ich fühle mich, als hätte mir jemand eine kräftige Ohrfeige gegeben, damit ich endlich aufwache. Meine Augen füllen sich mit Tränen – ich vergrabe mein Gesicht in den Händen und krümme mich, so weh tut es; ich bin völlig schockiert.]*

Holger sagt zum Abschluss: „Dein kleines Ich verhindert den Durchbruch deines großen Ich. Es ist dein Lebensthema, dies zu erkennen. Daraus ergeben sich alle deine Probleme, auch die

Stellung in deiner Familie usw. Diese Todesangst ist nicht echt – die ist was Intellektuelles, künstlich erschaffen."

Das sagte mir meine Therapeutin auch schon. Aber es war für mich bislang nicht greifbar oder erkennbar gewesen – jedenfalls nicht in der Tiefe und Tragweite.

Holger ist gegangen und ich gehe schlafen.

In dieser Nacht wache ich sehr zeitig auf. Durch das geöffnete Badfenster dringt noch kein Lichtschein in mein Zimmer und auch die Vögel sind noch ruhig. Ich schätze es im Nachhinein auf 3:00 Uhr, da einige Zeit später ein einzelner Vogel sein Morgenlied zu singen beginnt. Er hat eine schöne klare Stimme.

Wachtraum: Zweifelderballspiel
Wir spielen Zweifelderball; es geht darum, den anderen abzuwerfen. Wer abgeschmissen ist, ist „tot" und muss das Spielfeld verlassen. Die Kinder sind ca. zehn bis zwölf Jahre alt. Ein Junge wird abgeworfen von einem Mädchen. Ich (Erwachsen) befinde mich in der Mannschaft des Mädchens, das gerade den Jungen abgeworfen hat. Der Junge bleibt ganz erstaunt auf der Erde sitzen, so nach dem Motto: „Äh? Mich kann doch kein Mädchen abschmeißen!" Ich habe den Ball in der Hand und warte, dass der Junge aus dem Feld geht. Aber der will nicht gehen. Ich spiele nicht weiter und verlange, dass der Junge aus dem Spiel geht. Ich bin wütend und sauer, weil er sich weigert. Genau in dem Moment wird mir bewusst, dass dies gerade ein Traum ist, aber ich war wach, hatte nicht geschlafen.

Nach dem Gespräch mit Holger gestern Abend ist deutlich geworden, wie viel Kontrolle in der Tiefe in mir immer noch da ist, obwohl ich schon so viel losgelassen und an mir verändert habe. Nur nicht die Kontrolle, wie mir scheint. Das Leben, was ich jetzt führe, fühle ich als fast nicht mehr kontrolliert. Mir fällt nicht auf, dass ich mich oder andere kontrolliere. O. k., insofern stimmt das auch mit dem Eindruck von Holger überein, dass ich nicht kontrolliert auf ihn gewirkt habe. Also an der Oberfläche scheint das gelöst zu sein, aber in der Tiefe ist es eben noch da. Ich fühle Ärger in mir aufsteigen, dass ich immer noch mit meinen Kontrollmechanismen zu tun habe … JA, ich bin sauer jetzt. Gleichzeitig fühle ich mich hilflos, wie ich das jemals schaffen und verändern soll. Weil es einfach so tief in mir drin steckt – in jeder Zelle. „Wie bekomme ich das nur unter Kontrolle, die Kontrolle abzulegen?" Scherz …

[Gedanken beim Schreiben 10/2004: Da bin ich schon wieder dabei, mich unter Kontrolle haben zu wollen. Ein Teil gibt vor zu erkennen, dass es mir nicht gut tut, alles zu kontrollieren und will die Kontrolle abschaffen – also die Kontrolle (Ego) will die Kontrolle abschaffen, damit sie wieder alles in einer anderen Form unter Kontrolle hat. Paradox, aber genau nichts anderes als Kontrolle, das Kind bekommt nur einen anderen Namen. Wie ich mich auch drehe und wende, die Kontrolle hat mich fest im Griff. Sie zeigt sich in immer anderer Ausdrucksform, erscheint in immer neuen Gewändern und ist doch unterm Strich immer dasselbe.]

Holger sagte gestern doch, er fühlt sich nur als kleiner Mensch und kann gar nichts tun. Alles, was kommt, das kommt eben und er bleibt passiv und lässt es geschehen und ist damit einverstanden … Mir wird erneut richtig bewusst, welchen Zwängen ich mich ausgesetzt habe und was ich dadurch auch meiner Familie angetan habe. Autsch, das tut weh …

Wachtraum: Tomaten

Plötzlich spielt sich ein Traum ein in meine Gedanken *(wieder mal „Werbung")*. Ich sehe fünf kleine Tomaten und in der Mitte eine große Tomate. Sie lagen erst in einem Netz, dann in einer Pappschale, die aussieht wie eine Eierschachtel. Ich wollte sie abwaschen. Die kleinen Tomaten waren sehr fest, während die große Tomate sehr rot und schon weich war, also überreif. Keine Ahnung, was das soll. Die Anzahl der Tomaten weist auf meine Gegenwartsfamilie hin.

Meine Gedanken springen jetzt zu meinen Patienten und mir wird klarer bewusst, als ich das vorher schon wusste, wie sehr diese Menschen mir in meinem eigenen Lebensprozess helfen, das alles zu erkennen und zu lösen. Ich kann von jedem Einzelnen viel lernen und fühle eine ganz tiefe Dankbarkeit ihnen gegenüber in mir aufkommen. Gleichzeitig spüre ich viel Wehmut und Schuldgefühle meinen Kindern gegenüber, die ich unbewusst auch in meine eigenen Zwänge, meine eigenen Kontrollmechanismen reingezogen habe. Nun, es ist jetzt ihre Aufgabe, das in ihrem Leben zu erkennen und zu lösen. Den Kindern zu sagen, dass sie ein Paket von mir tragen, habe ich schon versucht, kommt aber irgendwie nicht an. Es ist schon blöd, wie das alles abläuft, aber mir selbst ging es ja nicht besser.

(02/2010: Jeder Mensch durchläuft in seiner Zeit die für ihn nötigen Entwicklungsschritte; ich kann den eigenen Kindern nichts abnehmen – ist auch nicht nötig, denn sie wachsen ja an den Herausforderungen. Es ist angemessener, ihnen in Liebe ihr Schicksal zuzumuten. Je mehr ich zu meinem Tun in der Vergangenheit stehe und die Verantwortung dafür trage, umso kleiner werden auch meine Schuldgefühle den Kindern gegenüber – ich weiß, Schuldgefühle sind nicht hilfreich, weder für mich noch für die Kinder. Ich wusste es damals als junge Mutter nicht besser und die Muster in mir waren mir nicht bewusst. Von Ordnungen der Liebe hatte ich keine Ahnung und Helfen verwechselte ich mit Retten. Es ging mir wie meiner Mutter: „Ich dachte, ich mache alles richtig und falle aus allen Wolken, wenn ich sehe, es ist doch alles ganz anders …" Es macht keinen Sinn, mich im Nachhinein für etwas zu verurteilen, wofür das Bewusstsein nicht da war. Aus damaliger Sicht und mit dem damaligen Bewusstsein habe ich es gemacht, so gut ich konnte und wusste und dazu stehe ich. Heute handle ich mit heutigem Bewusstsein, so gut ich es kann und weiß und mir ist bewusst, es kann schon morgen wieder alles ganz anders sein …)

Ich fühle mich plötzlich ganz klein im großen Lebensprozess, im großen Wirbel des Lebens. Ich bin nur ein ganz kleines Pünktchen und kann tatsächlich überhaupt nichts „machen" –

es ist eben einfach alles so wie es kommt. Es ist eigentlich sinnlos, sich dagegen zu wehren … verdammte Kacke!!! Ich bin viel zu unbedeutend, viel zu klein und viel zu schwach, um gegen die Kräfte des Lebens, gegen alles das, was auf mich zukommt, irgendwas ausrichten zu können. Es macht auch keinen Sinn, sich gegen die Kräfte zu stellen – es ist doch das Leben. Das sind tatsächlich andere Kräfte … Ja und eigentlich kann ich es sein lassen, so aktiv zu sein …, es hat überhaupt keinen Zweck, macht keinen Sinn.

Ich spüre, wie sehr ich das Aktivsein verinnerlicht habe. Ich war immer aktiv, um irgendwelchen vermuteten bösen Folgen aus dem Weg zu gehen. Diese Erkenntnis jetzt, gar nichts tun zu brauchen und auch nicht zu können, weil eben alles so ist wie es ist und ich sowieso nichts machen kann, das ist eine völlig andere Perspektive, eine völlig andere Seite, das ist 180° entgegengesetzt zu dem, wie ich bisher mein Leben angegangen bin. Und mir wird auch bewusst, wie sehr ich **kontrolliert** spirituelle Erfahrungen machen wollte! Das geht gar nicht – entweder es kommt oder es kommt nicht.

Aber die Kontrolle will das natürlich alles kontrolliert haben – alles muss planmäßig, zielgerichtet und kontrolliert ablaufen – wie zu DDR-Zeiten! Jetzt wird Dunkeltherapie gemacht, „damit das Ziel erreicht wird“, irgendwas, Hauptsache etwas und vor allem unter Kontrolle! „Jawohl, Genosse Parteivorsitzender, wir kommen mit der Planerfüllung gut voran!“

(Gedanken beim Schreiben 10/2004: Etwas kontrolliert tun unter Mithilfe von Holger. Holger ist da, der hat das alles durch, der kennt sich aus, da kann ich mal kurz meine Kontrolle ein wenig abgeben und mich ***kontrolliert*** *öffnen, um spirituelle Erfahrungen zu machen. Wenn es kritisch wird, ist Holger schon da und weiß Hilfe – bekomme gerade beim Schreiben riesige Wut und Traurigkeit wegen des Kontrollmechanismus, der immer Pläne zu erfüllen hat und die unbedingt erreicht werden müssen – die Tränen kommen, fühle mich verzweifelt, hilflos, wütend, schlage mit der Faust mit aller Kraft auf ein Kissen …)*

(03/2010: Mit meinem heutigen Verständnis würde ich sagen, dass der Kontrollfaktor so stark ist, weil zusätzlich zu meiner persönlichen Prägung in meiner Familie der kollektive „Kulturmantel" noch dazu kommt. In der DDR spielte die Ziel- und Planerfüllung immer eine große Rolle und jeder Mitbürger war bemüht, sein Bestes zu geben – dafür gab es dann Prämien und Auszeichnungen. Im umgekehrten Falle musste man mit sehr unangenehmem Ärger rechnen. Wir (die Menschen in meinem Umfeld) waren Meister darin, die Pläne zu erfüllen, auch wenn es in Wahrheit Augenwischerei und Lügen waren – die versteckten wir hinter unserem „Erfindergeist" …)

Ach, das ist wirklich ein Kreuz! Ja, da ich sowieso nichts machen kann, auch keine geplanten spirituellen Erfahrungen, kann ich jetzt eigentlich auch schlafen. Es ist immer noch vor 9:00 Uhr, Holger war noch nicht da. Ich versuche, noch einmal zu schlafen …

Doch daraus wird nichts, denn die Gedanken gehen weiter: Ich kann eigentlich aufhören, mir **so** eine Mühe zu geben! Ich brauche mir für **nichts** Mühe geben! Es kommt eben einfach oder es kommt nicht, egal was in meinem Leben. Das ist …, irgendwie ist das wie eine Erleichterung. Ich muss nicht mehr aktiv sein und ich muss mir keine Mühe geben für irgendwas – oh Mann (tiefes schweres Durchatmen). Oh Mann! Mir wird so viel bewusst auf einmal. Wie habe ich gekämpft in meinem Leben! Ich fühle, wie sich aus der tiefsten Tiefe langsam Tränen einen Weg nach oben bahnen …

Ich habe als Erwachsene (PE & RI) die kleine Saskia im Arm und sehe plötzlich ganz klar: wie hat die Kleine sich abgestrampelt in ihrem kindlichen Leben! Schwarze Schlacke, die aus der Tiefe nach oben quillt … spüre ganz viel Schmerz und Traurigkeit, eingebettet in Mitgefühl für mich selbst, die Tränen sind in den Augen angekommen und laufen in Strömen. Ich habe mich natürlich nicht nur als Kind abgestrampelt, sondern in der Folge genauso als Erwachsene! Immer aktiv und immer getan und gemacht und kontrolliert – schrecklicher Zwang! Diese Erkenntnis hatte ich zwar schon mal in der Arbeit mit meiner Therapeutin, aber sie kommt jetzt noch mal in einer anderen Klarheit und in einer Größe, die wie eine Flutwelle auf mich trifft und mich mit ihrer ganzen Wucht und Wahrheit konfrontiert … Nach der Traurigkeit darüber, dass es so war, spüre ich Erleichterung, nichts mehr tun zu **müssen**. Wo habe ich nur diese ganze Energie hergenommen, um immer alles zu tun und vor allem immer alles **richtig** zu tun? Das ist ja noch das Schlimmste – es musste ja auch noch alles richtig, perfekt und gut sein. Oh mein Gott, diese Kraft und Energie, die dazu notwendig ist! Ist ja Wahnsinn! Wo nahm ich die nur her? Aber ich hatte oder habe sie! Wie habe ich meine Energie an diesen Zwang verschleudert!

(10/2004: Wenn alles zu viel wird und ich das Viele nicht mehr unter Kontrolle habe oder nicht weiß, wie ich es regeln und unter Kontrolle haben kann, dann fühle ich mich in die Enge getrieben, möchte davonlaufen, dem Wahnsinn nahe, wie ich das alles schaffen und in die Reihe kriegen soll. Ein Zustand, der geeignet ist, dass alle Kontroll-Sicherungen in mir durchbrennen, mein ganzes System zusammenbricht. Funkstille … Und dann? Jedoch ist es meinem Kontrollsystem bisher gut gelungen, genau das zu verhindern, aber ich fühlte mich am Rande – im Grenzbereich dessen, wo alles zusammenbrechen, alle Kontrollsicherungen durchbrennen könnten.)

Wenn ich Holger als Spiegel für mich nehme, dann zeigt mir Holgers Art: „He, lass sein, alles ist im Fluss, alles geht auch ohne Kontrolle, ohne Zwang, alles kommt von allein, fließ einfach mit dem Leben, alles, was kommt, ist richtig für dich, um die Erfahrungen in deiner Seele einfach zu vervollständigen." Holger empfinde ich als sehr mitfühlend, er hat was Liebevolles, viel Anteilnahme, warmherzig, verständnisvoll, ruhig, ausgeglichen, mich unterstützend in seiner Art, drängelt mir nichts auf, macht Vorschläge, versucht wirklich für mich da was rauszuholen, indem er das sagt, was er über mich sieht oder fühlt oder was ihm in den Sinn kommt und vor allem schätze ich ihn sehr als Austauschpartner für Erfahrungen im meditativen Bereich.

Holger ist der Erste, mit dem ich mich über Kundalini- u. a. Meditationserfahrungen im Detail unterhalten und austauschen konnte und das finde ich für mich sehr wertvoll. Ich merke, ich wünsche mir mehr Austausch mit Menschen über derlei Erfahrungen in meinem Leben. Vieles steht zwar in Büchern, aber ein Buch kann man nicht nachfragen. Ein Buch zu lesen ist anders, als sich mit einem Menschen über ähnliche Erfahrungen zu unterhalten und Fragen im gegenseitigen Austausch zu klären. Ich schätze es sehr, dass Holger mir bereitwillig darüber Auskunft gibt, wie er etwas macht und was er dabei fühlt.

Wachtraum: Schnürschuh
Während ich meinen Gedanken hinterherhänge, wird es plötzlich ganz hell und es liegt ein (dreidimensionales) Bein mit einem Schnürschuh vor mir – an der Fußsohle ist ein Schuh oder mehr eine Sohle dran und von der Sohle gehen Schnüre nach oben bis fast unter das Knie. Als ich genauer schauen wollte, was das nun genau ist, ist schon alles wieder weg gewesen. Sah fast so aus wie bei den Indianern. Es kann auch kein Bein gewesen sein, aber es sah so aus, wie etwas Geschnürtes und die Form erinnerte mich an ein Bein.

Wachtraum: Karate-Kids
Es wird gerade wieder hell und ich sehe den nächsten Traum – als ob irgendwo Licht an ist. Die Szenen sind dreidimensional und real *(als ob ich auf einem Marktplatz stehe und auf eine Bühne schaue)*. Auf einer Bühne sind vier Jugendliche in Karateanzügen, die sich karatemäßig ankicken und wegschubsen und mit Ausdrücken belegen, aber es ist nicht wirklich ernst. In dem Moment, als ich sie bewusst betrachte und mir überlege, was mir das Bild bzw. die Kinder nun zeigen wollen, stehen alle vier plötzlich ganz steif und bewegen sich überhaupt nicht mehr. Als ob jemand den Kinofilm angehalten hat, nur noch ein Standbild. Dann geht der Traum weg und es ist wieder zappenduster.

Mir kommt jetzt folgende Erkenntnis: Ich hatte doch in den letzten Tagen Phasen dabei, wo ich mich so richtig faul gefühlt, nur rumgelegen und nichts getan habe. Und trotzdem war auch in diesem Zustand etwas von Kontrolle und Erwartung, dass sich doch in dieser Faulheit etwas tun möge, dass ich Erkenntnisse bekomme oder Erfahrungen mache. So sehe ich das heute, vor ein paar Tagen natürlich noch nicht. Selbst dieser Zustand von Faulsein war nichts anderes als ein kontrolliertes Faulsein und in diesem war doch wieder eine Aktivität drin – nämlich die Erwartung, dass etwas geschieht. Es war so was wie „aktives Faulsein".

(10/2004: Ist doch erstaunlich und zugleich erschreckend, wie ich mich selbst betrügen kann, ohne es zu merken.)

Bild: Waschbecken
Ich habe andauernd ganz verrückte Bilder oder Filme, während ich wach bin: Erst die Szene Zweifelderballspiel, dann Tomaten, Schnürschuh, Karate-Kids, eben sah ich ein Waschbecken. Es war das Waschbecken hier aus dem Bad – der Wasserhahn war nach links unten abgeknickt und liegt so halb im Waschbecken drin.

Wachtraum: Holzstuhl
Ich sehe einen Holzstuhl oder fast Sessel, ein wunderschöner heller Holzstuhl mit Lederriemchen umwickelt an den Seitenarmlehnen und den Beinen. Aus dem Lederumwundenen kommen lauter kleine Viecher – Würmer, Käfer, Ameisen. Ich kann die auch nicht wegwischen, der ganze Stuhl scheint innerlich aus dem Viehzeug zu bestehen. Sie quellen daraus hervor. Ende Traum.

Das sind alles ganz kurze Szenen *(Bilder)*, die ich, während ich mir Gedanken um meine Kontrollmechanismen mache, sehe, während das mit dem Schnürschuh und die Szenen *(Film)* mit den vier Karatekindern mit Licht einhergingen – als ob jemand

Licht angeknipst hat. Diese beiden waren deutlich anders als die anderen. Das war wie im Kino – Bilder/Filme direkt vor mir, die mir gezeigt werden.

Wachtraum: Strudel des Lebens
Das Nächste, was ich sehe, ist eine Szene, wo ich in den Strudel des Lebens reingesaugt werde, wie von einer Windhose erfasst. Ich werde in einen riesigen Strudel hineingezogen, der wie ein Trichter aussieht. Ich gelange auf den Grund des Trichters, komme in die Enge, werde dann ganz platt gewalzt und komme auf der anderen Seite wie so ein Wurm heraus, der mit großen Augen in den Weltraum starrt …

Irgendwie habe ich die Nase voll, ich will einfach meine Ruhe haben. Habe die Faxen dicke von all den wirren Bildern und Träumen, die ich so noch nie hatte. Pausenlos! Ich habe auch überhaupt keine Lust mehr, darüber nachzudenken, was das alles bedeutet. Ich will einfach nur schlafen, weil: ICH BIN MÜDE! Stattdessen jagt mein Geist ein Bild und Traum nach dem anderen hoch … ohne Pause … es kommt keine Ruhe … das ist selbst mir als Perfektionist, der immer alles genau wissen will, zu viel … ich will nichts mehr wissen, ich wünsche mir Ruhe in meinem Kopf … einfach nur RUHE! Das habe ich nun davon, dass ich immer alles wissen und erfahren möchte … nein, ich will nicht mehr, mein Bedarf ist übererfüllt!!! Oh, mein Kopf fühlt sich an wie im Bienenstock, es wirbelt und hummelt alles durcheinander – es ist SCHRECKLICH!

Holger kommt, um meine leeren Teekannen zu holen und fragt wie üblich, ob alles klar ist. Ich drücke ihm das Diktiergerät einfach in die Hand mit dem Hinweis, er möge sich das anhören, was ich zurückgespult habe, dann weiß er, wie es mir geht. Bin völlig fertig, es fühlt sich an, als ob jeden Moment meine Sicherungen durchbrennen …, als ob ich durchdrehe.

Holger geht mit den Kannen los, um mir neuen Tee zu machen. Das Diktiergerät nimmt er mit. Nach einiger Zeit kehrt er zurück. Er hat sich alles angehört und sagte zu mir: „Na ja, versuche einfach zu schlafen, das ist eben so und bei manchen Leuten ist das ganz schlimm, dieser Zustand. Vielleicht nimmst du ein Bad." Und dann geht er wieder und lässt mich im Dunkeln zurück. Einfach so. „Na toll!" Es geht mir nicht gerade besser damit. Ich hatte erwartet, er kenne ein „Mittel", wie ich meinen Kopf ausschalten kann, um endlich meine heiß ersehnte Ruhe zu haben.

Ich halte meine Gedankenmühle bzw. den Bienenstock nicht mehr aus. Es ist einerseits, als ob ich zermalmt werde, wie in einer Mühle, andererseits habe ich das Gefühl, ein ganzer Bienenstock sitzt in meinem Kopf und hummelt wild und unkontrolliert durcheinander. Die Bienen sind meine Gedanken, die da durcheinanderwirbeln und in der Mühle zermahlen werden. Die Mühle ist schon heiß gelaufen, da es so viel ist. Als ob die Drähte im Kopf heiß laufen und jeden Moment durchbrennen. Alle Drähte glühen! Am liebsten würde ich meinen Kopf absetzen und in die Ecke stellen. Doch leider geht das nicht. Ich bekomme Verständnis für die Leute, die sich in solchen Situationen das Leben nehmen – ich kann das gerade sehr gut nachvollziehen. Der Tod erscheint als einziger und sehr willkommener Ausweg, zur Ruhe zu kommen.

Ich komme Holgers Empfehlung nach, ein Bad zu nehmen und hoffe, dass mich das ablenkt.

8. Tag – Zeitloses Sein im Meer

Ich liege in der Wanne, fühle mich zermartert und habe das schreckliche Gefühl, gleich durchzudrehen oder durchzubrennen, weiterhin den Bienenstock im Kopf. Ich fange an zu weinen, fühle mich der Mühle und dem Bienenstock gegenüber vollkommen ausgeliefert, ohnmächtig und hilflos. *(All meine geistigen Mittel und Methoden fielen mir nicht ein, konnte sie nicht anwenden. Mein doch sonst recht klarer Verstand, der immer für alle Situationen Hilfe wusste, auf den ich mich immer verlassen konnte, funktionierte nicht mehr. Ich konnte einfach nicht denken, nicht mal über Hilfe nachdenken.)*

Im Moment der größten inneren Not fühlte ich mich auf einen hohen Posten gehoben, von dem aus ich die Situation mit Abstand „von oben" anschauen konnte. Ich hörte, wie eine Stimme zu mir sagte: „Beobachte doch einfach alles, jetzt bist du in der Badewanne, alles ist schön warm und du bist im Jetzt. Und wenn der Bienenstock wieder kommt, dann ist eben der Bienenstock." Ich haderte mit der Stimme: „Aber dieser Bienenstock ist SCHRECKLICH!" – „Ja", antwortete die Stimme in ganz warmherzigem Ton, große Liebe und Verständnis ausdrückend, „aber es ist nur schrecklich, wenn du es als schrecklich bewertest. Wenn du alles nur beobachtest und dich davon distanzierst und nichts wertest oder beurteilst, dann ist es gar nicht schrecklich!" – „Wie recht du hast!", fiel es mir wie Schuppen von den Augen. Ich war innerlich auf einer Art Beobachterposten und schon aus diesem Bienenstock heraus. Das war wirklich angenehm und ich konnte mich erholen und entspannen … genoss im Wasser die Ruhe nach dieser schrecklichen Tretmühle Bienenstock … so was von wohltuend … einfach Ruhe …

Ich blieb lange im Wasser liegen und genoss die Stille. *(Komplettes Gegenteil zu vorher.)* Als ich aufstand, merkte ich: Hui, mir wird schwarz vor Augen – obwohl es eigentlich stockdunkel ist – Kreislauf! Für einen Moment schoss mir der Gedanke durch den Kopf, mich sofort wieder hinzulegen, ich hatte aber Angst, im Wasser bewusstlos zu werden und dann zu ertrinken. Mit Mühe und Not redete ich mir ein, dass mein Geist über den Körper herrscht, dass der Körper ja immer dem Geist folgt, wie beim Tai Chi. Mit diesen Selbstgesprächen hielt ich mich bei Bewusstsein und auf den Beinen. So schnell es ging verließ ich die Wanne. Der nächste Gedanke war, mich sofort auf die Fliesen zu legen, damit ich nicht auf den harten Boden falle, wenn ich ohnmächtig werde. Ich schob den Gedanken auch beiseite und wankte, die Selbstgespräche weiterführend, mit zittrigen Beinen ins rettende Bett. Das Badetuch hatte ich mir nur um den Körper gelegt und festgehalten, zum abtrocknen fehlte die Kraft. Also richtige Kreislaufschwäche. Ich glaube, ich wäre zusammengebrochen, wenn ich mich nicht mit den Gedanken, dass der Geist alles steuert und der Körper dem Geist folgt, aufrecht gehalten hätte. Auch eine Form von Kontrolle? In diesem Fall rettend …

(02/2010: Ich war nahe an der Ohnmacht dran. Es war, als ob der innere Impuls zur Ohnmacht da und „ich schon auf dem Weg dorthin" war, aber durch das pausenlose Reden und Konzentrieren auf das JETZT dieser sich nicht umsetzen konnte, sodass ich bei Bewusstsein blieb.)

Ich lag vielleicht zehn Minuten im Bett und habe von der Zimmerdecke aus beobachtet, wie ich dort lag und wie immer wieder die Gedanken doch weggehen und den Geist aus der Gegenwart ziehen. Interessant, das zu beobachten. Dann kroch ich in Zeitlupe aus dem Bett die 2 m zu dem kleinen Tisch hin und trank eine Brühe und Pflaumensaft. Ich hockte eine ganze Weile an dem kleinen Tisch, bis ich das Gefühl hatte, es geht wieder. Weil meine Haare ganz nass geschwitzt waren – so nass, als hätte ich sie gewaschen – wollte ich ins Bad, um sie zu föhnen. Aber bei den ersten Schritten merkte ich, dass mir immer noch schwarz vor Augen wird. Ich drehte sofort um, legte mich wieder ins Bett und bin erneut auf den Beobachterposten in mir gegangen.

Wenn ich mich so von oben betrachte, dann sieht die Saskia ganz schön k. o. aus. So wie sie auf dem Rücken daliegt, sieht sie breit und geschafft aus, total fertig, ausgelaugt, am Ende …

Nach einiger Zeit schaffte ich es erneut bis zum kleinen Tisch, hockte mich hin und trank eine 2. Tasse Brühe. Ich wollte wieder in Richtung Bad gehen, merkte aber, dass mir beim Hochkommen immer noch schwarz vor Augen wird. Ich konzentrierte mich mit meinem gesamten Geist auf die Gegenwart: Ich stehe … fühle meine Füße auf dem Boden stehen … fühle mein Gewicht … fühle, wie sich die Beine beim Laufen bewegen und verändern und wie sich dadurch auch das Gewicht in den Beinen verändert, wo der vordere Fuß beim Schritt setzen zuerst aufsetzt, die Fußsohle dann abrollt, fühle, wie schließlich der ganze vordere Fuß vom Körpergewicht belastet ist und an welcher Stelle der andere Fuß beim nachsetzen zuletzt vom Boden abhebt, wie die Hüftbewegung und das Zusammenspiel aller Muskeln im Körper dabei ist, wie der Körper sich vorwärts bewegt und wie sich im Körper die Gleichgewichtssituation mit jedem cm Vorwärtsbewegung ändert. Ich bemerke, dass ich langsam zum Bett gehe, um mir mein schwarzes Tuch zu holen, weil ich auch lüften wollte. Mir wird bewusst: In dem Moment, wo ich nur auf die Gegenwart konzentriert war, hatte ich keinen Schwindel mehr. Ich war darüber sehr erstaunt. Auf diese Art *(voll auf die Gegenwart konzentriert)* konnte ich weiterlaufen bis ins Bad, ohne dass mir noch mal schwarz wurde vor Augen.

Mir wird die Bedeutung der Worte eines ZEN-Meisters zu seinem Schüler bewusst: „Wenn ich esse, dann esse ich; wenn ich laufe, dann laufe ich …“

Ich liege jetzt wieder im Bett, weil ich mich noch ganz schwach fühle, und irgendwie habe ich jetzt eine noch nicht ganz fassbare Erkenntnis … es ist noch nicht ganz greifbar … dass ich ein geistiges Wesen bin, das im Körper ist und das den Körper benutzt, um Erfahrungen zu machen … irgendwie so …

Und ich habe die Erkenntnis, dass die Gedanken mich ständig aus der Gegenwart wegziehen und ich dadurch überhaupt nicht

„hier" bin, sondern irgendwo, aber das, was gerade JETZT passiert, gar nicht richtig wahrnehme: das ich sitze, wie es ist, wenn ich laufe, stehe und wo ich bin. Laufen, stehen, essen … läuft alles automatisch im Hintergrund ab, während ich mit den Gedanken irgendwo verweile. Von dem, was im Hintergrund oder sogar ganz im Untergrund abläuft, bekomme ich nichts mit – es bleibt unbewusst, bis mich die Gegenwart wieder einholt: wenn ich stolpere, weil ich den Absatz oder den im Weg liegenden Stein beim Laufen nicht bemerkte u. a. So deutlich habe ich das noch nie vor Augen gehabt, was es heißt: Wenn ich sitze, dann sitze ich …, esse ich …, laufe ich usw. Das mit dem geistigen Wesen ist noch nicht ganz klar, aber ich habe eine Ahnung bekommen.

(02/2010: Nicht im Sein/Jetzt zu sein, heißt für mich, in „Gedankenblasen" zu sein, die sich mit der erinnerten Vergangenheit oder noch nicht vorhandenen Zukunft beschäftigen. Diese „Blasen" sind ohne Füße, ungeerdet. Durch die Aufmerksamkeit bekommen sie richtig Energie und können dadurch ganz schön große Gebilde werden mit großer Auswirkung auf den Menschen, indem sie unauthentische Gefühle hervorrufen, die wiederum im Körper zu vegetativen Reaktionen führen. Das gibt den „Blasen" noch mehr Kraft und der Mensch glaubt, das wäre die Realität – ist es auch, aber nur eine Scheinrealität, eine gedachte Realität. Das, was gerade wirklich ist, die reale Wirklichkeit, wird nicht mehr oder verzerrt wahrgenommen, wenn alle Aufmerksamkeit in diese „Blasen" geht.)

Ich bin heilfroh über die Erfahrung des Beobachterpostens – sie kam zur rechten Zeit. Der Bienenstock war ein furchtbarer Zustand und wer sich dem überlässt oder da nicht rauskommt – Grüß Gott, Irrenhaus.

Ich bin noch immer auf dem Beobachterposten und beobachte: liege einfach nur im Bett, sehe total fertig aus von dem Stress, den ich mir selber machte, und mehr ist nicht! Kein Bienenstock, kein Gefühl, verrückt oder wahnsinnig zu werden. Es ist gar kein Gefühl auf dem Beobachterstandpunkt. Der Beob-

achter nimmt die Gegenwart, das SEIN, nur wahr, lässt es wie es ist, tut nichts dazu, lässt auch nichts weg, kein Bewerten, Beurteilen, Verurteilen ... Ich liege im Bett und Punkt.
Auf Haare föhnen verzichte ich; fühle mich zu schwach. Ich trinke Traubensaft, der wird mich sicher wieder hochbringen; wahrscheinlich fehlt doch ein wenig Energie ... Ach, schon wieder Gedanken, die meinen „Fühle-mich-schwach-Zustand" neutralisieren, erklären und verbessern wollen.

(10/2004: So ist das ein ewiger Kreislauf – es gibt Gedanken und Vorstellungen, die vom Verstand als Fakt oder Wahrheit gewertet werden, woraus unmittelbar ein Gefühl entsteht, z. B. Angst. Dann gibt es Gegengedanken, die die Angst wieder neutralisieren oder weg haben wollen oder weitere Gedanken, die sie noch verstärken.)

Zweifel schleichen sich ein, ob der Beobachterstandpunkt, auf den ich mich gerettet habe, nicht doch wieder die Kontrolle ist, die alles unter Kontrolle haben will. Ganz schön was los in meinem Kopf – ein ständiges Überwachen, Analysieren, Bewerten und je nach befundener Lage ein ständiges Verbessern-Wollen dieser durch Erklärungen-Finden und Schönreden.

Weitere Gedanken kommen: Warum bringe ich mich in so einen extremen psychischen Zustand? Warum mache ich das alles?

Ich fühle mich sehr, sehr kraftlos, fast ohne die erforderliche Kraft, um aufzustehen und was zu trinken. Ich schätze, dass es mittags ist. Meine Lippen sind seit heute Morgen total aufgesprungen und rissig, was sehr unangenehm ist.

Ich bekomme einen Überblick über die gesamte Erde und sehe, wie so viele Menschen sich für irgendetwas abstrampeln, wie sie gefangen sind in ihren selbstgesponnenen Problemnetzen und dort nur schwer oder nicht herauskommen, gleich einer Fliege im Spinnennetz. Sie befinden sich in einem „Hamsterrad", in den „Blasen" ihrer selbstgewebten Gedankenkonstrukte, die all das Leid – selbstgemacht – entstehen lassen. Das Geschaute löst tiefes Mitgefühl in mir aus.

Ich erkenne das Leben als etwas ganz Großes, in das ich als kleiner Mensch eingewoben bin. Am besten ist es tatsächlich, sich dem Lebensstrom anzuvertrauen und das Leben zu nehmen wie es ist, ohne Wertung in „gut oder schlecht". Im großen GANZEN hat alles einen tieferen Sinn. Gegen den Lebensstrom schwimmen, erzeugt Spannungen, Probleme, Krankheiten, Leid.

Wachtraum/Erfahrung: Wassertropfen im Fluss
Ich habe einen langen Wachtraum; bin ein Wassertropfen und fließe in einem Fluss mit. Wenn ich mich dem anvertraue und mit dem Wasser fließe, dann bleibt alles ganz ruhig und ich kann viel sehen, lernen, erkennen, erfahren und komme wie von allein irgendwo an. Schwimme ich gegen den Strom, kostet das viel Energie und es besteht die Gefahr unterzugehen, weil keine Kraft mehr da ist. Falls ich nicht untergehe und mich ans Ufer retten kann, bin ich zwar am Ufer, mache aber nur begrenzte Ufererfahrungen. Ich lerne nicht die ganze Länge des Flusses kennen. Für weitere Erfahrungen müsste ich vom Ufer wieder loslassen und ins Unbekannte weitertreiben.

Wenn ich im Bild des Flusses bleibe, kommt alles von allein auf mich zu. ICH BRAUCHE GAR NICHTS TUN! Insofern hat Holger völlig recht und viele andere, die das schon gesagt haben: „Der größte Lehrmeister ist das Leben selbst." Vorher war mir das auch klar, aber mehr auf einer anderen Ebene. Ich habe die Größe des Lebens jetzt mehr im Überblick und überhaupt das Leben ist mir jetzt bewusster. Es ist, als ob ich staunend vor dem LEBEN stehe und mich frage: „Was habe ich eigentlich die ganze Zeit gemacht mit meiner Kämpferei?" Ich stand im Prinzip mehr als 30 Jahre am Ufer und habe, abgewandt vom Fluss, gegen den Urwald gekämpft. Eine bittere Pille einerseits, andererseits Erleichterung über die Erkenntnis.

Mich dem Fluss anzuvertrauen, ist einfach ausruhen. Das ist dermaßen Kraft sparend und sehr erleichternd. Mit dem Fluss fließen hat was von Leichtigkeit und zugleich Stärke. Der Fluss ist was Größeres … er hat so viel Kraft … er trägt mich locker über alle Klippen, Barrikaden oder Steine im Fluss hinweg. Diese Kraft! Ich bleibe kurz an einem quer im Fluss liegenden Baumstamm hängen, wenig später versperrt mir ein dicker großer Felsbrocken den Weg. Hier verweile ich eine Zeit lang, mache eine Erfahrung, bis mich die Kraft des Wasserflusses wieder mitnimmt, wenn ich mich dem Wasser anvertraue und nicht festhalte.

Es ist total aufregend, mit dem Fluss zu schwimmen. Ich fühle mich als ein Tropfen des Flusses, schwimme im Fluss mit … fließe gerade einen großen Wasserfall runter … huuu, geht das tief und schnell im freien Fall nach unten – das ist interessant, spannend und aufregend. Ständig komme ich mit dem Wasser an neue Stellen. Ich fließe auch nicht geradeaus, sondern ziemlich kurvenreich und turbulent, dann wieder ruhiger. Der Fluss wird jetzt breiter und ich münde ein in ein riesengroßes Meer … bin Teil des Meeres … fühle mich getragen in diesem Wasser, bin einfach darin enthalten, schwimme im Großen Ganzen mit … wohin weiß ich nicht, spielt auch keine Rolle … bin Teil dieser Gesamtheit Wasser … großes Meer … spüre keine große Bewegung mehr … es ist ruhig … das Fließen ist nicht mehr wie im Fluss zu spüren. Es ist eine andere Bewegung jetzt – ich schwimme nicht mehr als Tropfen den schnellen Flusslauf entlang, sondern fließe, eingebettet, mit der Gesamtheit Wasser mit … das Fließen ist kaum zu spüren … es ist ein ruhiges Dahinfließen … oder stehe ich still? Es hat was von beidem *(das Gefühl von Stillstand, absoluter Ruhe und doch weiß ich, die Gesamtheit ist in Bewegung)* … ich bin geschützt hier mittendrin, keine Hindernisse oder Kurven mehr da – einfach nur noch rings um mich herum Wasser, auch keine Ufer mehr zu sehen. Mir kann nichts mehr passieren …

fühle mich absolut sicher … geborgen … eingehüllt … umgeben von ungeheurer Kraft und Stärke …

Wachtraum: Reagenzglas mit trüber Brühe
Ein Traum schiebt sich dazwischen: Ich sehe ein Reagenzglas mit ganz trüber Brühe, aus dem ich einen mit viel Moos und lang herunterziehenden Algen besetzten Stab heraushole und quer oben auf das Reagenzglas lege.

Zeitloses SEIN im Meer
Bin wieder im Meer … fließe mit dem Wasser zeitlos dahin … zeitloses SEIN … inmitten des Ganzen … bin einfach …

Ich habe heute den ganzen Tag Magenschmerzen und muss häufig aufstoßen. Der Kamillentee tut gut. Ich fühle mich schlapp und mein Herz arbeitet auf Hochtouren bei jedem Schritt, den ich tue. Ich liege den ganzen Tag einfach nur im Bett, ohne Zeitgefühl. Ich kann nicht annähernd schätzen, wie spät es ist.

Es kommen mir Fantasien zum Tod: Ich sterbe, letzter Atemzug, vielleicht noch ein wenig kämpfen, um nicht zu sterben, ein Kämpfen, um Luft zu bekommen, wenn ich noch die Kraft habe dazu. Aber dann ist es doch aus, das Herz bleibt stehen und der Verwesungsprozess beginnt. Ich bin weg vom Fenster – ein für alle Mal. So sieht meine innere Realität aus.

Parallel dazu gibt es eine Wunschvorstellung in mir: Mit dem letzten Atemzug, den ich selbst steuere und einleite, wenn ich mich dazu entscheide, verlässt die Seele meinen Körper und ich lebe weiter in einer anderen Dimension. *(In dieser Variante gibt es keinen Kampf um Luft oder gegen den Tod; den Tod gibt es nicht, es ist nur ein Übergang in eine andere Ebene, den ich bewusst steuern kann.)* Aber das ist nur ein Strohhalm, an den ich mich klammere in der Hoffnung, dass es vielleicht doch auch so sein könnte. Diese Realität würde eine große Erleichterung bringen. In mir ist es jedoch nicht so.

Gespräch mit Holger
Holger ist gekommen. Ich berichte ihm, wie es mir heute ergangen ist und frage ihn, woher ich weiß, dass mein Beobachterposten nicht doch wieder Ego ist.
Holger erklärt mir, Schauen hieße, ohne jegliche Konzepte die Schönheit des Daseins zu genießen – ohne Angst zu haben und ohne zu bewerten. Die Schau drücke sich durch die Erkenntnis der Schönheit aus. Wer das Dasein tief erkenne, für den ist es makellos richtig und dadurch auch makellos schön. Laut Holger gibt es drei Sachen, die dann zu spüren sind: man spürt, es ist 100%ig wahr und schön und gut, Platon hätte das schon gesagt. Das gelte auch dann, wenn etwas vom Ego her gesehen „böse" ist. Das sei der wirkliche Beobachter und wer das weiß und erkennt, der erkennt auch den Ego-Beobachter als solchen. In diesem Prozess der Erkenntnis gibt es Stufen, der wahre Beobachter könne mehr und mehr realisiert werden bis zu einem gewissen Grad. Am Anfang könne es sein, dass da immer noch ein bisschen Ego drin ist. Aber wenn das Schöne, Wahre und Gute tief aus der Seele kommend heraufdämmert, dann würde ich wissen, ich sei auf dem richtigen Pfad.

Wir analysieren meine Träume.

Analyse: Wachtraum Zweifelderballspiel
Holger meint, dass meine Seele ganz schön raffiniert sei, indem ich so eine banale Situation so tiefgründig darstelle. Ich sei hier sehr ehrlich und kritisch und würde konsequent dafür sorgen, dass der Junge das Feld verlässt, damit das Spiel korrekt weitergespielt werden kann. Das sei ein Zeichen von Reife: Ich würde mich umbringen (Mädchen wirft Junge ab) und sterben (Junge ist getroffen und muss gehen) und jede Gegenrede von Seiten des Jungen würde ich nicht zulassen. Mit der Aussage: „Der Junge wundert sich, dass er von einem Mädchen getroffen wird!", würde der Junge ausdrücken, dass die Mädchen nichts können, während die Erwachsene über ihr Handeln richtigstellt, dass die Mädchen gut sind und die Jungs weniger, weil die Angst hätten

zu sterben. Indem ich drauf bestehe, dass der Junge raus muss, würde ich sagen, er solle jetzt sterben. Das drücke auch aus, die Mädchen wären besser und das Weibliche gut.

S.: „Vielleicht ist der Junge die Identifikation mit meinem Vater, denn er hat ja auch diese Todesangst – das kommt mir bei deinen Überlegungen."

H.: „Das wäre eine Möglichkeit, eine andere Möglichkeit wäre vielleicht auch: Deine Angst vor dem Tod ist gewissermaßen auch eine männliche Angst. Das Weibliche hat keine Angst vor dem Tod. Du glorifizierst schon das Weibliche. Es stehen zwei Frauen gegen einen Jungen. War das ein Mädchen und eine Frau?"

S.: „Ein Mädchen, ca. 4. Klasse, und ich als Erwachsene. Der Junge auch ca. 4. Klasse."

H.: „Als kleines Mädchen wirfst du den Jungen ab und als Erwachsene bist du recht weise und sagst: Du musst raus, sonst geht das Spiel nicht weiter. Also setzt du auf Weiblichkeit oder weibliche Größe, bist ja auch eine Frau und das ist o. k."

(20/2010: Der Junge hat dem Spiel zugestimmt, hält sich aber nicht an die Regeln, wenn es darum geht, der weiblichen Seite Gleichrangigkeit zuzubilligen, womit ich richtigerweise nicht einverstanden bin und drauf bestehe, dass er das Feld verlässt.)

Analyse: Wachtraum Tomaten

H.: „Das ist deine Familie. Ihr seid ja sechs zusammen. Aber dann bist noch einmal du als außenstehender Beobachter des ganzen Dramas. So könnte man sagen. Das ist dein wahres Wesen, das hier beobachtet, das beobachtet auch dein kleines Ich, was da in der Familie so rumtanzt und macht. Und dann hast du dich gewundert – das ist auch wieder sehr tiefgründig, mein lieber Mann! In Gestalt von Tomaten! Also du hast dich gewundert, dass du doch so eine große Tomate bist!"

Wir lachen uns über die Tomatenphilosophie halb kaputt.

S.: „Der erste Gedanke, der mir kam, als ich über die große Tomate nachdachte, war: Das muss mein großes ICH sein."

H.: „Ja, das ist auch meine Deutung. Da muss man sich schon wundern, du bist mehr als du denkst! Du bist aber auch mehr als du dich gibst! Und das muss man halt lernen im Leben, dass man dieses Mehr ist und nicht das kleine Ego. Das wären dann die interessanten Leute, die sich so darstellen als Mehr und gleichzeitig auch sagen: ‚Ich habe auch so ein kleines Ego' und können sich darüber lustig machen und das relativ ehrlich. Das ist der Lebensprozess. Die Leute wollen immer ihr ganzes kleines Ego wegnehmen – das geht nicht so einfach! Das bleibt meistens im Leben. Aber wir haben ja das große Ego! Und beides zusammen, das sind wir. Und das sind dann die reifen Leute, die sind selbstreflektierend, bisschen wie so kleine Narren oder Joker, so würden die sich darstellen."

S.: „Die große Tomate war vom Reifezustand her anders als die kleinen. Die kleinen waren fester, die große war sehr reif und weich."

H.: „Ja, das ist Philosophie auf Tomatenebene."

Habe lange nicht mehr so herzlich gelacht.

(02/2010: Die fünf kleinen festen Tomaten sind in dem Eierkarton „zuhause". Die sechste Tomate ist überreif, unterscheidet sich von den anderen, gehört nicht mehr dazu, ist ausgewachsen).

Analyse: Waschbecken/Wasserhahn

Uns beiden fällt zu diesem Bild zunächst nichts ein.

S.: „Ich dachte zuerst: So ein Quatsch!" *(Ich hatte mich darüber kurz geärgert, als ich das Waschbecken mit dem verbogenen Wasserhahn sah, was ich Holger aber nicht sagte.)*

H.: „Aber wir sehen ja, das sind tiefe Weisheiten. Also da ist ein Wasserhahn, da kommt Wasser raus und der ist nach links abgebogen."

S.: „Ja, wenn ich davor stehe, nach links.

H.: „Wenn du der Wasserhahn bist, geht das nach rechts – aber für dich ging er nach links, so hast du gesagt. Links war das Wort. Also du als Wasserhahn, du als Seele, als Wasser, gehst nach links, sprich ins Seelische. Darüber wunderst du dich. Und nun ist er noch nach unten abgeknickt."

S.: „Ja, der Teil, wo das Wasser rauskommt, liegt auf dem Boden des Waschbeckens auf, nicht ganz unten, aber so auf der Hälfte. Wenn ich der Wasserhahn bin, dann bin ich auch das Waschbecken, vielleicht ist das Waschbecken mein Körper."

Holger überlegt: „Das ist schwer. Aber das ist wie mit den Tomaten: Da steckt eine tiefe Weisheit drin. Die Richtungspsychologie ist immer ganz aussagekräftig. Auf jeden Fall ist es das Seelische, das steht fest. So könnte man vielleicht sagen: Das Seelische berührt sehr nah, ganz direkt. An sich dürfte ein Wasserhahn nicht so verbogen sein. Aber es ist jetzt so bei dir. Dein Seelisches und dein Körperliches verbinden sich, das haben wir ja heute auch gehabt. Das Eine reagiert sofort auf das Andere. Die ganzen Umstände, die du hast/hattest, da wird das an sich ausgedrückt – mit so einem Bild!"

S.: „Ja. Was mir jetzt noch gerade kommt: Der Wasserhahn ist ja in dieser Schale des Waschbeckens. Das Waschbecken ist von der Form her wie eine Schale. Etwas Empfangendes. Und der Wasserhahn ist jetzt da drin … Normalerweise ist er ja oben drüber, über der Schale …"

H.: „Das Becken ist auch noch mal symbolisiert. Ist doch auch raffiniert. Mit so einem eigenartigen Bild. Da siehst du mal, wie die Seele arbeitet, sie nutzt einfach alles, was da ist und dreht das entsprechend dem Zustand, in dem du dich befindest. Das ist genial! Da dreht die Seele den Wasserhahn einfach um. Sie kann alles benutzen und symbolisch alles so hinbiegen, dass damit der aktuelle Zustand beschrieben wird. Man muss sich mal überlegen, was das heißt! Das ist so umfassend und gigantisch."

Sprachlos wir beide …

Nach einer Weile sage ich: „Da kann ich nur staunend davor stehen."

H.: „Ja."

[02/2010: Der abgebogene Wasserhahn (ich) deutet darauf hin, dass das Wasser (ich) nicht seinen normalen (geraden) Fluss/Lauf nehmen kann. Ich biege „vom eigenen Weg ab", die Emotionen sind zu linkslastig, zu sehr von der Ratio gelenkt. Die Verbiegung deutet an: Ich verbiege mich (gegen den Strom schwimmen, den Urwald bekämpfen, Anstrengung, Kampf mein ganzes Leben lang), dadurch ist der Energiefluss (Wasser-) blockiert (Stau). Das Waschbecken symbolisiert die Einheit oder Urmutter (das Meer), in die ich münden kann, wenn ich aufhöre, gegen den Strom zu schwimmen, mich nicht mehr verbiege für andere und einfach die bin, die ich bin …

Gedanken an meine Geburt kommen: Ich lag unmittelbar vor der Geburt in Steißlage (falsche Richtung, gegen den Strom …) und wurde zwischen den einzelnen Wehen noch in die richtige Richtung gedreht. Das Waschbecken kann auch symbolisch das Geburtsbecken sein, in dem ich (Wasserhahn) falsch drin liege. Meine erste Reaktion: „So ein Quatsch!", ist die verinnerlichte Pig-Parent-Stimme, die sofort abwehrte und mich über ihre Meinung „ablenken" wollte von **meiner** *in ihre Richtung (= abbiegen von meiner Wahrheit oder Richtung). Holger ist die Hilfe von außen, der merkt: Hier stimmt was nicht, ist kein „Quatsch" – ähnlich wie die Hebamme bei meiner Geburt; auch sie war die Hilfe von außen, die merkte, hier stimmt was nicht. Sie war nötig, um mich in die richtige Lage (Richtung) zu bringen. So konnte meine Geburt nicht geradlinig verlaufen, sondern es brauchte erst die Drehung, bevor ich „raus" konnte (= Umweg). Der verdrehte (gebogene) Wasserhahn weist auf diese „Ver-Drehung" hin.*

Wenn Holger nicht gemeint hätte, dass da eine tiefere, aber eben sehr verschlüsselte Wahrheit drin liegt, hätte ich dieses Bild damals nicht weiter verfolgt und es als „Quatsch" abgetan und verworfen (abbiegen von meiner Wahrheit).

Seit knapp zehn Jahren hat meine Therapeutin die Funktion der „Hebamme" für mich; sie half mir „aus dem Sumpf" und weist mir auch heute immer wieder die Richtung, wenn ich mal wieder „nicht durchsehe und verdreht" bin, wenn „kein Land mehr in Sicht" ist – den Ausdruck habe ich oft verwendet, wenn ich in Schwierigkeiten war. Für mich heißt es ab jetzt: kein Wasser mehr in Sicht ... (Meer = innere Ruhe, Stabilität, im Gleichgewicht).

Ich bekomme immer, wie schon zur Geburt, Hilfe von außen in Form von anderen Menschen, die mir helfen zu erkennen, wer ich bin und wo es **für mich** *wirklich lang geht ...*

Es ist schon erstaunlich, wie sehr dieses alte Muster (falsche Richtung) mein ganzes Leben bestimmt hat und mich immer wieder unbewusst beeinflusst(e). Selbst beim Autofahren nehme ich unbewusst Umwege (statt den geraden, kurzen), auch wenn ich mir überlege, was der kürzeste Weg ist. Im Nachhinein erweist er sich – auch heute noch – oft dennoch als Umweg. Das hat keine großen Konsequenzen für mich, ich bringe das Bsp. nur, um zu zeigen, wie sehr die erste Prägung (Geburt) das ganz normale Alltagsleben mit beeinflusst, ohne dass es normalerweise bemerkt wird, wenn die eigenen alten Muster und Prägungen nicht weiter bewusst sind.

Mir wird gerade sonnenklar, warum ich im Dunkeln Schwierigkeiten hatte, auf einem Bein zu stehen – weil es bei dieser inneren Verdrehung nur schwer möglich ist. In meinem Inneren passiert gerade ganz viel, als ob sich in mir was aufdreht, auflöst, weiter wird, mir wird heiß im ganzen Körper, ich bin tief berührt über die Erkenntnisse; Dankbarkeit und Freude durchströmen mich. Im bisher für mich unbedeutsamsten Bild steckte tiefste Wahrheit drin. Ich fühle mich, als ob in mir etwas Grundlegendes zur Ruhe und zum Abschluss kommt/gekommen ist.]

Analyse: Wachtraum Holzstuhl – Würmer

Ich erkläre Holger auf seine Nachfragen hin einiges genauer zu dem Bild: „Es waren kleine, kurze Würmer, schmal, zwischen 2 – 7 mm lang. Wie Gewitterfliegen, manche nur etwas größer. Sind Würmer aus dem Erdreich. Ich wollte die Würmer mit der Hand wegwischen ..., äh, das war eklig. Es wurden immer mehr. Ich stand vor dem Sessel/Stuhl und merkte dann, dass das ganze Innenleben des Sessels aus diesen Viechern besteht."

H.: „Das ist schon klarer. Der Sessel ist ja ein schönes Symbol für einen selbst. Das bist du, mit Leder umwickelt. Es gibt

Ritzen und da kommt dein gesamtes Innenleben raus – das stellt sich dar als diese kleinen Biester. Und: Alle möglichen Gedanken kommen jetzt hervor – Würmergedanken. Das ist ein häufiges Bild bei Menschen in einer solchen Phase. Wie empfindest du das mit den Würmern? Ekelhaft?"

S.: „Zum Anfang war Ekel da, dann dachte ich aber: Na, ist eben so."

H.: „Das ist ein reifer Standpunkt. Die meisten Leute bleiben beim Ekel stehen. Also die Würmer sind all deine Gedanken und Gefühle, die durch dich hindurchkreuzen. Warum das jetzt Leder ist …"

S.: „Wo du jetzt überlegst, fällt mir dazu ein: Das sind vielleicht noch die Konstrukte; Dinge, wo ich mich selbst fessele."

H.: „Ja, das könnten Fesseln sein … Du bist der Sessel und da bist du eingebunden in die Lederstriemen."

S.: „Zumindest kam mir der Gedanke Fessel, als ich das Bild sah."

H.: „Dann ist es auf jeden Fall so. Ein Stuhl sieht ja auch aus wie ein Mensch. Er ist ja der Körperform angepasst. Und du bist gefesselt. Jetzt könnte man so sagen: Und **weil** du gefesselt bist, kommen die Würmer raus. Bei einem nicht gefesselten Stuhl wären wohl keine Würmer da. Auch das ist ein schönes Bild."

(02/2010: Ein Ledersessel ist auch zum Ausruhen da und Leder dient der Verzierung zum Schönaussehen. In diesem Falle ist es aber Fassade für das Innenleben. Die Würmer drücken aus: Auch wenn der Holzstuhl von außen wunderschön aussieht – hier stimmt was nicht. Mit den Würmern wird das Ausruhen auf diesem schönen Sitzmöbel unmöglich gemacht, sodass ich gezwungen bin, hinzuschauen.)

Analyse: Wachtraum Strudel des Lebens

Holger fragt wieder genauer nach und ich erläutere, dass es wie ein Trichter war – oben rein und am anderen Ende komme ich als was anderes raus. Mir kommt der Gedanke an einen Verwandlungsprozess.

H.: „Ja, kann man so sagen; das ist positiv, dass du da rausgekommen bist. Ist ja auch eine andere Welt jetzt."

S.: „Ja und eine andere Figur – ich bin jetzt ein Wurm! Vorher war ich normal ich."

H.: „Gut, den Wurm hatten wir jetzt schon mal als Gedankenwürmer. Jetzt bist du schon wieder ein Wurm."

S. (lachend): „Aber einer mit ganz großen Augen jetzt!"

Holger findet das interessant und meint, ich wäre zwar noch ein Wurm, aber einer in einem Entpuppungsstadium, in der Metamorphose.

S.: „Ja, auf der einen Seite bin ich wie in so ein Erdreich rein – wie verschlungen, versunken … und auf der anderen Seite schaue ich als Wurm in einen großen freien Raum, wie ein Weltraum. Die ersten Gedanken, die mir dazu kamen, waren, dass das das Todesreich ist. Auf der einen Seite Leben, auf der anderen das Todesreich."

H.: „Ein Strudel zieht ja nach unten. Und unten ist ja schon die Unterwelt oder die andere Welt. Also tief unten, ähnlich der Wasserstrudel am Wassergrund, ist die Sphäre der reinen Seele. Da bist du, was du bist. So was deutet sich auch hier bei dir an. Aber du bist noch Wurm. Es ist keine volle Erleuchtung oder Realisierung, aber du bist auf dem Weg. Zwar als Wurm mit schönen großen Augen – und das ist ja auch was wert."

Wir müssen ganz schön lachen bei der Vorstellung, wie der Wurm zur Erleuchtung gelangt.

H.: „Das ist sehr ehrlich. Und wie fühlst du dich dabei, wenn du da so rauskommst?"

Ich fühle in mich hinein. „Kein besonderes Gefühl. Ich schaue einfach in den Raum oder Weltraum oder was immer das ist."

[02/2010: Nach der Erkenntnis über die Bedeutung des abgebogenen Wasserhahns wird mir auch dieser Traum noch mal anders klarer. Die Richtung des Trichters/Strudels ging nur bis zur Hälfte nach unten (senkrecht), bog dann im 90°-Winkel ab und verlief weiter waagerecht (das

schmale Endstück des Trichters). Dies war mir damals schon aufgefallen, ich kam aber irgendwie davon ab, es zu sagen. Der Trichter ist der Hinweis auf die Gebärmutter und den Geburtskanal. Die Gefühle (in die Enge kommen und in der Enge ganz „platt" gewalzt werden) sprechen auch für die Geburt. Die Wehen pressen den Säugling zusammen, sodass dieser sich platt gewalzt fühlt. Der Wurm ist der Säugling, der gerade das Licht der Welt erblickt und für den alles ganz weit und groß ist, ganz anders als gerade eben noch im Mutterleib. Er „starrt" in den Raum und weiß noch nicht wirklich, was los ist, noch benommen vom Geburtsgeschehen und davon, dass alles ganz anders ist, deshalb sind keine Gefühle wahrnehmbar – es ist wie bei einem Trauma. Der Strudel, von dem ich erfasst wurde, sind die Geburtswehen, von denen ich in den Geburtsweg hineingezogen wurde. Die Enge ist der Geburtskanal, „die andere Seite" bedeutet: Ich bin draußen. Das Wurmende hing noch im Trichter-Ende (Mutter, Nabelschnur) – ich bin noch nicht abgenabelt und auch noch nicht ganz draußen (ähnlich der **Perle**, *siehe S. 199, 205, 207, die noch nicht ganz durch die Garnrolle – Geburtsweg – durch ist). Ich fühle mich noch ganz „EINS" mit der Mutter, der Kopf guckt aber schon raus und ich starre, noch mit ihr verbunden, in die „neue Welt", die mir wie ein „Weltraum" erscheint nach der Enge im Mutterleib. Dass ich nach der Geburt ein Wurm bin (eine andere Form angenommen habe, nicht mehr normal „ich" bin), könnte mein Lebensthema andeuten und darauf hinweisen, dass ich da bereits von meinem „geplanten" Lebensweg abgekommen bin. Vielleicht deutet „Wurm" auch nur einfach Säugling an. Wenn man ein Baby sieht, dass gerade geboren wird und zur Hälfte erst draußen ist, dann sieht das meinem Bild mit dem Wurm, der „da unten" oder „da vorne" (je nach Lage der Mutter) rausguckt, sehr ähnlich. Gegenüber der großen Mutter ist der Säugling ein Wurm.*

Das mit der „anderen Figur" ist mir noch nicht bis ins Letzte klar, deutet aber einen Wechsel in etwas an – vielleicht von einem Leben in ein anderes, neues? Ich war vorher offensichtlich etwas anderes. Könnte auch bedeuten, dass ich vorher rein seelisch war i. V. m. der Mutter und im Einheitsgefühl mit ihr innerhalb ihres Körpers. Nach der Geburt beginnt mein eigenes Leben, getrennt von der Mutter, was intuitiv wahrgenommen und ausgedrückt wurde über: Ich bin jetzt ein Wurm mit ganz großen Augen. Innerlich trete ich (als Erwachsene, positives Eltern-Ich, RI & PE) in die Geburtssituation ein und nehme Kontakt auf zu dem Würmchen (meinem inneren Kind; dem Säugling, der gerade geboren wird), das mit großen Augen in den Raum starrt. Die Kleine steckt noch etwas fest und mit meinen geübten Geburtshelferhänden helfe ich ihr auf die Welt. Ich nable sie ab und nehme sie sofort an meinen warmen Körper – ein sehr berührendes Gefühl! Mir wird bis in jede Zelle bewusst, dass meine Mutter und ich zwei verschiedene Personen sind. Das war mir (dem Wurm, inneres Kind, Baby) überhaupt nicht klar, sondern die Mutter fühlte sich wie zu mir gehörig an (vollkommen EINS, wie eine Person). Mehr noch: Mir (dem Wurm) war nicht mal klar, dass das, wo ich drin hänge, meine Mutter ist. Ich habe das Gefühl, als ob auf energetischer Ebene gerade ein Abnabelungsprozess von der Mutter stattfindet. Ich komme mehr bei mir an, fühle starke Bewegung in meinem Bauch und in meinem Energiefeld. Ich fühle mich sehr geerdet. Die Kleine (Inneres Kind) fühlt sich wohl in meinem Arm (positives Eltern-Ich, Erwachsene) – sie ist jetzt in meinem Energiefeld und trocknet erst mal. Die kleine Saskia ist noch sehr erschöpft, aber ich weiß, dass sie sich erholen wird. Sie spürt meine Nähe und fühlt sich geborgen und aufgehoben. Ich (die erwachsene Saskia, PE/RI) danke der Hebamme und meiner Mutter – beide sehen erschöpft aus, aber sie lächeln mich an …, ich bin tief berührt …, auch meine Mutter (in Form ihres Introjekts in mir) kann sich jetzt von der Anstrengung erholen, sie weiß, dass das Baby (mein Inneres Kind) gut bei mir, der Erwachsenen (PE), aufgehoben ist. Die Hebamme kümmert sich noch ein wenig um meine Mutter; ihr ist vollkommen klar, dass sie sich um das Neugeborene nicht zu kümmern braucht, da ich (Erwachsene) das vollkommen übernehme.

Der Traum kann neben der existentiellen (Geburts-Erinnerung) auch noch auf der mehr metaphorisch-seelenbezogenen Ebene gedeutet werden. Man könnte sagen, der Wurm scheint vom Nichts verschlungen zu werden und kommt auf der anderen Seite, als sich seinem Sein stellend und imstande, sich als Teil des großen Kosmos zu sehen, wieder heraus. Das Risiko des Ablebens (plattgewalzt werden) musste eingegangen werden, um dahin zu kommen (= erste Anzeichen der Überwindung der Todesangst).]

H.: „Also ich muss schon sagen, das ist eine dolle Serie. Du bist in der Metamorphose. Kam jetzt noch ein Bild?“

S.: „Ja, die beiden Bilder mit dem Licht.“

H.: „Lass uns mal kurz den Überblick machen, ob man bei den Bildern den gemeinsamen Nenner findet:

5. Bei dem Lebensstrudel – da bist du in der Metamorphose.

4. Stuhltraum – noch nicht, da bist du noch gefesselt.

2. Tomatentraum – du bist die große Tomate, der Familie enthoben.

1. Zweifelderball – da bist du auch schon auf dem Weg zum Tod – ähnlich wie Lebensstrudel, nur anders dargestellt.

3. Waschbecken – auch in dem Sinne, bist auf dem Weg zur Seele.

Man könnte jetzt noch mal genauer untersuchen, ob die alle aufeinander abgestimmt sind, ob sie eine Folge enthalten, ist ja eine Entwicklung. Sie sind alle genial in sich selbst. Aber vielleicht ist noch eine Übergenialität da. Der letzte Traum (Lebensstrudel) ist der Höhepunkt – ein Wurm mit zwei großen Augen! (Wir müssen wieder herzlich lachen). Ein Höhepunkt, absolut geistig, der sagt: ‚Ja, völlige Wurmerleuchtung mit großen Augen.‘“

Meine Bauchmuskeln werden vom Lachen ganz schön strapaziert – ich kann gleich nicht mehr …

H.: „Ist schon verrückt. Summe des Ganzen: Du bist in der Metamorphose, du bist noch Wurm, aber du solltest nicht ewig Wurm bleiben.“

S. (lachend): „Ich gebe mir Mühe.“

H.: „Ich sehe jetzt nicht unbedingt den Zusammenhang, was allen eigen ist. Bei der Tomatenfamilie wird angedeutet, du kannst sie jetzt von außen sehen. Das ist ein positiver Traum, deutet aber auch an, da ist eine Problemstruktur mit der Familie und du musst lernen, die große, weiche, reife Tomate zu sein. Im ersten Traum (Zweifelderball), da bist du schon recht weit.“

Analyse: Bild Schnürschuh

S.: „Zwischendurch war noch das Lichtbild mit dem Schnürschuh und der Wachtraum ‚Karate-Kids' ging auch mit Licht einher."

H.: „Licht tritt immer dann auf, wenn du keine Konzepte mehr in deinem Kopf hast. Keine positiven oder negativen Gefühle, wenn du in der Schau bist. Das ist schon ein realisierter Zustand, der ist jetzt am Anfang nur kurz, aber darum geht es. Hier steht der Schuh wohl symbolisch für die Seele und die ist eingeschnürt wie vorher auch der Stuhl. Das ist eine Wiederholung. Du bist quasi schon im Licht, in der Konzeptlosigkeit, aber nur erst ansatzweise und dann kommt gleich wieder das Bild: Meine Seele ist ja doch eingeschnürt. Warum nennst du das Licht*bild*?"

S.: „Weil es mit Licht einherging. Ein Bild mit Licht oder im Licht. Die anderen waren alle ohne Licht. Bild und Licht sind zur gleichen Zeit."

Analyse: Wachtraum Karate-Kids

S.: „Ich hatte die vier Kinder genau ins Visier genommen, mein Bewusstsein darauf fokussiert und stellte mir die Frage, was mir das Bild bzw. die Kinder zeigen wollen. In dem Moment stand die Szene still, wie angehalten, die Kinder wie erstarrt, als ob auf der Bühne vier große Pappfiguren aufgebaut gewesen wären. Das ganze Bild stand noch ein bisschen und verblasste dann ganz langsam, als ob jemand mit einem Dimmer das Licht ausdreht. Als ob die sich beobachtet gefühlt haben von mir. Also wenn ich wieder aktiv werde, mich konzentriere, um etwas rauszubekommen, geht das Licht aus."

H.: „Und das wird auch dargestellt, indem das Bild stehen bleibt."

S.: Ja, also mit anderen Worten: Du tust schon wieder was, du bist schon wieder aktiv und das ist gar nicht der Sinn."

H.: „Wenn du was tust, geht immer das Bild weg. Du warst schon wieder der kritische Beobachter – nicht schauend, sondern kritisch."

S.: „Nein, nicht schauend. Nur am Anfang hatte ich geschaut, ohne zu denken. Dann wurde ich kritisch, als mir das Bild bewusst wurde. Ich wollte rauskriegen, was mir die Szene zeigen will. Ich war aktiv und beobachtet verhalten sich Kinder eben anders als unbeobachtet."

H.: „Ja, da werden sie analysiert, kritisiert …"

S.: „… und bleiben stehen, weil sie das nicht wollen."

H.: „Ja. Vorher hast du leger zugeguckt – ohne Beurteilung – jetzt kommt der kritische Beobachter und schon bleiben sie stehen, sie sind gar nicht mehr natürlich, sind erstarrt. Also nicht das wirkliche Leben. Und da hast du eine Widerspiegelung deines kritischen Verstandes in Gestalt dieser Salzsäulen. Und damit geht auch das Licht weg."

[2/2010: Aktivität ist bereits, wenn ich mich konzentriere, um etwas herauszubekommen – dabei ging der Fokus von mir selbst weg auf die Kinder (statt bei mir zu bleiben und zu schauen, was ***in mir geschieht****, wenn ich auf die Szene schaue oder einfach nur zu schauen). Die Kinder fühlten sich dadurch beobachtet und änderten daraufhin ihr natürliches Verhalten, um mir gerecht zu werden (= AP, Anpassung – nicht kicken, keine Ausdrücke sagen, also „brav" sein …) Der kritische Beobachter/Verstand ist verinnerlichte Pig-Parent-Energie (PP). PP schaut auf die Kinder, als wenn die Kinder dem PP gegenüber eine Aufgabe oder Bedeutung zu haben hätten. Energetisch wirkt sich das auf die Kinder (mein inneres Kind, IK und leibliche Kinder) als unangemessene Erwartungshaltung von Seiten des PP aus. Das setzt sie unter (Leistungs-) Druck, weil sie Aufmerksamkeit in einem falschen Zusammenhang bekommen. Im Moment dieser Erwartung werden sie zu Standbildern, hören auf zu sein (Kontroll-Element, Anpasser) und das Licht geht aus (ihre eigene Identität). Damit sind sie eigentlich meine Marionetten; das stinkt sie an – zu Recht!*

Ich (PP) knips(t)e also ständig bei meinen Kindern als auch bei mir (IK) selbst das Licht aus! Bittere Pille, dennoch erleichternd, es zu erkennen. Dass ich diese kritische PP-Stimme in mir habe, ist mir schon seit Jahren bewusst, welche drastischen Folgen das jedoch für mein Inneres Kind und die Kinder hat(te), wird mir gerade eben erst auf tiefere Weise klarer.]

Wachträume: Tankstelle, Erdbeerfeld, Spiegeltüren
Holger ist wieder weg und ich hatte mich zum Schlafen hingelegt. Es kommen viele kurze Träume: Ich stehe an einer **Tankstelle** und muss tanken …, jetzt bin ich auf einem **Erdbeerfeld** und ernte reife Erdbeeren, die sehen richtig lecker aus …, ich habe gerade eine ganze **Schrankwand mit großen Spiegeln** vor mir. Wenn ich die Falttüren ein wenig anziehe, kann ich mich vom Rücken und von allen Seiten in diesen Spiegeln sehen …

Ich liege im Bett auf der Seite und bin hellwach. Mir tun nach kurzer Zeit die Hüfte und das ganze Bein weh, sodass ich mich auf die andere Seite drehe; doch das Ganze wiederholt sich. Ich stoße einen tiefen Seufzer aus, atme schwer durch – ich kann irgendwie nicht mehr liegen. Und so drehe ich mich von einer Seite auf die andere, versuche es auf dem Bauch, versuche es auf dem Rücken und kann nicht schlafen; bin aber auch nicht müde und kann den Schlaf ja auch nicht erzwingen.

Stunden später: Ich habe das Gefühl, dass ich mich die ganze Nacht nur gedreht habe. Draußen beginnt gerade der Morgen zu dämmern und ich schloss soeben das Fenster, damit es nicht hell wird hier im Raum. Die Vögel zwitschern noch nicht, es ist noch alles ganz ruhig. Ich kann nicht wie sonst üblich klar aussagen:„Ja, ich habe – gut oder schlecht – geschlafen." Mir fehlt das klare Wissen, geschlafen zu haben. Aber vielleicht habe ich doch geschlafen? Kann mir kaum vorstellen, dass ich jetzt schon drei Nächte nicht geschlafen habe, aber so ist mein Gefühl/Eindruck. Mir geht es jedoch nicht schlecht deswegen, kein Leid in mir im Sinne von: „Oh, ich habe wieder nicht geschlafen!" Nein. Es ist einfach so und ich stelle es nur verwundert fest. Und noch was fällt mir auf: Üblicherweise ist gähnen bei mir ein Zeichen von Müdigkeit und ich spüre dann auch, dass ich müde bin. Hier muss ich gähnen, fühle aber keine Müdigkeit. Ich habe eine ganz große innere Wachheit und Klarheit …

9. Tag – Die Wächter der Unterwelt

Gegen Morgen (bevor Holger da war) drängelt sich in mir immer wieder das Thema Weiblichkeit und meine Körperfigur auf. Mir fällt ein, dass ich mich in China unter den schlanken und zierlichen Chinesen sehr wohl gefühlt habe, weil die alle genauso schlank wie ich aussahen und ich auch das Gefühl hatte, dass denen meine Figur völlig egal ist. Ich habe mich dort sehr zugehörig gefühlt und stelle fest: Wenn ich allein auf der Welt wäre oder sich kein Mensch um mein Äußeres kümmern würde, käme ich gut klar mit meiner Figur, weil meine Körperformen völlig o. k. so für mich sind. Mein Problem ist, dass ich seit meiner Kindheit bis heute ständig darauf angesprochen werde, wie dünn ich aussehe und ob ich abgenommen habe. Das nervt mich.

[02/2010: Dass ich mich von diesem „Problem“ über 40 Jahre so genervt gefühlt hatte (Anpasser), hing damit zusammen, dass ich nicht zu mir gestanden habe. Das innere Kind fühlte sich von Pig-Parent-Stimmen kritisiert (z. B.: „Du bist so dünn, komm, iss mal noch was, damit du groß und stark wirst!“ Oder: „Du bist so dünn, du musst aufessen, damit du ein bisschen zunimmst!“), weil die Bemerkungen auf seine Persönlichkeit abzielten. Ein anderer Versuch war, das Kind zu erpressen, damit es aufisst: „Wenn du schön aufisst, dann gibt es morgen schönes Wetter.“ Weil das Kind „das Problem, zu dünn zu sein“ trotz aller Anstrengung nicht ändern konnte und es über Jahre immer die gleiche Bemerkung hörte, kam es zu der Einschätzung „mit mir muss was nicht stimmen“. Das Kind konnte diese Aussagen nur auf sich selbst beziehen und es unbewusst nur in die Schublade von „Ich bin nicht richtig, wenn ich zu dünn bin“ einordnen, da ihm die Fähigkeit einer erwachsenen Reflexion fehlte. Zudem konnte es durch den abschätzenden kritischen Blick und die sorgenvolle Miene der

*Erwachsenen auch zu keinem anderen Eindruck als dem kommen, dass mit ihm was nicht stimmt. Durch die eigene Einschätzung „***ich*** *bin nicht richtig" stellt sich das Kind aber selbst in Frage, was wiederum dazu führt, dass es sich nicht oder weniger wertvoll fühlt. Um dieses schmerzhafte Gefühl, das sich bei dem Gedanken „ich bin nicht wertvoll" einstellt, nicht zu fühlen, rechtfertigt und verteidigt es sich: „Doch, ich esse ganz viel, bestimmt mehr als du! Ich nehme eben einfach nicht zu, kann machen, was ich will!" (=AP). Später sagte ich: „Ich habe gar nicht abgenommen, wiege immer noch das gleiche." (= Erkenntnis, dass die Aussage, ich hätte abgenommen, nicht stimmt – beides RI-Positionen). Energetisch wurde das Thema „ich bin zu dünn" ausgestrahlt und so zog ich im Außen immer wieder Menschen an, die mit Fragen: „Hast du abgenommen, du siehst ja so dünn aus!?", auf das vorhandene Muster immer wieder hinwiesen. Solange mir diese Bemerkungen weh taten, drehte sich das alte Mäuserad und ich begann wieder mit Verteidigung. Die Auflösung des Problems läuft über das Erwachsenen-Ich (RI), das erkennt, dass das Kind hier etwas falsch zugeordnet hat. Als Erwachsene ging ich in Kontakt mit dem inneren Kind und stellte konsequent die Fehlzuordnung richtig: „Ich merke daran, wie du dich rechtfertigst und verteidigst, dass dir die Bemerkung sehr weh tut, weil du glaubst, dass mit dir was nicht stimmt, dass du nicht richtig bist. Ich kann dir versichern, dass du vollkommen o. k. und richtig bist wie du aussiehst." Je mehr ich als Erwachsene bereit war, ehrlich zu mir und meiner Figur (und damit zu meinem inneren Kind) zu stehen, desto mehr kamen die Sätze beim inneren Kind an und es war spürbar erleichtert, was mit der Zeit zu einer Beruhigung führte, wenn ich solche Sätze hörte, bis dahin, dass es irgendwann auch nicht mehr weh tat. Wenn das innere Kind sich mit dem Erwachsenen-Ich sicher fühlt, ändert sich die Energie in Bezug auf das Problem.]*

Wachtraum Erdreich/Erdboden

Ich sehe im Erdboden viele kleine Löcher, in denen es vor Ameisen nur so wimmelt. Sie gehen rein und raus, vor allem aber kommen sie raus – aus allen Löchern.

Etliche Stunden später stelle ich fest: Ich fühle mich heute den halben Tag lang irgendwie körperlich schlapp, seelisch geht es mir aber gut. Es zieht mich überhaupt nicht zur Meditation, zum Tai Chi oder zu irgendwelchen sportlichen Übungen. Am liebsten ziehe ich mich immer wieder ins Bett zurück und liege einfach da. Ich meditiere und spüre die Energie wie einen Strahl in der Wirbelsäule nach oben steigen. Oberhalb des 1. Halswirbels fließt sie in gerader Verlängerung zur Halswirbelsäule weiter nach **innen** oben in den Kopf hinein. Der Energiestrahl ist eine gerade Strecke vom Steißbein aus bis nach oben in den Kopf, ein Stück weit oberhalb der Mitte des Kopfes. Das ist eine neue Erfahrung für mich. Sonst fühlte ich die Energie ab dem 1. Halswirbel außen um den Kopf herum nach vorn zur Stirn fließen, den Schädelknochen folgend, um dann ihren Weg wieder nach unten zu nehmen.

Bewusste Änderung des Traumes Holzstuhl

Der mit Leder umwickelte Stuhl kommt mir wieder vor die Augen. Lehne und Beine sind mit einem gelblichen, ca. 1,5 cm breiten, weichen Leder bandagiert. Zwischen den einzelnen Lagen zwängen sich die Würmer aus den engen Zwischenräumen heraus. Mir kommt die Idee, das Leder an einem Teil der Lehne abzuwickeln, um zu sehen, wie es darunter aussieht. Es entpuppt sich als eine Art „Lederklebeband". An den abgewickelten Stellen kommt wunderschönes helles Holz zum Vorschein, das sich ganz warm, weich und glatt anfühlt. An diesen Stellen sind keine Würmer mehr zu sehen. Ich wickele den gesamten Stuhl ab und mache ihn sauber. Die Klebestellen sind schwer zu reinigen, es erfordert eine spezielle Reinigungslösung. Ich poliere das Holz und wie er so verändert und gereinigt vor mir steht, sieht er wunderschön aus – jetzt mehr einem Sessel als einem Stuhl ähnlich. Das Klebeband schmeiße ich in den Mülleimer.

Wachtraum: Schwingtür mit Drachen-Löwenkopf
Während ich mit dem Holzstuhl/Sessel beschäftigt bin, bekomme ich zwischendurch eine große Schwingtür zu sehen, ca. 2 m hoch, vielleicht auch 2,10 m. Am oberen Ende befindet sich eine Art Löwen-Drachenkopf. Ich stehe staunend davor und bewundere das Kunststück da oben. Es sieht auf eine Art hübsch aus. Aber für sich selbst betrachtet ist es kein freundliches Gesicht. Es drückt sich eher zähnefletschend aus, die Zunge ist ein bisschen zu sehen und es hat große Augen. Das ganze Teil sieht sehr interessant aus, ich fühle mich angezogen, es genauer zu betrachten.

Meine Lippen sind heute wieder besser und meine Haut fühlt sich seit vorgestern ganz weich und zart an. Die Woche ist wie im Flug vergangen – unheimlich schnell.

Angstauslösender Wachtraum: Besuch einer Patientin
Ich will zu einer Patientin zu Besuch, um mit ihr zu reden. Im Treppenhaus ist es dunkel und ich klingel an ihrer Haustür. Ihr Hund knurrt, als ich die Tür öffne. Es ist stockdunkel in ihrem Flur. Ich mache die Tür wegen dem Hund schnell wieder zu. Sie ist im Flur und ruft mir zu: „Ja, kommen Sie ruhig rein." Also öffne ich die Tür wieder, gehe einen Schritt hinein und sehe vor mir das Orientierungslicht eines Lichtschalters. Ich will das Licht anknipsen und frage in das Dunkel hinein: „Kann ich Licht anmachen?" Sie ruft mir zu: „Ja, machen Sie ruhig an." Ich drücke auf den Lichtschalter, aber er lässt sich nicht runterdrücken. Schlagartig werden meine Arme schwer wie Blei, meine Beine fangen an zu zittern und mir ist furchtbar schlecht. Ich bin wie gelähmt und sage mit zittriger Stimme: „Machen Sie mal lieber Licht an." Ende des Traums.

Die Körperreaktionen waren real vorhanden, ich zitterte und bin noch klitschnass; die Lähmung war ein furchtbares Gefühl. Das alles ist mir unheimlich, macht mir große Angst.. Als ob das irgendwie mit einem Geist zu tun hat.

Die Qualität der Wachträume ändert sich – sie werden realer. Weiter fällt mir auf: Immer wenn ich liege und die Augen geschlossen habe, dann sehe ich nach ein, zwei bis drei Minuten, wie sich bei einem Auge (oder auch bei beiden) das Augenlid ganz langsam, wie in Zeitlupe, öffnet – ich schaue in das Dunkel. Aber wenn ich das kontrolliere, sind beide Augenlider geschlossen. Es ist immer das gleiche: Ich habe wieder und wieder das Gefühl und **sehe,** dass ein Auge (oder beide) offen ist. Und das, obwohl sie wirklich real zu sind – habe das immer wieder kontrolliert. DIE AUGENLIDER SIND ZU und gleichzeitig doch offen!

Wenn ich meine ganze Hand fest auf die Augenlider drücke, damit sie sich nicht öffnen können, ändert sich auch nichts an meinem Gefühl, das ein oder beide Augen sich öffnen und ich mit offenen Augen ins Dunkel schaue. Sehr eigenartig – ich habe nicht das Gefühl, dass ich durch die Augenlider durchschaue, sondern mein Gefühl ist, mit offenen Augen zu schauen, obgleich ich mich fest davon überzeuge, dass die Lider geschlossen sind. Also schaue ich doch durch die Augenlider und auch durch die Hand durch!?!? Mein Verstand versteht es nicht, denn nach seiner Logik geht das nicht. Immer wieder glaubt er, dass er sich irrt, aber meine auf die Augenlider gedrückte Hand signalisiert dem Verstand, dass er sich nicht irrt: **Die Augen sind zu! Und doch schaue ich mit offenen Augen ins Dunkel.**

Ich fange an, den Traum mit der Patientin in der Dunkelheit erneut durchzugehen. Bevor ich im Flur auf den Lichtschalter drückte, waren weit im Hinterkopf versteckt Gedanken da, dass ich, wenn ich das Licht anmache, etwas sehe, was schrecklich ist. Dies löste wohl die Angst aus, die mich dann förmlich gelähmt hat. Der Körper hat wie von allein reagiert und ich konnte nichts dagegen tun …

Ich erinnere mich jetzt an meine Kindheit, ca. vier bis sieben Jahre alt: abends, im Bett liegend, hatte ich immer das Gefühl, dass hinter der Tür ein böser Mann steht, das mir etwas antun möchte.

Kurzentschlossen binde ich das schwarze Tuch um meinen Kopf, weil ich lüften und Tai Chi machen möchte, um den Körper ein wenig zu bewegen. Interessant! Ich schaue durch das Tuch durch in die Dunkelheit – anders kann ich das nicht beschreiben. Beim Tai Chi fiel mir auf, dass sich das viele Liegen doch bemerkbar macht. Die Muskeln sind schwach, aber wenn ich mich auf die Übung konzentriere, geht es trotzdem – mit innerer Kraft, die **nicht** aus den Muskeln kommt. Bei etlichen Figuren ist mir klarer geworden, wie die Hüfte die Bewegungen der Arme und Beine koordiniert und welchen Sinn die einzelnen Bewegungen haben könnten. Es macht Spaß im Dunkeln zu üben, ich bin viel mehr in meinem Inneren versammelt. Wenn es mir gelingt leer zu sein, an nichts zu denken, mit stark fokussierter Achtsamkeit nur im Augenblick der Tai Chi Übung zu sein, dann folgt der Körper dieser Vorstellung nach; er tut es einfach, ohne dass ich aus dem Gleichgewicht komme. Lasse ich jedoch mit meiner Aufmerksamkeit nach und bin mit den Gedanken in der Übung schon viel weiter als der Körper es gerade ist, wenn also Geist und Körper nicht übereinstimmen in ihrem Tun, komme ich sofort aus der Balance.

Ich nehme den Lotussitz ein und meditiere. Schnell bin ich tief entspannt, mache mich auf den Weg zum Heuboden und stocke, als ich die Klappe öffne. Kühle Luft schlägt mir entgegen und es sieht merkwürdig dunkel aus … irgendwie gruselig. Am liebsten würde ich sofort wieder umdrehen, aber ich stelle erst noch Milch bereit für das kleine Kätzchen, Käse für die Maus und Futter für die Katze, die bei den Fressnäpfen sitzt. Der Dachboden ist mir heute nicht geheuer. Also gehe ich wieder …, oder? Nein. Ich setze mich neben das Kätzchen um zu schauen, was passiert. Direkt vor mir ist die Klappe, sodass ich im Notfall gleich verschwinden kann. Ich sitze mit dicht herangezogenen Beinen in eine warme Decke gehüllt. Um mich herum Grabeskühle und dämmriges Licht … ab und zu raschelt es … Das werden wohl die Mäuse sein, beruhige ich mich. Das kleine Kätzchen hat es sich auf meinen Bauch bequem gemacht und tritt, behaglich schnurrend, mit den Pfötchen sanft gegen meinen Brustkorb. Ich streichle behutsam das weiche, warme Fell. Die Katze gibt mir das Gefühl, nicht allein zu sein. Dadurch fühle ich mich sicherer und mutiger. Während ich in das dämmrige Dunkel starre, kommen lauter erotische Fantasien, die es mir schwer machen, mich weiter zu konzentrieren. Nach einer Weile rolle ich die Decke wieder zusammen, streichle das Kätzchen noch einmal und verlasse den Heuboden wieder.

Gespräch mit Holger
Holger ist da und wir analysieren die Träume.

Analyse: Wachtraum Besuch einer Patientin
H.: „Da ist eine Wache, der Hund – Hund ist immer ein Wächter. Du willst zu dir selbst kommen und du sprichst zu dir selbst in Form der Frau. Du musst, um zu dir selbst zu kommen, den Weg durch die Dunkelheit antreten. Seltsamerweise klappt das mit dem Lichtschalter nicht. Die Dunkelheit ist hier der Seelenweg und die Frau ist auch der Weg zu deiner Seele. […] Nachdem eindeutig wird, dass du keine Chance hast, dem Seelenweg zu entfliehen, weil der Lichtschalter nicht funktioniert, werden dir die Arme und Beine schwer und du wirst ganz zittrig, denn du musst nun den Weg gehen. Aber du willst doch noch ein bisschen in die Rationalität, versuchst trotzdem das Licht anzumachen und rufst dir zu in Gestalt der Patientin, sie soll das Licht anmachen. Doch das wird nicht passieren, denn der Traum bricht hier ab, weil klar ist: Da kommt kein Licht! Der Seelenweg wird dir dann zu heiß.“

S: „Ich hatte Angst, etwas Schreckliches zu sehen, wenn ich das Licht anmache. Dass die Frau dann wie ein Geist aussieht oder ganz schrecklich."

H.: „Das würde auch noch in meine Deutung passen, denn die Frau bist du. Wenn du dich dann real betrachten würdest, bist du gar kein Mensch, denn du bist ja quasi im Unbewussten, fast im Todesreich und da bist du Geist!"

S: „Ach so … Ich hatte Angst vor einem Dämon."

H.: „Du hast dann quasi Angst vor dir selbst. […] Du hast Angst davor, dein wahres Seelenbild zu sehen."

S.: „Das macht mir Sinn."

H.: „Im Traum hat sich deine Urangst so formuliert."

Analyse: Wachtraum Drachen-Löwenkopf

H.: „Du siehst die Schwingtür, das ist der Eingang zur Seelenhalle, der Nachbarwelt. Da sind immer Wächterfiguren. Vorher war es der Hund im Flur, hier haben wir ihn wiederholt als Drachen-Löwenkopf. Den bewunderst du. Das ist der Wächter, die Pforte zur Anderswelt. Das ist ein klassischer Versuch, die Einweihung zu gehen, aber hier misslingt sie, denn du bleibst schon vor der Tür stehen. Also die Vorbereitung auf die Einweihung. Das war der vorige Traum ja auch, denn wenn solche Tiere auftauchen, sind das immer Wächterfiguren, die bewachen die andere Welt. Das ist auch so bei Todeserfahrungen, da kommt oftmals ein Hund vor, der bewacht die andere Dimension, da kann man nicht so ohne weiteres rein. […] So ist es hier auch. Das mit der Schwingtür ist vielleicht auch ganz interessant: Manchmal kommen in Träumen Türen, da musst du den richtigen Moment abpassen, die Schwingszene, und zack, musst du ganz schnell durch. Wenn du das verpasst, zerquetscht sie dich. So was deutet sich hier vielleicht an, also beginnende Initiation."

Analyse: Wachtraum Erdbeerfeld und Tankstelle

S.: „Dann hatte ich den Traum mit dem Erdbeerfeld."

H.: „Du siehst dich selbst, die wunderbaren, roten, schmackhaften, saftigen fruchttragenden Erdbeeren – also das Leben selbst bist du. Du pflückst das Leben. Mit dem Erdbeerfeld tust du mal was für dich, das machst du ja auch gerne und das ist auch gut. Ob Erdbeeren oder tanken, du füllst dich auf mit Lebenskraft, mit roter Fruchtbarkeit. Das würde ich jetzt so deuten – tanken und Erdbeeren: Du bist alle möglichen Einweihungen und Halbeinweihungen und Vorbereitungen gegangen. Der Lebensauftrag wird vor allem erreicht, wenn die Initiation gelungen ist oder wenn man sich auf den Weg zur Initiation begibt. Also der Sinn: Greif rein ins volle Leben und nimm dir, was du kriegst! Aber viele Leute sagen: ‚Nein, das darf ich nicht und das nicht und das nicht … und wir müssen ja …, ich weiß nicht, ob ich das Fleisch essen darf usw.' Das ist alles Käse."

Analyse: Wachtraum Schrankwand mit Spiegeln
H.: „Du siehst dich von allen Seiten. Du bist auf dem Weg, zumindest dich von allen Seiten zu sehen. Nicht nur so einseitig wie am Anfang. Das ist ein initiatisches Traumbild. Du bist jetzt in einer Phase mit Wachträumen. Also nicht träumen, sondern wachträumen. Die 1. Phase ist, du träumst normal. Die 2. Phase: es werden Wachträume. Obwohl du nicht schläfst, scheinst du ja trotzdem zu träumen, das ist schon eine Steigerung der Wachheit. Dann gibt es noch eine weitere Stufe oder eine ganze Reihe und eine beginnt mit diesem Lid- und Augenphänomen. Es zeigt nur: Du kannst auch sehen, obwohl die Lider zu sind. Wir begeben uns jetzt hier auf eine höhere Ebene. Das ist so der Anfang. Es leitet eine neue Phase ein, wo man halt auch durch die Lider schauen kann. Es ist noch mehr Klarheit da, so viel Klarheit, dass die Augenlider wie transparent sind. So ist der ganze Dunkel-Prozess: Die zunehmende Klarheit drückt sich in solchen Stufen, in solchen zunächst merkwürdigen Phänomenen, aus – die sind gar nicht merkwürdig, sondern absolut logisch. Das Phänomen, dass man durch die geschlossenen Au-

genlider gucken kann, steigert sich ja später noch weiter, indem man rausgucken und sehen kann, was passiert. Manche Leute sehen, was ich unten treibe und dann vergleichen wir das und stellen fest, es stimmt. Oder sie sehen, was bei ihnen zu Hause abläuft. Ich muss dann teilweise das Telefon bringen und anrufen. Die wollen unbedingt vergleichen, was da abgegangen ist zu Hause."

Ich finde das total spannend und muss lachen, weil ich in meiner Vorstellung Holger sehe, wie er eilig das Telefon bringt.

H.: „Und es stimmt oft. Das ist eine weitere Steigerung der Klarheit. So ganz banal und harmlos kommt das einher – das sind nicht die großen paranormalen Schritte oder so, sondern das kommt mit einer ganz präzisen Logik und die kann man verfolgen. Ich sehe es ja immer wieder in der Dunkelheit. Das kommt gesetzmäßig und ist wie eine Wissenschaft. Das ist an sich eine neue Wissenschaft, das wurde ja noch nie beschrieben. So muss man diesen Entkonditionierungsprozess sehen, der mit zunehmender Klarheit einhergeht. Klarheit heißt hier ganz einfach: Du wirst zunehmend Seele! Früher warst du auch Seele, aber überschattet vom Licht, vom Körperlichen, vom Rationalen. Das tritt jetzt in den Hintergrund. Da gehört auch das mit der Zeit rein. Du sagtest, die Zeit geht sehr schnell rum. Wenn man noch länger in der Dunkelheit bleibt, wird die Zeit noch knapper und bei sieben Wochen wird die Zeit extrem knapp, da fangen die Leute an mit der Zeit zu haushalten. Die Leute sagen: ‚Scheiße, geht die Zeit schnell um, kaum gehe ich zur Toilette, sind zwei Stunden um.'"

Ich muss lachen darüber. „Kann ich total nachvollziehen. Ich dachte auch schon: Nur noch drei Tage! So ein Mist!"

(10/2004: Ich bemerkte in den letzten drei Tagen eine immer mehr zunehmende Unruhe in mir, die damit zusammenhing, dass die Zeit viel zu schnell vorbei ging und ich noch in der Dunkelheit bleiben wollte. Diese Unruhe allein verhinderte schon die weitere Entkonditionierung, da die Gedanken immer mehr dahin gingen, dass das Ende der Dunkelzeit naht,

was dann wieder kommt, der Alltag usw. Es war ein Gefühl wie aufgedrehte Aufregung. Wenn das im Alltag mein „Normalzustand" ist – ohne es zu merken, da es ja ein Dauerzustand ist –, dann staune ich, was der Körper so alles an Spannungen zu kompensieren hat, von denen ich vorher nicht im Geringsten eine Ahnung hatte. Ist ja kein Wunder, dass mit der Zeit die verschiedensten Wehwehchen/Krankheiten auftreten. Ich hielt mich für ruhig, locker und ausgeglichen.)

H.: „Ja, und dann werden die Leute ein bisschen panisch und ich muss sie beruhigen, das bringt aber nichts, weil die Zeit irrsinnig schnell vergeht. Sie sagen: ‚Ich war ja kaum hier!' Dann muss ich ihnen klar machen: ‚Hör mal, du warst jetzt schon sechs Wochen hier!' Die Antwort: ‚Aber das war ja soooo kurz!' Das ist Naturwissenschaft der Psyche. Das geht in Wellen. Bei manchen Leuten zieht sich das sehr lange hin, immer wieder beginnende Initiation und immer wieder verhindert aus Angst. Dann kommt irgendwann doch der Durchbruch. Bei manchen geht es ganz flüssig, die haben gleich zu Anfang eine große Initiation, die gleiten sofort rein, da ist gar kein Tor bei denen, die sind sofort in der anderen Welt, in der Nachbardimension. Aber die haben dann vielleicht dort bestimmte Blockaden – also in der anderen Welt gibt es auch wieder bestimmte Blockaden. Im Grunde genommen immer wieder das Gleiche, aber doch individuell recht verschieden."

S.: „Wie machen diejenigen das, die gleich in die andere Welt kommen?"

H.: „Das liegt begründet in ihrer Denkweise, die diskutieren für sich selbst gar nicht ihre persönliche Problematik, das kicken die einfach weg, die gehen schnurstracks in die andere Welt. Es geht ja gar nicht so sehr um die Angst vor dem Tod, sondern das ist ja hier das Schlagwort für ein breites Spektrum an Gefühlen, die man nennen kann: ‚Ich möchte nicht die Nachbarwelt kennenlernen!' Denn, jetzt nehmen wir mal diesen Flurtraum, es könnte ja da ein Gespenst sein. Das ist also nicht nur einfach Angst vor dem Tod, sondern Angst vor dem Urgrund des Daseins. Die mystischen Typen lassen sich einfach in diesen Urgrund reinplumpsen. Die überspringen diese psychodynamische Phase, stürmen einfach rein. Du musst dir das erarbeiten. Du stehst jetzt vor der Initiation mit der Drehtür, den Wächtern usw. Du gehst rein, gehst aber nicht durch. Du gehst zwar in den Flur rein oder bist quasi schon drin, willst aber wieder Licht machen. Das ist die Art deiner Existenz, dein zentraler Fokus scheint mir, verstehst du wie ich meine?"

S.: „Erklärst du es mir bitte noch mal?"

H.: „Dein Lebensgrundgefühl ist, schön in der Realität zu sein, aber das ist den Menschen grundsätzlich verwehrt. Der Mensch soll zusätzlich immer noch neben der Realität in der Nachbarrealität der Seele drin sein. Wer das nicht macht, kriegt seelische Probleme. Und er kriegt die seelischen Probleme, *damit* er in die seelische Welt geht – deswegen haben wir heute Probleme. Die haben nicht Probleme, weil sie Probleme haben, sondern weil sie nicht in die seelische Welt gehen. Das ist auch keine Strafe, sondern ist nur ein neuer Trick, sie doch in die Seelenwelt hineinzuführen. Und das ist bei dir auch so. Das ist deine existentielle Problematik derzeit. Du willst und willst auch nicht."

S.: „Ja, die Angst hemmt mich. Die Angst ist da, das weiß ich und ich spüre sie auch, aber ich kann nichts dagegen tun!?"

Ich fühle mich fast verzweifelt und auch hilflos.

(10/2004: Ich möchte in die Seelenwelt und habe Angst vor dem, was dort auf mich zukommt, vor dem Unbekannten. Die Angst lässt mich das Licht anmachen. Ein Teil in mir will rein, ein anderer Teil hat Angst davor und verhindert das. Hüh und Hott in mir, wieder zwei Seiten, wie beim Traum Weintrauben und Pfirsiche.)

H.: „Das geht ja allen so, das ist ja nicht nur bei dir so. Sondern alle haben davor Angst. Jeder. Der eine mehr, der andere weniger. Jeder auf seine Art. Weil es alles Menschen der traditionellen materiellen logischen Welt sind – aber das Leben zeigt: ‚Das ist aber nicht nur so, mein Freund, du musst auch die andere Welt kennenlernen.' Wer das nicht macht, kriegt heftige Probleme. Alle müssen kennenlernen, dass es ein Tor gibt und da muss man durch, da kommt keiner drumherum. Und wer drumherum kommt, kriegt halt Probleme."

S.: „Kann ich noch irgendwas tun?"

Ich bin ein wenig resigniert.

H.: „Nein. Aber du machst ja schon was, du bist in der Dunkelheit, du gehst deinen Weg, du bist ein echter tiefer Sucher. Man muss wissen, wo man steht, wenn man das nicht weiß, kommt man nicht voran, steht man neben sich."

S.: „Ich habe heute anhand der Träume gemerkt, dass jetzt langsam tiefe Ängste hochkommen. Das ist nackte Angst!"

H.: „Die müssen hochkommen, da geht nichts dran vorbei, bis alles aufgearbeitet ist."

S.: „Ich merke in mir ein gruseln, Abstand halten davon, mir genau das vom Leib halten wollen. Angst vor der Angst und vor der Tretmühle."

H.: „Man kriegt die Sachen, die man lösen kann, lässt sich drauf ein und stellt dann hinterher fest: alles halb so wild."

S.: „Ja, das habe ich heute so ähnlich mit dem Dachboden schon gemacht. Obwohl ich weggehen wollte zum Anfang, habe ich mich dann doch hingesetzt und dann war gar nichts."

H.: „Meistens stellt sich das als Joke heraus. Erst böhmische Dörfer und dann ist gar nichts. Das ist ja die Welt. Die Welt ist eine Illusion. Und vor diesen Illusionen haben wir alle möglichen Ängste und wenn wir genauer hingucken, lösen die sich in Wohlgefallen auf. Das ist aber mit allen Dingen so, mit allen Dingen des Daseins."

(12/2004: Was wir in der Welt erleben, ist oft das, was wir nicht wollen – wir ziehen es unbewusst an, weil wir es verdrängt haben. Was wir nicht erleben, erleben wir nicht – obwohl wir es erleben wollen –, weil wir es uns unbewusst verwehren bzw. vom Halse halten aus den unterschiedlichsten Motiven heraus. Unterm Strich ist es eine tiefe Angst, von der wir anfangs nicht mal ahnen, dass sie existiert, später dann höchstens eine vage Vorstellung haben,

dass sie da sein könnte und dann noch später, bei tieferer und ehrlicher Betrachtung, spüren und wissen wir genau, dass sie wirklich da ist, ganz weit unten in uns – in der Tiefe – sitzend und lauernd. Das löst Angst/Gruseln aus über die Größe der Angst und es ist schwer, sie aufsteigen zu lassen, um sie zu fühlen – die Angst vor der Angst verhindert es. Gelingt es doch, ist erkennbar, dass nur die Angst vor der Angst so groß war, nicht jedoch die Sache an sich. Das fühlt sich wie um Tonnen erleichtert an, auch stark, groß, kraftvoll, energiereich und der Welt und dem Leben gewachsener.)

Über Initiation

S.: „Initiation – was genau heißt das?“

H.: „Initiation ist, wenn du vor der Pendeltür stehst, da geht die Initiation los. Die meisten kommen nicht mal so weit. Sie straucheln davor in irgendwelche Seen rein. Bei der Initiation gehen sie durch die Tür durch. Da ist der Wächter, das ist immer das gleiche Motiv. Keine Angst mehr vor dem Nebligen. Erkenntnis, dass das alles nur Luftblasen, vage Einbildungen, Phantasmen sind. Man macht das Licht an, um zu erkennen, da ist ja gar nichts da. Dann kommen aber neue Ängste auf: ‚Mein Gott, wenn da nichts da ist! Da muss doch was da sein! Woran soll ich mich festhalten?‘ Also die Initiation besteht aus einer Reihe von Schritten, von Stufen, eine Stufe nach der anderen. Auf jeder Stufe wird die Erfahrung der vorhergehenden Stufe wiederholt, aber immer tiefgründiger mit jeder Stufe. Das wird nur wiederholt, ist immer gleich. Die Initiation ist ein unheimlich langer Weg, scheint überhaupt nicht aufzuhören. Immer wieder neue Prüfungen. Das ist wie so eine Schule. Jedes Jahr ein Test und Prüfungen. Ist schon verrückt. Kaum hast du Abitur oder so was, musst du schon wieder ‚studieren‘. Kaum hast du Erleuchtung erlangt, stellst du schon fest: ‚Nein! Das war ja nur eine Vorerleuchtung!‘ Die 1. Stufe der Erleuchtung! Was dabei heraufdämmert, ist dann die Sprache der Nachbardimension. Da gibt es eine Sprache und die Sprache ist keine Wortsprache, akustisch, sondern eine Symbolsprache, also eine Zeichensprache, das wird nicht akustisch gesprochen. Sie besteht aus Zeichen und Symbolen. Und die ist tiefgründiger als Wachträumen."

S.: „Was kann ich noch tun oder kann ich gar nichts machen?" *(Bin schon wieder drin in meinem Kontrollthema und dem Machen- und Tun-Wollen.)*

H.: „Ich weiß es nicht. Das gesamte Dasein erschließt sich – was ist Dasein? Egal was du anguckst, kannst du dich fragen: ‚Was ist Dasein?' Was sollst du dazu sagen? Kannst du zunächst gar nichts sagen. Gehst du aber tief in die Zusammenhänge rein, kannst du sehr wohl Tiefgründiges sagen. Das ist die Hauptaufgabe des Lebens – das ist der geheime Auftrag, den die meisten nicht realisieren."

Wir reden noch über meinen letzten Tag und das ich nach Holgers Meinung am Abfahrtstag etwas essen müsste, ich hätte doch eine lange Fahrt vor mir. Er machte sich Sorgen. Ich bin ganz anderer Meinung und ohne Sorge. Ich weiß einfach, dass ich gut ankomme, auch nach dem Fasten und ohne vorher zu essen.

Sterbebegleitung

Unser Gespräch landete beim Thema Sterbebegleitung und ich fragte Holger, wie er Sterbebegleitung macht, wenn jemand unmittelbar vor dem Tod steht, aber verdrängt, dass er in Kürze sterben wird.

Er erzählt mir, dass er die Leute mit ihrem nahenden Tod konfrontiert und ihnen schildert, wie der Sterbeprozess geht; auch über Nahtoderfahrungen berichtet er. Holgers Erfahrungen nach sei dies sehr hilfreich, weil dieses Wissen, wenn es im Kopf ist, bereits den Sterbeprozess beeinflusst. Mit dem Wissen würden sie ihre innere Unsicherheit verlieren, die auch aus der Unwissenheit herrührt. Die Leute könnten dann leichter loslassen und damit leichter sterben. Weiterhin geht Holger mit der Person die entscheidenden Stationen ihres Lebens durch, was sie erlebt hat, und rundet das Ganze damit ab, dass das Leben in seiner Ganzheit perfekt war und nicht etwa ein fehlerhaftes oder gar kein Leben, wie viele Leute am Ende ihres Lebens meinen. Der Sterbende müsse erkennen, das alles in seinem Leben genau richtig war, um mit sich selbst ins Reine zu kommen und sterben zu können. Manchmal macht Holger auch ein kleines Ritual, wenn die Leute das wünschen.

Meine Frage, ob Holger den Sterbenden im Krankenhaus besucht, bestätigt er. Oft dauere so ein Besuch länger als eine Stunde, das würde aber ganz individuell gehandhabt. Er frage auch nach, ob er überhaupt wiederkommen soll. Seine Art sei sehr direkt und bodenständig. Manche Leute wären aufgeschlossener, bei anderen wiederum sei das nicht so einfach. Er sage immer, wie für ihn der Sterbeprozess sei und die Leute würden das dann in ihre eigene Version umdeuten. Die Mehrzahl der Menschen würde sich jedoch keine Gedanken machen über die großen Fragen des Lebens und viele wüssten gar nicht, dass sie leben und was das Leben ist.

Zum Abschluss meinte Holger noch, die meisten Leute würden den Zusammenhang zwischen ihrem Leben (Tagesablauf: arbeiten, Kinder versorgen, vor dem Fernseher sitzen) und ihren Krankheiten nicht bemerken. Sie würden sich irgendwann in ihrem Leben wundern, warum sie plötzlich krank sind und wären dann der Meinung, das könne doch gar nicht sein, dass müsse eben Schicksal sein. Er findet es traurig, dass der Zusammenhang nicht gesehen wird. Ich kann ihm da nur zustimmen.

Nachdem Holger gegangen war, wollte ich ins Bad gehen und wurde mit Orientierungslosigkeit konfrontiert. Alles um mich herum sah aus wie auf dem Heuboden und ich wusste nicht mehr, wo es zum Bad langgeht. Plötzlich sah ich rechts von der Badtür eine Treppe. Aber da ist doch eigentlich gar keine Treppe!

Erfahrung: Meine Hündin „besucht" mich

In tiefer Meditation sitzend sah ich plötzlich Cassy, unsere Schäferhündin, schräg links vor mir in ca. 1 m Entfernung stehen. Sie sah aus wie aus „Energie“ zusammengesetzt. Um den schwarz schimmernden, flimmernden „Energie-Körper“ befand sich noch ein ca. 5 cm breiter heller Lichtstreifen ringsherum. Insgesamt flimmerte die Erscheinung. Sie war aus zig kleinen Punkten zusammensetzt, die auch wieder „auseinanderfließen“ können. Es schien aber so, als ob die Punkte von „Etwas“ zusammengehalten werden – wie von einer Kraft. Das erinnert mich an Science-Fiction-Filme, wenn jemand weg- oder hergebeamt wird – sieht dem hier sehr ähnlich. *(Doch alles kein Science-Fiction, sondern Realität?)* Nur blieb Cassy als Energiekörper und verkörperte sich nicht richtig in meinem Zimmer wie im Film. Ich sprach sie spontan, völlig überrascht und erstaunt an: „Cassy, was machst du denn hier?“ Eine Antwort kam nicht, sie verschwand nach einem kurzen Augenblick – sie „beamte“ sich als aus den Punkten zusammenhängender und -gehörender „Energie-Komplex“ wieder weg.

Ich liege im Bett und will schlafen, aber ich kann nicht schlafen, wenn die Augen offen sind. Ich bin verärgert … Statt des Schlafes kommen viele Träume …

Bilder/Wachträume: Betonröhren, Ameisen, Kaffeetisch
Zuerst sehe ich aufgeschichtete Röhren aus Beton, kurz danach kommen ganz viele Ameisen, die auf dem Boden rumkrabbeln. Als nächstes sehe ich eine gefüllte Tasse auf dem Kaffeetisch mit weißer Sahne obendrauf. Über die Sahne läuft ein kleiner schwarzer Käfer.

Wachtraum: Weißes Haus
Ich sehe ein weißes Haus, davor befindet sich ein Garten, der von einem Torbogen eingegrenzt wird. Davor und daneben befindet sich Wald. Da ist ein kleiner Vorsprung, den ich herunterspringe. Unten angelangt, teilt sich das Bild: oben das weiße Haus mit Garten und Wald, unten die Wurzeln der Bäume und

das Erdreich zum Wald, vor dem ich jetzt stehe. Das Erdreich sieht aus wie geöffnet, als ob ich da reingehen könnte in unterirdische Gänge/Räume. Sieht wie eine geöffnete Muschel aus. Aber ich gehe nicht rein. Könnte ja zuklappen und dann komme ich nicht mehr raus. Ich habe Angst davor.

Wachtraum: Cassy voller Ameisen
Meine Hündin Cassy ist an den Hinterbeinen völlig mit Ameisen übersät. Sie versucht krampfhaft, die Ameisen wegzukriegen.

Wachträume: Schamane und Stadion
Ein als **Schamane** gekleideter Mann erscheint, dazu eine ganze Gruppe, alle mit verschiedenen Ritualwerkzeugen „bewaffnet". Irgendein schamanisches Ritual soll da stattfinden, meinem Gefühl nach ein Initiationsritual oder so was. Im nächsten Moment stehe ich in einem großen **Stadion** in der obersten Reihe und schaue über bzw. in das weite große Stadion, in die Tiefe des Stadions hinein.

Wachtraum: Naturkundemuseum
Ich betrete ein Naturkundemuseum und sehe lauter Vögel an der Wand hängen – angenagelt, damit man die bestaunen kann. Die Flügel der Vögel sind weit ausgebreitet und mit Nägeln in der Stellung befestigt. Die sind alle tot, bis auf einen Vogel links oben, der flattert noch ein wenig mit dem Flügel. Ich bin schockiert – die wurden alle umgebracht, damit die Menschen sie sich anschauen können.

Wachtraum: Bunker; Frau mit Kind
Ich stehe in einem **Bunker** in einem schmalen Gang aus dicken, kalten Steinwänden. Vor mir wird ein schweres Eisentor hochgezogen – ich kann da durchgehen, nach draußen in die Freiheit. *(Als hätte ich lange Zeit im Gefängnis verbracht und werde jetzt entlassen.)* Ich gehe raus und sehe eine **Frau mit einem kleinen Kind**, viel-

leicht zwei bis drei Jahre alt. Das Kind will irgendetwas von der Frau, die sagt aber „nein“. Daraufhin kommt das Kind auf mich zugelaufen und guckt mich von unten nach oben mit ganz strahlenden, freundlichen, schönen, blauen Augen an, mit so einem reinen Lächeln im Gesicht. Ich bin tief beeindruckt und berührt von dieser ausgestrahlten Reinheit und Schönheit.

Wachtraum: Sonnenuntergangslicht

Ich schaue auf eine Wiese direkt vor mir, die in ein ganz schwaches, warmes Sonnenuntergangslicht eingetaucht ist. Im Schein der Sonne schaue ich auf die Gräser. *(Ich erfasse zugleich, dass ich in meinem Bett liege.)* Die Sonne ist mir im Rücken. Ich schaue auf die Wiese vor mir und sinniere, ob es Sonnenunter- oder -aufgang ist. Es ist jedenfalls nicht ganz hell. Mein erster Gedanke war aber Sonnenuntergang. Ich habe den Kopf nach links gewendet, von rechts kommt die Sonne. Die Gräser bewegen sich ganz sanft im Wind, ich fühle mich „direkt vor Ort“. Als ich eine Weile geschaut habe, ist das Gefühl, auf einer Wiese zu sein, wieder weggegangen *(bzw. der Traum ging weg, ich konnte ihn nicht halten).* Bei diesem Wachtraum mit den Gräsern war mir, als hätte ich vorher geschlafen und bin durch das Licht aufgewacht, irgendwie so.

Mir kommen ein paar Gedanken zum Dasein. Dasein ist hell und dunkel, Licht und Schatten, stürmischste Bewegung und absolute Ruhe, Stille; links und rechts, oben und unten, Leben und Tod. Dasein ist im Prinzip alles. Das gesamte sichtbare und unsichtbare Universum und darüber hinaus. Alles im Prinzip unfassbar, nicht vorstellbar, nicht greifbar. Es ist eben alles da. Das ganze SEIN, materiell wie immateriell.

Wachtraum: Drachen-Krokodilkopf

Ich sah gerade links an der Wand einen Drachenkopf. Sah aus wie Drachen oder Krokodile oder so ähnlich. Ich habe im Prinzip nicht mal die Wand gesehen, habe mir nur gedacht, dass da eine Wand sein muss, denn der „hing da" oder war da eben. Mich überkam ein Gefühl von … unheimlich.

Eklige Erfahrung: Tier am Koffer

Ich bin an meinem Koffer, der in der Ecke vom Zimmer (auch real) steht, packe meine Sachen in die Tüte und taste die nähere Umgebung ab, ob noch irgendwo etwas herumliegt *(ich sehe ja nichts)*. Dabei fasse ich in etwas Weiches, irgend so ein Tier, „huah, ihgitt", was Krabbliges, äh, eklig. Ich bekam *solch* einen Schreck und das war *so* eklig, dass ich die Taschenlampe aus meinem Koffer nahm, um nachzuschauen, was das ist. Ich leuchtete alles aus, aber da war nichts. *(Ende der Erfahrung.)*

Trotzdem habe ich deutlich gefühlt, in irgend so ein Tier reingefasst zu haben. Kann eine große Spinne oder so was gewesen sein. Ich habe jedenfalls einen riesigen Schreck bekommen und Panik, meine Magen- und Herzgegend waren von einer Sekunde auf die andere wie versteinert, die Haare standen mir zu Berge, sodass ich gleich nachschauen musste, was da ist *(im Traum habe ich „real" nachgeschaut)*. Mein Gefühl, in etwas reinzufassen und die körperlichen Reaktionen waren so real – auf weitere solche Erfahrungen verzichte ich liebend gern freiwillig. Das löst große Angst aus in mir. *(Ich bin tief beeindruckt von dem Erlebnis, es bewegt mich ganz lange.)*

Wachtraum: Holzhaus auf Pfählen

Ich sehe weit oben auf einem Berg ein Holzhaus auf Pfählen stehen. Eine Holztreppe führt hinauf, die ich langsam hochsteige. Sieht schön aus das Haus. Es steht rechts von der Treppe.

Das Erlebnis mit der Masse, in die ich reingefasst hatte, lässt mir keine Ruhe. Ich schaue mir die Masse noch einmal genauer an – sie ist klebrig, glitschig, glibberig. Wenn ich die Hände hochhebe, dann bleibt sie kleben und zieht sich ganz lang, ist also dehnbar, kalt und nass – einfach eklig, glibberig. Scheinbar doch kein Tier, wüsste nicht, was es sein sollte. Es ist jetzt nicht so schrecklich wie beim ersten Mal, habe nur ein wenig Herzklopfen. Keine Ahnung, was das war. *(Die Angst hat verhindert, dass ich wirklich noch einmal die „Masse" fühlen kann. Was ich beim 2. Mal fühlte, war eindeutig anders als beim 1. Mal – es fehlte der lebendige Charakter.)*

Wachtraum: Im Nebel

Ich stellte mir vor, wie es sein wird, Montag früh bei beginnendem Sonnenaufgang mein Zimmer zu verlassen. In Gedanken ging ich den Weg durch das Haus bis nach draußen und lief den Weg weiter, der in den Wald führte. Ich kam in ein unbekanntes Gebiet. *(Ab hier ist es nicht mehr Vorstellung, sondern ein Traum, wie bei den anderen Wachträumen auch.)* Bin auf dem Waldweg, mache einen Dauerlauf und tauche ein in eine Masse, in der ich auch sonst immer drin bin, die jetzt aber deutlicher wahrnehmbar für mich ist. Ich bin mittendrin in dieser Masse und alles andere – der Wald, der Boden – auch. Diese Masse ist überall – es ist ..., was ist das? ... Energie, das Feinstoffliche ... Die Masse ist wie durchsichtiger Nebel *(nicht so feucht wie Nebel, wie heiße flirrende oder flimmernde Luft, aber nicht heiß)*. Alles ist in dieser Masse enthalten, incl. meines Körpers. Was ich sonst als Luft wahrnahm, als leeren Raum, ist jetzt voll ... dieser leere Raum ist ganz voll ... die Leere ist voller Fülle. Voller Fülle und gleichzeitig doch *(für das normale Auge)* leer. Je nachdem, was man wahrnimmt. Beim Atmen geht diese Masse in mich hinein. Dann wird das Energie sein, Lebensenergie. Die Masse verändert sich zu einem dichter werdenden Nebel – als ob ich in einer Nebelwelt bin und all das einatme. Ganz dichter, undurchsichtiger Nebel jetzt. Ich stehe allein mitten im Nebel, die Bäume sind nicht mehr zu sehen und der Boden auch kaum noch. Der Nebel ist jetzt kühl und feucht. Ich bin stehen geblieben, weil ich nicht mehr weiß, wo ich lang laufen soll – ich sehe nur noch dichtesten Nebel (*so dicht, dass ich die Hand vor meinen Augen nicht mehr sehen kann)*. Ich gehe doch langsam *(und hochgradig aufmerksam, wie blind und schon ein wenig ängstlich)* weiter, halte mich zur Orientierung an die kleinen Steinchen auf dem Weg, die ich unter den Füßen spüren, aber nun nicht mehr sehen kann. Jetzt komme ich scheinbar an den linken Wegesrand, denn unter meinem rechten Fuß fühle ich noch immer die Steinchen, während ich unter meinem linken Fuß den weichen Waldboden fühle. Ein äußerst beklemmendes Gefühl kraucht in mir hoch – wie soll ich wohl wieder zurückfinden in diesem Nebel? PANIK kommt auf. Ich erinnere mich an meinen Beobachterposten und bin im gleichen Moment da oben. Die beklemmende Angst fällt sofort von mir ab. Ich stelle sehr erleichtert fest: Ich liege in meinem Bett. Gott sei Dank. Ich hatte ganz vergessen, wo ich wirklich bin.

(01/2010: Im Nachhinein könnte man sagen, dass dieser Traum z. T. eine Vorausschau war auf den Montagmorgen, wo ich das Zimmer verlassen und die Dunkeltherapie beendet hatte. Diese durchsichtige Masse hatte ich am Montag so wahrgenommen wie im Traum bereits anfangs erlebt, bis daraus dann der dichte Nebel wurde.)

Als ich die Augen öffne, kommt aus dem geöffneten Badfenster ein sehr schwacher Schimmer von Morgendämmerungslicht. Ich gehe ins Bad, um das Fenster zu schließen. Beim Zurückgehen sehe ich wieder rechts neben der Badtür eine Treppe. Die hat was Gespenstisches, obgleich ich genau weiß, dass da überhaupt keine Treppe, sondern der Flur ist. Ich kann sie aber klar und ganz deutlich sehen. Die Dunkelheit hat etwas Unheimliches bekommen. Als ob die Treppe in die Tiefe geht. Mein Herz klopft laut und schnell, Angst kraucht in mir hoch. Ich verkrieche mich wieder im Bett und wünsche mir irgendwelche Bilder, die ich angucken kann, damit ich von dieser unheimlichen Dunkelheit abgelenkt werde. Ich erinnere mich, dass diese Dunkelheit in der Kindheit für mich genauso unheimlich war und mir immer Angst gemacht hat. *(Auch damals bin ich in „schöne" Vorstellungen geflüchtet, um die Angst nicht zu fühlen. Meine Eltern hatten mir diesen Rat gegeben und ich konnte den ganz gut umsetzen.)* Die Angst lässt mich innerlich wieder auf den Beobachterposten gehen (zum Glück habe ich den!) Ich „sehe“: Ich liege im Bett und es ist einfach dunkel. Dunkle Gegenwart. Mehr ist *jetzt* nicht. Punkt. Im gleichen Augenblick spüre ich, wie mein Herz wieder ruhiger schlägt.

Es ist erleichternd festzustellen, dass ich die Dunkelheit bewertet habe in „unheimlich und gespenstisch“ und mich dann darauf eingelassen hatte, was zu meiner Angst führte. Die Erlebnisse vorher – der Traum mit der Frau, wo ich den Lichtschalter nicht anschalten konnte und Angst hatte, ein Schreckgespenst zu sehen; die toten Vögel im Museum; die eklige Masse, in die ich reinfasste; der Drachen-Krokodilkopf von vorhin und das Gespräch mit Holger über Initiation und darüber, dass ich jetzt in einer neuen oder anderen Phase bin und nun irgendwas Neues losgeht – all das macht die Angst. Ist aber auch nur ein selbstkreiertes Gedankenkonstrukt, nichts weiter, nur eine Blase …, eine Seifenblase *(Angstblase)*, die zerplatzt, wenn man sie anpiekt.

(Stecke ich jedoch weiter Energie in die Blase, indem ich den Gedanken und Vorstellungen weiterhin Aufmerksamkeit gebe, würde die Angstblase – auf die Art gut genährt – größer werden und damit auch das Gefühl der Angst und die damit verbundenen Körperreaktionen, wie Herzklopfen, -rasen, kalte nasse Hände, zugeschnürter Hals, Bauchkrämpfe, Kloßgefühl im Hals und Magen.)

10. Tag – Initiationsreise

Ich höre gerade die Vögelchen zwitschern, also ist es vielleicht 4:00 Uhr oder 4:30 Uhr. Ich versuche weiter mir klar zu werden, wie meine Angst entstehen konnte:

Als Erstes sind Gedanken da, durch die die Aufmerksamkeit aus der Gegenwart, dem Jetzt, der Wirklichkeit, weggezogen wird. Die Gedanken sind mit (einer) Vorstellung(en) verbunden. Indem sich die Aufmerksamkeit auf diese Gedanken(-blasen) und Vorstellung(en) konzentriert, wird das Gefühl der Angst ausgelöst, die körperlich zu fühlen ist. *Ändert sich der Fokus der Aufmerksamkeit, z. B. wieder auf die Gegenwart, verschwindet die Angst.* Wahrscheinlich ist das auch so mit all den anderen Gefühlen.

Mein Herz schlägt mittlerweile wieder ganz ruhig und die Dunkelheit ist einfach nur dunkel. Ich bedauere gerade zutiefst, dass ich am Montag schon wieder losfahren muss. Ich würde gern die sieben Wochen voll machen. Es ist jetzt Freitag in der Frühe, und ich habe nur noch den Freitag, Samstag und Sonntag.

Ich fühle mich gerade sehr erleichtert, den Mechanismus der Angstentstehung und -auflösung so deutlich gesehen zu haben. Es ist nicht so, dass ich das vorher nicht wusste, dass Gedanken und Vorstellungen Gefühle auslösen, aber das war mehr theoretisches Wissen. Jetzt ist es für mich erlebtes und angeschautes Wissen. Ich konnte früher nie meine Angst entstehen sehen, sie war immer ganz schnell da, ohne dass mir der Entstehungsmechanismus bewusst geworden wäre. Dadurch war ich ihr in gewissem Maße ausgeliefert. Gerade konnte ich den ganzen Mechanismus direkt vor meinen Augen sehen, erkennen, entlarven und als Seifenblase zerspringen lassen – bff. Darin ist jetzt eine andere Klarheit. Hoffentlich vergesse ich das nie!

Erfahrung: Die Dunkelheit ist tief und weit
Die Dunkelheit bekommt etwas Tiefes jetzt … wo man reinfallen kann … eine richtige Tiiieeeefe. Der Eindruck und das Gefühl der Tiefe lässt wieder in mir das Gefühl der Unheimlichkeit entstehen … ich fühle es in meiner Magengrube … vom Beobachter aus sehe ich eine in die Tiefe gehende Dunkelheit … ich erinnere mich wieder an meine Kindheit. Ich hatte abends vor dem Einschlafen oft Fallträume, wo ich mit hoher Geschwindigkeit in die bodenlose tiefe Dunkelheit fiel … und fiel …, bis ich weinte und mich im Bett hinsetzte, um dieses schreckliche Gefühl des Fallens loszuwerden. Das Schlimmste war für mich da-

mals, dass ich nicht wusste, wie ich das Fallen verhindern konnte. Es machte mir große Angst.

Bilder/Erkenntnisse über Kommunikation und Konflikte

Ich sehe ein Dreieck vor mir: oberster Punkt 1 ist der Beobachter, darunter Punkt 2 der Verstand (Gedanken und Vorstellungen) und, auf der Spitze stehend, Punkt 3 – der Körper. Zwei Personen mit ihrem jeweiligen Dreieck sind bei einer „hitzigen" Unterhaltung. Von jedem Dreieck wird Energie zu der anderen Person ausgesendet, sieht wie ein Energieball aus. Der Ball ist das ausgesendete Gefühl. Der andere antwortet unmittelbar darauf. Ich sehe, dass Punkt 2 und 3 in den Dreiecken fast gleichzeitig aufleuchten. Es geschieht blitzschnell, dass die Gefühle anspringen und ich sehe, wie eng das vernetzt ist zwischen den Gedanken, Gefühlen und dem Körper. Die sich bedroht fühlende Person reagiert auf den ankommenden Gefühls-Energieball, nicht auf das, was gesagt wurde (Gedanken, Sachverhalt), und „schießt" sofort Energie zurück, vergleichbar mit einem Ball, der beim Auftreffen auf ein Hindernis unmittelbar zurückspringt. Das läuft alles auf der unteren Ebene zwischen Punkt 2 und 3 ab, Punkt 1 (Beobachter) ist dabei außen vor, wie unbeteiligt – sein Lämpchen leuchtet nicht auf.

Das Einbringen der jeweils eigenen Gefühle in einen Sachverhalt verändert diesen zu einem „gefühlsbeladenen neuen Sachverhalt". Die eingebrachten Gefühle ändern die Bedeutung und damit die Richtung des Geschehens in einem Gespräch und damit auch dessen Ergebnis. Das kann so weit gehen, dass am Ende über „etwas" gestritten wird, was mit dem ursprünglichen Fakt an sich nichts mehr zu tun hat. Es entsteht durch die eingebrachten Gefühle sofort ein neues Gedanken- und Gefühlsnetz, in welchem sich die Parteien verfangen und schwer wieder rauskommen – der Überblick geht jedenfalls verloren.

Wenn ich mir vorstelle, es würde einem der beiden, z. B. Person A, gelingen, innerlich auf ihrem Beobachterposten zu bleiben (oder dorthin zu gehen) und alles, was vom anderen aus auf sie zukommt, von dort aus zu betrachten und zu beantworten, dann würde das Gespräch anders ablaufen. Auf dem Beobachterposten würde Person A sich nicht in ihren eigenen Gedanken und Gefühlen verstricken und könnte ruhig, sachlich, gelassen und neutral bleiben, auch wenn der andere „hitzig" wäre. Durch die eigene Ruhe würde dem ankommenden Energieball „der Wind aus den Segeln" genommen und der andere könnte auch ruhiger und friedlicher werden – die Situation würde nicht mehr eskalieren. Umgekehrt jedoch, wenn es Person A nicht gelingt, gelassen zu bleiben, dann würde sie dem ankommenden Energieball die eigenen Gefühle noch hinzugeben, was die Energie im Ball noch weiter erhöht – der „Wind" nimmt zu, das Gespräch heizt sich auf.

Mit anderen Worten: Der Gefühls-Energieball, der theoretisch zur Ruhe kommen könnte, wenn Person A ruhig, neutral und bei klarem Verstand bleiben könnte, bekommt durch deren hinzugegebenen Gefühle wieder einen neuen Anstoß (neue Energie wird über die Gefühle zugeführt), wodurch der Prozess ständig in Bewegung bleibt, mal mehr oder weniger energiegeladen – mit all dem daraus resultierenden Leid. Wir Menschen schaffen uns unser Leid selbst und schimpfen hinterher darüber, wie schlecht doch die Welt ist, ohne uns selbst als Verursacher zu erkennen. Ein „blödes" Spiel.

(03/2010: Gedanken über Authentizität: Authentisch sein heißt für mich: Kopf/Zunge, Herz und Bauch sprechen die gleiche Sprache. Inwieweit eine Person authentisch ist, zeigt sich auch an ihrer Körpersprache und daran, ob ihr Handeln mit dem übereinstimmt, was sie sagt und ankündigt.)

Schauen: Netz um den Erdball

Ich schaue ganz viele Dreiecke von all den vielen Menschen, es sieht aus wie ein Netz, das sich über den Erdball zieht. Ich sehe die Erde in einiger Entfernung vor mir, umgeben von dem

„Dreiecksnetz“. Alle Dreiecke sind miteinander verbunden über die Energien, die von Dreieck zu Dreieck hin und her fließen. Es blinkert und leuchtet mal hier, mal da auf. Alles, was von einem Dreieck ausgesendet wird, hat eine unmittelbare Wirkung auf die anderen Dreiecke. Alle Menschen (bzw. Wesen) sind dadurch wie an unsichtbaren Fäden miteinander vernetzt. Die Energien fließen hin und her und hinterlassen bei den Menschen (Wesen) eine Wirkung, die ihrerseits neue Energieimpulse in das Netz geben. Sieht aus wie EIN Supergehirn, in dem Informationen hin und her fließen – beeindruckend!

Erkenntnis: Der Körper ist eine Hülle für die Seele
Wenn ich mir das Dreiecksnetz noch einmal genauer betrachte, dann ist das ein riesiges Netz in einer gigantischen Ausdehnung, die schwer fassbar ist; dieses Netz ist überall! Mir wird deutlicher klar, dass der Körper eine Art Ausführungsorgan ist, wie ein ..., wie kann ich das sagen? Holger sagt „Schiff“... Wie ein bewegliches Haus, in das ich einziehe und dann Erfahrungen sammle darin. Jetzt habe ich ein besseres Wort: Der Körper ist wie eine Hülle. Die Seele zieht in diese Hülle ein, um Erfahrungen mit und innerhalb dieser Hülle zu sammeln, die für das Seelenwachstum wichtig sind. Sie ermöglicht der Seele auch das Handeln in der materiellen Welt. Wenn ich jetzt auf den Tod schaue, dann sehe ich, dass diese Hülle beim Tod praktisch nur wieder abgelegt wird und die Seele wieder aus dieser Hülle auszieht.

Und dann? Was bin ich dann von meinem Dreieck?

Wenn Punkt 3 (Körper) wegfällt, dann bin ich von meinem Dreieck noch Gedanken und Gefühle (Pkt. 2). Und der Beobachter ist ja auch noch da – ja, was ist das denn nun genau? Wenn ich mich jetzt als Zweiheit (1. Beobachter + 2. Gedanken und Gefühle) herumschweben sehe, in welcher Dimension auch immer, dann gibt es – ohne die Körperhülle – so betrachtet tatsächlich keinen Tod. Und ich kann mir ja jederzeit eine neue Hülle „nehmen“ – oder?

Also, ich kann jetzt nicht sagen, dass meine Angst vor dem Tod weg ist, aber sie hat sich doch irgendwie verändert. Sie hat an Schrecken verloren.

(12/2004: Der Beobachter nimmt wahr, was ist und lässt sein, wie es ist, ohne zu werten – er durchschaut das Spiel der Illusionen. Reine Wahrnehmungsenergie – bleibt das nach dem Tod? Der Beobachter ist nicht der Körper, aber er ist doch auch mit dem Körper verbunden bzw. hat eine Wirkung auf ihn, denn wenn ich mich innerlich auf den Beobachterposten begebe, dann beruhigen sich die Emotionen und damit die Körperreaktionen sofort.)

Eigentlich ist es ganz einfach. Wenn es gelingt, in der Realität, im Hier und Jetzt, zu bleiben, dann gibt es nicht wirklich ein Problem. Probleme entstehen oft aus der Bewertung der Wirklichkeit und der daraus entstehenden Gedanken und Gefühle, die wiederum in das, was ist, hineinprojiziert werden. Mit der so veränderten Realität sind wir konfrontiert und tun uns schwer damit, obwohl wir selbst sie gestaltet haben. So schaffen und „kämpfen" wir gleichzeitig gegen unsere selbst produzierten Illusionen, ziehen wir selbst – wie eine Spinne – die Fäden vom Netz, verfangen uns darin und arbeiten *(unbewusst)* daran, das Netz auch noch richtig fest zuzuziehen. Und dann ersticken wir fast in dieser Enge und wundern uns, warum es uns so schlecht geht, sehen aber nicht, dass wir überhaupt in einem Netz sind und dass wir das alles auch noch selbst erschaffen haben.

Holger war gerade da, hat mir Tee und Saft gebracht und stellte einen Satz vom Dalai Lama in den Raum: „Die Erleuchteten sind weise, aber sie wissen nichts."

Sexualtrieb – eine Folge der Gedanken/Wünsche

Fast wie zur „Abwechslung" mal wieder sexuelle Erregung. Ich gehe auf den Beobachterposten, schaue von hier oben auf den Körper und erkenne: Da ist der Körper und der – für sich allein – erregt sich überhaupt nicht. Der ist einfach nur Körper und schaut wie eine leere Hülle aus. Es sind also die Gedanken und

Wünsche, die die sexuellen Gefühle auslösen und der Körper reagiert „nur“ darauf.

(12/2009: Wie ist das mit den Tieren? Haben die auch Gedanken, Vorstellungen und Wünsche? Oder wird der Sexualtrieb noch durch eine andere Kraft gesteuert, durch das Leben selbst?)

Nach wie vor sehe ich rechts, wenn ich aus dem Bad komme, eine in die Tiefe, nach unten führende Treppe – die in Wirklichkeit nicht da ist. Aber das muss ich mir ständig bewusst sagen, denn der Eindruck, dass die Treppe da ist, ist sehr stark, sie sieht einfach total real aus. So real, dass ich es nicht mal prüfen möchte, indem ich dorthin gehe. Ich will die Treppe nicht hinuntergehen, trotz des Wissens, dass sie nicht da ist. Meine Angst hindert mich. Hört sich jetzt merkwürdig an – aber es ist so.

(03/2006: Aus heutiger Sicht würde ich sagen, ich hatte (und habe!) eine ganz tief liegende Angst, dass sich die Treppe doch als real herausstellen, ich sie tatsächlich runtersteigen könnte. Das hätte komplett mein Weltbild auf den Kopf gestellt und riesige Angst ausgelöst, weil ich mich dann nicht mehr auf meine Wahrnehmung und mein Wissen verlassen könnte. Ich wüsste nicht mehr, was wirklich meine Wirklichkeit ist, hätte keinerlei Orientierung und damit Halt mehr. Indem ich das nicht überprüfte, konnte ich mein Weltbild aufrechterhalten und mir sagen: „Die Treppe ist ja nicht real, hier wird dir nur was vorgegaukelt.“)

Die Träume, die ich habe, sind wie mit Inhalt gefüllte Blasen, die kurz vorbeiziehen, mir etwas zeigen und dann in den Weiten des Gedankenweltraums verschwinden.

[03/2004: Die Gedankenwelt ist wie ein Kosmos, groß, weit, tief, unendlich – ähnlich dem Weltraum. Die wenigsten Gedanken werden bewusst wahrgenommen, denn es ist eine wahre Flut, gleich der Sternenanzahl. Die meisten ziehen am normalen Alltagsbewusstsein als Information vorüber, ohne dass sie von diesen beachtet werden. Das Unterbewusstsein reagiert jedoch darauf, was wiederum Auswirkungen auf die biochemischen Abläufe im Körper hat – es kann also zu Körperreaktionen kommen, die „schein-

bar" unerklärlich sind, weil sie vom normalen Tagesbewusstsein (auf einer bestimmten Entwicklungsstufe) nicht nachvollzogen werden können.]

Film: Skelett

Ich sah ein echtes menschliches Skelett. Es begann so, dass ich die Wirbelsäule von hinten zu sehen bekam, abschnittsweise, farblich wie ein Schwarz-Weiß-Film, als ob die Kamera das Skelett ganz langsam aus der Nähe abfährt, um alle Details einmal genau und groß zu erfassen. Dann zeigten sich die Hüfte, die Beine, zuletzt der Kopf. Danach drehte das Skelett sich um und zeigte sich auch noch von vorn. Ich dachte: „Ah, jetzt wird es endlich mal medizinisch, jetzt kriege ich was gelehrt", und Freude durchzog meinen Brustraum. Es kamen mir aber auch Gedanken an den Tod: „Der sieht ja aus wie ein Toter!"

(03/2004: Leider verschwand das Skelett, nachdem jede Stelle einmal gezeigt worden ist, ohne dass sich mein Wunsch nach einer Unterrichtsstunde erfüllte. Oder ich bekam ganz viel gelehrt, habe es jedoch nicht verstanden.)

[03/2010: Es war mein eigenes Skelett, was ich zu sehen bekam. Und es war der Wunsch nach einer Unterrichtsstunde (Haben-Wollen!), mit dem ich mir die Lektion verbaute. Wäre mir das damals bewusst gewesen, hätte ich die Aufmerksamkeit auf verschiedene Stellen lenken und mir alles anschauen können – dann hätte ich eine „Unterrichtsstunde" über meinen eigenen Körper gehabt.]

Während ich zur Toilette gehe, habe ich das Gefühl, in eine dunkle Tiefe zu gehen. Bei einem größeren Raum ließe sich das viel intensiver auskosten, da es in diesem begrenzten Raum sofort weg ist, wenn ich gegen die Wand stoße. Irre interessant.

Ich fühle gerade eine ganz tiefe Liebe und Dankbarkeit zu meinen Eltern *(03/2004: Während ich das abhöre, schreit es laut in mir. Ablehnung/Abwehr steigt in mir auf, so als ob diejenige, die das da sagt, lügt)*. In Gedanken verbeuge ich mich vor ihnen *(oh Gott! Hör auf zu spinnen!)* und in mir ist überhaupt nichts mehr an Groll oder

„Was haben die mir angetan“ oder „Verdammt noch mal, sehen die mich nicht?“ Kein Ärger mehr *(also das klingt ehrlich)*. Ein richtiger tiefer Frieden zu meinen Eltern *(dürfte mehr eine Wunschvorstellung sein oder der Anfang von dem, was ich da sage. Ich glaube, da machte ich mir was vor)*.

(10/2004: Ja, ich hatte mir was vorgemacht. Habe zwischenzeitlich noch viele und tiefe Prozesse durchgemacht, v. a. mein Mutterthema ist gerade sehr aktuell und wieder und wieder erkenne ich, wie schwer es ist, die Mutter zu lassen wie sie ist, sie zu nehmen und zu achten wie sie ist, ohne sie sich anders zu wünschen).

Es ist eine ganz bestimmte Trägheit und Faulheit, die Körper und Geist in der Dunkelheit befällt. Ich liege einfach nur da, starre mit offenen Augen durch die geschlossenen Augenlider ins Dunkel und wundere mich immer noch darüber, wie das geht. Es gibt aber noch den Teil in mir, der sagt: „Los, beweg deinen Körper, sonst wird der ja immer schlapper, der braucht auch Bewegung. So schnell kommst du nicht wieder dazu, Tai Chi im Dunkeln zu üben.“ Aber es fällt mir total schwer, mich dazu aufzuraffen. „Aufstehen?!“ Um Gottes Willen! Ist ja Arbeit!“ Jegliche Bewegung strengt mich total an. Ja, es scheint, als ruhe ich mich total aus vom sonstigen Aktiv-Sein im Leben. Als lebe ich jetzt gerade genau die andere Seite, nämlich die TOTALE INAKTIVITÄT. Und das 24 Stunden am Tag.

Tai Chi in Zeitlupe

Habe mich doch zum Tai Chi aufgerafft und die Übung so langsam wie noch nie in meinem Leben gemacht. Ich bewegte mich in Zeitlupe, dabei vollkommen auf mich selbst, auf mein Inneres, auf das untere Dantian, auf die Hüfte konzentriert. Da ist ein ständiges Kreisen der Hüfte. Aus der Hüfte kommt jede Bewegung. Ich bekomme mehr inneres Verständnis für die Bewegungen. Es war gerade eine besondere Erfahrung, das zu fühlen und nun bedauere ich wieder, dass ich so wenig geübt habe. Die

Dunkelheit ist wirklich ein guter Lehrmeister! Ich weiß jetzt, warum die alten Meister ihre Schüler mit verbundenen Augen haben trainieren lassen. Da wird etwas trainiert, was nicht auf die fünf Sinne begrenzt ist – das Fühlen des eigenen Körpers, das Fühlen außerhalb des Körpers, das Sehen ohne Augen, das Fühlen ohne Hände, das Hören ohne Ohren, Verstehen ohne Denken, das Zusammenspiel von Körper und Geist. Ohne diese Übungen ist die Aufmerksamkeit immer mehr auf das Außen konzentriert und es fällt schwer, die inneren Zusammenhänge zu erkennen. *(03/2004: Meine Stimme hört sich auf der Kassette total ruhig an, ich spreche ganz langsam, auch wie in Zeitlupe).*

Ein nicht zentrierter Geist lenkt den Körper anders als ein zentrierter Geist. *(05/2011: Das wirkt sich auch auf alle biochemischen Abläufe, die Hormone, die gesamte Funktionalität im Körper aus.)* Ist der Geist vollkommen zentriert, dann folgt der Körper unmittelbar der Vorstellung, ohne dass der Umweg über das Denken genommen wird. Dieses Verstehen hat nichts mit dem Kopf zu tun, sondern es ist ein inneres Verstehen, das Innere jeder einzelnen Bewegung erspürend … erfühlend … erfassend … wahrnehmend.

Meiner Erfahrung nach geht das am besten in der Dunkelheit oder in absoluter Einsamkeit, wo äußere Reize fehlen. Sonst ist sofort unser Denken wieder da und lenkt vom Inneren ab. Die Gedanken ziehen die Aufmerksamkeit förmlich vom Inneren und aus dem JETZT weg.

Gespräch mit Holger

Ich erzähle Holger von meinem Gefühl der Tiefe. Er meint: „Schließlich wird der Raum irgendwann zum Universum, ringsum Milliarden von Kilometern von Nichts. Da kannst du dir noch so sehr sagen, du bist hier in deinem Zimmer drin, alles spricht dagegen.“

S.: „Ja, kenne ich mit der Treppe. Immer wenn ich aus dem Bad komme, sehe ich rechts die nach unten führende Treppe, obwohl da keine ist und ich das genau weiß. Aber sie ist so real zu sehen, dass es unmöglich ist zu sagen, sie sei nicht da."

H.: „Hattest Angst, du fällst runter."

S.: „Nein, ich hatte Angst vor dem, was da unten ist – es kommt so kalt von der Treppe hoch und es sieht aus, als führt sie zu einem Keller. Gestern Abend war es ganz schlimm. Da habe ich einen Bogen gemacht um die Treppe und bin voll gegen die geöffnete Badtür gestoßen, weil ich nicht in die Nähe der Treppe kommen wollte. Da unten ist es kalt, dunkel und unheimlich, typischer Kellergeruch. Aber heute habe ich mir gesagt: ‚Nein, da ist keine Treppe' und habe mich gewagt, mal 3 m in Richtung Treppe zu laufen, jeden Schritt prüfend, ob ich tatsächlich Boden unter den Füßen habe. Und da war tatsächlich auch der Flur, was mich sehr erleichtert hat."

H.: „Das sind alles jetzt Vorstufen, bis der Raum sich entkonditioniert. Die Konditionierung des dreidimensionalen Raumes löst sich dann auf. Das gleiche passiert mit der Zeit – man weiß überhaupt nicht, wie viel Uhr ist. Man findet dann auch einen eigenen Schlafrhythmus, manche schlafen tagsüber länger oder kürzer. Es entsteht dann der normale Schlafrhythmus, wo du jede Stunde ein bisschen schläfst – so will es der Körper. Immer wenn er zu erschöpft ist, will er sich hinlegen und schlafen. Das passiert dann und dadurch sind die Leute immer quicklebendig. Im normalen Alltag haben wir einen künstlichen Schlafrhythmus – du gehst arbeiten, dann schläfst du acht Stunden. Wir schlafen lange und sind dann wieder lange wach. Dadurch haben wir immer Ermattungskrisen. Also Raum, Zeit, Schlafrhythmus, das verändert sich alles, werden entkonditioniert.

Analyse: Wachträume Betonröhren, Ameisen, Kaffeetasse, Cassy mit Ameisen
Wir sprechen meine Wachträume durch. Zu den Betonröhren fällt uns zunächst nichts ein, deshalb machen wir sofort mit den **Ameisen** weiter.

H.: „Das ist immer der Hinweis auf Unruhe, d. h. es sind noch seelische Probleme da. Bei den meisten Leuten kommen dann Kleintiere aller Art, meist Ameisen."

S.: „Ja, kenne ich auch von Patienten, die wegen innerer Unruhe kommen. Sie haben das Gefühl von Ameisenlaufen, z. B. auf dem Kopf, der Haut oder den Beiden. Ist das dahintersteckende seelische Problem gelöst, geht die innere Unruhe weg. Als nächstes sah ich eine **Kaffeetasse** auf dem Tisch. Obendrauf war eine ganz dicke Schicht Sahne und auf dieser krabbelte diagonal durch die Tasse ein ganz kleiner schwarzer Käfer. Er war ca. 2 bis 3 mm lang."

H.: „Da ist wieder das Käfersymptom. Betonröhren, Ameisen, Kaffeetasse, innere Unruhe, diese Kleintiere, Ameisen, Hund mit Ameisen, Schamane … Warten wir mal ab, vielleicht bekommen wir einen Gesamtzusammenhang."

Analyse: „Mann als Schamane verkleidet" und „Stadion"

H.: „Das bedeutet ein Initiationsritual, warten wir auch noch mal ab."

S.: „Dann stand ich in der obersten Reihe in einem Stadion und schaue über das große weite Stadion nach unten in die Tiefe. Es ist leer und von der Form her oval-rund. Diese Tiefe war sehr beeindruckend."

H.: „Mein Gefühl ist, dass wir das nicht deuten sollten mit dem Stadion. Da muss man immer aufpassen, wenn bestimmte Phasen kommen, nichts mehr zu deuten, sondern es so zu lassen. Du hast das Gefühl von Weite und Tiefe und das ist alles. Es scheint mir jetzt in andere Bereiche zu gehen."

Analyse: Naturkundemuseum

H.: „Die Vögel waren in Vitrinen?"

S.: „Ja. Als ich die Flügelbewegung bei dem einen Vogel gesehen habe, bekam ich einen Schrecken und dachte: ‚OH GOTT!!! Haben die etwa alle Vögel lebend da angenagelt?'"

H.: „Du bist dieser noch lebende Vogel, da können wir auf eine Deutung hingehen. Aber da kann man unheimlich viel reindeuten. Da sträubt sich was in mir, ich möchte das jetzt nicht deuten."

Analyse: Bunker, Frau mit Kind

S.: „O.k., mit dem Bunker geht es weiter."

H.: „Bunker, mit Rundungen?"

S.: „Ja." *(Das Tor, durch das ich ging, hatte oben eine Rundung.)*

H.: „Die Rundungen bedeuten immer den Zugang zum Seelenbereich. Dreimal haben wir das jetzt. Du wiederholst das, weil dir das wichtig ist. Du willst oder hast erreicht den Zugang zum Seelenreich. Am Anfang sind es nur einfach Betonringe, aber dann wird es konkreter – Weite und Tiefe im Stadion, jetzt wird es noch konkreter. Ich weiß nicht, bist du jetzt außerhalb des Seelenbereiches oder bist du schon drin? Du warst drin und jetzt kommst du raus?"

S.: „Ja, ich konnte durch das geöffnete Tor ins Freie gehen. Das hatte was von: Ich habe es geschafft, ich darf jetzt raus."

H.: „Es scheint, als ob du jetzt rausgehst aus dem Seelenreich oder rein. Auf jeden Fall haben wir eine Motivwiederholung; es geht um den Übergang von einer Welt in die andere. […] Du siehst das Kind zwar von außen, aber es ist auch deine eigene innere Erfahrung: Du machst die Erfahrung des strahlenden Kindes."

S.: „Es hatte so ein strahlendes Lächeln."

H.: „Wie nennt man so was, das Erhabene oder das Schöne?"

S.: „Ja, schön, es war einfach schön. Ich habe so einen Gesichtsausdruck noch nie gesehen. Ich war davon verzaubert. Das hatte was Großartiges."

H.: „Die Psyche arbeitet so: Die sagt nicht, ich bin dieses Kind und bin strahlend usw., sondern die projiziert das nach außen und dann erscheint dir ein Kind. Also, das ist an sich ein schönes Bild. Dein rationales Ego hat das gewissermaßen abgelehnt, obwohl das Kind was von dir wollte, dann geht es zu deinem tiefen Ich, also zu deiner Seele, da wird es akzeptiert und du erkennst sofort: Es ist ein schönes Kind, die Schönheit selbst. Du bist die Schönheit selbst, so muss man das sicherlich sagen. Verstehst du wie ich meine? Das ist schon toll. All die Bilder, wenn man jetzt so ein bisschen den Überblick versteht, abgesehen von den Ameisen, die ein bisschen Unruhe anzeigen, signalisieren, wenn man es in einem Satz fassen will: ‚Ich stehe vor dem Umbruch, ich bin dabei, in das Seelenreich zu gehen, durch die Röhren, durch das Stadion usw., da ist eine Initiation – die Schamanen –, ich erlebe eine Initiation, indem ich in die andere Welt gehe, durch das Loch … und da erfahre ich die Schönheit.‘ Das wiederholt sich jetzt immer wieder in neuen Bildern. Du bist aber noch nicht ganz in der Erfahrung drin, sondern projizierst es noch in Bilder rein, statt es im Grunde selbst zu erleben."

An dieser Stelle unterbricht Holger das Gespräch und schlägt vor, dass ich nach der Dunkelheit doch einen Artikel über die Erlebnisse veröffentlichen könnte. Er meint, da ich es für mich sowieso aufschreibe, wäre es ja schon aufgeschrieben. Alles könnte schön dargestellt werden, „die Entwicklungszyklen in der Dunkelheit und [...] alle Details – gute wie schlechte – alle Auf und Abs […]. Wenn man das Ganze im Nachhinein analysiert, ist das für Psychologen schon interessant." Ich stimme zu und wir besprechen noch einiges, bezogen auf die Veröffentlichung, dann machen wir mit der Traumanalyse weiter.

Analyse: Wachtraum Drachenkopf

H.: „Der Drachenkopf warnt: Meine Liebe, du kommst jetzt in einen anderen Bereich. Die ganzen Erfahrungen oder Bilder drehen sich darum: Du bist dabei, in einen anderen Bereich zu gehen, initiiert zu werden oder du bist schon drin."

S.: „Macht mir Sinn – vor allem bezogen auf die nächste Erfahrung. Wenn das ein Wächter ist …"

H.: „Drachenkopf – hatten wir doch schon mal? Wie war das andere Bild?“

S.: „Ja, das war mit der Schwingtür. Da hatte ich aber noch eine Tür.“

H.: „Die Schwingtür ist das gleiche Prinzip.“

S.: „Diesmal habe ich keine Tür mehr, nur noch der Kopf.“

H.: „Ja, reicht ja. Und sonst haben wir diese Kreise statt Schwingtür, das wiederholt sich in anderer Gestalt. Du bist auf dem Weg zur Initiation – manchmal guckst du schon so ein bisschen rein …“

Analyse: Erlebnis „Koffer“

Ich erzähle Holger mein schreckliches Erlebnis mit dem ekligen Krabbeltier an meinem Koffer.

H.: „Wenn die Leute ins Jenseits kommen, tauchen alle möglichen Wächterfiguren und archetypischen Figuren auf, um die Ankommenden abzuwehren, denn so einfach kann man nicht in die Seelenwelt. Nur wirklich Berufene können da hin. Dafür gibt es diese ganzen archetypischen Abwehrfiguren. Dazu gehört auch der Drachenkopf, der zuerst kam, jetzt kommt diese weiche Masse. Das gehört genau in diese Linie. Je mehr man da ran kommt, je mehr sich die Tür öffnet oder das Loch, desto mehr Wächterfiguren der dramatischsten Art erscheinen.“

Ich gebe ein trockenes „Aha“ von mir. Was ich ihm nicht sage, ist, dass mir Haut und Haare zu Berge stehen. Die eklige Masse hat mir echt gereicht! Es ist alles so verdammt real …, ich habe doch wirklich in ein Tier reingefasst … Auf derlei Erfahrungen und die Panik verzichte ich liebend gern.

H.: „Nur die Berufenen und nur die wirklich initiiert sind kommen in die Seelenwelt. Viele tun nur so als ob sie initiiert sind oder sie sind es nur ein bisschen, die kommen nicht rüber. Das ist eine hermetische Kontrolle, das sind Kontrolleure, die Zöllner. Aber du wirst ja initiiert, das kann deine Initiation sein, du stehst noch am Anfang. Das strahlende Kind deutet an, dass du schon ein bisschen hinter die Zöllner gerutscht bist. Du schwankst so ein wenig hin und her."

Ich will nicht mehr zu den „Berufenen" gehören.

Analyse: Wachtraum „Holzhaus auf Pfählen"

Wir reden über das Haus, das weit oben auf dem Berg stand.

H.: „Wir hatten vorhin das zweigeteilte Bild, wo du oben das Haus und unten das Erdreich gesehen hattest. Das ist auch noch die Verbindung zu den ganzen Rundungen, auch der Einstieg in die Unterwelt, Einstieg in die Nachbardimension. Du hast die Oberwelt mit dem Haus gesehen und die Unterwelt, das Erdreich, und hattest Angst, da reinzugehen. Gehört auch zu diesen ganzen Initiationsdingen. Jetzt haben wir hier ein Haus – das ist das Haus des Ichs. Du stehst auf dem Berg und bist da oben vom Irdischen entfernt. Von links führt die Treppe hoch. Du hast eine tiefe Erfahrung und es ist ein schönes Haus. Ähnlich wie das Kind schön. Also hier gehst du schon in das Geistige oder zumindest das schöne Seelische hinein. Du bist schon jenseits der Initiationstür – die Tür wird sozusagen jetzt noch mal als Treppe dargestellt. […] Das schöne Haus steht nicht umsonst auf Pfählen, was ganz ungewöhnlich ist. Es ist ein göttliches Bild für deinen Erhabenheitszustand. Du bist schon initiiert. Du hast das schöne Kind, die Schönheit – das Kind steht ja oft für die andere Welt, für Einheit. Und hier wird es noch mal dargestellt auf Pfählen – dem Irdischen enthoben. Jetzt bist du schon ein bisschen drin. Merkst du, was da los ist?"

S.: „Ja. Es ist wie eine Reise."

H.: „Ja, das ist eine echte Reise – eine dolle Reise. Eine Initiationsreise. War das jetzt der letzte Traum?"

S.: „Nein, es kommt noch der Traum mit dem Nebel.

Analyse: Im Nebel

H.: „Das ist hochinteressant! Ich hatte gesagt, wenn man tatsächlich ins Totenreich kommt, weil man tot ist, dann kommst du in eine Nebelzone. Neblig, düster, regnerisch, windig. Das ist eine reale Zone, die gibt es. Das ist die erste Weise, wie sich der Urstoff oder das Plasma oder die Energie ausdrückt."

S.: „Wo du gerade Energie sagst, fällt mir ein, als es noch der durchsichtige Nebel war, fühlte ich, wie diese durchsichtige Masse beim Einatmen in meinen Körper hineinging. Ich überlegte, was diese Masse sein mag und dachte, das muss Energie sein, Lebensenergie. Ich fühlte, dass diese Energie den Körper belebt."

H.: „Ja und du hast das ja auch toll beschrieben – alles ist darin eingebunden und so ist das ja auch mit Bäumen usw. Alles ist sozusagen belebt. Man kann das real erfahren als eine Todeserfahrung, wenn man also stirbt und man kann es auch rein imaginativ-symbolisch erfahren. Das war hier bei dir der Fall. Du hattest keine Todeserfahrung, du warst noch nicht real tot, sondern das war sozusagen ein Echo der realen Nahtodeserfahrung. Das gehört auch zu dieser ganzen Welt von Initiation oder versuchten Initiation oder erreichten Initiation. Du bist jetzt schon jenseits deiner Pendeltür, die Drachen und Wächterfiguren sind überwunden und jetzt erfährst du das, was die andere Welt zusammenhält oder was sie ist und das ist dieser Feinstoff, der sich zunächst als Nebel darstellt. Das ist für jene, die davon nichts wissen, schwer oder gar nicht zu deuten. Also das war eine symbolische initiatische Todesreise, die die echte Todesreise, wo du wirklich tot bist, sozusagen widerspiegelt. Deswegen ist das ein sehr treffendes Bild für das Ganze und eine Bestätigung, dass wir uns wirklich in den Initiationsbereich begeben haben. Und was war dann?"

S.: „Die Erfahrung war dann zu Ende … Ich hatte mich dann auf den Beobachterposten gerettet, weil Panik in mir aufkam durch den dichten Nebel. Ich erlebte es ganz real, konnte mich nicht mehr orientieren, wusste nicht mehr, wo ich bin und wie ich zurückfinde in diesem dichten Nebel. Der hatte auch was Lebendiges *(wie ein Wesen)* und war mir unheimlich. Alles zusammen hatte die Panik in mir ausgelöst. Aber dann fiel mir ein: ‚Halt! Du hast ja deinen Beobachterposten!' Ich habe mich dann dorthin begeben und sofort wurde mir klar, dass ich im Bett war. Es war sehr erleichternd, das zu erkennen."

H.: „Das rundet die Initiationsreise ab. Das ist auch das höchste Bild meines Erachtens, da bist du am Tiefsten in der Nachbarwelt drin, die tiefgründigste Erfahrung. Diese Reise kannst du nur deuten, wenn du dich mit den Todes- und initiatischen Erlebnissen auskennst, du merkst ja, das ist nicht so ohne. Also eine sehr schöne Entwicklung, der Versuch hier ist einzusteigen in die Nachbarwelt. […] Nebelzone heißt immer, du hast deinen Körper verlassen und jetzt erfährst du die Energie – aber nicht irgendeine Energie, sondern die stellt sich als Teil eines Nebels dar, als Feuchtigkeit. Und der Nebel begleitet einen dann meistens zum Totenfluss. Das wäre die nächste Initiation."

Analyse: Skelett

H.: „Das ist ziemlich klar, das Skelett bist natürlich du. Man kann sagen, das ist eine kleine Initiation, eine kleine Todesreise im Taschenbuchformat. Du bist aber kein medizinisches Skelett. Du bist tot und stellst das als Skelett dar. Das machen übrigens sehr viele, sich als Skelett darstellen. Interessant, wie unser Bewusstsein das macht. Weil wir noch in der Bilderwelt sind, kann sich noch keine reine Transzendenz darstellen, stattdessen erhalten wir irdische Sinnbilder wie das Skelett. Das ist noch nicht die direkte Erfahrung."

Holger kam noch mal auf die Nachbardimension zu sprechen und wenn ich ihn richtig verstanden habe, meint er, dass es das ORIGINAL gibt, welches er Nachbardimension nennt. Von diesem würden sogenannte Echos oder Duplikate in die Seelendimension herunterstrahlen und von dieser wiederum in die materielle Welt. Also unsere materielle Welt sei nur ein Duplikat der Seelendimension, gewissermaßen ihr Echo.

H.: „Und dann gibt es noch ein Echo, indem wir uns was vorstellen, wenn wir im materiellen Körper sind. Aber das alles sind Echos, die alle mit den Daseinsprinzipien des Jenseits verbunden sind. Das sind sozusagen die echten Archetypen, Urformen, aus denen unsere materielle Welt gebaut ist in Gestalt von festen Stoffen. Das ist die große Erkenntnis dahinter. Die ganze Welt ist nicht unterschieden von der Seelenwelt, sondern nur geronnene Seelenwelt, gewissermaßen ein Echo, das in fester Form ist. Das ist das Geheimnis des Daseins. Man muss tief reingehen, um das zu verstehen."

S.: „Kannst du noch was zur echten Todeserfahrung sagen?"

H.: „Bei einer realen Nahtodeserfahrung stirbt definitiv der Körper weg, der Körper ist quasi am Ende, geht kaputt. Aber manchmal, wenn du Glück hast, kommst du halt doch noch zurück. Dann hast du diese Nahtoderfahrung und siehst, wie das Jenseits strukturiert ist. Es ist alles das gleiche, weil die Seelenwelt ja der Urstoff, das Plasma, dieser Nebel, ist, verstehst du?"

Ich deute ein „Hm" an, aber wenn ich ehrlich bin, ist es mir nicht ganz klar, verschweige es aber.

(03/2010: Statt klar zu sagen, dass ich gerade schwer folgen kann (RI & PE), verschweige ich es, um nicht als „dumm" dazustehen (AP).

Holger erklärt weiter, wenn der Urstoff gerinne, würde dieser unsere Welt oder mein Körper werden. Wenn wir die Seelenwelt verstehen, dann würden wir auch die Zusammenhänge der materiellen Welt verstehen. Lt. Holger müsste die heutige Wissenschaft bei ihren Forschungen diese Todeszone mit berücksichtigen, um zu einem Verständnis der materiellen Welt zu kommen. Würde das weiterhin nicht berücksichtigt, bliebe alles wie es ist: Was heute entdeckt wird, stelle sich später entweder als falsch heraus oder sei eine imaginäre Hypothese.

Ich fasse zusammen, was bei mir bisher von seinen Erklärungen ankam: „Das Selbst produziert ständig aus sich selbst heraus Spiegelbilder *(04/2004: Wie macht das Selbst das?)* und der Geist ist mittendrin im ‚Ich' und wir müssen durch dieses ‚Ich' durch., um uns als Geist zu erkennen. Habe ich das richtig verstanden?“

H.: „Ja. Normalerweise denkt man ja mechanisch und sagt: ‚Ich bin jetzt hier.‘ Oder: ‚Jetzt kommt hier jemand.‘ Das erscheint alles logisch, doch das ist falsch – das geht überhaupt gar nicht. Denn: Alles, was in der materiellen Welt ist, ist ein Spiegelbild der Seelenwelt. Die Seelenwelt ist ein Spiegelbild des Geistes. Also ist die materielle Welt nichts anderes als geronnener Geist, sprich geronnene Seele – wir haben ja Geist und Seele. Alles in der materiellen Welt ist nur geronnen, nur verfestigt zu Zeit, Raum und Kausalität. Also Zeit, Raum und Kausalität ist nichts anderes als das Seelische. Wenn es in der Welt Kriege oder Böses gibt, sind das Spiegelbilder der Seele. Der Krieg in unserer materiellen Welt ist geronnene seelische Feindschaft. Im Jenseits finden seelische Kriege statt. Man muss den Krieg ganz tief verstehen. Die Leute wollen immer, dass das Böse weggeht. Das Geistige enthält aber auch das Böse, ganz in subtiler und supersubtiler Form. Es gibt immer Krieg im Seelenland *(und damit auch in der Materie)*. Man muss den Krieg einfach anders sehen. Der Krieg in der Welt entsteht im Seelenreich, im Feinstofflichen. Es ist die normale Form des Daseins und da gibt es Kriege und auch gute Sachen.“

Holger ist wieder gegangen und damit ist der Freitag auch vorbei.

Ich war duschen und stelle gerade fest, dass der Weg zum Bad immer abenteuerlicher wird. Nachdem ich anfangs immer wusste, wo ich bin und wie ich von A nach B komme, fällt mir genau das jetzt immer schwerer. Ich bin immer mehr orientierungslos, sehe Balken, die mir im Weg stehen – ich ducke mich, um nicht anzustoßen oder will mich festhalten und greife ins Leere; sehe Fenster, die gar nicht da sind, weiß überhaupt nicht mehr, wo die Tür ist und nur der Tastbefund bringt mich immer wieder in die

Realität zurück. Ohne diesen würde ich in irgendwelchen sichtbaren Räumen umherirren und nie im Bad ankommen.

Selbst mit tasten fällt es mir schwer zu erkennen, wo ich mich befinde und wo es langgeht. Auch suche ich nach Worten, um das Ertastete überhaupt benennen zu können. Ich laufe gegen den Türpfosten, die Wände oder das Bett, was mir all die Tage vorher nicht einmal passierte. Habe mir heute eine große Beule am Kopf zugezogen, als ich mich an der Dachschräge stieß. Ich lief gerade darauf zu, weil ich dachte, dass dort die Tür sei (und damit keine Dachschräge). Die Tür war aber genau 180 ° hinter mir …

(03/2010: Hier scheint sich wieder meine Geburtssituation zu zeigen – falsche Richtung …, war mir damals überhaupt nicht klar.)

Ich bin zum ersten Mal froh darüber, dass die Räume so klein sind. Andernfalls wäre ich wohl ziemlich verloren und müsste mich schon eine Stunde vorher auf den Weg zur Toilette machen.

Während ich im Bett liege, sehe ich, wie schon in den Tagen zuvor, oberhalb von mir deutlich ein Fenster und es scheint Licht herein. Ich weiß aber ganz genau, dass da nur die Wandschräge und es im Raum dunkel ist.

Es ist schon normal geworden, dass ich das Fenster und den Lichtschein sehe, auch wenn ich die Augen geschlossen habe. Es macht keinen Unterschied mehr, ob ich die Augen auf oder zu habe, was ich sehe, ist immer gleich. Dieses Phänomen erschwert mir sehr das Einschlafen, weil ich einfach nicht mit „geöffneten“ Augen schlafen kann. Ich habe immer den Eindruck, aktiv zu sein, weil ich immer etwas „sehe“. Üblicherweise bin ich es gewohnt beim Einschlafen die Augen zu schließen und nichts mehr zu sehen, Ruhe zu haben von der Außenwelt, alles dunkel und fertig. Aber genau das ist jetzt nicht der Fall.

Wachtraum: Unfall
Ich habe einen Unfall und mein Körper ist fertig, dahin. Ich sehe mich über meinem Körper schwebend, wahrnehmend wie die Ärzte und umstehenden Personen sich um meinen Körper bemühen. Durch irgendein Ereignis werde ich mit einer Affengeschwindigkeit in den Körper zurückgezogen und bin wieder drin.

Wachtraum: Schwein
Der nächste Wachtraum schließt sich unmittelbar an: Ich habe ein kleines Schwein, ca. 10 bis 12 kg schwer und dementsprechend groß. Und weil ich am nächsten Tag zur Dunkeltherapie will, nehme ich es mit in mein Zimmer. Das Schwein legt sich sofort in mein Bett, kuschelt sich ins Kopfkissen, steht wieder auf und schmiert und schubbert mit seiner kleinen Rüsselscheibe an meinem Kopfkissen rum, bis alles richtig zurechtgerückt ist, legt sich dann wieder hin und schläft. Das Kissen sieht ganz beschmiert aus. Ich lege mich daneben (außerhalb des Bettes) und denke: „Gott sei Dank hast du dein Bett noch nicht neu bezogen, sondern machst das ja erst morgen." Mir fällt vor dem Einschlafen noch auf, dass ich es nicht so schlimm finde, dass das Schwein jetzt in meinem Bett schläft. Eigentlich sollte es umgedreht sein: Ich schlafe in meinem Bett und das Schwein da, wo ich jetzt bin. Am nächsten Morgen wache ich eher auf und wecke das Schwein. Ich weiß nicht mehr, warum ich das tat. Der Wecker zeigt auf 5:00 Uhr. Danach sollte sich das Schwein eigentlich wieder hinlegen. Ich glaube, ich habe das Schwein geweckt, damit es mal pullern geht *(ich bekomme einen Lachanfall, als ich das auf die Kassette spreche)*. Jedenfalls ist das Schwein jetzt putzmunter und läuft im Zimmer umher, springt ins Bett rein und wieder heraus und verbreitet eine ziemliche Unruhe. Ich versuche ständig, das Schwein wieder zur Ruhe zu bringen, damit es sich wieder hinlegt und schläft. Das gelingt aber nicht, es ist gar nicht mehr müde, sondern sehr unruhig. Ich bereue, dass ich es überhaupt geweckt habe. Es sieht so aus, als ob es immer noch

auf die Toilette, also Wasser lassen muss. Ich sehe jetzt nur das Hinterteil: Aus der Scheide kommt plötzlich ganz viel Schleim heraus, als ob es kurz vor einem Geburtsvorgang ist. Sehe ganz dick geschwollene Schamlippen und das Schwein presst so, wie Sauen pressen, wenn sie ferkeln. Allerdings liegen die Sauen gewöhnlich dabei, während dieses Ferkel steht und presst, es kommt aber nur Schleim. Es hat den Anschein, als ob jeden Moment etwas aus der Scheide rauskommt. An dem Punkt wurde mir bewusst, dass dies gerade ein Traum ist.

Mir kommen viele Erinnerungen hoch an meine Lehre und Facharbeiterzeit, wo ich mit viel Freude in der „Abferkelung" arbeitete. Während meiner Lehrzeit erwachte in mir der Wunsch, Tierärztin zu werden, was ich nach der Lehre auch sofort umsetzte.

Wachtraum: Schlagzeile in der Zeitung
Sehe eine Schlagzeile in der Zeitung: „Gefühlvoller Vater von vier Kindern hat Dunkeltherapie bestens überstanden." Die Zeilen sind fettgedruckt und groß.

Wachtraum: Hände vor dem Gesicht
Ich sehe mich mit den Händen vor dem Gesicht zusammengekauert und bin ganz traurig, weil ich Abschied nehmen muss.

Wachtraum: Mann ans Kreuz genagelt
Ein Mann hängt am Kreuz. Jesus? Keine Ahnung. Auf jeden Fall ein Mann mit langen Haaren.

Wachtraum: Mann oder Frau von hinten
Sehe einen Mann oder eine Frau von hinten, ganz allein, wie im Nebel stehen gelassen.

11. Tag – Die Seelenwelt

Draußen ist es sehr früh, denn es ist noch fast ganz dunkel, was ich bemerke, wenn ich mit geschlossenen Augen zum Bad gehe, um das Fenster zu schließen. Ich bin zu faul, mir dafür extra das Tuch um den Kopf zu binden. Am Tage allerdings benutze ich immer das Tuch, weil selbst durch die geschlossenen Augenlider die Helligkeit des Tageslichtes zu sehen ist. Ich mag absolut keine Helligkeit, reagiere ganz empfindlich darauf.

Gestern Abend merkte ich, nachdem Holger gegangen war und ich im Bett lag, eine Erwartungshaltung in mir, dass noch so viel wie möglich „passieren“ möge, weil am Sonntag bzw. Montag früh ja schon alles zu Ende ist. Ich spüre nicht mehr diese tiefe innere Ruhe wie die Tage zuvor in mir. Ich kann die Erwartungshaltung auch nicht ablegen, sie ist einfach da. Zwar kann ich mich kurzzeitig davon lösen, indem ich beobachte und sehe: „Ah, liegst einfach nur im Bett und mehr ist nicht“, aber ich kann das nicht lange halten. Die Gedanken ziehen mich immer wieder weg, dahin, dass es bald zu Ende ist hier. Dadurch kommt eine gewisse Unruhe in mich hinein und Bedauern darüber auf, dass ich jetzt nicht die sieben Wochen vollmachen kann.

In mir steigt eine Erinnerung auf: Wir waren mit der ganzen Familie im Urlaub und in einem Vergnügungspark in einer Attraktion (U-Boot-Simulation). Es war der Horror für einen meiner Söhne, vielleicht sogar für alle Kinder.

Meine Kinder haben gerade Sommerferien. Irgendwas müsste ich mit ihnen unternehmen, damit sie nicht die ganzen Ferien nur vor dem Computer verbringen. In meiner Fantasie fahre ich gerade mit ihnen an die Ostsee.

Ich habe den Eindruck, als ob sich mein Geist schon wieder auf die Realität draußen einstellt, weil es jetzt dem Ende zugeht. Mein Denken wird aktiv und ich habe das Gefühl, dass dadurch die tieferen Erfahrungen bereits ein wenig blockiert und verhindert werden. Alles in mir fühlt sich aufgewirbelter an. Ich wälze mich von einer Seite auf die andere und kann natürlich erst recht nicht schlafen. Ich bin schon fast wieder in einer Gedankentretmühle: Einerseits will ich in Ruhe sein und etwas erfahren, andererseits wird das verhindert, indem die Gedanken mich in die Vergangenheit oder Zukunft ziehen – in das, was kommt, oder in Erinnerungen an das, was war *(04/2004: Besser gesagt, weil ich mich wegziehen ließ)*. Der Widerspruch in mir löst Ärger aus. Mit dem Ärger einher gehen das Gefühl der Unruhe und Unzufriedenheit. Ich bin raus aus meiner Mitte. Dieser Ärger und der damit verbundene Spannungszustand sind in mir so stark fühlbar, dass es sich wie zerfleischend anfühlt.

Ich gehe auf den Beobachterposten und sehe, dass ich einfach nur im Bett liege, es stockdunkel ist und mehr gar nicht da ist. Die Erkenntnis, wie ich mir mein Leid (Unruhe, Unzufriedenheit) selbst erschaffe, indem ich ins „Erwarten" und „Haben-Wollen" einsteige und mich gegen das wehre, was ich nicht haben will, statt es anzunehmen wie es ist und auf die Realität (liege gerade im Bett) zurückzukommen, beruhigt mich sofort. Die Schwierigkeit liegt darin, im Jetzt, im Augenblick zu bleiben – ohne dass der Denkapparat (Ego) ihn mit Gedanken an gestern oder morgen oder wie das Jetzt „sein sollte" vollstopft und verzerrt *(vergleichbar mit Steine in einen ruhigen See zu werfen)*.

Ich nehme deutlich wahr, wie mein Körper **sofort** auf den Ärger und die mit ihm einhergehende Unruhe und Unzufriedenheit reagiert: Die linke Lunge fühlt sich enger an, der Bauch ist angespannter und ich atme häufig tief durch, als hätte ich es ganz schwer, so wie ein Seufzer. Die Atmung ist eher oberflächlich und flach, das Herz schlägt in einem anderen Rhythmus – unruhiger. Alles ist anders als in den letzten Tagen. Der ganze Brustkorb fühlt sich enger an. Dadurch ist die Atmung beeinträchtigt, nicht so leicht, frei und tief. Ich bin **sehr** erstaunt, wie stark und umfassend und wie schnell der Körper auf den selbst gemachten Stress und die Gefühle reagiert – fast unmittelbar nachdem der Gedankenstress begann. So deutlich habe ich das noch nie wahrgenommen wie gerade jetzt, aus einem Zustand tiefer Ruhe langsam aufsteigend.

[Gedanken beim Schreiben 10/2004: Ist ja kein Wunder, dass der Körper mit der Zeit „verschleißt", wenn er permanentem gedanklichen Stress und Belastungen ausgesetzt ist. Dabei war das in der Dunkelheit ja „nur" selbstgemachter Stress durch mein eigenes Denken. „Draußen" kommen all die Aufgaben und Verpflichtungen noch dazu, ebenso die Interaktionen zu anderen Menschen, die auch ihre Wirkung haben. Die feinen Dinge, die ich in der Dunkelheit wahrnehmen konnte, werden im stressigen Alltag nicht bemerkt. Es geht ganz schnell, sich an die „Macken" des Körpers zu gewöhnen. Irgendwann werden sie für „normal" gehalten und es finden sich 1.000 Gründe, warum das so ist: Das Wetter …, zu lange am Schreibtisch gesessen …, die viele Arbeit …, das Alter … Die auslösenden Ursachen – das eigene Denken und die damit verbundenen Gefühle – werden oft nicht wahr-, und wenn doch, dann nicht ernstgenommen (ernstnehmen heißt für mich: Ich ändere den Zustand in meinem Leben, der in mir ungute Gefühle auslöst, dauerhaft ab). Häufig ist die Aufmerksamkeit auf „wichtigere" Dinge des Alltags nach außen statt nach innen gerichtet, und so werden die vegetativ-funktionellen Störungen zu Beginn nicht und später erst dann bemerkt, wenn sie ein Ausmaß angenommen haben, dass sie nicht mehr übersehen werden können (z. B. starke Schmerzen o. a. körperliche Probleme, die nicht mehr „weggehen" und damit einhergehende starke Beeinträchtigung der Lebensqualität oder gar Gefährdung des Lebens selbst, z. B. beim Herzinfarkt).]

Bild: brauner Blumentopf
Habe mich zu einer Meditation entschlossen, um den Gedanken und der Unruhe zu entkommen und nutze dazu auch meinen Beobachterposten. Ich sehe ein Bild von einem braunen Blumentopf mit einer kleinen Palme drin.

Erinnerungen an meine Tochter tauchen auf, wie sie von ihrem Urlaubstrip nach Amerika mit ihrer Freundin wieder zurückkehrt, freudestrahlend im Auto sitzt und bei uns zu Hause ankommt.

Erneut fällt mir auf, dass ich immer, wenn ich auf die Toilette gehe oder Tee trinke, die Augen schließe, obwohl es dunkel ist. Auch wenn ich mich mit Holger unterhalte, sind die Augen zu.

Seitdem die Dunkelheit Weite und Tiefe bekommen hat, ist mir, als würden die an sich sehr flachen Türschwellen in den Räumen jetzt höher sein, denn wenn ich auf sie trete, habe ich das Gefühl, danach viel tiefer in die Tiefe zu treten.

Gedanken zum Wachtraum: Naturkundemuseum
Ich sitze in Meditation und sehe wieder die toten, an die Wand genagelten Vögel aus dem Museum vor mir. Wenn ich mal annehme, dass alle Vögel, einschließlich der eine noch lebende Vogel, ich selbst bin, dann könnte das heißen: „Also, der hat ja auch keine Chance, der stirbt auf jeden Fall, der sieht schon ziemlich am Ende aus.“ Dann bedeutet das, dass auch ich auf jeden Fall sterbe. Diese Gedanken bringen mich der Realität des Todes wieder näher, dass der Tod im Prinzip jederzeit auftreten kann und ich mit Sicherheit sterben werde. Das habe ich soooo weit weggedrängt und wollte (und will) es nicht wahr haben, weil es so schrecklich für mich ist. Die Wahrscheinlichkeit, dass ich tatsächlich sterbe, rückt näher für mich und löst in mir kein gutes Gefühl aus – ich bekomme Herzklopfen. Ich frage mich jetzt auch, warum Holger sich geweigert hat, dieses Bild zu deuten. Ich werde ihn noch mal fragen.

Gestern Vormittag war hier ein ziemlicher Trubel. Holger hat in der Etage unter mir gehämmert, geklopft und gesägt, während draußen jemamd mit der Motorsäge arbeitete. Mir kam es vor, als ob direkt vor meinem Fenster Bäume gefällt wurden. Es war ein ziemlicher Krach, was ich aber für mich als Übung nahm, bei mir zu bleiben. Erwies sich aber als sehr schwierig. Ich ertappte mich immer wieder dabei, dass ich, statt bei mir zu sein, draußen der Motorsäge zuhörte oder Holger bei seiner Arbeit.

Es kommen Zweifel auf in mir, ob es o. k. für mich ist, den Zeitungsartikel zu veröffentlichen, weil es wirklich meine tiefsten Gedanken und Gefühle sind. Wenn ich mir vorstelle, dass der Artikel erscheint, fühle ich mich, als ob ich nackt in der Öffentlichkeit stehe und mein zutiefst Innerstes dem Außen preisgebe. Abneigung gegen die Veröffentlichung regt sich in mir. Ich merke, dass ich vor allem die sexuellen Erlebnisse unter den Tisch fallen lassen möchte, das möchte ich am liebsten verstecken, vor allem vor denen, die mich kennen. Ich spüre eine Angst, dass „die Leute" mit dem Finger auf mich zeigen, über mich herziehen und sich über mich lustig machen. Auch Angst davor, auf Unverständnis und Kritik zu stoßen und/oder dass alles nur als Quatsch und Blödsinn abgetan wird. Meine Magenschmerzen tauchen wieder auf.

Deutlich spüre ich in mir, dass ich gegenüber dem gestrigen und vorgestrigen Tag aus meiner ruhenden Tiefe wie eine Etage höher gekommen bin. Ich bin nicht mehr in einem so tiefen inneren Zustand wie in den Tagen zuvor. Das Gefühl von Weite und Tiefe der Dunkelheit hat sich verringert und auch das Gefühl, durch die Augenlider sehen zu können, ist weniger intensiv.

Gespräch mit Holger
Holger brachte gerade den Tee und ich fragte ich ihn noch mal nach dem Traum mit den toten Vögeln und dessen Deutung.

Analyse: Wachtraum Naturkundemuseum
H.: „Ja, das ist schon ein negatives Bild. Also, wenn du die Vögel bist und dieser eine noch lebende, dann bist du festgenagelt in irgendwelchen humanen Grundsätzen, Konstruktionsprozessen. So ein bisschen flatterst du noch wie ein normaler Vogel, der schön fliegt und lebendig ist, aber du bist schon fast tot. Hier wird gezeigt: Ich kann noch nicht so sehr in diese Tiefe des Stadions hineinfliegen, ich bin noch nicht auf der anderen Seite des

Bunkers. Ähnlich wie die Ameisen – diese Traumserie ist ja so gemischt, teilweise kommst du in die Initiation rein, teilweise sind noch die Ameisen da und blockieren dich. Also eine Mischung zwischen Blockade und freiem Flug. Hier ist der freie Flug noch verhindert, so könnte man das sehen. Eines ist klar: Vögel stellen über das Fliegen die Freiheit der Seele dar. In dem Traum bist du jetzt noch unfrei, in manchen anderen auch, wie die Ameisen und Kleintiergeschichten zeigen. Aber bei dem einen Vogel scheint sich ja was zu regen, ein Flügel zappelt schon, könnte heißen, er wird lebendig und du kannst jetzt bald losfliegen …"

S.: „Nein, ich hatte nicht das Gefühl, dass er lebendig wird, sondern dass er stirbt. Der hat gar keine Chance, der stirbt mit Sicherheit, das ist ganz klar für mich. Aber nach diesem Traum kam der Bunkertraum, wo ich das Gefühl hatte, es geschafft zu haben, raus in die Freiheit, ins Helle gehen zu können."

H.: „Ja, teilweise bist du schon raus, das ist das Hin und Her. Mit den Bildern ist das so: Wenn man weiter ist, kommen immer weniger Bilder, d. h. das ist jetzt die 1. Phase. Die 2. Phase ist, du gehst rein in die Seele. Da kommen zwar auch noch Bilder, aber das wird dann wesentlich bizarrer, abstrakter."

S.: „Wie ist ein reines Seelenbild?"

Holger meint, da kommen Sachen, die im Irdischen unbekannt und deshalb sehr schwer zu beschreiben sind. Seiner Erfahrung nach sind Menschen mit Nahtoderlebnissen häufig zutiefst unzufrieden mit dem, was sie sprachlich formulieren. „Am besten wollen sie es gar nicht aussprechen, weil es nicht geht, […] weil da Raum, Zeit und Kausalität aufgehoben sind. Da kommen merkwürdige Wesen an, die man überhaupt nicht einordnen kann, dazu fällt einem einfach nichts ein. Es ist eine seelische Tiefenerfahrung, die du nicht beschreiben kannst. Der Raum z. B. wird noch tiefer, wie willst du ‚noch tiefer' beschreiben? […] Was heißt seelisch tief?"

S.: „Ja, schwierig zu beschreiben *(z. B. das Tier am Koffer)*. Aber noch kann ich es, zumindest symbolisch."

H.: „Im Geistzustand, der 3. Stufe, gibt es auch noch mal verschiedene Stufen. Da wehren sich die Leute gegen Deutungen und gegen Aussprechen. Die sagen vielleicht ein Wort, vielleicht mal einen allgemeinen Satz oder reden symbolisch, also sprechen materiell, aber meinen was völlig anderes. Sie werden mit Worten sehr sparsam und du kannst mit ihnen keine Deutungsversuche mehr machen. Da ist nichts mehr zu deuten, das ist Erfahrung pur."

Holger ist gegangen und ich hole mir Tee. Ich habe jetzt wieder eine ganz klare Orientierung, wo ich mich im Raum befinde und wo etwas steht.

Bewusste Änderung Wachtraum Naturkundemuseum
Ich steige in den Traum ein, habe sofort die toten Vögel vor Augen und überlege, was sie bedeuten könnten. Mir kommt der Gedanke, dass das alles Anteile von mir sind, die durch Traumata oder schlechte Erlebnisse usw. gestorben sind. In mir entsteht und verstärkt sich das Gefühl, dass diese Vögel überhaupt nicht an die Wand gehören. Ich nehme sie alle ab und bin ganz vorsichtig bei dem einen, der noch geradeso lebt. Ich packe die Toten in ein großes, rotes Tuch. Den noch Lebenden habe ich in der rechten Hand und kuschle ihn an meine Brustmitte. Mit meiner linken Hand schultere ich das rote Tuch und gehe auf eine Wiese, wo ich all die toten Vögel in einer Linie nebeneinander ausbreite. Ich komme beim Durchzählen der Toten auf drei Zahlen, weil ich mich immer wieder verzähle: 16, 25 und 27. Auf einen 4. Versuch habe ich keine Lust mehr. Es sind also zwischen 16 – 27 tote Vögel. Ich sitze den toten Vögeln gegenüber, den halb Lebenden halte ich an mein Brustbein und wärme ihn mit meinen Händen. Während ich da sitze und auf die Reihe der Toten schaue, werde ich durch einen riesigen Weiß-

kopfseeadler abgelenkt, der in einiger Entfernung über mir große Kreise zieht. Ob die toten Vögel ihn angezogen haben? Er sieht wunderschön, geradezu majestätisch aus. Ein herrliches Tier! Wie frei er sich fühlen muss und wie gesund er aussieht! Ich bewundere ihn ... er sieht so stark und kräftig aus ... Ich lenke meinen Blick wieder auf die Vögel und überlege, was ich mit ihnen machen und wie ich ihnen helfen könnte. Meinem Halblebenden atme ich in den Nacken, um ihm Lebenskraft zukommen zu lassen. Ich spüre die Federn und seinen kleinen, schwachen Körper unter meinen Lippen und in meinen Händen. Wieder und wieder atme ich ihm in den Nacken, mit all meiner Liebe und Aufmerksamkeit. Mit dem Atem geht Energie in seinen zierlichen Körper rein, ich kann es deutlich spüren. Nach einer halben Stunde ununterbrochener Beatmung wirkt er schon etwas lebendiger. Das gibt mir Mut. Da ich das Gefühl habe, dass der Kleine das Schlimmste überstanden hat, setze ich ihn für einen Moment ins Gras, decke ihn gut zu, damit er nicht auskühlt und wende mich den toten Vögeln zu. Vielleicht kann ich sie lebendig atmen? Ich nehme jeden einzelnen toten Vogel in die Hand und blase meinen warmen Atem in deren Nacken. Ein magisches Gefühl begleitet mich seit der Zeit, als ich mit der Beatmung des noch lebenden Vogels begonnen hatte und einem Teil in mir ist ganz klar, dass mein Atem die Kraft hat, die Vögel wieder ins Leben zurückzuholen. Es fühlt sich total gut an, was ich tue und ich bin voller Zuversicht. *(05/2011: Ich wollte den Tod der Vögel nicht wahrhaben, bildete mir ein, stärker zu sein und Macht/Kontrolle über den Tod zu haben.)* Aber trotz all meiner Bemühungen bleiben diese Vögel tot und ich höre mit dem Beatmen irgendwann, nach zahllosen Versuchen, auf. Ich setze mich und schaue auf die alle in einer Linie tot nebeneinander liegenden Vögel vor mir. Während ich alles auf mich einwirken lasse, fällt mir eine dicke weiße Linie auf, die sich zwischen mir und den Toten befindet. Sie erinnert mich an die Begrenzungslinien auf einem Fußballfeld, eine deutliche Trennung zwischen der einen und der anderen Seite, auf der ich bin. Die Toten sind hinter der Linie, die Lebenden davor. Als ob die eine Seite das Totenreich ist und die andere, wo ich mich mit dem lebenden Vogel befinde, das Reich der Lebenden. Das Totenreich sieht viel größer aus als das lebende Reich, denn ich schaue hinter der Linie auf/in grenzenlose Weite. Das Unbewusste ist viel größer als das Bewusste.

Mir wird klarer, dass Leben und Tod nebeneinander hergeht. Ich verneige mich in tiefer Achtung und Demut vor dem Tod, den ich als eine nicht greifbare, große Kraft wahrnehme *(gleichgroß der Lebenskraft)* und sage ihm, dass ich seine Gleichberechtigung neben dem Leben erkenne. In dem Moment, wo ich das ausspreche, bewegen sich plötzlich all die toten Vögel, verwandeln sich in schwarze Rabenvögel – oder so was Ähnliches – mit glänzendem Gefieder und fliegen flach über das Gras in Richtung Abendsonne, die hinten am Horizont untergeht. Sie blieben hinter der weißen Linie und flogen in entgegengesetzter Richtung von mir weg. Ich bin total überrascht, erstaunt und fasziniert, was da passiert. Die Vögel entfernen sich recht schnell, werden immer kleiner, bis sie weit hinten in der Abendsonne verschwinden. Allesamt. Ich bin jetzt allein mit meinem Halblebendigen, dem ich mich wieder zuwende und ihm weiter Wärme, Liebe und Energie gebe, indem ich ihm in den Nacken atme. Er macht schon einen recht mobilen Eindruck. Ich lege mich mit dem Rücken auf die Wiese, genau auf die weiße Grenzlinie zwischen Leben und Tod, um noch einmal zu würdigen, dass beides seine Berechtigung hat, Leben und Tod gleichzeitig nebeneinander da sind. Den Vogel habe ich auf meinem Brustbein, beide Hände schützend und wärmend über ihm. Sein kleines Köpfchen mit dem gelben Schnabel guckt in Richtung meines Gesichtes. Ich schaue in den Himmel und sehe, wie der Adler ganz weit nach oben in den Himmel aufsteigt … immer höher und höher … bis ich ihn aus den Augen verliere.

Am Anfang der Meditation hatte ich ganz große Unruhe und ein Engegefühl im linken Brustkorb. Ich sprach die Körpersymptome immer wieder an, wodurch es besser wurde. Jetzt kann ich ganz gut durchatmen, aber es ist immer noch nicht ganz frei, fühle noch einen Druck auf dem Brustkorb …, als ob ich noch irgendetwas trage, was nicht zu mir gehört.

Habe gerade meinen Gemüsesaft getrunken und dabei die Augen wie immer geschlossen. Dabei bekam ich den Eindruck, dass es im Raum ganz hell ist, wenn ich die Augen öffne. Es war zwar dunkel, ich meinte aber den Schatten von meiner Hand, der Tasse und dem Tisch, auf dem die Flaschen stehen, zu sehen. Ich habe nicht wirklich was gesehen, und doch war da dieser Eindruck, schattenhafte Umrisse zu sehen – es war wie sehen und doch nicht wirklich sehen.

1. Garnrolle und Perle

Während ich die Erlebnisse mit den Vögeln hatte, sah ich zwischendurch plötzlich eine dicke, große, weiße, normale Garnrolle. Durch das Loch der Garnrolle wollte ich eine Perle durchziehen. Aber die Perle ist ungefähr in der Mitte stecken geblieben.

Verwandlung des Vögelchens

Ich tue den Eindruck, schattenhafte Umrisse sehen zu können, als Quatsch ab und befinde mich wieder mitten auf der Wiese, wo ich noch immer auf der Grenzlinie zwischen Leben und Tod liege. Ich spüre ohne weitere Gedanken in mich hinein, die Wärme des kleinen Vogels auf meinem Brustkorb und in meinen Händen fühlend. Mein Blick ruht auf dem Kleinen. Plötzlich verwandelt sich das kleine Vögelchen in ein Enten- oder Schwanenjunges. Es sieht ganz putzig aus und ist sehr lebendig.

Erneut Wachtraum Bunker

Sofort nach der Verwandlung des Vogels finde ich mich mitten im Wachtraum „Bunker“ wieder. Ich bin mitten im Bunker drin und wieder geht das Tor hoch. Ich gehe wie selbstverständlich durch. Es ist, als ob ich mich schon auskenne, denn hier war ich schon einmal. Ich komme an die Stelle, wo ich die Frau mit dem strahlenden Kind traf und laufe den Weg weiter, bis ich an einen Vorsprung komme. Hier ist Schluss, es geht nicht mehr weiter. Es ist nichts als Luft um mich herum zu sehen, direkt vor mir ein tiefer Abgrund. Ein tiefer Seufzer geht durch mich durch – wenn ich weiter will, muss ich ab hier fliegen. Ich traue mich aber nicht loszufliegen, dazu müsste ich ja irgendwie einen geistigen Körper haben. Obgleich ich außer Luft nichts weiter sehe, weiß ich, dass ich sehr weit oben bin. Ich stehe und … traue mich nicht!!!

(In mir war ein Zwiespalt: Einerseits hatte ich das Gefühl, ein junger Vogel zu sein, der kurz davor steht, sich abzustoßen und loszufliegen und darauf zu vertrauen, dass seine Flügel ihn tragen. Da ich die Flügel aber nicht fühlen konnte, kam andererseits sofort der Verstand und blendete ein, dass ich ja keine Flügel habe. Wenn ich mich also nach vorn stürze, wäre das mein sicherer Tod. Das löste die Angst aus.)

Ich stehe noch eine ganze Weile da, kann aber meine Angst nicht überwinden – es wäre ein Sprung ins bodenlose NICHTS. Ich gehe zurück und komme an die Stelle, wo ich der Frau mit dem Kind begegnet war. Mein kleiner Neffe steht da, den ich ganz liebevoll in den Arm nehme und der sich eng in meine Arme kuschelt.

Ich habe was getrunken, war auf Toilette und habe mich wieder zur Meditation hingelegt. Erneut kommt sexuelle Erregung auf. Ich schicke die Energie einfach in die Wirbelsäule und genieße die Wärme. Nachdem sich der Körper wieder beruhigt hat, habe ich folgendes Erlebnis, das wie ein Traum und zugleich erlebte Realität ist:

Erlebnis: Im Zwergenreich und „Märchenwald"

Ich befinde mich bei mir zu Hause auf der Wiese und übe mit verbundenen Augen barfuß Tai Chi. Plötzlich trete ich mit meinem rechten Fuß in eine weiche, lebende, glibberige Masse *(vom Gefühl her sehr ähnlich dem undefinierbaren Tier, in das ich beim Wachtraum „Koffer" hineingefasst hatte)*. Ich sehe einen Kopf, der mein Bein umfasst und mich nach unten in die Erde hineinziehen will. Angst kommt auf und ich kämpfe energisch gegen den Zug nach unten an, aber dann lasse ich mich doch ziehen, aus Neugier. Er zieht mich durch die Wiese immer tiefer in die Erde rein. Ich kriege Panik, als ich realisiere, dass mir die Erdoberfläche bis zum Halse steht und auch mein Kopf als nächstes unter der Erde verschwinden würde. Ich wehre mich entschieden dagegen, in der Erde zu versinken und flüchte mit enormem Kraftaufwand nach oben – nichts kann mich aufhalten, ich kämpfe um mein Leben. Aber der Kopf kommt mir hinterher und nachdem ich schon fast oben bin, bekommt er wieder ein Bein von mir zu fassen und versucht mit großer Kraft, mich erneut nach unten zu ziehen. Ich sterbe fast vor Panik und bin innerlich zutiefst entschlossen, dass der Kopf mich nicht kriegt. Eher lasse ich mir das Bein abreißen, aber ich lasse mich nicht unter die Erde ziehen! In diesem verzweifelten Kampf gegen den Zug nach unten höre ich eine Stimme: „Lass dich ruhig ziehen, es geschieht dir nichts." Ich nehme all meinen Mut zusammen, gebe mir innerlich einen Ruck und lasse mich dieses Mal ohne Widerstand unter die Erde ziehen. Meine Neugier besiegt meine Angst. Es geht an Regenwürmern u. a. Getier und Erde vorbei, ein eigentümliches Gefühl, durch die Erde gezogen zu werden. Nach ich weiß nicht wie viel Metern unterhalb der Erde kommt eine Art Höhle, deren Dach von den Wurzeln eines Baumes gebildet wird. Die Wurzeln hängen in der Luft, es sieht aus wie ein Luftloch, bevor weiter tiefer wieder Erde kommt. Das ganze „Luftloch" ist von Wurzeln umgeben. An den Wurzeln steht ein kleiner Zwerg. Wie ein Gartenzwerg sieht er aus, aber dieser Gartenzwerg kann sich bewegen. Hier unten ist es sehr eng, ich komme mir viel zu groß vor für den schmalen Spalt. Ich liege an den Wurzeln und schaue dem Zwerg direkt ins Gesicht. Der ist von der Größe her so groß wie der Abstand von meinem Kinn zur Stirn. Komme mir vor wie eine zu groß gewordene Larve, deren Territorium zu klein geworden ist, sodass sie sich nicht mehr bewegen kann. Der Zwerg hat Handwerkszeug dabei: Sichel und Sense und ein Eimerchen in der Hand. Ich gucke ihn ganz freundlich an – er mich auch, schätze ich ein, denn er lächelt. Dann läuft er einfach los, nach rechts. Ich denke: „Eh! Du kannst mich doch hier nicht allein lassen!" Ich schiebe mich auf dem Bauch raupenartig mühsam vorwärts, bin viel zu groß für das kleine Zwergenreich. Nur mühselig komme ich voran, weil alles viel zu eng für mich ist in dem unterirdischen Gang. Der Gang ist gerade so breit wie mein Körper, die Arme kann ich nicht als Hilfe benutzen, denn ich kann sie nicht bewegen – zu eng. Der Zwerg kann ganz bequem laufen. Nachdem ich eine Weile gerobbt bin, sind wir plötzlich in einem Tunnel – ein Eisenbahntunnel. Ich kann jetzt aufstehen und der Zwerg und ich laufen nebeneinander her, auf einem schmalen Weg neben den Schienen. Ich komme mir komisch vor, weil der Kleine das Handwerkszeug trägt und ich, obwohl viel größer, nichts trage. Ich frage ihn, ob ich ihm tragen helfen kann, aber er reagiert nicht auf mich. Also halte ich mich zurück und laufe schweigend neben ihm her. Der Zwerg sieht jetzt nicht mehr wie ein Gartenzwerg aus, sondern wie ein echter lebendiger Zwerg. Er hat blaue Hosen an, die ihm bis kurz über die Knie reichen. Die Sense hat er über die Schulter gelegt. Er ist jetzt viel größer, geht mir bis zur Mitte meiner Oberschenkel oder ein wenig darüber. Der Tunnel wird enger, sodass wir auf den Schienen weiterlaufen müssen. Plötzlich sehe ich, dass von vorn ein Zug kommt. Angst steigt in mir auf, denn es ist kein Platz da, um auszuweichen. Der Zwerg schmeißt sich einfach blitzschnell zwischen die Schienen bäuchlings hin. Ich mache es ihm eiligst nach und presse mich ganz dicht an die Bohlen. So flach habe ich mich noch nie gemacht! Mein Herz rast vor Angst! Ich schließe die Augen und denke: „Entweder es klappt oder nicht, dann war es das!“ Der Zug nähert sich rasch mit dem typischen Geräusch. Ich ergebe mich in mein Schicksal, eine andere Wahl habe ich auch nicht. Während der Zug mit lautem Geräusch und viel Wind über uns hinwegfährt, legt sich meine Angst, weil ich merke, dass noch genug Platz zwischen mir und dem Zug ist. Der Zwerg scheint das zu kennen, weil er alles mit großer Selbstverständlichkeit tut. Dadurch legt sich meine Angst weiter. Ich lasse den Zwerg nicht aus den Augen, habe das Gefühl, der weiß, was er tut. Ich brauche nur gut aufpassen, wie er sich verhält, dann bin ich sicher. Nachdem der Zug weg ist, steht der Zwerg auf und läuft ganz selbstverständlich weiter. Ich sofort hinter ihm her, damit ich ihn nicht verliere. Er ist schnell und behände in seinen Bewegungen. Alles sieht ganz leicht aus, wie er läuft und was er tut. Ich hole ihn ein und laufe diesmal links neben ihm. Wir kommen an den Ausgang des Tunnels. Links und rechts sind Gräser in verschiedenen Höhen zu sehen. Der Zwerg stellt sein Eimerchen hin, legt die Sichel in den Eimer, nimmt die Sense und fängt an, das Gras abzumähen. Ich stehe ziemlich unschlüssig da und weiß nicht, was ich machen soll. Der Zwerg tut so, als ob ich nicht vorhanden wäre. Ich frage ihn, ob ich mich hier umschauen darf. Da von ihm keine Reaktion kommt, entferne ich mich ein paar Meter. Ich gehe langsam und neugierig, zugleich sehr wachsam und aufmerksam durch die Knie- und hüfthohe Graslandschaft. Alle Antennen in mir sind in höchster Alarmbereitschaft weit ausgerichtet. Den Zwerg habe ich im Rücken. Als ich ca. 15 m weit entfernt bin, höre ich den Zwerg mir zurufen: „Behalte das Loch im Auge!“ Ich drehe mich um und sehe, dass die eine Hälfte des Tunnelausgangs durch einen dicken Baum gebildet wird, dessen Wurzeln aus dem Erdreich herausragen. Eine seiner Wurzeln ist im Halbkreis nach oben gebogen und bildet die linke Hälfte des Lochs. Die rechte Hälfte ist eine aus Stein gemauerte Rundung, die mit Gras bewachsen ist. *(Wie es jeder kennt, der schon mal einen Eisenbahntunnel in eine Landschaft eingebaut gesehen hat.)* Beide Seiten zusammen ergeben den Ausgang des Eisenbahntunnels. Das Loch sieht klein aus, vom hohen Gras ziemlich verdeckt. Ich bin dem Zwerg dankbar für den Hinweis. Ich fühle mich nicht sehr wohl in meiner Haut, mir ist das alles nicht geheuer. Bin neugierig und zugleich ängstlich. Ich schaue mich um und sehe Bäume, die leben, Gesichter haben und ihre Äste bewegen können wie Arme. Es ist wie in einer Märchenlandschaft, wo der Prinz gegen Baumriesen und Baumgeister kämpfen muss, um zu seiner Geliebten zu gelangen. Meine Hochachtung all ihr Prinzen, die ihr diesen Mut hattet! Ich habe ihn nicht, halte mich in sicherer Entfernung zurück und schaue voller Respekt auf die Bäume. Mein Blick geht zurück zum Zwerg, doch der Zwerg ist weg! Mir wird sehr mulmig in der Magengrube, es ist alles so unheimlich. Ich bleibe unschlüssig stehen und schaue weiter. Mir am nächsten stehen zwei bis drei Bäume, umgeben von Graslandschaft und dahinter sind noch mehr Bäume, die enger zusammenstehen, ähnlich einem Wald. Alle Bäume erscheinen mir lebendig; kein Grün, ohne Laub, mit vielen dicken Ästen, die sie wie Arme bewegen können. Viele beeindruckende knorrige Wurzeln haben sie. Ein Weg führt an den Bäumen vorbei, sieht wie eine Allee aus. Wenn ich diesen Weg entlanggehen würde, könnten die Bäume mich ohne Mühe berühren, da sie sich nach allen Seiten hin beugen und bewegen können – nur laufen können sie nicht. Um nichts in der Welt würde ich dort langgehen, ich habe Angst, dass die Bäume mich festhalten, umschlingen und nicht mehr loslassen, sodass ich gefangen bin. Ich kenne die Bäume ja nicht und sie machen auf mich keinen freundlichen oder einladenden Eindruck. Ich spüre, dass ich noch nicht reif dafür bin, um die Allee gefahrlos passieren zu können. Es ist eine Prüfung, die es zu bestehen gilt. Mich schaudert … Ich habe genug gesehen, gehe wieder zurück durch das

Loch und weiter den gleichen Weg nach oben auf meine Wiese, wo alles begonnen hat.

2. Garnrolle und Perle
Die Garnrolle mit der Perle ist wieder zu sehen. Dieses Mal kann ich die Perle bis ans Ende der Garnrolle durchziehen, *sie bleibt nicht mehr in der Mitte stecken.* Am Ende befindet sich eine Art Gummiband, das die Perle noch zurückhält. Ich kann sie nicht aus der Garnrolle herausziehen. Mit etwas Anstrengung könnte ich die Perle durch das Gummiband durchzwängen, tue es aber nicht.

Ich bin ziemlich aufgekratzt von meiner Reise in die Unterwelt, vor allem diese Bäume haben mich tief beeindruckt. Sie sahen sehr unheimlich aus, obwohl sie nichts gemacht haben, was mir Angst hätte machen müssen. Aber allein, dass sie sich wie lebendige Wesen bewegen können, ist so ungewöhnlich für mich, dass es mir große Angst macht. Nichts und niemand hätte mich dazu bringen können, die Allee entlangzugehen; die Bäume scheinen sie zu bewachen.

Erlebnis: Im Zwergenbergwerk
Ich werde in das nächste Erlebnis reingezogen (*d. h. ich bin als Akteur direkt vor Ort am Geschehen beteiligt)* und seufze, habe keine Lust auf noch mehr Reisen. Es sind wieder Drachenköpfe, die vor mir sind. Ich schaue sie an und sehe unterhalb der Köpfe eine Schwingtür wie in einem Saloon. Dieses Mal gehe ich durch und bin in einem dunklen Innenraum. Von hinten erfasst mich eine Lore und fährt mit mir wie in einer Spirale in die Tiefe. Überall an den Seiten hängen gruselige Drachen- und Geisterköpfe. Sie spucken und machen höllischen Lärm, aber ich bin davon gar nicht beeindruckt. Ich sitze recht ruhig in meinem Wagen und schaue mir alles an, was an mir vorbei kommt. Es ist wie in einer Gespensterbahn. Das Ende der Spirale mündet in

den gleichen Tunnel, in dem ich gerade zuvor mit dem Zwerg gelaufen bin. Wir fahren durch den Tunnel – wir, also der Wagen und ich. Ich allein und der Wagen. Es ist eine einzelne Bergwerkslore. Wir kommen an die Stelle, wo der Zwerg sein Gras gemäht hat. Ein Stück fahren wir über die offene Graslandschaft, bevor wir in den nächsten Tunnel einfahren. Die Lore hat eine ziemliche Geschwindigkeit drauf. Im Tunnel ist es halb dunkel und der Fahrtwind bläst mir ins Gesicht. Der Tunnel wird jetzt ganz eng und flach, sodass ich mich in meiner Lore ducke, damit die Tunneldecke mir nicht den Kopf absäbelt. In einer langen Linkskurve habe ich das Gefühl, dass wir schon etliche Kilometer gefahren sind. Ich komme mir vor wie in einem Bergwerkstollen. Wir kommen an eine Öffnung, an der es bergab geht. Unten halten wir an. Das sieht wie eine kleine unterirdische Stadt aus. Ich sehe viele Zwerge arbeiten; sie sind sehr beschäftigt. Sie hauen gegen den Stein, sehen aus wie Bergarbeiter – Zwergbergarbeiter. So ca. 20 Zwerge gehen intensiv ihrer Arbeit nach. Niemand kümmert sich um mich. Das frustriert mich ein wenig. Für einen Moment sehe ich den Adler, der vorhin hoch in den Himmel geflogen ist. Es war, als wurde der eingeblendet. Dann bin ich wieder bei den Zwergen. Ich sitze ganz brav in meiner Lore und traue mir nicht, sie zu verlassen. Es könnte sie ja jemand benutzen und dann stehe ich ohne da. Wie soll ich dann zurückkommen? Plötzlich pfeift so ein kleiner Zwerg und meine Lore fährt los. Sieht aus, als hätte ich die ganze Zeit auf einer Art Bahnsteig gestanden und dieser Zwerg ist der Schaffner. Ich fahre in einen Tunnel ein, der nach rechts abbiegt. Meinem Gefühl nach ist es eine große Rechtskurve, bevor es geradeaus weitergeht. Mir scheint, wir fahren jetzt den ganzen Weg wieder zurück.

Ich bin an der Saloontür am Eingang wieder angekommen. Die Lore hält, ich steige aus und gehe genau durch diese Tür wieder nach draußen.

Immer wieder zeigen sich Drachenköpfe … Aber ich schicke sie alle weg. Mir kommt es vor, als würden seit der Verwandlung der Vögel Stunden vergangen sein. So eine Reise dauert sehr lange, ist aufregend und ziemlich anstrengend wegen der ständigen Mutproben, anders kann ich das nicht nennen. Ich fühle mich total k. o. davon, ständig unterwegs zu sein und konzentriere mich immer wieder auf die Atmung, um nicht in eine neue Erfahrung gezogen zu werden. Dazu fühle ich mich einfach nicht in der Lage.

3. Garnrolle und Perle
Auf dem Rückweg zur Saloontür spulte sich wieder die Garnrolle dazwischen, deren beiden Enden von gekreuzten Gummis begrenzt waren. Die Perle steckt an dem einen Ende genau zwischen den beiden Gummis und schaute ein Stück heraus, sodass ich sie von außen sehen konnte. Sie wurde von den Gummis ganz locker zurückgehalten. Wären die Gummis nicht, würde die Perle rausfallen.

Ich mache mir Gedanken über meine Heimfahrt. Wenn ich freie Fahrt habe, brauche ich ca. 7 ½ Stunden bis nach Hause. Während der zwölf Tage habe ich gefastet und fast nur herumgelegen die ganze Zeit. Ich stelle mir vor, wie die ganze Außenwelt während der langen Autofahrt wieder auf mich einströmt. Ob das gut geht? Sicherlich, könnte aber auch eine Herausforderung werden nach dieser Ruhe, der Dunkelheit und der völligen Abgeschirmtheit von irgendwelchen Reizen, auf die ich sonst zu reagieren gewöhnt bin. Ich nehme mir vor, Pausen zu machen und mich nicht zu überschätzen in meiner Kraft. Holgers Bedenken sind schon irgendwie berechtigt. Was soll's, irgendwie ich muss ja nach Hause kommen. Außerdem – es sind Gedanken! Mir scheint, als ob Holgers Bedenken beginnen, sich bei mir einzunisten. Sie stimmen auch mich bedenklich, doch mein innerstes Gefühl sagt mir ganz klar: „Es geht alles gut." Ich wende mich bewusst von den Bedenken ab und dem Vertrauen zu.

Gespräch mit Holger
Holger ist gekommen und ich erzähle ihm meine Erfahrungen des heutigen Tages.

Analyse: Wachtraum Im Zwergenbergwerk
H.: „Du gehst durch die Schwingtür, den Tunnel, den Bunker oder das Loch in die Seelenwelt. Da sind viele Ungeheuer, die Wächter, am Eingang zur Unterwelt. Der ganze Tunnel ist quasi ein Eingang oder Übergang zur Seelendimension. Du kommst bei den Zwergen an, die etwas ‚ernten'. Das ist ein archaisches Motiv, da sind immer Bergarbeiter unter der Erde. Du machst dann eine Rechtskurve und fährst durch die ganze Unterwelt, aber das ist gewissermaßen immer noch der Eingang, also die 1. Phase. Du bist nur beim ersten Traum (im Märchenwald) aus dieser 1. Phase rausgekommen. In einer Kurve kommst du wieder zurück. Du bist nicht erfolgreich in die Nachbardimension gekommen, du hast lediglich ein Echo derselben erfahren. Also das ist nicht ganz bestanden. Du kamst bei den Zwergen raus, dort hättest du aussteigen sollen und in die reale Nachbarwelt gehen. Aber nein, du fährst in den nächsten Tunnel rein. Das ist jedenfalls ein super Zyklus, den du geträumt hast, wo deine Reise in die Seelenwelt beendet und in Bildern vorgeführt wird. Daran siehst du oder man lernt, wenn man ein Gefühl hat, auf jeden Fall ein Gefühl in die Seelenwelt zu gehen, dann ist trotzdem noch ein Rest an Rationalität, also Sprache und Bilder, vorhanden in dem Moment, wo man aus der materiellen Welt rausgeht. Und in dem Moment, wo das Gefühl da ist, wird umgehend dadurch auch die mentale Welt der Sprache und Vorstellungen usw. aktiviert und *sofort* hinter deinem Rücken und ohne deine bewusste Hilfe in fantasievolle Landschaften umgesetzt. Man muss sich mal überlegen, wie schnell dieser Codierungsprozess

geht – zack, schon hast du einen Tunnel, zack, schon sind Berge da, zack, eine Eisenbahn. Das machst **nicht du**!"

S.: „Stimmt, das ‚mache' ich nicht, es geschah alles von allein."

H.: „Das macht nicht das Bewusstsein, sondern das Seelengefühl regt diese Riesenvorratskammer an Worten und Bildern an und im Selbstverfahren baut sich ein entsprechendes 100%ig passendes Bild zusammen. Da ist keinerlei Egospiel drin, das könnten auch ganz andere Bilder sein, und wenn, dann hätten sie die gleiche Aussage. Du kannst alle möglichen Motive aus der realen Welt benutzen, um das Gefühl, ‚Ich gehe ins Seelische', auszudrücken. Ist doch toll! Und das Nächste: Obwohl du im Seelischen bist, gibt es trotzdem noch den ganzen Apparat, die ganze Bibliothek der Sprache und Vorstellungen."

Wir kommen auf das Erlebnis mit dem Zwerg und dem Märchenwald zu sprechen.

Analyse: Im Zwergenreich und Märchenwald

S.: „Ich wurde beim Tai Chi am rechten Bein in die Erde hineingezogen."

H.: „In der Dunkelheit geht man nach innen, bist verinnerlicht. Da kommen automatisch solche Bilder gesetzmäßig hoch und es treten große Archetypen auf. Der Archetyp vom Innern der Erde, das ist die wahre Welt, dort wirst du hingezogen – das hatten wir schon mehrmals: Baum, Wurzel, Löcher usw. Im Inneren der Erde ist der Zwerg, der klassische Führer in die Anderswelt, also ins Seelenreich. Da gehst du durch den Tunnel hin. Interessant ist: Wenn man dorthin geht, gibt es immer Hindernisse wie wir sie sonst auch hatten: Drachen, Wachhunde, Prüfungen, Tests usw. Hier findet das in Gestalt eines Tests statt: Der Tunnel wird enger und genau da, wo man nur noch auf den Schienen gehen kann, kommt die Eisenbahn. Das ist also ein echter Test, ob man den Mut hat, sich hinzulegen oder vor Schreck wach wird oder so. Nein, du machst es dem Zwerg nach, er führt dich sehr schön. Natürlich bist der Zwerg auch du, da hat deine wahre Seele dir gezeigt, wie man sich in dieser Region verhält, der Zug fährt drüber, Prüfung bestanden, weiter geht es. Am anderen Ende kommst du am Tunnel raus und bist in dieser Märchen- und Seelenwelt. Interessant ist, dass gerade am Anfang so eine Art Fruchtbarkeitsland ist – die Fruchtbarkeit der Seele. Der Zwerg erntet da, d. h. du erntest. Du bist ja auch der Zwerg, also deine Seele erntet jetzt die Fruchtbarkeit dieses Seelenparadieses. Und natürlich geht da ein Weg durch – das ist der klassische Einweihungsweg, so wie der Tunnel. Du kommst zu den Bäumen mit Gesichtern und die können sich bewegen. Aber du gehst nicht ganz rein – dir wird Angst und Bange und der Zwerg hatte dich richtig darauf hingewiesen: ‚Behalte das Loch im Auge!' Das ist ein genialer Satz des Unbewussten in dir, denn das Loch kann sich verändern und plötzlich weg sein und dann kannst du nicht mehr zurück. Du verstehst das instinktiv sofort: Das muss ich im Auge behalten, sonst komme ich hier nicht mehr raus und bleibe in der Seelenwelt, komme nicht mehr ins normale Bewusstsein rein – also wach, aber bewusstlos." *(Ich bekomme ein ganz mulmiges Gefühl im gesamten Bauch – Angst, sage aber Holger nichts davon. Geht das wirklich, dass so was passieren kann? Dann ist mir die ganze Sache viel zu heiß und ich würde es nie wieder probieren – wieder Angst um mich, um mein Leben.)*

Analyse: Garnrolle

H.: „Also am Anfang, wo du noch nicht im Tunnel bist, wird das noch mal dargestellt über die Garnrolle, durch das Loch, durch das du dich selbst, sprich die Perle, hindurchfädeln musst, aber du bleibst natürlich stecken. So – jetzt wächst du, gehst du wirklich durch den Tunnel mit dem Zwerg, kommst dann am anderen Ende raus, also geschafft. Danach wird sofort wieder das Perlenmotiv aufgegriffen und du bekommst die Perle weiter durch, aber irgendwie doch nicht ganz. Denn da ist noch das Gummiband, das die Öffnung nach außen hin noch verschließt."

S.: „Die Perle liegt locker in der Garnrolle, aber das Gummiband hält die Perle fest. Ohne das Gummiband könnte die Perle herausrutschen aus dem Loch. Es ist also das gleiche, ich bin ja den Weg entlang der Bäume auch nicht weiter gegangen." *(Wäre ich weiter gegangen, käme wahrscheinlich ein Bild, wo die Perle von allein durch die Gummibänder fällt bzw. die Gummis weg sind.)*

H.: „Genau. Also es ist interessant – vorher und nachher –, interessante Logik vom Aufbau her, muss ich schon sagen. Daran siehst du auch, dass unsere Deutungen stimmen."

Ich lenke das Gespräch auf den veränderten Traum mit den toten Vögeln.

Analyse: Veränderung Wachtraum Naturkundemuseum

Holger meinte dazu, dass Vogel für Seele stehe und dass ich in dem Versuch, diesen einen Vogel wiederzubeleben, wieder zu der würde, die ich bin. Das Gleiche deute sich in der Verwandlung der vielen toten in schwarze Rabenvögel wie auch im Erscheinen des Weißkopfseeadlers an – das Ganze sei ein Verlebendigungsprozess gewesen. Indem ich zu dem Weißkopfseeadler geworden und in den Himmel geflogen bin, könne ich wieder frei fliegen, sei die Seele wieder im kreativen, freien, lockeren Lebensflug.

H.: „Also du hast die Sache erfolgreich bestanden, du hast das tote Museum wieder verlebendigt. Alles ist erreicht, reine Seele. Ist doch unglaublich! Vor allem: Du hast es transformiert."

S.: „Ich finde das auch gut. Besser als in diesem Museum. Jetzt fühlt es sich gut an."

Ich stelle Holger die Frage, ob ich nun in der seelischen Welt oder ob alles nur Fantasie war.

[05/2011: Die Frage deutet auf mein altes Problem hin, Vorstellungen und Fantasien als „nicht wahr" abgespeichert zu haben, entsprechend dem, wie meine Eltern mir das in guter Absicht in der Kindheit vermit-

telten. Ich hatte daraufhin als Kind „die bösen Fantasien" in die Kiste von „schlecht, nicht erwünscht, Einbildung, nur ausgedacht, nicht richtig" gepackt und versucht, diese (meine Seele, also mich selbst) zu verdrängen. Dieser Widerspruch (die Realität meiner inneren, seelischen Welt/Erfahrungen und die Aussage der Eltern, dass das alles nicht wahr sei; nur die materielle Welt und alles, was beweisbar ist, ist wahr) brachte mich immer wieder in große innere Spannungen und Verwirrung, da das reflektieren könnende Erwachsenen-Ich (Ratio) noch nicht (genügend) ausgebildet war. *Siehe auch Anmerkung S. 300.]*

H.: „Die erste Möglichkeit: Es war alles Fantasie. Die zweite Möglichkeit: Am Anfang ist es reine Fantasie, vertieft sich dann aber, du verlässt unsere Welt tatsächlich und es wird ein tiefer seelischer Prozess oder noch mehr – du verlässt gar ein bisschen deinen Körper und bist real seelisch in der anderen Welt. Das müssen wir noch mal genau klären. Was heißt überhaupt seelische Welt? Wir sind immer in der seelischen Welt drin. Aber: Die erste Stufe ist, wenn ich nur eine Fantasie oder Vorstellung habe, dann ist das die Vorstellung der Seele, aber die Seele ist voll und ganz in den Körper reingepackt wie in einen Sack. Zweite Möglichkeit: Die Seele, sprich die damit einhergehenden Bilder, verselbständigen sich insofern, als die Seele ein bisschen den Körper verlässt – das kann nur 2 mm sein. Das sind die meisten außerkörperlichen Erfahrungen dieser Art, dann hast du etwas tiefer gehende Vorstellungen, tiefgründiger. Im nächsten Schritt, über die Stufe 2 hinaus, verlässt du tatsächlich deinen Körper, bist mit der Seele außerkörperlich und erfährst jetzt trotzdem noch relativ symbolisch – in Bildern – die Jenseitswelt, also nicht ganz so wie sie wirklich aussieht, sondern gefiltert durch deinen Begriffsapparat, der noch vorhanden ist. Und dann gibt es noch die nächste Stufe, da bist du völlig außerkörperlich."

S.: „Wie kann man das jetzt unterscheiden, was nun was ist?"

H.: „Wenn du reingehst, weißt du es."

S.: „Ich weiß, dass die Bilder immer von allein kommen."

H.: „Ja, also du bist zwischen erster und zweiter Stufe. Du springst da bisschen hin und her. Das kann ich nicht erklären, das spürst du per Übung. Bei der letzten Erfahrung, wenn du außerkörperlich bist, weißt du einfach: Ich bin außerkörperlich. Da ist ganz klar: Ja, so ist das."

Mit diesem Satz beendete Holger das Gespräch mit mir.

Habe mich mit viel Mühe noch zum Tai Chi durchringen können. Es macht riesigen Spaß, wenn ich einmal dabei bin. Durch das Tai Chi bin ich wieder in einen tieferen Zustand gekommen. Ich schaue wieder durch meine geschlossenen Augenlider und die Dunkelheit hat wieder Tiefe und Weite. Sicherlich bin ich jetzt in dieser Tiefe nicht nur durch das Tai Chi, sondern durch den gesamten Prozess heute am Tage: die Reisen zu den Zwergen, in diese andere Welt und die Veränderungen mit den Vögeln – das hat den ganzen Tag in Anspruch genommen.

Ich war gerade duschen und ich hatte immer den Eindruck, dass ein Lichtschein in meinem Rücken da ist. Wenn ich mich aber umdrehte, stellte ich fest, dass da überhaupt nichts ist – alles dunkel. War total irritierend. Ich orientierte mich auch unweigerlich nach diesem Lichtschein, rannte überall gegen, verlor die Orientierung. Mein Geist projiziert allerhand Balken und irgendwelches Zeug mitten in den Raum, was gar nicht da ist. Sieht aus, als wäre ich auf einem Dachboden.

Erlebnis: Sehe ein Mädchen mit langen Haaren

Also zunächst mal weiß ich ganz genau, dass ich wach bin! Ich schaue durch meine Augenlider *(wie schon gewohnt macht es keinen Unterschied, ob die Augen auf oder zu sind – stets ist das gleiche zu sehen)* und sehe, dass der ganze Raum dämmrig erleuchtet ist. In diesem Dämmerlicht erscheint ganz zaghaft ein Mädchen mit langen Haaren in der Tür. Sie bewegt sich leise schleichend durch das Zimmer. Ich kriege schon irgendwie Schiss, aber sie ist dann wieder verschwunden.

Traum: Feier und Pferd
Mir fällt gerade ein, dass ich vor dem Erlebnis mit dem Mädchen einen Traum hatte, in welchem auch dieses Mädchen vorkam. Es ging um ein Pferd und um irgendeine Feierlichkeit, auf der ich ausgezeichnet werden sollte. Das Pferd hatte ich gerade in den Stall reingebracht und lief hinten um das Pferd herum, um es in der Box am Halfter anzumachen. Bevor ich aus dem Stall ging, streichelte ich es noch mal. Auf dieser Feierlichkeit saßen all die anderen Gäste an einem Tisch und ich mit unserer Familie an einem anderen Tisch, obwohl ich eigentlich lieber zusammen bei den anderen gesessen hätte. Ich wollte nicht, dass wir uns als Familie so abkapseln. Da war noch mehr, was ich schon vergessen habe. Auf jeden Fall hatte ich genau dieses Mädchen, dass ich eben in meinem Zimmer gesehen habe, im Traum auf der Feier aus Versehen verletzt. Ich hatte etwas geschmissen und sie dabei am Kopf getroffen. Sie musste zum Arzt, weil sie an der Nasenwurzel eine offene Wunde hatte, die schlimm blutete. Es tat ihr sehr weh.

Außerdem ging es im Traum um eine Zeitung. Ein Bild sollte von mir veröffentlicht werden, weil ich in irgendetwas Sieger geworden war. Ist alles gerade ein wenig wirr und nicht mehr so klar, weil ich einiges vom Traum schon vergessen habe. Aber ich bin mir ganz sicher: Ich habe genau dieses Mädchen aus dem Traum hier im Zimmer laufen sehen.

Ich bin aufgeregt wegen der Erscheinung des Mädchens. Sie sah aus wie ein Geist *(nicht so materiell und undurchsichtig wie ein Mensch, sondern eine Nuance durchsichtiger, sodass es mich an einen Geist erinnerte)* und gleichzeitig ganz real wie ein normaler Mensch, der in mein Zimmer kommt … Ich habe das Gefühl, diesen Traum *(Verletzung des Mädchens)* schon einmal geträumt zu haben *(habe klar ein Gefühl der Wiederholung)*.

Zu allem Übel knacken auch noch mehrfach die Dielen. Angst kommt auf … Hat doch die ganze Zeit nicht einmal geknackt! Das Ganze ist mir gerade ziemlich unheimlich und ich rette mich auf den Beobachterposten. Aber es will mir nicht so ganz gelingen, mich zu beruhigen … *Ich gehe innerlich alles noch mal durch:* Das Mädchen war tatsächlich da, ich habe es ja deutlich gesehen! Allerdings bin ich mir jetzt nicht sicher, ob ich meinen Raum hier erleuchtet gesehen habe oder ob es ein anderer Raum war. Könnte auch ein anderer Raum gewesen sein, wo das Mädchen lang geschlichen ist. Wie dem auch sei, sie kam zur Tür rein und lief dahin, wo die Matte liegt, also Richtung Fenster. Danach ist sie wieder verschwunden. Ich rede mir gut zu, dass das alles nur eine Illusion ist und sich alles nur aus meinem Geist heraus projiziert und überhaupt nicht real ist. Ich atme tief durch … Ich glaube, das war ein anderer Raum, denn sie lief ja zu einem Tisch – in meinem Raum steht gar kein Tisch – und nahm von dort heimlich etwas weg. Sie lief schleichend auf Zehenspitzen, als ob sie ganz leise sein müsste, damit sie niemand hört. Außerdem ist sie quer durch den Raum gelaufen, der mindestens 4 – 5 m Breite hatte. In meinem Raum sind es aber nur drei große Schritte von der Tür bis zur Matte. Das Mädchen ist mindestens fünf, sechs, sieben Schritte gelaufen. Sie war barfuß und hatte ein weißes oder helles Nachthemd an. Es ging bis zur Hälfte der Waden und war langärmlig. Ich glaube, mein Herz wäre stehen geblieben, wenn die zu mir gekommen wäre! Sie war total real! Ich habe sie ja deutlich gesehen … Noch was fällt mir jetzt auf: Ich lag andersherum, in der anderen Seite der Ecke, mit dem Kopf in Richtung Fensterwand. Ich habe gesehen, wie die Tür aufging und sie leise und auf Zehenspitzen hereinkam, habe sie beobachtet … Ich bin mir sicher, ich bin wach! Ja, aber wo war ich denn dann? Es war ein anderer Raum! *[03/2004: Mir zieht sich selbst beim Abschreiben der Kassetten die Magengegend wieder zusammen (ängstliches Kribbeln im Bauch) und ich spüre die magische Unheimlichkeit, die mich damals erfasste, als mir so nach und nach all die Ungereimtheiten bewusst wurden.]* Wieso war ich in einem anderen Raum? Wie kam ich denn dahin? Obwohl ich genau weiß, ich bin die ganze Zeit wach! Oder wurde mir das alles vorgegaukelt? So eingespielt als Szene? Ich habe aber nicht mitgekriegt, dass ich entweder außerhalb meines Körpers war und dann zurückgehe, oder wie auch immer. Also ich weiß es nicht. Ich komme auf keinen grünen Zweig. Ich werde Holger fragen! Mir ist im Moment genauso mulmig wie in der Kindheit, wo ich hinter jeder Zimmertür oder im Flur einen Geist vermutete und ich mich deshalb nicht aus dem Bett getraut habe. Ich hatte immer das Gefühl, es steht jemand hinter der geöffneten Tür und das löste große Angst aus. So geht es mir jetzt auch. Eigentlich muss ich mal aufs Klo, kann mich aber nicht entschließen zu gehen … Wieder und wieder gehe ich das Erlebnis durch: Also zuerst wurde ich wach, dann wurde der Raum dämmrig hell, ich lag auf der rechten Seite mit Blick zur Tür. Ich sah, wie die Tür sich öffnete; es war nicht meine Zimmertür, denn die stand ja weit offen, sondern eine Tür im rechten Winkel vor meiner Tür. Entweder es war eine Haustür oder eine andere Zimmertür. Dann kam das Mädchen herein und ist quer durch den Raum zu dem Tisch oder der Ablage gelaufen. Ihr Haar ging bis zu den Schulterblättern und sie hatte Locken oder Wellen. Von der Haarfarbe her sah es dunkel aus, aber der Raum war ja nur dämmrig hell, ich konnte die Farbe nicht erkennen. Bevor ich das Mädchen sah, hatte ich das Gefühl, dass jemand da ist. Und dann habe ich sie auch schon gesehen. Das Gefühl, es ist jemand da, der eigentlich hier nicht hergehört … Ich merke, ich habe Kopfschmerzen, dauernd knacken die Dielen, das war doch sonst nicht so …

Im Moment kommt doch ein Gefühl der Freude auf, dass heute der letzte Tag ist. Noch mehr solcher Art Erscheinungen und Erfahrungen will ich nicht – ich spüre nackte Angst! Wieder knackt die Diele. Bilde ich mir nur ein, dass da draußen jemand ist? Ich rede mir die ganze Zeit gut zu vom Beobachterposten aus: „Du liegst nur im Bett, mehr ist nicht. Alles andere ist Illusion!“ Sofort taucht in mir die Gegenargumentation auf: „Aber eine ziemlich starke Illusion! Hat auch eine Realität. Das Mädel war doch echt da!“ Ja, es lässt sich nicht wegreden! Egal, wie gut ich mir zurede und mir die Gegenwart bewusst mache. Sie war real da! Obwohl sie meinem Verstand nach nicht hätte da sein dürfen. Weder kann ich sie wegreden noch mir was anderes einreden. Sie bleibt eine Realität, die mir Angst macht, weil mein Verstand es nicht fassen und erklären kann, weil es gegen jegliche Logik ist, weil es völlig entgegen meinem Verständnis der mir bekannten Wirklichkeit ist, weil ich mich nicht mehr auf das verlassen kann, was ich weiß, weil mir so jeglicher sicherer Boden unter den Füßen entzogen wird. Mein gesamtes Weltbild ist infrage gestellt, bietet keine Sicherheit mehr, nichts da, woran ich mich festhalten kann … Am liebsten würde ich jetzt Licht anmachen, um aufs Klo zu gehen. Wie geht man um mit solchen Gestalten, die real da sind? Wenn die mal was von einem wollen!? Das Mädchen ging ja – Gott sei Dank! – nicht zu mir. Was wäre gewesen, wenn sie zu mir gekommen wäre, mich angesprochen hätte? Oder wenn so eine Gestalt bösartig ist und einem was antun will? Oh Gott, ich glaube, in dem Moment sterbe ich vor Angst …, es knackt …

(12/2006: Auch wenn ich das heute lese und mich daran erinnere, spüre ich in meinem Bauch die Angst. Ich habe bis heute keine Erklärung für das Mädchen.)

(03/2010: Offensichtlich war das Mädchen geistiger Art. Selbst wenn es Holgers Frau gewesen wäre, wäre sie in keinem Fall mitten in der Nacht im Nachthemd durch mein Zimmer gelaufen. Also war die Begebenheit im ätherischen Bereich, d. h. auf der geistigen Ebene. Geist bedeutet ja nicht zwangsläufig Verstorbener. Oder es war etwas Ätherisch-Interdimensionales.)

Es ist irgendwann Sonntag in der Nacht, denn es kommt noch kein Lichtschimmer herein durch das offene Badfenster. Ich habe gerade Geräusche im Haus gehört, als ob Holger unten aktiv ist. Keine Ahnung, eigentlich ist es ja mitten in der Nacht und er schläft doch bestimmt. Aber kann ja auch sein, dass es noch gar nicht so spät mitten in der Nacht ist. Er sagte ja, er hat heute Besuch. Vielleicht ist gerade dieser Besuch gegangen. Ich beruhige mich irgendwie damit, dass es vielleicht erst 23:00, 24:00 oder 1:00 Uhr ist.

Ganz im Gegensatz zur Erscheinung meiner Lichtfrau, die ich damals in China gesehen habe und die ich mir sehnlichst zurückwünschte, weil sie so wunderschön, so liebevoll und so warmherzig aussah und so viel Liebe und Wärme und Licht ausstrahlte, wünsche ich mir das Erlebnis mit dem Mädchen nicht zurück. Es hatte was Gespenstisches, was Unheimliches.

[12/2006: Die Lichtfrau, die ich sah, war für mich eine Erscheinung gewesen und sie kann durchaus eine Projektion aus mir selbst gewesen sein. Aber auch wenn sie nichts mit mir zu tun hat, sondern ein Wesen außerhalb von mir gewesen ist aus einer anderen Ebene, so war da doch das riesige Gefühl der Liebe, Wärme und des Schutzes, was erst gar keine Angst in mir aufkommen ließ. Es sah so aus, als ob der Vorhang im Himmel aufging und sie aus einer anderen Welt zu mir auf die Erde an mein Bett schwebte. Das war kein Mensch, das ist mir sehr klar. Sie war von einem leuchtend hellen, warmen Strahlenkranz umgeben. Bei dem Mädchen war anders, dass sie direkt vor mir war, auf meiner Ebene, nicht aus einer anderen Welt auf mich zu schwebte, sondern durch die Tür hereinkam wie jeder andere Mensch auch. Ich sie hätte anfassen können (denke ich jedenfalls), sie war so real da wie andere Menschen auch, sah aber insgesamt ein wenig durchsichtiger aus, eben wie ein Geist. Aber es war so schwach, dass ich auch meinen könnte, sie sei echt, also nicht mal ein Geist.]

Bild: Luftblasengesellschaft

Ich sehe ganz viele Menschen, von denen eine Luftblase ausgeht – wie Sprechblasen in einem Comic. Diese Luftblasen sind die Illusionen. Ich sehe all die vielen Luftblasen weltweit – wie eine Luftblasengesellschaft …

Ich raffe jetzt all meinen Mut und all meinen Sinn für Realität zusammen und gehe aufs Klo! Durch das geöffnete Badfenster sehe ich in der Ferne ganz zartes Morgendämmerungslicht. Ist also nicht 23:00 oder 24:00 Uhr, sondern vielleicht kurz vor 4:00 Uhr. Ich werde Holger fragen; die Geräusche werden sich bestimmt ganz einfach aufklären lassen.

Wachtraum: Stadtfest

Ein Stadtfest soll stattfinden. Dazu hat die Stadt aus Sand eine Kullerbahn angelegt, wo Murmeln und andere runde Gegenstände entlanggekugelt werden können. Die Murmeln sind so groß wie Billardkugeln. Ich laufe in einer Gruppe von ein paar Leuten genau auf der Sandburg – wir haben die Sandburg nicht gesehen, weil die Bahn genau da anfängt, wo sich üblicherweise ein Berg befindet, der ganz normal bestiegen werden kann. Normalerweise ist diese Gegend keine Attraktion für Touristen. Da es noch sehr zeitig war – ich schaue auf die Uhr und stelle erstaunt fest, dass es doch schon mittags ist. Jedenfalls habe ich nicht gesehen, dass der Sand ganz ordentlich gewalzt war und dass Löcher in den Sand reingestanzt waren. Wir sind die ersten Meter auf dieser frisch angelegten Sandbahn entlanggelaufen, bis ich mitbekam: „Was ist denn hier los? Hier ist ja eine Bahn angelegt! Wir laufen direkt mitten auf einer Bahn!“ Ich bekam einen Schreck und wir gingen sofort runter. Die ersten Meter auf der Bahn waren aber durch unser Getrampel zerstört.

Später fällt mir dazu noch ein: Ich habe mich im Traum gewundert, wieso die Billardkugeln nach oben rollen sollen, denn diese Sandbahn sah aus wie eine Achterbahn – es ging also hoch und runter und um viele Kurven, alles aus Sand. Es wollte mir überhaupt nicht einleuchten, dass die Kugeln nach oben rollen können. Die Sandbahn war gestützt mit vielen Pfählen. Ich lief vorne weg und mehrere Leute hinter mir her – dadurch haben wir die Bahn zertrampelt. In dem Moment, wo mir bewusst wurde, dass wir auf der Bahn laufen, war mir klar: Wir müssen hier unbedingt runter. Ich wollte die Bahn nicht kaputt machen, die andere mit so viel Mühe aufgebaut haben.

Wachtraum: Sehe meinen Sohn

Kurz vor dem Traum habe ich einen meiner Söhne so dicht vor mir gesehen, dass ich ihn beim Schlafen beobachten konnte. Ich habe ihn lange angeschaut.

Versuch, den Körper zu verlassen

Über eine Atemtechnik versetze ich mich in einen sehr tiefen meditativen Zustand. Dann versuche ich, mich aus meinem Körper rauszurollen, was mir überhaupt nicht gelingt. Ich komme nicht vom Körper weg. Aussteigen aus dem Körper geht auch nicht. Als ob der Körper und ich wie zwei starke Magneten zusammenhängen. Mir fällt eine neue Strategie ein: Ich sammle all meine Energie aus dem gesamten Körper im Scheitel-Chakra. Als ich vollständig im obersten Kopfbereich versammelt bin, sehe ich plötzlich direkt vor mir ein Schloss ohne Tür. Ich öffne es und versuche durchzugehen. Es fühlt sich an, als ob ich durch ein Schlüsselloch gehe. Ich fühle mich so groß wie ein Punkt dabei und komme durch das Schlüsselloch auf die Kopfoberfläche. Als Punkt gleite ich von außen ganz langsam den Kopf entlang, fühle mich ganz klein, eben wie ein Punkt. Die Haare sehen ganz dick und riesig lang aus, auch die Ohren des Kopfes sind ganz groß, überhaupt der ganze Kopf sieht riesig aus. Ich komme nicht weiter als bis zum Hals – kann mich nicht vom Kopf entfernen. Es ist, als ob ich magnetisch mit dem Kopf verbunden bin. Eine sehr interessante Erfahrung, den Kopf so groß von außen zu sehen und zu fühlen. Die Haare, Ohren, Augen, Augenbrauen, Nase, Nasenhaare, Hautporen, die kleinen Härchen im Gesicht, Mund, Hals, jede kleinste Struktur auf der Haut – alles sieht wie durch ein Vergrößerungsglas betrachtet aus.

(12/2006: Heute weiß ich, dass meine Angst mich nicht weiterkommen ließ. Sie verhinderte, dass ich mich weiter vom Kopf/Körper entfernen konnte.)

12. Tag – Rotes Licht

Als Holger mir den Morgentee bringt, erzähle ich ihm aufgeregt von dem Erlebnis mit dem Mädchen. Er meint, ich solle mit ihr noch einmal Kontakt aufnehmen, indem ich sie geistig heraufbeschwöre. Das sei aber nur zu schaffen, wenn es mir gelingen würde, nochmals voll emotional reinzugehen und die gleiche magische Stimmung aufkommen zu lassen wie in dem Moment, als ich das Mädchen sah. Genau das ist das richtige Wort, die Stimmung heute Nacht war: magisch und unheimlich, wie in der Kindheit. Holger rät mir mit dem Mädchen zu reden, um die Angst zu entschärfen.

Das Erlebnis sitzt mir noch stark in den Knochen. Es war genau von der Art, vor der ich zu Beginn der Dunkeltherapie Angst hatte. Holger meinte noch, diese Angst sei normal und die habe jeder, weil wir es nicht gewöhnt sind, mit solchen Wesen Kontakt zu haben. Wenn ich mir vorstelle, ich hätte das Mädchen heute Nacht ansprechen sollen …, ich kriege Gänsehaut und merke, wie ein Teil in mir sich ganz klein macht, um nicht gesehen und schon gar nicht angesprochen zu werden.

Ich weiß nicht warum, aber ich habe massive Angst vor jedem Geist oder Wesen dieser oder anderer Art. Ich merke gerade, wie wenig Mut ich in dieser Beziehung habe. Nämlich gar keinen! Ganz im Gegensatz zu der von Licht umgebenen Frau, die ich in China sah. Sie hatte ich sofort angesprochen. Da fühlte ich überhaupt keine Angst, im Gegenteil, ich fühlte mich sicher und geborgen, spürte ihre reine Liebe und Warmherzigkeit. In ihrer Gegenwart kann einfach keine Angst aufkommen. Mein größter Wunsch wäre ein ständiger Kontakt zu ihr. Sie kam wie aus einer anderen Welt „eingeflogen", es war, als ob ein bis dahin unsichtbarer Vorhang aufging und sie in meine Welt eintrat.

Die „Masse", die ich fühle und sehen kann, wenn ich Tai Chi mache oder in die Ferne schaue, die, sagt Holger, sei der Urstoff, die Lebensenergie. Diese Energie ist überall, egal wohin ich schaue.

Holger sagte noch, bevor er wieder ging, dass „der Kontakt zu geistigen Wesen nur klappt, wenn man ganz auf der Seelenebene ist. Aus dieser ‚Masse' formt und kreiert der Geist alles. So kann man sich seinen eigenen Geist erschaffen. Auch das Mädchen besteht aus nichts anderem als aus dieser ‚Masse'. Zum Anfang sind das Gefühl und die Masse getrennt, d. h. man hat das Gefühl, ich bin das Eine und die Masse ist das Andere. Aber wenn man dann weiter einsteigt in die Seelenwelt, hat man das Gefühl, mit dieser Masse verbunden zu sein."

Ich habe mir gerade vorgestellt, dieses Mädchen erschiene erneut. Mir stehen sofort die Haare zu Berge bei der Vorstellung, dass sie auf meinen Wunsch hin tatsächlich kommen würde. Ja, ich habe Angst davor und schiebe die Gedanken schnell beiseite. Sie soll nicht noch mal hier auftauchen.

Rotes Licht und Tai Chi mitten im Universum

Tai Chi Übung … bewege mich im Zeitlupentempo, ganz auf die mich umgebende Masse konzentriert. Zwei bis drei Meter hinter mir erscheint ganz schwach ein dunkelroter Lichtschein, als ob gerade ein Lagerfeuer ausgegangen ist und die restliche Glut vor sich hinglimmert. Die Hände ziehen langsam am Kopf vorbei … mir scheint, deren Umrisse sehen zu können. Die Umgebung weitet sich und ich stehe in völliger Weite mitten im Universum, meine Übung vollendend. Die „Masse" umgibt mich, ich kann deutlich fühlen, wie ich mich in ihr wie in einem Nebel bewege.

Nach der Tai Chi Übung bleibt der rote Lichtschein noch immer rechts hinter meinem Rücken und scheint schwach nach vorne durch.

Heute ist mein 12. Fastentag und ich fühle mich körperlich sehr gut. Weder müde noch träge, also kräftemäßig wieder stärker und nicht zu vergleichen mit gestern, wo ich zeitweise vor Schwäche getaumelt bin. Kann aber auch mit der Dunkelheit zusammenhängen, dass ich kein Gleichgewicht hatte, oder?

Sehe Umrisse meines Bettes und meiner Hand

Der rötliche Lichtschein verschwindet manchmal und kommt dann als heller Lichtschein wieder, von der Intensität her gleich schwach wie das rötliche Licht. So wechselt das zwischen hell und rötlich, jeweils vom Rücken her nach vorn durchscheinend. Nach einiger Zeit habe ich den vagen Eindruck, mein Bett in der Ecke und die Umrisse meiner Hand sehen zu können. Das Bett ist nur angedeutet zu sehen, und zwar so schwach, dass es auch unter Einbildung abgetan werden könnte. Dass meine Hand wirklich da ist, wo ich sie sehe, habe ich schnell überprüft. Nun werde ich neugierig, ob auch mein Bett wirklich dort steht. Ich laufe langsam auf den Umriss zu und fasse an …, ja, es steht tatsächlich da, keine Einbildung.

Es ist mir nicht gelungen, das Mädchen noch einmal „heraufzubeschwören“. Es steht einfach meine Angst dagegen. Ich würde – muss ich mir ehrlicherweise eingestehen – einen fürchterlichen Schreck bekommen, wenn sie tatsächlich erneut zur Tür hereinspaziert käme auf meinen Wunsch hin. Ich lege also keine wirkliche Kraft in den Wunsch, sie zu sehen, sondern sage ihr stattdessen in meiner Vorstellung, dass es mir sehr leid tut, sie verletzt zu haben und dass ich sie gern zum Tee einladen und mit ihr sprechen würde. Ein kleiner Kobold in mir lacht hämisch: „Ha, ha, du willst doch gar nicht, weil du Angst hast davor!“ Verdammt, er hat recht.

Ich stelle fest, dass ich das Sonnenlicht nicht eine einzige Minute vermisst habe. Jedes bisschen Licht hätte mich total gestört.

Sonntag, später Nachmittag, schätze ich, Holger war jedenfalls noch nicht da. Habe gerade das zweite Mal Tai Chi gemacht, es klappt immer besser. Ich bräuchte vielleicht noch sechs bis sieben Wochen, um in der Dunkelheit genauso sicher Tai Chi zu machen wie im Tageslicht. Ist alles nur eine Frage der Übung.

13. Tag – Unbeschreiblich

Draußen ist es noch stockdunkel und ich bin schon wach. Gestern Abend war ich innerlich ganz aufgeregt, weil ich Angst vor der Nacht hatte – dass wieder ein Geist kommt. Holger hatte mir im Abendgespräch erzählt, dass seine Frau z. Zt. hier im Haus ist und ein weißes langärmliges Nachthemd trägt, das bis zu den Waden geht. Er meinte, vielleicht ist sie es, die ich gesehen habe. Sie hätte auch schulterlanges Haar, allerdings blond. Na gut, im Dunkeln kann man blond ja nicht als blond erkennen. Wenn ich sie nachher sehe, werde ich es wissen. Ich habe aber nicht das Gefühl, dass sie es ist, denn was ich sah, war ein junges, ca. 12-jähriges Mädchen, habe ihr Gesicht klar vor mir. Ich stelle fest, dass es mich erleichtern würde, wenn sich herausstellte, dass es Holgers Frau war. Dann wäre alles nicht ganz so mysteriös wie es jetzt ist. Das ist mir unheimlich. Es passt nicht in mein rational-materielles Denken, mit dem ich aufgewachsen bin. Obwohl ich meine Denkgrenzen schon erweitert habe und heute weiß, dass es mehr gibt, als über die fünf Sinne wahrnehmbar ist, passen Geister noch immer nicht so richtig hinein. Eine Instanz in mir sagt ganz klar: „Es gibt doch keine Geister! Was soll der Quatsch!“ *(Ich höre darin meinen Vater, Pig-P.-Energie).* Sofort sagt eine andere Stimme: „Und wenn doch? Warum soll es sie nicht geben? Nun habe ich schon einen gesehen und zweifle es trotzdem an.“ Ich bin in mir zerrissen an dem Punkt. Allein dass ich das Mädchen sah, ist noch kein Beweis für den zweifelnden Anteil in mir – er lehnt die Existenz von Geistern schlichtweg ab. Wenn ich innerlich ehrlich zustimmen würde, dass es Geister gibt, dann müsste der Zweifler in mir sich eingestehen, dass er nicht recht hat mit seiner Meinung. Er will immer Beweise haben, doch wenn er sie bekommt, reicht ihm das nicht. Das Mädchen zu sehen, ist nicht genug, er will auch noch mit ihr reden und sie berühren, um sich zu überzeugen. Er will immer wieder immer neue und andere und weiterführende Beweise … Perfektionist Papa und Mama (Pig-Parent-Introjekte). Diese geforderte Beweisführung wird aber im Falle der „Geister" durch die Angst verhindert. Und so erreicht es der Zweifler, dass er weiter zweifeln kann, dass er weiterhin innerhalb meines Selbst seine Daseinsberechtigung hat und er mich durch seine Zweifel immer wieder ins Wanken bringen kann. Weil ich ihm den Beweis ja nicht liefern kann, kann ich ihn auch nicht entschärfen, jedenfalls nicht, so lange ich so große Angst davor habe. Mich davon zu distanzieren, gelingt mir auch nicht – vielleicht hat er ja recht mit seinen Zweifeln?

(Gedanken 04/2004: Ich frage mich gerade, ob diese Angst vor dem Tod vielleicht eine übernommene Angst meines Vaters ist, gar nicht meine eigene?)

[01/2010: Ich wäre wahrscheinlich sofort der Erwartungshaltung des Zweiflers nachgekommen und hätte weitere „Beweise" geliefert, wenn meine Angst dies nicht verhindern hätte. Aber gerade durch die Angst konnte der ganze Mechanismus auffliegen und mir bewusst werden. Vielleicht ist diese Angst auch nicht meine eigene? Es geht aber nicht darum, dem Zweifler (Pig-Parent-Energie) in mir weitere Beweise zu liefern, in der Zuordnung, so meine Angst verlieren zu können. Würde ich das tun, käme ich seiner Erwartungshaltung ja nach und würde mich intrapsychisch weiterhin meinen Eltern gegenüber anpassen und keine eigene Position finden bzw. beziehen.]

Wie stark doch die Denkweise durch die Eltern, Gesellschaft und die Kultur geprägt wird und wie schwer es fällt, diese vorgesetzten Grenzen zu überwinden bzw. wieder abzubauen in mir. Es ist, als ob ich Mauern in mehreren Kreisen um mich herum errichtet habe, aus denen ich nicht herauskomme, weil sie einerseits zu hoch und zu stark sind und es andererseits auch Angst macht zu schauen, was außerhalb der Mauern ist.

(01/2010: *Die Mauern waren lebensnotwendiger Schutz für die Zeit, in der ich noch klein und bedürftig war und die Grenzen gaben mir Richtung und Orientierung, um mich zurechtzufinden in der Welt. Innerhalb der Mauern fühlte ich mich zwar eingeengt, aber auch sicher und geborgen in einer mir bekannten Komfortzone, innerhalb derer ich weiß/wusste, wie und wo es langgeht und welche Regeln zu beachten sind. Unbekanntes Land löst tiefste Ängste aus, weil es keine Schilder gibt, die den Weg zeigen – damit entfällt auch jegliche Kontrollmöglichkeit.)*

Einige der „Gefängnismauern" sind bereits gefallen, sodass die Grenzen schon etwas erweitert sind - habe mittlerweile einen großen, geräumigen Hof *(anstelle einer kleinen dunklen Zelle)*, auf dem ich mich aufhalten kann. Die Mauer, die ich jetzt sehe, ist sehr hoch und sehr stabil und es wird mich einige Mühe kosten, den Ausgang – ein stabiles, großes Eisentor – zu öffnen. Diese Mauer bezieht sich auf die Sache mit den Geistern, der geistigen Welt und die Angst vor dem Tod und besteht aus einem Gemisch von Zweifeln und Angst.

Holger empfahl mir, ich solle mich intensiv mit Nahtoderlebnissen beschäftigen, die vorhandene Literatur darüber studieren und dann eine Therapie entwickeln, womit man die Angst vor dem Tod behandeln kann. Über diese Arbeit würde ich mich dann selbst therapieren.

Ein wenig bedauere ich, dass ich so früh wach bin, denn ich habe die ca. 7½-stündige Autofahrt nach Hause vor mir und möchte daher ausgeschlafen sein. Ich bin noch müde. Innerlich bin ich jedoch so aufgekratzt, dass ich nicht noch mal einschlafen kann. Die Dunkelzeit ist leider zu Ende.

Wieder höre ich Geräusche im Haus, die ich auch gestern Nacht gehört habe. Es klappte eine Tür, als ob jemand unten aktiv ist.

Ich gehe raus

Es ist jetzt morgens und ich schaue neugierig und aufgeregt zum Badfenster raus – die großen Bäume erscheinen im Halbdunkel der Morgendämmerung ganz nah vor mir, es ist vielleicht 5:00 Uhr. Die ganze Luft flirrt, ein Flimmern überall. Das Grün der Bäume sieht total scharf und grüner als grün aus. Es sieht absolut unwirklich aus, wie im Märchen. Die Vögel zwitschern, ihre Stimmen hören sich klarer als sonst an. Mein Brustraum füllt sich schnell mit großer Freude, das zu sehen und zu hören. Es ist, als haben sich meine Augen und Ohren in der Zwischenzeit ausgeruht und können nun mit neuer Kraft und Frische – wie gesäubert – alles besser, klarer und reiner sehen und hören. Als ob die ganze Welt in einen durchsichtigen klaren Nebel eingehüllt oder eingetaucht oder mit ihm ausgefüllt ist. Der Blick zur Uhr verrät mir, dass es 5:20 Uhr ist. Ich mache Licht im Raum an. WOW!!! Ich bin schlagartig tief beeindruckt – alles sieht total klar und rein, stärker, leuchtender, intensiver aus! Welche Farbenkraft und Farbenpracht! Unfassbare Freude erfüllt mich – nicht wirklich beschreibbar … Die Freude ergreift mich regelrecht, füllt mich aus, ist in meinem ganzen Körper und um mich herum. Ich könnte weinen vor Freude … Die Klarheit und Reinheit der Farben im Raum ist wirklich unglaublich! Ich werde jetzt rausgehen in die Natur, erwartungsvoll, in ihr zu wandeln. Dieses Strahlen von dem Licht im Zimmer hier – kann ich einfach nicht beschreiben! Die Farben – sie leuchten und strahlen – es ist einfach schön! Schöner als schön – unwirklich wirklich schön. Ich kann den Blick kaum davon abwenden, bin wie verzaubert. *(05/2011: Die Farbenpracht stand im krassesten Gegensatz zu dem als „schlicht" und eher farblos empfundenen Raum zu Beginn der Dunkeltherapie.)*

Um halb sieben laufe ich leise durch das Haus … mich zieht es regelrecht raus. Ich trete durch die Haustür … es ist schon hell geworden. Ich stehe vor der Tür und stutze … irgendwie erscheint die ganze Welt größer … Am Himmel malt ein mit

Überschallgeschwindigkeit fliegendes Flugzeug seine Streifen auf den strahlend blauen Untergrund. Und überhaupt diese Farben am Himmel! Gelblich leuchtend und so klar und so rein. Und dieses Flimmern in der Luft, diese zig kleinen Luftpartikelchen … Ich bin so fasziniert, kann meinen Blick nicht abwenden vom Himmel, den Bäumen, der flimmernden Luft. Ich lache und weine gleichzeitig. Eine so tiefe innere Freude und Ergriffenheit. Könnte laut meine Freude herausschreien, wenn es nicht so früh am Morgen wäre …, möchte die Natur nicht aufschrecken … Ich lache wie eine Verrückte, gleichzeitig kullern die Tränen über meine Wangen … Das verrückte Lachen geht doch über in einen lauten Freudenschrei, der irgendwoher aus meinen tiefsten Tiefen kommt …, ich juble der Natur ein lautes HALLO zu … Komme mir auch ein wenig wie benebelt vor oder sage ich besser wie betrunken? Trunken vor Freude torkle ich den Waldweg entlang. Liegt es daran, dass ich jetzt zwölf Tage nicht gelaufen bin oder mein Kreislauf noch auf ruhende Dunkelheit eingestellt ist? Keine Ahnung – jedenfalls ist es ein unbeschreibliches Gefühl und ein Teil in mir wundert sich darüber, was so in mir vorgeht. Also diese Klarheit der Farben! Es ist nicht zu beschreiben! Wie grün und saftig und lebendig der Wald ist. Habe das Gefühl, ich sehe alles unscharf durch diese Masse und gleichzeitig ist alles super gestochen scharf zu sehen. Komme mir vor wie im Märchenwald. Das Zwitschern der Vögel ist so was von klar und rein – als ob die ganze Welt inzwischen gereinigt und gewaschen und mit einem neuen Anstrich versehen wurde, dazu übergossen mit irgendwelchen Flimmer- und Leuchtmaterialien und alles vom Sonnenspotlicht angestrahlt. Ich laufe durch eine feine durchsichtige Masse, als ob ich unter Wasser bin. Daher das unscharfe Sehen, obwohl alles zugleich super scharf zu sehen ist. Die Masse ist überall, es sieht aus wie ein großer Ozean. Ich „schnappe“ nach Luft wie ein Fisch im Wasser. Die sonst so leer aussehende Luft ist voller Fülle. Diese Masse atme ich ein, sie scheint mich zu versorgen.

Ich weiß, ich könnte ohne sie nicht leben. Die Blüten der kleinen Pflanzen, selbst die Gräser sind von einer Art Leuchtmittel umgeben. Dadurch sehen die Farben auch so leuchtend aus. Ein dünner leuchtender fluoreszierender Saum um alle Pflanzen herum. Warum kann ich dieses Wunder erst jetzt sehen? Holger hatte mich darauf vorbereitet und mir gesagt, dass dieses Sehen nur ein paar Stunden anhält, dann vergeht es langsam wieder. Wie schade. Er sagt, es hängt mit unseren Energien zusammen. Durch den Alltag und unsere Probleme „verdrecken" unsere Sinne, sodass wir solche und andere Dinge nicht mehr wahrnehmen können. Wir sehen es einfach nicht mehr, weil wir „zu" sind. In der Dunkelheit wird alles entkonditioniert und wie gereinigt und dadurch könne man wieder mehr sehen – hören – fühlen – wahrnehmen.

Als ich von meiner Wanderung zurückkam, sah ich Holger. Auch er sah anders aus, als ich ihn in Erinnerung hatte – viel klarer, wie alles andere auch. Ich umarmte ihn einfach in meiner Freude und ließ ihn daran teilhaben.

Ich packte meine Sachen und fuhr am späten Vormittag in Richtung Heimat. Ich zwang mich, meinen Blick auf der leuchtendgrauen Autobahn zu halten, damit mich die Schönheit der Natur nicht ablenkte. Ich fühlte mich total frisch und munter, obwohl ich schon lange vor Sonnenaufgang wach war. Mit dem Fasten wollte ich noch nicht aufhören, ich nahm nur frisch gebrühten Tee mit auf die Fahrt. Während der und nach den sieben Stunden Fahrt spürte ich keinerlei Ermüdungsanzeichen, ich fuhr die ganze Strecke ohne Pause zügig durch – zurück in meinen Alltag.

Die Zwischenzeit

Das Leuchten der Farben und die Klarheit der Natur hielten einen vollen Tag an und auch zwei bis drei Tage später war noch immer etwas davon erhalten, bis der „Leuchtstreifen“ um die Pflanzen herum so verblasst war, dass er sich meinen Blicken entzog. Schade – aber in meinem Herzen habe ich diese Erfahrung, dass die Welt ein wahrhafter Zauber und strahlender Glanz ist, bewahrt. Ich sehe die Natur auch 1 ½ Jahre später immer noch leuchtender und kräftiger als zuvor. Auf die Pflanzen, v. a. Bäume, schaue ich seit meiner Begegnung mit den „lebenden Bäumen“ mit ganz anderen Augen – sie sind alle lebendige Wesen! Den Tieren begegne ich mit mehr Achtung als vorher. Ich sehe oder weiß oder spüre, dass das „Etwas“, das die Mücke (oder den Baum) hervorbrachte, formt und belebt, das gleiche „Etwas“ ist, das mich hervorbrachte und weiterhin formt und belebt.

Als ich nach Hause kam, stürmten die Alltagsgeräusche überlaut auf mich ein – mein ganzes Energiesystem war in Sekunden völlig von den vielen Reizen überflutet und ich reagierte mit innerlichem Rückzug, völlig erstaunt und zugleich entsetzt darüber, dass ich all das vorher überhaupt nicht wahrgenommen hatte. Selbst wenn die Kinder aus ihrer Sicht ganz normal redeten, war es mir immer noch viel zu laut. Vor dem laufenden Fernseher erschrak ich regelrecht – ich fühlte mich von seiner Energie so sehr umnebelt und verwirrt, dass ich mich nicht mehr in der Nähe des Fernsehers aufhalten konnte und dies auch nicht wollte. Eine ähnliche Wirkung hatte das Radio auf mich, sodass ich seitdem sowohl auf Fernsehen als auch auf Radio hören verzichte.

Unseren Kindern gegenüber begegnete ich nach der Dunkelzeit aus meinem Empfinden her weicher; ich hatte irgendwie mehr Verständnis; konnte sie, wie auch andere Menschen, mit anderen Augen sehen – es trat insgesamt mehr Herzenergie und mehr Offenheit in meine zwischenmenschlichen Beziehungen – in allen Bereichen.

Es gab von Seiten der Menschen in meinem Umfeld großes Interesse an meinen Erfahrungen, auch später noch, wann immer ich jemandem davon berichtete. Doch konnte ich auf die Frage „Wie war es denn?" nicht allzu viel antworten. So teilte ich einzelne Details mit, die mir gerade einfielen. Für mich gab es einfach nicht viel zu sagen; es war schwer für mich, darüber zu reden und so wurde ich auch oft ungläubig gefragt: „War das schon alles?", wenn ich nach ein bis zwei Minuten schon nichts mehr zu erzählen hatte. Diese Frage konnte ich stets nur verneinen und zugleich dennoch nichts weiter über meine Erfahrungen berichten – es war einfach so viel, was ich erlebt hatte, dass mein Verstand, der dies in Worte kleiden wollte, keine Worte fand.

(06/2011: Rückblickend erscheint es mir so, als ob, ganz unbewusst, die Sprach- oder Wortlosigkeit dafür sorgte, dass meine Erlebnisse und Erfahrungen noch eine Zeit lang allein in mir blieben, in mir wirken und sich ausbreiten und vertiefen konnten. Jedes Erzählen hätte der Kraft, die im Schweigen lag, etwas weggenommen. Im Schweigen blieb der heilige Bereich und mit ihm die volle Kraft für mich erhalten – das brauchte ich, um in den Folgejahren all das verarbeiten und integrieren zu können, was auf tiefen Ebenen in mir wirkte, die ich z. T. selbst noch nicht benennen oder erfassen konnte.)

Das Gefühl der Freude und Kraft in mir hielt noch mehrere Tage an, bis der Alltag und meine damaligen Probleme mich wieder eingeholt hatten. Geblieben sind mir neben der Dankbarkeit über diese Erfahrung mehr innere Stärke, Sicherheit und Klarheit, die mir halfen, durch die Krise, in der ich damals steckte, mit mehr Mut, Vertrauen und Optimismus durchzugehen. Ich fühle mich gestärkt für mein ganzes Leben. Allerdings möchte ich dieses positive Lebensgefühl nicht allein dem Aufenthalt in der Dunkelheit zuschreiben. Ich hatte mir bereits eine gute Basis durch die Vorarbeit mit meiner Therapeutin erarbeitet. Die Dunkeltherapie hat den ganzen Prozess in wundervoller Weise unterstützt. Der Prozess des Integrierens der Erlebnisse in der Dunkelheit auf tiefen Ebenen wurde durch meine Vertrautheit mit dem IH-Modell erleichtert und so gelang es mir im Laufe der Zeit, den Bedürfnissen meines Inneren Kindes immer besser gerecht werden zu können.

Geblieben ist auch der Wunsch nach einem längeren Aufenthalt im Dunkeln. Ich bin neugierig auf sieben Wochen Dunkelheit.

Kapitel 3 – Zweite Dunkeltherapie

1. Tag – Ängste und Zweifel

Ich habe mich wieder eingerichtet bei meinem Betreuer Holger; es kommt mir vor, als wäre ich nur einen Tag weg gewesen, nicht zwei Jahre. Das kleine Zimmer, das Bad, der Flur – alles ist vertraut, bis auf eine Ausnahme: Ich werde mir dieses Mal meinen Tee selbst kochen. Bei meiner ersten Dunkeltherapie hatte ich dies abgelehnt, da ich Bedenken hatte, mich zu verbrühen. Auch dieses Mal ist mir nicht wohl dabei, aber ich möchte es wenigstens versuchen. Fürs Erste koche ich noch bei Licht eine Kanne Tee und merke mir, wie der Wasserkocher am günstigsten gehalten werden kann, damit nichts danebengeht.

Meine Fastenutensilien sind im Handumdrehen bereitgestellt: Teebeutel, Obst- und Gemüsesaft, stilles Wasser, Gemüsebrühe und Mineralstoffe. Auch meine persönlichen Sachen sind schnell sortiert und nach bewährter Ordnung in Bad und Zimmer verteilt. Prüfend werfe ich einen letzten Blick auf alles und schalte dann die Sicherungen für das Licht aus – für die nächsten 25 Tage.

Es dauert gar nicht lange, bis mich eine innere Unruhe befällt. Das mir bevorstehende alleinige Teekochen geistert seit dem Lichtlöschen durch meinen Kopf. Worauf habe ich mich da nur eingelassen? Das hat zur Folge, dass ich auch nur einmal am Tag zu Holger Kontakt haben werde. Ich merke, dass ich am liebsten das Teekochen wieder an Holger abgegeben würde, damit er wenigstens zweimal am Tag zu mir kommen muss, was auf eine gewisse Art und Weise beruhigend ist. Ich habe Angst vor dem, was in den 25 Tagen auf mich zukommt und je seltener der Kontakt zu Holger ist, umso größer ist meine Angst. Die Angst lässt in mir ein Klammergefühl aufkommen – nach dem Motto: „Bitte, bitte, lass mich nicht so lange allein." Ich fühle mich klein dabei. So schnell geht das, nicht erwachsen zu sein. Es tauchen zweifelnde und unterstellende Gedanken auf: „Kommt Holger wirklich täglich oder lässt er nicht mal einen Tag aus? Kommt er vielleicht den einen Tag am Abend und dann gleich wieder morgens, um mich in der Zeit zu verwirren? Er kann mir ja viel erzählen, da ich keine Uhr habe." Ich merke, wie ich auch bei dieser 2. Dunkeltherapie gefordert bin, Vertrauen in Holger aufzubringen. Da ich weiß, dass mein Vertrauensmangel nicht wirklich was mit Holger zu tun hat, sondern mit mir selbst, lasse ich mich nicht weiter darauf ein und konzentriere mich auf das JETZT. Ich nehme mir vor, alles auf mich zukommen zu lassen und meinen Fokus immer klar in der Gegenwart zu halten und genau zu beobachten, was gerade JETZT ist. Auf die Art möchte ich es schaffen, mich nicht von Gedanken, Bildern, Träumen, Visionen, Lichtern usw. mitreißen zu lassen. Das beruhigt mich und ich lasse mich auf die stockfinstere Dunkelheit ein. Sie umhüllt mich wie eine alte Vertraute.

2. Tag – Das Phänomen Seele

Straßengeräusche lassen mich wissen, dass es jetzt morgens ist. Ich habe geschlafen und fühle mich gut. In mir ist eine ruhige Stimmung, kein Drang zu spüren nach einer Meditation. Ich lasse die Dunkelheit einfach auf mich einwirken und genieße es, nichts tun zu müssen. Diese Art von Ruhe und Abwarten in der Dunkelheit ist mir neu, denn bei der ersten Dunkeltherapie habe ich ständig meditiert und ich ging davon aus, dass ich es wieder so mache wie beim ersten Mal. Ich bin sehr überrascht über diese Veränderung.

Irgendwann mache ich ein wenig Sport, obgleich ich keine Lust dazu verspüre. Ich tue es, weil ich meine, dass es meinem Körper gut tut. Ich merke, wie steif ich bin – ich schaffe es nicht, im Sitzen mit der rechten Hand die Zehen meines linken

Fußes bei gestrecktem Bein zu berühren. Die Dehnungsübungen tun mir gut. Danach verwöhne ich mich mit einer Fußreflexzonenmassage – ein wohliges Gefühl durchströmt mich.

Ich bin gespannt auf mein Tai Chi und merke während der ersten Übung, dass ich recht gut mein Gleichgewicht halten kann. Nicht wie in der ersten Dunkeltherapie, stelle ich zufrieden fest.

Teekochen im Dunkeln

Ich wollte mir gerade Tee kochen und bemerkte, dass der Wasserkocher nicht funktioniert. Kein Strom. Am Sicherungskasten schaltete ich im Dunkeln alle Sicherungen wieder an, die ich sicherheitshalber alle ausgeschaltet hatte, um nicht beim Tasten im Dunkeln aus Versehen den Lichtschalter anzuschalten und plötzlich im Hellen dazustehen. Der Wasserkocher funktionierte wieder und es kam der spannende Moment, das Wasser in die Thermoskanne zu gießen. Ich war ein wenig aufgeregt und hatte Angst, mir kochend heißes Wasser über die Finger zu gießen. Es ging jedoch besser als ich dachte. *(Es passierte nicht ein Mal, dass ich mir die Finger verbrannte. Im Laufe der Zeit wurde ich immer sicherer beim Eingießen und hörte schon am Geräusch, wann die Thermoskanne voll war. Am Ende der Dunkelzeit war es kaum noch ein Unterschied, ob ich im Hellen oder Dunkeln die Thermoskanne füllte. Das Fühlen und Hören ersetzte hier sehr gut die Augen.)*

Warten auf „Bilder und Filme“

Ich setze mich zu einer Meditation hin, aber meine Gedanken gleiten immer wieder ab. Ständig ertappe ich mich dabei, wie ich an die alten Erfahrungen aus der ersten Dunkeltherapie denke, an Klienten oder die Ereignisse der letzten vier Wochen. Ich kann schlecht durchatmen, mein gesamter Oberbauch ist verspannt. Nach einer Weile bekomme ich Kopf- und Nackenschmerzen und beende die Meditation.

Ich bin müde und mir ist hundekalt. Muss wohl draußen sehr kalt sein oder liegt es am fasten, dass ich so friere? Schließlich folge ich dem Impuls in mir, in mein Bett zu kriechen. Ich zwinge mich nicht aufzubleiben, damit ich in der Nacht schlafen kann – ist doch egal, ob es beim Schlafen Nacht oder Tag ist, da es ohnehin immer dunkel ist. Im Bett meditiere ich und endlich spüre ich, wie wohlige Wärme mich durchströmt …

Ich sehe einen hellen Kreis, innerhalb dessen sich zwei kleine Schlangen bewegen. Die beiden Schlangen sind so dick wie Regenwürmer und ca. 5 – 6 cm lang. Als ich mich darüber freute, dass es jetzt losgeht mit Bildern und Filmen, verschwand das Bild sofort. Mir wird bewusst, dass ich darauf warte, Bilder und Filme zu sehen wie bei der ersten Dunkeltherapie.

Es regnet draußen in Strömen – hört sich richtig gut an; als ob ich mittendrin bin, aber nicht nass werde.

Mittagessengeruch zieht zu mir ins Zimmer, was mich jedoch nicht im Geringsten stört.

Ekel vor Salzwasser

Holger kam kurz vorbei und fragte mich, ob ich nicht Salzwasser zum Abführen trinken möchte. Ich lehnte dankend ab – schon beim Gedanken daran wurde mir übel. Er fand es jedoch sehr wichtig und wollte mir erklären, dass man das Fasten so beginnt. Ich unterbrach ihn, weil ich das alles selber weiß und sagte, dass er im Recht ist, aber sich in mir alles sträubt allein bei dem Gedanken daran. Ich schlug ihm einen Kompromiss vor: Er kommt morgen früh kurz vorbei, um nachzufragen, ob ich meine Meinung geändert habe. Außerdem bin ich voll verantwortlich für meinen Körper und trage alle Konsequenzen. Damit gibt Holger sich zufrieden und ich habe noch Zeit, über die Salzwassereinnahme und meine Gefühle dabei nachzudenken.

Ich lasse die Sache mit dem Salzwasser auf mich einwirken und komme zu dem Entschluss, dass es besser ist, den Darm so schnell wie möglich zu entleeren. Also werde ich morgen früh dieses „herrliche“ Getränk zu mir nehmen, habe aber Bedenken, dass es gleich wieder oben statt unten rauskommt.

Über Faulheit und Trägheit

Holger ist zum Gespräch gekommen. Ich berichte ihm, dass ich total faul bin, zu nichts Lust habe, mich das aber nicht stört. Ich bin an dem Punkt, wo ich bei der ersten Dunkeltherapie nach ca. einer Woche angelangt war. Damals habe ich mich gegen die Faulheit mit Aktivität gewehrt. Dieses Mal spüre ich keine Gegenwehr in mir und ich gestatte mir, faul zu sein. Ich beobachte einfach alles, was in mir hochkommt.

Holger sagt dazu: „Diese Faulheit ist das Schlüsselloch zum Nichts-Tun. Du kannst dich nicht groß dagegen wehren, weil es aus dir selbst kommt. Im Hellen kannst du ein bisschen mit bewussten Impulsen etwas anders machen, was du innerlich an sich nicht so tun würdest. Im Dunkeln jedoch, wo die Hilfsmittel der äußeren Welt wegfallen, kannst du nicht mehr so viel bewusst tun. Dein Inneres ist wie ein Fluss, der nach vorn treibt. Ein Fluss treibt nicht rückwärts. Oft wollen die Leute dem inneren Fluss, der ohnehin kommt, noch eins draufgeben. Das ist viel zu viel. In der Dunkelheit hören viele Leute auf zu meditieren oder andere Übungen zu machen, eben weil sie in jene Phase der sogenannten Faulheit kommen. Da gibt es nur eins: sich aufgeben und hingeben.“

Ich gebe zu bedenken, dass mir die Übungen – z. B. Tai Chi, Yoga, einfache Dehnungsübungen – immer sehr gut geholfen haben, aus der Trägheit rauszukommen, die neben meinem Körper auch mein Bewusstsein erfasst. In diesem Dämmer- oder Schlafzustand bin ich weit weg von geistigen Erkenntnisprozessen oder Erfahrungen.

Holger meint, die Faulheit oder Trägheit sei eine ganz normale Durchgangsphase, die früher oder später von allein aufhöre. Es sei gut, wenn ich in mich einfühle und dann entscheide, ob ich Körperübungen mache oder nicht. Oft würde man sich auch vom Gefühls- oder Seelenwahrnehmen überrollen lassen, in das man in der Dunkelheit reingetrieben wird und bleibt dann da gefangen. Es sei daher gut, sich ab und an die Seinswahrnehmung zu erinnern und von dort aus zu schauen – über den neutralen Beobachter, der ohne Gefühle eine Situation betrachtet. Mit dem Körper könne man empfinden, mit der Seele fühlen und mit dem Geist das Sein wahrnehmen.

Über die Seele und Geistwahrnehmung

Ich frage Holger, ob die Gedanken der Seele zuzuordnen sind.

H.: „Alle Gedanken und alle Gefühle sind die Seele. Man kann das nicht so scharf gegeneinander abgrenzen, das ist ein Kontinuum vom einfachen – zum tiefen – zum kosmischen, göttlichen Gefühl bis hin zur reinen Geistwahrnehmung. Am Anfang hast du eine starke Identifikation mit dir selbst: ‚Ich, ich, ich …, ich fühle, ich denke, ich bin der Ansicht, ich spüre, ich bin klug, ich habe eine tolle Idee …' Das nimmt dann mit der Zeit ab. Auch das Gefühl ‚Ich bin mein Körper' tritt dann zurück. Wenn du ehrlich bist und genau guckst, dann bist du alles drei zur gleichen Zeit. Du musst keine Geistwahrnehmung erreichen, weil du sie bereits hast. Wenn du noch genauer hinguckst, dann siehst du, dass *nur* die Geistwahrnehmung da ist und sonst gar nichts."

S.: „ Alles in mir redet durcheinander. Eine Flut von Erinnerungen an vergangene Ereignisse kommt an die Oberfläche, pausenlos."

Holger meint, hier helfe die Meditation weiter, wie ich es ja schon mache. Alle spirituellen Techniken würden mit der Ruhigstellung des Körper und der Seele arbeiten.

Gedanken über das Mädchen aus der ersten Dunkeltherapie

S.: „Ich mache mir Gedanken über das Mädchen aus der ersten Dunkeltherapie, die barfuß durch den Raum lief und sich etwas vom Tisch weggenommen hatte. Ich habe sie klar und deutlich außerhalb von mir gesehen. Existiert sie nun wirklich oder war sie doch nur eine Projektion? Wenn sie wirklich existiert, macht mir das Angst und gleichzeitig verstehe ich es nicht. Wer oder was war das Mädchen? Wo oder wie kann ich sie zuordnen? Sie war nicht so manifest wie ein normaler Mensch, das konnte ich wahrnehmen. Ich zerbreche mir darüber den Kopf und kann das Rätsel nicht lösen. Wenn ich mir vorstelle, sie war ein Geist, löst das bei mir Panik und Erschrecken aus und ich habe große Angst vor weiteren ähnlichen Erfahrungen – die will ich auf keinen Fall."

H.: „Wir auf der Erde meinen ja, wir existieren. Nehmen wir einmal an, ich weiß es nicht, das Mädchen ist aus dem Jenseits, dann meint sie auch, sie existiert. Die ganzen Toten meinen, sie existieren. Dich und mich gibt es nur so lange, wie wir beide einen Körper haben. Wenn wir tot sind, gibt es uns nur noch reduziert als Seelenwesen, aber ohne Körper. Woraus bestehen die Seelenwesen? Aus Energie – und die drückt sich aus als Gefühle und Gedanken."

Gedanken über Gefühle
S.: „Hinsichtlich der Gefühle hatte ich in der ersten Dunkeltherapie die Erfahrung gemacht, dass, betrachte ich vom neutralen Beobachter aus den Körper, der Körper ohne meine Gedanken überhaupt nichts fühlt. Die sexuellen Gefühle z. B., die sich nicht so ohne Weiteres unterdrücken oder wegschieben lassen, verschwinden schlagartig bzw. kommen erst gar nicht auf. Der Körper ist dann wie eine leere Hülle. Die Gefühle fühle ich aber wiederum nur im oder durch den Körper – also gehören die Gefühle zum Körper, könnte man sagen. Andererseits gibt es da einen Widerspruch. Die Gefühle können gar nicht zum Körper gehören, denn wenn ich im Beobachter bin, ist körperlich nichts fühlbar. Die Gefühle entstehen durch Gedanken, die ich mir mache oder die ich habe und ich fühle sie im Körper. Wenn ich die drei Punkte Körper, Seele und Geist (=Beobachter) habe, wohin gehören die Gefühle? Du sagst ja, die Seele ist Gefühle und Gedanken. Also gehören die Gefühle zur Seele. Aber ich

fühle sie doch im und durch den Körper und gleichzeitig weiß ich, dass sie nicht im Körper sind. Das verstehe ich nicht. Wohin gehören sie nun?"

H.: „Die normale europäische Wissenschaft sagt, ins Gehirn. Ich sage, und das ist natürlich völlig antieuropäisch und antiwissenschaftlich, dass die Gefühle nicht zum Körper gehören, sondern zu unserer Seele."

S.: „Weil die Gedanken die Gefühle auslösen?"

Wer bin ich?

H.: „Das ist ein anderes Thema, wer was auslöst. Was sind Gedanken, was Gefühle. Die erste große Frage ist: Wer bin ich? Bin ich mein linker großer Zeh? Bin ich nicht. Bin ich mein Ohr, Haar, Auge …? Nein. Alle Gliedmaßen und Körperteile weg, kann ich alles wegschneiden, bin ich nicht – also: Wer bin ich? Wo bin ich? Wenn du im Auto sitzt, würdest du auch nicht sagen: Ich bin das Auto. Die Seele sitzt nur im Körper genauso wie du nur im Auto sitzt, aber du bist weder der Körper noch das Auto. Nimm mal unsere Bauernbevölkerung hier im Schwarzwald vor 500 Jahren. Die haben sofort gewusst: ‚Natürlich, unsere Seele ist im Körper und wenn wir sterben, geht die Seele raus.' Jedem war das bekannt und jeder hat das klar verstanden. Aber heute versteht das keiner mehr. Daran siehst du, wie wichtig Kultur ist. Die Gesamtkultur will dem Einzelindividuum helfen – und das Gegenteil ist der Fall: Es hilft uns nicht."

Kulturanzug

S.: „Andere Menschen sind auch gefangen in ihrer Kultur, egal wohin ich schaue, weltweit gibt es immer etwas, innerhalb dessen die Menschen gefangen sind. Gefangene des eigenen Glaubens, der eigenen Riten, der selbst aufgestellten Regeln und Gesetze innerhalb der Gruppe, des Stammes, des Landes. Wir Menschen legen Fallstricke aus und verfangen uns dann selbst darin, egal in welcher Kultur."

H.: „Ja, schon, sie sind auch gefangen, aber die Theorie ist eben richtig. Die haben nun das umgekehrte Problem. Sie denken dauernd an Geister. Wenn du jetzt Balinesin wärst und ein seelisches Problem hättest, würdest du nicht sagen, dass du ein Problem hast, sondern dass ein Geist dich beeinflusst und dieser das Problem ist. Das ist genau die umgekehrte Seite und natürlich auch eine Verfangenheit in der Kultur. Denn aller Wahrscheinlichkeit nach ist es kein Geist, sondern du hast Probleme. Rein theoretisch gesehen ist die Balinesische Kultur weiter entwickelt, der theoretische Ansatz richtiger, was aber nicht heißt, dass die Leute dort auch richtiger handeln. Auch sie sind an Vorstellungen und Gesetze gebunden, die ihnen in der Kindheit von außen aufgeprägt werden. Aber damit es echt und wirklich wird, muss alles selbst entwickelt und erfahren werden. Auch die Balinesen machen es ihren Eltern und den anderen Vorfahren nur nach. Also kann man sagen: Ein jeder Mensch hat die Kultur als Anzug an und die muss er zunächst auch so lassen, er kann spielerisch mitspielen, aber innerlich muss er kulturfrei werden."

Über die Innen- und Außenwelt

S.: „Ja, kann man so sagen. Ich stelle gerade fest, wir sind von meinem Problem um das Mädchen abgekommen. Ich möchte darauf noch einmal zurückzukommen, denn es ist noch nicht klar in mir. Ich gehe davon aus, dass mir das begegnet, was auf irgendeine Art und Weise mit mir zu tun hat – sowohl in der Außen- als auch in der Innenwelt. Auf der inneren Bildfläche erscheint alles, was ich mir wünsche, aber auch alles das, was ich nicht haben will, worunter ich gelitten habe und deshalb weit wegschiebe. Alle Götter, Dämonen, inneren schrecklichen oder schönen Fantasien usw., alles, was ich in der Dunkelheit fühle und sehe, hat mit mir zu tun. Ebenso hat alles, was mir in der Außenwelt begegnet, mit mir zu tun. Es ist nur so irritierend, weil ich das klare Gefühl hatte, dass das Mädchen mit mir nichts zu tun hat und dass sie unabhängig von mir existiert und sie keine Projektion ist. Das war für mich ganz klar, macht mir aber auch Angst, denn wenn sie unabhängig von mir existiert, dann könnten auch schreckliche Wesen wie z. B. Dämonen unabhängig von mir existieren. Das Mädchen war ja zum Glück nicht schrecklich. Ich weiß es einfach nicht."

(04/2010: Ich ordne heute das Mädchen der geistigen Welt zu – siehe Anmerkung S. 217.)

Materielles und energetisches Universum

H.: „Ich auch nicht. Aber wenn man den gesamten Bereich des Seelen- oder Totenreichs untersucht, dann ist der so gigantisch wie unsere materielle Welt, unser Universum. Das energetische Universum ist wie sein materielles Spiegelbild genauso unendlich und unfassbar für uns. Welche Art von Spezies leben dort? Wer weiß heute, wo im unfassbaren Universum es noch Leben gibt und wie dieses Leben aussieht? Alles, was im materiellen Universum existiert, gibt es auch im energetischen Universum. Die alten Kulturen beschreiben, welche Art von Spezies es im Seelenreich gibt oder auf den verschiedenen Planeten im Universum. Jeder Planet wird von anderen Wesen besiedelt."

S.: „Die Erde an sich ist ein lebendiges Wesen."

H.: „Ja, dann gibt es Galaxiewesen usw., ein weites Feld."

Über außerkörperliche Erfahrungen

S.: „Es gibt das Phänomen der außerkörperlichen Erfahrung. Wenn ich im Seelenreich bin, begegne ich da nur dem, was ich mir vorstelle oder was ich, bewusst oder unbewusst, denke? Begegne ich also nur meiner eigenen Hölle oder meinem eigenen Himmel? Oder begegne ich auch anderen Wesen, die nichts mit mir zu tun haben, die unabhängig von mir existieren?"

H.: „Die Seele kann den Körper verlassen. Der Körper ist eine Hülle, das Herz schlägt nicht, du bist tot."

S.: „Kann die Seele wieder zurück und der Körper wird wieder lebendig?"

H.: „In besonderen Fällen, z. B. bei der Reanimation oder aus anderen Gründen, kommt die Seele wieder zurück. Das ist die eine Version. Die 2. Version ist eine Teilexteriorisation, d. h. dass die Seele nur ein kleines bisschen, vielleicht 1 oder 2 cm aus dem Körper rausgeht oder nur ein Teil, z. B. nur der Seelenarm oder das Seelenbein usw., den Körper verlässt. Die Seele ist ein direktes plasmatisches Spiegelbild des materiellen Körpers. Wenn z. B. nur der linke Arm oder die linke Hand rausgeht, kannst du damit paranormale Dinge erzeugen. Das geht aber nicht mit dem materiellen Arm oder der materiellen Hand, sondern nur mit dem plasmatischen bzw. energetischen Anteil. Bei der 3. Möglichkeit bleibt die Seele im Körper. Da auch im Körper die Seele unabhängig ist vom Körper, nur um ihr Herz ein bisschen verbunden, kannst du auch so eine Schau in das Seelenreich, das Totenreich, erreichen, obwohl die Seele voll und ganz im Körper bleibt. Das ist der häufigste Fall. Das sind die drei Stufen und die darf man nicht verwechseln."

S.: „Wie ist das mit den Yogis, die über Wochen den Körper verlassen können, während ihre Schüler den zurückbleibenden Körper bewachen. Hältst du das für möglich?"

H.: „Ich weiß es nicht. Es gibt aber Berichte, wo Menschen schon mehrere Tage tot waren, dann verbrannt oder beerdigt werden sollten, die Seele aber zurückkehrte. Platon schildert einen solchen Fall, wo ein Mann zwölf Tage glaube ich tot war. Scheinbar kann man auch länger tot sein als nur ein bis drei Minuten wie bei den Kurznahtodeserfahrungen. Man hört immer wieder solche Berichte von Menschen, die länger tot waren und dann weiterleben. Es gibt noch andere Phänomene, z. B. dass der Mensch definitiv tot ist, der Körper aber nicht verwest, weil das Herz noch warm ist. Scheinbar hält da die Seele aus irgendeinem Grund noch Kontakt zum Körper. Du bist ja erst de facto tot, wenn die Seelenschnur zwischen Seelenkörper und Herz durchtrennt ist."

Über Komapatienten und seelische Nabelschnur

S.: „Fallen hierunter auch die Komapatienten? Sie sind ja auch seelisch nicht oder wenig anwesend. Ich hatte die Möglichkeit, einen Komapatienten mit Akupunktur zu behandeln. Am Anfang hat er überhaupt nicht reagiert beim Nadeln setzen. Wir haben in Abständen von drei bis fünf Monaten je zehn Akupunktursitzungen durchgeführt. Als ich ihn zwei Jahre später wieder sah, reagierte er deutlich mit Schmerzsignalen, während ich die Nadeln setzte. Er verzog das Gesicht, sah zornig aus und drehte den Kopf weg von mir. Als ob er wütend darüber war, dass ich ihm Nadeln setzte. Das waren eindeutige Reaktionen auf den Nadelreiz."

H.: „Das wäre auch eine interessante Forschung. Es gibt zwei Möglichkeiten. Entweder verlässt seine Seele den Körper – dann ist sie in der Seelendimension. Und da kommt es wieder darauf an: Ist die Seele nah beim Körper oder weit weg vom Körper. Oder die zweite Möglichkeit: Die Seele ist noch voll im Körper drin. Dann kann sie durch die Trübheit, die Bewegungslosigkeit des Körpers bzw. durch die Zerstörung des Gehirns, wenn das der Fall ist, einfach nicht mehr in unsere Alltagsrealität durchdringen. Das ist der furchtbarste Zustand, den es gibt. Die Seele ist gefangen im Körper, kann sich aber nicht mehr äußern und sie ist auch nicht frei in Bezug auf die Nachbardimension, denn dort kommt sie auch nicht hin. Diese Leute sind wirklich gefangen zwischen zwei Zuständen: Im Körper können sie nichts mehr machen, obwohl sie drin sind. Und weil sie im Körper sind, können sie auch nicht ins Seelenreich und sich frei entfalten. Je weiter die Seele weg ist vom Körper, desto weniger Identifikation mit diesem hat sie."

S.: „Theoretisch dürfte seine Seele doch nicht außerhalb vom Körper sein, denn dann wäre er doch tot?"

H.: „Nein. Jede Nacht geht z. B. die Seele aus dem Körper. Die Seele kann außerhalb vom Körper sein, aber so lange das Band zwischen Körper und Seele nicht zerrissen ist, lebst du. Dieses Band geht ins Herz. Deshalb wird zuerst, wenn ein Fötus entsteht, das Herz entwickelt. Das Herz ist unser Zentrum, nicht unser Gehirn. Eine feinstoffliche Schnur oder viele feine Fäden gehen vom Seelenkörper zum materiellen Herzen. Erst wenn diese immaterielle Nabelschnur zerschnitten wird, bist du tot. Die immaterielle Nabelschnur muss nicht nur von Nabel zu Nabel gehen. Manche Leute haben 100 Fäden vom immateriellen zum materiellen Leib. Die Fäden sind hauchdünn und zart, wie Spinnweben. Andere sind wie eine normale Nabelschnur. Manche haben eine Nabelschnur vom materiellen zum immateriellen Gehirn. Da gibt es verschiedene Versionen, aber immer ist eine Verbindung da und erst wenn die gekappt ist, sind wir tot und die Seele kann nicht zurück."

S.: „Da ergibt sich sofort die Frage in mir, wie dann außerkörperliche Reisen möglich sein sollen?"

H.: „Die Verbindung wird immer dünner und der Kontakt zum Körper nimmt umso mehr ab, je weiter ich weg bin vom Körper – bis die kritische Situation eintritt, wo man fast meint, der Kontakt reißt ganz ab. Es gibt auch das Phänomen, dass man meint, plötzlich zurückgezogen zu werden – wie eine elastische Nabelschnur, die einen wie ein Gummiband zurückzieht in den Körper. Wenn du z. B. auf Seelenreisen bist und ich komme und stoße dich ein wenig an, dann bekommt der Körper einen Schreck, der sich über die Nabelschnur auf den Seelenkörper überträgt und dann wirst du automatisch zurückgezogen. Tod kann man also definieren: Die seelische Nabelschnur wird zerschnitten."

S.: „Beim Tod des Yogis P. Yogananda gab es ja das Phänomen, dass er nach seinem Tod nicht verweste. Er soll seinen Körper bewusst verlassen haben."

H.: „Ja, es gibt das Phänomen der langsamen oder späten Verwesung bei all denen, die ihren Körper bewusst verlassen. Yogananda hat bewusst die Seele vom Körper gelöst als er außerhalb seines Körpers war, indem er die Nabelschnur durchtrennt hat. Aber wir verlassen ja alle jede Nacht unseren Körper, um uns zu regenerieren, nur wir erinnern uns nicht daran."

Im Tiefschlaf den Körper verlassen

S.: „Wenn wir es nicht erinnern, woher weiß ich es dann? Woher weißt du es?"

H.: „Der einzige Beweis, den ich bringen kann, ist der, dass, wenn im Experiment der Tiefschlaf nicht zugelassen wird, der Mensch dann bald stirbt. Das ist bekannt aus der Traumforschung. Wird die Traumphase nicht zugelassen, dann stirbt er nicht unbedingt, aber er wird psychotisch, d. h. er sieht das, was er sonst im Traum sieht, im Alltag und er kann Alltag und Traumrealität nicht auseinander halten. Wenn du so weit in der Psychose bist, dann hilft auch die Regenerationsphase nichts mehr. Also wir brauchen die Traumphase und wir brauchen den Tiefschlaf. Man weiß nicht wirklich, was in der Tiefschlafphase geschieht. Da ist eine Flatline im EEG, aber bei genauerem Hinsehen sieht man, dass doch noch eine Aktivität am tiefsten Punkt dieser flachen EEG-Linie da ist. Es kann sein, dass die Forscher eines Tages rausbekommen, dass die Seele am tiefsten Punkt der flachen EEG-Linie den Körper verlässt. Es ist eine Theorie oder Vermutung von mir, dass die Seele in der Nacht unseren Körper in der Tiefschlafphase verlässt. Es gibt noch keinen Nachweis oder Beweis dafür, aber die Seele muss den Körper verlassen, um in dieser Wirklichkeit wach zu bleiben. Alle körperlichen und psychologischen Zustände – Erschöpfung, Müdigkeit usw. – sind darauf zurückzuführen, dass deine Seele nicht oder nicht lange genug im Jenseits war, um sich dort zu erholen. Seelenreisende haben beschrieben, wie bei schlafenden Menschen in den Städten nachts die Seelen aus den Körpern steigen und dann im Seelenreich sind. Ich habe mein Wissen also von den Beschreibungen der Leute, die selbst im Seelenreich waren und gleichzeitig beobachtet haben, wie von ihren Nachbarn die Seele den Körper verlassen hat. Ob das nun im Tiefschlaf war oder nicht, weiß ich nicht, das ist meine These. Wenn die Seele nicht ab und an in ihre Heimat geht, um sich zu erholen, kann sie die Sache hier auf Erden nicht durchhalten, weil die Seele eingesperrt ist in einen Körper, eingesperrt in eine dreidimensionale kausale Welt und davon muss sie sich ab und an erholen."

Müdigkeit durch Energieverlust – „Retten"

S.: „Menschen werden auch müde, weil sie unbewusst viel Energie an andere Leute, denen sie es recht machen wollen, abgeben. Sie trauen und muten den anderen nicht zu, dass die ihre Probleme selbst lösen können, können sich nicht abgrenzen und nicht ‚nein' sagen, wollen immer trösten und andere aufbauen. Dabei fließt ständig die eigene Powerenergie weg zu anderen Menschen, die nicht so gut drauf sind und jammern. Diese ‚Retter' sind wie Selbstbedienungsläden und Mülleimer, wo andere Menschen ihren seelischen Kummer abkippen und Energie ‚kostenlos' mitnehmen können. Der ‚Retter' fühlt sich in seiner Rolle scheinbar wohl und bietet sich – meist unbewusst – auch als Mülleimer an. Diese und andere Prozesse haben einen hohen Preis – die eigene Energie geht verloren, sodass solch ein Mensch nach einigen Jahren total fertig, ausgelaugt und oft auch krank ist. Aber auch Gedankenprozesse, die ständig im Kopf ablaufen, kosten Energie, v. a. Grübeleien. Im Gegensatz dazu ist eine Meditation, bei der es gelingt, für eine Weile in Tiefen abzutauchen, wo keine Gedanken mehr auftreten, total erholsam. Das ist körperlich deutlich zu spüren – fühlt sich wacher und kraftvoller an."

H.: „Ja, wenn nicht viele Gedanken da sind, wird weniger Energie verbraucht. Also kann man sagen: Gefühle und Gedanken verbrauchen viel Energie, natürlich auch Körperbewegungen. Bei der Meditation kommt es zur Ruhigstellung von Körper- und Seelenaktivität und dadurch kann ich zum reinen Geist gelangen, wo aufgetankt werden kann."

S.: „Ja. Zum Auftanken gehört meines Erachtens auch, alte eingeprägte Muster zu erkennen und wieder loszulassen. Über das Loslassen wird die Energie, die in den Mustern gebunden war, wieder freigesetzt. Kleine Kinder sind noch ganz natürlich, offen und voller Energie. Mit zunehmendem Alter verschließen sie sich, um ab einem bestimmten Erwachsenenalter wieder zu ihrem authentischen Selbst zurückkehren zu wollen, was allerdings oft viel Arbeit und ein harter Weg ist."

(03/2010: Viele Menschen schrecken vor diesem Weg zurück, weil es oft bedeutet, das gesamte Weltbild und die Komfortzone, in der sich mittlerweile eingerichtet wurde, zu verändern bzw. zu verlassen. Das löst Angst aus, weil die alten Sicherheiten aus der Kindheit dabei aufgegeben werden müssen. Wird die Bequemlichkeitszone, in der die Energieflüsse auch blockiert sind, jedoch verlassen, bringt das meiner Erfahrung nach Energie zurück und es fühlt sich sehr befreiend an.)

H.: „Die ganze Kindheitsforschung ist hochinteressant. Kinder leben in einer seelisch-geistigen Welt. Dann sind sie 30 oder 40 und wollen meditieren und ihr Ich verlieren. Das ist absurd. Vorher hatten sie es, aber da mussten sie ja erst mal lernen: ‚Ich bin ich; ich sitze hier, ich bin nicht woanders …' Das sitzt dann so tief, dieses ‚Ich bin ich', dass es nicht so schnell wieder losgelassen werden kann."

S.: „Ja, wir bekommen es so gelehrt von der gesamten Gesellschaft."

H.: „Nein, weil wir in der Materie von Raum und Zeit sind. In der Materie muss ich sagen können: Ich bin hier, im 2. Stock diesen oder jenen Hauses in Deutschland. Wenn ich das nicht sagen kann, sondern sage, ich bin gerade in New York, dann wird es kritisch. Die Verständigung untereinander wäre nicht möglich. Im Jenseits gibt es ein anderes Problem: Was da gedacht wird, setzt sich sofort real um. Ich sitze quasi im Nichts, denke an meinen Vater und zack, stehe ich vor ihm. Ich denke, ich bin in der Hölle und schon bin ich da. Wenn ich denke, es gibt Götter, sitze ich sofort mit allen Göttern zusammen in der Runde. Wovon wir gerade reden, ist die Vielfalt der Seelenprojektionen. Das Seelenreich ist genauso mannigfaltig wie die materielle Welt. Sogar noch mannigfaltiger – hier habe ich ein Haus, im Seelenreich kann ich mir 15 Häuser kreieren. Es kann aber auch die Hölle sein, denn alles, was du denkst, setzt sich ja sofort um."

S.: „Hat das alles mit dem EINEN oder dem SEIN zu tun? Das ist meines Erachtens ein anderer Bereich als der Seelenbereich."

(11/2007: Da das EINE **alles** *hervorbringt, ist der Seelenbereich im EINEN enthalten, genau wie die Materie. Ich hatte es in mir in verschiedene Bereiche aufgeteilt, aber vergessen, sie wieder zu EINEM zusammenzufügen bzw. vergessen, dass das EINE ja alles beinhaltet. Das brachte mich lange Zeit immer wieder in Verständnisschwierigkeiten, Verwirrungen und Widersprüche.)*

Das Nichts und das Etwas

H.: „Das Nichts ist das Etwas und das Etwas ist das Nichts. Schau da mal genauer rein hier in der Dunkelheit."

S.: „Ich habe die Erfahrung gemacht, dass Leere zugleich Fülle und Fülle zugleich Leere ist. Bei der ersten Dunkeltherapie ist mir das so klar geworden durch meine Erfahrung, wo ich die Leere, die ich sonst als leer wahrnahm, als Fülle erfahren habe."

H.: „Ja. Also kann man sagen, Spiritualität heißt, das Nichts und Etwas ganztägig und dauernd zu sehen. Das **alles da** ist und **alles Nichts** ist. Es muss zu einer Gewohnheit werden, dass man dies immer öfter erkennt, selbst wenn man Not leidend ist oder es einem körperlich schlecht geht. Das Nichts und Etwas ist im Grunde immer da, nur wir merken es nicht. Wir müssen es nicht erzeugen. Es ist viel einfacher als wir denken. Nur mal so hinschauen, das Nichts ist da und das Etwas auch. Also öfter spüren, öfter wahrnehmen. Ist nicht so einfach, aber je mehr du übst, umso mehr ist es da. Das ist eigentlich das Ziel der Spiritualität."

Holger riet mir noch, 1. das Nichts zu fühlen, 2. das Nichts als Etwas zu fühlen und 3. das Etwas als Nichts zu fühlen. Nichts und Etwas seien zwei Worte für die gleiche Sache. Ich solle mir mal vorstellen, das Nichts wäre das Nichts und das Etwas wäre das Etwas. Etwas wäre das Etwas hieße totaler Materialismus. Nichts wäre das Nichts hieße totaler Nihilismus. Beides sei falsch. Mit diesen Hinweisen war die Sitzung beendet.

Ich wurde heute mit einem Thema konfrontiert, über das ich schon öfter nachgedacht hatte. Wie kriegt eine blinde Frau mit, dass sie ihre Regel bekommen hat und woher weiß sie, dass es zu Ende ist? *Aus eigener Erfahrung kann ich im Nachhinein die Frage für mich so beantworten: Es ist zu spüren, sowohl der Anfang als auch das Ende.*

Bei der Meditation stelle ich fest, dass mein Bauch noch nicht ganz locker ist, die Atmung fließt aber schon in den Bauch hinein. Schwierig ist es noch, unter die Gedankenschicht zu kommen. Insgesamt fühle ich mich ruhig; gehe jetzt baden und dann ins Bett.

In der Nacht zum Sonntag habe ich zwei interessante Träume.

Traum: Überschwemmung und Seerosenblüte

1. Traum: Eine Klientin von mir – sie ist gerade frisch verliebt – bekam etwas geschenkt. Sie kam zu mir zur Sitzung und fühlte sich nicht gut, weil sie krank war. Ich schickte sie nach Hause. Sie vergaß jedoch ihr Geschenk bei mir. Ich schaute hinein, weil ich dachte, da sei ein Tier drin, das versorgt werden müsste. Es war aber kein Tier, sondern eine abgeschnittene weiße Seerosenblüte (oder Lotusblüte). Kurz bevor die Klientin zur Sitzung kam, hatte ich in meiner Wohnung die Blumen gegossen. Ich goss Wasser in einen Blumentopf, wobei von dessen Übertopf das Wasser überquoll und nicht mehr aufhörte zu fließen. Ich hielt diese Pflanze über all die anderen Pflanzen, sodass auch diese Wasser bekamen, bis alle Blumen versorgt waren. Es hörte jedoch nicht auf zu fließen, bis ich eine richtige Überschwemmung um alle Pflanzen herum hatte. In diese Überschwemmung habe ich die Blüte der Klientin reingelegt, damit sie frisch bleibt bis sie wiederkommt. Es sah aus, als schwimme sie auf einem See.

Holger meinte dazu in der Abendsitzung, als ich ihm den Traum berichtete: „Du lässt dir eine weiße Seerosenblüte da – sprich die Blüte bist du. Du bist im Zustand der Seerose, in weiß. Das ist dein jetziger Zustand. Diesen Zustand willst du dir erhalten, folglich legst du sie ins Wasser. Wasser ist das Seelische. Aber nun stellt sich beim Blumengießen heraus, dass mehr Wasser da ist als du denkst. Schließlich hast du einen Teich im Zimmer – so viel Seele ist da. Genug Platz für vielleicht das höhere Seelische in Gestalt der Seerose. Die Seerose ist die Inkarnation des höheren Seelischen. Genialer Traum. Kein Traum, sondern eine Zustandsbeschreibung deiner Seele. Höhere Seele und normale Seele finden sich als Wasser und Seerose. Ein gewaltiges, trickreiches Bild."

Traum: Parken auf einer Anhöhe

2. Traum: Ich bin mit einem meiner Söhne im Auto. Wir fahren auf einen Hof. Ich steige aus und prüfe, ob auf der Anhöhe (ein kleiner Berg), die ich noch hinauffahren möchte, um da zu parken, die Holzlatten gerade liegen. Sie dienen als Richtspur zum einparken. Da sie etwas schief liegen, schiebe ich Latten gerade. Ich fahre die Anhöhe hoch, bekomme jedoch die Einfahrt nicht richtig, da die Hölzer doch noch schief liegen, wie ich erst jetzt sehe. Ich bleibe am Ende der Schräge mit dem Auto stehen, steige aus und fange an, die langen, unhandlichen Holzstangen parallel zueinander auszurichten, um einparken zu können. Mein Versuch schlägt jedoch fehl – alles verschiebt sich und ein Einparken ist jetzt unmöglich. Ich fahre das Auto runter und laufe die Anhöhe wieder hoch, um die Latten gerade zu rücken. Dabei fällt der Holzstapel, der an den Seitenrändern der Anhöhe aufgestapelt ist, um. Während ich dabei bin, alles wieder aufzustapeln, kommt jemand – ein Mann, der eine Taschenlampe in der Hand hat und damit die Umgebung ableuchtet. Ich bekomme starke Angst und lege mich leise hinter den Holzstapel. Das Licht der Taschenlampe geht über mich hinweg, ohne dass er

mich sieht. Offensichtlich darf ich hier nicht parken. Der Mann geht auf das Auto zu. Ich bekomme Angst, denn mir fällt ein, dass im Auto noch der Schlüssel steckt und mein Sohn darin sitzt im jetzigen Alter. Die Schritte halten am Auto an. Ich habe Angst, dass der Mann mit meinem Auto und meinem Sohn darin wegfährt. Was kann ich tun? Ich entscheide, mich der Situation zu stellen und hinunter zu dem Mann zu gehen. In dem Moment werde ich wach und sehe zur gleichen Zeit ein Licht, in welchem in voller Größe mein Körper als Skelett erscheint. Das Skelett ist nicht so klar, wie ich es schon aus der ersten Dunkeltherapie kenne. Es sieht alles ein wenig verwaschen aus, trotzdem eindeutig erkennbar für mich.

In der Abendsitzung haben wir folgenden Austausch über diesen Traum:

H.: „Skelett heißt, du verlierst dein Ich – gewissermaßen ein Ich-Tod. Du wirst dann das, was du in Wahrheit bist und das ist als Skelett dargestellt. Also ein Ich-Tod, aber auch eine Neugeburt in eine höhere Seins-Ebene, in deine wirkliche Seins-Ebene. Die Angst hat dich gezwungen, dein wahres Wesen, sprich Skelett, zu erkennen. Das ist oft so, die Leute haben Angst im Traum und dann verlassen sie ihren Körper. Die Angst ist der Mechanismus zu höherer Erkenntnis. Die Dunkelheit kann eine Anspielung sein auf die Dunkelheit hier."

S.: „Mir kommt gerade: Der Mann ist vielleicht ein Teil von mir, der mir immer noch große Angst macht, sodass ich mich vor ihm verstecke. Aber dann sehe ich, dass mein Sohn und mein Auto in Gefahr sind und dadurch überwinde ich die Angst und stelle mich ihr, indem ich bereit bin, zu dem Mann hinunterzugehen."

H.: „In dem Moment, wo du dich der Sache stellst, kam das Skelett. Es war eine Mutprobe zu zeigen, dass du allein fertig wirst mit dem Höhepunkt, sprich mit der Skeletterfahrung. Du schaffst es allein, lässt dich von Hindernissen nicht klein kriegen

– weder von dem Nachtwächter noch davon, dass du nicht einparken kannst."

S.: „Wäre der Mann nicht gekommen, hätte ich einparken können, da ich die Hölzer ja alle gerade gerückt hatte und mit dem Aufstapeln fast fertig war. Der Rest wäre auch kein Problem gewesen."

H.: „Gut, dann kann man sagen, du hast es geschafft, obwohl du letztendlich noch nicht eingeparkt hast. Aber es war zu erkennen und du hast keinen Zweifel, dass du es schaffst. Den Mann hast du auch überwunden durch deine Entscheidung, nach unten zu gehen. Jetzt kommt die Belohnung – du siehst dich ohne ICH. Denn wer Mut hat, hat kein Ich. Wer ein Ich hat, hat Angst. Du hast dein Ich zerstört. Das zeigt sich als Skelett: Entfleischlichung, Entmenschlichung, Entirdischung. Beides geniale Träume."

3. Tag – Das Etwas

Innere Abwehr vor dem Salzwasser

Es ist morgens. Holger war gerade hier und hat mir zwei Thermoskannen voll mit lauwarmem Salzwasser gebracht. Er erinnerte mich daran, beide Kannen in maximal 30 Minuten auszutrinken, da sonst die gewünschte abführende Wirkung nicht eintritt. Während er auf mich einredete, verdrehte ich meine Augen, denn schon wenn ich nur daran dachte, hob sich mein Magen. Er ging wieder und ich saß vor dem Salzwasser, mit meiner inneren Abwehr kämpfend. Ich überwand mich für den ersten Schluck, doch kaum hatte ich den Mund voll, suchte ich, so schnell es mir die Dunkelheit erlaubte, das Bad auf, um ihn der Toilette anzuvertrauen. Mir war hundeübel. Da ich außerdem nicht das Gefühl hatte, dass viel in meinen Därmen drin war, was unbedingt raus müsste, entschloss ich mich kurzerhand, auf die Einnahme des Salzwassers zu verzichten.

Änderung meiner inneren Haltung

Ich ließ den gestrigen Tag noch einmal vor mir ablaufen und stellte fest, dass ich vom Bewusstsein her ziemlich benebelt war: kein klarer Kopf, keine klaren Gedanken, immer müde, tranig und vertüdelt. Daraufhin änderte ich meine Einstellung dem Salzwasser gegenüber und beschloss, die 1 ½ l Salzwasser doch zu trinken, um den Körper durch die Entleerung des Darmes bei seinem Reinigungsprozess zu unterstützen. Ich hatte die Hoffnung, im Kopf klarer und insgesamt wacher zu werden, wie ich das schon oft bei anderen Fastenkuren erlebte.

Ich war ganz erstaunt, dass ich plötzlich das Salzwasser schluckweise zu mir nehmen konnte, ohne jeglichen Würgereiz und Übelkeit. Schluck für Schluck trank ich nun das Wasser und prostete mir dabei innerlich zu: „Prost! Für meine innere Klarheit." Kaum hatte ich die erste Kanne leer, drängte es mich auch schon zur Toilette. Einen so schnellen durchschlagenden Erfolg hatte ich gar nicht erwartet. Ich war sehr froh darüber und beschloss, die zweite Kanne Salzwasser wegzulassen, da die Entleerung bereits in vollem Gange war. Es kam nur wässriger Inhalt raus. Im Nachhinein wurde mir sehr klar, dass mein Gefühl, dass eine so drastische Entleerung nicht nötig gewesen wäre, stimmte und ich meinem inneren Wissen diesbezüglich trauen kann. Diese ganze Lektion zeigte mir sehr deutlich, dass meine Übelkeit vorher rein psychischer Natur aufgrund meiner inneren Ablehnung war. Sie war Mittel zum Zweck, um vor mir selbst und vor Holger eine plausible Begründung zu haben, das Wasser nicht trinken zu müssen.

Ich habe statt der mir vertrauten üblichen Rückenschmerzen heute Bauchschmerzen, wie ich sie in meiner Jugendzeit – vor den Kindern – während der Regel hatte.

Nachdem sich mein Bauch vom Salzwasser beruhigt hat, setze ich mich zur Meditation. Der Bauch fühlt sich noch ziemlich verkrampft an von der Entleerungsaktion. Die Atmung ist kurz und schnell und geht nur bis in den Brustraum. Im Kopf fühle ich mich viel klarer jetzt, aber noch nicht ganz klar. Ich versuche, mit meinen Kreuzbein- und Rückenschmerzen in Kontakt zu kommen; dies gelingt mir jedoch nicht. Nach kurzer Zeit breche ich die Meditation lustlos ab. Trotz angestellter Heizung ist mir hundekalt. Ein heißes Bad wärmt mich wieder auf, danach kuschle ich mich wieder in meine Decke ein und lasse kommen, was kommt.

Lähmende Dunkelheit

Die Dunkelheit hat eine lähmende Wirkung auf mich. Ich liege am liebsten einfach nur herum. Habe keine Lust, irgendetwas zu tun. Dabei ist mir kein bisschen langweilig. Für alles, was ich tue, muss ich Willenskraft aufbringen – auf Toilette gehen, aufstehen, mich umdrehen von links nach rechts und umgekehrt, Tee zubereiten, trinken …

Seit Freitagabend belästigen mich sehr wenig Gedanken. Ab und an denke ich an Klienten, die gerade in ihrem Prozess sind. Diese Gedanken lasse ich jedoch problemlos weiterziehen mit dem Vertrauen, dass die Klienten im Einklang mit ihrem Schicksal sind. Ansonsten habe ich noch ein paar Gedanken an meine 1. Dunkeltherapie. Keine anderen Themen, nicht mal meine Kinder, kommen mir in den Sinn. Es erstaunt mich, dass so wenig Gedanken da sind, obgleich ich mich mit nichts weiter ablenke – ich liege einfach nur da. Meine Atmung ist ganz ruhig und geht tief in den Bauch hinein und alles in mir ist leer. Das ist aber nicht bedrohlich, bedrückend, unangenehm, beängstigend oder schön, es ist einfach wie es ist – leer.

Ich raffe mich zu ein paar Dehnungsübungen auf und stelle fest, dass ich etwas beweglicher bin, nicht ganz so steif. Ich spüre einen Druck im Kopf, den ich sonst nicht kenne, wenn ich im Liegen meine Beine über den Kopf strecke und hinter dem Kopf ablege. Ansonsten fühle ich mich richtig gut, keine Rückenschmerzen mehr. Die Übungen wirken sehr belebend, es reicht jedoch nicht, um Tai Chi zu machen. Das schiebe ich vor mir her und warte darauf, dass ich innerlich durch die dauerhafte Dunkelheit in einen tieferen Zustand komme. Je tiefer mein Zustand, umso besser das Tai Chi und der Lerneffekt, so ist meine Devise. *(2007: Im Nachhinein betrachtet ist das völliger Quatsch. Es war mein Ego, das mal wieder was erreichen wollte.)*

Gespräch mit Holger

Holger ist schon wieder da und wir führen unser Gespräch, es ist also Sonntagabend. Er fragt mich, was ich so gemacht habe. Ich erzähle ihm, dass ich vom neutralen Beobachterpunkt aus beobachtete, welche Gedanken durch mich durchziehen und dass ich feststellte, dass es sehr wenige sind.

Der Seins-Zustand

H.: „Gibt es auch Stadien, wo nicht gedacht wird, also auch nicht beobachtet werden kann?“

Ohne nachzudenken antworte ich, dass es diese sicher gibt, ich da jedoch noch nicht war.

H.: „Da gibt es etwas, worum es eigentlich geht.“

S.: „Der Zustand, wo nicht gedacht und nicht beobachtet wird?“

H.: „Ja. Da ist so ein Seins-Zustand …“

S.: „Im Seins-Zustand habe ich eine Wahrnehmung über den Beobachter. Da nehme ich alles auf einmal wahr, jedoch ohne dabei zu denken. Es ist einfach da.“

H.: „Ja, das kommt schon hin in Richtung Seins-Zustand. Das ist nicht ganz denken und nicht ganz Seins-Zustand, das ist so ein Übergangszustand. Der Seins-Zustand ist ohne Denkprozesse, die kommen nicht mehr.“

S.: „Ja, da ist kein Denken, dennoch nehme ich da alles wahr, was ist.“

H.: „Wie nennst du diesen Zustand?“

S.: „Wahrnehmung einfach, ich weiß nicht, wie ich das anders benennen kann. Ich nehme einfach alles wahr."

Seins-Wahrnehmung

H.: „Nenne es doch Seins-Wahrnehmung. Es braucht Begrifflichkeiten, sonst kommt der Leser völlig durcheinander in diesem Wust von Erfahrungen. Da musst du deine eigenen Begriffe prägen zum besseren Verständnis für Außenstehende."

S.: „Ich kann auch besondere Aufmerksamkeit dazu sagen oder wache Aufmerksamkeit."

H.: „Es ist ungünstig, wenn du Begriffe aus der normalen Alltagssprache nimmst. Das wird dann mit der normalen Aufmerksamkeit verwechselt. Finde deine eigenen Fachbegriffe für dich. Geh noch mal in den Zustand rein und dann bilden sich von selbst blumige Begriffe, die zutreffend sind. Es soll vom Leser doch auch verstanden werden, was du erfährst."

S.: „Wahrnehmung des reinen Seins – so passt es für mich."

H.: „Ja. Kannst du dir noch reinere Seins-Wahrnehmungen vorstellen?"

S.: „Ja, kann ich mir schon vorstellen. Ich habe noch lange nicht das Letzte erfahren."

H.: „Wie könnte sich diese höhere Seins-Wahrnehmung ausdrücken?"

S.: „Vielleicht in einer noch umfangreicheren, umfassenderen Wahrnehmung. Auch in der Erkenntnis von tiefgründigeren Zusammenhängen, die mir bis jetzt noch nicht klar sind. Wie z. B. das Leben, Entwicklung und Tod zusammenhängen auf einer tiefen Ebene. Wie das Leben oder das Universum wirklich entstanden ist. Ich könnte mir vorstellen, dass, je reiner die Wahrnehmung ist, ich Erkenntnisse bekomme von Dingen, über die nicht so ohne weiteres Erkenntnisse zu erlangen sind."

H.: „Diese Seins-Wahrnehmung, wenn du die beschreibst, sofern sie beschreibbar ist, was hat sie denn für eine Qualität?"

Ich gehe eine Zeit lang in mich … „Das ist ein absolut kristallklarer Bewusstseinszustand. Gegenüber meinem sonstigen Bewusstsein ist dieser Zustand rein und klar. Ich habe das Empfinden von Leere, zugleich ist jedoch auch alles da in meiner Wahrnehmung, ohne zu denken. Ich nehme mehr und anders wahr als im normalen Bewusstsein, wie in einer größeren Dimension. Wie ein augenblickliches gedankenfreies Erfassen von Zusammenhängen, wo sich mehrere Einzelteile wie in einem Puzzle zusammensetzen zu einem Bild. Ich schaue dann wie von oben auf dieses Puzzle und erkenne plötzlich den Sinn im Ganzen, während ich den Sinn im normalen Bewusstsein nicht erfassen kann, wenn ich nur die einzelnen Puzzlestückchen vor mir habe, jedoch nicht das Gesamtbild. Anders kann ich das jetzt nicht beschreiben."

H.: „Das hast du doch ganz gut beschrieben."

S.: „Wenn du schon nach der Qualität der Seins-Wahrnehmung fragst, gibt es da noch weitere Möglichkeiten?"

H.: „Ja, das kann sich immer mehr intensivieren."

S.: „Ich kann mir gut vorstellen, dass es immer noch reiner oder klarer wird."

H.: „Auch die körperlichen Zustände verändern sich noch, wenn man ganz in der Seins-Wahrnehmung ist. Das wird mit der Zeit sehr intensiv, der Körper ändert sich, Blockaden und Krankheiten lösen sich auf. Erkennt man in dem Zustand denn auch die Welt, das Dasein klarer, erkennt man die Zusammenhänge besser, kann man die Vielfalt besser einordnen oder ist die weiterhin ein Chaos?"

Der Überblick

S.: „Ja, der Körper fühlt sich anders an, freier, gelöster, reiner, dehnbarer, gelenkiger. Auch die Haut wird weicher. Folgendes Bild kommt mir dazu: Als ob ich vorher in der Mitte des Dorfplatzes stand und nur das mitbekam, was innerhalb des Dorfes passierte. Im Seins-Zustand ist es so, als ob ich auf einem Berg bin, von dort oben auf das Dorf schaue und erstaunt erkenne: Aha, so setzt sich das ganze Dorf zusammen, ich sehe das Tal, innerhalb dessen das Dorf liegt, und die weitere Umgebung. Ich habe da einen anderen Weitblick, besser gesagt einen Überblick."

H.: „Ist ein schönes Bild. Bis wohin reicht denn dieser Überblick im Augenblick?"

S.: „Wenn ich im Bild des Dorfes bleibe: Ich sehe die umgebenden Wälder, Berge, Seen usw. Ich sehe auch, dass sich weitere Städte in einiger Entfernung um das Dorf herum befinden. Je tiefer ich in der Seins-Wahrnehmung bin, umso größer wird der Überblick, der sich z. T. auf Europa oder die ganze Erde ausweitet. Der Kopf sagt dann: ‚Kann doch gar nicht sein, dass ich mit einem Blick die ganze Erde sehe und erfasse – das geht doch gar nicht!' Das löst Erstaunen, Unfassbarkeit, Fassungslosigkeit aus und doch ist es so – ich sehe es ja ganz klar vor mir. Ich kann es vor mir selbst nicht mehr anzweifeln oder leugnen. In diesem Zustand von Größe und Weite wird mir auch immer wieder bewusst, wie klein ich selbst bin und was ich alles nicht weiß. Das ich im Grunde nichts weiß von der Tiefe der Welt, was die Welt wirklich ist. Wie oberflächlich Schulwissen ist und wie wenig es mit tiefer Wahrheit zu tun hat. In unserer Gesellschaft zählt, wie gut ich Bescheid weiß in dem, was man Allgemeinwissen nennt. Aber wie wertvoll ist dieses Allgemeinwissen? Es ändert sich ständig, was heute als allgemein richtig anerkannt ist von der Wissenschaft, ist morgen oder übermorgen veraltet und nicht mehr wahr. Dieses Allgemeinwissen hält mich fest, an Dinge zu glauben, wie ich sie gelernt habe und verhindert, die Welt oder Dinge auch mal anders zu sehen. Es ist, als ob mich mein angelerntes Wissen aus der Kindheit, Jugend, Schule, Lehre, Studium, Beruf in einem vorbereiteten und ausgestalteten Raum festhält und ich nicht mehr so ohne weiteres aus diesem geprägten und präparierten Raum herauskomme. Solange ich in diesem Raum oder Dorf verbleibe, sehe ich das größere Ganze nicht und halte diesen Raum für die Wahrheit."

H.: „Es geht nicht – aber es geht doch. Ja, so ist es. Man kann ganz schwer über den Gesamtzusammenhang der Welt reden."

S.: „Ich bin weit davon entfernt zu sagen, dass ich über die Gesamtzusammenhänge der Welt Bescheid weiß. Ich hatte den Überblick über die Erde, was nicht heißt, dass ich die Gesamtzusammenhänge der Welt im Ganzen erkenne und erschaue. Ich bin mir sicher, dass ich hier erst einzelne wenige Puzzleteile geschaut habe, stehe ganz am Anfang. Die paar Puzzleteile erlauben mir noch keine Erkenntnis des Gesamtzusammenhangs der WELT. Ich bin da weiter am suchen. Was ich schon erfahren durfte, ist, dass ALLES (Menschen, Tiere, Pflanzen, Steine, Wasser, Weltraum …) durch ETWAS miteinander verbunden ist – wie über dünne, für das organische Auge unsichtbare, elastische Fäden, die zusammen eine Art Netz ergeben. Dieses Netz umgibt die ganze Erde. Wie ein Ball, der sich in einem Netz befindet. So hat das Tun eines einzelnen Menschen Auswirkungen rund um den Erdball und beeinflusst alle und alles – weil alles miteinander verwoben ist – so feinfühlig ist dieses Netz. Alles ist verbunden über eine unsichtbar-sichtbare, nichtgreifbar-greifbare, feine, sehr subtile Masse, die den Raum ausfüllt. Diese Masse kann mit den körperlichen Sinnen nicht erfasst werden. Diese Masse, das ETWAS, verbindet ALLES, enthält ALLES und ist letztendlich seiner Natur nach ALLES. Kannst du das bestätigen?"

H.: „Ja, und das kann sich jetzt auch noch weiter intensivieren. Das ist der Weg der sogenannten Mystik. Ist relativ einfach."

S.: „Aber da muss man erst einmal hinkommen. Der Weg dahin ist nicht so einfach. Wenn man erst mal an einem bestimmten Punkt angekommen ist, dann geht es."

H.: „Die Dunkelheit führt einen doch zwangsweise dahin."

S.: „Die Dunkelheit macht es leichter. Was ich berichtet habe, ist aber nicht nur das Ergebnis der Dunkelheit, sondern das Ergebnis harter Arbeit an mir selbst über Jahre hinweg. Ein

Bild dazu: Ich räume seit Jahren meinen Keller auf in mir – mein Keller, wo sich alles seit meiner Geburt oder schon seit meiner Konzeption angesammelt hat und was mich unbewusst in meinem Leben als Erwachsene behindert. Wenn ich Schwierigkeiten im Leben habe, schaue ich im Keller nach, wo der Keim gelegt wurde, der dann in meinem Erwachsenenleben zu Schwierigkeiten führt. Dann beseitige ich den Keim bzw. ziehe diese Wurzel raus. Ich merke, ob ich wirklich die Wurzel erwischt habe oder nur einen Seitenarm der Hauptwurzel, wenn ich wieder in eine ähnliche Situation komme, die mir Schwierigkeiten bereitet hat. Kann ich dann ruhig und gelassen bleiben und in meiner Mitte, habe ich die Wurzel erwischt. Reagiere ich weiterhin gereizt, ärgerlich, wütend, traurig oder in anderer Weise verletzt, weiß ich, dass ich die Hauptwurzel noch nicht erreicht habe. Das bedeutet: Weitere Arbeit im Keller ist nötig. Je mehr alte Wurzeln ich ziehe, also je leerer mein Keller durch diese Arbeit wird, umso mehr mache ich andere Erfahrungen in meinem Leben. Es ist, als ob ich für die Arbeit im Keller wie zum Dank dafür ganz viele Geschenk erhalte, ohne dass ich sie je erwartet hätte: wahre Ruhe, Gelassenheit, Dankbarkeit, Freude, Unbeschwertheit, Leichtigkeit, Stärke, Mut, von Personen unabhängige Liebe, Freiheit … Auftretende Schwierigkeiten sind jetzt Herausforderungen für mich, keine Hürden mehr. Die Beziehungen zu anderen Menschen sind liebevoller und von Achtung getragen – wildfremde Menschen sind freundlich und höflich zu mir und ich zu ihnen. Und als Bonus obendrauf für meine harte Arbeit bekomme ich ab und an Erkenntnisse geschenkt – ganz von allein, ohne dass ich das steuern oder gar bestimmen kann, wie viel ich bekommen möchte. Rückblickend kann ich für mich sagen: Je mehr ich mich an die Arbeit mache und meinen Keller aufräume, ohne dafür etwas als Gegenleistung zu erwarten, umso mehr Geschenke erhalte ich von allein. Vorher hat der randvolle Keller Erkenntnisse und eine Schau im Überblick verhindert. Mein zugestellter und überfüllter Keller verhinderte den freien Durchblick in das Licht."

H.: „Ist es das Ziel des Lebens oder Daseins, dorthin zu kommen?"

S.: „Ich weiß nicht, ob es *das* Ziel des Lebens ist. Mein Wunsch oder Ziel ist es, so viel wie möglich über das Dasein zu erfahren. Da bin ich total neugierig. Ich lese z. Z. deutlich weniger Bücher von irgendjemandem über irgendwas, sondern bin mehr an eigenen Erfahrungen interessiert. Andererseits helfen mir bestimmte Bücher doch auch weiter. Aber ich wähle sehr genau aus, was ich lese, z. B. Bücher, in denen Weisheiten und tiefe Wahrheiten stehen, wie das Buch von E. Tolle: ‚Jetzt.' Was er schreibt, ist eine schöne Zusammenfassung."

Im JETZT sein

H.: „Bist du im Jetzt hier?"

S.: „Ja, jetzt gerade bin ich im Jetzt. Aber wenn ich in Gedanken hänge, nehme ich den Augenblick schon nicht mehr wahr. Jetzt weiß ich, dass ich mich gerade mit dir unterhalte und dass dieses Gespräch gerade stattfindet. Gleichzeitig nehme ich wahr, dass ich auf dem Boden an der Heizung sitze, mich in diesem Raum befinde in der Dunkelheit usw., also alles drumherum nehme ich auch wahr. Sobald ich die Umgebung nicht mehr wirklich in allen Einzelheiten wahrnehme, bin ich nicht mehr im Jetzt, sondern in meiner selbstkreierten Gedankenwelt. Die hat keinen Bezug mehr zur Wirklichkeit und dem Jetzt."

H.: „Du machst das ganz gut."

Es entsteht eine lange Pause, in der wir beide schweigen.

Wo sind die Toten, Dämonen und Götter innerhalb des ETWAS?

S.: „Es stellt sich mir folgende Frage: Wenn ich mir dieses Seins gewahr bin, dieses ETWAS, aus dem alles entsteht und das alles enthält – wo sind da die ganzen anderen Stufen: die Götter, die Dämonen, die Toten und, und, und … Wo sind die? Sind die dazwischen? Ich kann sie nirgendwo wahrnehmen innerhalb des ETWAS."

H.: „Gute Frage. Es gibt Steigerungsstufen des Jetzt-Zustandes. Du bist in einer Stufe des Jetzt-Zustandes irgendwo auf einer Treppe und das ist noch nicht die letzte Treppenstufe. Wenn du die Treppenstufe höher gehst, landest du automatisch in der Nachbardimension, also im Totenreich oder der Plasmadimension, wo sich auch alle möglichen anderen Wesen tummeln. Du tauchst da quasi in der Dimension auf, wirklich da drinnen. Dann kannst du noch weiter gehen durch diese ganze Dimension hindurch in den reinen Geistzustand."

S.: „Was ist, wenn ich die Wesen nicht beachte, sondern nur beobachte, mich da nicht reinziehen lasse?"

H.: „Wenn du das schaffst, kann es sein, dass du auch da durchkommst. Das gleiche Prinzip dort wie hier. Hier versuchen dich Geräusche und Körper etc. abzulenken oder reinzuziehen und dort auch, z. B. sind da die Seelenbedürfnisse. Also das ist ein längerer Weg. Es ist eine zentrale Sache, die du da angesprochen hast. Es ist nicht so wie viele Schulen behaupten, dass du im Jetzt-Zustand, im Satori z. B., das Höchste erreicht hast. Es gibt eben auch die Nachbardimension, das Geistreich usw. Viele bleiben mit ihrer Erleuchtung, Satori oder anderen Erfahrung auf einer niederen Treppenstufe, meinen aber, sie hätten das Höchste erreicht. Das ist eine schwerwiegende Frage. Du musst logisch bleiben und stufenweise vorgehen und durch die verschiedenen Reiche hindurch, da geht nichts dran vorbei."

Nach der Sitzung mit Holger habe ich ein Bad genommen, weil mir so kalt war, vor allem an den Füßen. Mein Körper fühlt sich nach jedem Bad locker, erfrischt und sehr belebt an. Als würde wieder mehr Lebensgeist in mir sein. Sehr angenehm. Ich mache mich fertig für die Nacht und bin ein wenig gespannt darauf, was mich erwartet.

Traum: Bordell

Ich habe einen Traum: Sehe ein Bordell, in welchem zwei bis drei sehr junge, weiße Mädchen betreten herumsitzen und nicht wissen, was sie dort sollen. Ich schätze die Mädchen auf maximal zwölf Jahre. Zwei Afrikaner sind da. Der eine nimmt sich eins der Mädchen und spielt an ihrem Kitzler herum. Er geht liebevoll mit ihr um. Das Mädchen hat Angst, weiß nicht, was nun passiert und lässt in ihrer Angst und Unerfahrenheit alles mit sich machen. Der Mann redet mit süßer Stimme beruhigend auf sie ein und meint, es sei doch alles nicht schlimm und ganz normal. Sie kommt voll in Fahrt. Ich sehe, dass es ihm nur um Sex geht, um seine Bedürfnisse, nicht um das Mädchen und ihre Gefühle. Das andere Mädchen wird vergewaltigt – sie wehrt sich total gegen die Berührungen, hat aber gegen den Mann keine Chance. Er schlägt brutal auf sie ein. Ich wachte an der Stelle auf und sah ein Licht, das wie durch ein geschlossenes Fenster scheint. Als ob die Jalousie heruntergelassen ist und ich das Licht nur durch Fensterschlitze sehen kann.

Ich bin total entsetzt über die Brutalität, Kaltblütigkeit und Eigennützigkeit der Männer im Umgang mit den beiden Mädchen und über das Bordell an sich.

Holger und ich entscheiden in der Abendsitzung, dass wir den Traum nicht weiter deuten.

[04/2010: Da der Traum sehr vielschichtig ist, verzichte ich auf eine detaillierte Deutung. Es geht um Scheinheiligkeit, Lügen und Brutalität, infolgedessen ich entsetzt war, was sich auf das Herz auswirkte, wie im nächsten Traum angezeigt wird: ich nehme Herz-Kreislauf-Tropfen. Auch real habe ich wenig später Herz-Kreislaufprobleme, die sich in einem längeren Prozess fortsetzen, in welchem es immer wieder um das physiologische Herz und Herzchakra geht, bis es schließlich in einem tiefen inneren Prozess zu befreienden Tränen kommt. Dieser Traum ist m. E. der Anfang einer zusammenhängenden Serie, beginnend mit dem Verschluss des Herz-Chakras angesichts

der Brutalität in diesem Traum und endend mit einer Öffnung desselben (S. 268: „Lanze im Herzen") und tiefen inneren Wandlung.]

Traum: Makkaroni-Nudeln
Ich habe Herz-Kreislauf-Tropfen genommen und will dann ein Glas und dicke Makkaroni-Nudeln abwaschen. Die Nudeln befinden sich schon alle in einem Netz, das als Sieb dient. Jemand kommt herein und fragt mich: „Was, du willst Nudeln abwaschen?" Meine Antwort: „Nein, natürlich nicht. Quatsch! Wenn man Nudeln abwäscht, was passiert dann? Sie werden weich, glibberig und kleben zusammen." An der Stelle wird mir bewusst, dass ich träume. Ich habe das Gefühl, der Traum hat keine weitere Bedeutung.

Holger meinte in der Abendsitzung, dass er dies nicht für einen symbolträchtigen Traum hält, sondern eher für Alltagsreste oder Alltagsbilder, die er nicht als Träume bezeichnet. Ein Traum ist lt. Holger etwas, was deutungswürdig, symbolisch ist und wo man dahinter schauen müsse durch die Deutung. Alltagsresteträume seien einfach nur Szenen, Bilder und Mischmasch, hinter denen keine tiefere Wahrheit stecke.

(Deutung 04/2010: Durch den schockierenden Bordell-Traum ist die Herz-Energie blockiert, infolgedessen kommt es zu Herz-Kreislauf-Problemen, gegen die ich etwas im Traum unternehme, indem ich Tropfen einnehme.)

Seit diesem Nudeltraum kann ich nicht mehr einschlafen. Ich habe das Gefühl, dass ich in den Nächten überhaupt sehr wenig, vielleicht drei bis vier Stunden, schlafe.

4. Tag – Heilung des Herzens

Es ist Montagfrüh, zu erkennen an dem schwachen Lichtschein, der durch das geöffnete Badfenster hereindringt. Ich schließe das Fenster und sehe über meinem Kopf überall Lichtstreifen. Der Raum erscheint leicht dämmrig hell. Da ich die Streifen schon kenne, hebt mich das nicht besonders an. Ich registriere es und fertig, so normal ist das schon für mich. Ich bin müde. Auf meinem rechten Auge flackert das Licht von den Lichtstreifen im Zuge der Ausatmung. Ich beobachte diesen Prozess. Mein Kopf tut mir weh, die Augen sind müde, die Stirn fühlt sich wie zugezogen an. Wahrscheinlich hängt das Flackern mit meinem Blutdruck zusammen. Das Flackern ist mit offenen und mit geschlossenen Augen zu sehen. Nach einer Weile ist sowohl das Flackern als auch der Eindruck, dass der Raum dämmrig erhellt ist, wieder weg.

(04/2010: Mir fiel in der Dunkelheit die Parallele nicht auf, dass ich kurz zuvor im Makkaroni-Traum Herz-Kreislauf-Tropfen genommen hatte und wenig später Herz-Kreislaufprobleme bekam, die ich in Zusammenhang mit dem Fasten statt mit dem Bordell-Traum brachte.)

Kreislaufprobleme

Ich ging kurz ins Bad und auf dem Rückweg ins Zimmer sah ich im Flur ein helles Viereck, das mir folgte. Bewegte ich mich, bewegte sich das Licht auch, sonst nicht. Ich sah es im rechten Augenwinkel schräg hinter mir. Schaute ich mich links hinten um und sah auf genau die gleiche Stelle nach meinem Empfinden, war kein Licht zu sehen. Nur von rechts. Allerdings sah ich das Licht nur im Flur, sobald ich in mein Zimmer ging, war es weg. Ich untersuchte den Flur, ob von dort irgendwoher das Licht hereinfiel, fand aber nichts. Als ich das so eine Weile hin und her untersucht hatte, verbuchte ich das Ganze einfach unter „seltsam". Außerdem fühle ich mich heute sehr schwach auf den Beinen – vielleicht doch alles nur eine Folge von Kreislaufproblemen?

Um meinen Kreislauf wieder anzukurbeln, nehme ich Tomaten- und Pflaumensaft zu mir. Dann kuschle ich mich in mein noch warmes Bett und lasse „den Tag" auf mich zukommen.

Mein Herz läuft auf Hochtouren; ich fühle mich innerlich wie aufgedreht – ich glaube, es hängt mit dem Fasten zusammen. Meine Atmung geht ganz schnell und mein Puls jagt oberflächlich und schnell dahin, als wäre ich körperlich stark belastet. Dabei liege ich doch nur im Bett und kann mich nicht aufraffen aufzustehen. Mir ist unglaublich heiß. Ich fühle mich schwach.

Nach schätzungsweise drei Stunden fühlen sich Herz und Atmung wieder normal an. Ich liege noch immer im Bett. Eine heiße Diskussion läuft in meinem Kopf ab. Ein Teil in mir sagt: „Gib deinem Körper die Ruhe, der braucht das", während die andere Hälfte in mir ganz anderer Meinung ist: „Bring endlich die Willenskraft auf, beweg dich, mach was! Lass dich nicht so gehen." Doch das Gegenargument kommt sofort: „Dann zwinge ich mich ja wieder zu etwas, was ich nicht möchte." Ich entscheide mich, dem Körpergefühl zu folgen – der Körper will nur liegen, nichts tun. Aber ist das wirklich der Impuls des Körpers oder kommt der Impuls aus dem geistigen und/oder seelischen Bereich und wirkt sich auf die Art auf den Körper aus? Denn der Körper an sich will ja überhaupt nichts, er ist doch nur eine leere Hülle. Wo ist der Sitz der Willenskraft? Welcher Teil in mir bringt sie auf? Woher kommt sie? Wer oder was steuert sie?

Meine Morgentoilette und eine Kopfhautmassage bringen eine andere Energie in mich. Fühlt sich belebend an. Ich finde die Kraft mich anzuziehen und bin gespannt wie es weitergeht.

Mein Gefühl ist eher, mich wieder hinzulegen, doch schaffe ich es, mich zur Meditation zu setzen. Gedanken an den Heuboden kommen auf, den ich seit der ersten Dunkeltherapie nicht wieder aufgesucht habe. Ich spüre eine Neugier in mir nachzuschauen, wie es dort jetzt aussieht. Ich schiebe die Neugier jedoch bewusst weg, weil ich mich auf das konzentrieren möchte, was JETZT ist. Die Gedanken an den Heuboden resultieren aus den Erinnerungen an die Erlebnisse und Erfahrungen von damals und haben mit dem Jetzt nichts zu tun. Ich entscheide mich zu warten, bis der Heuboden sich vielleicht spontan einstellt. Das fällt mir schwer – der Neugier nachzugeben wäre viel leichter.

[03/2010: Die Neugier war ein Versuch des Anpassers, mich vom tiefen Gefühl der Angst (IK) abzulenken. Hätte ich mich auf die Neugier eingelassen, wäre mir die Enge im Brustraum und die tiefe Angst vielleicht nicht bewusst geworden.]

Enge im Brustraum, Höhle, Panzerwand, Schutzhaube, Lanze im Herzen
Ich konzentriere mich wieder auf meine Atmung und stelle fest, dass der Brustraum sich eng anfühlt, ich kann nicht richtig durchatmen. Vor allem die Brustbeinmitte ist von der Enge betroffen und beide Lungen fühlen sich wie zusammengepresst an. Ich beobachte es, lasse mich jedoch nicht reinziehen … Enge – Luftnot – Last – bedrückendes Gefühl. Ich spreche es innerlich an und gebe mir die Erlaubnis, dass in mir aufsteigen darf, was da kommen möchte. Der Rest des Körpers fühlt sich ganz locker und entspannt an, nichts tut weh. Nach einer Weile warten und schauen zeigt sich der Druck als ein **großer dunkler Raum**, vor dessen Eingang ich mich plötzlich befinde. Ich fühle mich hilflos, weil ich nicht weiß, was es hier zu tun gibt. Daher gebe das Problem einfach in den Raum ab: „Kann ich dir vielleicht helfen?“, rufe ich laut hinein. Keine Ahnung, wer auch immer hier Hilfe braucht. Ich horche in mich hinein und warte …, bekomme das Gefühl, es hängt mit einer tiefen Angst zusammen. Ich spüre jetzt, wie die rechte Lunge sich bei der Atmung ausdehnt und öffnet, während die linke Lunge sich wie von einem Panzer umgeben anfühlt … Es ist eine etwa 50 cm dicke, dunkle **Stahlpanzerwand.** Daher kann die Lunge sich nicht ausdehnen und bewirkt das Engegefühl und den Druck bei der Atmung. Ich erkenne diese Panzerwand als ein Schutzschild, den ich in frühester Kindheit aufgebaut habe aus Selbstschutzgründen heraus und danke der Panzerwand ehrlichen Herzens für ihre Schutzdienste. Daraufhin öffnet und weitet sie sich, als ob die dicken Panzerwände zurückfahren oder zurückweichen. Nun spüre ich Druck von oben aus Richtung der Schlüsselbeine. Ich schaue hin und sehe zwischen Herzraum und Schlüsselbeingegend eine Art **Schutzhaube**, die

den von oben kommenden Druck abhält. Sie sieht heller aus, ist viel dünner als die Panzerwand und besteht aus einem festen Stoff, fester noch als Jeansstoff. Ich danke auch ihr aus tiefstem Herzen, denn ich weiß, wie wichtig sie für mich war. Daraufhin sehe und spüre ich gleichzeitig eine **Lanze**, die tief in meinem Herzen steckt, ganz tief reingebohrt. Sie hat einen Durchmesser von ca. 10 cm und ist ca. 2 m lang. Auf den Schmerz, den sie verursacht, lasse ich mich nur ansatzweise ein. Ich bin zutiefst betroffen, das zu sehen und zu fühlen. Tränen rinnen wie Sturzbäche aus mir heraus. Tief schluchzend ziehe ich die Lanze vorsichtig heraus – sie hinterlässt einen tiefen Trichter, den ich voll laufen lasse mit Heilwasser. Neben dem Schmerz und der Betroffenheit durchflutet mich jetzt auch ein starkes Mitgefühl und tiefste Liebe für mein Herz, für mich selbst. Ich mache ein Lagerfeuer, öffne in dem Raum, der den Charakter einer Höhle hat, das Fenster und setze mich vor die herausgezogene Lanze. Ich spüre, wie sich der Raum in mir weitet … und lasse meinen Tränen freien Lauf. Trotz allen Schmerzes fühle ich Erleichterung in mir. Es sind Tränen der Befreiung.

Kindheitserinnerung: Bilder malen für Papa

Eine Kindheitserinnerung steigt in mir auf, wo ich als kleines Mädchen im Alter von sieben bis zehn Jahren oft gemalt habe – immer Dinge, die meinem Papa gefielen – Gebäude in Gotik, Barock, Renaissance usw. Mein Papa war Lehrer für Kunst und Geschichte. „Ja, das hast du toll gemacht, aber …", sagte er zu meinen Werken. Irgendetwas stimmte für ihn immer nicht – die Größe, Proportionen, einzelnen Bögen, Farben – es passte einfach nicht zusammen. Dieses Wörtchen „aber" machte alles, was davor gesagt wurde, wieder zunichte und hinterließ in mir ein Gefühl des Nicht-Genügens. Das wurmte mich und ich griff wieder zu Buntstiften und Papier, um meine „Fehler" auszumerzen, es dieses Mal besser zu machen, um das ersehnte Lob uneingeschränkt zu bekommen, wie die berühmten Maler. Wieder und wieder malte ich die gleichen Dinge und zeigte sie stolz meinem Papa – doch ohne Erfolg. Er fand immer etwas, was noch nicht stimmte. Er gab sich sehr viel Mühe, mir die Details zu erklären, worauf ich achten müsse, doch ich bekam es nicht „so“ hin. Ich war enttäuscht und traurig. Die Erinnerung verblasst.

In der Höhle – Glasvase mit Rose

Ich bin wieder in der Höhle, sitze vor der Lanze und schaue auf meine Wunde. Aus dem Wund-Trichter ist jetzt eine durchsichtige Glasvase geworden mit kristallklarem Wasser. Darin steckt eine einzelne rote Rose. Ich sitze am Lagerfeuer, schaue auf die leuchtende Glut und das Feuer und auf die Vase mit dem Wasser. Ich finde es schön hier. Die Blume öffnet und schließt sich im Zuge meiner Atmung oder im Rhythmus meines Herzens. Ich beobachte eine ganze Weile die Bewegungen der Rose. Plötzlich gehen die Blütenblätter alle nach unten – sieht fast aus als ob die Blume eine Kappe auf hat. Ja, die Rose hat jetzt eine rote Kappe auf, die aus Wachs ist, als ob ich das Gesicht einer Puppe sehe. Parallel dazu ist das Lagerfeuer ausgegangen. Es glimmt nur noch ein wenig. Ich stehe jetzt im Dunkel der Höhle direkt vor der Vase, die ich jedoch nicht mehr sehe und bin unschlüssig, was ich jetzt noch tun kann. In der Höhle ist es ganz hellhörig. Wenn ein Wassertropfen runterfallen würde, wäre das ganz laut zu hören. Es ist nicht sehr warm in der Höhle, aber auch nicht kalt. Das letzte Glimmen der Glut ist nun auch erloschen – es ist stockdunkel. Gespannt, sehr aufmerksam und völlig frei von Angst stehe ich da und schaue in das Dunkel. Abwartend harre ich der Dinge, die da kommen.

Überklares Hören

Meine Blase meldet sich und ich folge ihrem Ruf. Danach nehme ich Tee und Gemüsesaft zu mir und setze mich wieder in Meditationsstellung … bin sofort wieder im Dunkel der Höhle, stehe abwartend da, aber es tut sich nichts. Ich meine in der Ferne Wasser tropfen zu hören, jedenfalls ist das Geräusch, das ich höre, damit vergleichbar. Es ist ein ganz „überklarer" Schall und ich kann die Art, wie ich das Geräusch höre, nicht wirklich näher beschreiben. Ich kann alles ganz genau hören in der Höhle. Als hätten meine Ohren Verstärker bekommen. Ein zu Boden fallendes Haar würde ich ganz laut hören.

Besuch des Heubodens
Während ich lauschend da stehe und warte, fällt mir der Heuboden ein und ich gehe jetzt dorthin. Ich bin im Gang, gehe zur Klappe und habe Mühe, sie zu öffnen, da eine schwere Last Schnee auf ihr liegt. Auf dem ganzen Heuboden liegt etwa 5 – 10 cm frischer Neuschnee. Ich frage mich total verwundert, wie der Schnee hier hereinkommt, wo doch das Tor und die Fenster geschlossen sind. Die Futterteller für die Mäuse sind alle verschneit und festgefroren. Ich sehe vereinzelte Mäusespuren im Schnee. Ich öffne das Tor einen Spalt breit und fege den ganzen Schnee raus. Das geht ganz leicht, da er locker und trocken wie Pulver ist. Meinem Gefühl nach fällt der Schnee ganz tief nach unten. Draußen ist weißer Nebel zu sehen. Der Fußboden fällt mir jetzt auf, als ich mich umschaue – das sind ja wunderschöne saubere, helle Holzlatten! Ich hatte dunkles altes Holz in Erinnerung. Die festgefrorenen Näpfe für die Mäuse schlage ich los, da ich sie säubern möchte. Auch alter Käse klebt fest. Nachdem alles sauber ist, fülle ich die beiden Näpfe mit frischer Milch und Käse. Dann stelle ich mir einen Schaukelstuhl auf den Heuboden, wo ich mich reinkuscheln kann. Es ist total gemütlich. Durch das noch ein wenig geöffnete Tor lugt jetzt die Sonne herein. Ich sehe strahlend blauen Himmel und schiebe das Tor noch ein Stückchen weiter auf. Dann lege ich mich in den Holzschaukelstuhl – es ist nicht wirklich ein Schaukelstuhl, eher ein Liegestuhl … es ist ein Holzschaukel-Liegestuhl, eine Kombination aus beidem. Ich decke mich zu, da es noch ein wenig frisch ist und genieße einfach diesen Heuboden. Mir fällt gerade auf,

dass es zwei Ebenen gibt. Einerseits sitze ich hier oben im Hals-Chakra auf dem Heuboden in meinem Liege-Schaukelstuhl, schaue in die Weite des Himmels, genieße den Ausblick, aale mich in der Sonne und eine Etage tiefer im Herzraum stehe ich im Dunkeln in der Höhle und warte auf das, was da kommt. Ich weiß nicht, auf was ich warte. Es ist kein ungeduldiges Warten, wie ich das von früher kenne, wenn ich auf jemanden oder etwas warte. Es ist eher ein gelassenes Abwarten oder einfach da sein. Ich weiß auch nicht, was ich da tun soll und so tue ich halt nichts. Ich schaue in das tiefe Dunkel der Höhle und höre in regelmäßigen Abständen in der Ferne Tropfen ins Wasser fallen, was sich jetzt wie ein laut schallendes Klingen anhört. Ich bin sehr gespannt, hochgradig aufmerksam, sehr wach, geradezu überwach. Alle Antennen in mir sind ausgefahren und auf Empfang gestellt. Beide Ebenen laufen parallel ab und ich kann zwischen ihnen wechseln. Ich kann schon viel besser in den Bauch atmen, aber die Atmung ist noch nicht ganz tief und noch nicht ganz frei. Vorerst beende ich die Meditation, habe das Gefühl, es sind Stunden vergangen. Kaum liege ich, kommt Holger.

Gespräch mit Holger

Holger fragt mich, ob ich sehen könne, was ein Alltagsrestetraum und was ein sinnvoller Deutungstraum ist.

S.: „Ich spüre es an der Energie, die drin steckt und daran, wie die Klienten mir von dem Traum berichteten – wie sind sie berührt? Oft weiß ich intuitiv, ob der Traum wichtig ist. Ich sage dann, was ich sehe und frage nach, ob sie mit meinen Deutungsversuchen etwas anfangen können. Meist treten wichtige Träume *(die oft als Albtraum empfunden werden)* in Verbindung mit wichtigen Prozessen auf, in denen die Klienten sich gerade befinden. Diese Träume helfen oft weiter, weil sie auf das Problem oder Thema hinweisen, um das es seelisch geht und oft auch auf die Lösung. Ist der Traum entschlüsselt, können die Betreffenden auch was damit anfangen, wenn die Traumbotschaft im tieferen Sinn verstanden wurde."

Wir reden noch weiter über Traumdeutung und verschiedene Traumarten und darüber, dass reine Erfahrungen der Seele in der Nachbardimension, die Holger als Lichtträume bezeichnet, seiner Meinung nach nicht gedeutet werden dürften.

Auf meine Frage nach einem Beispiel zu den reinen Erfahrungen der Seele in der Nachbardimension antwortet Holger: „Da ist nichts symbolisch zu deuten, das sind keine Sinnbilder, keine Symbole oder Metaphern. Das, was da erfahren wird, das ist so. Eine Lichtgestalt erscheint und sagt dir was ohne Worte, du spürst es, verstehst es und fertig. [...] Du kannst diese Lichtgestalt nicht deuten, das ist kein Symbol."

Obwohl man an Träume, so Holger, intuitiv rangehen müsse, sei Traumdeutung dennoch eine Wissenschaft. Träume bestünden aus verschiedenen Bildern. Wenn sich ein Traum z. B. aus fünf Bildern zusammensetze, stelle man fest, dass die Kernaussage dieser fünf verschiedenen Bilder immer die gleiche sei. Die einzelnen Traumbilder, die alle das gleiche aussagen, seien aneinandergereiht und künstlich zu einer Pseudogeschichte miteinander verbunden. Ich verstehe, was er meint, da ich diese Erfahrungen in der ersten Dunkeltherapie oder mit den Träumen von Klienten auch gemacht habe.

[03/2010: Ich dachte in dem Moment an das dreimalige Einblenden der „Garnrolle mit der Perle" (siehe S. 199, 205 und 207), was auf den ersten Blick gar keinen Sinn ergab. Sie erschien „aus dem Blauen heraus" scheinbar völlig zusammenhangslos zum vorherigen Geschehen. Im größeren Bild zeigte sich dann aber der tiefere Sinn: Die Perle in der Garnrolle zeigte den inneren Fortschritt an und diese Kernaussage passte ganz genau zum aktuellen Geschehen der Wachträume und Erlebnisse, die auf ganz andere Weise das Gleiche aussagten wie die Garnrolle.]

Laut Holger ist dieses Wissen der zentrale Schlüssel für die Traumdeutung. Ich füge hinzu, dass es neben dem Wissen, wie die Seele sich ausdrückt, auch Einfühlungsvermögen und die Fähigkeit braucht, sich in das Traummaterial reintunen und die Kernaussage sehen oder erkennen zu können. Holger stimmt mir diesbezüglich zu.

S.: „Oft kommen Klienten mit Träumen, die sie nicht verstehen, aber gern wissen wollen, was ihnen der Traum sagen möchte. Dann sage ich, was mir dazu ‚kommt' und frage nach, ob meine Aussagen Sinn machen. Oftmals fallen ihnen dann selber noch Zuordnungen ein oder sie bekommen aufgrund meiner Aussagen eine Art Geistesblitz, wodurch die Traumbotschaft plötzlich ganz klar und in der Tiefe verstanden wird. So entsteht aus verschiedenen Puzzleteilen ein größeres Bild, das sich irgendwann ‚rund' und im Bauch und Herzen stimmig anfühlt. ‚Das ist es!', spüren und wissen wir dann beide."

Ober-, Mittel- und Unterwelt

Ich bringe das Gespräch auf ein anderes Thema: „Ich habe noch eine Frage zu meinem Erlebnis mit den Zwergen aus der ersten Dunkeltherapie. Ich kenne aus der schamanischen Richtung die Begriffe Ober- und Unterwelt und mittlere Welt. Ich würde die Sache mit den Zwergen der Unterwelt zuordnen. Wie ist das mit den Welten, siehst du das auch so?"

H.: „Also du sagst, Ober-, Mittel- und Unterwelt, ich sage Körper, Seele, Geist. Wie bringst du beides übereinander?"

S.: „Die mittlere Welt wäre dann der Körper, die Seele die Unterwelt und der Geist die Oberwelt."

H.: „Ja. Damit kannst du all die schamanischen Sachen, die das so räumlich darstellen, ganz klar definieren. Aber dein Zwergentraum ist komplexer. Spielt sich zwar in der Seele ab, also in der Unterwelt – bildlich gesprochen Höhlen, Tunnel, Bergwerk. Das ist schon so richtig gedeutet und da arbeiten halt auch Zwerge. Aber diese Zwergen-Unterweltträume haben noch eine andere Ebene der Deutung; eine tiefere Ebene, die ich nicht schildern kann. Das komische bei Zwergenträumen ist, dass sie von Menschen auf der ganzen Welt geträumt werden. Seit Ewigkeiten träumen Menschen von der Zwergenunterwelt. Der Psychologe sagt: ‚Ist ja logisch, klar – Seele, Unterwelt usw.' Aber so einfach ist das nicht. Die Welt ist nicht mit dem einfachen Wissen, was wir so schlechthin haben, erklärbar. Das ist nur eine Oberflächenwelt."

Ich frage Holger, ob er meine, dass es die Zwergenwelt in der Realität gäbe. Er bestätigt die Frage und regt mich an, in den Zwergentraum tiefer reinzugehen, ihn noch mal bewusst zu träumen.

S.: „Ich habe das heute bewusst weggedrängt. Da fällt mir eine Schwierigkeit ein, die ich unbedingt ansprechen wollte. Mir fallen so viele Erfahrungen aus der ersten Dunkeltherapie ein. Z. B. dachte ich heute an die Drachenköpfe; das sind aber alles nur Erinnerungen an die damaligen Erfahrungen. Die schiebe ich weg, weil das nur Gedanken sind, ich sehe die Drachenköpfe nicht wie damals real und wirklich vor mir. Ich will nicht per Gedankenblasen etwas kreieren, das wäre künstlich, nicht real. Entweder es kommt von allein wie damals oder es kommt ganz was anderes. Wenn ich mich auf die Gedanken einlasse, dann kreiere ich daraus was und verhindere, dass von allein vielleicht etwas ganz anderes kommt."

Sind Märchen wahr?

H.: „Das ist schon richtig. Dennoch – genau wie die Zwerge haben auch die Drachen zwei Realitätsebenen, die traumdeuterische, wo man psychologisch etwas deuten kann, und die tiefere. Ich würde noch mal da reingehen, genau gucken, vielleicht träumt sich der Traum weiter. Das hat noch niemand erforscht. Denk an die ganzen sogenannten Märchen. Märchen heißt ja auf Deutsch maren und das heißt: wahre Geschichte. Märchen, also auch ein halbdeutsches Wort, so genommen wie es ist, heißt wahre Geschichte. Während sich das im Laufe der Zeit umdrehte zu Fantasiegeschichte."

S.: „Als ich in der ersten Dunkeltherapie die Erfahrung mit den Zwergen und den Bäumen hatte, zog ich selbst sofort den Vergleich zu den Märchen. Ich fühlte mich wie im Märchenwald, weil alles, was ich sah, mir total bekannt vorkam aus den Märchen, die ich in der Kindheit gelesen hatte. Damals dachte ich: ‚Mensch, die Märchenwelt gibt es ja wirklich! Das hat sich keiner ausgedacht, sondern das sind wahre innere Erlebnisse von Menschen, die da niedergeschrieben worden sind.' Das Märchen Schneewittchen z. B. wurde von einer menschlichen Person erlebt, so wie ich jetzt dieses Erlebnis mit dem Zwerg hatte. Mein Zwergenerlebnis ist ein Märchen, das erst einen Anfang hat und noch auf den Hauptteil und das Ende wartet. Meine Angst hinderte mich, weiter in den Wald zu gehen – dort findet der Hauptteil statt. Demnach sind Märchen innere Erlebnisse einzelner Leute."

H.: „Märchen sind keine Träume, auch keine Schäume. Ich meine, dass dein Zwergentraum ein Traum war auf einer Ebene, aber es ist auch ein Ansatz da, die Traumebene zu verlassen. Es hat eindeutige sinnbildliche träumerische Qualitäten – wie du da in der Lore rumfährst – das muss man schon psychologisch deuten. Andererseits kommen da ein paar Elemente, da bist du nicht mehr im Traum."

S.: „Es war absolute Realität, eine Erfahrung, kein Traum. Auch die Fahrt mit der Lore war für mich real wie der Rest auch."

[05/2011: Ich stieß hier (und auf den folgenden Seiten) auf ein altes Thema in mir und verteidigte mich, befand mich im Überlebensmechanismus (Anpasser) und konnte Holgers Erklärungen daher nur schwer folgen; ich war verwirrt und sah einfach nicht mehr durch. Selbst Dinge, die mir im Allgemeinen klar waren/sind, wurden ausgeblendet. In mir wehrte sich alles gegen Holgers Darstellung, die Zwerg-Erfahrung sei ein Traum gewesen, da dies bei mir ankam, als würde er damit sagen: „Alles nicht wahr!" Auf die Möglichkeit, dies anzusprechen, kam ich nicht – typisch für Überlebensmechanismen, da alles unbewusst abläuft. Siehe auch Anmerkungen zu Vorstellungen und Fantasien S. 211 und S. 300.]

H.: „Ja, deswegen ist es so ein Mischtraum. Erst hast du einen Traum, dann hast du Mischträume – Traum und Realität – dann bist du jenseits des Traumes in einer sekundären Realität."

S.: „Was ist das jetzt psychologisch gesehen? Ist das Seele oder was ist das? Wo war ich denn da?"

H.: „Du bist schon im Seelenreich. Aber das Seelenreich besteht nicht nur aus menschlichen Seelen. Die Menschen sind nur eine Population im Seelenreich. Das Seelenreich ist die Plasmawelt oder Unterwelt oder wie immer du das sagen willst, eine Nachbardimension. Das ist eine gigantische Welt mit vielen verschiedensten Spezies, wie in einem Science-Fiction-Film."

S.: „Und die Götter gehören auch dahin?"

H.: „Ja, die wohnen dort."

S.: „Also die Götter und die Zwerge – ist alles eine Ebene?"

H.: „Alles wohnt dort."

S.: „Ich dachte, die Zwerge und ähnliches ist Unterwelt und Götter und ähnliches ist Oberwelt."

H.: „Das ist der große Trugschluss. In der Edda ist alles genau beschrieben."

S.: „Edda?"

H.: „Ich habe ‚Das Totenbuch der Germanen' geschrieben, das ist die Edda. Du kennst die Edda?"

S.: „Nein."

H.: „Das ist unsere Bibel. Das ist unsere Geschichte, das sind die germanischen Mythen – da geht es u. a. um Zwerge und Götter. Die Seelenwelt besteht ja nicht nur aus unseren Seelen. Wir sind eine kleine unbedeutende Spezies."

Übergangsbereich zur Nachbardimension

S.: „In dieser anderen Welt mit den Märchenbäumen kam ich damals nicht weiter. Ich weiß nicht, ob das nicht nur was mit meinen Ängsten zu tun hatte? Es war wie eine Mutprobe oder Herausforderung, die ich nicht bestanden habe. Ich war, so meine ich, noch nicht reif genug für diese Welt, hatte zu viel Angst und vor allem Unkenntnis über diesen Bereich – ich war da ja noch niemals vorher. Vor allem – das war so real, so lebendig und die Bäume konnten eigenständig Dinge tun, die üblicherweise Bäume nicht können. Sie hätten mich umbringen können – ganz real und das löste furchtbare Angst aus und äußersten Respekt. Das war eine Welt, die nichts mit meiner Innenwelt zu tun hatte, die ich sonst kenne. So kommt es mir jedenfalls vor. Ich hatte auf diese Welt keinen Einfluss, auf meine Innenwelt habe ich schon Einfluss, die ist änderbar, wenn das auch ziemliche Mühe macht und viel Arbeit ist und mir auch viel abfordert an Mut und dergleichen."

H.: „Es ist in dem Gebiet schwer zu unterscheiden – sind wir noch im symbolischen Traumbereich oder sind wir bereits in der realen anderen Welt, weil sich das an dieser Nahtstelle überlappt. Und dann kannst du schwere Fehler machen, also falsch deuten. Also an der Nahtstelle besser den Mund halten. Verstehst du wie ich meine?"

S.: „Ich weiß nicht."

H.: „Also sagen wir mal – in deinem Zwergentraum kurvst du in der Lore da unten rum und das ist sicherlich symbolisch zu deuten. Ich will mal so sagen: Im Seelenreich gibt es keine Lore, auch keine unterirdischen Stollen, weil es keine feste Materie gibt. Da hackt auch kein Zwerg mit einem Pickel Gold aus dem Stein. Aber auf der Seelenebene ist das völlig o. k., da wird halt das Seelische so nach unten psychologisch verlagert als die Unterwelt, Gänge, Höhle etc. Das ist halt nun mal so, das ist ein Archetyp, also kann es nur träumerisch zu deuten sein, aber gleichzeitig kannst du trotzdem bereits in der Nachbardimension sein, diese aber, weil du noch Scheuklappen auf hast oder Tomaten auf den Augen, kannst du noch nicht richtig erkennen und deutest sie dann mit irdischen Metaphern wie Erde, Pickel, Zwerge, Unterwelt usw."

S.: „Ach ich selber habe das so gedeutet?"

H.: „Ja, weil du noch Tomaten auf den Augen hast."

S.: „Aber wie erkenne ich das denn?"

H.: „Ja …, das ist Übung. Hier an dieser Nahtstelle weiß ich jetzt nicht. Also ich zumindest kann es nicht erkennen. Es kann beides sein. Also ich würde es psychologisch deuten, aber vielleicht bist du schon de facto tatsächlich in der Nachbardimension, aber du kannst sie noch nicht richtig sehen. Das haben wir bei allen Todeserfahrungen. Die Leute sind mitten im Todesreich, die Seele ist abgelöst und sie erzählen den größten Quatsch, wie es da aussieht, weil noch die irdischen Bilder bzw. Strukturen wie Raum, Zeit, dreidimensional usw. in ihnen nachwirken. Da haben sie quasi eine Brille auf und damit sehen sie jetzt die nichtzeitliche, nichträumliche, nichtfarbliche Nachbarwelt. Sie sehen sie wie durch eine Prismabrille, also total verstellt. Aber trotzdem sehen sie schon die reale Welt, aber durch das Prisma verunstaltet. Und so kann es jetzt auch mit deinem Zwergentraum sein. Die Seele hat schon den Körper verlassen, du bist schon dort, aber da echoten noch deine irdischen Erfahrungen nach. Das ist irgendwie überlappt und man kann es nicht mit Sicherheit sagen. Also mit Sicherheit war deine Seele nicht außerhalb deines Körpers, was nichts heißt. Du kannst in die Nachbardimension reisen und die Seele bleibt trotzdem fest im Körpergebilde stecken."

S.: „ Das ist mir immer noch nicht klar. Wenn ich außerhalb des Körpers bin, dann stirbt doch der Körper, oder nicht? Die Seele belebt doch den Körper. Wenn die Seele den Körper verlässt, dann ist doch Herzstillstand."

H.: „Nein. Das Herz hat doch eine Nabelschnur zum Seelenkörper. Das steht halt eine Zeit lang still, es darf nur nicht zu lange stillstehen. Erst wenn es z. B. länger als drei Minuten stillsteht, bist du tot. Aber in den drei Minuten kannst du zurückkommen mit der Seele und bist dann wieder o. k."

Indikatoren für Außerkörperlichkeit

H.: „In diesen Träumen sagen ja die Leute, sie sind 50 Jahre oder fünf Tage weg gewesen, aber nicht zwei Minuten. Wenn du jetzt länger weg bleibst, dann bist du halt tot, fertig. Kein Sauerstoff. Tod. Aber es gibt einige Indikatoren, woran du erkennen kannst, dass du außerhalb des Körpers bist. Und dann kannst du sagen: Aha, das kommt in dem Traum vor, also ist sie jetzt außerhalb des Körpers."

S.: „Was sind das denn für Indikatoren?"

H.: „Wenn du z. B. einen Knall hörst oder durch einen Todestunnel gehst. Also all die Nahtodeserfahrungsmotive, das sind ja dutzende. Wenn du Fall-, Aufstiegs- oder Drehgefühle hast, wenn du im Liegen meinst, du fällst, du schwebst hoch oder du drehst dich um die eigene Achse."

S.: „Als Kind bin ich fast jeden Abend ins bodenlose Dunkel gefallen. Ich habe deswegen oft geweint, weil es ein schreckliches Gefühl war."

H.: „Ja, du fällst. Das ist bei den meisten Leuten so, die fallen quasi durch das Bett. Du weißt aber, das geht gar nicht, kein Mensch fällt durch das Bett. Aber so drückt sich das Verlassen der Seele aus dem Körper aus. Diese drei Empfindungen hast du dann. Manche hören einen Schlag oder irgendein Geräusch – oft ein Klopfen, dreimal oder einmal. Das sind alles Phänomene, die noch keiner wirklich untersucht hat. Daran kannst du erkennen: jetzt geht es jenseits des Traumes. Das heißt, du gehst mit der Seele raus aus dem Körper. Also Traum kannst du definieren, wenn die Seele im Körper bleibt, Nichttraum, wenn die Seele außerhalb des Körpers ist."

S.: „Wenn mir einer erzählen würde, er hätte außerkörperliche Erfahrungen – mir ist noch keiner begegnet –, müsste er mir das erst beweisen, ich würde ihm das nicht so ohne Weiteres glauben." *[03/2010: Hier zeigt sich mein zweifelnder Anteil (PP-Introjekt).]*

H.: „Das ist dein Problem, du musst die Phänomene kennen. Wie soll er denn das beweisen?"

S.: „Indem ein Ort ausgemacht wird, an welchem bestimmte Dinge hinterlegt sind und derjenige beschreibt dann, was er vorfindet.“

H.: „Ja, aber die meisten Leute können das nicht bewusst, das passiert ja alles spontan. Das kannst du nicht reproduzieren.“

S.: „Es gibt schon Leute, die behaupten, sie hätten ständig außerkörperliche Erfahrungen und könnten bewusst den Körper verlassen.“

H.: „Die lügen meistens oder bilden sich was ein. Im Allgemeinen nicht, das ist hochgradig selten. Und dann ist noch eine hohe Fehlerquote vorhanden. Du musst die Phänomene kennen.“

S.: „Es gibt ja Bücher darüber und es ist kein Problem, sich das Wissen anzulesen und dann zu behaupten, außerkörperliche Erfahrungen zu haben.“

Holger meint, man müsse da aufpassen, welche Bücher man liest, weil es auch mal eine Modewelle gewesen wäre und demnach viele Bücher darüber auf dem Markt seien.

S.: „Ich habe Angst, nicht wieder in den Körper zurückzukommen.“

H.: „Nein, das geht nicht. Ich meine, du kannst natürlich immer sterben, z. B. wenn du einen Hammer auf den Kopf bekommst, also wenn eine körperliche Schädigung vorliegt. Wenn du physisch topfit bist und dann die Seele den Körper verlässt, dann ist ja der Körper o. k., dann passiert das einfach spontan. Abgesehen davon geschieht es bei allen Menschen jede Nacht im Tiefschlaf und keiner stirbt dabei. Die Seele geht ins Jenseits, um sich dort zu regenerieren. Davon ist aber so gut wie keine Erinnerung vorhanden.“

S.: „Ich hatte 2002 einmal beim Aufwachen das Gefühl, als ob ich mit einer Affengeschwindigkeit aus ca. 6 m Entfernung in den Körper reingezogen werde. Mein Magen hat sich dabei umgedreht, so hoch war die Geschwindigkeit und mir war schlecht danach. Achterbahn ist langsam dagegen. Es war für mich wie Lichtgeschwindigkeit. Ist das so eine Erfahrung?“

H.: „Dann bist du gerade aus dem Jenseits zurückgekehrt. Das ist ein eindeutiges Indiz. Du hast also nicht erinnert, wo du warst. Aber aus irgendeinem Grund, vielleicht war eine Störung im Raum oder im Körper, wurdest du zu schnell zurückgezogen und das ist dir nicht gut bekommen. Das tut dem Körper nicht gut. Deswegen sagt man bei den Naturvölkern, wenn die Leute im Tiefschlaf sind, nicht anrühren, nicht laut sprechen, nicht stören, denn wenn die Seele so plötzlich zurückkommt, kann sie erkranken. Sie bekommt einen Schock. Das ist das, was ich vorhin meinte, die zweite Ebene des Träumens. Da wird es interessant jenseits der Sinnbilddeuterei."

Holger verabschiedet sich mit dem Hinweis, dass es gut wäre, wenn ich sein Buch, die Edda, lesen würde, um zu wissen, was unsere Vorfahren wussten.

Angst vor dem Märchenwald

Ich bin ziemlich aufgekratzt nach dem Gespräch mit Holger. Vor allem seine Aussage, dass die Zwerge und Drachenköpfe noch eine andere Ebene haben, lässt mir keine Ruhe. Ich beschließe, baden und dann schlafen zu gehen und morgen noch einmal den Märchenwald aufzusuchen. Bei dem bloßen Gedanken daran spüre ich, wie in der Tiefe die Angst lauert. Ich habe keine Lösung oder Ahnung, wie mit den Bäumen umzugehen ist, sodass ich gefahrlos die Allee entlanglaufen kann. Das „Zauberwort" fehlt mir und ich kann meine Angst, dass die Bäume mich umschlingen und so lange festhalten, bis ich verhungert bin, nicht einfach ausschalten – es gibt keinen Schalter dafür in mir. Diese Bäume haben eine Realität, die genauso real ist wie die äußere Realität. Es gilt, Prüfungen zu bestehen und Probleme zu lösen wie im realen Leben auch. Aber hier im Inneren gelten z. T. andere Gesetze als außen, die es herauszufinden gilt. Hier im tiefsten Inneren bin ich voll auf mich allein gestellt mit meinem Erfindergeist, Mut und meiner Angst, die durch die verschiedensten neuen, schwierigen und mir völlig unbekannten und fremden Situationen sofort ausgelöst wird. Ich wusste gar nicht, dass so viel Angst in mir ist, denn ich hielt mich bislang nicht gerade für einen ängstlichen Menschen.

Gesang
Ich liege im Bett und höre nach einer Weile voller Schrecken das feine Summen einer Mücke. Alle Antennen in mir sind darauf ausgerichtet zu spüren, wann und wo sie sich an welcher Stelle meines Kopfes niederlässt, um sie zu kriegen. Da es mich mit der Zeit nervt, stecke ich mir beide Finger fest in die Ohren, um das Summen nicht mehr zu hören. Nun dröhnt in meinem linken Ohr mein Herzschlag, was sofort meine Aufmerksamkeit auf sich zieht. Fasziniert höre ich dem Schlagen meines Herzens zu. Nach einiger Zeit geht das Geräusch links weg, dafür höre ich auf dem rechten Ohr ein Rauschen, als ob ich am Meer stehe und den Wind pfeifen höre oder eine große Meeresmuschel dicht an meinem Ohr habe. Nach und nach breitet sich das Rauschen auf die gesamte rechte Kopfhälfte aus und noch später hatte es auch die linke Kopfseite erfasst. Irgendwann geht das Rauschen in einen sehr zarten und klaren Gesang über, den ich in weiter Ferne höre. Ich lausche und bin ganz vertieft in das Geschehen. Ich versuche vergeblich, dem Gesang näher zu kommen. Nach einer Weile verschwindet der Gesang und ich höre wieder die Mücke. Da wird mir klar, dass dies keine Mücke sein kann, denn meine Finger stecken so fest in den Ohren, dass ich äußere Geräusche unmöglich hören kann. Im Bewusstsein, dass meine Psyche mir einen Streich gespielt hat, ziehe ich erleichtert meine Finger aus den Ohren und beachte das Mückengeräusch nicht weiter und irgendwann ist es auch verschwunden. Die Nacht war gelaufen, ich jedoch bin um eine innere Erfahrung reicher.

5. Tag – Im Zwielichtbereich

Mein Gott, wie schnell die Zeit vergeht. Eben war noch Freitagabend und nun ist schon wieder Dienstagfrüh. Mir ist, als ob erst einige Stunden seitdem vergangen sind, nicht schon über drei Tage. Gedanken tauchen in mir auf, die Unzufriedenheit und eine Erwartungshaltung ausdrücken. Schnell entlasse ich diese Gedanken aus meinem Kopf, denn wenn ich mich darauf einließe, würde ich unwirsch, sauer und genervt reagieren. Es ist mein Ego, das darauf aus ist, etwas zu erleben.

Ich sehe überall Lichtpünktchen – wie ein Sternenhimmel. Doch die Pünktchen sind viel kleiner und nicht so hell wie Sterne. Ich habe den Eindruck, als ob es dämmrig hell ist im Raum.

Wandel des Heubodens

Habe mich zur Meditation gesetzt und besuche meinen Heuboden. Der Fußboden erscheint in einem viel wärmeren und helleren Holzton; insgesamt strahlt der Raum Wärme aus. Ich sitze im Schaukel-Liegestuhl und schaue auf das geöffnete Tor. Die Sonnenstrahlen berühren und wärmen mich und tauchen den Raum in ein leuchtendes Gelb. Das geöffnete Tor fühlt sich im Gegensatz zu den ersten Besuchen nicht mehr bedrohlich an. Ich rutsche mit meinem Liegestuhl näher heran; mir ist, als ob ich auf einer Veranda säße. Ich sehe die Sonne und strahlend blauen Himmel und genieße es, hier zu sitzen. Herrliche Ruhe umgibt mich, die ich auch in mir fühle. Nach einer Weile gehe ich ganz nahe an das Tor heran und schaue nach rechts. Ich stehe plötzlich zu ebener Erde und kann nach draußen gehen … in einen Garten. Direkt vor mir wachsen Tomatenpflanzen, die so hoch sind wie ich. Kleine, mittlere und große Tomaten hängen dran. Schon wieder Tomaten – ich muss lachen, weil mir die Tomatenphilosophie während der ersten Dunkeltherapie einfällt. Es ist ein richtiges Tomatenfeld. Die Tomaten sind noch überwiegend grün, nur einige wenige beginnen sich zart rötlich einzufärben. Am rechten Rand des Tomatenfeldes schließt sich ein schmaler Gang an, vielleicht ein halber Meter breit. Daran grenzt ein Sonnenblumenfeld und auch die Sonnenblumen sind mindestens so groß wie ich, z. T. sogar höher. Der Gang wird von den Tomaten- und Sonnenblumenpflanzen fast verdeckt – wie ein Dschungelgang. Wieder in meiner Veranda sitzend, sehe ich direkt vor dem Tor eine kleine Rasenfläche, ca. 3 x 5 m groß. Am linken Torrand sehe ich das Tomatenfeld und geradezu das Sonnenblumenfeld, das sich bis zum rechten Torrand erstreckt. Ich schätze, dass die Tomaten vielleicht in einer Woche reif sind. Es sieht so aus, als ob das richtig leckere, saftige, tolle Tomaten werden. Den engen Dschungelweg zwischen dem Tomaten- und Sonnenblumenfeld mag ich nicht langgehen – habe das Gefühl, die Zeit ist noch nicht reif dafür. Ich liege zufrieden in meinem Schaukel-Liegestuhl, schaue in die Sonne und auf die Natur vor mir. Auch hier im Liegestuhl habe ich nicht mehr das Gefühl, dass der Heuboden ganz weit oben ist, sondern zu ebener Erde. Eigenartig, wie sich das ändert. Es ist jetzt auch kein Heuboden mehr, sondern eher ein riesiges Wohnzimmer. Aus dem Tor ist eine weiße, verglaste Terrassen-Schiebetür geworden. Das Wohnzimmer ist schlicht, einfach, gemütlich und klar eingerichtet – eine große Veränderung, die mich absolut überrascht. Damit hätte ich nie gerechnet. Ich verlasse das Wohnzimmer, um in meinem Herzraum nach der Höhle zu schauen.

Kaum gedacht, bin ich auch schon in der Höhle. Nachdem ich schon eine ganze Weile hier sitze, nehme ich in ca. 10 – 15 m Entfernung eine kleine Einbuchtung wahr, in welcher sich Wasser sammelt. In dieses Wasserloch fällt in größeren Abständen mit einem lauten Klingen ein Wassertropfen hinein. Bing … bing … bing … – ein klares, hellhöriges Geräusch, schallend-klingend. Ich sehe absolut nichts, trotzdem weiß ich von dem Wasserloch vor mir. Ich fühle mich gut, habe keine Angst, obwohl es stockdunkel in der Höhle ist. Es scheint hier einfach meine Aufgabe zu sein, zu sitzen und abzuwarten. Ich beende meine Meditation vorerst.

Habe gerade ein wenig Sport, besser gesagt Dehnungsübungen, gemacht. Ich stelle fest, dass diese sehr belebend wirken – fühle mich richtig gut jetzt. Ich wundere mich, dass ich mich bisher nicht aufraffen konnte, Tai Chi zu machen, wo ich mich doch so darauf gefreut habe, im Dunkeln zu üben. Ich tue es jetzt einfach, auch wenn ich überhaupt keinen Trieb dazu habe. Viel lieber würde ich mich nach meinem kurzen „Sportprogramm" wieder hinlegen.

Tai Chi

Nach dem Tai Chi bin ich sehr froh, die Übung doch gemacht zu haben, denn es fühlt sich unglaublich gut an im Körper. Aber es war so schwer, die Übung bis zum Ende durchzuziehen. Es zog mich magisch immer wieder in Richtung Bett. In mir flüsterte eine liebliche und verführerische Stimme: „Hör auf und lege dich lieber wieder hin. Wozu quälen? Ruh dich aus. Du merkst doch, wie schlapp dein Körper sich anfühlt." Da ich jetzt jedoch fühle, wie gut mir die Übung tut, nehme ich mir vor, mindestens einmal am Tag die Form zu laufen. Ich will mich nicht mehr irre leiten lassen von den Gedanken und dem Körpergefühl. Die Übung schult auch sehr meine Aufmerksamkeit, da der Raum klein ist. Wenn ich nicht achtsam bin, stoße ich gegen die Wand. Die äußeren Umstände erfordern es, wirklich bewusst im langsamsten Zeitlupentempo zu üben und immer am besten schon vorher zu spüren, wo die Wand ist, um sie nicht zu berühren. Das erfordert höchste Konzentration auf die Übung und die dunkle Umgebung. Mir fällt jeder Gedanke auf, der durch mein Gehirn huscht und mich von der Übung wegtragen möchte. Im Alltag nehme ich das nicht so klar war. Zu groß ist der Einfluss der Umwelt (allein schon die Geräusche und alles, was das Auge sieht). Was da alles auf mich einströmt und mich beeinflusst, hätte ich nie gedacht. Seitdem ich das weiß, entscheide ich bewusster, womit und mit wem ich mich umgebe. Ich schaue kein Fernsehen mehr, höre nur noch selten Radio, wähle aus, was ich in der Zeitung lese und wer zu meinem Freundeskreis gehört. Alles, wirklich **alles** hat Einfluss auf uns, auf unser Wohlbefinden und unsere Gesundheit.

Was ich denke, geschieht

Ich bin jetzt wach genug für eine Meditation, die Trägheit und das Dumpfe ist raus aus mir. Ich sitze im Lotussitz und spüre nach einer Weile, dass vom 7. Brustwirbel an abwärts mein gesamter Körper ganz locker und entspannt ist, während oberhalb desselben eine unglaubliche Spannung besteht, die den gesamten Brustraum ausfüllt und sich bis hoch zum Nacken, Hals und Ohren erstreckt und dann weiter nach vorn in den Kopf bis zur Stirn zieht. Die Schultern sind weniger betroffen. Der Körper reagiert auf irgendetwas mit dieser starken Spannung. Dadurch kann ich nicht richtig durchatmen, schon gar nicht in den Bauch hinunter. Es ist eine oberflächliche Brustatmung. Meine Konzentration ist ansonsten gut. Ich beobachte weiter und nach einer Weile kommt mir eine erleuchtende Idee. Alles, was ich denke und fühle, geschieht. Wenn ich in der anderen Dimension im Märchenwald bin, dann passiert auch dort das, was ich denke und fühle. Wenn ich also denke, der Märchenwald ist schrecklich, dann ist er es auch. Oder wenn ich Angst habe, die Bäume könnten mich gefangen nehmen, dann passiert genau das. Wenn ich es schaffe, ehrlichen Herzens anders zu denken, also eine andere innere Haltung zu haben, dann müsste es auch anders sein. Wenn ich also in diesem Bergwerk mit der Lore herumfahre und da unten stehen bleibe und mich nicht traue auszusteigen, weil ich Angst habe, die Lore fährt dann ohne mich weiter, kann ich das doch ändern, indem mir klar ist, dass die Lore stehen bleibt, solange ich will oder sie weiterfährt, weil ich es will. Ich muss nicht auf einen Schaffner warten, der bestimmt, dass die Lore weiterfährt. **Ich** bin diejenige, die alles kreiert, wie auch immer es abläuft. Dagegen spricht erst mal in mir, dass ich das Gefühl hatte, auf das Geschehene keinen Einfluss zu haben. Aber ich habe es auch nicht bewusst versucht, darauf Einfluss zu nehmen, da ich voll gefangen war in dem, was ich gerade erlebte. Ich konnte in dem Moment überhaupt nicht daran denken, dass ich der Steuermann bin. Was ich zu sehen bekam, löste sofort Gefühle in mir aus, meistens Angst. Es war zu neu und ungewöhnlich gewesen. Dadurch habe ich den Dingen (Zwerg, Lore, Bäume) die Macht in die Hand gegeben, mit mir zu machen, was sie wollen. Wow! Ich kann also wirklich auch die Lore selbst fahren lassen, wenn ich in dem Moment daran denke, dass ich der Steuermann bin – das ist die einzige Schwierigkeit, im entscheidenden Moment daran zu denken und zu handeln und sich seiner Selbst bewusst zu sein.

Besuch des Zwerges und der Bäume
Diese Erkenntnis lässt mich innerlich schlagartig blitzwach sein und ich gehe sofort in den „Traum“ mit dem Zwerg – frohen Mutes und ohne jegliche Bedenken oder Angst. Ich laufe den Eisenbahntunnel entlang mit dem Zwerg, der Zug kommt wieder, wir schmeißen uns beide zwischen die Schienen …, dieses Mal ist es schon Routine für mich, alles ist bekannt und ich weiß, wie ich mich verhalten muss. Ich laufe dem Zwerg hinterher, der nicht auf mich reagiert. Wir kommen an den Ausgang vom Tunnel. Das Gras ist so hoch wie ich, sodass ich die Fläche nicht überblicken kann. Das ist anders als beim ersten Mal und ich bin erstaunt. Der Zwerg bahnt sich einen Weg durch das hohe Korn – es ist ein Kornfeld. Ich laufe ihm mit einigen Bedenken hinterher, da wir ja nach ein paar Schritten das Loch (den Ausgang vom Eisenbahntunnel, durch den wir wieder zurückmüssen) nicht mehr sehen können – etwas, wovor mich der Zwerg beim ersten Mal gewarnt hatte.

(11/2007: Da jetzt ganz andere Dinge zu sehen sind, als ich in Erinnerung hatte, fesselt mich das alles abermals und ich bin mir hier schon wieder nicht mehr bewusst, dass ich per Gedanken alles steuern kann und wollte).

Ich vertraue dem Zwerg und laufe ihm hinterher. An einer Stelle hält er an und beginnt, das Korn mit der Sense zu ernten. Sobald er ein paar Streifen geschnitten hat, bindet er die Ähren zu Bündeln zusammen. Ich schnappe mir die Sichel und arbeite auch. So arbeiten wir beide zusammen. Wir schneiden um uns herum eine Fläche frei. Ich mache es ebenso wie der Zwerg – achte darauf, dass meine Bündel genauso lang und dick sind wie seine. Die Länge ist ja durch die Höhe der Kornhalme bestimmt, aber die Dicke der Bündel nicht. Wir haben schon eine ganz schöne Fläche frei. Ich weiß, wo die Bäume stehen, sehe sie aber durch das Kornfeld nicht. Der Zwerg arbeitet ohne Pause. Ich habe den Eindruck, dass er mich nicht wahrnimmt. Er arbeitet sich rechts von mir durch den „Kornwald", während ich die linke Seite mähe und mich in Richtung Loch vorwärts bewege. Ich schneide den Rückweg frei. Wir haben schon einen ganz schön großen Haufen geschnitten. Als ich meinen Blick darüber gleiten lasse, sehe ich, dass einige Bündel nur halb so lang sind wie die anderen. Offensichtlich schneidet der Zwerg die Bündel noch einmal halb durch. In dieser Länge kann er die Bündel tragen. Der Zwerg geht mir von der Größe her bis knapp unter den Hüftknochen und ich frage mich, wie der Zwerg das alles nach Hause tragen will. Das ganze Kornfeld ist jetzt abgeerntet. Plötzlich bemerke ich eine Lore, die auf den Schienen steht. Sie war mir vorher gar nicht aufgefallen, vielleicht stand sie auch gar nicht da. Der Zwerg schnappt sich mit beiden Armen ein paar Bündel und schmeißt sie in hohem Bogen in die Lore. Ich mache es ihm nach. Die Kornbündel pieken ganz schön an meinen Armen. Der Zwerg arbeitet unermüdlich in einem stets gleichmäßigen, ruhigen Tempo. Er ist sehr konzentriert, kein Handschlag ist zu viel und jeder einzelne Handgriff sitzt auf Anhieb. Alles sieht reibungslos, harmonisch, geschickt, mühelos und irgendwie perfekt aus – ich bin begeistert. Seine Ruhe strahlt auf mich aus und obwohl ich diese Arbeit noch nie gemacht habe, gelingt sie mir gut. Der Zwerg schickt nun wortlos die Lore nur mit einer Handbewegung – er zeigt mit seiner rechten Hand einfach nach rechts – in den Tunnel und die Lore fährt los. Er dreht sich in meine Richtung um und unsere Blicke treffen sich – wir schauen uns direkt in die Augen. Ich verbeuge mich vor ihm mit einem Gefühl von tiefster Ehrerbietung und Achtung. Er schaut ganz freundlich als ob er mir „Danke" sagt. Das ermutigt mich, ihn anzusprechen: „Ich würde gern zu dem Märchenwald gehen." Ich habe mir Hilfe und Unterstützung von ihm erhofft. Er hebt achselzuckend die Schultern, als wollte er sagen: „Das ist dein Bier, das geht mich nichts an." Dann dreht er sich um, schultert seine Sense und das Eimerchen mit der Sichel und läuft nach links in den Tunnel. Ich stehe da wie ein begossener Pudel, schaue ihm hinterher, wie er sich im Tunnel immer weiter von mir entfernt. Ein paar Schritte vor mir sehe ich einen ca. 2 m langen Stock liegen, den ich aufhebe und direkt vor mir in die Erde ramme. An seinem oberen Ende flattert eine große, wimpelähnliche, rote Fahne. Der Stock hilft mir, das Loch nicht aus dem Auge zu verlieren, obwohl jetzt gar keine Gefahr ist, da rings um das Loch alles abgeerntet ist und dadurch der Tunneleingang völlig frei zu sehen ist. Ich fühle mich so allein nicht recht wohl in der mir fremden Gegend und rufe mein Krafttier – kaum gerufen, ist mein Adler auch schon da. Etwas zögerlich gehe ich in Richtung Bäume, komme auf sie zu und bin erstaunt, in mir keinerlei Angst wahrzunehmen. Die Bäume sehen auch anders aus, als ob sie großen Durst haben. Sie mit der Gießkanne zu wässern macht keinen Sinn. Ich lege also zwei Feuerwehrschläuche, einen links, den anderen rechts des Weges, direkt an die Baumwurzeln und drehe den Wasserhahn bis zum Anschlag auf. In einem dicken Strahl fließt das Wasser von Baum zu Baum … Nun können sie sich satt trinken und ich fühle tiefe Zufriedenheit in mir. Der Adler breitet plötzlich seine Flügel aus und startet. Er fliegt die Baumallee entlang, dicht unterhalb der geschlossenen Kronendecke, die nur aus kahlen, knorrigen Ästen gebildet wird. Sieht wie ein Dach über dem Weg aus. Ich nehme seinen Flug als Hinweis auf, dass ich die Allee entlanglaufen kann. Es gibt in mir keinerlei Bedenken mehr, dass die Bäume mich umschlingen und festhalten, wenn ich zwischen ihnen durchlaufe. Ich warte jedoch noch, bis wirklich alle Bäume genug Wasser haben. Währenddessen nähere ich mich dem ersten Baum, der links von mir steht, und berühre zaghaft und vorsichtig seine Rinde. Erstaunt stelle ich fest, dass die Bäume sich durch das Wasser verändern. Sie sehen lebendiger und frischer aus und die Rinde erscheint heller. Ich habe das Gefühl, dass der Baum sich bei mir bedankt. Es ist schön, ihn anzufassen – er lebt! Freude durchflutet mein Herz. Der Baum fühlt sich warm an und ich fühle sein pulsierendes Leben unter meiner Handfläche. Mein Adler kommt zurückgeflogen mit einem Halm im Schnabel. Er landet direkt vor mir und reckt seinen Hals. Ich nehme den Halm an mich, keine Ahnung, was ich damit soll, aber er wird schon seinen Sinn haben. Plötzlich sind alle Bäume weg, gleichzeitig spüre ich, wie ich tiefer absinke, als ob ich die Ebene wechsele oder mit dem Fahrstuhl eine Etage tiefer fahre. Ich sehe etwas Helles … bin in etwas Hellem drin … eine helle Masse … Jetzt stehe ich wieder an dem Baum und fasse noch immer seine Rinde an. Das Wasser ist schon bis gut zur Hälfte der Allee weitergelaufen und alle Bäume, die schon Wasser haben, saugen es durstig auf. Ich laufe die Allee entlang und die Bäume verneigen sich vor mir, als ob sie mir „Danke" sagen. Ein unbeschreibliches Gefühl … „Bitte, ihr Bäume", antworte ich auf ihren Dank. Ich stehe auf der Hälfte des Weges und schaue zurück. Die beiden ersten Bäume haben sich zueinander bis zum Boden geneigt, sodass sie beide quer über dem Weg liegen und diesen dadurch versperren. Es löst jedoch keine Angst in mir aus, für mich ist es eher, als ob sie den Weg wie zum Schutz verschließen. Ich fühle mich sehr sicher und weiß, wenn ich wieder zurück möchte, geben die Bäume mir den Weg frei. Ich muss es nicht austesten, ich weiß einfach, dass es so ist, dass ich nicht gefangen bin. Eine heilige Stimmung umgibt mich: Jeder Baum, an dem ich vorbeigehe, legt sich, nachdem ich vorbei bin, hinter mir auf die Erde und wird dann ganz platt. Die Allee verwandelt sich dadurch in eine Baumstraße. Ich laufe die noch vor mir liegende Allee weiter und immer weiter …

Auf einmal höre ich ein Geräusch und denke, dass Holger kommt. Ich laufe die Baumstraße zurück, sehe in der Ferne den Stock mit dem Wimpel, renne auf ihn zu und weiter nach links in den Tunnel, laufe ihn bis zu dessen Ende und krabble durch das Erdreich wieder nach oben.

Das mit Holger war ein Irrtum, denn er kommt nicht.

Ich gehe in meine Höhle und bin erstaunt, denn hier sieht es jetzt ganz anders aus – heller, nicht mehr so düster, ich kann das Wasserbecken jetzt sehen, es ist eine gemütliche Höhle geworden. Sie ist nicht mehr so nass, feucht und kühl, sondern trocken und wärmer. Ich trete an das Wasserbecken heran, das Wasser sieht ganz klar und rein aus. Ich trinke einen Schluck – schmeckt köstlich frisch, kühl, belebend und erfrischend. Von der Höhle gehe ich in meinen Vorgarten – dort sehen die Tomaten schon viel reifer aus, sie sind schon fast erntereif. Eine ganz kleine, schon rote Tomate stecke ich mir in den Mund. Sie ist vom Durchmesser her nicht größer als 2 cm und hat ein tolles Aroma – fruchtig, ein wenig süßlich, absolut lecker und mir läuft das Wasser im Mund zusammen.

Gedanken über die verschiedenen Welten

Ich sitze noch immer in Meditationshaltung, bin mir bewusst, wo ich bin und mir gehen eine Menge Gedanken durch den Kopf: Sind das alles nur Fantasien? Ich kann dabei sprechen, kann alles auf Band aufnehmen, kann reflektieren, wo ich bin, höre die Geräusche im Haus und auf der Straße, kann logisch denken, die Kassette wechseln, auf Toilette gehen oder mit Holger reden. Gleichzeitig bin ich mittendrin in einer anderen, mir fremden Welt, erlebe und fühle ganz real in dieser Welt und genauso wie in der normalen Alltagswelt geschehen hier Dinge mit und ohne mein Zutun, nur viel schneller. Z. B. die Bäume, aus denen von allein eine Baumstraße wurde oder die nun hellere und wärmere Höhle oder die Reifung der Tomaten. Die Höhle und die Tomaten veränderten sich, obgleich ich nicht dort war. Es scheint sich alles parallel zu ereignen und Veränderungen in der einen Ebene (Zwerg/Kornfeld/Bäume) haben auch Veränderungen in den anderen Ebenen (Höhle/Wohnzimmer/Garten) zur Folge. Ich kann problemlos zwischen den Ebenen wechseln und erlebe unmittelbar ganz real diese anderen Ebenen mit allen Sinnen (sehen, fühlen, hören, schmecken), die hier um ein Vielfaches intensiver und klarer sind als in der normalen Alltagswelt.

[07/2010: Die Sinne erschienen mir demgegenüber in der „Außenwelt" wie „gedämpft" durch den Körper zu sein, als ob der Körper wie eine „Gardine" die Sinne einhüllt oder wie ein „Handschuh" abdeckt, wodurch nicht mehr so klar und deutlich wahrgenommen werden kann (sehen, fühlen, hören, riechen, schmecken) wie es ohne „Handschuh" oder „Gardine" möglich wäre. Seit der Erfahrung verstehe ich die Aussage (die ich mal irgendwo gelesen habe), der Körper sei eine Hülle und das Werkzeug der Seele, mit dessen Hilfe die Seele in der materiellen Welt Erfahrungen machen und Dinge tun könne, auf eine neue Weise.]

Ich brauche nur an die Höhle denken, schon bin ich da, ebenso ist es mit dem Vorgarten. Zu der Welt mit dem Zwerg und den Bäumen zu gelangen, erfordert jedoch den längeren Hinweg über Erdreich und Tunnel, da kann ich nicht so einfach „reinspringen". Per Gedanken kann ich zwar auch sofort da sein, es hat dann aber keinen lebendigen Charakter, sondern ist nur eine Vorstellung, ein Bild ohne Lebendigkeit, ohne Gefühle und Sinne und ohne stattfindende Veränderungen. In dem Bild kann ich nichts tun, ich kann es mir in meiner Erinnerung oder Vorstellung nur anschauen. Ich bin dann nicht als Akteur mittendrin, sondern bin nur ein Betrachter. Das ist ein großer Unterschied. Ich bin also mit meinem Bewusstsein in meiner Innenwelt, die sich aus verschiedenen Ebenen zusammensetzt, und kann gleichzeitig alles, was um mich herum im Außen geschieht, wahrnehmen. Ich springe zwischen dem Außen und Innen und in meinem Inneren zwischen verschiedenen Ebenen und Welten hin und her. Die Welt des Zwerges ist eine andere als der Heuboden oder Vorgarten. Die Zwergenwelt gehört nicht zu mir, der Heuboden und Vorgarten schon. Die Höhle hat eine Art Mittelstellung – teilweise gehört sie zu mir (Szene mit der Lanze), in anderen Elementen wieder nicht (wo ich die Tropfen in ein Wasserbecken fallen höre und das Dunkel der Höhle eine Tiefe hat). So scheint es mir zumindest. Je nach meinem Bewusstseinszustand und meiner Klarheit verändern sich die Ebenen. Wenn ich in meiner normalen Realität – also zu Hause – bin, dann erlebe ich überwiegend etwas im Außen, da das Bewusstsein ja ständig von äußeren Dingen/Personen beansprucht wird und es kommt in mir zu Gefühlen, die durch die äußeren Umstände und meine Wertung dieser auftreten. Hier in der Dunkelheit bin ich überwiegend frei von äußeren Erlebnissen, dadurch bekomme ich mehr Zugang zu meiner Innenwelt und scheinbar auch zu einer anderen Parallelwelt und erlebe diese so real wie sonst die Außenwelt, incl. meiner Sinne und Gefühle. Der Unterschied ist, dass mir vor allem die andere Welt (Welt des Zwerges und der Bäume) noch unbekannt und unverständlich ist. Es gibt Dinge, die ich von der Außenwelt her nicht kenne (z. B. sich bewegende Bäume, die ihre Äste wie Arme benutzen bzw. sich verneigen können oder lebendige und arbeitende Zwerge) und dann ist es eine Herausforderung, in dieser Welt mit den unbekannten Phänomenen und Ereignissen klar zu kommen. *(05/2011: Die „Zwergen-Welt" ist ein zutiefst seelischer Bereich, wo sich die innere Lebens-Grundhaltung des Menschen und alles, was ihn ausmacht, widerspiegelt und klar zeigt – hier kann nicht „betrogen" werden; alles, was in dir drinsteckt, steht sofort sehr lebendig! vor dir und spiegelt dein Innerstes. Du wirst gnadenlos ehrlich mit dir selbst – mit* **allem** *Unbewussten – konfrontiert. Ein reines Herz im Menschen zeigt sich in der Ebene anders als ein Herz, das z. B. auf Kosten anderer leben möchte,* *analog dem Märchen „Frau Holle", wo Goldmarie und Pechmarie entsprechend ihrer inneren Einstellung jeweils andere Erfahrungen machen und einen anderen „Lohn" bekommen.)* Es ist vergleichbar mit einem Abenteuerurlaub auf einem fremden Planeten. Ich muss handeln, weiß aber nicht wie. Das löst große Angst aus. Die Sinneswahrnehmungen erlebe ich viel klarer, tiefer und reiner. Da ich nicht mit meinem Körper diese Dinge sinnlich wahrnehme – denn ich sitze ja bewegungslos im Raum in Meditationshaltung – müssen es außerkörperliche Sinne sein. Ich kann auch wie von oben alles beobachten, kann mich z. B. die Baumstraße entlanglaufen und gleichzeitig in der Höhle und im Vorgarten bei den Tomaten sitzen sehen. Das ist mein Beobachterposten, auf den ich mich immer rette, wenn es brenzlig wird.

Holger kommt gerade und sein Erscheinen holt mich sofort aus meinen Gedanken raus. Es ist, als ob ich aus einer großen Meerestiefe etwas auftauche, etwas höher komme.

Gespräch mit Holger

S.: „Holger, weißt du, wie schnell die Zeit vergeht? Mir ist, als sei ich eben erst angekommen, nicht schon vor 4 ½ Tagen."

Holger lacht, denn er kennt das Phänomen gut. Wir greifen das Gespräch vom Vortag mit den Zwergen auf.

Shapeshifter

Holger meint, Zwerge würden in unserer deutschen Grimmschen Überlieferung als süß und niedlich dargestellt, es gäbe aber viele Menschen, die Zwergenbegegnungen im Alltag bei Tageslicht hätten. Es würde aber keine Begegnungen mit Riesen geben. Riesen wären eine andere Geschichte als die Zwerge. Es habe einfach große Menschen auf der Erde gegeben, die eine andere Züchtung waren. Aber im Jenseits kämen keine Riesen vor. Auch sei es ein Fehler zwischen Materie und Psyche zu unterscheiden und zu sagen, das Jenseits sei im Jenseits und nicht hier in der materiellen Welt. Die Zwerge, die im Jenseits wohnen, könnten sich genauso gut physisch hier im Stofflichen bewegen. Das seien sogenannte Shapeshifter (Gestaltwandler), wie die Indianer sagen. Shapeshifter könnten rein seelisch sein, leben also im Jenseits, sie könnten sich aber auch verdichten, sodass sie hier gesehen werden könnten. Diesen Zwergen könne man die Hand schütteln, die sei richtig fest.

S.: „So wie ich den Zwerg 2003 gesehen habe, sah er am Anfang einfach wie ein normaler kleiner Gartenzwerg mit einer Zipfelmütze aus, der sich dann aber wandelte und aussah wie ein kleiner, lebendiger Mensch, der mir bis knapp zur Hüfte ging, mit ganz normalen Alltagssachen bekleidet. Wie ein Erwachsener im Kleinformat."

H.: „Das sind Shapeshifter, die können sich verwandeln. Und so wie du dir einen Zwerg vorstellst, so wird dieses Wesen angezogen sein. Wenn drei Personen einen Zwerg sehen und du befragst sie hinterher, kommt es sehr häufig vor, dass alle drei Unterschiedliches über seine Kleidung erzählen. Wie der Zwerg jetzt definitiv in seiner eigenen Gestalt aussieht, das ist noch eine Überlegung wert. Also ich will nur sagen, wir können nicht einfach unterscheiden hier Jenseits, da Materie. So einfach ist die Welt nicht. Wenn man einen Zwerg sieht, gibt es zwei Möglichkeiten: Entweder ist er jetzt real in der materiellen Welt oder du siehst ihn nur innerlich in dir."

S.: „Ich habe noch nicht gehört, dass jemand real einen Zwerg gesehen hat."

H.: „Doch, das ist eigentlich das Häufige, das allgemein Übliche. Das sind meistens sehr tiefe, erschütternde Begegnungen. Das Seltenere bzw. nicht Erforschte sind Zwerge in Träumen. Also ich habe auch noch nie einen materiellen Zwerg gesehen."

S.: „Du glaubst das, wenn Leute dir so etwas erzählen?"

H.: „Man muss die Leute natürlich genau angucken. […]"

Das ist mir gerade zu viel des „Guten" – ich bin voller Zweifel. Es soll echte, reale Zwerge in der materiellen Welt geben? Liliputaner kenne ich, aber Zwerge? Oder Shapeshifter??? Ich habe dabei „meinen“ Zwerg, Zwerge aus dem Märchen „Schneewittchen“ und Gartenzwerge vor Augen. Ich lenke vom Thema ab. „O. k., kann ich dir von meinem Tag heute berichten?“

Holger stimmt zu und ich erzähle. Dann fragt er mich, ob wir den Heuboden genauer interpretieren wollen und ich nicke.

Archetyp Höhle

H.: „Es gibt da eine grundsätzliche Sache. Menschen haben im allgemeinen Angst vor Höhlen. Das ist ein Archetyp – es ist dunkel, es ist eng, man verirrt sich unter der Erde, furchtbar – gruselig. Aber es ist nicht nur einfach ein Archetyp, es ist viel mehr. Wenn du einerseits, wie du erzählt hast, dich bedrückt, beengt fühlst – z. B. der Brustdruck – wie äußert sich das sinnbildlich innerlich? Sehr leicht und schnell als eine bedrückende, albtraumartige Höhle. Das war bei dir auch ein wenig so. Das ist die symbolisch-seelische Seite. Andererseits, die Unterwelt, also Reise ins Jenseits, besteht auch häufig aus Höhlengängen – in den Höhlengängen sind aber deine Zwerge. Die Höhle kann also nur rein psychisch, also oberflächlich, sein und die Höhle kann *real* die Unterwelt, also das Jenseits sein. Das ist eine Steigerung. Da siehst du wieder die Verbindung zwischen dem, was man seelisch erfahren kann und der realen Unterwelt, die natürlich auch nicht aus Höhlen besteht. Wenn wir seelisch begrenzt sind, erfahren wir die Unterwelt, das Jenseits, als Höhlen oder Gänge. Aber natürlich sind da keine Gänge, weil jeder das subjektiv anders erfährt. Die Höhle ist ein interessanter Archetyp.“

Ich berichte Holger von meinen weiteren Erlebnissen.

H.: „Also der Heuboden war mal oben, jetzt bist du mit dem Wohnzimmer in der Mitte und die Höhle liegt neben dem Wohnzimmer?“

S.: „Der Heuboden war im Bereich des 6. Chakras. Dann fuhr ich wie mit einem Fahrstuhl eine Etage tiefer und der Heuboden war plötzlich ein Wohnzimmer. Im Herzbereich befindet sich die Höhle, also unter dem Wohnzimmer, nicht daneben. Du hattest mir gestern empfohlen, noch einmal zu den Bäumen zu gehen. Bislang hatte ich das vermieden, da meine Angst mich daran hinderte. Heute kam mir die rettende Erkenntnis, dass meine eigenen (unbewussten) Ängste die Bäume zu schrecklichen Bäumen gestaltet hatten. Dadurch war die Angst sofort aufgelöst und meine Gedanken und innere Haltung dem Märchenwald gegenüber änderten sich unmittelbar und ich wusste plötzlich ganz tief, dass ich jetzt sicher war. Das war wie ein Zauberwort oder Schlüssel für mich, wie eine neue Erkenntnis, obwohl die Idee selber mir überhaupt nicht neu ist. Aber bezogen auf diese Bäume bewirkte sie in mir sofort eine Erleichterung."

H.: „Ja, so ist es."

Ich berichte Holger den weiteren Verlauf meines Zwergenmärchens und von der Rückkehr zu den fast reifen Tomaten.

H.: „Ist ja ein perfektes Märchen. Unglaublich."

Fantasie

S.: „Ja. Ich habe da eine Frage: Ist das nun alles Fantasie? Aber wenn es Fantasie ist, müsste ich mir das doch alles ausdenken? Das tue ich jedoch nicht, sondern es passiert einfach alles von allein. Ich habe mir nicht ausgemalt oder vorgestellt, dass die Bäume sich alle hinlegen und eine Straße bilden oder dass der Adler losfliegt und mit einem Halm im Schnabel zurückkehrt usw. Da ich mir das alles nicht ausdenke, kann es doch nicht meine Fantasie sein. Auf diese Ideen wäre mein einfacher Verstand niemals gekommen." *(05/2011: Hier und auf den folgenden Seiten wieder das alte Problem, das zu Verständnisschwierigkeiten führt – siehe auch Anmerkungen S. 211 und S. 300.)*

H.: „Jetzt kommen wir genau zu dem Problem, was ich vorhin gesagt habe. Den Übergang oder die Ähnlichkeit zwischen dem, was der Mensch sich vorstellen kann – sprich Fantasie –, und dem, wie die Plasmawelt, das Jenseits aufgebaut ist, kann man eben nicht so ohne Weiteres trennen. Also können wir sagen, was wir fantasieren können, sprich hier deinen Märchenzyklus, davon haben wir gewissermaßen eine parallele Welt im Jenseits."

S.: „Für mich ist Fantasie das, was ich mir selber vorstelle oder ausdenke. Das ist hier aber nicht der Fall – ich käme nie auf solche Ideen."

H.: „Ja, so einfach ist das nicht. Es ist völlig naiv, was wir heute behaupten, indem wir sagen, wir fantasieren etwas zusammen und dann gibt es noch was anderes, evtl. das Jenseits. Die Welten überlappen sich, hängen zusammen und das ist die Komplexität und Schwierigkeit."

S.: „Ich kann mir einerseits alles Mögliche vorstellen oder ausdenken, das ist meine Fantasie, innerhalb derer ich mir alles kreieren kann. Aber ich weiß, dass ich selbst der Produzent dieses Films bin. Das sind aber nur Gedanken oder Vorstellungen, eben Fantasien und ich bin mir dessen bewusst und kann mit diesen Fantasien auch spielen, sie ganz nach meinem Belieben verändern. Aber in dieser Welt mit dem Märchenwald oder dem Heuboden, der Wohnstube, der Höhle usw. kann ich mir nichts nach Belieben vorstellen. Es passiert von allein, völlig ohne Vorstellung, auf einmal ist es da. Aber ich habe den Eindruck, dass das, was da geschieht, schon mit meinem inneren Wachstumsprozess zu tun hat. Alles ist von meiner inneren Reife abhängig und vom Grad meiner Angst. Wenn ich wieder ein wenig mutiger bin, weil ich eine Erkenntnis hatte z. B., dann ergeben sich sofort Änderungen – die Bäume oder das Tor vom Heuboden wirken nicht mehr bedrohlich usw. Die Seele scheint jegliche Veränderung in mir sofort bildlich umzugestalten entsprechend meinem inneren Reifegrad und Zustand."

H.: „Wir können jetzt verschiedene Stadien kreieren: 1. Wie du gesagt hast, ich stelle mir x-beliebig irgendetwas vor. 2. Ich entspanne mich und dann kommt etwas, das jenseits meiner persönlichen Fantasiebegabung liegt. Deine Geschichte, die du mir gerade erzählt hast, hättest du bewusst nicht so perfekt archetypisch erfinden können."

S.: „Stimmt. Ich war ja sogar bewusstseinsmäßig darauf ausgerichtet, dass, wenn ich aus dem Tunnel trete, wieder das kniehohe Gras wie beim ersten Mal da ist. Ich hatte in meinen Gedanken also Gras und die Bäume und habe auch die flache Grasfläche und etwas weiter weg die Bäume erwartet. Stattdessen ist aber ein sehr hohes Kornfeld da, das wir abernten. Und die Bäume waren gar nicht zu sehen."

H.: „Also hier tut sich etwas von selbst. Das passiert zwar schon noch auf deiner Fantasiebegabung, die du benutzt, aber gleichzeitig werden reale Strukturen der Nachbarwelt benutzt."

S.: „Das verstehe ich nicht, Holger."

[05/2011: Als Kind hatte ich oft sehr reale Bilder, Wahrnehmungen und Erlebnisse (z. B. Kriegs-„Filme", erschossen worden zu sein oder „Etwas" hinter der Tür), die mir große Angst gemacht hatten. Meine Eltern versuchten mich dann zu beruhigen: „Das sind nur deine Fantasien, das stimmt alles nicht, das bildest du dir nur ein, das denkst du dir nur aus." Daher meine allgemeine Verwirrung bezogen auf den Begriff Fantasie. Siehe auch Anmerkung S. 211.]

H.: „Das ist immer noch deine Fantasie, aber im Jenseits – was ist das denn? Das Jenseits besteht nur aus deiner seelischen Kapazität – Gedanken und Gefühle. Ich mache eine andere Unterscheidung, das ist dann deutlicher. Wenn du hier frei und wild herumfantasierst, macht das deine Seele. Aber die Seele ist gefangen im Körper. Was ganz anderes ist es, wenn du dich ein wenig entspannst. Entspannung heißt im Grunde, die Seele löst sich, befreit sich so ein wenig von der Körpervorherrschaft. Was du dann fantasierst, ist nicht mehr so an den Raum-Zeit-Kausalitätsrahmen der Materie gebunden, sondern unterliegt schon ein bisschen den rein seelischen Gesetzen, die rein archetypisch arbeiten."

Seelische Gesetze

S.: „Was sind das für Gesetze?"

H.: „Gesetze der Archetypen – Höhle, Tunnel, Zwerge, der Märchenwald, das Wasser in der Höhle, die Tropfen, die da reinfallen usw., all das sind reale Bilder der Jenseitswelt, sprich der Psyche. Ist ein wenig kompliziert, aber im Grunde einfach. Der Unterschied ist: Im reinen Jenseits bist du nicht körpergebunden. Das ist eine reale, imaginierte Welt. Während das hier (in der Materie) einfach nur eine reale Welt ist. Das sind feine, aber gravierende Unterschiede. Wir können nicht einfach sagen: Hier ist die psychische Welt, dort die Materie; diese beiden Welten gehen ineinander über. Was wir zeigen müssen in der fortgeschrittenen Wissenschaft ist, dass Materie nicht Materie, Psyche nicht Psyche ist, sondern ein fließender Übergang. Und das zeigt sich in diesen komplexen Sachen, die du da erlebst; da wird es interessant. Verstehst du, was ich meine?“

S.: „Ich weiß nicht. Ich war mir gleichzeitig im Hintergrund bewusst, dass ich im Körper und hier im Raum bin. Ist das nun dasselbe oder ist das ein Widerspruch zu dem, was du sagst?“

H.: „Nein, gar nicht. Das hast du halt im Hinterkopf, das ist o.k. Du bist auch im Jenseits und weißt genau, ich liege da im Zimmer und bin schwer krank oder tot. […] Die ganzen neuen Geheimtechnologien basieren darauf, dass man Psychisches und Materielles verbindet. […] Vom Psychischen kannst du das Materielle beeinflussen. Einen reinen Jenseitsgeist, der gar nicht zu sehen ist hier, kannst du trotzdem gelegentlich hier sehen. Du kannst sogar im Jenseits sein – guck dir die Nahtodeserfahrungen an: die Leute haben Operationen, verlassen den Körper, sind oberhalb des Körpers über dem OP-Tisch, schauen hinunter von ihrer Dimension in die materielle Dimension und sehen und hören, was die Ärzte reden. Hier haben wir – und das meine ich – diese Übergangszustände und da wird es interessant. Das sind die ganzen Schauergeschichten, die die alten Mähren usw. erzählen, die man nicht eindeutig zuordnen kann und deswegen werden sie für Blödsinn gehalten; aber sie sind höhere Wissenschaft. Flüssigkeit zwischen den Dimensionen, darum geht es eigentlich. Dies ist auch hier in der Dunkelheit angesagt, dass du das bisschen erkennst. Du bist nicht nur einfach ein materieller Körper, du bist auch nicht einfach nur Psyche, sondern beides durchdringt sich. Mit deiner Psyche beeinflusst du dein Schicksal. Deine Psyche kann meine Psyche beeinflussen. Deine Psyche kann meine so weit beeinflussen, dass ich etwas sehe, was du siehst und nicht ich. Wo ist da bitte noch Realität? Alle Gedanken und Gefühle aller Menschen beeinflussen den Lauf der materiellen historischen Geschichte. Wo ist da noch Wirklichkeit? Darum geht es. Wir haben immer noch diese harte Trennung – hier Psyche, da Materie. Man muss immer üben, nicht in diese Falle zu tappen. Aber dann wird es halt ein wenig gruslig: Dann ist der Märchenwald ein rein fantasierter Märchenwald, hat aber solche Wesen drin, die dich real umbringen und vielleicht dann auch noch von mir gesehen werden. Der Herr, der unten im Dunkeln sitzt, ist ein klassisches Beispiel. Er erzählte mir folgendes: Er lag eines Nachts im Bett und hat einen Lichtstrahl von einem Lichtwesen gesehen, das vor dem Ehebett stand. Er hatte eine Krankheit. Den Lichtstrahl von diesem Lichtwesen hat auch seine Frau gesehen, die ihm das am nächsten Morgen erzählt hat. Also war das nicht nur eine subjektive, rein in seiner Psyche erscheinende Erscheinung, sondern war auch materiell sichtbar bzw. wäre auch fotografierbar gewesen, da es seine Frau auch gesehen hat. Jetzt haben wir hier wieder den Durchbruch auch in die Materiedimension. Die ganze Sache ist komplexer, als man denkt. Da wird es interessant und auch ein wenig gruselig, da verliert man den festen Boden unter den Füßen."

S.: „Wie geht man mit Wesen um, die einen umbringen wollen? Da kommt meine alte Angst vor dem Tod wieder hoch."

Holger schweigt.

S.: „Wenn ich nicht weiß, wie ich in solch einer Situation handeln kann, löst das enorme Angst aus in mir."

H.: „Also da ist eine Furcht und die mythologisierst du gewissermaßen, wie soll ich sagen, die projizierst du in solche Märchendramen. Scheint mir jetzt, aber ich weiß nicht. Da ist irgendwo ein Abwehrmechanismus aus Furcht."

S.: „Ich habe Angst, dass mir ein Wesen begegnet, ein anderes, nicht so ein kleiner netter Zwerg, der mich kaum beachtet. Ich weiß ja nicht, wie ich mit denen umgehen kann. Wenn mir das einer sagen würde …, das muss ich doch wissen, wenn ich mich in diesen Regionen bewege."

Ich bin innerlich bewegt. Es ist einfach so real…

(03/2010: Hier befinde ich mich auf der kindlichen Ebene – das innere Kind wünscht sich Instruktionen zu bekommen wie es sich zu verhalten hat, um sich sicher fühlen zu können.)

(11/2007: Ich war beim ersten Mal froh, dass die Bäume nicht laufen konnten! Das war mein Schutz, dass ich mich nur weit genug in sicherer Entfernung halten brauchte. Ich bin mir sicher, dass sie mich hätten real umbringen können, wenn ich in ihre „Baum-Arme" geraten wäre. Aber vielleicht ist es auch nur meine Angst, die mich das denken lässt? Ich weiß es einfach nicht. Dann hätte meine eigene Angst mich real umgebracht über/durch die Bäume?)

(03/2010: In schamanischen Prozessen ist ein Weiterkommen nur in dem Maße möglich, wie das Bewusstsein dafür bereit ist. Ein fortgeschritteneres Bewusstsein zeigt sich parallel dazu in verändertem Erleben – z. B. zu sehen in der Verwandlung der „gefährlichen Bäume" in ungefährliche. Eine Gefährdung besteht daher nicht, wenn ich den inneren Blockaden Rechnung trage und nicht etwas mit Absicht forciere, das sich nicht von allein einstellt, z. B. die gefährlich aussehenden Bäume anzugreifen; siehe auch Anmerkung S. 294/295.)

H.: „Das ist schon interessant bei dir. Du kommst in solche klassisch archetypischen Märchenwelten rein …"

S.: „Wobei ich jetzt auf dem Weg zu den Bäumen keine Angst hatte. Aber da der Weg ja zum Schluss immer gleich blieb – ich lief und lief und es änderte sich nichts mehr –, scheint es wirklich ein Verhinderungsmotiv zu sein."

H.: „ Nein, es ist im Leben, wie in den Märchenträumen oder Visionen, immer das Gleiche. Der Drache, oder wem immer du begegnest, kommt und was machst du in der Furcht? Du ziehst instinktiv dein Schwert. Du hast immer Waffen mit."

S.: „Aber du hast gesagt, das sind Wesen, die dich real umbringen können!" *(Ich habe richtig Angst.)*

H.: „Na ja, der Drache, der dir jetzt nur mental erscheint, das ist ja der Geck, der kann dich auch physisch umbringen. Wir können das nicht so ohne Weiteres trennen. Viele Leute sterben im Traum, da sagen die anderen, der ist vor Schreck gestorben. Aber was ist ein Schreck? Wie funktioniert denn Magie? Ich als z. B. Schwarzmagier stelle mir vor, dass dein Herz stehen bleibt und zack, bleibt dein Herz stehen und du bist tot. Wie soll das jetzt gehen? Wir sind beide Seelen. Das ganze Dasein ist ein Seelenfeld. Was ich es mir vorstelle, wenn ich mich gut fokussieren und konzentrieren kann auf dich und dein Herz, wenn mir das gelingt, dann bist du halt tot. Wenn ich mir jetzt vorstelle, ich mache mich zur Fledermaus und komme dann angeflogen usw., das ist die normale Parapsychologie, normale Magie. Oder stelle dir vor, du wirst krank, dann sind wir in dem Bereich der schamanischen Heilung. Das ist Übergangswelt … Alles nicht so einfach. Andererseits doch, aber auch wieder nicht."

S.: „Ich glaube, es ist nur die eigene Angst, die einen lähmt oder auch umbringt."

H.: „Nein, wenn ich mich konzentrieren kann, dass dein Herz stehen bleibt, dann bleibt es stehen. Es sei denn, du bist stärker als ich. Das ist der magische Kampf. Ist doch im Leben genauso. Du bewirbst dich irgendwo und nun kommt es drauf an: der Chef will dich nicht, du willst. Wenn du all deine Kraft reinpumpst, nimmt er dich, denn dann blockierst du seine negative Kraft. Jedes Bewerbungsgespräch ist ein magischer Kampf. Ob Du erfolgreich bist oder nicht im Leben, ist ein magischer Kampf. Ein Krieg zwischen zwei Nationen ist letztendlich auch ein magischer Kampf. Es passiert halt auf der materiellen Ebene mit Kanonen und Ohrfeigen und gleichzeitig auf der immateriellen. Wenn du positiv, klar und scharf fokussiert und du etwas willst, wirst du es erreichen früher oder später. Denn um diesen Leitstrahl sammelt sich die ringsherum liegende Energie an und ordnet das Dasein so, wie du es für das Erreichen dieses Zieles benötigst. Es hängt von deiner Kraft ab. Das ist die Magie – und das spielt sich nicht in der Materie ab, sondern in der Nachbardimension. Wir leben immer auf zwei Ebenen – materiell und immateriell. So ist die ganze Existenz. Wer seelisch aufgibt, wird untergehen. Das siehst du auch an den Abenteurern – nur durch seelische Kraft kommen sie auf den Mt. Everest; nur mit Technik und Tricks haben sie keine Chance."

S.: „Was meintest du vorhin mit Abwehrmechanismus?"

H.: „Also jetzt hast du diese Wachtraumsequenz – so nennen wir das mal, obwohl es an sich nicht richtig ist, denn du warst zwar wach, aber die Archetypen liegen so perfekt da, das hättest du bewusst nicht konstruieren können. Das heißt, ob du wach bist oder nicht, spielt gar keine große Rolle. Da du irgendwie von Natur her relativ locker bist, kannst du der Seele die Führung übergeben, ohne dass dein Wachbewusstseinsego sagt: ‚Nein, das ist Konkurrenz, das mache ich nicht.' Da hast du eine Begabung, das ist ganz klar. Du bist wach und trotzdem träumst du und das perfekt."

S.: „Ich kann bewusst einsteigen, aber dann geht es wie von allein weiter."

H.: „Der Fluss geht von allein weiter, das ist ganz gut. Ich wollte noch was sagen zum Heuboden. Da haben wir die drei Geschosse: oben Heuboden, Mittelbereich, unten die Höhle. Also wieder Unter-, Mittel- und Oberwelt. Ist auch interessant, dass du von der Oberwelt, dem Heuboden, runtergefahren bist, was dann zum Wohnzimmer (Mittelbereich) wurde. Auch wieder diese übliche Dreischichtung, ganz interessant. Die Begriffe Traum, wachen, Wachtraum sind eindimensionale Begriffe; an sich dürften wir die nie verwenden, weil sie einem was Falsches vorgaukeln. Aber es fällt einem auch nichts anderes ein, man ist so geboren und kann nur so eindimensional denken."

S.: „Aus dem Heuboden ist die Wohnstube geworden, eine Wendung, die ich nie gedacht hätte."

Parallelwelt-Zustand

H.: „Ja, da bist du im Übergang, im Zwielichtbereich zwischen Materie und Seele. Wenn ich jetzt C. G. Jung wäre, wäre ich total begeistert, weil er solche Sachen nicht so leicht gehört hat; er musste krampfhaft suchen, dass Leute mal so was erfahren. Also untersuche das mal näher! Wie funktioniert der Zwielichtbereich oder wann bist du da? Du kannst auch selbst einen Namen suchen, der wirklich treffend ist. Wir sind öfter in diesem Bereich als wir denken. Besonders gerade dann wenn wir meinen, im Wachbewusstsein zu sein."

Ich spüre kurz in mich hinein.

S.: „In diesem Bereich findet eine Entwicklung statt, wie von allein, aber es geht parallel zu meinem Prozess, z. B. die Tomaten, die erst grün, aber nach ein paar Tagen dann reifer und fast essbar sind."

H.: „Das ist absolut genial, du kommst zurück und die sind rot."

S.: „In diesem Bereich bin ich schon in einem sehr tiefen Entspannungszustand. Ich fühle mich irgendwie runtergezogen, als ob es eine Etage tiefer geht. Als wenn du im Flugzeug sitzt und der Flieger plötzlich in ein Luftloch kommt und absackt oder wenn der Fahrstuhl schnell nach unten fährt. Es ist wie ein schnelles Absacken, ein Gefühl, als ob mir schwindlig wird. Wenn es sehr lange tiefer geht, dann ist der Schwindel schon recht unangenehm und ich bin geneigt, die Abwärtsfahrt zu stoppen, auch weil dann Angst in mir aufkommt. Zugleich weiß ich, ich bin hier im Raum und sitze oder liege."

H.: „Du bist trotzdem noch parallel da – wie kann man das nennen? Parallelweltzustand? Wir leben immer in Parallelwelten, leben immer im Geistigen, Seelischen und Materiellen. Daher gibt es keine außergewöhnlichen Erfahrungen, es gibt nur normale Erfahrungen. Es gibt auch nichts Bizarres oder Ungewöhnliches, es gibt nur das, was ist und das ist alles normal. Es ist die erste Voraussetzung, dass einem klar wird, dass das immer so ist. Wenn du also feststellst: ‚Ja, das ist so', dann entspricht das gleichzeitig einer Öffnung, Entspannung, Erweiterung. Jetzt können die anderen Welten und die anderen Wesen, die dort leben, auch leichter an dich ran. Du kannst sie leichter wahrnehmen, weil du ein anderes Konzept hast und damit andere auch. Das ist an sich der spirituelle Weg."

Vergangenheit ist änderbar

S.: „Wenn ich innere Bilder, die im tiefen Entspannungszustand – so nenne ich das bisher – auftauchen, verändere, dann ändert sich parallel auch etwas in der Außenwelt im gleichen Maße, wie es sich im Inneren verändert hat. Also wie innen, so außen, dass hängt zusammen."

H.: „Ja, weil da keine Trennung ist."

S.: „Z. B. die Erinnerungen an die Kindheit, die immer mit Bildern verbunden sind. Durch innere Arbeit habe ich ganz viel aus meiner Kindheit geändert. Das Schwierigste daran war, zu erkennen, dass die Angst oder anderen Gefühle aus der Kindheit mich auch noch als Erwachsene beeinflussten und lenkten, ohne dass ich das merkte. Ich wollte das einfach nicht glauben und nicht wahrhaben, ich sah damals die Zusammenhänge zwischen meiner Vergangenheit und der Gegenwart nicht. Aber mithilfe meiner Therapeutin gelang es mir nach und nach, die Wahrheit zu erkennen und vor mir selbst nicht länger zu verleugnen. Durch die Veränderung kam mehr Ruhe, Größe, Sicherheit rein, sodass ich meinen Eltern und anderen Personen jetzt erwachsener gegenübertreten kann. Ändere ich mich in mir, ändert sich alles um mich herum. Da tun sich Dinge, die ich nie für möglich hielt. Die Vergangenheit ist änderbar in einem selbst – jeder kann das an sich erfahren, der das will und der sich selbst ändern möchte. Wichtig ist, nicht daran zu arbeiten, dass die anderen sich ändern, sondern nur daran, sich selbst zu ändern. Das setzt ein bestimmtes Bewusstsein und den Willen dazu voraus und ist auch Arbeit, die nicht immer leicht ist und u. U. jahrelange Begleitung erfordert. Aber es geht, es ist ein Weg."

[01/2009: Vergangenheit, Gegenwart und Zukunft findet im seelisch-geistigen Bereich gleichzeitig statt, da gibt es keine Zeit, alles ist JETZT da – deshalb ist auf der Ebene alles änderbar. Das wirkt sich auch auf die Materie (Körper) aus, da alle Bereiche miteinander in Beziehung stehen und Materie dem Bewusstsein folgt.]

[03/2009: Die Vergangenheit ändern heißt für mich die Gefühlslage bezogen auf kindliche Erfahrungen und Zuordnungen zu ändern. D. h. sich mit der PP-Energie auseinanderzusetzen, diese zu „entschärfen" und zugleich über die PE/RI-Energie dem Inneren Kind neue Perspektiven zu geben, die sich anders anfühlen als die ursprünglich erlebte Variante (siehe Bsp. S. 89 ff.) Wenn dies gelingt, dann erinnere ich mich zwar an die Erfahrungen aus der Kindheit, reagiere aber gefühlsmäßig neutraler und gelassener darauf.]

S.: „Viele Leute wollen nicht wahrhaben, dass all ihr Tun Folgen hat und dass sie in ihrem Leben mit den Folgen ihres eigenen Tuns oder Nicht-Tuns konfrontiert werden. Auch Nicht-Handeln ist ein Handeln und hat Konsequenzen."

Holger verabschiedet sich und ich bin wieder allein.

Ich habe gerade geduscht und liege im Bett, „startklar" für die Nacht zum Mittwoch.

Mir kommt erneut – wie letzte Nacht schon – die Situation der Geburt der Zwillinge in den Sinn, in welcher mir die Hebamme von hinten ohne Vorankündigung auf den Oberbauch sprang und beide Hände mit ihrem ganzen Körpereinsatz hineinstieß, um von außen das 2. Kind weiter in den Geburtsweg zu drücken. Ich erschrak zutiefst und spürte einen heftig stechenden Schmerz in der Magengegend, gleichzeitig hatte ich das Gefühl, die Fäuste der Hebamme kommen an meinem Rücken wieder raus. Die Erinnerung ist so stark, dass ich den Schmerz und die massive Wut auf die Hebamme wieder spüre. Meine Hände sind ganz nass. Innerlich gehe ich auf den Beobachterposten, beobachte das aus der Distanz und lasse zugleich alle Gefühle hochkommen, die noch da sind …

(01/2009: Das Erlebnis mit der Hebamme hat das an sich schon schmerzhafte, aber dennoch wundervolle Erlebnis der Geburt zu einem Horrorszenarium werden lassen. Nachfragen bei einer befreundeten Hebamme ergaben, dass dieser Griff „Kristellerscher Handgriff" heißt und bereits in medizinischen Büchern von 1980! darauf hingewiesen wird, dass der Griff wegen der vielen damit verbunden Gefahren als Geburtsunterstützung abgelehnt wird. Ich wünsche allen zukünftigen werdenden Müttern, dass diese brutale Praxis aus dem Geburtshelferalltag vollkommen verschwindet – es geht auch anders! Obwohl ich viele Male in Therapie an diesem Trauma gearbeitet habe, gibt es noch immer Spuren in mir davon und ganz in der Tiefe hege ich noch heute einen Groll auf diese Hebamme. Nun, ich bleibe dran.)

6. Tag – Was ist Realität?

Ich habe mich zur Meditation gesetzt und stelle fest, dass der Kieferbereich und der gesamte Oberkörper total verspannt sind. Hals-, Herz- und Oberbauchbereich sind total zu und eng, während sich der restliche Kopfbereich und alles unterhalb des Nabels ganz locker anfühlen. Der Rücken ist ganz weich und locker, nur im Bereich des 5. – 7. Brustwirbels spüre ich einen Druck, keinen Schmerz. Ich breche nach schätzungsweise einer halben Stunde ab und mache Tai Chi.

Beim Tai Chi versuche ich, meine Wahrnehmung zu fokussieren und die Energie der Umgebung um mich herum zu fühlen und wann sie sich ändert. Ich mache die Übungen ganz langsam und sehr konzentriert und merke: Wenn ich aufs Höchste konzentriert bin, dann fühle ich die Wand ca. 5 – 10 cm bevor sie kommt. Auch fühlt sich der Bereich vor einer Wand anders an als der Bereich vor einer Tür. Wenn ich zu schnell oder zu unaufmerksam bin, nehme ich den Unterschied (wo eine Wand kommt und wo nicht) nicht wahr. Durch viel Üben ließe sich dieser Abstand und die Sicherheit des Fühlens bzw. die Qualität der Wahrnehmung ganz sicher ausbauen, aber ich habe einfach keine Lust, viel zu üben.

Direkt nach dem Tai Chi setze ich mich wieder zur Meditation, um nicht wieder in diese Trantütigkeit zu kommen. Ich versuche, mich im unteren Bauchbereich zu sammeln, auf meine Atmung zu achten und die Gedanken an mir vorbeiziehen zu lassen, ohne sie weiter zu beachten. Es gelingt mir nicht und ich breche nach kurzer Zeit ab. Das Bett zieht mich magisch an und ich gebe diesem Sog nach. Wie schön ist es doch im Bett! Ich kann mich jetzt gut entspannen. Bevor ich jedoch in meinen inneren Tiefen versinke, kommt völlig überraschend für mich Holger.

Gespräch mit Holger

Ich hatte mir folgende Themen/Fragen zurechtgelegt, die ich mit Holger besprechen wollte:

1. Holger fragte mich, woran ich erkenne, dass ich in der seelischen Dimension bin. Antwort: Dort gibt es keine feste Materie.

(01/2009: Schwer zu unterscheiden, da im Seelenbereich auch alles real aussieht und sich echt anfühlt – so habe ich die Ähren genau gespürt an meinen Armen – es hat gepiekt und gekratzt und meine Arme sahen zerkratzt aus. Ich kann gut verstehen, weshalb manche Tote nicht mitkriegen, dass sie tot sind.)

2. Holgers Aussage war, dass es zu allem, was ich fantasieren kann, eine parallele Jenseitswelt gibt. Wenn also in meinen Fantasien und Vorstellungen keine Götter vorhanden sind, dann gibt es in meiner Jenseitswelt keine Götter?

3. Holger meinte, dass alles, worauf ich fokussiere, passieren wird, weil durch mein Fokussieren die Energien sich so lagern und dazu beitragen, dass es passiert. Aber so einfach scheint das auch wieder nicht zu sein: Wer z. B. auf einen hohen Lottogewinn fokussiert, bekommt ihn deshalb noch lange nicht; viele Arbeitslose fokussieren darauf Arbeit zu bekommen und bekommen trotzdem keine; viele Kranke wollen gesund werden und sterben trotz des Kampfes gegen den Tod. Denn oft stehen innere unbewusste Dinge dagegen und dann nutzt alles fokussieren nichts.

4. Holger sprach darüber, dass ich meine Angst in diese Märchenwelt reinprojiziere und da gäbe es einen Abwehrmechanismus – darüber würde ich gern noch mehr wissen.

Wir sind nicht allein

Ich stelle zu Beginn für mich noch offene Fragen: „Gibt es verschiedene Wesen in der Seelendimension, die real existieren und nicht einfach nur ein Gedanke oder ein Gefühl sind?“

H.: „Das ist in der Tat der Fall. Es gibt zunächst mal Menschen, die denken und fühlen. Wir sind also Denk- und Gefühlsentitäten in der Seelenwelt. Dann natürlich die Tiere und Pflanzen mit ihren Gedanken und Gefühlen. Auch die ganzen Verstorbenen mit ihren Gedanken und Gefühlen. Dann gibt es andere Spezies im Dasein, die nie irdisch inkarniert sind auf dem materiellen Planeten Erde. Entweder sind sie auf einem anderen Planeten oder aber nie in der Materie inkarniert. Man kann nur vermutlich davon ausgehen, dass die meisten Wesen oder Entitäten, die es gibt, nie physisch inkarniert waren, sondern nur als Seelenwolken sozusagen existieren. Dann gibt es interdimensionale Wesen, die teilweise in der immateriellen Welt – Gedanken und Gefühle – leben und gleichzeitig oder parallel in der materiellen Welt. Das ist hochinteressant.“

S.: „Gehören die Zwerge dazu?“

H.: „Ja, da gehören z. B. die sogenannten Zwerge dazu. Dann gibt es eine Hierarchie oder Evolutionskette von Wesen, die umfassender sind, die einen größeren Existenzspielraum haben. Es gibt Wesen mit einer höheren Gedanken- und Seelenkapazität und wir sprechen dann oft von Dämonen oder Göttern, weil wir sie nicht näher klassifizieren können. Es gibt ein ganzes Spektrum, ein ganzes Pandämonium an Wesenheiten und wir können nur sagen: ‚Wir sind nicht allein.'"

Tupilaks oder Tulpas

S.: „Also auch wenn ich mir bestimmte Dinge nicht vorstellen kann, z. B. Götter, gibt es diese ganz real unabhängig von mir und meiner Vorstellung?"

H.: „Ja, die sind unabhängig von dir. Noch eine andere Spezies sollte man vielleicht in diese Hierarchie – das Wort Hierarchie bezieht sich auf die heilige Ordnung der Wesen – einführen. Also wenn man als Mensch sich ganz intensiv etwas vorstellt, einen ganz starken Gedanken hat, den lange pflegt, kultiviert, nährt sozusagen, ihm zu essen gibt, Rituale führt, dauernd an ihn denkt, wird dieser Gedanken- oder Gefühlskomplex immer realistischer. Er nährt sich von meinen Gedanken, wird größer und größer und bekommt schließlich einen ersten Ansatz von Eigeninitiative, dann noch mehr Eigeninitiative und schließlich eine gewisse Autonomität, schließlich ein scheinbares rudimentäres Eigenbewusstsein. Jetzt kommt der Punkt, wo dieses Kunstwesen, meine Gedanken und Gefühle, sich von mir abspalten kann. Das ist ein Tupilak, sagen die Tibeter. Das ist ganz interessant, ich habe keine Eigenerfahrung, aber das soll es geben."

S.: „Ja, ich weiß aus eigener Erfahrung, dass das geht. Was du beschreibst, ist mir unter dem Namen Tulpa bekannt. Alexandra David-Néel beschreibt das auch in ihrem Buch ‚Heilige und Hexer' sehr gut."

H.: „Und hieraus, in der Pflege dieser autonom gewordenen Wesenheiten, besteht ein Großteil der Magie. Die Wesenheiten können sich nur erhalten, wenn sie immer weiter genährt werden, z. B. durch Opfer. Es ist ein Sinn des Opfers, diese Entitäten weiter zu nähren. Die sind meistens mit materiellen Objekten verbunden, damit sie auch hier eine Repräsentanz auf der materiellen Ebene haben. In Java z. B. ist das ein riesiger Kult, die haben diese Krise, diese Schwerter und damit sind Wesenheiten verbunden. Und dieser Kris wird verehrt, genährt, gebadet, gewaschen, ihm wird was zu essen gegeben und ein Ritual drumherum gemacht, die werden gefeiert usw. und damit wird die Gedankenentität, die mit diesem Kris oder Schwert verbunden ist, immer weiter am Leben erhalten. Und dadurch bekommen auch teilweise diese materiellen Krise eine Eigendynamik und können levitieren, schweben oder sich selbständig bewegen."

Was ist Realität?

H.: „An der Stelle kommen wir zu einem riesigen Fragekomplex: Was ist die gesamte von der Menschheit und Gesellschaft erfahrene Realität? Ist das so ein Tupilak? Werden wir denn nicht, sagen wir hier im Westen, von einer so künstlich konstruierten Realität, die es gar nicht gibt, die wir nur künstlich fantasierend erschaffen haben, geleitet? Und über Generationen hinweg, von Lehrern eingebleut, kriegen diese Phantasmen dann vielleicht eine gigantische Eigenkraft, schweben sozusagen über dieser westlichen Menschheit und wir müssen daher daran festhalten?"

S.: „Das ist eine hochinteressante Frage …"

H.: „In Asien geht man sogar noch weiter. Ist der gesamte materielle Kosmos der Gedanke einer Gottheit?"

S.: „Einer selbsterschaffenen Gottheit (Tulpa) … oder einer wirklichen Gottheit?"

H.: „Entweder selbsterschaffen – ist auch noch interessant – oder einer nicht von uns erschaffenen Gottheit. Sind wir der Gedanke eines Gottes? Ist dieses bekannte materielle Universum ein Gedanke, eine Laune, ein Albtraum meinetwegen *eines* Gottes? Hier fangen wir an realistisch zu werden meines Erachtens, wie weit hergeholt auch immer das ist."

An dem Punkt lasse ich die Diskussion über Gott stehen, darüber möchte ich erst noch tiefer nachdenken bzw. noch tiefer eintauchen, das ist eine ganz tiefe grundlegende Frage. Deshalb stelle ich meine nächste Frage.

S.: „Du sagtest, ich produziere evtl. meine Ängste in Märchen hinein und du siehst da einen unbewussten Abwehrmechanismus – könntest du mir das bitte nochmal erklären?"

H.: „Das Märchen in sich selbst ist ein Abwehrmechanismus, weil es keine Märchen gibt. Es gibt keine Märchenfiguren, es gibt nur Realität. In deinen Träumen oder Erfahrungen kommen Märchenaspekte und -fragmente vor, was wiederum darauf hinweist: ‚Aha! Saskias Bewusstsein ist überfordert mit dem, was da real zu sehen und zu erfahren ist.' Und das ist keine Schwäche von dir, das ist eine allgemeine humane Schwäche, mit tiefen Erfahrungen realistisch umzugehen. Das ist keine Kleinigkeit, also machen wir doch etwas anderes draus, sprich einen Zwerg."

S.: „Oder Bäume? Und das geschieht, ohne dass mir das auffällt?"

H.: „Ja."

S.: „… Aber dann bekommt man das doch nie raus. Was ist dann wirklich Realität? Dann kann ich immer irgendwie sagen: ‚Na, vielleicht habe ich mir das doch nur ausgedacht unbewusst oder vielleicht macht mein Bewusstsein aus der Überforderung heraus wieder aus *Etwas* etwas anderes, was nicht wirklich d*as Etwas* ist.' Es gibt doch Forscher wie du und andere, die schon mehr versuchen, als nur einfach zu leben. Auch ich versuche mir einiges bewusst zu machen, so gut es halt geht."

H.: „Na ja, deswegen sagen die Inder: Vergiss alles, forsche weiter, sieh es aber als Spiel."

Ich muss lachen und sage etwas resigniert: „O. k., ich spiele weiter."

H.: „Das ist die einzige Rettung, die wir haben. Wir bestimmen es als Spiel und haben unseren Spaß bei der Sache."

S.: „Einen Spaß, wo du vor Angst fast schlotterst!?"

H.: „Eben."

S.: „Toller Spaß!"

H.: „Ja, überhaupt nicht spaßig. Die denken alle, die lachen sich kaputt, dabei schlottern wir alle vor Angst. Die Menschheit lacht dauernd, aber guck doch ehrlich hin, diese Lacher sind doch ein Angstschlottern."

S.: „Ja, ein Anpasser-Lachen, eine Maske."

Ich wechsle das Thema.

Selbst-Befriedigung

S.: „Heute Morgen bekam ich in der Meditation folgendes Bild: Es ist nicht der Körper, der Befriedigung sucht, sondern das Ego. Das Ego ‚benutzt' den Körper, um sich zu befriedigen."

H.: „Deine Aussage finde ich hochinteressant. Zunächst ist die Befriedigung ja scheinbar körperlicher Natur. Aber es ist doch gleichzeitig eine Seelenbefriedigung oder nicht?"

S.: „Das Ego befriedigt sich, das will etwas haben, eine Leere füllen. Was ich in der letzten Dunkeltherapie erfahren habe und das Bild von heute sagen mir, dass der Körper aus sich selbst heraus keinen Trieb hat. Was meinst du dazu?"

H.: „Das ist eine Bombentheorie. Da ist was dran. Das sexuelle Gefühl ist natürlich schon sehr körperlich. Sagen wir mal so: Man trifft jemanden auf der Straße, den guckst du an und du hast sofort ein Gefühl. Das ist nie gleich körperlich. Es ist immer zunächst rein seelisch, wird dann aber, erst später, körperlich."

S.: „Selbstbefriedigung findet statt – motiviert und geleitet vom Ego."

H.: „Wo ist denn das Ego? Das Ich ist ja in der Seele drin – das ist die Seele. Das ist eine Seelenbefriedigung, die sich mit den Mitteln des Körpers ausdrückt."

S.: „Und ein Mensch ohne Ego hat dann keinen Trieb mehr."

[06/2010: Ego- oder ICH-los ist für mich nicht gleichzusetzen mit seelen- oder gefühllos. Aus meiner heutigen Sicht würde ich sagen, dass ein „Ego-loser" Mensch jemand ist, der sein Ego (= Pig-Parent-Energie und Anpasser) gut integriert/transformiert hat. In dem Sinne gibt es „Ego-los" oder „Ich-los" nicht wirklich, sondern es bedeutet m. E. nach eher, dass die innere Kind-Energie durch die Erwachsenen-Energie (PE/RI-Energie) informiert wird statt von Pig-Parent und Anpasser-Energie. Im Falle einer guten Verbindung zwischen Erwachsenem-Ich (PE/RI) und innerem Kind ist eine Autonomie da gegenüber dem Ego, sodass sich das Ego in seinen Impulsen nicht verselbständigen kann. Unter Ego-los verstehe ich also heute einen Menschen, der einen guten Energiefluss von der universellen/göttlichen Energie zu seinem Erwachsenen-Ich und weiter zu seiner Kind-Energie hat, sodass der Anpasser- und Pig-Parent-Energie keine Energie mehr zur Verfügung gestellt wird. Dadurch können die Gefühle des authentischen Selbst (= Inneres Kind) mehr zum Ausdruck kommen; dies befähigt die Person (im ganz normalen Alltag) zu größerer Verantwortungsübernahme für das eigene Denken, Fühlen und Handeln – und dies bedeutet für mich gelebte Spiritualität. Insofern unterscheidet sich diese Herangehensweise vom Östlichen Kulturkreis, wo es mehr um Hingabe an den Guru geht.

Es gibt einen Unterschied zwischen den Gefühlen des angepassten Selbst (= Anpasser-informierte innere Kind-Energie) und dem authentischen Selbst, was m. E. nach ohne äußere Hilfe für den Einzelnen kaum durchschaubar ist, da dies im Allgemeinen unbewusst ist. Bei einem Menschen mit gut integriertem Ego kommen die Gefühle des authentischen Selbst oder seiner wahren Seele zum Ausdruck. Im unintegrierten Fall werden eher die Gefühle der Anpasser- und Pig-Parent-Energien zum Zuge kommen.

Ein erwachsener Mensch, der sein authentisches Selbst lebt, ist erkennbar an der Wärme, Herzlichkeit, Freundlichkeit, Hilfsbereitschaft, Selbstliebe, Mitgefühl, Selbstachtung, Liebe und Achtung anderen Menschen und Wesen gegenüber, Weichheit, ruhiger Ausstrahlung, Wohlwollen und Zustimmung zu dem, was und wie es ist, ohne sich selbst zu übergehen. Das bedeutet für mich am Beispiel der Sexualität, dass Sexualität sein kann, aber nicht mehr sein „muss" im Sinne eines Triebes oder unerfüllten Bedürfnisses.]

S.: „Ich habe noch eine andere Frage. Ich versuche, bewusst nicht in meine inneren Bilder zu gehen, weil ich sonst den ganzen Tag ‚verbildere' und das auch meine Energie kostet. Abends bin ich dann ganz erschöpft und kaputt. Ich denke aber, darum geht es nicht."

H.: „Nein."

S.: „Heute habe ich bewusst versucht, nicht zu denken – nur immer Atmung – nicht denken – Atmung – nicht denken – Ruhe … einfach sein. Wenn ich im SEIN oder einfach bin, dann kommen auch keine Gottheiten, Bilder oder Buddhas – da kommt nichts, da bin ich einfach nur."

H.: „Nein, weil das keine Seelenenergie ist."

Mir geht ein Licht auf.

H.: „Seelenenergie äußert sich in Bildern, Gefühlen etc."

S.: „Wenn ich im SEIN bin, können mir auch keine Dämonen und sonst irgendwas begegnen?" *(Ganz tief in mir lauert noch immer die Angst, Geistern zu begegnen wie bei der ersten Dunkeltherapie, daher stelle ich diese Frage.)*

Seins-Erfahrung

Holger sieht die Seinserfahrung als einen „Hauptabwehrmechanismus gegen andere Wesen, Dämonen, schlechte Gedanken, schlechte Eigengefühle" und „gegen all die Erscheinungen der materiellen und seelischen Welt".

S.: „In der Seinserfahrung kommen keine Bilder, da bin ich einfach nur. Also könnte ich den Rest meiner Tage hier im Sein verbringen, ohne dass irgendwas passiert?"

H.: „Das ist das Ziel. Die Seinserfahrung gibt es in verschiedenen Stufen – schwächere, stärkere, höhere … Die Bilder sind in der Übergangsphase des Anfangs, aber letztendlich geht es nicht um die Bilder. Das ist wie so ein Fass ohne Boden, das nie endet. Die nähren sich ja auch irgendwie aus sich selbst heraus. Darum geht es gar nicht, es geht um die Seinserfahrung. Was ist ihre Qualität, was ist denn Sein? Sein ist die Potenz für alles."

S.: „Ja … Solange ich noch etwas will, bekomme ich überhaupt nichts. Erst wenn ich dieses Wollen, das vom Kopf *(Ego)* ausgeht, völlig losgelassen habe, bekomme ich plötzlich alles. Also an dem Punkt, wo ich innerlich vom Herzen her ehrlich verzichte, bekomme ich und zwar genau das, wonach ich mich vorher so gesehnt hatte. Aber es ist mir dann nicht mehr wichtig, da ich ja innerlich verzichtet habe."

H.: „Ja, das ist so, unheimlich raffiniert. Wenn du was willst, arbeitest du mit dem Seelenwillen. Wenn du den Seelenwillen aufgibst, kommst du automatisch ins Sein, in die höhere Stufe. Deswegen geht es in allem im Leben nur um das Seinsgefühl, um die Seinserfahrung. Das ist es, was die Menschen lernen müssen. Es geht primär darum, ins SEIN einzusteigen, z. B. über Meditation, die eine Beruhigung der Seelenlandschaft und ein Einstieg in die Seinslandschaft ist. Und da lösen sich alle Probleme in Wohlgefallen auf, von selbst."

Ich teile Holger mit, dass ich eine Gefahr darin sehe, dass Meditierende sich in Wunschvorstellungen und eine Pseudoruhe hineinmeditieren und Meditation als ein Mittel zur Ablenkung benutzen könnten statt zu dem zu schauen, was sich „hinter" ihren Problemen verbirgt.

Holger stimmt der Gefahr einer Pseudoberuhigung zu und spricht, sich bereits verabschiedend, vom „Leben als Gratwanderung".

Lebensrückblick

Es ist noch stockdunkel draußen. Die Nacht zum Donnerstag verlief ruhig und ich bin aufgewacht in dem Moment, wo in einer Art Rückblick mein gesamtes bisheriges Leben an mir vorüber zog. Ich sah z. B. alle Freunde, die ich je hatte. Es war, als ob ich innerhalb einer Sekunde alles erfasste und überschaute, was je in meiner Vergangenheit geschah. Mein gesamtes Leben war in eine Sekunde verpackt, die ich als Geschenk auspacken und mir anschauen durfte. Als mir das bewusst wurde, war ich voller Erstaunen darüber, wie das geht.

Gleich nach diesem Rückblick erschien eine hübsch karierte Tischdecke, in die Streifen eingeflochten waren. Es war fast übergangslos, von einem Moment zum anderen und ich habe keine Ahnung, was sie zu bedeuten hat.

Erinnerungen

Ich liege noch im Bett und in mir steigen Erinnerungen an die Fahrt nach Breslau auf, die ich in diesem Jahr mit meinem Vater unternommen hatte. Viele Kindheitserinnerungen ereilen mich und mir werden Zusammenhänge, mein eigenes Leben betreffend, bewusst.

Während ich das alles auf die Kassette spreche, wird mir gerade meine Körperhaltung bewusst. Ich liege auf dem Rücken, habe das rechte Bein über das linke gekreuzt und der linke Unterarm liegt auf meiner Stirn und vor den Augen. Mit dem Arm über der Stirn fühle ich mich, als hätte ich ein Brett vor dem Kopf, wie zurückgedrängt, sodass ich nicht vorwärts laufen kann. Ich bemerke auch Kopfschmerzen, ein trübes Gefühl im Kopf, nicht klar sehen können, wie zugezogen. Ein Gefühl von „ich muss gegen etwas ankommen, um vorwärts zu kommen" ist in mir und es ist schwer auf der Stirn. Mir wird bewusst, dass mein Körper eine Schutz- und Abwehrhaltung eingenommen hat, wie ich sie aus meiner Kindheit her kenne, wenn ich große Angst hatte. Hinter dem Unterarm nehme ich den Impuls in mir war, mich zu ducken, um mich zu schützen. Ich merke, wie ich mich klein mache, am liebsten möchte der Kopf sich zurückziehen, der Hals will wie ein Teleskoprohr einfahren und zwischen den Schulterblättern versinken. Die gekreuzten Beine fühlen sich wie ein Verschluss im Geschlechtsbereich an, absolut zugemacht, bombensicher geschützt. Der linke Arm vor der Stirn und den Augen vermittelt mir auch das Gefühl, mich dahinter verstecken zu können, sodass ich nicht gesehen werden kann. Unter all dem nehme ich in der Tiefe eine große Hilflosigkeit wahr, denn mit den überkreuzten Beinen komme ich nicht vorwärts – ich bin blockiert, kann nicht weglaufen. Es ist ein zutiefst schutz- und hilfloses Gefühl insgesamt. Der Arm vor dem Kopf half mir als Kind, das nicht zu fühlen. Das gab mir ein gewisses Sicherheitsgefühl – eine Scheinsicherheit. Das authentische Selbst war in dem Moment in die tiefste Tiefe meines inneren Schneckenhauses zurückgezogen, sodass ich „nicht mehr da" war. Wie groß meine Angst gewesen ist! Eine andere Schutzhaltung von mir war, jahrelang in Gegenwart anderer Menschen die Arme vor der Magengegend zu verschränken. Mit diesem Schutz- und Überlebensmechanismus fühlte ich mich als Jugendliche und Erwachsene bis über mein 40. Lebensjahr hinaus gemütlich und bequem, wie ich immer dachte und wie es sich für einen Teil in mir auch anfühlte. Der eigentliche Sinn der Haltung (Schutz- und Scheinsicherheitsgefühl) und die dahinter versteckten authentischen Gefühle – riesige Angst, Hilf- und Schutzlosigkeit, Ohnmacht – waren mir viele Jahre nicht bewusst.

Weitere Kindheitssituationen steigen in mir auf. Ich sehe Szenen, wo ich sehr wütend auf meine Mutter war. Über die Jahre war ein dermaßen großer Berg an Wut in mir aufgestaut, dass diese sich bis zu meiner Pubertät in blanken Hass verwandelt hatte. Die innere Distanz zwischen meiner Mutter und mir betrug über Jahre viele Kilometer. Ich war erst ab meinem 39. Lebensjahr bereit dazu, mich dem zu stellen und brauchte mehrere Jahre harter Arbeit an mir selbst, um den Hass und die Distanz in mir abzubauen und mich meiner Mutter wieder nah und meine Liebe zu ihr und ihre Liebe zu mir fühlen zu können.

Ich gehe als Erwachsene in jede aufsteigende Kindheitsszene dazu, nehme Kontakt zu meinem inneren Kind auf, helfe der Kleinen und gebe ihr mit all meiner Liebe, was sie bis heute braucht: Nähe, gestreichelt und gehalten werden, Verständnis, Geduld, Sicherheit, ein liebevolles Lächeln, Wärme, kindgerechte Erklärungen, Liebe … So werden die kindlichen Bedürfnisse durch mein Erwachsenes-Ich im Nachhinein noch gestillt und die alten Verletztheitsgefühle können sich wandeln in angenehme Geborgenheit, Sicherheit, sich verstanden und geliebt fühlen.

Es tauchen außerdem lebendige Erinnerungen aus meiner Kindheit auf, die meinen Vater betreffen und wieder gehe ich in die innere Arbeit mit dem Kind in mir.

Nach diesem Prozess habe ich das Gefühl, ein Stück gefesselter und blockierter Kindenergie in mir befreit zu haben. Meine Körperhaltung ist locker und offen, wie mir gerade auffällt. Meine Arme und Beine liegen ganz entspannt auf der Unterlage.

Von draußen kommt ein vager Schimmer der Morgendämmerung herein und ich schließe schnell das Badfenster.

7. Tag – Die List des Egos

Mir wird gerade sehr deutlich und sehr klar, dass ich meine beiden Eltern bin. Und mit dem, was ich von beiden bekommen habe, mache ich jetzt etwas Neues. Der Sinn dessen, was Bert Hellinger damit meinte, wird mir jetzt anders, neu und tiefer klar. Der Satz hörte sich für mich zunächst falsch an und früher dachte ich, der Satz müsste entweder heißen: „Ich habe meine Eltern“ oder: „Ich bin wie meine Eltern.“ Aber es ist richtig: Ich bin meine Eltern. Daher kann ich in mir nur im Reinen und im Gleichgewicht sein, wenn ich mit beiden Eltern im Reinen und im Gleichgewicht bin. Das fühlt sich gut an, frei und weit. Ein ruhiges Gefühl füllt mich aus bei der Erkenntnis, meine Eltern zu sein. Es fühlt sich vollständig an – ich fühle sie beide in mir und ich bin sie beide. Ich fühle mich total zentriert und weiß ganz klar: Der Weg, ins Gleichgewicht und in innere Ruhe und Frieden zu kommen, geht nur über die Achtung und Anerkennung der Eltern wie sie sind, ohne sie ganz oder teilweise abzulehnen in ihren Verhaltensweisen und Gedankengängen. Indem ich sie ehrlich achte und sie so sein lassen kann wie sie sind, ohne sie mir anders zu wünschen, stehe ich aus eigener Kraft auf eigenen Füßen und habe eine gewisse Freiheit. Und ich habe den Segen beider Eltern für meinen Weg. In meinem Herzen haben beide Platz genommen.

Mir werden die tieferen Verstrickungen in unserer Familie klar bewusst und welche Auswirkungen das auf mich hat – sowohl seelisch als auch körperlich. Jetzt weiß ich schlagartig, was ich in Breslau meinem Vater als Begründung hätte sagen können, warum mein Platz nicht an seiner rechten Seite ist. „Vati, für dich geht die Frau an der rechten Seite des Mannes, aber ich bin deine Tochter, deshalb ist mein Platz links von dir, auch entsprechend der Rangfolge.“ Ich hole das innerlich nach und fühle mich jetzt ganz klar, völlig entwirrt und in tiefer Ruhe.

Die Erkenntnis darüber, dass ich innerhalb unserer Familie noch immer auf dem falschen Platz stehe, erleichtert mich einerseits und macht mich andererseits betroffen. Wie tief das verankert ist! Ich nehme innerlich ganz bewusst meinen richtigen Platz innerhalb unserer Familie ein.

Ich war als Kind wirklich ein perfekter „Retter“ und habe diese Rolle tief verinnerlicht. Doch ich lege diese Rolle zunehmend ab – sie steht mir nicht zu und tut mir auch nicht gut.

Ich hatte mich zur Meditation gesetzt, aber meine Gedanken trugen mich immer wieder weg zu Vater und Mutter. Um mich besser konzentrieren zu können, versuchte ich, mich an der Qi Gong-Übung „Kleiner Kreislauf“ festzuhalten und dabei wurde mir folgendes klar: Wenn ganz viel Energie in eine Vorstellung fließt, dann bekommt diese dadurch mit der Zeit eine andere Qualität – sie nimmt an Lebendigkeit zu. Wenn ich mir oft genug vorstelle, wie Energie in meiner Wirbelsäule vom Steißbein nach oben zum Kopf und von dort an der Körpervorderseite wieder nach unten fließt, dann wird dieser Energiestrahl mit der

Zeit lebendig und bekommt sogar so was wie ein Eigenleben. Am Anfang war es nur reine Vorstellung. Oft konnte ich die Vorstellung nicht beenden, da meine Gedanken mich entweder woanders hintrugen oder ich an bestimmten Stellen aufgrund von Blockaden nicht weiterkam. Meist hing ich schon an der Lendenwirbelsäule, spätestens aber an der Brustwirbelsäule in Höhe der Herzgegend fest. Mit zunehmender Übung wurde aus der reinen trockenen Vorstellung ein dünner fließender Strahl – so dünn wie ein Faden, der jedoch immer wieder abriss. Aber nach einigen Monaten des Übens war der Strahl bereits so dick wie mein kleiner Finger und floss sehr lebendig. Mir wird gerade sehr klar: Durch ständige Wiederholung dieser Vorstellung versorgte ich selbst sie mit Energie. Dadurch bekam sie Kraft und Lebendigkeit und wurde fühlbare Wirklichkeit in mir. So machte ich eines Tages (ich war erkältet und hatte im wahrsten Sinne die Nase voll) bei dieser Übung die Erfahrung, dass, wenn ich den Energiestrahl durch meine Nasennebenhöhlen lenkte, diese dann ganz frei wurden und ich besser Luft bekam. Als ob sich alles in meinem Kopf öffnen würde. Ich war damals ganz begeistert und stellte fest, dass es überall im Körper, wohin ich diesen Strahl lenkte, zu für mich positiven Veränderungen kam. Seitdem war das meine Methode wieder gesund zu werden, wenn mein Körper irgendein Problem hatte. Es kam die Zeit, wo ich mit diesen Vorstellungen nicht mehr weiterarbeitete, weil einfach andere Dinge in mein Leben traten und ich auch zunehmend seltener krank wurde. Als ich dann vor Kurzem – ich hatte diese Methode ca. vier Jahre nicht mehr verwendet – wegen einer Fußverletzung wieder darauf zurückgreifen wollte, stellte ich fest, dass der Strahl kaum fühlbar und alle Energie raus war. Es ging aber sehr viel schneller als beim ersten Mal, ihn wieder aufzubauen und zu nutzen. Für einen Menschen, der diese Erfahrung nicht gemacht hat, wird sich das vielleicht ziemlich weit hergeholt anhören oder er wird sogar sagen, dass das nicht geht.

Aber jeder kann das selbst ausprobieren und eigene Erfahrungen sammeln.

Leben wir in einer Illusionswelt?
Wenn das so auf diese Weise funktioniert mit den Vorstellungen, verhält es sich dann vielleicht auch so mit der Götterwelt? Bekommen die Götter durch die menschlichen Vorstellungen ihre Kraft und Lebendigkeit? Ebenso der Teufel? Sind das alles Illusionen, an denen wir festhalten, damit wir uns getröstet, gehalten und geliebt fühlen und wir unser Leben halbwegs gut über die Runden bringen können? Lebt jeder Mensch in seinen eigenen Illusionen, wobei diese wiederum Fortsetzungen und Erweiterungen der Illusionen der Eltern und Ahnen sind, die ihm als Baby die Begriffswelt beigebracht haben? Das rot eben rot und nicht grün ist? Wurde das Baby nicht im Laufe der ersten Monate und Jahre dadurch, wie die Eltern die Welt zu diesem Zeitpunkt sahen, in seiner Wahrnehmung fixiert und eingeschränkt auf das, was seine Eltern/Großeltern „sehen und wissen"? Was würde ein Baby uns für eine Welt beschreiben, wenn es sich darüber bewusst wäre und uns „wissenden Erwachsenen" darüber berichten könnte? Sieht ein Baby Dinge, die der Verstand des Erwachsenen negiert, „weil es das doch nicht gibt"? Ist es nicht unser „Verstand" und unser so schwer im Laufe der Jahre von außen angeeignetes Wissen, das uns blockiert und in einer Welt voller Regeln und Schubladen gefangen hält, die es nicht wirklich gibt und unter der wir leiden, die wir selbst aber kreieren und vehement per Verstand aufrechterhalten? Macht uns nicht am Ende das permanente Aufrechterhalten unserer Illusionen krank? Werden Kinder vielleicht in den ersten Lebensjahren mittels logischem Verstand der Erwachsenen ganz gezielt – in guter Absicht – in einem Lern- und Erziehungsprozess von sich selbst, vom authentischem Kern, abgeschnitten und rausgeholt aus dem inneren Gleichgewicht und dem einfachen SEIN? Andererseits sind die Regeln und dieses

äußere Wissen nicht auch wichtig, um sich zurechtzufinden im Alltag, in der Welt? Um eine Richtschnur zu haben? Aber es hat auch seinen Preis. Werden wir vielleicht krank, weil wir eine Welt verteidigen und aufrechterhalten, die es nicht wirklich so gibt, sondern nur in unserem Kopf? Krank, weil unser Kopf darauf besteht, dass alles so bleibt, wie es bekannt und gewohnt ist? Krank, weil wir uns auf Unbekanntes und Neues nur schwer oder kaum einlassen können, weil es uns so viel Angst macht? Pressen wir die Kinder, die noch ganz lebendig immer wieder Neues und Unbekanntes erforschen wollen, deshalb in unser festes Schubladensystem, damit wir Erwachsenen uns sicher fühlen können? Ist der Fluss des Lebens dann noch im lebendigen Fluss oder stagniert er eher in einem betonierten Flussbett? Machen uns vielleicht die Verstrickungen, Probleme und Lieblosigkeit in unseren engsten Beziehungen krank, statt das Wetter, Viren, Pilze und Bakterien?

Absichtslose Absicht – Absichtloses Tun

Während ich mir Tee zubereite, stelle ich staunend fest, wie sicher meine Handgriffe in der Dunkelheit geworden sind. Wenn ich, genauso wie ich es bei Tageslicht mache, einfach zur Teekanne und Wasserkocher greife, ohne darüber nachzudenken, wo ich diese finde, dann ist der Griff ganz sicher und auf Anhieb halte ich den gewünschten Gegenstand in der Hand. Es ist wie ein wissendes Handeln, dass sich von allein ergibt, wobei die Absicht da ist, sofort die Teekanne in der Hand zu halten, ohne sich jedoch darüber Gedanken zu machen, wie das geschieht. Sobald ich jedoch anfange zu überlegen, wo sie stehen könnte, greife ich mit hoher Sicherheit zunächst daneben, dann muss ich suchen und tasten, bis ich gefunden habe, was ich wollte. Die alten Meister der Kampfkünste berichten von der „absichtslosen Absicht“ – ich finde das sehr passend zusammengefasst, das drückt alles aus. Die absichtslose Absicht nehme ich als nicht näher beschreibbares „Etwas“ oder „Kraft“ irgendwoher aus der Tiefe des Bauches kommend wahr.

(11/07: Es ist wie ein inneres Wissen, eine innere Sicherheit, dass die Teekanne sich dort befindet – ähnlich der Sicherheit die da ist, wenn ich die Kanne mit den Augen sehe. Nur das dieses Wissen sich mir im Dunkeln nicht über meine körperlichen Augen vermittelt.)

Der Körper folgt der absichtslosen Absicht unmittelbar und „ohne nachzudenken“, während die normale Absicht durch Gedanken bestimmt wird – das ist wie ein langer Umweg über den Kopf. Der absichtslosen Absicht folgt unmittelbares absichtsloses Tun aus dem Bauch heraus (ohne den Umweg über den Kopf und daher viel schneller), das immer zum Erfolg führt auf eine leichte Art und Weise. Sobald sich der Kopf über Gedanken, Wünschen und Wollen einmischt, entzieht sich die absichtslose Absicht und damit das absichtslose Tun. Diese Art des absichtslosen Tuns oder Handelns kann also nicht über Gedanken wie „ich will, möchte, brauche, mache jetzt dieses/jenes“ herbeigeführt bzw. „gemacht“ werden.

Während einer langen Meditation tritt besonders der Kopf in den Vordergrund und mir wird die unglaubliche Tiefe des Kopfes bewusst. Am Ende fühlt sich der Raum in der Tiefe meines Kopfes ganz klar und frei und die linke Kopfhälfte wie gereinigt und geputzt an.

Heute ist der 6. Tag, wenn ich den Freitag nicht mitzähle. Ich habe den Eindruck, es passiert überhaupt nichts. Nichts tut sich, kaum innere Bilder, kein Kinofilm, dafür ein Haufen Gedanken.

Ich habe mir gerade eine Ohrreflexzonenmassage gegönnt, was sehr sehr angenehm war. Im Körper ist ein Gefühl des Strömens und Fließens und mir ist wohlig warm. Werde ich mir öfter gönnen.

Das Ego entlarvt sich

Holger kommt heute später und so langsam fange ich doch an, auf ihn zu warten. Seit ca. einer Stunde gehen die Gedanken immer wieder dahin, wann er wohl kommt. Ich merke auch, dass sich das Ego ziemlich gut versteckt hat in diesen sechs Tagen, sodass ich es nicht bemerkt habe. Ganz subtil habe ich doch darauf gewartet, dass „etwas passiert" in der Dunkelheit. Jetzt ist schon Donnerstag, ich schätze später Nachmittag, und es ist noch immer nichts Wesentliches passiert. Gar nichts. Nicht mal eine Krise hatte ich. Jetzt höre ich mein Ego sprechen, dass sich ärgert und sagt: „Hm, was soll das jetzt hier, warum tut sich denn nichts? Es müsste doch mal endlich losgehen!" Die Zeit der Geduld ist vorbei, das Ego kann seinen Ärger und Unmut darüber, dass nichts passiert, nicht mehr unterdrücken. Ich muss lachen, wie ich von meinem Beobachterposten aus auf das vor sich hin wütende Ego schaue und bin erstaunt, wie listig es sich in den sechs Tagen versteckt hatte und mich glauben ließ, es wäre nicht da. Ist doch ziemlich clever, so zu tun, als ob es gar nicht da ist, um dann plötzlich aus irgendeiner Ecke heraus zu erscheinen, in immer neuen Nuancen. Die Anpassungsfähigkeit des Egos ist doch enorm und es ist nicht leicht, das Spiel zu durchschauen. Und doch hat es sich jetzt verraten. Ich bin betroffen einerseits, wie gut ich mir selbst Ruhe und Gelassenheit und mit allem einverstanden sein vorgespielt und das auch noch geglaubt habe, andererseits muss ich darüber lachen, wie kindisch das Ego ist. Es will immer nur haben und zufriedengestellt werden und dafür denkt es sich allerlei Methoden aus, um seine Bedürfnisse gestillt zu bekommen. Ich bin ganz neugierig und gespannt, was es sich noch so alles einfallen lässt, um zu seinem Recht zu kommen. Ich muss herzlich lachen, es erinnert mich in seiner Art an Rumpelstilzchen.

Ich habe heute schon zum zweiten Mal den Eindruck, dass ich Musik höre. Es hört sich an wie ein weit entfernter Männerchor, ein lieblicher Gesang, als ob er aus einer Kirche kommt.

Gespräch mit Holger
Ich erzähle Holger von der Entlarvung meines Egos.

H.: „Ja, man will, dass was passiert. Wenn du sagst, es passiert nichts, frage ich jetzt: Was passiert? Oder was machst du hier?"

S.: „Tja, genau das fragt sich das Ego auch."

H.: „Was passiert in deinem Bewusstsein?"

S.: „Es kommt eine ganze Menge hoch an Erinnerungen, z. B. das Ereignis mit einem Patienten, der in meine Praxis kam und im Warteraum Platz nahm, weil ich noch nicht fertig war. Als ich ihn wenige Minuten später in den Behandlungsraum bitten wollte, sah ich, dass er einen Herzanfall hatte und rief sofort den Rettungsdienst an. Obwohl der Notarzt keine fünf Minuten später da war, konnte der Mann nicht mehr ins Leben zurückgeholt werden. Er starb in meinen Armen und denen des Notarztes während der Wiederbelebungsversuche. Ich habe den Tod gespürt, wie er diesen Menschen messerscharf direkt neben mir aus dem Leben gerissen hat. Und ich fühlte eine Kälte in dem Moment rechts neben mir."

H.: „Also passiert doch was!"

S.: „Ja, natürlich, aber nicht das, was das Ego sich so vorstellt. Es will, dass hier was Besonderes passiert. Das die ganzen Sachen so aus der Tiefe aufsteigen, ist ja nichts Besonderes, das kenne ich schon zur Genüge aus den letzten fünf Jahren innerer Arbeit. Das ist alles nicht toll, nicht gut und nicht spektakulär genug für das Ego."

Über den Tod
S.: „Ich merke, der Tod des Klienten berührt mich immer noch, obwohl es schon sieben Monate her ist.

H.: „War der Raum kalt, als du diese Kälte spürtest?"

S.: „Nein, in meinen Räumen ist immer gut geheizt. Es war lokal begrenzt kalt, direkt im Millimeter Abstand rechts neben mir, wie eine große ovale kalte Kugel, von der Größe des Patienten, aber noch weiter in der Ausstrahlung, als ob die Kälte noch ca. ½ m um seinen Körper herum war. Haarscharf neben mir diese Kälte, mich aber nicht berührend. Das war ein Gefühl von einer glatten Grenze zwischen meinem Körper bzw. meinem Energiefeld und der Kälte. Der Abstand war aber nicht größer als Haaresbreite."

Holger meint, das sei der Seelen- oder Plasmahauch gewesen, der kühl sei und den jeder physisch spüren könne.

S.: „Ich empfand den Tod als absolut zielgerichtet, als ob er ganz klar hat: den und niemand anders. Dieses kalte kugelähnliche Etwas fühlte sich für mich wie ein Loch an. Es war, als ob da neben mir jemand weggeholt wurde und übrig blieb ein Loch, was dieser Mensch vorher ausgefüllt hatte. Wie ein energetisches kaltes, ovales, dunkles Loch. Der Mensch war weg, richtig weg. Absolute, abgrundtiefe Leere dieses Loch selbst." Mich schüttelt es, als ich daran denke. Diese abgrundtiefe Leere hat was Unheimliches.

(03/2006: An dem Punkt war die Kassette leer und ich wechselte, drückte dann wohl aber auf „Play" statt auf „Aufnahme", jedenfalls ist eine ganze Kassettenseite komplett leer. Es fehlt auch der Übergang zu dem, was ich als nächstes sage. Ich belasse es dabei auch, es wird schon seinen Sinn haben.)

Inkarnationen

Ich diskutiere mit Holger über den Sinn der spirituellen Psychologie, die ich für hilfreich halte, um Menschen ein Stück weit auf ihrem Weg zu mehr innerer Freiheit zu begleiten. Holger stimmt mir teilweise zu und ermuntert mich dann, auch zu schauen, was für ein Wesen ich sei, d. h. durch welche Inkarnationen ich gegangen bin.

H.: „Du bist ein Wesen, das durch viele Leben gegangen ist. Das ist ein weiter tiefer Plan und es ist in sich selbst ein Befreiungsgefühl zu erkennen, nicht nur Mensch dieser Inkarnation zu sein."

S.: „Das kann ich mir gut vorstellen. Schon der Gedanke daran lässt mich das Befreiungsgefühl erahnen."

H.: „Wenn du jetzt mehr daran denkst, hast du mehr gedankliche Befreiungsgefühle. Die Gedanken sind die Vorstufe der Erfahrung."

S.: „Stimmt …, aber wir haben gestern gesagt, dass Gedanken Energie sind, eine Kraft und je mehr ich eine Vorstellung mit Gedanken ausfülle und auskleide, umso mehr belebe **ich selbst** diese Vorstellung. Aber das wäre wie das Erschaffen eines Tupilak."

H.: „Ja, das ist eine Gratwanderung, ein gefährlicher Weg."

S.: „Genau … Vielleicht ist auch das nur ein Tupilak, dass der Mensch mehrere Inkarnationen durchläuft, weil es ja so beruhigend ist?"

H.: „Wir sind nur reiner Geist. Jeder ist da halt auf seiner Ebene und alle Ebenen sind irgendwie richtig. Da kannst du nichts machen. Jetzt kannst du natürlich versuchen, von einer Ebene 4 zu Ebene 5 zu kommen, der andere geht von Ebene 5 zu 3 usw., hin und her, vorwärts und rückwärts. Vom Geist her gesehen ist es ziemlich egal, wie seine Amöben da rumwirbeln …"

S.: „Diese Seinserfahrung, Erfahrung der vollkommenen Verbundenheit, in der nichts weiter existiert als reines Bewusstsein und ‚ich' reines Bewusstsein bin, habe ich noch nicht erlebt."

Spirituelle Wege

H.: „Es gibt verschiedene Erfahrungstypen, verschiedene Modalitäten, wie das erfahren werden kann und einer ist nicht besser als der andere. Es geht immer um den Selbstfindungsprozess des Entwicklungstyps und den Weg kann man dann leichter gehen als den gegenteiligen Weg. Es gibt den Jana-Typ, also der intellektuell-geistige Weg, den Bhakti-Weg, Liebe, den Karma-Weg, Arbeit, Tun, den Raja-Yoga, energetische Meditation. Bei welcher Kombination würdest du dich einordnen, wo hast du die größten Anteile?"

S.: „Früher hätte ich sofort gesagt, ich gehe den Weg der Arbeit und des Intellektes. Heute sage ich, ich gehe den Weg von allen. Ich bin bei der Liebe angekommen über den Weg der Arbeit, des Intellektes und der Meditation. Und um auf meinem Weg der Liebe bleiben zu können, nutze ich auch heute noch die Wege der Arbeit, des Intellektes und der Meditation. Alle vier Wege greifen bei mir ineinander in einem ständigen Wechselspiel, wobei Arbeit, Intellekt und Meditation so was wie die Säulen sind, die mich tragen auf meinem Weg der Liebe."

Holger fand das interessant und wir redeten noch ein wenig über die spirituellen Wege und die Gefahren dabei, sich selbst etwas vorzumachen, wie spirituell und verbunden man sei, in Wirklichkeit der ganze Prozess aber vom Ego gesteuert ist. Wie authentisch jemand ist, bemesse ich daran, wie er mit seinen engsten Familienmitgliedern (Eltern, Geschwister, Großeltern usw.) und anderen Menschen umgeht, wie er von ihnen redet und wie er sich mit ihnen fühlt; wenn er sie lieben, achten und ehren und sie so annehmen und lassen kann wie sie sind, ohne sie sich anders zu wünschen, dann hat dieser Mensch für mich eine gewisse Freiheit. Damit war unser Gespräch beendet.

Ich fasse die letzten sechs Tage innerlich zusammen und stelle fest, dass es mir richtig gut geht. Ich kann mich im Dunkeln gut orientieren, fühle mich ruhig, locker und ganz klar. Mir dämmert, dass die Orientierungslosigkeit während der ersten Dunkeltherapie mit meiner damaligen *inneren* Orientierungslosigkeit zu tun hatte. 2003 war ich in meinem Leben an einem Punkt, wo ich überhaupt nicht wusste, wie es für mich weitergeht. In der Dunkelheit offenbarte sich ganz klar, wie es innerlich in mir aussah. Nur wurde es mir damals nicht bewusst. Ich hielt es für ein Phänomen der Dunkelheit. Mal schauen, ob meine These stimmt.

Es ist Freitagnacht und ich kann nicht schlafen. Mir geht vieles durch den Kopf. Wieder und wieder kaue ich das letzte Gespräch mit Holger durch. Ich merke, dass ich in mir richtig heiß laufe. Das abzustellen ist nicht so leicht. Wenn ich im Jetzt bin, komme ich sofort aus der Mühle heraus, aber genauso schnell wieder hinein, weil die Gedanken mich aus dem Jetzt rausziehen und ich nicht die Energie halten kann, in der Gegenwart zu bleiben. Ich spüre, wie mich das Kraft und Energie kostet und Unruhe in mich hineinbringt. Dem Beobachter fällt auf, dass ich mich soeben auf den Rücken drehte und ich wieder meinen rechten Unterarm über meiner Stirn und den Augen habe. Es scheint beruhigend auf mich zu wirken, wie ein Schutz vor dieser Mühle.

8. Tag – Was ist Freiheit? Gibt es Entwicklung?

Alle Erfahrungen, die aufgrund von Gedanken und Vorstellungen bewusst oder unbewusst gemacht werden, sind selbst kreierte Erfahrungen. Sie haben eine Realität, aber nur in demjenigen, der sie denkt und sich die Dinge vorstellt. So wird eine eigene Welt geschaffen, innerhalb derer gelitten und sich wohlgefühlt wird.

Dunkelheit als Spiegel

Mir kommt die Idee, die Dunkelheit als Spiegel für mich zu nehmen. Da ich sie nicht durchdringen kann und wie blind bin, nehme ich das als den dunklen Teil in mir, der noch nicht klar sehen kann. Es ist wie ein dunkler Vorhang, den ich aus unbewussten Gründen einmal selbst geschaffen habe und der mir nun den Blick ins Licht verwehrt. Vielleicht ist die allgemein gültige Anschauung, dass im Dunkeln nicht gesehen werden kann, nur ein Glaubenssatz, den ich übernommen habe und der mich bis heute zuverlässig blockiert? Ansonsten fühle ich mich wohl im Dunkeln, geschützt, sicher, ruhig und geborgen. Auf diesen Spiegel der Dunkelheit lasse ich mich jetzt näher ein.

Ich setze mich zur Meditation und schaue bewusst in die Dunkelheit. Je länger ich schaue, umso mehr habe ich das Gefühl, dass es heller wird. Zur Kontrolle halte ich die Hand vor meine Augen und sehe ganz schwach deren Umrisse, wie ein zarter, hellerer Saum. Es ist aber so schwach zu sehen, dass es auch reine Einbildung sein kann. Die Dunkelheit ist der Spiegel der eigenen Dunkelheit in mir. Bin ich denn bereit, es hell werden zu lassen, zu sehen, was dann zu sehen ist? Oder ist es bequemer, nicht zu sehen? Ist doch ein wohl vertrauter Zustand, diese Dunkelheit. Die Schamanen der Naturvölker können Dinge, die wir Westler uns kaum vorstellen können. Es ist also möglich, Zugang zu haben zu einer Welt, die unser westlicher Verstand nicht fassen kann, Zugang zu haben zu „Etwas", was unsere moderne Zivilisation eingebüßt hat. Wenn ich die Menschheitsgeschichte im Überblick betrachte, habe ich den Eindruck, dass der Mensch sich immer mehr von seiner wahren Natur und vom Einklang mit einer höheren Kraft entfernt, je mehr moderne Technik in sein Leben Einzug hält. Was allgemein als Fortschritt gilt, macht total Sinn und dient dazu, unseren Alltag zu erleichtern. Also geht es nicht um den Fortschritt an sich, sondern die Frage ist, wie gehen wir damit und mit uns selbst um? Wenn der Preis ist, dass der Mensch sich immer mehr von sich selbst entfernt, macht mich das sehr nachdenklich, denn es hat enorme Konsequenzen auf die gesamte Menschheit. Wir sind abhängig von äußeren Dingen. Der Fortschritt ist hilfreich in unserem Leben, scheint aber unsere innere Abhängigkeit auf gewisse Art zu unterstützen, indem wir uns mit den Geräten beschäftigen, statt mit uns selbst. Auch bringt der Fortschritt unsere Abhängigkeit sehr deutlich ans Licht. Wie würden wir uns ohne all die vielen technischen Geräte fühlen? Ohne Internet, Handy und Fernseher? Wissen wir noch was mit uns selbst anzufangen?

Licht und Dunkel

Ich habe den Eindruck, Licht zu sehen. Schaue ich jedoch in diese Richtung, sehe ich nur Dunkelheit. Dabei ist es egal, ob meine Augen offen oder geschlossen sind, der Eindruck ist derselbe. Ich sehe den von rechts hinter mir kommenden und nach vorn strahlenden Lichtschimmer so deutlich, dass ich es nicht mehr unter Einbildung verbuchen kann. Mein Verstand kapiert das nicht – Lichtschein und stockdunkel gleichzeitig.

In dem gleichen Maße, wie ich nicht sehen kann, kann ich auch nicht hören, fühlen, schmecken oder riechen. Das Dunkel liegt quasi auf allen nichtphysischen Wahrnehmungsorganen. Zugleich merke ich die positiven Auswirkungen der seelischen Reinigungsprozesse auf alle Sinne – sie sind besser denn je – ich merke es am schmecken, tasten und hören, alles ist viel klarer und reiner.

Von rechts oben kommt ein ziemlich heller Lichtschein, der vor mir eine weiße Wand entstehen lässt. Sieht milchig weiß aus und ist undurchsichtig. Während ich auf das Diktiergerät spreche, geht die helle Wand wieder weg und ich schaue in das gewohnte Dunkel. Wie fühle ich mich? Das Dunkel ist mir vertraut, gibt mir Sicherheit, Ruhe und Geborgenheit. Es macht mich aber auch hilflos und lässt mich tastend durch die Gegend laufen. Ich bin gezwungen, mich langsam zu bewegen. Das Dunkel ist auch bequem, denn ich brauche mich nicht mit etwas äußerlich Gesehenem auseinanderzusetzen. Es ist undurchdringlich und dicht, wie dunkler bzw. dichtester heller Nebel.

Ich lege mich hin und sammle mich erst einmal im Bauch. Von rechts oben kommt der Lichtschein. Ich schaue auf ihn und konzentriere mich, versuche, in den Lichtschein einzutauchen. Plötzlich knipst sich das Licht aus, als ob jemand im OP-

Saal die OP-Lampe ausknipst – alles stockdunkel. Gedanken steigen auf und ziehen mich fühlbar aus dem Jetzt weg. Dadurch ist es erst recht dunkel. Es ist unglaublich, wie schnell es geht, wegzudriften in die eigene Gedankenwelt, die aber nichts mit dem Jetzt und der Dunkelheit zu tun hat. So deutlich aufgefallen wie jetzt ist mir das vorher noch nicht. Es hat keinen Sinn, weiter im Liegen zu meditieren. Ich meditiere im Sitzen weiter.

Die Dunkelheit wirkt wie eine undurchdringliche schwarze Wand auf mich, die mir nicht gestattet, sie zu durchdringen. Ab und an erscheint wieder von rechts oben ein helles, viereckiges Fenster mit einem Rahmenkreuz. Schaue ich dorthin, ist eine milchige Wand zu sehen, durch die ich aber nicht durchschauen kann. Das Licht ist so zart, dass es den Raum nicht erhellt. Wie geht es mir mit dieser dunklen Wand? Als hätte ich ein Brett vor dem Kopf. Ich bin ratlos, da diese Wand überall ist und ich nicht weiß, wie ich an der Wand vorbei- bzw. durch sie durchkommen kann. Gehe ich in das Dunkel hinein, ändert sich auch nichts. Ich bitte um höhere Unterstützung. Ab und zu sehe ich schemenhaft große Drachenköpfe mit riesigen Krokodilzähnen auf mich zukommen. Die kenne ich schon gut, nichts Besonderes – sie lösen weder Spannung noch Neugier oder Angst in mir aus – sie berühren mich nicht, daher lasse ich mich nicht darauf ein. Sie verschwinden genauso schnell wie sie kommen. Aus der Dunkelheit finde ich nicht heraus. Wenn sie ein Spiegel für mich selbst ist, dann müsste ich ja diese Dunkelheit sein. Das Gefühl habe ich jedoch nicht – ich bin nicht die Dunkelheit. Sie steht mir gegenüber, ist vor mir, umgibt mich und ich fühle mich getrennt von ihr. Und doch weiß ich, es ist ein Spiegel meines Selbst – ich bin in der Dualität, daher fühle ich mich getrennt von der Dunkelheit.

(11/2007: Da ist die Spaltung in mir und die Projektion in die Dunkelheit, wie auch auf andere Personen und die Umwelt, und dadurch das Gefühl, „das hat doch nichts mit mir zu tun".)

Gedanken ziehen aus dem JETZT raus
Wenn ich mich auf das JETZT einlasse, auf die Dunkelheit, und nur darauf und nichts anderes denke, dann gibt es auch keine Probleme. Wenn ich Gedanken nachhänge, bin ich nicht in der Gegenwart, sie ziehen mich immer weg davon. Ich folge dann einem inneren Bild, das in mir in der Vergangenheit, durch das, was ich erlebt, erfahren, gehört und gelesen habe, entstanden ist. Das JETZT erlebe ich in einer erhöhten oder anderen Aufmerksamkeit als ein ruhiges Gewahr-Sein, in der Mitte Sein, ohne zu denken, zu fühlen, ohne Probleme, einfach SEIN. Gedanken verbrauchen Energie, ich fühle es direkt. Im Sein ist Ruhe, Erholung, auftanken.

[05/2010: Der Energieverbrauch normaler Gedankengänge ist vergleichbar mit einem Auto, das ruhig im Spritsparmodus fährt, während der Zustand der Betriebsamkeit (etwas haben und erreichen wollen aus einem inneren Defizit heraus) vergleichbar ist mit dem 6. Gang, voll durchgetreten, höchster Sprit- und Energieverbrauch.]

Ich meditierte und war tief unter die Gedankenschicht abgetaucht in das Gewahr-Sein. Plötzlich drang ein Geräusch an mein Ohr. Sofort spürte und bemerkte ich, wie der Verstand begann, sich zu regen. Das Geräusch wirkte dabei wie eine kurze Zündschnur, die den Verstand sofort anspringen und auftauchen ließ – als hätte er im Hintergrund lauernd nur auf „Beute“ gewartet. Die Aufmerksamkeit wurde aus meiner Mitte dorthin gezogen. Ich konnte förmlich zuschauen, wie der Verstand das Geräusch zu analysieren, bewerten und mit Bekanntem zu vergleichen begann und einen Plastikeimer daraus „machte“, der auf Holz geklopft wird, um Reste aus dem Eimer zu entleeren. Ganz automatisch tut der Verstand das. Da ich meine Vermutung noch nicht mal überprüfen konnte, machte sich der Verstand also Gedanken über etwas, was im Grunde genommen gerade völlig unwichtig für mich war und verschwendete dabei Energie in hohen Maßen. Es ist schon erstaunlich, wo überall Energie verloren geht. Da dies ein Prozess ist, der permanent unterschwellig abläuft, fällt er im Alltag gar nicht auf. Der Gedankenschwall ist wie Musik, die leise im Hintergrund läuft und nach einiger Zeit nicht mehr gehört wird. Es wird nicht einmal mehr bemerkt, dass sie überhaupt läuft. Erst durch das innere Schweigen wird sie wieder wahrgenommen. Ich lasse die Gedanken los, nehme die Aufmerksamkeit zu mir zurück und sinke sofort wieder tiefer unter die Gedankengrenze.

Dunkelheit durchdringt mich

Wenig später konzentriere ich mich erneut auf die Dunkelheit und lenke die Aufmerksamkeit auf meine Hände. Dabei habe ich den Eindruck, als ob die Dunkelheit meine Hände durchdringt – als ob meine Hände keine Grenze mehr haben. Ich richte nun die Aufmerksamkeit auf meinen Körper – auch hier der gleiche Eindruck des Fehlens der Körpergrenzen. Als ob ich völlig vom Dunkel umgeben und gleichzeitig durchdrungen bin. Wenn ich jedoch meinen Körper berühre, fühle ich die Körpergrenze. Mir wird klar, dass die körperlichen Sinne (sehen und fühlen) diese Grenzen vermitteln. Durch die lange Dunkelheit und die Meditation, in welcher ich nach meinem Gefühl stundenlang bewegungslos sitze, lösen sich diese durch die Sinne vermittelten Grenzen wieder auf.

Ich mache mir gerade Gedanken, wieso es mir so schwer fällt, mich zum Tai Chi aufzuraffen. Ich muss richtig starke Willenskraft aufbringen, um wenigstens einmal am Tag die Form zu laufen. Wenn ich den ganzen Tag üben würde, könnte ich mein Tai Chi weiter verbessern. Nach dem Tai Chi wiederum frage ich mich täglich aufs Neue, wieso es mir so schwer fällt, zu üben, wo doch das Gefühl dabei, vor allem auch danach, einfach phantastisch ist – der Körper lebt auf von der Bewegung.

Mir wird bewusst, dass ich seit Tagen keinerlei Rückenschmerzen habe – welch geniales Gefühl! Auch meine beiden Hüften sind besser, vor allem die rechte. Es zeigt mir, dass der

Schmerz ausschließlich von der verspannten Muskulatur herrührte und meine Hüfte okay ist.

Ich setze mich zur Meditation, die ich jedoch nach ca. 10 Minuten wieder abbreche. Mein Nacken tut weh und der Schmerz zieht bis in den Kopf hinein. Ich habe Spannungen im gesamten Oberkörper und keinen Bock darauf, dass Kopfschmerzen entstehen. Ein guter Grund, ins Bett zu gehen. Ich versuche, noch eine Runde zu schlafen.

Ganz unerwartet ist Holger gekommen und ich bin total erstaunt, dass die Zeit schon wieder um ist. Es ist ja schon Freitagabend! Eine Woche ist schon wieder um …

Was ist Freiheit?

Ich trage Holger folgende Überlegungen vor: „Wenn jemand völlig frei ist innerlich, nicht mehr gebunden und alles Weltliche von ihm abgefallen ist, dann dürfte er doch auf Mitmenschen und Stress jeglicher Art in keinster Weise mehr reagieren – eben weil er ja innerlich frei ist."

H.: „Ja, aber so ein Daseinszustand ist doch nur von vorübergehender Dauer. Dann fällt der wieder von dir ab und du bist wieder im normalen Getriebe des Alltags und diesem ausgesetzt. Das ist doch klar."

Ich bin irritiert. „Dann bin ich doch nicht wirklich frei, wenn ich wieder reingezogen werden kann in die ganz normalen Alltagsprobleme?"

H.: „Der Mensch wird nie frei."

S.: „Aber so weitgehend frei, dass mich normale Alltagsprobleme nicht mehr anheben – das geht schon, ist meine Erfahrung. Zunehmend kann ich meine Energie im Alltag immer besser halten."

H.: „Das ist klar. Aber diese gewisse Freiheit ist ja nur in einem festgelegten Rahmen. Dieser Rahmen ist nicht das ganze Dasein der Welt. Das ist ein relativ schöner großer Rahmen im Vergleich zum Normalbewusstsein, aber im Rahmen der Gesamtwelt ist der andere doch gar nichts. Die Welt ist gigantisch und wir werden nie frei sein, was immer das sein soll. Wir werden nie das Ganze erreichen, das kannst du dir völlig abschminken. Das Menschsein ist ein weites Feld. Wir wissen nicht, woher wir kommen, wohin wir gehen, wir wissen nicht, was Zeit oder Raum ist, wir wissen gar nichts. Was du jetzt sagst, ist der Rahmen der psychologischen Freiheit. Da kann man ein bisschen mehr oder weniger frei sein. Aber auch nie ganz – warum? Weil die Psyche relativ unbekannt ist. Wer weiß denn, was das ist – Psyche? Man muss bescheiden werden im Leben. Das ist eine gewisse Freiheit. Also Spiritualität heißt, immer tiefer zu fallen, immer bescheidener, immer kleiner zu werden. Dabei enthüllt sich die Größe. Dann kannst du unfrei sein und gleichzeitig dennoch in der Unfreiheit frei sein. Das ist der kleine Trick. Aber wenn du die Freiheit erreichen willst, wirst du immer unfreier."

S.: „Ja …, stimmt."

H.: „Das Wort Freiheit ist ja ein Grundbegriff in der Freiheitsphilosophie. Viele Philosophen haben sich um den Terminus gekümmert und wollen herauskriegen, was Freiheit ist, weil alle Menschen sich weitgehend unfrei fühlen – also sprich ihre Gesamtkapazität nicht enthüllen können und die immer irgendwie latent bleibt. Deswegen ist es das Hoffen und Ziel der Menschheit, die Freiheit zu erreichen, von der Politik bis zum Geistigen. Aber keiner löst das Problem und wir wissen irgendwie nicht weiter."

S.: „Wenn ich die Eltern in mir annehme, anerkenne und sie achte wie sie sind, d. h. ohne sie mir anders zu wünschen und wenn sie in meinem Herzen einen ehrlichen Platz haben, dann habe ich schon eine gewisse Freiheit, als wenn ich in meinem Wünschen, Wollen oder Fordern gegenüber den Eltern und anderen Personen bleibe, das oft auch unbewusst ist. Das ‚Eltern-Nehmen' geht für mich parallel einher mit dem Prozess des Klein- und Bescheiden-Werdens. Beides ist für mich miteinander verbunden. Wer die Eltern wirklich vom Herzen her annimmt wie sie sind, ist auch bescheiden, nimmt sich selbst zurück und übernimmt vollkommen die Verantwortung für sich selbst."

H.: „Die Frage der sozialen Freiheit, Eltern, Staat und so weiter ist eine Ebene. Aber es gibt ja noch die größeren Fragen der Freiheit. Die Frage der Freiheit des Menschlichen insgesamt, des Übermenschlichen sozusagen, der Essenz an sich. Es gibt ja immer höhere Freiheitsstufen und entsprechende Diskussionen. Wenn du genauer hinguckst, was du bist, erkennst du vollkommene Freiheit. Ganz unabhängig ist das von der sozialen Steuerung und genetischen Sachen. Du siehst, du bist völlig frei. Das ist eine tiefe Seinserfahrung. Was nicht heißt, dass du zur gleichen Zeit deinen genetischen Körper behältst usw. und da völlig unfrei bist. Aber das ist eine Geisterfahrung. Du bleibst trotzdem Körper und Seele mit all den Motiven der Unfreiheit, aber im Geist erfährst du dann Freiheit. Das ist möglich. Du kannst also die zwei Körper-Seelen-Ebenen überspringen, geistig erfährst du die Essenz der Freiheit, dann fällst du wieder zurück ins Psychische und bist total unfrei, dann im Körper und schon hast du Schmerzen und bist noch unfreier. Du kannst immer mal wieder vorstoßen in den Geist, sozusagen einen Vorgeschmack der Geistfreiheit erhalten. Das ist drin. Wir bewegen uns auf dem Pfad der Religion oder unserer Philosophie oder Spiritualität oder sonst was, aber viele Leute glauben, wenn sie davon hören, dass irgendeiner solche geistige Freiheit erlangt hat, dass sie 1. dauerhaft ist, was nie der Fall ist, 2. dass sie es auch erreichen können, was unwahrscheinlich ist und 3. sitzen wir Illusionen auf, dass dadurch psychische und körperliche Freiheiten gegeben sind und das ist nie der Fall."

S.: „Ich halte es für möglich, dass die Daseinserfahrung so tief sein kann, dass sie dich auf allen Ebenen befreit. Und wenn du frei bist, bist du frei. Ich kann nicht gleichzeitig frei und auf der anderen Seite gebunden und unfrei sein. Das ist für mich ein Widerspruch und keine Freiheit."

H.: „Da musst du empirisch vorgehen. Guck dir Leute an, die die große Freiheit erfahren haben. Das bleiben trotzdem normale Menschen mit körperlichen Schwächen, Krankheiten, seelischen und intellektuellen Mängeln usw. So ist das halt."

S.: „Da stellt sich die Frage: Warum werden wir krank?"

H.: „Karmische Unfreiheit über Äonen. Nicht nur durch deinen Clan gehen, sondern durch die Menschheit als Ganzes. Du stammst ja ab von Ur-Vätern und Ur-Müttern. Hier ist schon der Keim der Krankheit und Unfreiheit gesät – da kommst du nicht raus. Das Menschsein an sich ist ein Ausschnitt aus der Daseinstotalität und da es nur ein Ausschnitt ist, ist es also unvollkommen, also schon unfrei."

S.: „Gibt es Menschen, die ganz frei werden und sich dann nicht mehr inkarnieren?"

H.: „Ja, dann inkarnieren sie nicht mehr als Menschen, sondern als irgendetwas anderes gemäß der Engelschen Hierarchien. Da kommst du halt von einem Status in den nächsten."

(06/2011: Aus heutiger Sicht würde ich sagen, dass Holger und ich in der ganzen Diskussion über Freiheit aneinander vorbeigeredet hatten. Ich konnte die Ebene, von der aus er über die Freiheit redete, nicht erfassen bzw. nicht sehen. Auch vertrat ich eine Form der Freiheit von allen Einflüssen, mit denen wir es in der dreidimensionalen Raum-Zeit zu tun haben, was einem Absolutheitsanspruch nahe kommt, der aber unserem Mensch-Sein an sich und dem, worin wir eingebettet sind, nicht gerecht wird.)

Gibt es Entwicklung?

S.: „Das hat für mich was mit Entwicklung zu tun."

H.: „Im Allgemeinen wird gesagt, im Geist gibt es keine Entwicklung. Wenn sich Geist in Raum und Zeit entfaltet z. B. in einer Spirale, wird das, was im Geist Einheit ist, in Raum und Zeit eine Entwicklungslinie. Ich persönlich bin nicht so ein Freund von Entwicklung. Ich sehe es so: Es gibt nur Geist. Damit endet schon jegliche Diskussion. Geist ist völlige Einheit, alles ist auf einen Punkt, auf einen Samenkornpunkt zusammengeschrumpft. So kann man den Geist oder das Ganze darstellen. Es gibt auch noch eine andere Möglichkeit. Du stellst das Ganze in den Koordinaten von Raum und Zeit und damit auch von Entwicklung dar. Da, wo Raum und Zeit ist, ist auch Entwicklung. Wo kein Raum und keine Zeit ist, ist auch keine Entwicklung. Jetzt kann ich den Geist als Raum/Zeit, sprich Entwicklung darstellen und dann haben wir das, was wir Existenz nennen. Jetzt wird fälschlicherweise gesagt, wir sind nicht im Geist, wir sind in der Raumzeit. Ich sage: Wir sind Geist in Gestalt von Raumzeit. Hör auf, dich entwickeln zu wollen. Das ist das Bild der Weisen, die wollen sich nicht entwickeln und die wollen auch nicht die Spirale hochheizen, die interessieren sich nicht für Geist, die sind im Raumzeitgeist drin. Das ist das Geheimnis, der Trick. Das ist der Grundfehler von Ken Wilber ..."

Ich unterbreche Holger: „Ich finde, es ist gar kein Widerspruch. Es ist nur eine andere Darstellung."

H.: „Die Darstellung von Ken Wilber bewirkt, dass die Leute sich auf den Weg machen. Die marschieren jetzt los zum Geist. Das ist das alte Lied und damit steht er ganz in der westlich-kirchlichen Tradition: Aufbruch zum Geist. Die alte Spiritualität ist nie aufgebrochen, die hat im Geist gewohnt in Gestalt von Raumzeit und sogenannter Entwicklung. Das ist ein großer Unterschied."

S.: „Ich weiß nicht, was Ken Wilber genau aussagt. Aber ich stimme dir in dem Punkt zu: Ich habe auch den Eindruck, dass viele Leute ‚auf dem Weg zum Geist' sind, als ob sie das ‚machen' könnten, wenn sie nur lange genug laufen. Und du hast recht, wenn du sagst: Wer den Geist ‚erreichen' will, wird nie dahin kommen. Die größte Hürde ist aus meiner Sicht das Aufgeben des Erreichen- und Haben-Wollens. Ich merke das in meinen Gruppen vom Autogenen Training. Solange die Leute was schaffen, haben und erreichen wollen, blockieren sie sich bei der

Übung. Es fällt ihnen schwer, mal nichts zu tun. Die meisten Leute haben Schwierigkeiten loszulassen, mich eingeschlossen.

Trinität Geist, Seele, Körper

Um die psychische Landkarte besser zu verstehen und meine Erfahrungen einordnen zu können, stelle ich Holger folgende Frage: „In welchem Bereich bin ich, wenn ich weit unter der Gedankenschicht bin, wo völlige Ruhe ist?"

H.: „Dann bist du eingetaucht in das rein Geistige."

Holger betont, wie wichtig es sei zu erkennen, dass der Mensch aus drei Ebenen bestehe: aus Körper, Seele und Geist. Nach dieser Auffassung entsteht aus dem Geist die Seele, aus der Seele der Körper; dann kommt der Tod. Der Körper verfällt, Seele als Geist bleibt übrig. Dann löst sich die Seele im Geist auf, sodass reiner Geist übrig bleibt. In der Dunkelheit würde eine gewisse Chance bestehen, diese Dreigliederung unseres Organismus zu erkennen. Ich bestätige, dass mir in der Dunkelheit die Dreigliederung des Körpers langsam viel bewusster wird und dass die eigene Erfahrung dessen nochmal etwas anderes sei, als darüber gelesen zu haben.

Übergangsphasen zwischen Einschlafen und Aufwachen

H.: „Ich würde mal, wenn es dir Spaß macht, das Einschlafen und Wachwerden untersuchen bzw. nutzen. Die meisten Gedanken und Lösungen für das Dasein, tiefe Einblicke, kriegen wir nicht nur beim Einschlafen und schlafen, sondern auch beim Aufwachen. Wenn man ruhig liegen bleibt beim Aufwachen, nichts tut, fallen einem plötzlich tausend Sachen ein, Lösungen, für die du intellektuell viel Zeit brauchen würdest. Die Menschheit nutzt die Nacht nicht, speziell in der westlichen Kultur. Hier kommt das Wissen, Verstehen und Fühlen her. Du könntest die ersten Einschlafstadien untersuchen bzw. versuchen, darin wach zu bleiben. Wie ist denn das bei dir beim Einschlafen – schläfst du einfach ein, erschöpft oder …"

S.: „Abends relativ schnell, aber ich schlafe nicht lange."

H.: „Ich würde das mal untersuchen, versuchen, wach zu bleiben. Im Grunde bist du ja im Traum schon mal wach."

S.: „Ich träume dieses Mal fast nicht, bis auf das Wenige, was ich dir erzählt habe."

H.: „Macht nichts. Einfach mal schauen: Was ist nachts los, wo bist du denn, wenn du schläfst?"

S.: „Ich weiß nicht, ob es mir gelingt, wach zu bleiben und gleichzeitig zu schlafen."

H.: „Wir haben die Einschlafphase, die Schlafphase, Traumphase, Wachwerdphase. Die Übergangsphasen, also Einschlaf- und Wachwerdphase, sind interessant. Da gehst du ein bisschen mit, bleibst drin, guckst, was ist in diesem Zwischenzustand zwischen Schlafen und Wachen. Das sind wichtige Übungen, hier kommen die Weisheiten her. Das sind sozusagen die Schlüssellöcher in die Plasma- und Geistdimension. Du hältst beim Einschlafen so ein bisschen die Wachheit. Meiner Meinung nach musst du da ein bisschen mit Technik arbeiten. Du nimmst dir ein Wort vor, das dir bedeutend ist, z. B. Haus, und das sagst du dir leise vor, immer wieder. Wenn du das Wort hörst, siehst du ein Haus vor dir mit rotem Dach usw., dann bist du schon wieder ein bisschen wach. Gleichzeitig aber schläft der Körper weiter ein. Irgendwann driftest du weg, fertig, Spiel verloren. Aber das ist eine Übung."

S.: „Ich konzentriere mich beim Einschlafen seit Jahren immer auf die Atmung und versuche dabei, so lange wie möglich wach zu bleiben. Meistens drifte ich weg, aber manchmal komme ich an einen Punkt, wo ich das Gefühl habe, dass nicht mehr ich atme, sondern ‚es' atmet. Eine Art Automatismus kommt da rein und das ist spannend."

Holger verabschiedet sich mit der Wiederholung des Hinweises, den Zwischenzustand genauer zu untersuchen.

Ich setze mich zur Meditation. Nach ca. 20 Minuten breche ich ab, meine Konzentration ist mies, die Atmung geht nicht tief in den Bauch hinein. Ich beschließe zu baden und meine Haare zu waschen. Ich bin immer noch so träge.

9. Tag – Die magische Tür

Es ist Samstagmorgen. Habe gestern Abend beim Einschlafen versucht, wach zu bleiben, indem ich mir eine Person und ein Wort vorstellte und das ging recht gut. Die Gedanken drifteten erst immer wieder ab, aber dann hatte ich irgendwann statt Wort und Bild von der Person nur noch das Wort im Kopf, ohne Emotion, ohne dass ich noch wusste, warum und wieso ich überhaupt den Namen sage. An dem Punkt bin ich eingeschlafen.

Heute Morgen bin ich ganz plötzlich aufgewacht und sehr schnell hellwach gewesen. Es war fast keine Übergangsphase da.

Es ist noch dunkel draußen. Ich hörte mir gerade noch einmal die Aufnahme vom gestrigen Gespräch an und beschloss, doch jetzt etwas zu forschen hier in der Dunkelheit. So einfach hier dumpf herumliegen ist nicht mein Anliegen. Ich werde also wenigstens zweimal am Tag Tai Chi machen und auch wirklich wieder meditieren, damit ich unter die Gedankenschicht komme. Auf den inneren Schweinehund, der immer wieder Lustlosigkeit signalisiert, werde ich mich nicht mehr einlassen. Ich möchte mir noch einmal näher anschauen, woher die Gedanken kommen, möchte in diesen Rohzustand der Psyche eintauchen, wie Holger so schön sagte, um das näher zu untersuchen.

[06/2011: Diese Dumpfigkeit und lähmende Trägheit, in der ich mich damals befand, hatte aus meiner heutigen Erkenntnis heraus mit übernommener Pig-Parent-Energie (PP) zu tun, gegen die ich mich, vollkommen unbewusst, wehrte, indem ich entweder in die Aktivität oder in die Identifikation mit dem PP ging, um den Gefühlen des inneren Kindes (Är-

ger und die darunter liegende Angst vor dem Alleinsein und der Einsamkeit) aus dem Weg zu gehen. Der ganze Prozess zeigt sich auch auf den folgenden Seiten, wo ich beschreibe, dass ich mich gegen das Gefühl der Dumpfigkeit nicht wehren konnte. Dadurch, dass ich entweder in die Aktivität ging bzw. mich in die Dumpfigkeit hineinziehen ließ, ging ich unbewusst der tiefer liegenden Angst aus dem Weg, woraufhin ich mit dieser dann aber in Form der Drachen- bzw. magischen Tür konfrontiert wurde.]

Meditation: Vordringen zur Gedankenquelle

Ich setzte mich zur Meditation mit der festen Absicht, zur Gedankenquelle vorzudringen. Die Meditation ist recht gut gelungen. Die Atmung floss leicht bis hinunter in das Becken. Anfangs haben mich die Gedanken regelrecht überflutet, ohne dass ich sehen konnte, woher sie kommen. Ich verfing mich wieder und wieder in den nächsten Gedanken, kaum dass ich mich frei gemacht hatte für zwei Atemzüge. Sie waren einfach da wie aus dem Nichts und zogen mich weg. Es waren hauptsächlich Erinnerungen aus der Vergangenheit – an Vorträge, Autogenes Training, Klienten, Eltern, dies und das und jenes. Oder es waren Wertungen und Feststellungen. Ich konzentrierte mich weiter unbeirrt auf die Atmung und irgendwann sauste ich wie in einem Fahrstuhl von der Kopf- hinunter in die Herzebene. Hier waren nur noch vereinzelte Gedanken vorhanden, die ich mir genau anschauen konnte. Sie flogen ganz langsam an mir vorbei nach oben in Richtung Kopf und ich verfing mich nicht mehr in ihnen. Sie zogen mich nicht mehr weg bzw. mit. Ich war völlig frei während der Beobachtung. Die Gedanken sahen aus wie Blasen und ich konnte auch sehen, womit der Gedanke zu tun hat. In einer Blase stand z. B. meine Stiefmutter, die mir irgendetwas sagen wollte. Sie schwebte an mir vorbei und ich ließ es zu, ohne wissen zu wollen, was sie mir sagen möchte. Ich wusste, dass es etwas Altes aus der Erinnerung war, ohne es gehört zu haben. Nach einer Weile lag die Alltagsgedankenschicht ganz weit über mir, wie eine geschlossene Wolkendecke. Ich sah tief unter und schräg vor mir die Quelle, aus der die Gedanken entsprangen oder hervorquollen. Mir wurde klar, dass mir nur die Gedanken bewusst werden, die weit an die Oberfläche aufsteigen. Die Masse bleibt völlig unbewusst. Ich versuchte, tiefer zu gehen, in das Meer einzusteigen, wie Holger mir vorgeschlagen hatte. Aber das gelang mir nicht – es war, als tauchte ich immer in einiger Entfernung an der Quelle vorbei nach unten.

Ich unterbrach meine Betrachtungen, um den natürlichen Bedürfnissen wie Toilettengang und trinken nachzukommen und nahm danach meine Meditation wieder auf. Aber nach ca. 15 Minuten brach ich ab – mir tat auf einmal mein rechter Fuß weh, den ich mir mal gebrochen hatte. Außerdem befiel mich wieder diese Dumpfheit. Ich konnte mich nicht dagegen wehren und legte mich wieder in mein Bett.

Heuboden und Wohnstube

Ich bin tief entspannt *(auch ohne Meditation, die Dumpfheit ist weg)* und gehe den Weg entlang, der auf den Heuboden *(6. Chakra)* führt. Er befindet sich über der Wohnstube *(5. Chakra)*. Es gibt keinen Verbindungsgang zwischen beiden, ich kann jedoch vom Heuboden aus einfach in die Wohnstube springen und wieder zurück. Ich traue mich jetzt, mich an das Tor auf dem Heuboden zu stellen und schaue raus. Ich bin wirklich sehr weit oben und schaue in den Nebel. Es sieht so aus, als ob dahinter die Sonne scheint, die es nur noch nicht geschafft hat, den Nebel aufzulösen. Ich wasche die Futternäpfe ab und stelle frische Milch und frisches Brot für die Mäuse hin. Das Tor lasse ich ein kleines Stück weit offen, damit frische Luft reinkommen kann. Es ist warm draußen. Ich verlasse den Heuboden, „gehe" in die Wohnstube und schaue in den Garten. Dort sehen die Sonnenblumen heute ganz anders aus. Sie lassen ein wenig die Köpfe hängen, als ob sie reif sind und die Sonnenblumenkerne geerntet werden können. Auch die Tomaten sehen rot und reif aus. Da werde ich mich mal an die Ernte machen. Ich gehe direkt zum Tomatenfeld und stelle fest, dass doch nur eine einzige große Tomate schon sehr reif ist und sich ganz leicht pflücken lässt. Die anderen lasse ich alle noch dran. Bei den Sonnenblumen ist es ähnlich, sie brauchen auch noch ein wenig Zeit bis zur Ernte. Ich lege mich in meinen Liege-Schaukelstuhl und genieße die Sonne. Wie herrlich warm sie ist. Auch die Sicht auf das Tomaten- und Sonnenblumenfeld ist wunderschön anzuschauen.

Während ich schaue, wird mir klar, dass die Tomaten und Sonnenblumen offensichtlich einen Reifungsprozess von mir darstellen. Ich spüre tiefe Ruhe in mir. Ich nehme die Bilder als Metapher – bin noch nicht ganz reif bzw. noch nicht ganz klar. Weder die Sonne kommt durch noch sind die Früchte reif zum ernten. Alles zeigt mir, dass da noch eine Blockade ist.

Magische Drachentür in der Höhle

Ich suche erneut die Höhle auf, sehe ein kleines Rinnsal nach hinten laufen und verfolge es. Nach ein paar Schritten komme ich an einem Wasserbecken an und trinke ein paar Schlückchen. Das Rinnsal läuft hinter dem Wasserbecken weiter zur Wand der Höhle. Ich habe den Eindruck, als ob es durch die Wand durch und dahinter weiterfließt. Ich suche die Wand ab und finde eine Tür, die ich öffnen kann. Ein Gang führt tiefer in das Dunkel der Höhle hinein. Neugierig schaue ich hinein, traue mich jedoch nicht durch die Tür durch. Ich habe Angst, dass sie hinter mir zufällt und nicht mehr aufgeht. Dann sitze ich in der Höhle fest und niemand hört mich. Es sind alles starke und dicke Höhlenwände aus Stein. Die Tür verändert sich. Es war eine schwere Eisentür. Jetzt, wo sie offen steht und ich Angst habe, dass sie zufällt, sieht sie mehr aus wie ein Drachen. Sie scheint lebendig zu sein und ich habe jetzt ganz stark das Gefühl oder innere Wissen, dass die Tür sich von allein schließt, sobald ich durch sie hindurch trete. Sie scheint regelrecht darauf zu warten, um mich dann einschließen zu können. Ich stehe vor der Tür und überlege, wie ich das Problem lösen kann … Ich kann nicht durch die Tür, wenn ich mir nicht sicher sein kann, dass sie offen bleibt. Meine Angst, in der Höhle eingeschlossen zu werden und nicht mehr rauszukommen, hindert mich daran. Ich überlege, einen dicken Eisenhaken anzubringen, um sie an der Wand festzuhaken und dann zur Sicherheit noch etwas davor zu stellen. Aber das bringt alles nichts, weil die Tür das wegreißen kann – sie hat viel Kraft und lässt sich nicht einfach so an „Ketten" legen. Also alle Befestigungsmöglichkeiten entfallen. Auch etwas Großes und Schweres davor zu stellen funktioniert nicht. Die Tür sieht nicht mehr nur lebendig aus, sie IST es auch. Ich frage die Tür, ob ich durch sie durchgehen darf, sie gibt mir keine Antwort, sie lauert und wirkt bedrohlich auf mich. Wie ein richtiger Drache sieht die Tür jetzt aus. Zum Glück ist sein Bewegungsradius eingeschränkt und ich stehe in einem Sicherheitsabstand von ca. 3 m. Ich bitte um höhere Unterstützung, da ich allein nicht weiterkomme, und schicke meine Krafttiere durch die Drachentür. Der Drache lässt sie rein und auch wieder raus. Die Krafttiere sind ihm egal, er wartet nur auf mich, dass ich in seine Falle gehe. Ich setze mich in die Mitte der Höhle vor die weit geöffnete Tür hin. Der Drache hat sein Maul weit aufgesperrt und hält seine großen Pranken zum Zuschnappen bereit. Er wirkt unbestechlich, also Futter anbieten hat keinen Sinn. Er lässt sich von mir überhaupt nicht beeindrucken, scheint alle meine Einfälle sofort zu durchschauen und lässt sich darauf nicht ein. Ich stelle mir vor, der Drache ist aus Eisen und tot, versuche mir klar zu machen, dass dies doch alles nicht echt und nur eine Illusion ist und ich doch ganz einfach durch diese Tür durchgehen kann. Aber es ändert sich nicht, diese Drachentür hat ein Eigenleben und ist sehr echt und sehr lebendig. Ich weiß, die Tür schließt sich von allein, sobald ich durch bin, ich habe keinen Einfluss auf sie. Sie ist so groß und schwer, dass ich sie dann von allein nicht mehr aufbekomme. Diese Tür kann jetzt niemand mehr von außen öffnen oder schließen, nur der Drache selbst kann das. Einen dicken Bulldozer vor die Tür zu fahren hat auch keinen Sinn, da der Drache so viel Kraft hat, dass er ihn mühelos wegschieben könnte. Hinter der Tür sehe ich einen Tunnel oder mehr ein Rohr, das nach unten in die Tiefe führt. Es biegt nach rechts ab, sodass ich nur dieses kurze Stück einsehen kann. Es sieht aus wie eine Art Rutsche in die Tiefe. Ich mache mir Gedanken darüber, wie die Lore diese steile Rutsche wieder hochkommen soll. Vielleicht gibt es noch einen anderen Ausgang, sodass ich durch diese Tür auf dem Rückweg gar nicht wieder brauche? Die Tür ist magisch und ich weiß nicht, wie ich mit ihr umgehen kann, wie ich dieses Rätsel oder diese Aufgabe lösen soll.

Nach meinem Gefühl verbrachte ich viele Stunden ratlos vor dieser Tür. Zwischendurch glitt ich in andere Dinge ab, die dazwischen kamen. Wieder und wieder kehrte ich zu der Tür zurück, um erneut vor dem Problem zu stehen.

Totale körperliche Lockerheit

Ich mache gerade Dehnungsübungen und es ist wirklich erstaunlich, wie locker der Körper ist. Die Schmerzen im Rücken, dem Nacken und der hartnäckige Schmerz in der rechten Hüfte seit nunmehr einem Jahr sind vollständig weg – ein herrliches Gefühl. Meine Zweifel, die mich wieder und wieder erfüllten, ob ich nicht doch was an der Hüfte habe (weil es doch ziemlich weh tat und der Schmerz einfach nicht wegging trotz Entspannungs- und Dehnungsübungen, Massagen und Akupunktur) sind auf einen Schlag weggefegt. Alles fühlt sich weich und locker an. Wenn ich sitze und die Beine in Spagatstellung bringe, komme ich mühelos mit dem Kopf bis zum Knie auf beiden Seiten und in der Mitte kann ich mit der Stirn den Boden berühren. Das habe ich schon seit Jahren nicht mehr geschafft, trotz Übung. Erstaunlich! Das zeigt mir, dass alle meine Körperbeschwerden tatsächlich nur aufgrund körperlicher Spannungen vorhanden waren und diese wiederum aufgrund seelischer Spannungen. Ganz früher wäre ich zum Arzt gegangen, es wäre irgendetwas diagnostiziert worden oder auch nicht und ich hätte Tabletten bekommen, die zudem eine Menge Nebenwirkungen haben, die Ursache des Problems jedoch nicht lösen. Es ist für mich absolut erstaunlich zu sehen und zu fühlen, wie seelischer Stress den Körper anspannen lässt. Dieser direkte Zusammenhang zwischen Körper und Seele wird mir hier in der Dunkelheit erneut tief bewusst.

Holger ist gekommen und wir haben unser Gespräch. Es ist Sonntagabend.

Lähmende Trägheit

Ich berichte Holger, wie schwer es mir fällt, etwas zu tun und sei es auch nur, um zur Toilette zu gehen. Ich frage ihn, ob ich in einer „Dumpfigkeit" gelandet bin und ob das normal ist. So kenne ich mich nicht. Ich muss regelrecht Willensanstrengung aufbringen, egal für was. Gibt es da Unterschiede zwischen dem Wollen des Ego und der Willenskraft, die ich jetzt aufbringen muss, um etwas zu tun? Oder ist das schon wieder vom Ego her, wenn ich mich jetzt zwinge, nachzudenken und den Geist zu erforschen? Gibt es so etwas wie eine reine Willenskraft, die nicht vom Ego kommt? Meiner Ansicht nach müsste es die geben, aber sie dürfte sich doch nicht schwer anfühlen und ich müsste mich nicht dazu zwingen müssen, sondern sie müsste sich nach meinem Verständnis leicht und frei und wie von allein anfühlen, oder?

H.: „Das musst du dir selbst beantworten. Wenn ich das sage, bringt das nichts. Geh mal rein in die Sache. Warum ist das so? Wie ist denn dieser Zustand des Nicht-Denken-Könnens? Den müssen wir zuerst untersuchen."

Ich konzentriere mich auf das Problem. „Es hat etwas mit Trägheit zu tun …, träge und faul."

H.: „An der Oberfläche, wenn du es beschreibst, ist es Trägheit. Ist es wirklich nur das oder ist da noch mehr da, an der Basis vielleicht? Wie ist das Basisgefühl?"

S.: „Schwer, träge, langsam, wie stehen bleiben (*innerlich und äußerlich*), einfach nur rumhängen, nicht mal denken wollen."

H.: „O. k., jetzt gehst noch ein Stück tiefer. Die nächste tiefere Phase merkst du nicht so richtig, aber die kannst du vielleicht hypothetisch erschließen."

S.: „Versinken …" Ich tauche tief ab.

H.: „Wohin denn?"

Eine lange Pause entsteht, in der ich herausfinden möchte, wohin ich versinke. „Ich versinke in irgend so eine Masse. In der Masse fühle ich mich aufgehoben und geborgen, bin einfach nur noch da …"

H.: „Weshalb bist du in die Dunkelheit gekommen?"

Ich muss lachen. „Um zu versinken … Ich war mir nicht schlüssig, Holger, ob das richtig ist oder nicht, in so ein dumpfes, lethargisches Gefühl zu kommen."

H.: „Ja, es ist beides. Du bist echt in einem dumpfen, lethargischen Gefühl und du hast es auch richtig gemacht mit dem Versuch, dich da rauszureißen. Das ist O. k. einerseits, andererseits ist es eben der Weg, über die Versumpfung und Verdumpfung in diese Masse reinzukommen. Es ist ein zweischneidiges Schwert. Du kannst wirklich echt nur versumpfen, das ist ein blöder Zustand."

S.: „Ja, heute Morgen dachte ich, wenn ich so weiter mache, dann habe ich am Ende 25 Tage versumpft und das wollte ich nicht."

H.: „Das wechselt ja jeden Tag. Es bleibt nicht kontinuierlich so."

In mir steigt Protest auf verbunden mit einer Mischung aus Vorwurf und Ärger: „Dieses Gefühl habe ich jetzt seit fast einer Woche! Nicht jeden Tag so intensiv, aber seit dem ersten Tag musste ich mich zu allem aufraffen."

H.: „Der Grund ist einfach, du bist besser als beim ersten Mal."

Ich verstehe nicht wirklich, wieso das besser sein soll und bin erstaunt über seine Worte. Gleichzeitig flammt ein kleiner Teil in mir auf, der sich über die Worte von Holger freut. Es ist, als ob dieser Teil sich von den Worten gestreichelt fühlt und sich freudig in die Höhe streckt.

(06/2011: An der Stelle wird besonders deutlich, wie unterschwellig der Anpasser im „Hintergrund" lauerte und ständig den ganzen Prozess mit beeinflusste. Er wollte alles „richtig" machen und als Holger mir bestätigte, dass ich „besser" sei als beim ersten Mal, freute sich die Anpasser-Energie aufgrund meiner Vater-Übertragung auf Holger und war erleichtert.)

H.: „Aber jetzt kommen wir, wie das im Yoga ist, an das zweischneidige Schwert. Rechts kannst du in die Dunkelheit runterfallen und links ist der Weg in die tiefe Wachheit. Am Anfang neigt man natürlich mehr nach rechts in die Dumpfheit, das ist schon klar. Das ist eine Gratwanderung. Leute, die oft lange meditieren, denken oft sie sind ganz toll, aber sie sitzen da in der Dumpfheit drin. Sie schaffen es nicht, die Dumpfheit zur tiefen Wachheit zu gestalten. Das ist nicht so einfach."

S.: „Ja, kann ich nachvollziehen aus eigener Erfahrung."

H.: „Das ist die Schwierigkeit von allem. Und deswegen bist du gekommen, deswegen bist du besser als beim ersten Mal und deswegen musst du diesen Weg weiterverfolgen. Was ist in der Dumpfheit eigentlich noch da? Man kann sich gelegentlich erinnern, aber das ist nicht auf der intellektuellen Ebene, es ist alles auf der tiefen Gefühlsebene. Und da musst du dich sozusagen am eigenen Schopf aus dem Sumpf ziehen. Dabei hilft dir keiner."

S.: „In die Klarheit rein?"

H.: „Ja, eindringen in die Dumpfheit, geh mit, lasse dich runterziehen sozusagen, wehre dich nicht, analysiere nichts, sprich nichts, halte nichts auf dem Tonband fest, völlig egal, aber du musst mitgehen. Wenn du dich jetzt wehrst, dann hast du ein nettes Buch, aber bist nicht reingekommen in die Sache selbst und darum geht es eigentlich. Aber es ist nicht einfach, das ist wie so ein zäher Lava."

Ich fühle mich plötzlich vollkommen verstanden von Holger, spricht er doch genau von meinen Schwierigkeiten. Das erleichtert mich sofort. „Ja, ganz genauso empfinde ich es. Lava ist ein sehr passender Begriff für diese Masse."

Zum möglichen Umgang mit der magischen Tür

Ich berichte Holger von den Veränderungen auf dem Heuboden, dem Weg zur Tür, dass ich nicht durch sie hindurchkomme und sie magisch zu sein scheint.

H.: „Oh. Sie geht zum magischen Zimmer."

S.: „Es geht im 45°-Winkel nach rechts in eine Tunnelröhre tief abwärts. Am Anfang steht wie so ein kleiner Handwagen, aber ohne Griff vorne dran."

H.: „Neben der Tür?"

S.: „Nein, wenn ich durch die Tür durchgehen würde."

H.: „Du weißt schon, wie es dahinter aussieht?"

S.: „Ja, ich kann das kleine Stück einsehen, die Tür steht ja offen, aber dann geht es in eine Rechtskurve und mehr sehe ich dann nicht. Der kleine Handwagen steht wie startbereit hinter der Tür, direkt am Eingang zu der Tunnelröhre."

H.: „Ist ja interessant."

S.: „Aber ich traue mich da nicht durch."

H.: „Hm … Das magische Zimmer. Das ist der Weg in die Unterwelt."

S.: „Die Tür hat sich auch verwandelt in einen Drachen."

H.: „Wie? In einen Drachen?"

S.: „Ja, sie wechselt. Mal ist es einfach nur eine magische Tür, dann wieder ist es ein Drache, der alles wegschieben würde, womit ich die Tür sichern möchte."

H.: „Der bewacht den Eingang zur Unterwelt."

S.: „Ja, er bewacht den Tunneleingang. Egal, ob es der Drache ist oder die magische Tür, sie schließt sich in jedem Fall – ich weiß es und das ist meine Angst."

H.: „Ist ja berechtigt. Sie schließt sich auf jeden Fall. Wenn du in der Unterwelt bist, bist du in der Unterwelt, da ist nichts mehr mit Oberwelt. Zack, zu."

S.: „Ich hatte gehofft, dass du mir einen Tipp geben kannst, wie ich damit umgehen kann."

H.: „Hm. Nimm einfach ein Schwert mit."

S.: „Der Drache ist auch magisch und kann zu Eisen werden."

H.: „Na, dann nimmst du halt ein magisches Schwert mit."

S.: „Ein magisches Schwert?"

H.: „Dann seid ihr gleichberechtigt."

S.: „Dann ist es wieder eine magische Tür."

H.: „Dann haust du sie magisch kaputt. Auf jeden Fall musst du da runter."

S.: „Die Tür magisch kaputt hauen … Auf die Idee bin ich noch nicht gekommen."

H.: „Fällt dir schon ein, wenn du davor stehst und dann ziehst du das Schwert …"

Ich höre einen Vorwurf. Stunden hatte ich an der Tür verbracht, um das Rätsel zu lösen. Gereizt und mich rechtfertigend unterbreche ich Holger: „Ich habe den ganzen Tag davor gestanden …"

H.: „Ehrlich?"

S.: „Ja … und um Hilfe und Unterstützung gebeten. Alle möglichen Varianten, die mir eingefallen sind, habe ich probiert. Und das waren nicht wenige." Mein Ärger ist wieder weg.

[06/2011: Das innere Kind wollte vom Vater (Holger) Hilfe und in seiner Mühe und Anstrengung, die Aufgabe allein zu lösen, gesehen und gewürdigt werden, bekam diese Anerkennung seiner Leistungen jedoch nicht in der gewünschten Weise. Um den damit verbundenen Schmerz nicht zu fühlen, rechtfertigt es sich (= Anpasser-Energie) und

reagiert ärgerlich. Der Ärger ist zwar eine Ablenkung vom darunterliegenden Schmerz, bedeutet dennoch ein Fortschritt in der inneren Dynamik, da der zugelassene Ärger auf Holger (= Vater) andeutet, dass der innere Energie-Fluss mehr vom Erwachsenen-Ich (= Positives Eltern-Ich, PE) zum inneren Kind fließt und dieses sich mit dem PE jetzt sicherer fühlt. Die ganze Szene deutet auch an, wie sehr das innere Kind auf den Vater (Holger) schaut, sich an ihm orientiert und bemüht ist, alles richtig zu machen, um „gut" zu sein, Lob und Anerkennung zu bekommen und sich dadurch geliebt fühlen zu können.]

H.: „Du bist James Bond. Du hast alle Waffen. Du willst da runter."

S.: „Ich will da runter. Meine Angst hat mich bis jetzt gehindert."

Holger meint, ich sei eine interessante Mischung aus Mut und Angst, aus Intellekt und tiefem Gefühl und er verstehe nicht, warum mir der große Sprung in die magische bzw. glückliche Welt nicht einfach zufalle, warum ich stattdessen insgesamt so kämpfen müsse, da stimme etwas nicht. Einerseits sei ich ein wenig fixiert auf den Egointellekt, was mich teilweise blockiere, andererseits hätte ich aber die Begabung, locker in die Tiefe abzusteigen und alles mit meinem präzisen Intellekt zu analysieren, der immer Nahrung haben wolle.

S.: „Ich gehe nicht in die Tiefe, um was zu analysieren."

Holger besteht darauf, dass mein Intellekt sich in den Vordergrund dränge und „vor sich hin" plappere und er verweist darauf, dass es eigentlich erst interessant würde, wenn man aufhört zu analysieren.

H.: „… es geht um Liebe, Hingabe und einfach mal das göttliche Gefühl."

Dies lasse sich aber nicht definieren und auf Tonband sprechen.

„Aus meiner Sicht geht es nicht um das Tonband", erwidere ich. Mehr kann ich nicht sagen, irgendetwas stimmt nicht, aber ich weiß nicht, was es ist. Ich bin blockiert.

[06/2011: Ich konnte damals das, was mir erst jetzt nach Jahren weiterer Integrations- und Aufarbeitungszeit bewusst geworden ist (siehe Anmerkungen S. 360), nicht greifen. Ich fühlte mich nur von Holger zu Unrecht angegriffen und wollte mich permanent rechtfertigen.]

H.: „Es geht ja um Erfahrung, tiefes Gefühl, Hingabe an das Göttliche. Wie will man sich denn dem Göttlichen hingeben? Wo ist es denn, Herrgott noch mal?“

Als Antwort berichte ich ihm von meiner Erfahrung heute in der Meditation.

S.: „Ich war einfach nur … ich war ewig lange, ich weiß nicht, wie lange ich gesessen habe, einfach nur SEIN … Ich war weit tief unten, tief unterhalb der Gedankenschicht. Wenn ich es mal körperlich benenne, war ich unten im Beckenboden. Und da ist nichts mehr. Das war einfach erholsam, ruhig – Feierabend. Auf der Herzhöhe kamen mir die Gedanken langsam entgegen. Da konnte ich mir die Gedanken richtig anschauen, wie in einer Blase verpackt. Dort sah ich auch wieder diese Quelle. Das war ein riesiges großes Etwas, aus dem ständig etwas hervorquoll. An dieser Quelle tauchte ich vorbei nach unten in den Beckenboden.“

Ich erzähle Holger, dass ich mich schwer tue mit dem Göttlichen und dass dies wohl mit meiner Erziehung zu tun hat. Sowohl in meinem Elternhaus als auch gesellschaftlich in der DDR spielte in meinem Umfeld, in dem ich lebte, Gott keinerlei Rolle. Ich hatte bis zu meinem ca. 35. Lebensjahr mit Gott „nichts am Hut“, lehnte jeden Bezug auf das Göttliche kategorisch ab; diese Ebene gab es schlichtweg in meinem Leben nicht.

Es entwickelt sich im Weiteren zwischen Holger und mir ein Prozess, in dem es darum geht, die innere Blockade, die mit tief verinnerlichten Pig-Parent-Botschaften zu hat, abzubauen. Ich habe mit viel innerem Widerstand zu tun, kann mir eine Verbindung zwischen meinem Vater und Gott nicht einmal vorstellen.

Im Laufe der inneren Arbeit kommen wir dahin, dass mein Vater und ich uns in vielen Dingen sehr ähnlich und gar nicht weit voneinander entfernt sind. Ich atme tief durch und fühle mich danach sehr erleichtert.

Holger meint, der ganze Prozess sei wie ein Sprung vom 10 m hohen Sprungbrett in die Tiefe, wobei unten allerdings kein Wasser sei. Diese Bemerkung löst erneut größten Widerstand in mir aus, der sich aus meiner tiefliegenden Angst zu sterben speist. Ich bin nicht zum Sprung bereit. Mein ganzer Körper und die Hände sind ganz nassgeschwitzt vor Angst. Aber Holger lässt nicht locker und sagt, das sei die Übung.

Ich bin entgeistert: „Das ist die Übung? Da runter zu springen?“

H.: „Da runter. In alle Strukturen vorzudringen, das ist das Einzige, was interessant ist. Das ist der direkte Weg, das sind die kleinen Wege zu Gott. Man kann tiefer und noch tiefer gehen. Du kannst hier, wenn du willst, in deine Masse reingehen, und noch tiefer. Da ist irgendwo keine Angst mehr, die verschwindet dann. Kompromisslos sein. Du tauchst ab. Dieser Weg ist voll mit geheimnisvollen magischen Türen, Grenzen usw. Da muss man durch. Das ist ein riesiger Kampf, das ist der Menschheitskampf.“

S.: „Ich habe das Gefühl, ich schaffe das jetzt mit der Tür.“

Holger bestärkt mich in dieser Hinsicht und fügt hinzu: „Aber das ist auch nur eine von 1000 Türen. Das sich Hineinwerfen, das sich Hineinfallenlassen in die gesamte Natur des Geistes – da kannst du nur nackig, körperlich und seelisch sein. Da gibt es keine Saskia. Was soll das sein – Saskia? Du willst nicht die Struktur des Daseins untersuchen. Das ist intellektuell. Du willst das DASEIN SEIN. Du willst kein Buch darüber schreiben. Das kannst du später machen, wenn du wieder im Normalzustand bist.“

Ein nachdenkliches, zustimmendes „Hm“ kommt von mir.

H.: „Aber dann musst du auch ganz ins SEIN reingehen. Du bist ein Kind, ein Teil der Natur, du selbst. Du bist die Gottheit. Du willst nicht zu Gott, denn du bist das schon. Dennoch merkst du, da sind dann, wenn du dich so fallen lassen willst …"

Ich führe den Satz weiter: „… immer wieder Bremsen."

H.: „Ja, das sind Bremsen oder Geschichten, die dich blockieren. [...] Die Nebelwände sind nicht objektiv da oder die Bremsen, sondern da ist eine Vorsicht oder Angst, die dich bremst. Das bist du. Denn du willst dich nicht fallen lassen. Das ist nur in dir. Das merkst du ganz genau."

Ich stimme Holger in all dem zu. Er hat völlig recht, das weiß ich.

(14.6.06: Mir wird beim Abschreiben klarer, dass ich selbst alle diese Geschichten kreiere, und zwar so lange, bis ich meine Angst gelöst habe. Ist eine wunderbare Ablenkung, sich mit diesen Geschichten zu befassen, zu versuchen, Türen zu öffnen, mit Hindernissen zu kämpfen usw. Deshalb sagte Holger, es ist nur eine von 1.000 Türen. Auf die Art kann ich Jahre damit beschäftigt sein, Türen zu öffnen und komme doch keinen Schritt weiter, da es die Türen sind, die ich selbst dahin setze. Ich kämpfe gegen mich selbst. Meine Angst baut die Türen auf und mit der Kraft des Mutes gehe ich die Hindernisse an und baue sie wieder ab. Wie paradox.)

S.: „Es ist meine Angst, die diese Schranken macht."

H.: „Ja, einerseits, aber da ist der Kontrahent, der völlige Gegenspieler in dir, der will alles fallen lassen, der will alles öffnen, der will nicht ICH sein, da gibt es keine Saskia. Die Kraft ist auch da. Auf diese Kraft kannst du setzen, da kannst du mitfahren. Da ist nicht nur die Angst da. […] Solange noch eine Saskia da ist, irgendein vages ICH-Gefühl, bist du nicht weit gekommen."

S.: „Ich habe das Gefühl, das ist es nicht. Ich bin schon bereit, mich in diesen Tunnel reinzustürzen, ohne zu wissen oder zu ahnen, was da unten ist. Also den Mut hätte ich. Ja, das mache ich. Also mit der Tür, das kriege ich schon noch hin."

(14.6.06: Ich hatte nicht verstanden, was Holger mir sagen wollte. Er hatte völlig recht, ich wollte was erreichen, erforschen, „etwas hinkriegen" und behinderte mich dadurch selbst.)

S.: „Aber diese Ängste … Auf der einen Seite schaffe ich es, mich zum Teil fallen zu lassen und prompt ist dann die Bremse da, wenn es zu weit geht. Wie kann ich diese Angst denn unter die 50 % Marke bringen?"

(14.6.06: Allein die Wortwahl „mich zum Teil fallen lassen" spricht für meine innere Spaltung.)

[2.6.2010: Rückblickend betrachtet ist mein Weg, die Angst (inneres Kind, IK) schrittweise in mir zu transformieren, sodass sie nach und nach abnimmt. Nicht gegen das IK zu handeln, sondern es im Prozess mitzunehmen und dem IK die Kraft und Sicherheit der Erwachsenen (Positives Eltern-Ich &Rationales Ich) zur Seite zu stellen, sodass es sich mit der Zeit sicherer und geborgener fühlen kann. Dass dies geht, zeigt mir mein Prozess der vergangenen zehn Jahre. Je weniger Angst das IK hat, umso mehr stellt sich die SEINS-Erfahrung als ganz natürliche Erfahrung wie von selbst ein.]

H.: „Du stellst dir einen Strudel vor …"

Da ist sie schon wieder, diese Angst.

H.: „…, der dich magnetisch mit seiner Gravitationskraft runterzieht, der durchs Holz geht, wie eine Windhose."

S.: „Ich kriege dann auch ganz verrücktes Herzrasen …"

H.: „Es wird einem heiß, das Herz schlägt, ist ein gutes Zeichen, der Wasserstrudel zieht dich runter. Du gehst noch weiter, du hältst das Gefühl des Soges und Strudels und wirst da runtergeschleudert. Du kreierst den durch die Vorstellung und der zieht dann deine Seele, wenn du das schaffst, echt magnetisch runter, d. h. du verlässt die Seelenebene."

S.: „Und da kann mir nichts passieren?"

H.: „Nein, da kann nie was passieren … an sich."

S.: „… an sich?"

H.: „Na ja, du kannst nur auf eine andere Ebene kommen."

S.: „Aber man kommt auch wieder zurück?"

H.: „Ja, das ist ein automatischer Strudel, der bringt einen zurück. Es geht nur so weit, wie es richtig ist für dich im Moment. Das ist ein Selbstregulierungsmechanismus. Der Strudel ist das zentrale Instrument, um in die andere Welt zu kommen. Das ist das Geheimnis, das ist wie bei allen Völkern, die Spirale, der Strudel – das ist ein Symbol, Durchgang in die andere Welt."

S.: „Mir kommt gerade eine Erinnerung an die erste Dunkeltherapie, wo ich in einen Strudel oder Trichter reingezogen wurde; danach schaute ich auf der anderen Seite als Wurm in einen Weltraum."

H.: „Das Prinzip ist genau richtig. Da ist der Tunnel, der ist schön lang, der Trichter, Spirale etc. All diese Röhrensachen haben diese Bewegungsdrehkraft und die drückt sich in solchen Bildern aus. Aber letztendlich geht es darum, dass hier die Seele in den Geist gezogen wird. Deswegen haben wir ja auch einen Tunnel zwischen Seelenebene und Geist. Das kann man jetzt auch künstlich nutzen, wenn man sich das vorstellt."

Es fühlt sich richtig gut an. Ich danke Holger für seine Unterstützung und atme erleichternd tief durch. Ich fühle mich leicht und locker, vor allem im Brustraum; die linke Lungenhälfte, die immer so blockiert war, fühlt sich offen und locker an.

S.: „Ich freue mich."

Holger macht mich auf eine Philosophie aus germanischer Überlieferung aufmerksam: „Die Philosophie unserer Vorfahren stellen sie dar anhand eines Baumes. Die Krone ist der Geist, der Stamm das Seelische, die drei Wurzeln das Körperliche. Diese werden dargestellt durch drei Frauen, nämlich Vergangenheit, Gegenwart und Zukunft. D. h. unsere materielle Welt, genau wie die Physiker das sagen, ist eine Zeitwelt, eine

Raum-Zeit-Welt. Und ganz oben drauf in der Krone des Baumes sitzt der Adler. Das ist das Hauptsymbol unseres germanischen Volkes. Und er ist noch mal das kleinste gemeinsame Vielfache – er fasst alle drei Welten zusammen. Er ist ALLES. Deswegen haben wir selbst heute noch den Adler in der deutschen Flagge, im deutschen Wappen. Im Grunde den Geist."
Holger ist weg und ich habe in mir ein total glückliches Gefühl. Ich könnte die ganze Welt umarmen, da ich dieses heiße Thema „Gott und mein Papa" zumindest einen Schritt vorwärts gebracht habe. Mir wird klar, wie sehr ich meinem Vater ähnlich bin. Er spielt Klavier, ich trommle. Er schnitzt, ich schnitze auch gern. Er malt, ich schreibe. Er ist Lehrer und in gewisser Weise bin auch ich Lehrerin. Ich fühle, dass ich auch malen kann …, aber anders als er es tut. Wer weiß, vielleicht greife ich eines Tages auch zum Pinsel.

10. Tag – Begegnung mit dem Skelett

Ich bin wieder zeitig wach, döse vor mich hin und hoffe insgeheim, vielleicht noch mal einzuschlafen. Stattdessen habe ich folgendes Erlebnis:

Feuerwerkskörper im Ofen
Ich habe geträumt, ich mache Feuer im Ofen an. Das Feuer wollte aber nicht anbrennen. Der Kohlenanzünder ging aus und ich wollte ihn noch mal neu anbrennen. Ich hatte eine kleine Kerze, die wie ein Feuerwerkskörper aussah – damit konnte ich gar nichts anfangen. Diese stand im oberen Schacht, im oberen Teil vom Ofen, wo die Kohlen reinkommen. Sowohl im unteren Teil, wo sonst die Asche drin ist, als auch im oberen Teil wollte ich den Kohlenanzünder anbrennen. Um diesen wieder mit einem Streichholz anzuzünden, wollte ich ihn rausholen, weil es im Ofen sehr windig war. Das erste Streichholz ist jedoch abge-

brannt, bevor ich den Kohlenanzünder rausbekommen hatte. Dann wollte ich das nächste Streichholz anzünden und diesmal mit der Kohlenzange den Kohlenanzünder rausholen. Plötzlich fing diese Kerze, die wie ein Feuerwerkskörper aussah, total an zu qualmen. Ich habe den Qualm gesehen und das Zischen des Feuerwerkskörpers gehört und davon bin ich aufgewacht. Hörte sich an, als wenn eine Silvesterrakete in die Höhe steigt. Der Moment des Aufwachens – ich kann nicht mal sagen, ob ich überhaupt geschlafen habe – fühlte sich an, als ob ich wieder zurückgehe in eine andere Dimension. Das war wirklich, nicht wie ein Traum. Als ob ich in dem Moment dort dabei war und das alles real erlebt habe. Ich war wach und bewusst, als ich diesen Rauch gesehen und das Zischen gehört habe.

Es wird gerade ein bisschen hell im Raum, sodass ich deutlich eine Zimmerecke und den braunen Fußboden im Zimmer sehen kann. Ich träume wieder …

Traum: Im Labor

Ich war in einem Labor eine Praktikantin, nicht festangestellt. Eine Kollegin und Freundin von mir will eher gehen, traut sich aber nicht. Ich rede ihr gut zu, dass sie gehen kann und ich die Arbeit für sie bis um 7:00 übernehme. Es ist 6:40 Uhr, als sie geht. Um 6:45 kommt der Postbote. Ich sage ihm, dass ich die Post annehme. Er gibt mir ein Formular zum Ausfüllen. Dann fragt er mich, ob ich fest angestellt bin. Ich verneine das und er meint, er dürfe die Post nur Festangestellten aushändigen. Ich bedeute ihm zu warten, weil meine Freundin gerade auf der Toilette sei. Dann laufe ich hinter zu den Kabinen und hoffe, dass sie noch da ist, um sie zurückzuholen. Sie sitzt unter einer Frisierhaube, trocknet ihre Haare und ist ganz stinkig, dass sie noch mal zurückkommen muss. In der Zwischenzeit hat der Postbote den Chef der Abteilung gefunden und ihm die Post ausgehändigt. Nun macht sich meine Freundin einen tierischen Kopf, weil sie eher gegangen ist und nicht da war, als der Postbote kam. Sie hat große Angst, Ärger vom Chef zu kriegen. Ich beruhige sie.

In einer neuen Sequenz sehe ich, wie meine Kollegin und ich im Bett liegen. Es ist jetzt 7:05. Ich stehe auf und sage: „Komm, steh auf jetzt. Ich klär das.“ Sie hat aber Angst, dass rauskommt, dass sie eher gehen wollte. Sie kommt aber mit nach vorn und ich erzähle ihr unterwegs den genauen Vorgang, der ablief, während sie schon in der Dusche war, damit sie Bescheid weiß und Nachfragen beantworten kann. Um 7:00 wäre ihre Schicht zu Ende gewesen und nun ist sie noch immer da, obwohl sie eigentlich eher gehen wollte. Ich sage zu ihr: „Du bist ganz schön blöd, wenn du jetzt immer noch hier bleibst.“ Das hört der Chef, kommt dazu und sagt zu ihr: „Ja, du bist wirklich blöd. Es ist doch schon 7:05, wieso bist du überhaupt noch hier?“ An dem Punkt bin ich aufgewacht.

Eintauchen-Wollen in die Masse

Ich erinnere mich an Holgers Worte, mich tiefer in die Masse sacken zu lassen. Ich konzentriere mich darauf und stelle fest, dass diese Masse mich hält. Sie hindert mich am Aufstehen, am Tun. Sie lässt mich auch nicht tiefer sacken, sondern hält mich an Ort und Stelle in dieser „Dumpfigkeit“ fest, ohne dass ich vor oder zurück bzw. tiefer oder höher kann. Von der Konsistenz her ist die Masse so ähnlich wie Kaugummi. Es vergeht eine Ewigkeit, wie mir scheint. Ich bitte wieder und wieder innerlich um Hilfe, habe keine Ahnung, wie ich hier raus oder durchkommen kann oder womit diese Masse zu tun hat. Plötzlich sehe ich meinen Vater vor mir, der nicht will, dass ich in tiefere Schichten abtauche, weil er sich Sorgen macht um mich. Sehe auch meine Mutter, die ebenso Angst hat und versucht, mich mit ihren Argumenten von ihrer Meinung zu überzeugen. Es sind aber ihre Ängste und Sorgen, die mit mir nichts zu tun haben. Ich erkläre beiden, dass ich es schön finden würde, wenn sie mich meinen Weg gehen lassen würden und dass das für mich wichtig und richtig ist. Ich sage ihnen, dass sie mich durch ihre Art hindern, zu mir selbst zu finden und dass ich mich von ihnen blockiert fühle. Sie sehen erstaunt und erschrocken aus, denn das war nicht ihre Absicht, sie wollten ja nur das Beste für mich.

Durchtritt durch die magische Tür

Ungefähr 2 m hinter meinen Eltern sehe ich jetzt die magische Tür. Ich habe das Gefühl, dass meine Eltern meine Worte erst einmal verdauen müssen, sie sehen betreten aus und als ob sie sich ertappt fühlen. Ich gehe entschlossen zwischen beiden durch auf die magische Tür zu und springe ohne weiter zu überlegen mit einem Hechtsprung durch die Tür durch auf den kleinen Handwagen, der dahintersteht. Der Wagen kommt durch mein Gewicht in Bewegung und rollt mit mir ein paar Runden im Kreis mit ziemlicher Geschwindigkeit in die Tiefe. Ich kralle mich an den Seiten des Wagens fest, um nicht runterzufallen. Kühle Kellerluft schlägt mir entgegen und lässt meine Haare wehen.

Im Wasserturm

Plötzlich stehe ich auf einer Wendeltreppe, die ich weiter tiefer abwärts gehe. Ich laufe und laufe unendlich viele Stufen. Auf einer Etage kommt ein Fahrstuhl, in den ich einsteige. Er hat nur zwei Knöpfe, die gedrückt werden können, nach unten oder nach oben. Ich fahre eine ganze Weile nach unten, dann hält der Fahrstuhl an. Ich steige aus und bin wieder im Treppenhaus der Wendeltreppe, schätze aber nach einem Blick nach oben, dass der Fahrstuhl mich ca. 1 km tiefer gebracht hat. Wenn ich am Geländer der Treppe nach unten schaue, sieht es aus, als ob ich noch 1 km vor mir habe, bis ich unten ankomme. Ich bin in so einer Art Wasserturm. Es ist kühl, die Wände und Treppen sind aus Stein. Je tiefer ich komme, umso nasser werden die Stufen. Endlich bin ich unten und sehe eine Tür, eine Brandschutztür. Sie ist hell gestrichen. Ich öffne sie, gehe durch und stehe in einem dunklen Flur. Linker Hand befinden sich zwei weitere Türen. Leise öffne ich die erste einen Spalt breit und schaue vorsichtig in den Raum. Ich sehe gruselig aussehende Gestalten, die vor sich hin schmatzen … i gitt! Leise schließe ich dir Tür wieder. Im zweiten Raum sehe ich etwas Dunkles, Matschiges … Äh! … Ich ziehe die Tür wieder ran und gehe gerade durch auf eine dritte Tür zu. In diesem Raum ist alles voller Goldgegenstände. Wie langweilig, ich habe kein Interesse daran.

(06/2010: Als ich in den Raum kam, hatte ich das Gefühl, hier geht es um die Prüfung, ob ich mich vom Gold verlocken lasse und der Gier verfalle. Ich spürte keinen Hang dazu, mir „die Taschen vollzustopfen", obwohl das Gold verlockend glitzerte.)

Vergewaltigung

Ich gehe wieder zurück in den zweiten Raum und werde dort jetzt von mehreren Männern in Empfang genommen, auf einen Tisch gelegt, ausgezogen und mit gespreizten Beinen auf dem Tisch festgeschnallt. Sie reden mir mit „süßlich" einschmeichelnden Worten gut zu, dass ich keine Angst haben und mich nicht zu schämen brauche, es sei doch alles nur ganz natürlich. Ich fühle mich in einer Position, keine andere Möglichkeit zu haben, als mich zu fügen. Sie manipulieren an meinen Geschlechtsteilen, bestrebt, mich zum Orgasmus zu bringen. Mir wird immer heißer und ich verspüre eine sexuelle Erregung des Körpers, empfinde dabei jedoch keine Lust. Als ob der Körper da sein eigenes Ding macht. Der Körper reagiert sich „ohne mich" ab (ohne emotionale Beteiligung meinerseits – eine äußerst ungewohnte Erfahrung, das so getrennt zu fühlen), ich fühle die Kontraktionen des Uterus, ohne dabei etwas zu empfinden. Ich liege weiterhin gefesselt auf dem Tisch und versuche, geistig aus meinem gefesselten Körper auszusteigen, um weiter zu laufen – keine Ahnung, wohin. Das gelingt mir auch, aber ich komme immer nur in den Raum voller Gold, wo ich gar nicht hin will. Zeitweise habe ich das Gefühl, ich sacke tiefer und schaue in etwas Dunkles, Tiefes, wie in einen Weltraum.

Doch kaum bin ich tiefer gesackt, geht es auch gleich wieder aufwärts, ich kann die Ebene der Tiefe nicht halten. Eine tief liegende Angst vor dem Unbekannten hindert mich daran. Die Männer haben ihre „Arbeit“ beendet und schnallen mich los. Sie haben erreicht, was sie wollten. Ich ziehe mich an *(als wäre ich unbeteiligt gewesen)* und verlasse den Raum. In dem Augenblick wird mir bewusst, dass ich die göttliche Erfahrung erzwingen will *(was ja nicht geht)*, weil ich gerade „so tief“ bin. Daher beschließe ich, die „Reise“ zu beenden und steige wieder nach oben auf – dauert auch eine ganze Weile, geht jedoch viel schneller als abwärts.

Ich stehe auf und habe totale Gliederschmerzen, alles an meinem Körper ist steif und fühlt sich wie klamm an. Arme und Beine lassen sich nur mit Mühe bewegen – sie sind wie eingerostet. Das erinnert mich an die letzten Lebenstage unserer Hündin – sie lief kurz vor dem Tod mit einem total steifen Körper und konnte sich nur noch schwer bewegen, ihre Gliedmaßen wirkten total versteift, als ob schon kein Leben mehr in ihnen war. Ob ich schon halbtot bin? Für einen Moment mache ich mir Sorgen um mich. Mein Kopf ist wie zugezogen und es fällt mir ganz schwer, überhaupt die Augen zu öffnen, sogar der Mund ist steif und fest. Ich bin wie benommen und benebelt, irgendwie nicht richtig da. Nachdem ich was getrunken habe, werde ich ein wenig klarer. Ich merke, ich bin gefangen in diesem dumpfen, dunklen Turm und komme nicht weiter.

Tiefe Krise

Stunden später: Ich mache eine schwere Krise durch, besser gesagt mein Ego macht eine schwere Krise durch. Es gelingt mir nicht, mich da rauszuhalten. Das Ego ist sauer, „dass sich immer noch nichts tut – heute ist schon Sonntag! Am folgenden Mittwoch sind schon zwölf Tage um! Bei der ersten Dunkeltherapie hatte sich doch bis zum 9./10. Tag so viel getan und dieses Mal tut sich überhaupt nichts! Was soll das alles! Lass uns abbrechen und genieße noch ein paar schöne Tage im Schwarzwald. Alles eine Kacke." Ich bin total ärgerlich, erkenne zugleich ganz klar, dass es mein Ego ist, das irgendwas Bestimmtes erwartet hat und das etwas Bestimmtes haben will, was sich in seinen Augen bis jetzt nicht erfüllte. Ich fühle mich hilflos – wie kann ich nur dieses Ego, dieses Haben-Wollen loslassen? Mein Kopf ist nach wie vor zugezogen und ich fühle mich immer noch rammdösig, benommen, benebelt …

Ich schaue auf den Heuboden – dort ist jetzt Schnee! Und in der Wohnstube ist es auch kalt. Das passt genau zu meinem Gemütszustand und der Ärger in mir steigt. Ich werde jetzt Tai Chi machen, um mich aus dieser Dumpfheit rauszuholen. Ich zwinge mich dazu.

Ich habe meine Übung durchgezogen – völlig lustlos, habe mich überall gestoßen, konnte nicht richtig stehen, verlor immer wieder mein Gleichgewicht, habe beide Formen miteinander verwechselt, war total scheiße. Ich bin absolut sauer, wütend, frustriert – alles kotzt mich total an.

Habe *(innerlich)* einen riesigen Frustsack vor mir. Mir kommt die Idee, ihn anzuzünden. Darin ist all das, was ich meinen Eltern nachgemacht habe; die sind auch immer frustriert gewesen, wenn sie was nicht gekriegt haben oder was nicht geklappt hat nach ihren Vorstellungen. Ist nicht ihre Schuld, dass ich das tue. Ich stehe dazu und beschließe, es jetzt anders zu machen. Ich zünde diesen scheiß Frustsack jetzt an. Oh, diese Wut! Dieser Frust! Dieser Ärger! Dieses EGOOO! Ich koche vor Wut. Wie geht's mir? Ohne Ego ginge es mir gut.

Deprimiert stelle ich dann fest: Ich habe wirklich geglaubt, ich kann an die Erfahrungen der letzten Dunkeltherapie anschließen. Ich dachte, nach ein paar Tagen habe ich wieder das Gefühl der geöffneten Augen, sehe Lichter und Feuer und habe ein Gefühl von Tiefe, Weite und Klarheit …, dass es da weiter geht, wo ich aufgehört habe.

Das, was ich in der ersten Dunkeltherapie in den ersten drei bis vier Tagen durchgemacht habe, diese Krise, etwas erreichen zu wollen, habe ich jetzt nach dem neunten Tag, gestern fing es ja schon an. Ich habe mich neun Tage lang selbst ausgetrickst, mir etwas vorgemacht und fand mich dabei auch noch ganz cool. In mir sind tiefste Gefühle der Ohnmacht, Hilflosigkeit, Bitterkeit und ein Rest an Widerstand, der wie ein kleiner Funke aussieht … bin in einem furchtbaren Zustand – wie zerfleddert, zerzaust, zerstört …

Im 1. Raum: 1. Begegnung mit dem Skelett
Ich bin auf einmal wieder im Turm ganz unten. Ich schaue in die 1. Tür links rein. Da steht ein Gerippe oder Skelett drin und rührt mit einem riesengroßen Löffel in einer Art Hexenkessel herum. Es hat einen schwarzen Umhang um. Der Kessel ist schwarz und steht auf drei Beinen, unter ihm brennt ein Feuer. Ich gehe mal gucken, was das Skelett da macht. Vorsichtig und langsam nähere ich mich dem Skelett und biete ihm als Erstes eine Stulle an als Zeichen, dass ich in friedlicher Absicht komme. Die Tür habe ich offen gelassen, um notfalls schnell wieder flüchten zu können. So ganz geheuer ist mir die ganze Sache nicht. Das Skelett nimmt mir mit seiner Knochenhand die Stulle aus der Hand und steckt sie in seinen Knochenmund. Sieht lustig aus. Ich wundere mich, dass die Stulle überhaupt im Mund drin bleibt und nicht gleich wieder aus dem Unterkiefer rausfällt. Sie rutscht tatsächlich runter in den Bauch und ich sehe die Stulle in Magenhöhe vom Skelett liegen. Ich kann das kaum glauben, aber es ist so. Das Skelett hält mir jetzt seine linke Hand hin. Ein glitzernder Ring liegt darin. Ich nehme ihn und bedanke mich. Dann lege ich dem Skelett warme Mäntel hin, denn es ist kühl hier unten. Unter dem Kessel lege ich Holz nach, damit diese schwarze Suppe irgendwann mal heiß wird. Dann frage ich das Skelett, ob ich noch etwas für es tun kann. Da zeigt es mit seiner knochigen Hand zuerst auf mich und dann auf den Kes-

sel. Ich verstehe es so, dass ich in den Kessel steigen soll, bin mir aber nicht sicher. Bei der Vorstellung stehen mir die Haare zu Berge. Das kann das Skelett doch nicht meinen! Ich frage noch mal nach, was die Geste bedeutet. Das Skelett wiederholt die Bewegung und nickt mir mit dem Kopf aufmunternd zu. Ich kriege fast einen hysterischen Lachanfall – ich steige da doch nicht rein! Nie im Leben! Ich zeige dem Skelett einen Vogel und frage es, warum ich da reinsteigen soll. Ich lasse mich doch nicht kochen!!! Die Antwort ist, damit ich genauso Ich-los bin wie das Skelett auch. Ich bin irritiert, denn es ist ja genau das, was mir wichtig ist. Trotzdem, der Preis ist mir zu hoch – ich lasse doch nicht mein Fleisch abkochen, damit es mir von den Knochen fällt. Da behalte ich lieber mein Ich, mein Ego und bleibe wie ich bin. Ich will wieder gehen und sage zu dem Skelett: „Ich steige niemals in den Kessel! Auf Wiedersehen!“ Ich habe einfach keinen Bock darauf, in dem Kessel gekocht zu werden.

Begegnung mit einem Riesenkraken
Ich schließe die erste Tür und schaue zur zweiten hinein. Dort kommt mir ein riesiger großer Krake entgegen. Sieht auch nicht sehr appetitlich und lecker aus. Schnell halte ich seinem mir entgegenkommenden Fangarm einen großen Fisch und Brot entgegen. Der Krake umfasst das Futter und schiebt es in sein großes schmatzendes Maul. Sicherheitshalber bleibe ich noch im Türeingang stehen und warte ab, was weiter passiert. Wieder und wieder schiebt er mir seinen Fangarm entgegen und ich lege immer wieder Futter nach. Ich schaue ihm in die Augen und er hält meinem Blick stand. Ich habe den Eindruck, seine Augen prüfen mich. Er schaut mich ganz genau an. Auch ich halte seinem Blick stand und schaue ihm ganz direkt ins Zentrum seiner Augen. Er hat seinen dicken Fangarm vor mich hingelegt und ich streichle ganz vorsichtig über seine glitschige Haut, ihn weiterhin im Blick behaltend. Er hat große Saugnäpfe. Ich lächle ihn an und habe den Eindruck, der Krake lächelt zurück. Wir

haben Freundschaft geschlossen. Die Spannung in mir fällt ab und ohne es mir äußerlich anmerken zu lassen, atme ich innerlich auf, denn es wäre leicht für den Kraken gewesen, mich zu verschlingen. Wenn er das versucht hätte, wäre ich gezwungen gewesen, ihn umzubringen, was ich jedoch nicht wollte. Der Krake zieht sich langsam in die Mitte des Raumes zurück. Dort steht ein viereckiges Gehäuse, wo er am Anfang auch rausgekrochen kam. Das scheint sein Hauptsitz zu sein. Ich verlasse den Raum wieder.

In der rechten Hand habe ich noch den Ring von dem Skelett und frage mich, was er bedeutet. Er glitzert und strahlt in meiner Hand. Sieht hübsch aus. Ich setze ihn auf jeden einzelnen Finger in der Hoffnung, dass sich vielleicht die Bedeutung des Ringes zeigt. Nichts passiert. Am Ende entschließe ich mich, mir den Ring um den Hals zu hängen. An meinen Händen finde ich ihn nicht passend. Irgendwann wird sich mir seine Bedeutung schon erschließen.

Weiter in der Krise

Ich trinke etwas und frage mich, was das alles soll. Mein Gott, 25 Tage hier herumsitzen und in der Unterwelt rumkramen. Das ist nicht mein Ding. Wofür, warum? Ich hätte gleich beim ersten Mal 25 Tage machen sollen. Oder gleich 49 statt jetzt hier das zweite Mal hinter mich zu bringen. Ja, ja, ganz schön groß mein Ego. Ziemlich heftig noch.

Ich erinnere mich daran, was Holger gestern über die Szene in Bali sagte, wo ich beim Ritual nicht mitgemacht hatte. Ich hielt dieses Ritual für einen Egotrip. Und ich selber? Halte mich da raus, aber auch nur aus Egogründen. Mist! Auch die Bergbesteigung in Bali war nichts anderes als ein Egotrip. Etwas schaffen und erreichen. Da habe ich schön meinem Ego Futter gegeben. Habe mich den Berg hochgequält – und wofür das alles? Damit das Ego am Ende zufrieden sagen kann: Ich war auf 3150 m Höhe! Damit ich mich vor meinem Vater präsentieren kann – da bin ich mir seines Lobes und anerkennenden Blickes sicher. Wieder mal das Vater-Thema. Vater, Vater, Vater, wo ich hingucke, immer wieder Vater. Oh Mann!!! In mir ist Ärger, Verzweiflung, Hilflosigkeit. Grollend wende ich mich an ihn: „Unbewusst erfülle ich noch immer deine Wünsche, bin noch immer auf Lob und Anerkennung von dir aus. Immer noch und immer wieder! Verdammter Mist!“ Ich bin bockig und widerspenstig. Ärzte, Maler, „große“ Komponisten – ihnen zollte er immer höchste Anerkennung. Und ich eifere dem mein Leben lang nach, bis heute, um ebenso seine Bewunderung und Anerkennung zu bekommen, um in höchsten Tönen so gelobt zu werden, wie er über andere Leute spricht, **fremde** Leute. Dafür habe ich Höchstleistungen vollbracht, um diese schnurrenden Worte zu hören. Doch ich bekam sie nie in gleicher Form, immer waren andere besser als ich und meist waren die Leute, über die mein Vater voller Bewunderung redete, sogar schon tot, alte Schriftsteller oder Maler vergangener Jahrhunderte!

[06/2010: Seitdem ich mehr zu mir stehe, meine Dinge vertrete und für mein Leben und meine emotionalen Befindlichkeiten mehr Verantwortung übernehme, kann ich seine Anerkennung als auch die meiner Mutter mehr spüren. Mir ist bewusst, dass ich durch meine ständige (unbewusste) Erwartungshaltung an ihn/sie meine Enttäuschung selbst produziert hatte und dadurch seine/ihre Anerkennung mir gegenüber auch nicht spüren konnte. Mein Groll ihm (und meiner Mutter) gegenüber war insofern vollkommen unangemessen. Es ist nicht das Problem meines Vaters, wenn ich als Erwachsene noch nach seiner Anerkennung strebe, statt mich selbst in dem anzuerkennen, wie und wer ich bin, mit meinen Schwächen und meinen Stärken. Auch hatte er keine Ahnung davon, was ich mir als kleines Mädchen alles von ihm wünschte, weil ich es ihm nie gesagt hatte. Daher konnte er meinen Wünschen auch nicht gerecht werden, mal abgesehen davon, ob es überhaupt angemessen gewesen wäre, dass er meine kindlichen Prinzessinnen-Erwartungen erfüllt. Ähnliches trifft auch auf meine Mutter zu. Ist schon sehr berührend zu sehen, wie groß die Erwartungen des Kindes in mir an die Eltern waren – die sind für Eltern unerfüllbar. Es ist erleichternd für mich, wenn ich meine Er-

wartungen an sie loslasse und Verantwortung für mich selbst übernehme und es entlastet meine Eltern, weil sie nicht immer noch für mein emotionales Wohl sorgen müssen, obwohl ich längst erwachsen bin. Dadurch ist von meiner Seite aus viel größere Nähe und ein liebevolleres Aufeinanderzugehen möglich. Dieses Bewusstsein macht mich auch meinen Kindern und anderen Menschen gegenüber hinsichtlich ihrer Erwartungen an mich gelassener. Und das tut einfach nur gut …]

Todessehnsucht

Ja, ich habe unbewusst viel getan, um seine Wünsche zu erfüllen, damit mein Wunsch nach Anerkennung und Lob endlich erfüllt wird. Ein endloser Kreis, aus dem ich endlich raus will. Die glasklare Erkenntnis des sich ewig drehenden Mäuserades und wie ich selbst das Mäuserad unbewusst immer wieder am Laufen halte ist verdammt bitter … Wann hört das endlich auf? Wie kann ich das ein für alle Mal beenden? Es scheint unendlich viele unbewusste Schichten dieser Art in mir zu geben, die sich noch nach seiner Liebe und Anerkennung sehnen, das hört doch **nie** auf. Ich bin deprimiert – so viele Jahre habe ich schon so viele Mäuseräder angehalten, bin ausgestiegen und dachte immer wieder, dass ich es nun endlich geschafft hätte! Pustekuchen … bin zutiefst ohnmächtig … hilflos … in mir ist jeglicher Widerstand gebrochen … kein Funke mehr da … alles ist mir egal jetzt … da kann ich auch in den Kessel des Skeletts steigen, ist doch sowieso alles wurscht … ich will nur noch meine Ruhe haben … schlimmer kann es nicht mehr kommen … ich sehne mich nur noch nach R…U…H…E…!!!

[06/2010: Die Sehnsucht nach Ruhe ist die Sehnsucht nach dem Tod – ich hätte nie für möglich gehalten hatte, dass derlei Sehnsucht in mir sein könnte und ich sogar bereit war, dem nachzukommen. Auch dieser Wunsch speiste sich aus dem Ego in mir, das sich umbringen wollte, weil alles nicht so lief, wie es sich das vorgestellt hatte. In einem Kurs mit Bert und Sophie Hellinger (2005) sagte Sophie mir einmal auf meine Bemerkung, dass ich Angst vor dem Tod hätte: „Du hast nicht Angst vor dem Tod, du hast

Angst vor dem Leben, du willst nicht LEBEN." Der Satz stieß damals in mir auf großen Widerstand. Heute verstehe ich, was sie meinte, sie hatte vollkommen recht gehabt.]

Einstieg in den Kessel

Ich steige runter in den Turm, gehe zu dem Skelett und signalisiere ihm, dass ich bereit bin, in den Kessel zu steigen. Ich ziehe mich aus und setze mir den Ring auf einen Finger, wie das Skelett mir zeigt. Ein kurzer Gruselschauer überläuft mich, als ich sehe, wie das Skelett mehrere große Stücke Holz unter den Kessel in das Feuer schiebt. Große Hitze geht vom Feuer aus … Aber mir ist jetzt alles egal – ich will einfach meine Ruhe. Völlig emotionslos steige ich in den Kessel. Ich bin bereit zu sterben. Wenigstens schön warm hier drin. Das Skelett sagt mir, ich soll vollständig mit dem Kopf unter Wasser gehen. Den aufkeimenden Widerspruch, keine Luft mehr zu kriegen, schiebe ich eiskalt beiseite und tauche unter, den Atem anhaltend. Ich spüre die Knochenhände vom Skelett auf meinem Kopf – es sorgt dafür, dass ich ganz unter Wasser bin. Als mir die Luft knapp wird und ich gegen die Knochenhand vom Skelett ankämpfe, um nach oben zu kommen *(nun will ich doch nicht mehr sterben, das Skelett hält mich aber mit aller Kraft unter Wasser, sodass ich nicht hoch kann – ich bin in völliger Todesangst, Angst zu ersticken unter Wasser)*, bekomme ich zufällig mit, dass ich in dieser Brühe auch atmen kann. Wie seltsam! Ich werde augenblicklich ruhiger. Wahrscheinlich ist der Ring ein Zauberring, der mir das Atmen unter Wasser ermöglicht. Über diese Erkenntnis bin ich sehr erleichtert … die aufgekommene Todesangst fällt von mir ab … Ich sitze jetzt zusammengekauert im Kessel, mit der Wirbelsäule nach oben, den Kopf zwischen oder auf den Knien und warte … Es ist angenehm warm hier drin. Die Zeit vergeht … Ich fühle mich sauwohl … das ist wie … untergetaucht im Wasser, ich bin zusammengerollt wie ein Embryo, als ob ich im Uterus bin … liege hier drin, einfach so … Stunden (?) später habe ich das Gefühl, ich wachse in meinem Kessel oder Uterus.

Es ist schon ziemlich eng geworden hier drin … Plötzlich weiß ich: Irgendwann bin ich so groß, dass mein Rücken aus dem Wasser schaut; das Skelett wird mir auf den Rücken klopfen, wobei dann durch die Erschütterung all mein Fleisch von mir abfällt – dann steige ich aus dem Kessel auch als ein Skelett heraus. Aber diese Erfahrung möchte ich noch ein bisschen rauszögern, deswegen bleibe ich im Kessel liegen, rühre mich nicht und sehe zu, dass mein Rücken schön unter Wasser bleibt.

Gespräch mit Holger
Betrachtungen über das Ego

Holger ist gekommen und wir haben unser Sonntagabendgespräch. Ich greife das Thema des Egos auf und sage Holger, was ich unter dem Begriff verstehe: Ego ist alles, was ich haben will und es reagiert verletzt und ist sogar zum Mord/Selbstmord bereit, wenn es das nicht bekommt.

Holger meint, es gäbe ein schönes Buch: „Haben und Sein." Gewissermaßen als Gegensatzpaar. Er sagt, das Ego sei Gott im Taschenformat. Man kann das Ego nicht abspalten vom Gesamtgöttlichen, das wäre dann reiner Dualismus …

S.: „Ich denke, es ist ein Loslassprozess: Das Ego wird immer unbedeutender, je mehr ich von meinen Wünschen und Erwartungen loslassen kann."

H.: „Das klingt natürlich logisch zunächst. Du kannst auch ganz andersrum und trickreicher sagen: Das Ego ist entstanden aus einem Loslassprozess – loslassen vom Gesamtgöttlichen. Das Ego ist ein kleiner Gott, das glaubt es zumindest … Lokal verteilt in deinen eigenen vier Wänden. Es ist Gott im Kleinformat … Wenn du das Ego ablegen willst, wirst du es nie schaffen, wenn du nicht erkennst, dass alle göttlichen Qualitäten im Kleinformat im Ego vorhanden sind. Also musst du deine Egoimpulse als göttliche Impulse erkennen. Das ist die einzige Chance, um deine kleine Gottheit Ego zu einer größeren Gottheit Ego zu machen. Aber das Ego ganz wegschmeißen, das ist eine Egoaktion."

S.: „Das Ego so weit loslassen, dass der Tagesablauf nicht nur von Haben- und Erreichen-Wollen bestimmt wird, dass das Leben eine andere Qualität bekommt. Dass zwar Dinge erhofft, erwünscht und getan werden, aber wenn es mal anders kommt als erhofft oder erwünscht, mich das nicht gleich in ein tiefes Loch fallen lässt. Ohne oder mit weniger Ego werde ich nicht so in die Emotionen gestürzt, weder hoch hinauf noch tief hinunter. Ich bin dann mehr in meiner Mitte, im Gleichgewicht, ohne dieses Auf und Ab der Emotionen. Es ist mehr eine gleichbleibende Ruhe da. Ich kann dann mehr im Augenblick, im Jetzt, sein."

[06/2010: Aus heutiger Sicht würde ich sagen: Das Ego entsteht aus einem Defizit an Fülle, an Liebe, an SEIN und versucht durch „Haben-Wollen" dieses Defizit füllen. Ich kann Holgers Argumentation heute viel eher nachvollziehen, dass das Ego entstanden ist aus dem Loslassen vom Gesamtgöttlichen. Doch wenn das Ego (ist für mich das innere Kind mit seinen Überlebensstrategien, Anpassung, und verinnerlichte Pig-Parent-Stimmen) versucht, das Defizit über äußere, materielle Dinge füllen zu wollen, bleibt es dabei im Defizit, sodass es nach immer neuen Varianten sucht, sobald es sich einen Wunsch erfüllt hat. Erst wenn die Selbstliebe reinkommt und ich mich als Mensch nicht mehr länger infrage stelle, Verantwortung übernehme für meine Emotionen und die Bedürfnisse des Kindes in mir im Nachhinein im Inneren erfülle, beginnen sich die Emotionen zu wandeln in mehr Zufriedenheit, Sicherheit und Ruhe, das Defizit wird kleiner und damit das Ego – der Mensch wird zufriedener, liebevoller, ruhiger. Deswegen geht es, wie Holger schon sagte, nicht darum, das Ego wegzuschmeißen, sondern die darin enthaltenen unerfüllten Bedürfnisse zu erkennen und zu erfüllen, was parallel dazu mit einem Loslassprozess verbunden ist. Es ist eine Transformation des Egos. Wenn ich mich schlecht fühle, wenn ich etwas nicht bekomme, kommt der Wunsch (das Haben-Wollen) aus meinem Ego und ich bin nicht gut in mir selbst verbunden. Als Erwachsene bräuchte ich mich nicht schlecht fühlen, wenn mir ein Wunsch nicht erfüllt wird. Auch an der Energie

des Unbedingt-etwas-(anders-)haben-Müssen erkenne ich mein Ego, dahinter steckt eine Zwangsenergie, ein Überlebensmechanismus.]

Holger meint, dieses Haben-Wollen könne auch ein „Das-SEIN-haben-Wollen" sein.

H.: „Wenn ich ein Einfamilienhaus haben will – haben, haben, haben – warum will ich es haben? Damit ich darin SEIN kann. Ich will einen Urlaub in Bali haben – haben, haben, haben – warum? Damit ich dort SEIN kann. Ich will eine/n Frau/Mann haben – warum? Weil ich mit ihr/ihm zusammen SEIN will …"

S.: „Nein, damit ich befriedigt bin, damit mein Ego Ruhe gibt und ich die miesen Gefühle, die sich einstellen würden, wenn ich das Gewünschte nicht bekomme, nicht spüre – es gibt aber nur für den Moment Ruhe. Das hat was mit Befriedigung des Egos zu tun. Und wenn ich dann habe, was ich wollte, sucht sich das Ego sofort etwas Neues, was es dann haben will. Ein zweites und drittes Auto oder Mann/Frau oder Haus."

[06/2010: Wenn emotionale Bedürfnisse über materielle Dinge gestillt werden, gibt das Ego einen Moment lang Ruhe und es fühlt sich scheinbar glücklich – bis der Kreis von vorn beginnt und das Ego wieder etwas (anderes) haben will. Das ist ein Mäuserad, das sich erst aufhört zu drehen, wenn erkannt wird, dass emotionale Bedürfnisse nicht über materielle Dinge oder andere Personen dauerhaft gestillt werden können und sich ein tiefgreifender Wandlungs- und Heilungsprozess im Inneren vollzieht. Ein Auto, Haus, Kind oder Partner kann die innere Leere nicht füllen, den Transformationsprozess in der Seele nicht ersetzen.]

H.: „Ja, das ist eine andere Angelegenheit. Wenn ich eine Frau haben will, dann will ich die Gottheit im Kleinformat haben. Wenn ich sie habe, dann will ich gleich noch eine haben, das ist eine andere Sache. Aber ich will sie erst mal haben, diese Gottheit. Eigentlich bin ich mit einer Gottheit verheiratet. Das Ego kann man nicht wegwerfen. Das Ego kann man nur als die Gottheit erkennen, dann erst gibt es die Chance der Auflösung."

S.: „Wenn ich mich vergleiche mit früher, habe ich schon viel losgelassen, was ich früher noch unbedingt haben wollte. Heute verspüre ich keinerlei Energie mehr darin, wonach ich mich früher noch sehnte, weil ich die Bedürfnisse zunehmend in mir erfülle – parallel dazu lassen die Bedürfnisse nach äußeren Dingen nach, ganz von allein. Parallel zu dem Loslassprozess und wie ganz von allein fand/findet eine Verkleinerung des Egoanteils in mir statt. Aber die Veränderung kam erst, als ich durch die Mühle des schmerzhaften Loslassprozesses durchgegangen bin. Das war die Hölle, aber als ich da durch war, schien die Sonne und ich stellte fest, dass ich ruhiger und gelassener sein kann in Situationen, wo ich mich früher in den Aufs und Abs der Emotionen verfangen hatte. Ohne den Loslassprozess findet keine wirkliche innere Veränderung statt. Die Verkleinerung des Egoanteils ist praktisch das Nebenprodukt oder Ergebnis dieses Prozesses, nicht weil ich mein Ego aufgeben oder loslassen wollte. In dem Sinne, wie ich es eben versucht habe zu beschreiben, hat es für mich was mit Egoloslassen und Egoverkleinerung zu tun. Mein Leben ist völlig anders jetzt, hat ganz andere Qualitäten. So habe ich es erfahren. Ich habe eine Menge aufgegeben, ganz viel losgelassen und dadurch hat sich unglaublich etwas verändert in mir, in meinem Leben; ich bin ein ganz anderer Mensch geworden. Nicht ohne Ego, wie ich gerade wieder festgestellt habe, aber mit viel weniger *(d. h. mit weniger Suchtpotential)*. Und ich erlebe ganz andere Dinge in meinem Leben, die ich vorher, vor dem Loslassprozess, nie erlebt habe. Mit viel tieferen, intensiveren Gefühlen, viel mehr Nähe zu anderen Menschen, mit viel mehr Verbundenheit und inneren Werten. Ich nähere mich auf diese Art dem Göttlichen an … wo ich eine Liebe spüre zu wildfremden Menschen; wir treffen uns zum ersten Mal, gucken uns an, umarmen uns und ich fühle mich ihnen nah und verbunden. Hätte ich früher nie gemacht. Eine Umarmung? Undenkbar. Nähe zu fremden Menschen in dieser Art und Weise wäre nicht möglich gewesen. Das ist nur ein Beispiel, was mir gerade einfällt, was sich gravierend geändert hat in mir."

H.: „Dann hast du dich real verändert."

S.: „Um 180° hat sich in mir was gedreht. Ich bin heute ein völlig anderer Mensch als vor fünf Jahren. Z. T. fällt es mir selber schwer, mich zu erkennen, wenn ich in den Spiegel schaue. Da schaut mir eine andere Saskia entgegen, nicht nur wegen meiner veränderten Frisur. Aber langsam gewöhne ich mich dran."

Da Holger nichts weiter zu meinen Äußerungen sagt, wechsele ich das Thema. Wir reden kurz über die Träume *Feuerwerkskörper im Ofen* und *Im Labor.* Außerdem darüber, dass ich das Gefühl habe, sehr wenig zu schlafen.

Über den Wasserturm, Skelett und Krake

S.: „Dann erinnerte ich mich an deinen Vorschlag, mich in das Dunkle, Sumpfige hineinziehen zu lassen. Ich versuchte das und bin in einen tiefen Prozess mit der magischen Tür gekommen."

Ich erzähle Holger all meine Erlebnisse vom Wasserturm, dem Skelett und dem Kraken. Holger findet, das sei eine Wahnsinnserfahrung. Ich berichte ihm, dass ich im Trog gleich einem Embryo den ganzen Tag zusammengerollt gelegen habe, das Gefühl dabei hatte, wie in einer Gebärmutter zu wachsen und in dieser Brühe atmen konnte.

H.: „ Also hast du auch physisch hier zusammengerollt gelegen?"

S.: „Ja, eingekuschelt, eingerollt, wie ein Igel. Ich lag darin, bis du jetzt gekommen bist."

H.: „Wie fandest du das?"

S.: „Einerseits spannend, andererseits zermürbend wegen meinem Ego, mir wurde so bewusst, wie sehr ich an die Ereignisse und Erfahrungen der ersten Dunkeltherapie anschließen wollte. Es hat mich dermaßen wütend gemacht, dass ich es nicht erreicht habe."

H.: „Du hast doch den Inhalt verstanden, oder?"

S.: „Ja, ich denke schon …“ Ich bin irritiert.

H.: „Schau mal, wenn ich jetzt C. G. Jung gewesen wäre, hätte ich dir noch 2000 € draufgezahlt für die Erfahrung. So was hat er nicht so schnell gekriegt. Der hat immer nur gehofft, dass es in einer Diskussion mal zu so was kommt. Da musste er Wochen …, Monate warten, so was hat der nie gehabt. Verstehst du?“

S.: „Also ich weiß nicht, die Bedeutung ist mir dann wahrscheinlich noch nicht bewusst …“

H.: „Na ja, die Bedeutung ist an sich klar. Gut, du hast angeknüpft an diese Gänge, Höhlen usw., dann kommt der Turm. Das ist der Turm des Ego.“

Ich unterbreche Holger: „Also der Sumpf war dann praktisch dargestellt als Turm?“

H.: „Ja, also der Sumpf übersetzt in den Turm, der Turm ist das Ego, du bist unten drin und jetzt kommst du zu den Universalarchetypen, eben wieder die verschiedenen Türen und da haben wir erst mal die Sache mit dem Gold. Also das ist ein großes Geheimnis. Überall reisen Menschen unter die Erde und da sind dann die Zwerge und das Gold. Komisch, warum ist das Gold unter der Erde?“

S.: „Hm, weiß ich auch nicht. Es waren lauter angehäufte Reichtümer: Ketten, Kronen von Königinnen und Königen, Ringe, Goldbarren und glitzernde Diamanten.“

H.: „Ja, und Märchen verwenden das ja alles, dieses Motiv. Aber Menschen erfahren das auch alles. Wir sind hier im Märchen. *(Holger sagt das so geheimnisvoll und überzeugt, als ob er der Meinung ist, dass es diese Goldschatzkammern unter der Erde wirklich gibt.)* Das ist ein traumhafter Archetyp, den du hier glasklar erfahren hast. Dann ist es natürlich interessant mit dem Skelett. Du sollst auch ein Skelett werden. Dein Ego, Muskeln, Fleisch, soll mal abgekocht werden. Wehrst dich erst, gehst dann aber schließlich doch rein durch den zunehmenden Versumpfungsprozess. Hast dich da reingebracht in embryonale Stadien, bist also gekocht worden, denn dein Egofleisch geht nur runter von den Knochen, wenn du weggekocht wirst. Wie man halt ein Stück Fleisch kocht, das löst sich ja dann auch ab von den Knochen. Das ist genau der Prozess. Du warst quasi schon dieses Skelett oder solltest es werden. Also das ist eine klassisch-schamanische Erfahrung. Die andere Tür, mit den Schleimwesen und Kraken drin, sind einfach die verschiedenen Ängste, die man hat. Und deshalb auch die geheimnisvolle Tür, wo dein Ego vernichtet wird und du reduziert wirst auf dein Skelett. Das ist ein unglaubliches Bild. Also reduziert auf reines SEIN. Und das stellen wir bildlich dar als Skelett. Man muss sich treiben lassen von diesem Sumpfgefühl, fallen lassen. Man muss versumpfen. Das ist auf einer ganz tiefen Schicht der Archetyp."

S.: „Ja, das war unglaublich tief … mindestens 2 – 3 km tief."

H.: „Das ist wahnsinnig tief unter der Erde, d. h. sehr tief in deiner Seele. Diese Erfahrung hat jetzt nicht unbedingt einen aktuellen sofortigen Heilungsprozess zur Folge, das ist sehr tief. Es muss auch die ganze Tiefe geheilt werden. Wir sind im Allgemeinen im Psychologischen auf der Oberfläche der Psyche, z. B. die Verhaltenstherapie. Das hier geht ganz, ganz tief und heilt mehr ganz unten, aber ehe der Heilungsprozess hochkommt, dauert es. Deswegen muss man absteigen in die Unterwelt, das sind die großen Schätze – ganz tief in dir."

S.: „Mein Ego war wirklich stinkig, weil ich die Lichterfahrung machen wollte und stattdessen einen dunklen Turm mit Skelett und all den anderen Dingen bekomme. Als ich da unten so wütend war, fielen mir auch deine Worte ein, dass man durch all dieses durch muss. Und ich dachte: O. k., dann soll es dann wohl so sein. Aber ich musste innerlich erst an den Punkt kommen, ein Teil in mir wollte ja unbedingt diese Lichterfahrung machen. Aber ein anderer Teil von mir wusste, ich muss in den Kessel, egal wie schwer es fällt. Aber es hat lange gedauert, eh ich an dem Punkt war. Ich habe mich dermaßen selbst zermürbt, bis etwas in mir aufgegeben hat, mir alles egal war und dann konnte ich in den Kessel steigen."

H.: „Du hast so ein tiefes Unbewusstes, tiefe Archetypenunterwelt. Bist doch auch noch ganz lustig, zeigst dem Skelett einen Vogel, so wie du halt bist. Du hast Witz und Kessheit und so eine vitale Frechheit, das ist ganz schön, und so gehst du auch in der Unterwelt mit den Sachen um. Gibst denen knallhart was zu essen, also fütterst deine Ungeheuer."

Ich muss laut lachen, als ich Holger über den Blickkontakt mit dem Kraken erzähle und wie ich diesem immer wieder einen Fische hingehalten habe. „Dann war ab einem gewissen Zeitpunkt zwischen uns Frieden und ich hatte dann wirklich keine Angst mehr."

H.: „Ja, sehr tiefgründig. Also lässt dich weitertreiben. Aber dann ist auch noch was anderes da. Das ist die tiefe Sehnsucht, das ganze Göttliche selbst zu sein. Das ist auch so ähnlich wie ein Auflösungsprozess, vielleicht ein wenig anders und da kann man reingehen in das Gefühl: Ich bin das ganze Göttliche, endlose Welten, ich bin alles …"

S.: „Wie komme ich in dieses Gefühl?"

H.: „Indem man daran denkt. Man stellt sich meinetwegen den Kosmos vor. Man muss sich erinnern …, alles, was da ist, ist ja unglaublich und da quält man sich nicht mit irgendwelchen Kleinigkeiten herum. Man springt ins ganze göttliche Dasein. Du lebst ja auf einer großen Wiese Gottes und du musst halt alle Blumen kennenlernen und die Blumen selbst werden."

Nach diesem Gespräch wird mir erst einmal so richtig bewusst, welchen Schatz ich heute gefunden habe. Obwohl mir der Tag so schrecklich erschien, als ob ich nichts weiter erlebt hätte als nur „Unterweltskram". Ich habe eine sehr, sehr tiefe Erfahrung gemacht, viel erlebt, obwohl mein Gefühl war, nichts erlebt zu haben. Und das Ego hat sich auch entlarvt.

11. Tag – Die Geborgenheit des Kessels

Mutter- und Vater-Prozess

In der Nacht zum Montag weine ich bitterlich, aus der Tiefe meiner Seele. Der Tod meiner Stiefmutter ist mir hochgekommen. Ich habe mich verabschiedet von ihr und ihr gedankt für all das, was sie mir gegeben hat – *(ich kann kaum sprechen, so muss ich schluchzen.)* die Wärme, Geborgenheit, die freundlichen Worte, die sie für mich immer hatte, das Gefühl des Willkommen-Seins bei ihr, die Herzlichkeit, die Nähe. Bei ihr fand ich all das, was ich bei meiner Mutter so sehr vermisst habe. *(Ich weine wie ein kleines Kind, das etwas Warmes und Liebes sehr vermisst.)* Aller Schmerz kommt in mir hoch und ich sage dies unter dicksten Tränen meiner Mutter, die ich deutlich vor Augen habe. Sie schaut mich fassungslos an, nimmt mich aber nicht in den Arm, wie ich es mir noch immer wünsche.

Ich bin schon wieder seit Stunden wach. Ich hatte mich auf dem Grund des Kessels eingerollt und mich entspannt. Das Skelett arbeitete irgendwas im Hintergrund. Dabei kam der Tod meiner Stiefmutter hoch … so ganz aus der Tiefe … mein Herzraum tut so weh … eine tiefe, schmerzende Wunde … alles ist aufgewühlt im Körper … ich lasse es einfach kommen … ich konnte bei der Beerdigung auch kaum weinen, weil ich nur damit beschäftigt war, meinen Vater zu stützen, damit er nicht umfällt an ihrem Grab. All mein Kindheitsschmerz scheint hier mit hochzukommen … meine Mutter steht jetzt vor mir und ich rede mit ihr: „Es tat sehr weh Mutti, sehr doll … Ich habe mich so sehr abgelehnt gefühlt von dir, dabei lehntest du meinen Vater ab und ich hatte es auf mich bezogen … Ich konnte deine Liebe nicht spüren, weil ich mich ja so abgelehnt gefühlt habe und mit deinem Frust auf Vater und anderen Dingen konfrontiert wurde … Es gab so selten ein freundliches, liebes Wort, ein warmherziges Lächeln von dir oder in den Arm genommen und getröstet werden.“

Ich habe meine Mutter klar vor Augen und sage ihr das alles unter Schluchzen und dicken Tränen ins Gesicht, doch vollkommen ohne Vorwurf an sie. Meine Stimme wird am Ende ruhiger und ich atme auf, als alles ausgesprochen war. Es fühlte sich wie ein dicker schwarzer Brei an, was da hochkam.

Ich liege mit angezogenen Beinen auf der Seite wie ein Baby *(eher wie ein Fötus im Mutterleib)* und meine Mutter hält mich einfach fest, sagt gar nichts. *(Ich schluchze noch immer und die Stimme auf dem Tonband hört sich an wie von einem ganz kleinen Mädchen. Es berührt mich ganz tief, als ich das höre.)* Ich fühle tiefsten Schmerz und aus mir quellen die Tränen ungehemmt hervor. „Mami, einfach nur halten … fest … ganz fest … ganz fest und ganz tief … ganz fest … es tat alles so weh … doll weh … die Tanten waren Ersatzmütter für mich und ich habe mir immer gewünscht, dass sie meine Mutter wären oder meine Stiefmutter. Ich habe jeden beneidet – meine Cousine, Cousins und die Kinder meiner Stiefmutter …"

Ich rede aus der Sicht des Babys, was gerade geschieht: Ich werde jetzt gehalten von meiner großen Saskia. Die große Saskia sagt Mama, was ich als kleine Saskia brauche, weil meine Mama mit dem, was ich ihr gesagt habe, an ihren eigenen Schmerz kommt und sie aus ihrem Schmerz und Schuldgefühl heraus viel mehr tut, als jetzt für mich wichtig ist … *(ich bin etwas ruhiger),* weil sie selber darunter leidet wie schlecht es mir damit geht und was sie alles gar nicht wollte. Sie sieht tief betroffen aus. „Ich weiß, dass du das nicht wolltest, Mama …"

Ich hätte mich gefreut, wenn mein Papa mich gestützt hätte bei der Beerdigung statt ich ihn, aber er hatte nicht die Kraft dafür, er ist ja selber fast hinterher gesprungen. Ich hätte mir auch gewünscht, dass er mich umarmt und tröstet und hält, einfach hält … ganz fest hält, damit ich in seinen Armen weinen und trauern kann … *(ich fange wieder doll an zu weinen)* Ich rede mit meinem Vater, den ich klar vor Augen habe: „Macht doch überhaupt nichts, dass du auch weinst, Papa! Halte mich ganz fest!

(Wieder kleine kindliche piepsige Stimme) Halte mich ganz fest … und lass mich nicht fallen … ganz fest … das tut mir so gut, wenn du mich hältst, Papa.“ Ich weine und weine … bin ganz klein …

(Meine Stimme klingt wieder tiefer, erwachsener, klarer.) Oh, danke Skelett, ohne dich wäre ich ja da nie hingekommen! Jetzt wird mir erst mal klar, was das bedeutet, die Skeletterfahrung. Welche Tiefe die hat. Ich fühle mich gerade sehr geborgen und sehr gehalten in einer Tiefe, die mir völlig neu ist.

Ich bin dann irgendwann baden gegangen. Meine Augen waren fest geschlossen, habe sie kaum aufbekommen. Bin wie in einem tiefen Trancezustand in die Badewanne und habe mich erfrischt. War völlig durchgeschwitzt. *(Meine Stimme klingt ganz klar und wieder völlig normal.)*

Ich lege mich jetzt hin. Mir geht es seelisch richtig gut. Ich bin erleichtert und brauche jetzt einfach eine Pause. Meine Beine sind ganz weich und ich lasse den ganzen tiefen Prozess in mir nachwirken. Ich bin dem Skelett sehr, sehr dankbar. Unglaublich tiefe Erfahrung.

Stunden später: Ich liege immer noch in meinem Kessel und habe ein ganz wohliges, geborgenes Gefühl. Die Flüssigkeit, in der ich liege, hat irgendwie eine heilende Wirkung. Es ist richtig schön, darin zu liegen. Habe überhaupt keine Lust rauszukommen. Mein ganzer Brustraum fühlt sich weit, offen, frei und leicht an. Ich kann tief durchatmen. Auch die Nasennebenhöhlen sind ganz frei, ein schönes Gefühl.

Gespräch mit Holger

Holger kommt und sagt auf meine erstaunte Nachfrage nach der Uhrzeit, dass es 11:00 Uhr ist. Ich berichte Holger von meinen Erfahrungen. Holger meint dazu, die Dunkelheit bringe alles an den Tag.

S.: „Das war eine tiefe Schicht. Ich habe schon mehrere Schichten um diesen Prozess durch, aber scheinbar war das jetzt noch mal auf einer neuen, tieferen Ebene, wo ich bislang an diesen Schmerz, der noch blockiert war, noch nicht rangekommen bin."

H.: „Ja. Und darunter sind noch viele andere Schichten, nicht nur persönlich-biografischer Natur. Man kommt in verschiedene Ebenen. Dann kommt die Existenz als Mensch an sich, die menschliche Geschichte. Schichten unter Schichten unter Schichten … Das ist ein weiter Weg, das Menschsein, das Dasein zu ergründen, aber es kommt alles von selbst irgendwie zur richtigen Zeit in der Dunkelheit, ob man will oder nicht. Du kannst nur mitgehen. Manchmal passiert auch gar nichts, dann ärgerst du dich. Dann passiert wieder zu viel."

S.: „Es war o. k. Bin ja froh und dankbar, dass es hochkam."

H.: „Ja. Also ein Reinigungsprozess – du wirst gekocht im Kessel, du wirst vom Fleisch des Lebens, also alles, was du so an Häuten angesammelt hast, in dem Sinne befreit als das klarer wird, transparenter."

S.: „Die Brühe ist eine Heilbrühe. Das ist so was von schön, da drin zu sein, ich will gar nicht wirklich raus. Ich fühle mich geborgen, aufgehoben, gehalten und genieße das einfach."

H.: „Ja, das ist auch genau richtig. Und wenn mal nichts kommt, wartest du ein wenig und dann kommt wieder was. Das sind halt so schwierige Phasen und wenn du rausgehen willst, dann besprichst du das vorher mit mir. Keine Sofortentscheidung. Gehst weder aus Schock noch aus Langeweile noch aus Frustration raus, sondern das wird vorher besprochen. Wir haben eine klare Absprache, du bleibst hier drin und du kannst raus, aber dann müssen wir das besprechen. Und wenn es wirklich ganz kritisch wird, machst du ein Bad oder duscht oder machst eine Körperübung, machst was Alltägliches, damit du wieder auf den Boden der Tatsachen kommst. Alles kommt in Rhythmen – Gutes, Schlechtes, Gutes, Schlechtes. Du bist ein Seemann. Du weißt, die Wellen kommen – hoch und tief. Du musst da durch …" Ich bin ein wenig irritiert, warum er so sehr darauf hinweist, habe ich doch nicht die Absicht, rauszugehen und nichts dergleichen angedeutet. Ich gehe darauf nicht ein und bringe das Thema wieder auf das Skelett.

S.: „Ja, jedenfalls habe ich jetzt erst richtig die Tiefe der Skeletterfahrung begriffen. Bin dem Skelett total dankbar. Aber ich brauche noch ein bisschen, ehe ich aus meinem Kessel raus will."

H.: „Du kannst doch drin bleiben, wir haben Zeit. Du bleibst drin, bist Embryo oder kurz vor der Geburt oder wo auch immer. Du gehst mit, du wehrst dich nicht."

S.: „Das Schlimmste war ja, in den Kessel zu steigen. Da war heftigste Gegenwehr aus Angst heraus – ich wollte ja nicht sterben. Aber wer wusste denn auch vorher, dass es in dem Kessel so schön ist? In meiner Vorstellung wurde ich ja darin gekocht und es war mein sicherer Tod. Jetzt ist es in dem Kessel völlig o. k."

H.: „Ruf das Göttliche an, also das Ganze, das alles weiß und alles richtig macht. Du weißt nichts und machst nichts richtig. Du kannst dich nur ins Göttliche begeben und das rufst du ab und zu an, wenn es kritisch wird. Und das sagt Dir dann schon, dass du dich hingeben sollst. Du hast nur die Kraft und den Anker im Göttlichen. Und den Anker wirfst du aus ins Göttliche. Und das macht schon alles. Passieren kann letztendlich gar nichts. Nur das Gute kann passieren. Aber das Gute muss durch Schlamm und Tiefenphasen hindurch. Also immer die Verankerung ins Ganze. Das muss man anrufen. Das ist ein Ritual, eine Hingabe, eine Aufgabe an das Göttliche. Ganz wichtig. Also das ganze SEIN. Das weiß schon, wo es lang geht. Dich reinschmeißen. Mit Saft und Kraft beten. Gib dich hin, dann wirst du selbst das Skelett. In einer kritischen Phase machst du das. Da muss man sich einfühlen – was ist denn das Göttliche, was ist das denn? Großer Gott, was will ich als kleine Saskia überhaupt sagen? Ach du liebes bisschen, wer ist die Saskia? Du bist nicht Saskia. Du hast keine private Geschichte. Du bist eine Welle im Göttlichen, sonst gar nichts. Das wellt halt vor sich hin, hoch und runter. Sonst bist du nichts. Das hat man sich immer zu sagen. Wenn du das vergisst, kriegst du Probleme. Vergisst du es, hast du einen Unfall. Du denkst was Falsches. Du kannst es allein nicht schaffen, das ist Gesetz. Kannst du das Geistige sehen?"

S.: „Das Geistige kann ich wahrnehmen. Für mich ist der Weg vom Körperlichen über das Seelische zum Geistigen. Meine Erfahrung ist: Je mehr ich meine Kindheit aufarbeite und abgespaltene Anteile wieder integriere, umso lebendiger wird das Kind in mir und umso mehr begreife ich zunehmend das Geistige, nehme es immer mehr wahr. Das Kind in mir ist ja mit dem Geistigen verbunden und je mehr ich als Erwachsene Zugang zum inneren Kind habe, habe ich parallel dazu über das Kind Zugang zum Geistigen. Das passiert von allein, ohne dass ich mir das vorstelle. Ich kann die Verbindung zum Göttlichen nicht ‚machen'. Es ist ein Geschenk, wenn es geschieht. Es passiert alles zur rechten Zeit, wenn ich dem gewachsen bin. Wenn ich den geistigen Dingen zu früh begegne, ohne die Reife dafür zu haben, dann besteht die Gefahr, dass ich abhebe oder verrückt werde."

H.: „Ja, man kriegt das Göttliche nicht erreicht. Seele und Geist wird im Allgemeinen verwechselt, weil die meisten Geist nicht greifen können, projizieren sie jetzt das Seelische als Geistiges."

S.: „Das Geistige ist für mich das, wenn ich in der Meditation bin, wo nichts mehr ist, wo ich einfach nur noch bin. Das reine Dasein, reines SEIN …, jenseits von Gedanken und Gefühlen."

H.: „Das ist der erste Schritt, ja."

S.: „Bestimmt gibt es noch ganz viele Graduierungen, die ich noch erfahren kann. Aber das kommt von allein, dazu braucht es eine gewisse Entwicklung oder Reife …"

H.: „Es kommt in dem Moment mehr Geistiges, wenn vom Seelischen mehr abgebaut ist. Das hält sich irgendwie die Waage."

S.: „Ja, genau. Solange das Seelische blockiert ist, ist es schwierig ins Geistige zu kommen. So ist mein Weg – ich baue kontinuierlich die seelischen Blockaden ab und lande irgendwann im Geistigen. Ohne dass ich mir das vorstelle. Mag sein, dass ich das falsch sehe, aber so ist es im Moment bei mir."

H.: „Nein, mir scheint es der richtige, der leichte, der normale Weg zu sein."

S.: „Leicht ist der gewiss nicht. Es ist, als müsstest du dich selbst in eine Mühle begeben und zermahlen lassen. Da gilt es tiefe Ängste zu überwinden – wer will sich schon zermahlen oder kochen lassen und das auch noch freiwillig? Sich selbst zu ändern, ist das Schwerste, was es meiner Ansicht nach gibt. Das Leben zu leben, wie ich es gewohnt bin incl. aller Leiden und Krankheiten, ist leichter als diesen Veränderungsprozess durchzumachen."

H.: „Ich meinte jetzt mit leicht, es ist ein organischer Weg, der Weg der Natur. Es gibt noch einen anderen Weg. Das ist der bewusste Weg, d. h. du springst rein. Das ist ein sehr harter Weg. Das wäre jetzt der Weg des Yogas. Da gehst du bewusst tief rein, stirbst quasi. Das ist ein künstlicher Weg. Du gehst den organischen Weg, der geht meistens über die Psychotherapie. Der bewusste Weg des Yogis, der das künstlich versucht zu erzeugen, ist …"

Ich unterbreche ihn: „Wie macht er das?"

H.: „Es gibt dazu bestimmte Übungen, die fängt er einfach an und die Übungen drängen oder zwingen ihn sozusagen, diese Erkenntnisse vorzeitig zu machen. Aber das ist einfach gefährlich, dabei sterben viele, gehen kaputt, schaffen es nicht. Deswegen haben wir im Buddhismus immer zwei Wege. Den organischen, das, was die meisten Menschen machen. Der geht halt lange oder auch über viele Leben. Und der künstliche, da kannst du es in einem Leben schaffen. Aber die Chance, dass du dabei kaputt gehst, ist enorm hoch."

S.: „Ja, weil sie dem Ganzen noch nicht gewachsen sind. Da sollte was erzwungen werden, was noch nicht reif ist.“

H.: „Ja, aber es ist ja auch ein künstlicher Weg, der schnelle Pfad. Aber alles, was schnell ist, ist auch nicht gut.“

S.: „Ich finde den Pfad, den ich gehe, schon ziemlich schnell. Fünf Jahre ist nicht viel, um sich selbst zu ändern. Ohne Hilfe hätte ich vielleicht 50 Jahre dafür gebraucht oder hätte es wahrscheinlich nie geschafft, weil ich die Überlebensmechanismen allein gar nicht erkannt hätte, da sie mir ja unbewusst waren. Am besten sehe ich, wo ich stehe, wenn ich mit den engsten Familienmitgliedern zusammenkomme – wie reagiere ich? Wirklich gelassen oder genervt? Verurteile ich jemanden? Mache ich Vorwürfe? Wie reagieren die anderen auf mich? Ich schaue mir sehr genau die ‚Spiegel‘ an, um zu wissen, wo ich wirklich stehe.“

Holger hat sich verabschiedet und ich bin wieder allein mit mir.

Meine Eltern sind meine Wurzeln

Ich erinnere mich kurz an einen Gesprächsinhalt, den ich mit Holger an anderer Stelle hatte. Es ging darum, dass ich Holger sagte, dass viele Unfälle aus unbewussten Verstrickungen heraus geschehen, indem die Personen z. B. jemandem nachfolgen.

Holger meinte dazu, dass die Menschheit verstrickt und verzahnt in alle möglichen falschen Vorstellungen, Hoffnungen und Bindungen sei. Dadurch würden Unfälle, Schwierigkeiten, falsches Denken und Leiden entstehen.

Ich ließ Holger meine Ansicht über Verstrickungen und die Wichtigkeit spiritueller Lehrer und Therapeuten wissen, um sich das Unbewusste bewusst zu machen und die alten Muster wirklich ändern zu können. Auch erwähnte ich, dass meine Eltern meine Wurzeln auf der Erde seien, da sie mich geboren haben. Über sie bekam ich das Leben geschenkt, was ich als großes Geschenk empfinde. Da sie meine Wurzeln sind, bekomme ich über sie meinen Saft, meine Kraft. Ohne meine Eltern wäre ich nicht da. Und das vom Herzen her anzuerkennen, ist mir wichtig. Das bedeutet auch immer mehr die Eltern loszulassen, sich auf gesunde Weise abzunabeln.

Holger äußerte, dass dies eine Möglichkeit wäre, dass das Resultat dabei jedoch sei, sich über die Identifikation mit den Eltern und dem Irdischen in das Irdische und das Elterliche zu verstricken, woraufhin dann die klassischen Probleme, die alle Eltern und Kinder haben, auftreten würden. Er verwies darauf, dass es auch Menschen gäbe, die eine gute Erinnerung an die ersten Lebensjahre hätten und nicht identifiziert mit sich selbst oder anderen Wesen, z. B. den Eltern, seien. Diese Menschen würden nicht die üblichen psychischen Probleme wie die meisten Menschen haben und schon in der Kindheit über einen guten Beobachter verfügen und alles – das Gute wie das Schlechte – so sein lassen können wie es ist.

Ich fügte hinzu, dass eine starke Beobachter-Position bei einem Kind auch ein Hinweis auf einen Überlebens- bzw. Schutzmechanismus sein, dies also auch für eine Traumatisierung sprechen könne.

[07/2010: Es gibt hochentwickelte Seelen, die sich inkarnieren – diese haben schon in der Kindheit einen starken Beobachterposten in ihrem Leben. Ich zähle z. B. P. Yogananda („Die Autobiographie eines Yogi“) zu einem Menschen, der frühzeitig ein Bewusstsein darüber hatte, wer er war. Aus meiner Sicht ist das aber auch heutzutage noch eher eine Ausnahme. Ich meine, dass die meisten Menschen, vor allem auch im westlichen Kulturkreis, diese Art Beobachterposition im Laufe ihres Lebens erst durch gesunde Integrationsprozesse im Erwachsenen-Leben erwerben müssen.]

Schlange, Haiwal und Pflanze mit frischem Trieb

Nach dem Essen lege ich mich wieder hin und kuschle mich in meinen Kessel. Kein Bedürfnis nach Tai Chi oder sonst irgendetwas. Ich liege einfach in meinem Kessel. Die Suppe, in der ich im Kessel liege, scheint weniger zu werden mit der Zeit. Als ob die sich verbraucht … als ob die in mich hinein geht und mich in mir heilt. Ach, ist das ein schönes Gefühl hier drin!!! Wer hätte gedacht, dass es in einem Suppenkessel so schön ist.

Ich sehe eine Schlange durch die geöffnete Zimmertür auf mich zugeschlängelt kommen. Eine Ringelnatter oder Blindschleiche? Ich weiß nicht, was es für eine Schlange ist, auf jeden Fall eine große, schöne Schlange. Ich liege ganz still und warte einfach, was sie tut. Sie ist jetzt direkt vor mir … ich wage nicht, mich zu bewegen, halte fast die Luft an. Sie steht vor mir wie eine Kobra mit aufgerichtetem Kopf und Körper und beobachtet mich. Sie züngelt mit ihrer gespaltenen Zunge, die Zunge geht mehrfach schnell rein und raus. Der Bauch sieht gelblich aus … Jetzt sehe ich einen haiähnlichen Fisch oder Wal auf mich zu schwimmen. Auch vor ihm habe ich keine Angst. Ich stehe im Wasser und lasse ihn auf mich zu schwimmen. Auch er beobachtet mich. Und ich ihn. Der große Fisch schwimmt immer um mich herum. Die Schlange steht noch immer vor mir. Jetzt sehe ich eine Pflanze, die unten am Stamm einen frischen Trieb bekommt bzw. mehrere frische neue Triebe. Das alles sehe ich, während ich in meinem Kessel liege und es einfach genieße, da drin zu sein …, eine unglaublich tolle Geborgenheit und ein tiefes Gefühl von Gehalten-Sein … Der Schlange habe ich Schlangenfutter hingestellt. Dem Haiwal werfe ich Fische zu. Und die Blume gieße und dünge ich. Ich weiß gar nicht, was das für eine Blume ist. Sehe nur den Stamm, der frisch ausschlägt.

Ich bin tief auf den Meeresgrund abgetaucht … der Fisch schwimmt mit mir durch die Tiefen des Meeres. Ein tolles Gefühl, im Meer zu sein … ich fühle mich sauwohl.

Die Schlange hat sich neben mich gelegt. Ich liege zusammengerollt wie ein Igel im Trog und mache mich ganz flach, damit ich noch ein bisschen von der Flüssigkeit bedeckt bin. Der Kessel ist schon zur Hälfte leer. Es ist einfach ein schönes Gefühl: geborgen, warm, kuschelig, frei, weit, locker, gehalten …

Stunden später: Ich fühle mich immer noch geborgen in dem Kessel und ruhig, zentriert und zufrieden … ein schönes Gefühl. Wenn ich aus der Wohnstube auf die Tomaten schaue und die Tomaten anfasse, würde ich sagen: noch ein Tag und dann sind sie reif. Sehen schon recht rot aus, sind aber noch sehr fest. Bei den Sonnenblumen ist es ähnlich, die brauchen auch noch ein bisschen, bis ich die Kerne ernten kann.

Die Schlange liegt dicht neben mir auf der Matratze, ich liege im Kessel und genieße das. Der Fisch ist ein Freund von mir und wir schwimmen gemeinsam durch die Tiefen des Meeres. Das Bild mit der Garnrolle aus der ersten Dunkeltherapie hat sich eingeblendet – die Perle ist gerade rausgefallen.

Es kommt wirklich alles hoch in der Dunkelheit, selbst uralte Sachen, die schon längst vergessen waren – emotionale Themen.

Ich bin ins Bett gegangen. Meinem Gefühl nach ist es abends.

Traum: Säugling
Ich habe einen frisch geborenen Säugling und der fängt nach wenigen Tagen schon an zu sprechen: „Nane schmeckt gut." Banane hat er zu essen gekriegt. Wir mussten in ein anderes Haus für zwei Tage, in ein anderes Zimmer ziehen. Warum weiß ich aber nicht mehr.

12. Tag – Das Symbol der Schlange

Ich bin schon wieder wach. Es ist noch dunkel draußen, also ist es wohl mitten in der Nacht. Habe meine Augen geschlossen – trotzdem geht erst mein linkes Auge auf, dann mein rechtes, obwohl beide Augen weiter geschlossen sind. Das kenne ich schon aus der ersten Dunkeltherapie. Es ist ein zutiefst irritierendes Gefühl, durch geschlossene Augenlider zu sehen. Ich sehe es nicht nur, ich fühle auch, dass die Augenlider sich öffnen. Wenn ich aber mit den Fingern meine Augenlider kontrolliere, sind sie eindeutig geschlossen. Verwirrend. Ich liege immer noch in meinem Kessel und genieße das unglaubliche Geborgenheitsgefühl in der Flüssigkeit. Sie ist jetzt schon fast aufgesaugt. Die Schlange liegt neben mir und mit dem Wal schwimme ich immer noch durch die Tiefen des Ozeans. Der Trieb von der Pflanze ist schon größer geworden.

Seit Tagen habe ich ab und zu einen grellen Lichtblitz in meinem Kopf und die häufen sich seit gestern. Es ist, als ob ein Autoscheinwerfer kurz angeht und wieder aus. Es ist ganz grell und ich erschrecke mich jedes Mal. Sehen kann ich aber nichts. Auch mit den geöffneten Augen trotz geschlossener Lider schaue ich nur ins Dunkel.

Ich schließe das Badfenster, die Welt beginnt zu erwachen.

Alles Mögliche ging mir in der Nacht durch den Kopf – vom Wohnort in Berlin über meinen Bruder, wo er klein war und ich mit ihm ein Zimmer teilte; unser Hund Cassy; meine Lehrzeit und Arbeit in der „Abferkelung“; ein Mann, in den ich mich mit 17 verliebt hatte, der aber leider verheiratet war. Er hätte mein Vater sein können – der Schmerz, dass er sich nicht mit mir einlassen wollte, bis auf einen wundervollen Kuss, den ich ihm auf einer Betriebsfeier abgerungen hatte. Wir waren beide ziemlich angetrunken. Es wurde ein Desaster, weil ausgerechnet in dem Moment seine Frau auftauchte …

Alle möglichen Erinnerungen und Themen steigen auf, an die ich schon ewig nicht mehr gedacht habe. Und wenn ein Thema in mir auf Resonanz stößt, wo ich also merke, dass die Schultern oder andere Körperregionen sich anspannen, brauche ich mich nur an meinen Kessel erinnern, in dem ich ja liege und schon wird wieder alles ganz locker in mir.

Ich frage mich, was die Schlange für eine Aufgabe, Funktion, Bedeutung hat. Sie liegt neben mir, ich frage sie, bekomme aber keine Antwort von ihr. Was ist Schlangenkraft für eine Kraft? Und dieser Walhai, mit dem ich noch immer durch die Tiefen des Ozeans schwimme, was ist das für eine Kraft?

Unermüdlich gießt das Skelett, das liebe gute Skelett, neue Brühe nach, damit ich immer bedeckt bin im Kessel. Das Skelett tut das mit einer Seelenruhe und lässt mir alle Zeit der Welt, bis ich bereit bin, aus dem Kessel auszusteigen. Aber irgendwie bin ich einfach noch immer nicht bereit.

Das Liegen wird langsam schwierig, weil mir der Rücken und die Hüften vom vielen Liegen wehtun. Aber um aufzustehen, fehlt mir irgendwie der Antrieb. Ich liege also immer noch im Bett. Selbst das Denken strengt an. Ich liege einfach und lasse kommen, was hochkommt und mehr nicht. Viel steigt in mein Bewusstsein auf, ohne wie üblich vom Verstand zensiert zu werden.

Ich muss mich jetzt aber aufraffen – habe das Gefühl, es ist schon fast mittags und ich müsste mal irgendwie was trinken. Ich entschließe mich, jetzt ein Bad zu nehmen. Fühle mich dermaßen versumpft. Vielleicht holt mich das Bad heraus.

Heute ist mein 11. Tag und ich hätte überhaupt nichts dagegen, wäre sogar froh, wenn morgen mein letzter Tag wäre. Mir kamen sogar schon die Gedanken, ob das alles noch gesund und ob es nicht sinnvoller ist, abzubrechen. Völlig anders als bei der ersten Dunkeltherapie, wo ich es schade fand, dass es der 11. und somit letzte Tag im Dunkeln war. *(Ich bin zeitlich um einen Tag durcheinander.)*

Einblick ins Gehirn

Habe gerade das Bad genommen und es war schwer, aus der Wanne wieder rauszukommen. Zu wirklich jeder Bewegung muss ich mich aufraffen. Mein Verstand arbeitet nur noch in Zeitlupe. Als ob er nur noch auf Sparflamme läuft. Auf Leben *(reine Vitalfunktion)* ausgerichtet und mehr nicht. Kann zugucken, wie die Funken sprühen und fließen. Die gehen nur noch ganz langsam in meinem Verstand, in meinem Kopf. *(Ich sah mein Gehirn, wie an den Synapsen die Funken entstanden und sich dann an den Nerven entlang der elektrische Impuls ausbreitete. Es sah aus wie viele verlegte Kabel, die an verschiedenen Stellen aufleuchteten und ich konnte das*

Licht in ihnen in Punktform entlangfließen sehen. Ganz langsam flossen die Lichtpunkte, sodass ich alles genau beobachten konnte. Ganz anders als in der ersten Dunkeltherapie, wo die elektrischen Impulse so schnell an verschiedenen Stellen aufblitzten, dass ich ihr Fließen nicht einzeln verfolgen konnte.)

Irgendwo tief in mir ist das Göttliche, ich weiß es. Sicherlich noch unter dieser dumpfen Sumpfschicht, unter diesem tiefen Morast. Da müsste ich ja noch tiefer gehen … Jetzt fange ich doch irgendwie an zu beten, dass das Göttliche sich mir zeigt, dass es durchscheint durch den Morast, damit ich es erkenne.

Unterhalb des Kessels

Als ich mich gerade wieder auf meinen Kessel besinne, merke ich, dass ich tief unterhalb des Kessels bin. Ich bin gar nicht mehr im Kessel. Ich bin weit darunter, ein paar Meter tiefer.

(30.11.2006: Beim Abschreiben kriege ich nasse Finger und mir wird angst und bange, als ich das abhöre. Das ist unglaublich tief, aber meine Stimme hört sich an, als ob ich die Bedeutung dessen nicht registriere, mir das nicht bewusst ist. Ich habe dabei immer eine gleichbleibend monotone, ruhige und emotionslos klingende Stimme und spreche in immer gleichmäßig langsamem Tempo. Klingt fast so, als ob ich keinen Anteil daran habe an dem, was da passiert.)

(06/2010: Ich hatte während der Dunkelphase immer das Gefühl, dass „nichts geschieht", obwohl sich ganz viel tat. Ich habe die Erfahrungen offensichtlich in der Dunkelheit vollkommen anders eingeschätzt als ich das jetzt tue oder auch Holger es damals tat. Er wies mich ja mehrmals darauf hin, dass viel passierte. Die Begegnung mit dem Skelett, der Schlange, dem Hai-Wal, der Heuboden usw. – alles war im Dunkeln so normal wie Alltag, eben nichts Besonderes. Daher wohl die Fehleinschätzung. Ein anderer Bewusstseinszustand schätzt offensichtlich eine Sachlage vollkommen anders ein. Könnte es sein, dass sich bei Astronauten, die lange im Weltraum unterwegs sind, ein ähnliches Phänomen aufgrund der besonderen Bedingungen zeigt, sich deren Bewusstseinszustand auch ändert?)

Aber die Schlange ist immer noch bei mir. Und der Hai-Wal-Delphin zieht mit mir durch tiefere Schichten des Meeres. Der Trieb der Pflanze ist größer geworden und reckt sich. Es scheint so, als ob die Pflanze im Erdboden ist und der Keimling der Sonne entgegenstrebt, dem Licht nach oben zu. Ja, diese Pflanze ist eine abgehackte Wurzel und von diesem Stück entspringt ein Seitentrieb, der sich durch das Erdreich nach oben bohrt.

Ich fühle mich wie in einem Dämmerzustand, wie kurz vor dem Einschlafen, aber doch nicht einschlafend. Die Augenlider sind schwer und müde und alles in mir läuft auf Sparflamme.

(30.11.06: Ich rede, als ob ich gleich einschlafe, das Sprechen scheint mir schwer zu fallen, mein Bauch reagiert, mir wird schlecht beim Schreiben, ich kriege Angst, wenn ich mich so reden höre, nasse Hände.)

In zähflüssiger Masse

In meinem Kessel kann ich mich nicht mehr halten. Ich falle immer durch und sacke in eine tiefe, dunkle, klebrige, dicke, zähflüssige Masse und in der stecke ich fest. Ich sehe die Schlange und frage sie, ob sie mir helfen kann. Sie schlängelt sich davon und ich weiß nicht, ob ich ihr folgen soll oder ob sie wiederkommt. Ich entschließe mich, ihr hinterher zu kriechen. Ich kämpfe mich vorwärts, mir wird richtig heiß im Gesicht dabei. Die Schlange scheint ab und an auf mich zu warten. Sie kommt mühelos durch die Masse durch, ich nicht. Ich habe das Gefühl, wir kriechen in östlicher Richtung von dem Kessel weg, mehrere Meter unterhalb des Kessels.

Wachtraum/Erfahrung: Bei Geheimagenten

Habe plötzlich vor mir einen „Traum“: Ich stehe zwischen zwei Männern im Wohnzimmer. Wie ich da hinkomme und was ich da mache, keine Ahnung. Ich will jedenfalls nichts klauen. Die Männer entdecken mich, ich hebe sofort die Hände hoch und werde gefragt: „Was wollen Sie denn hier?“ Ich antworte: „Nichts, wollte gerade wieder gehen.“ Sie halten mich auf: „Ne, ne, warte mal.“ Sie zeigen mir etwas … Unterlagen … ein Gelände auf einer Insel, wo ein Flugplatz entstehen soll und fragen, ob ich Ahnung habe von dem Gelände. „Habe keine Ahnung und will ich auch nicht haben“, antworte ich. Irgend so ein geheimes Objekt ist das, wovon keiner was weiß. Mir wird richtig mulmig im Magen, weil mir klar wird, dass das Geheimagenten sind. Ich gucke auch gar nicht richtig hin, was die mir da zeigen – ich spüre, es ist gefährlich, das zu wissen. Die fragen mich weiter, … aber ich kann das alles nicht beantworten, höre auch nicht zu und habe gar kein gutes Gefühl. Ich will einfach nur weg. Dann fahren die beiden mit einem Boot zu dem Platz, wo der Flugplatz entstehen soll und ich schaue vom Fenster aus zu. Die zwei hatten mich noch gefragt, ob ich getaucht gekommen bin. „Ne, überhaupt nicht. Ihr seht doch, dass ich nicht nass bin.“ Das überzeugte sie. Ich war vorher durch die Gegend geirrt, kam von einer Veranstaltung, wollte nach Hause und warte auf mein Auto. Weil das nicht kam, bin ich durch die Häuserblocks geirrt, um zu schauen, wer mich vielleicht nach Hause fahren kann. Auf dem Weg um die Häuser sah ich plötzlich Wäsche liegen von Männern oder einem Mann, fand das total interessant, guckte mir das genau an und stand plötzlich bei den beiden Männern in der Wohnstube. Genau, so war das. Also die beiden sind mit dem Boot rausgefahren und als sie 20 – 30 m auf dem Wasser draußen sind, sehe ich vor mir unter Wasser einen Taucher angeschwommen kommen. Ich stehe am Fenster und schreie den Männern zu: „Da kommt ein Taucher! Beeilt euch, kommt zurück!“ Die beiden Männer im Boot geraten in Panik und rudern wie wild in meine Richtung. Ich merke, hier ist irgendwas im Busch und kriege panische Angst. Ich renne aus dem Haus, will weg, kann aber nicht, weil das Wasser vor mir keine Fluchtmöglichkeit bietet. Nach hinten weglaufen geht auch nicht, dazu ist es zu spät. Da würde mich der Taucher sehen, der jeden Moment auftauchen muss. Ich renne zurück in das Haus und verrammle die Tür. Ich schaue mich um, wo ich hin kann, renne in die nächste Tür rein und bin auf dem Klo. Ganz viele Toiletten nebeneinander, abgetrennt durch Türen. Hier stinkt es jämmerlich. Ich schließe mich in eine Toilette ein, steige auf die Klobrille und gucke über die Begrenzung auf die anderen Klos. Ich zoome geistig die einzelnen Klos näher ran. Die sind alle leer und sehen alle gleich verkommen und dreckig aus. Keine Fluchtmöglichkeit weiter zu sehen. Ich habe das Gefühl, hier nicht sicher zu sein … es geht um mein Leben. Mir wird klar: Die werden nach mir suchen und wenn sie dabei die verschlossene Klotür sehen, ist denen doch sofort klar, wo ich bin. An dem Punkt wird mir bewusst, dass ich träume. Habe Herzklopfen und Angst. Der Traum beunruhigt mich und ich steige aus.

Ich bin wieder etwas wacher, also scheine ich ein bisschen geschlafen zu haben. Ich sitze gerade im Sessel und warte, dass meine Brühe abkühlt. Mein Kopf scheint klarer zu sein. Nicht mehr ganz so sumpfig. Die Augenlider sind wie fest zugeklebt und es ist schwer, sie zu öffnen. Ich bin innerlich wieder ein Stückchen höher gekommen, kann meine Position im Kessel wieder einnehmen, liege darin und fühle mich erst mal sehr geborgen. Ich sehe die Schlange und frage sie, wie ich das DA-SEIN SEIN kann? Kriege aber keine Antwort. Mir kommt die Idee, wenn ich durch diese Masse durch will, muss ich sein und werden wie die Schlange. Ich bin immer noch zu schwach, um zu sitzen, als Holger kommt.

Analyse Traum: Säugling
Ich erzähle von dem Traum und wir müssen beide darüber lachen.

H.: „Dein Baby und du musstet in ein anderes Zimmer umziehen. Ist doch ein interessanter Traum, den musst du jetzt selbst deuten."

S.: „Hat irgendwie mit Neugeburt zu tun …"

H.: „Wer, du?"

S.: „Ja. Interessant ist auch, dass seit dem Traum oder überhaupt seit heute Nacht dieses andere Gefühl, dass ich mich in einer Gebärmutter befinde, weg ist."

H.: „Ist ganz klar. Neugeboren und dann gleich in ein anderes Zimmer."

S.: „Was heißt das?"

H.: „Du bist jetzt im anderen Zimmer, nicht mehr Embryo sozusagen. Es deutet einfach beides – Neugeburt, Wechsel des Zimmers – auf eine neue seelische Qualität hin. Ist doch wirklich schön, wie das dein Unterbewusstes macht, gleich kriegst du Kinder."

Symbol der Schlange

Ich erzähle Holger von der Schlange.

H.: „Die Schlange ist deine Kraft. Du bist gewissermaßen die Schlange. Die Schlange ist deine positive, seelische, energetische, unbewusste Kraft. Wir sind mit dem Gespräch fertig, dann kommt sie, du bist in deiner seelischen Kraft. Aber du hast zwei Seiten in dir, so wie bei allen Menschen. Da gibt es noch die zweiflerische, die Versumpfungsseite usw. Du zeigst dir in Gestalt der Schlange, wie man da rauskommen kann, nämlich mit der Weisheit und Lockerheit, mit dem Schlängeln der Schlange. Aber du hast halt noch ein bisschen Schwierigkeiten. Das ist alles, es wird einfach hier auf deine Dynamik, auf deinen seelischen Zustand hingewiesen. Du hast zwei Seelen in deiner Brust und du hast das schon richtig gemacht, d. h. du bist der Schlange gefolgt usw., ist alles stimmig. Die Schlange ist ein großes, uraltes immer wieder vorkommendes tiefes Symbol. Das bist in dem Fall du, deine positive Seite. Die Schlangenkraft. Toll."

S.: „Ja … Jedenfalls hatte ich dann einen Traum." Ich erzähle Holger den Traum mit den Geheimagenten.

H.: „Diese Toilettenszenerie ist echt albtraummäßig. Es wiederholt sich dauernd ein Albtraumszenarium. […]

S.: „Es ging ja darum, aus dem Schlamm rauszukommen und beim Folgen der Schlange habe ich das Bewusstsein verloren. Dann kam dieser Traum. Vielleicht bedeutet dies, dass diese tiefe Schicht, in der ich da war, noch mit Ängsten verbunden ist, durch den Sumpf durchzugehen."

H.: „Ja, der Schlamm ist nicht angenehm und das legst du dann um in so ein Albtraum-Szenarium. […] Das mit der Schlange ist eine andere Sache. Da ist eine tiefe Weisheit drin. Die Schlange, das Unterweltwesen, also das Seelenwesen. Die Schlange ist ja klassisch ein Seelenführer. Da projizierst du deine Seelenzustände hinein und ein Seelenzustand weiß, wie man sich da durchschlängelt. Das ist immer die höhere Weisheit."

S.: „Ja, nach diesem Traum war ich wieder ein bisschen klarer im Kopf. Die Angst hat mich also ein bisschen aus dieser Versumpftheit geholt. Dann wurde mir klar: Ich muss werden wie diese Schlange, dann komme ich nämlich durch diesen Sumpf durch."

H.: „Wie muss man da werden?"

S.: „Ich habe versucht, mir eine Schlangenhaut überzuziehen, sodass ich eine Schlange werde."

H.: „Die schlängelt."

S.: „Erst mal muss ich eine Schlange sein, dann kann ich schlängeln."

H.: „Und wie äußert sich das seelisch, das Schlängeln?"

S.: „Die Frage verstehe ich nicht."

H.: „Na, du sollst ja keine physische Schlange werden. Es geht ja hier um das Seelische. Also du sollst dich seelisch schlängeln durch den Schlamm, dann kommst du durch. Wie geht das?"

Ich tauche tief in mir ab und antworte langsam nach einer Pause: „Durchschlängeln wie eine Schlange."

H.: „Die macht das ja so leicht, so problemlos, hast du gesagt. Die schlängelt sich da durch und du kommst nicht so richtig vorwärts."

S.: „Ich war mit meinem Körper da und robbte hinterher."

H.: „Aha, siehst du, jetzt kommen wir der Sache näher. Du warst *im* Körper da."

S.: „Ja, mit meinem Körper."

H.: „So kommst du natürlich nicht durch den Schlamm. Das zieht dich, das fixiert dich ja, ganz klar, aber die Schlange macht das seelisch. Dadurch kommt sie durch. Du machst es körperlich."

S.: „Ja, daher habe ich versucht zu werden wie eine Schlange und das ist mir erst mal noch nicht gelungen."

H.: „Da ist eine Blockade. Du willst es körperlich machen statt seelisch. Das Schlangenschlängeln übersetzt ins Seelische hieße etwa: leicht, locker, frei sein, dann kommt man durch den Schlamm, das hat dir die Schlange gezeigt. Du bist eine Schlange."

S.: „Ja." Ich lasse seine Worte in mich rein sinken und wechsle dann das Thema.

Gedanken über Entwicklung

S.: „Ich hatte gestern Abend noch ein paar Gedanken zur Entwicklung: In einem Samenkorn ist der Baum schon enthalten. Und in der Raupe schon der Schmetterling. Aber ein Samenkorn ist eben kein Baum und eine Raupe kein Schmetterling. Die Entfaltung vom Samenkorn zum Baum ist für mich eine Entwicklung, ebenso der Weg von der Raupe zum Schmetterling. Und wie bei Samenkorn und Raupe vollzieht sich der gleiche Prozess im Menschen. Ein Mensch, der sich im Stadium einer Raupe oder eines Samenkorns befindet, ist nicht der gleiche Mensch wie ein Mensch im Stadium eines ausgewachsenen, reifen Baumes oder Schmetterlings. Insofern hat sich im Menschen eine Entwicklung vollzogen. Die geistige Kraft ermöglicht diese Entwicklung vom Samenkorn zum Baum, von der Raupe zum Schmetterling, vom unreifen zum reifen Menschen. Ohne die geistige Kraft wäre das nicht möglich. Aber der Geist selbst entwickelt sich nicht, er ist einfach. Da ich so einen Entwicklungsprozess gerade erlebe, widerspricht es all meinen Erfahrungen, dass es eine Entwicklung auf dieser Ebene angeblich nicht gebe. Es hat Entwicklung stattgefunden, ich kann die nicht leugnen und auch nicht wegreden, ich habe sie erlebt, allerdings war und ist das eine schwierige Geburt. Vom Gefühl her habe ich – rückblickend beurteilt – 39 Jahre in einem Kokon gelebt, dann weitere drei Jahre als Raupe zugebracht und bin jetzt seit ca. zwei Jahren dabei, mich zum Schmetterling zu entfalten oder zu entwickeln. Manchmal fühle ich mich schon frei wie ein Schmetterling und dann wieder noch nicht. Es ist ein Prozess. Sicher ist meine Entwicklung auch als frisch geschlüpfter Schmetterling nicht abgeschlossen. Was dann kommt, weiß ich noch nicht. Ich stelle mir das vor wie ein Baum, der ausgewachsen ist und trotzdem mit jedem Jahr an Stärke und Kraft gewinnt. Eine 1000-jährige Eiche hat eine andere Kraft als eine 100-jährige Eiche. Da die geistige Kraft m. E. nach zwar die Quelle jeglicher Entwicklung ist, sich selbst aber nicht entwickelt, stimme ich dir zu, Holger, dass Geist sich nicht entwickelt. Ken Wilber und Andrew Cohen sagen, so wie ich es verstanden habe, dass eine Bewusstseinsentwicklung stattfindet und dass das Bewusstsein gerade beginnt, sich durch sich selbst zu erkennen, sich seiner selbst bewusst zu werden über den Menschen. Das kann ich auch nachvollziehen. Aus dem Geist heraus findet Entwicklung statt, aber inwieweit ein Individuum sich entwickelt, was aus ihm wird, das liegt auch am Individuum selbst, an seiner Seele, an dem, wie die Seele verstrickt ist, an dem, wie sie sich aus alten Verstrickungen und Mustern lösen kann usw., also liegt es in der eigenen Kraft, die in der Seele selber noch liegt. Es wirken also nach meiner Ansicht verschiedene Kräfte zusammen. Das war erst mal das Erste, was mir gekommen ist. Magst du dazu was sagen?“

Gibt es Entwicklung oder nicht?

H.: „Ich sage, es gibt keine Entwicklung. Samenkorn und ausgewachsener Baum sind identisch. Das Samenkorn fühlt genauso wie der ausgewachsene 100- oder 1000-jährige Baum. Wenn man das Samenkorn, den 100- und 1000-jährigen Baum als Unterschiede sieht, ist man in der Illusionswelt, im Samsara. Wenn du aber vom Geistigen guckst, siehst du, dass es keinerlei Entwicklung gibt, nicht einen Millimeter, sondern der Geist an sich, und das ist was ganz anderes als Entwicklung, Fortschritt oder Revolution, immer der gleiche bleibt unter 1000 Gestalten. Er nimmt also alle möglichen Gestalten an, mal ein Samenkorn, mal ein 1000-jähriger Baum usw., und bleibt immer gleich. Wenn du tief hinschaust und das ist die geistige Schau, die seelische Schau, dann siehst du alles steht auf einem Fleck, aber die Gestalten und Formen wechseln."

Wir diskutieren beide noch eine ganze Weile über Geist, Wachstum, Entwicklung und grundlegendes Lebensgefühl und kommen nicht auf einen Nenner im Hinblick auf den Aspekt, ob es Entwicklung gibt oder nicht. An einem Punkt stelle ich die Frage: „Wenn es kein Wachstum, keine Entwicklung gibt, dann würde sich ja keine Seele weiterentwickeln. Wozu soll das Leben dann gut sein, *was ist der tiefere Sinn*? Seelen entwickeln sich doch durch das Erdenleben – zumindest nach meiner jetzigen Philosophie."

H.: „Ja, das wird so gesagt. Aber da sind wir auf der Seelenebene. Wenn du aber noch tiefer gehst, auf die Geistebene, triffst du erstmals dich selbst. Aber als Universalwesen, nicht als kleiner Holger. Als Universalwesen erkenne ich: kein Fortschritt, keine Entwicklung, nichts, war immer Universalwesen, meinetwegen Holger Kalweit, egal. Verstehst du? Das ist eine Frage, wie tief du gehst. Ich weiß, die meisten können es nicht akzeptieren, aber ich sage es jetzt nur mal so als was völlig anderes. Aber sie liegen falsch. Sie denken 1. nicht logisch, 2. fühlen sie nicht tief, was sie als 5-jährige Seele gefühlt haben, geschweige denn was sie als zeitloser Geist gefühlt haben. Hier beginnt schon die Dualität. Du musst es nicht akzeptieren, aber verstehst du, wo ich hin will? Man kann es nicht nachvollziehen."

S.: „Mein Bild ist so – und es muss nicht stimmen: Die Seele macht auf der Erde verschiedene Erfahrungen und entwickelt sich dadurch in sich selbst, wird immer vollkommener. Es sind doch grundverschiedene Erfahrungen, die ich mache. Wofür mache ich die alle, wenn es nicht zur Entwicklung führt? Wenn es keine Entwicklung gibt, dann gibt es auch keine Befreiung daraus. Dann wäre es doch auch nicht möglich aus dem Kreislauf des Leides, dem Kreislauf der Wiedergeburt auszusteigen?"

H.: „Warte mal. Auf der Seelenebene ist es noch problematisch. Doch wenn ich jetzt noch tiefer gehe und vom Geist her schaue, dann kommen die Lebensgeschichten oder Erfahrungen gar nicht vor. Auf der geistigen Ebene gibt es keine Erfahrungen. Da ist es so wie es ist. Und das allein bin ich. Meine Seelenebene betrachte oder empfinde ich als … na ja …"

S.: „Aber die kann man doch nicht wegdiskutieren. Die ist doch auch da und gehört zu dir."

H.: „Die ist da."

S.: „Und die Körperebene ist auch da." *(Ich bin an dem Punkt ziemlich irritiert hinsichtlich der Widersprüche, die für mich da sind, die ich aber nicht greifen kann.)*

H.: „Die ist so da wie ein Traum. Und wenn ich aufwache, bin ich im Geist. Das Leben ist ein Traum, Saskia. Und dieser Traum besteht aus Evolution und Selbst-Entwicklung. Selbst-Entwicklung entsteht in der Raum-Zeit. Wo kein Raum und keine Zeit ist wie im Geist, trifft alles auf einen Punkt."

S.: „Das mit dem Punkt ist mir ganz klar, ich weiß, dass das stimmt. Aber das andere macht mir irgendwie noch keinen Sinn."

H.: „Du bist wie aus dem Geist rausgefallen und dann deutest Du das ewige Jetzt-Sein als Entwicklung. Das ist die Lösung für deine Rätsel. Das ist Sinn aller großen Religionen. Du bist nur Geist, da ist sonst nichts. Also geh noch mal rein in das

Geistige und guck, wo du da bist, wie du dich da fühlst. Das ist eine höhere Ebene als das Seelische."

S.: „Im Geistigen ist kein Gefühl."

H.: „Das Seins-Gefühl. Aber da gibt es auch verschiedene Stufen und von dort kannst du das Seelische mit einem Blick überblicken. Dann kriegst du einen größeren Zusammenhang als wenn du selbst im Seelischen bist, das ist einfach so."

S.: „Ja, ich weiß."

H.: „Das ist die Lösung aller Rätsel. Die Europäer sind meistens im Seelischen, aber du kannst letztendlich die seelischen Probleme mit seelischer Erkenntnis nicht lösen. Das ist ein Trugschluss. Du kannst dies und das, bist immer besser im Lösen, aber letztendlich, die Essenz des Seelischen, die in sich selbst ein Problem ist, kannst du nicht lösen. Das heißt, wir müssen wie die meisten Menschen immer in diesem seelischen Auf und Ab drin hängen. Da hast du Freude und Leid und wieder Freude und Leid."

S.: „Das widerspricht meiner Erfahrung in meinem bisherigen Prozess. Durch meine Entwicklung, durch das Erweitern meiner Grenzen, hat sich mein Leid so weit verringert, dass ich kaum noch Leid habe im normalen Alltag. Aus dem großen seelischen Auf und Ab ist eine mehr gleichbleibende Linie geworden, es gibt mehr Ruhe und Gelassenheit, mehr ein Annehmen wie es ist, weniger Unzufriedenheit und Haben-Wollen."

H.: „Das Leid verringert sich mit Sicherheit. Aber es bleibt, wie soll ich sagen, immer das Samenkorn des Seelischen bestehen und das ist in sich selbst ein Problem. Es geht darum, das zu überwinden. Das geht nur, wenn du ganz ins Geistige gehst, da hast du den Überblick, eine größere Schau."

S.: „Das verstehe ich."

(06/2010: Ich kann dem heute voll zustimmen: Der Geist nimmt alle möglichen Formen und Gestalten an, bleibt selbst aber immer gleich. Ich hatte damals Geist mit den Erfahrungen, die durch den Geist gemacht werden, gleichgesetzt und kam so in Verständnisschwierigkeiten, die die Frage

aufwarf, was den Geist veranlasst, ständig neue Formen und Gestalten anzunehmen, was die treibende Kraft dazu ist, der Schöpfungsimpuls, wenn es nicht um Entwicklung geht? Ich fragte mich: Wenn der Geist vollkommen ist, was veranlasst ihn oder welchen Grund gibt es für ihn dann, sich zu entwickeln? Heute würde ich das so für mich formulieren: Der **Geist** *ist, bildlich gesprochen, wie ein unendliches Schöpfermeer, in dem bereits ALLES IST, auch Bewegung und Stillstand zugleich. Geist ist also die Masse oder der Pool, in dem alle Möglichkeiten vorhanden sind. Es ist das* **Bewusstsein**, *das aus dieser Masse oder dem Pool der unbegrenzten Möglichkeiten die verschiedenen Dinge herausgreift und zur Entfaltung und damit Entwicklung bringt. Meine bewusstseinsmäßige Orientierung entscheidet darüber, was ich herausgreife und manifestiere. Der Geist selbst lässt alle Möglichkeiten zu, ohne moralische Wertung. Die* **Seele** *wiederum macht die verschiedenen Erfahrungen und entwickelt sich, während der Geist selbst unverändert IST.)*

Über den Beobachter

S.: „Wenn ich in der ersten Dunkeltherapie große Angst hatte, dann bin ich in mir auf den Beobachterposten gegangen und beobachtete das Geschehen von da aus. Dadurch bekam ich mehr den Überblick und die Angst ließ nach."

H.: „Der Beobachter ist die erste Stufe des Geistes. Ist schon eine geistige Qualität, der Beobachter. Die Vorhut des Geistes sozusagen. Du musst das Geistige tief erkennen lernen, das ist ganz wesentlich. Das ist sozusagen die Therapie des Psychischen insgesamt, nicht nur deiner individualpsychischen Probleme. Die Psyche oder Seele ist ein Energieozean. Das wallt auf und ab. Die Seele oder der Ozean bewegt sich immer. Und man kann nur davon wegkommen, indem man den Schritt zurück in den Geist macht. Das ist ja der Trugschluss der modernen psychologischen Wissenschaft, man könne die seelischen Sachen auflösen. Das ist nicht der Fall. Weil seelische Energie bewegt sich nun mal. Selbst wenn du heute was aufgelöst hast, morgen kommen zwei neue Sachen dazu."

[01/2007: Die Energie wallt auf und ab im Seelischen, solange ein durchgemachtes Erlebnis oder eine Erfahrung Energie enthält. Wenn diese Energie entschärft wird, indem man aus der Erwachsenen-Sicht auf das meist kindliche schmerzhafte Ursprungserlebnis schaut, die Fehlzuordnungen aus der Sicht des Kindes richtig stellt und dem inneren Kind die Hilfe zukommen lässt, die es gebraucht, aber damals nicht bekommen hat, dann geht die Energie da raus. Dann wallt nichts mehr (bzw. deutlich weniger) auf und ab, weil keine schmerzhafte Energie mehr da ist, die alles in Wallung bringt (bezogen auf den Sachverhalt). Die Gefühle bringen den seelischen Ozean in Wallung und wenn negativ aufwallende Gefühle gewandelt wurden in angenehme Gefühle, die Geborgenheit und Sicherheit vermitteln, kann der Ozean glatter, ruhiger bleiben.]

[06/2010: Ist auf die Art ein Problem gelöst, zeigt sich danach zwar meist ein neues Thema (wie Holger schon sagte), in welchem noch Energie drin steckt, worauf der Ozean erneut in Wallungen kommt. Doch aus der Erfahrung meines jetzt 10-jährigen Prozesses – in welchem ich konsequent allen mehr oder weniger stark auftretenden Emotionen Raum gegeben habe – kann ich sagen, dass über diesen „Gefühlswandlungsprozess" der Ozean der Gefühle mit der Zeit immer ruhiger und ausgeglichener wurde. Je mehr Gefühle aus der Vergangenheit fühlbar gewandelt sind, umso eher bleibt die innere Reaktion auf einen neuen Sachverhalt ab einem bestimmten Punkt der Wandlung leichter unterschwellig und es wird einfacher, im Beobachter zu bleiben.]

Ich spreche mich dafür aus, dass die Entwicklung des Beobachters einen Entwicklungsprozess im seelischen Bereich voraussetzt, und wir stellen fest, dass wir uns an diesem Punkt grundlegend einig sind.

(06/2010: Kann der Beobachter durch Einüben entwickelt und dadurch die emotionale Aufarbeitung umgangen werden? Meine Erfahrung ist, dass unaufgearbeitete Emotionen immer wieder in ganz banalen Alltagssituationen durchkommen und mich zurückziehen, bis sie gewandelt und integriert sind. Eine gute Begleitung bei der emotionalen Aufarbeitung kürzt den Prozess m. E. nach ab und unterstützt die Übernahme der Verantwortung für die eigenen Gefühle.)

Über die Anrufung des Göttlichen und Dualität

S.: „Ich habe noch eine zweite Frage. Ich habe noch mal über die Anrufung des Göttlichen nachgedacht. Da ich davon ausgehe, dass das Göttliche in mir ist, ich selbst also auch das Göttliche bin, wie kann ich da etwas anrufen? Wenn ich etwas anrufe und anbete, gehe ich in die Dualität. Wie kann ich etwas anrufen, was ich selbst im Kern bin? In der Anrufung muss ich so tun, als ob Gott von mir getrennt ist. Dann kreiere ich mir über die Gedanken einen Gott, aber ist das wirklich Gott? In meinen Augen ist alles, was Anbetung ist, aus der Dualität, also aus der inneren Spaltung heraus, wo ich nicht in mir mit dem Göttlichen verbunden bin. Wenn ich verbunden bin, kann ich nicht und brauche ich auch nicht mehr anrufen, weil ich ja verbunden bin. Ich kann nur anbeten, was vor oder über mir steht, bildlich gesprochen. Dann bin ich aber getrennt, nicht verbunden. Ich weiß nicht, wie ich es anders formulieren kann."

H.: „Ja … Das hast du gut gesagt. Die Dualität ist die Gottheit. Dualität ist nicht einfach nur Dualität. Wenn du die Dualität anschaust, dann siehst du die Gottheit. Wenn du tief in der Dualität verwurzelt bist und dich da wie die Schlange durchschlängelst und kämpfst, aber gleichzeitig deinen Beobachter einschaltest, dann siehst du in der Dualität das Gesicht der Gottheit. Die Gottheit hat zwar kein Gesicht, aber die ist locker und die hat auch ein Gesicht. Das nennt sich Dualität. Die nennt sich auch Körper und Materie usw. Das ist alles die Gottheit. Das ist der Trick."

S.: „Mit Gottheit meinst du Geist?"

H.: „Ja. Die meisten Leute haben Schwierigkeiten – sie wollen zum Geist und wollen weg von der Dualität. Dadurch werden sie die Gottheit nie erreichen. Deswegen machst du eine Anrufung mit den Objekten der Dualität, nimmst eine Feder, Wasser oder anderes, benutzt das und erkennst darin – in dieser sanften Feder oder dem Pott Wasser – das Gesicht der Gottheit. Das ist ein ganz tiefer Prozess. Man arbeitet immer bei Anrufungen oder Ritualen mit materiellen Objekten, um auf diese Art und Weise die Gottheit zu ehren. Wir schieben nicht die materiellen Objekte zur Seite und gucken nach dem reinen abstrakten Geist. Gott ist nicht einfach das Abstrakte oder der Geist irgendwie, deswegen können die meisten Leute sich keinen Gott und Geist vorstellen. Weil da nichts vorzustellen ist. Er ist in einem Stückchen Brot, wenn du da tief hinschaust, dann offenbart sich die Gottheit und alles, das SEIN, geht auf. Die eigentlich religiösen Leute sind keine Anhänger von Religionen, sondern das sind einfache Naturburschen, die das DASEIN so sehen wie es ist. Die sind meistens sehr materialistisch, weil: Materie ist die Gottheit. Du bist Heilpraktikerin, du arbeitest in Gestalt von Körpern, mit der Seele oder Akupunktur, mit der Gottheit. Das ist dein Weg. Da kann man tief reinschauen. Aber es ist nicht so einfach, sich da hineinfallen zu lassen. Alle Leute gehen den göttlichen Weg. Auch die Kriegsherren, Verkäufer, Mörder, Verrückten usw., alle sind völlig eingebettet in die Gottheit, alle, ausnahmslos. Wenn du tief hinzuschauen vermagst, dann siehst du sie."

S.: „Ja, ich weiß, dass es so ist: Alles gehört dazu. Alles ist letztendlich die Gottheit. Ich glaube mein Problem ist, dass ich mich getrennt davon fühle."

H.: „Ja, das klingt gut … Ich glaube, da hast du den zentralen Satz gesprochen – einerseits, aber andererseits produzierst du deine Schlange. **So** getrennt bist du nun auch wieder nicht."

S.: „Das verstehe ich nicht."

H.: „Es stimmt zwar, du bist irgendwie getrennt davon. Andererseits ist da noch das zweite ICH in dir und das sucht den Geist und erkennt ihn auch. Du bist quasi gespalten in dir in zwei Seelenpole in deiner Brust. Das klingt vielleicht besser. Du bist nicht einfach getrennt. Aber das ist ja bei allen der Fall und das ist auch alles nicht so einfach. Das ist halt jetzt dein Weg, diese Gespaltenheit aufzulösen. Da muss man mutig sein, radikal, kompromisslos, nur seinen Weg gehen – den Weg des Geistes. […] Und dieses Gefühl, ich bin der Geist, war mit Sicherheit, auch wenn du es nicht erinnerst, in dir als 2-, 3-, 4- oder 5-Jährige voll und ganz angelegt. Dann hat sich das Leben entfaltet in 1000 Dinge und du hast es vergessen. Und wenn du dann kurz vor dem Tod stehst und wieder zurückblickst, wirst du genau das erkennen: dass dieser ganze Vielfaltsprozess deines individuellen Saskia-Lebens nichts anderes war als was du als Kleinkind oder gar embryonal auf einen Punkt gespürt hast. Dann hat sich alles entfaltet und du hast gemeint, du machst eine Entwicklung durch. War aber alles schon da. Das ist das Geheimnis."

S.: „Hm … Es kann natürlich auch sein, dass ich alles nur vergessen habe."

H.: „Versuche dich doch zu erinnern. Du hast ja Zeit hier."

S.: „Wie soll ich das machen? Ich kann doch nicht einfach sagen: Jetzt will ich mich erinnern und bing, ist alles da. So funktioniert das doch nicht."

[06/2010: Holgers Vorschlag der Erinnerung stieß in mir auf alte Muster – ich sah seinen Vorschlag als eine Leistungsanforderung, die es ***sofort*** *zu erfüllen gilt, auf die ich jedoch nicht reagieren konnte, weil ich nicht wusste, wie – ich hatte keinen Plan und keine Kontrolle darüber, ob ich mich erinnere. Das löste ein Überforderungsgefühl und Angst (vor Strafe) im inneren Kind (IK) aus, das daraufhin ärgerlich reagierte. Das war der Versuch des Anpassers, den Vorschlag entweder von sich zu schieben oder Anleitung zu bekommen, um die Aufgabe erfüllen zu können. Antworten auf Themen dieser Art kommen nur aus der inneren Ruhe und Verbundenheit zwischen Erwachsenen-Ich und IK und aus der Bereitschaft und Geduld, die Frage offen und die Antwort aus der Tiefe von selbst aufsteigen zu lassen.]*

Holger weist mich darauf hin, dass es im Leben immer wieder Erinnerungserlebnisse an die frühe Kindheit gäbe. Indem ich diese immer wieder durchginge, würden sich weitere Erinnerungen einstellen, sodass sich langsam ein Bild zusammensetze.

Dann würde ich vielleicht feststellen, dass ich als Kind möglicherweise ganz anders gewesen war als ich dachte.

H.: „Die Seele ist ein Punkt, hat der Giordano Bruno gesagt."

S.: „Das die Seele ein Punkt ist, stimmt auch."

H.: „David Bohm, der Physiker, der vor ein paar Jahren gestorben ist, hat gesagt und das ist schon abstrakter: Die explizite Ordnung, also explizit – die normale sichtbare Welt, ist die implizite Welt. Das Implizite ist das Göttliche. Der hat den alten Satz, den alle großen Philosophen gesagt haben, modern ausgedrückt. Das sind allgemeinphilosophische Sätze und Aussagen – aber: Wie können die 1000 Dinge der materiellen Welt ein Ding sein? Also der Geist selbst."

[06/2010: Alles, was ich in der materiellen Welt erlebe, gibt es auch in meinem Inneren – im seelisch-geistigen Bereich. Daher stimmt der Satz: Wie innen so außen. Ändere ich den seelisch-geistigen Bereich, ändern sich parallel dazu auch die Erfahrungen in der materiellen Außenwelt. Somit stimmt für mich auch: Ich bin der Gestalter meiner (äußeren wie inneren) Wirklichkeit. Es gibt keine Zufälle.]

Wir redeten an dem Punkt über Möglichkeiten, den philosophischen Satz nachzuweisen. Auf Holgers Wunsch hin schaltete ich das Diktiergerät aus, drückte aber leider, als wir wieder über andere Dinge sprachen, statt auf record auf play, sodass vieles nicht aufgenommen worden ist und hier nur kurz zusammengefasst werden kann: Wir sprachen darüber, warum der Mann, der die Augen zumacht, meint, dass er sicher ist und einschlafen kann und dass Kinder und sehr erschöpfte Menschen auch oft mit offenen Augen schlafen können.

H.: „Der Schlüssel zur nächsten Dimension ist der Schlaf. Schlaf, Traum, Dunkelheit sind der Zugang zur Nachbardimension. So einfache Dinge, es ist immer Nacht, jeder schläft, jeder träumt – hier ist das Geheimnis."

Damit ist unser Gespräch zu Ende. Ich gehe jetzt noch mal in die Badewanne. Fühle mich wieder besser, nicht mehr so versumpft. Nach dem Bad gehe ich schlafen.

13. Tag – Hitzephänomene

Es ist Mittwoch irgendwann in der Nacht. Draußen ist noch alles dunkel. Ich fühle mich seelisch gut und auch körperlich bin ich recht fit. Werde heute Sachen waschen.

Habe gerade ein schönes Bild über die Dunkelheit: Sie wirkt, als ob in einem selbst die Keller, alle Kelleretagen und sämtliche Kellertüren alle auf einmal aufgemacht werden. Die tieferen dann etwas später. Alles wird aufgemacht und alles steigt nach oben ins Bewusstsein, was in der Tiefe der Seele des Menschen da ist. Es wird alles offen sichtbar.

Wenn ich meinen gestrigen Prozess mit der Schlange und tief unten im Turm aus der Sicht des Beobachters betrachte, dann sehe ich den Körper mit irgendwas im seelischen Bereich kämpfen und im Kreis laufen und nicht raus finden, nicht vorwärts kommen. Was ich da gerade sehe, hat was Schweres, Zähes, Bewegendes und verursacht auch Leid.

Auf der Beobachterposition dagegen fühle ich mich ganz leicht, frei von all dem, nicht betroffen, unabhängig, weit, nichts berührt mich. Ich kann sehen, wie ich mich da in dem Sumpf abgequält habe, aber es macht nichts mit mir. Eine gewisse Art Freiheit von diesem Prozess der Seele und des Körpers. Seele und Körper sind miteinander verbunden. Auf dem Beobachterposten gibt es keinen Kampf. Alles ist leicht, alles **ist**. Ich sehe die Seele Verschiedenes hervorbringen – sieht aus wie ein Meer, worin Ungeheuer und auch schöne Sachen – also alles Mögliche – auf und nieder wogen und miteinander in Beziehung treten, den Menschen gefangen nehmen, ihm sowohl ziemliche Qualen als auch große Freude bereiten können. Hier oben auf dem Beobachter seiend, verspüre ich überhaupt keine Lust, in das Seelische einzusteigen. Das ist so eine zähe Masse, ist andererseits aber auch interessant.

Kindheitserinnerungen

Holger hatte ja angeregt, mich an meine Kindheit zu erinnern. Mir fällt ein Erlebnis mit dem Dreirad ein, wo ich drei oder vier Jahre alt bin. Meine Freundin und ich wollten zusammen mit unseren Dreirädern zu ihrer Oma fahren, die ziemlich weit weg wohnte. Ich war völlig unbekümmert, wir hatten eine Idee und setzten sie um, voller Freude, Tatendrang, Lust, arglos, ohne Sorge oder Angst, frei, locker, spontan. Wir machten uns keine Gedanken darum, was passieren könnte und ob das richtig oder falsch ist, was wir tun. Wir taten einfach. Gefahren konnte ich noch nicht abschätzen und mich daher auch davor nicht schützen. Das Kind tut einfach, ohne über sein Tun nachzudenken. Es folgt seinen spontanen Impulsen. Aus eigenem Interesse gab ich diese Spontaneität und Sorglosigkeit schnell auf – ich lernte früh, was ich darf und was ich besser nicht tue. Meine Eltern brachten es mir in guter Absicht beizeiten bei. Dann erinnere ich mich daran, wo ich vielleicht fünf oder sechs Jahre alt war und ein Nachbarjunge mein Gesicht, die Hände und den Ärmel meines Pullovers mit Teer beschmierte. Wir hatten großen Spaß dabei. Schlimm war das für mich erst, als ich den Teer beim Händewaschen nicht weg bekam. Ich wusste mittlerweile, dass es Konsequenzen hat, mich so „dreckig" gemacht zu haben.

Natürliches Sein eines Kindes

Ein Kind hat einen natürlichen Forscherdrang. Es will alles auskundschaften und erforschen, denkt nicht über die Folgen seines Tuns nach, weil das rationale Denkvermögen zu dem Zeitpunkt auch noch nicht entwickelt ist. Ein Kind ist absichtslos in seinen Handlungen, fühlt sich gut mit dem, was es tut, handelt demnach auch nie aus böser Absicht oder vorsätzlich oder überlegend. Es kann die Folgen seines Tuns nicht bewusst abschätzen, wie viele Erwachsene glauben, dass ein Kind dies könne, nur weil sie das Kind mehrfach darauf hingewiesen haben. Ein Kind „denkt" nicht wie ein Erwachsener und das vergessen wir Erwachsenen immer wieder im Umgang mit unseren Kindern. Es ist planlos und es folgt im Spiel den spontanen Impulsen, wobei über die Folgen nicht nachgedacht wird. Ein Kind tut einfach, es ist im Fluss mit den Dingen, die auf es zukommen und lässt sich davon leiten und bewegen und tragen. Kinder stellen sich nicht gegen den Fluss des Lebens durch denken, grübeln, Ängste, Verbote und Glaubenssätze. Ein Kind spiegelt uns Erwachsenen unsere innersten verdrängten Inhalte.

Tai Chi war eine recht harmonische Übung. Mir fiel auf, dass ich immer dann aus dem Gleichgewicht komme, wenn ich mich nicht voll und ganz auf die Übung konzentriere. Sind in mir noch andere Gedanken als an die Übung, wackle ich sofort und kann nicht gut auf einem Bein stehen. Ebenso, wenn meine Gedanken der Übung voraus gehen und an einer anderen Stelle sind, als der Körper gerade ausführt. Wenn Gedanken und körperlicher Ablauf übereinstimmen bis ins Detail, habe ich keine Probleme mit dem Gleichgewicht. Ich schwitze sehr schnell, auch wenn ich die Übung im Zeitlupentempo mache.

Ich setze mich zur Meditation. Ich fühle meinen Bauch und Körper angenehm locker. Ein wenig Spannung im Schulter-Nackenbereich nehme ich war. Meine Atmung geht tief in den Bauch hinunter. Nach einiger Zeit lege ich mich hin und meditiere im Liegen weiter. Ich versuche, mich durch die Masse durchzuschlängeln. Es gelingt mir nur teilweise – die Gedanken driften immer wieder ab.

Ich schätze, ich habe ein bis zwei Stunden damit zugebracht. Je weiter ich in der Masse vorwärts kam, umso dünner, leichter und lockerer wurde sie, nicht mehr so zähflüssig. Wie ein Nebel. Sie verlor ihren sumpfigen Charakter und wurde heller, nahm eine orangeartige Farbe an, eine Mischung zwischen orange und gelb.

In mir läuft der gestrige Tag nochmals vor Augen ab und ich analysiere, wie es zu meiner Wut kam. Ich erkenne die Zusammenhänge, die mit Verhaltensweisen meiner Eltern zu tun haben und dass ich auf Holger gewartet habe wie ein kleines Kind. Nachdem ich das entschlüsselt, zugeordnet und mit dem inneren Kind verhandelt hatte, war mein Ärger wieder weg.

[06/2010: Die Wut speist sich aus dem Bedürfnis des Kindes nach Sicherheit. Das Kind will sich auf die Erwachsenen und was sie sagen verlassen können, weil ihm das ein Gefühl der Sicherheit, Orientierung und Geborgenheit gibt. Wird dieses Sicherheitsbedürfnis nicht erfüllt, löst das Existenzängste aus – ein Gefühl hochgradigster Bedrohung, auf die das Kind mit Wut oder Rückzug (Angriff oder Flucht; Anpasser) reagiert. Die Wut entsteht aus dem Gefühl heraus, sich nicht schützen zu können und ist eine Ablenkung vom wirklichen Schmerz darunter (Angst; die Enttäuschung und Traurigkeit darüber, dass Mutter doch keine Zeit hat für mich). In der Wut auf die Mutter fühlt das Kind sich stark (Pseudostärke, Anpasser) und überdeckt so seinen Schmerz.]

Ganz überraschend ist Holger schon wieder da.

Gespräch mit Holger
Wie innen so außen

Ich stelle Holger meine Gedanken zu dem Satz: „Die explizite Welt ist wie die implizite Welt“ vor, die mir in der Nacht gekommen sind: „Also mit anderen Worten: Wie innen so außen oder wie außen so auch innen. Mit der Innenwelt habe ich bislang nicht das Göttliche gesehen, sondern das Seelische. So wie die Seele im Innern gestrickt ist, so gestaltet sie die Außenwelt. So erfährt die Seele über die Außenwelt die gleiche Freude, den gleichen Schmerz, wie es in ihrem Inneren ist. Wenn die Seele in ihrem Inneren die Verstrickung oder Probleme löst und befreit, also sich innerlich verändert, dann gestaltet der Mensch auch in der Außenwelt andere Erfahrungen, z. B. mit den Mitmenschen. Ich erlebe auch meine Eltern, vor allem meine Mutter, anders. Ich habe mehr gelernt, sie zu achten und zu nehmen wie sie ist *(statt was von ihr zu erwarten oder sie mir anders zu wünschen)* und als Ergebnis verhält sie sich mir gegenüber so, dass ich mich von ihr mehr gesehen, geliebt und angenommen fühle. Das hätte ich nie für möglich gehalten. *(06/2010: D. h. sie – oder auch jeder andere Mensch – ist ein Spiegel für mein eigenes Verhalten und sie ist gar nicht so, wie mein inneres Bild von ihr war und auf das ich sie festgelegt hatte.)* Meine Wahrnehmung hat sich geändert, als ob die Wahrnehmung sich an einen anderen Punkt in mir verschoben hat durch die Änderung in meiner Innenwelt. Es ist aber immer eine Änderung im seelischen Bereich. Ein Mensch, der Wut – bewusst oder unbewusst – ausstrahlt, wird Aggressivität und Wut über die Außenwelt zurückbekommen. Was ich säe, ernte ich. Wenn dieser Mensch sich seiner Aggressivität bewusst wird und diesen Umstand in sich selbst ändert, d. h. die Wut über verschiedene Prozesse in Achtung und Liebe umwandelt, er zu Selbstachtung und Selbstliebe findet, erntet er auch Liebe und Achtung über die Außenwelt. Was mich am anderen ärgert, hat mit mir selbst zu tun und ich kann davon ausgehen, dass ich im Grunde an dem Punkt genauso bin wie der andere. Was ich bei mir selbst ablehne, lehne ich auch bei anderen ab und was ich mir nicht ein- oder zugestehe, das gestehe ich anderen Menschen auch nicht zu, werde aber über die anderen ständig damit konfrontiert – z. B. wenn ich mich selbst ablehne, werde ich immer wieder Menschen begegnen, die mir das Gefühl geben, dass sie mich ablehnen und mir auf die Weise spiegeln, was in mir ist. Gefühle, die aus dem gegenwärtigen Kontext heraus nicht nachvollziehbar sind, sind der Wegweiser und haben nach meiner bisherigen Erfahrung immer mit meiner Vergangenheit zu tun. Die nicht aufgearbeitete Kindheit wird mir als Erwachsene immer wieder in die Quere kommen, bis ich es in mir erkannt und verändert habe. Ansonsten reagiere ich immer nach dem gleichen

Strickmuster, wie es in der Kindheit gestrickt wurde. Über den Spiegel der Außenwelt kann ich als Mensch erkennen, wer ich bin. Die Außenwelt spiegelt meine seelische Innenwelt, ist zugleich aber auch das Göttliche, denn das Göttliche bringt ja letzten Endes alles hervor. Die Erlebnisse in der Außenwelt sind änderbar durch Veränderung der seelischen Innenwelt. Manchmal hilft es auch, etwas im Außen zu ändern, z. B. sich eine andere Arbeitsstelle zu suchen oder sich von einem Menschen zu trennen. Dann helfen die gemachten Veränderungen im Außen, den Prozess im Inneren auch zu vollziehen. Wenn aber im Außen Veränderungen getan werden, ohne dass der innere Schritt nachfolgt, ist es eine Frage der Zeit, wann das gleiche Problem wieder auftritt. Tiefer geschaut ist alles Geist, sowohl innen wie außen. So sehe ich es bisher."

Holger stimmt mir darin zu und ich schneide das Thema der Unterscheidbarkeit innerer Bilder an.

Unterscheidung von Licht, Vorstellungen, Visionen, Erscheinungen

S.: „Ich unterscheide einmal eine innere Vorstellung, dass ich ein inneres Bild von etwas habe. Dann habe ich hier in der Dunkelheit ‚Bilder' erlebt, die sich so darstellen, als würde ich in einen Fernseher schauen oder auf eine Theaterbühne. Das hat eine andere Qualität als eine Vorstellung. Die laufen wie ein Film ab, z. B. der Film mit den vier Karatekindern (siehe S. 119). Dann sehe ich manchmal auch einfach nur Licht oder z. B. Balken (siehe S. 186), die so echt aussahen, dass ich versucht hatte, mich daran festzuhalten. Eine andere Sache war das mit dem Mädchen, das ich real sah (siehe S. 213) und wieder ein anderes ‚Bild' ist die Lichtfrau (siehe S. 218), die mir erschienen ist. Das Wort Bild trifft vielleicht auch nicht, was es jeweils darstellt. Also es gibt verschiedene ‚Bilder' oder Erfahrungen und es ist in mir alles durcheinander. Ich habe Mühe, die einzelnen Sachen zuzuordnen. Sie haben doch alle irgendwie unterschiedliche Qualitäten und Bedeutungen und ich würde mich freuen, wenn du mir helfen könntest, da eine Ordnung oder Klassifizierung reinzubringen."

Holger dachte bei dem Mädchen zunächst an eine Vision und ich stimmte ihm zu. *(06/2010: Ich würde das Mädchen heute lieber als „ätherische Erscheinung" bezeichnen.)*

H.: „Dann haben wir die normalen Bilder, wenn wir reden, denken und fühlen."

S.: „Vorstellungen."

H.: „Ja, Vorstellungsbilder. Jetzt haben wir Vorstellungsbilder, Vision und Licht. Was gibt es noch …"

S.: „Die Filme, wenn ein innerer Film abläuft wie im Kino."

H.: „Das wäre wie eine Vision."

S.: „Also dem gleichen zuzuordnen wie dem Mädchen? Ich hatte schon das Gefühl, das ist was anderes."

H.: „Warum?"

S.: „Bei dem Film wusste ich, es ist ein Film und ich schaue zu. Etwas wird mir gezeigt, ich bin Beobachter oder Zuschauer. Bei dem Mädchen hatte ich das Gefühl, die ist real da wie jeder andere Mensch auch, so wie du jetzt. Und die leuchtende, strahlende Lichtfrau war göttlich für mich. Sie erschien auch real vor mir, aber es war noch mal anders als das Erlebnis mit dem Mädchen. Da gibt es Unterschiede. Die Lichtfrau war für mich wie aus einer anderen Welt." (Siehe Anmerkung S. 218 und S. 420.)

H.: „Wir haben natürlich auch noch das, was von außen kommt, was mit dir nichts zu tun hat. Was wir auch so gewissermaßen als Vision erfahren. Wir können nicht sagen: Ist es nur eine innere Vision in mir oder ist es etwas völlig von außen kommend. Das ist schwer zu unterscheiden. Aber du hast teilweise den Eindruck, das es keine Vision ist und es von außen kommt. Es zeigt sich vielleicht ein bisschen strahlender als eine normale Vision. […] Eine Erscheinung. Das ist das klassische Wort."

S.: „Ja, das hört sich genau passend an. Das trifft genau auf die Lichtfrau zu."

H.: „Eine Erscheinung ist, was nicht aus mir kommt."

S.: „Dann würde ich das Mädchen auch sofort als Erscheinung bezeichnen. Vielleicht unterscheiden sich die Erscheinungen ja untereinander auch noch mal. Die Erscheinung des Mädchens hatte eindeutig einen anderen Charakter von der Qualität her als die Erscheinung der Lichtfrau."

H.: „Welche ist höher?"

S.: „Eindeutig die Lichtfrau. Sie kam aus einem anderen Bereich, jenseits des Himmels oder von hinter dem Himmel. Sie kam durch den geöffneten Vorhang, der sonst geschlossen ist. Man ahnt gar nicht, dass der Himmel sich öffnen kann – ich jedenfalls hätte das nie gedacht. War mir völlig neu und es hat mich tief beeindruckt und in Erstaunen versetzt. Da blieb mir der Mund vor Staunen offen stehen, wie man so schön sagt. Das Mädchen hatte auf mich den Eindruck gemacht, als wäre sie nicht ganz so materiell wie du und ich, eben eher wie ein Geist. Die Frau war für mich göttlich, das Mädchen nicht."

H.: „Also Geistererscheinungen und göttliche Erscheinungen."

(06/2010: Die Unterschiede zwischen Mädchen und Lichtfrau liegen in der Art der Erscheinung und deren Energie. Beide erschienen. Das Mädchen in der Tür – auf meiner Ebene. Sie sah auf den ersten Blick wie ein normaler Mensch aus, erst Minuten später wurde mir ihre ätherische Natur bewusst. Die Lichtfrau kam von oben, für mich deutlich von außen, aus einer anderen Welt oder Ebene zu mir heruntergeschwebt – ich habe es gesehen und hatte klar das Gefühl und zugleich Wissen: Sie kommt von „woanders her". Sie war von glanzvollen Licht-Strahlen umgeben und strahlte reine Liebe aus – kein Mensch, einfach göttlich – das Wort trifft es ganz genau. Deswegen ist die Lichtfrau für mich eine göttliche Erscheinung.)

Hitzephänomene

Wir unterhalten uns dann über alle möglichen Hitzephänomene: vom Fieber bis zum Rot-Werden, dass Heiler-Hände heiß sind usw.

H.: „In der indischen Kundalini-Psychologie geht es ja auch im 1. Stadium um die Kultivierung von Hitze, Tumo. Da stellt man sich vor, Hitze und Wärme steigt von unten in die Wirbelsäule und durchdringt diese ganz bis zum Kopf. Das muss man gut üben, wie die Hitze langsam hochsteigt – erst mal bis zum Herzen und vom Herz steigt sie dann von selbst weiter auf. Der Sinn dieser Übung, so sagt man, ist, dass sozusagen die in der Wirbelsäule gespeicherte zentrale Lebensenergie, die gewissermaßen ein bisschen eingefroren ist, aufgewärmt und dadurch flüssig gemacht werden soll. Lebensenergie muss flüssig sein, denn erst dann, sagt man, steigt sie von selbst vom Herzen auf und das aktiviert all unsere höheren seelischen Potentiale, Paranormalität im Leben usw. Es wird alles über Hitze reguliert. Hitze schmilzt die Blockaden und die festgeronnene Lebensenergie. Das ist die Idee. Wenn du dir manche Heiligenberichte anschaust, kommt ja immer wieder das innere Feuer vor, in dem sich die Heiligen fühlen. Sie meinen, völlig zu Asche verbrannt zu werden. Daher auch der Begriff des Phönix, der aus der Asche steigt. Da **ist** etwas. Das ist eine Aktivierung der Seelenenergie, die sich durch Hitze und Wärme anzeigt. Das ist ein interessantes Phänomen, was in der westlichen Wissenschaft leider nicht untersucht worden ist. Aber du kannst es untersuchen! Du kannst deine Patienten fragen und eine Liste von Phänomenen, wo Hitze auftaucht oder Kälte, zusammenstellen und wirst auf ein völlig neues Gebiet vorstoßen, was, zumindest nach meinem Wissen, noch keiner im Westen untersucht hat. Aber das ist ein zentrales Phänomen, da kannst du quasi eine ganz neue Physiopsychologie ableiten und vielleicht neue Heilweisen. Überall wird ja Hitze angewandt – Wärmflasche, Einreibungen, Wärmepflaster, Hitzeapplikation in China usw. – an Stellen, wo es wichtig ist und gut tut. Da ist was mit Hitze; Hitze ist die Lebensenergie. Du kannst ein ganzes Buch über Hitze schreiben." S.: „Man muss die Hitze selber erfahren."

H.: „Ja, dann verstehst du es tief. Aber ich wette, du kannst jeden fragen und jeder wird dir irgendwas zu Hitze erzählen können. Nimm mal die Hitzewallungen im Klimakterium bei

Frauen. Warum ist das so? Kann man das vielleicht spirituell tiefer ergründen, was passiert da und nicht nur materiell auf der Zellebene? Das sind interessante Fragen. Es gibt ein Buch von Irina Tweedie: ‚Der Weg durchs Feuer.' Sie beschreibt auch diese Hitzeerfahrung bei sich. Findest du überall, wenn du mystische Berichte liest von den Leuten, da kommt immer wieder ein zentrales Hitzephänomen vor. Ganz klar beschrieben bei Muktananda und bei Gopi Krishna, da kommt Hitze immer wieder vor während seines Erleuchtungsprozesses. Das ist ein Kraftwerk. Kannst du ja erforschen …"

Holger ist gegangen und ich gehe ins Bett.

14. Tag – Erkenntnisse über Gefühle und das Dasein

Traum: Blinddarm-Entzündung

Einem von den Zwillingen geht es nicht gut. Der Arzt diagnostiziert einen grippalen Infekt und schiebt das auf die Blinddarmentzündung, die vor Jahren mal stattgefunden hat. Ich entgegne: „Herr Doktor, das ergibt mir alles überhaupt keinen Sinn. Die OP ist schon so lange her und ich halte das jetzt nicht für einen grippalen Infekt. Ihm geht es ja ansonsten gut bis auf die Bauchschmerzen. Vielen Dank für Ihre Diagnosestellung, aber das hilft jetzt hier nicht weiter." Der Doktor ist verblüfft. Ende Traum.

Skelett kippt Flüssigkeit nach

Ich liege im Kessel, komme mit dem Kopf aus der Flüssigkeit raus, gucke das Skelett an und sage voller Dankbarkeit zu ihm: „Danke für alles, was du mir ermöglicht hast." Das Skelett kommt mit seiner knochigen Hand, tippt mir auf die Stirn und drückt mich sanft runter. Ich gebe nach, sodass ich wieder untertauche. Es grinst mich dabei an. Es kann ja gar nicht anders außer grinsen, wie soll ein Skelett ernst gucken? Ich liege unter Wasser und das Skelett kippt jetzt mit einem großen Krug Flüssigkeit nach. Diesmal sieht die Flüssigkeit grün aus. Die Flüssigkeit hat eine andere Konsistenz, sie ist dünner und nicht so zäh- und dickflüssig wie anfangs die dunkle Masse. Ich habe immer noch den Ring auf dem rechten Zeigefinger. Er strahlt unglaublich! Funkelnde Diamanten erscheinen diesem strahlenden Glanz gegenüber stumpf oder glanzlos. Das Skelett kommt wieder mit seinem Krug an und gießt jetzt rötliche Flüssigkeit in meinen Kessel und nach einer Weile gelbe Flüssigkeit dazu. Ich liege hier drin und auf mich hat das alles eine sehr beruhigende Wirkung. Es geht in mich völlig rein, füllt meinen ganzen Körper aus. Ich nehme das alles in mich auf und fühle mich sehr wohl. Das Skelett kippt auch noch blaue und orange Flüssigkeit nach. Ich bin in einem ganz tiefen inneren Zustand und komme kaum hoch.

(01/07: Meine Stimme hört sich total langsam an, ruhig, tief, dunkel, nicht sehr wach und lebendig, eher schwach, leise.)

Ich müsste eigentlich aufs Klo, fühle mich aber schlapp und will nicht aufstehen … Irgendwann raffe ich mich unter großer Anstrengung auf.

Ich nehme jetzt ein Bad, das belebt ein bisschen. Fühle mich irgendwie ganz tief unten – aber ich glaube, das ist auch wieder mal mein Kreislauf. Wie gut, dass ich gestern Haare und Sachen gewaschen habe. Würde ich heute gar nicht schaffen.

Gespräch mit Holger

Holger ist schon da. Ich hatte das Gefühl, es ist gerade erst mittags. Dabei ist es nach seiner Aussage 17:30 Uhr. Die Zeit ist schnell vergangen.

Über den Archetyp Skelett

Ich erzähle Holger, dass ich die ganze Zeit im Kessel gelegen habe und noch drin liege, dass das Skelett mich untertauchte und vom Traum über meinen kranken Sohn, den wir nicht weiter deuten.

H.: „Das Skelett ist ein tiefer Archetyp. Da siehst du mal, wie viel Wert wir auf Knochen und Enthäutung etc. legen."

S.: „Das Skelett hat immer wieder Flüssigkeiten in verschiedenen Farben in meinen Kessel gekippt."

H.: „Warum denn?"

Ich bin irritiert. „Weiß ich nicht. Das geht immer alles in mich hinein und es fühlt sich total beruhigend und schön an."

H.: „Ach so. Die Farbe oder was beruhigt?"

S.: „Die Flüssigkeit … auch in der Farbe. Und die hat jetzt auch eine andere Konsistenz. Die erste Flüssigkeit war ja so dick wie Sirup und jetzt ist sie flüssig."

H.: „Aha. Sind das also Gefühlsqualitäten."

S.: „Es ist einfach beruhigend, in dem Kessel zu liegen. Ob nun mit dieser oder einer anderen Farbe, das ist ein gleich bleibend schönes Gefühl da drin." Ich fühle in mich rein. „Ich habe nicht das Gefühl, dass die Farben andere Gefühle in mir auslösen."

Erkenntnisse über Gefühle und das DASEIN

Ich offenbare Holger meine Gedanken/Bilder über die Gefühle, das Geistige und das DASEIN, die mir letzte Nacht gekommen sind: „Gefühle sind eine ganz starke Energie. Sie reißen dich mit, reißen dich runter, reißen dich hoch. Oder sie lassen dich auf neutraler Null-Linie laufen, nämlich wenn sie gerade beruhigt sind. Wie ein Meer sind die Gefühle. Entweder sie wogen und stürmen hin und her oder sie sind ganz geglättet und ruhig. Solange ich in diesem Meer verweile, bin ich den Gefühlen ausgesetzt, kann gar nichts tun. Wenn ich mich jedoch von dem Meer distanziere und es von oben betrachte, dann sehe ich wohl das Meer, wie es schäumt und stürmt oder auch ganz ruhig ist, sich die Oberfläche nur ein wenig kräuselt. Ich dagegen fühle mich nicht beeinträchtigt davon, nicht mitgerissen. Aber ich brauche einen großen Abstand dazu. Wenn ich zu dicht dran bin, reißen die Gefühle mich rein, die sind wie magnetisch – sie ziehen und reißen alles mit sich mit, was in ihre Nähe kommt.

Sowohl in die Freude, als auch in die Wut oder Traurigkeit. Wenn ich das Meer der Gefühle aus einem ausreichend großen Abstand betrachte, dann fühle ich mich hier oben ruhig, auch wenn es unten stürmt und schäumt. Ich kann es distanziert anschauen, ohne rein- und mitgerissen zu werden. Das ist das DASEIN. Es IST, umfasst alles. Ich schaue von hier oben, aus der geistigen Ebene, auf das Meer der Gefühle, sehe keinen Körper. Dieses Meer ist wie eine Ebene, eine riesengroße, wogende, Meeresgefühlsebene. Diese Ebene besteht aus keinerlei festen Zuständen. Alles wie flüssig.

[05/2011: Das Seelische ist wie ein lebendiges Wesen in uns (Seelen-Energiewesen), das wie ein Kind immer in Bewegung ist. Ist dieses Seelenwesen (= Inneres Kind, rechte Gehirnhälfte) sich selbst überlassen, führt das zu großen Gefühls-Ausschlägen (= Tsunamis) im Ozean. Wird es vom Erwachsenem-Ich (linke Gehirnhälfte) liebevoll geführt und geleitet (d. h. ich kümmere mich um das Kind in mir und übernehme Verantwortung dafür), führt das zur Beruhigung des Gefühls-Meeres und kleineren Wellen, die keinen/weniger Schaden anrichten. Die Spaltung zwischen rechter und linker Hirnhälfte verursacht innere Spannungen, die sich im Körper niederschlagen und dort zu einer veränderten Biochemie führen.]

Unterhalb dieser Ebene ist die materielle Welt, die feste Ebene. Aber wie kommt jetzt das Seelische, diese wogende Masse, in den Menschen oder in die Tiere rein? Der Mensch ist ausgefüllt mit dieser Masse und die Tiere auch. In den Bäumen kann ich das nicht sehen, in den Ställen der Tiere und den Häusern der Menschen auch nicht. Der Inhalt der Bäume sieht irgendwie anders aus. Das Geistige und das Seelische sind miteinander verbunden und das Seelische läuft im Geistigen aus wie ein gezogener Pinselstrich, der, wenn die Farbe nachlässt, immer dünner wird, bis er kaum noch zu sehen ist. Nach unten zu *(Richtung materielle Ebene)* habe ich jetzt folgendes Bild: als ob von der seelischen Meeresenergie nach unten zu den Lebewesen dünne Verbindungen sind. Und über diese dünne Verbindung geht diese

Seelenenergie in die Tiere und Menschen und füllt den Kopf aus, den ganzen Brustraum und den Bauch. Im Kopf ist weniger als im Brust- und Bauchraum. Auch auf der materiellen Ebene ist das Geistige ringsherum um den Menschen. Das Seelische strahlt noch ein Stück weit aus dem Körper raus und vermischt sich dann mit dem Geistigen oder besser, es strahlt in das Geistige hinein und läuft dann wie der Pinselstrich aus. Also alle drei durchdringen sich, stehen miteinander in Beziehung. Wenn ich reines DASEIN bin, dann bin ich groß wie ein Punkt und gleichzeitig umfasse ich die ganze Welt. Dann kann ich auch einem Menschen ganz nah sein, ohne dass dessen Gefühle mich reinziehen *(oder umgekehrt)* und ich kann ihm nah sein, auch wenn er sich körperlich nicht in meiner Nähe befindet. Umgekehrt, wenn dieser Mensch mir körperlich nah ist, ist es oft so, dass er mich nicht wirklich sieht oder wahrnimmt. Er ist in seiner eigenen Gefühlswelt gefangen und mit seinem Körper, seinen Problemen und materiellen Dingen beschäftigt. Er ist mit dem, was seine Körpersinne und Gefühle ihm vermitteln, befasst. Ich bin gerade als Daseinspünktchen ganz dicht vor Saskia, aber sie nimmt mich nicht wahr. Bin Daseinspunkt oder umfassendes DASEIN, beides. Das alles umfassende DASEIN. Sie läuft in mir, bewegt sich in mir, tut lauter Dinge in mir und sieht mich nicht, nimmt mich nicht wahr, obwohl ich direkt vor ihrer Nase bin. Ich durchdringe sie auch. Ich durchdringe sowieso alles, auch die Bäume, die Erde und die Steine. Und obgleich ich sie durchdringe, spürt sie mich nicht und nimmt mich nicht wahr. Sie sucht und sucht und steht doch mittendrin. Sie sucht in der Ferne, obgleich es ganz nah ist, wonach sie sucht, direkt vor ihrer Nase, direkt vor ihren Augen, direkt in ihr, vor ihr, um sie herum. Als DASEIN bin ich zeitlos, raumlos und gestaltlos. Ich habe alle Zeit der Welt sozusagen, obwohl ich ohne Zeit bin … Saskia sieht mich nicht. Wenn sie sich aber konzentriert, dann spürt sie mich."

H.: „Wenn du das SEIN ergründest, die SEINS-Qualität, da eröffnen sich dann noch mal verschiedene Schichten. Du kannst weitergehen und weiterkommen. Im reinen SEIN ist alles drin. Also immer mehr SEIN werden."

S.: „War das die Richtung, was ich dir eben erzählt habe?"

H.: „Ja, das war doch schon ganz gut. Der Seinspunkt. Du warst natürlich noch in der Dualität – du warst Seinspunkt und Saskia. Das sind schon zwei Seiten. Aber da kann man immer weiter gehen."

S.: „Es war genau die Spaltung da. Irgendwie fehlt die Verbindung. Von der Saskia aus betrachtet weiß sie um das DASEIN, hat aber nur eine schwache Verbindung, sieht es nicht. Und vom DASEINS-Punkt aus betrachtet ist die Verbindung zu Saskia zwar da, aber sie spürt sie nicht."

Holger weist mich darauf hin, dass die Saskia nicht interessant, sondern ein neurotisches Kulturprodukt oder wie ein alter Mantel sei, der ausgezogen werden könne, weil ein Schutz nicht nötig sei. Die Saskia gäbe es nicht, das sei ein Konstrukt oder eine Theorie. Das zu erkennen, sei wichtig und genau wie man sich in den unteren Stufen der Psychologie von seinen Problemen und seiner Geschichte entidentifizieren müsse, so auch auf einer höheren Stufe von Saskia generell.

H: „Das ist der echte Befreiungsprozess und größer. Vom ICH geht es dann zum Selbst. SELBST ist nicht individuell. Und dann werden solche Geschichten, psychische Probleme, psychische Geschichte, Sozialisation usw., ziemlich uninteressant. Da steckt natürlich jeder bis zu einem gewissen Grad drin, aber unser Auftrag ist, davon weg zu kommen."

Wir unterhalten uns im Weiteren über die Naturschau, wie durch das einfache Sitzen vor einem Baum oder Strauch über Stunden und Tage das DASEIN erkennbar werden kann und in welchen Stufen der Prozess im Allgemeinen abläuft.

Ich habe dann noch mit Holger überlegt, ob ich die letzte Nacht draußen im Wald schlafe oder zwischendurch mal eine Nacht im Freien verbringe. Damit endete unser Gespräch.

Wenn ich mich von der Saskia entferne als Daseinspünktchen, dann bin ich ja irgendwann ganz allein. Da erkenne ich mein Ego, das Angst hat ganz allein im weiten Universum.

15. Tag – Ich BIN das Skelett

Tiefe Existenzangst
In der Nacht regnet und gewittert es und ich wache auf. Ich stelle mir vor, ich bin nachts allein im Wald. Innerhalb kurzer Zeit habe ich die Fantasie, da kommt jemand, ich höre Schritte und derjenige *(ein Mann)* will mich umbringen. Ich spüre in mir nackte Angst. Mir fällt ein Gespräch mit meinem Vater ein, über das, was er im Krieg erlebt hat auf der Flucht im Zug mit seiner Mutter. Seine Mutter sah aufgrund der Witterungsverhältnisse (Regen) und der fehlenden Waschmöglichkeiten auf der Flucht zerzaust und schmutzig im Gesicht und an den Händen aus, sodass sie verwahrlost und älter aussah als sie in Wirklichkeit war. Ihr Aussehen und die Dunkelheit im Zug schützte sie in gewisser Weise vor einer möglichen Vergewaltigung durch marodierende Soldaten und Banden, die nachts durch die Züge kamen und Frauen und wertvolle Gegenstände mitnahmen. Meinen damals 10-jährigen Vater hatte sie unter einer Decke versteckt, damit die Soldaten nicht anhand des Kindes erkennen, dass sie noch eine junge Frau ist. Er hat unter der Decke nur Schritte gehört, die immer näher kamen und er hatte panische Angst um seine Mutti, dass der Soldat sie auch aus dem Zug holt, so wie viele andere Frauen, und ihr was antut. Er hat später Schüsse gehört. Die Frauen, die aus seinem Zugabteil rausgeholt wurden, hat er nie wieder gesehen. Er vermutet, dass sie erst vergewaltigt und dann erschossen worden sind. So soll das mit vielen Frauen gemacht worden sein auf dieser Zugfahrt. Möglicherweise ist meine Angst eine übernommene Angst von ihm. Denn für mich

selbst macht diese Angst keinen Sinn, ich habe dergleichen nie erlebt.

[06/2010: Die Angst ist die übernommene Angst vom Vater und seiner Mutter – für beide dürfte dieser Satz („dass ein Mann kommt und mir was antut, mich umbringt") fast gleichermaßen stimmen, denn beide waren in Lebensgefahr. Meine Oma dürfte nackte Angst gehabt haben, dass die Männer bemerken, dass sie eine junge Frau ist und sie auch aus dem Abteil rausholen. Auch mein Vater schwebte in Lebensgefahr durch die Gefahr, die Mutter zu verlieren und es wäre fraglich gewesen, ob er das überlebt. Die richtige Zuordnung der Angst zur Oma und zum Vater entlastete mich ganz enorm.]

Ich erinnere ein weiteres Ereignis, wo ich große Angst hatte: Ich war ca. acht Jahre alt und wohnte allein mit meiner Mutter in einem Häuserblock ganz unten. Meine Eltern waren bereits geschieden. Ein Telefon hatten zu DDR-Zeiten nur wenige, wir jedenfalls nicht. Es klingelte Sturm, wovon ich aufwachte. Ich ging in den Flur, wo meine Mutter gerade dabei war, die Klingel mit einem Lappen abzudecken, damit Ruhe ist und ich nicht aufwache – es war spät abends. Da dies nicht klappte, ich sowieso wach war und meine Mutter genervt war von dem Klingellärm, schaute sie aus dem Küchenfenster. In mir stieg die Fantasie auf, dass meiner Mutter der Kopf abgehackt oder sie gepackt und aus dem Fenster gezogen wird – ich hatte panische Angst, dass meiner Mutti was passiert. Da draußen alles dunkel war, konnte sie niemanden sehen. Auch antwortete ihr niemand auf die Frage, wer da sei. Meine Mutter schloss das Fenster wieder und ich atmete auf. Dann kam der Mann in die untere Haustür rein und stand vor unserer Wohnungstür. Er versuchte, ein brennendes Streichholz in das Schlüsselloch zu bekommen. Meine Mutter pustete es aus. Dann flüsterte sie mir zu, ich solle so laut ich könne rufen: „Vati, ruf doch die Polizei an!" Das war echt hoch gepokert von ihr, denn weder war der Vater da noch hatten wir ein Telefon. Ich hatte Angst, dass der Mann gewusst haben könnte, dass wir lügen und alles noch viel schlimmer wird, weil er dann wüsste, dass jemand anwesend ist. Sie musste mich mehrmals ermuntern, bis ich vor lauter Angst den Satz laut schrie, zwei, dreimal. Nach kurzer Zeit hörten wir unten die Haustür ins Schloss fallen und der Störenfried war weg. Ich hatte mehrere Wochen danach Angst, unsere Wohnung morgens zur Schule zu verlassen oder auch heimzukehren aus der Schule. Ich fühlte mich verfolgt und hatte Angst, dass jemand hinter mir herkommt und mir was antun will. Ich weiß bis heute nicht, wer das war; meine Eltern konnten mir auf Nachfragen hin auch nicht weiterhelfen.

Mir fällt gerade auf, dass ich die gleichen Worte wählte wie mein Vater: „Ich hatte panische Angst, dass meiner Mutti was passiert."

Ich gehe als erwachsene Saskia in diese Situation dazu, sage der kleinen Saskia, dass ich weiß, dass alles gut ausgeht und dass dieser Mann nie wieder kommt. Das beruhigt sie ein wenig.

Die Verfolgungsangst kann auch noch von meiner Mutter und deren Mutter übernommen sein – auch sie waren im Krieg auf der Flucht. Innerlich spüre ich da aber weniger Resonanz.

Es ist noch mitten in der Nacht, alles stockdunkel. Ich kann nicht schlafen und habe gerade ein paar Dehnungsübungen gemacht. Nach 30 Liegestützen bin ich ein bisschen außer Atem und mein Herz schlägt ganz doll. Im Liegen ist der Unterbauch weich und der Mittel- und Oberbauch fest. Ab dem Brustbein ist es wieder locker. In gleicher Höhe, wo es vorn am Bauch fest ist, tut mir hinten der Rücken weh.

Ich liege wieder im Bett und schaue einfach nur ins Dunkle. Manchmal blitzt ganz kurz ein Licht auf. Die Gedanken gleiten immer wieder ab, ganz oft zu meinen drei Söhnen und ihren Streitereien. Es tut mir weh, wenn sie sich gegenseitig mit Ausdrücken belegen. Habe jetzt das Gefühl, die Dunkelheit drückt mir das rechte Auge zu, obwohl ich beide Augen offen habe – als ob das Auge bedeckt ist von einem Tuch.

Seit bestimmt zehn Minuten überlege ich, ob ich Tai Chi mache oder nicht. Hatte mich an den kleinen Tisch gehockt, um etwas zu trinken. Beim Aufstehen wurde mir schwarz vor Augen. Wollte schnell zum Bett gehen und habe mich an der Wand gestoßen.

Nun sitze ich im Bett und schaue ins Dunkel. Im Sitzen ist das gleiche Phänomen da: als ob mein rechtes Augenlid runterhängt und ich nur links gucke, obwohl beide Augen gleich offen sind. Komme mir vor wie Karl Dall. Ich sitze mit ausgestreckten Beinen im Bett. Habe auf der Brust einen schweren Druck. Ist auch der Bereich, mit dem ich mit dem Rücken an der Wand lehne. Mir ist unheimlich heiß, ich schwitze. Habe Spannungen im Kopf, Augen, Kiefer- und nach wie vor im Brustbereich.

Nach einem Bad, geht es mir wieder recht gut und ich setze mich noch mal zur Meditation.

Ich BIN das Skelett

Die Meditation lief gut, ich habe aber immer noch Verspannungen im Kieferbereich. Auch der Bauch ist nicht ganz locker. Die Atmung ging zwar in den Bauch, aber nicht ganz bis in den Beckenboden runter. Das Skelett saß bei der Meditation in ca. 1,5 m Abstand mir direkt gegenüber und wir meditierten stundenlang zusammen. Das half mir, mich zu konzentrieren. Plötzlich war das Skelett in mir drin und ich selbst war das Skelett. Ich sah nur noch das leere runde Kissen vor mir, auf dem das Skelett vorher gesessen hatte. Danach konnte ich besser meditieren, freier. Als Skelett fehlen die Muskeln, alles ist locker und entspannt, jedenfalls weitgehend, auch nicht ganz, aber viel, viel lockerer. Auch ein Skelett kann verspannt sein.

In ganz tiefer Sammlung schaute ich mit fest geschlossenen Augen in die Tiefe, in die Weite und ins Helle. Der ganze Kopf, der ganze Unterkiefer bis hinunter zum Hals – alles wurde fest wie Stein. Das war sehr unangenehm. Immer wenn ich sehr tief bin, presst sich dermaßen fest mein Unterkiefer in den Oberkiefer, dass ich das Gefühl habe, mein Gesicht ist total verformt. Ich prüfte das mit meinen Fingern – die Lippen waren ganz locker, ganz entspannt. Trotzdem fühlen sie sich fest an wie Beton.

Gespräch mit Holger
Holger ist gekommen und ich berichte ihm von meiner Angst und den Ereignissen, die mir dazu einfielen.

Über meine Angst
H.: „Das sind Traumata. Die löst du nur auf, indem du genau das machst, wovor du Angst hast. Es hat keinen Zweck, mit so einem kleinen Traumata rumzulaufen. Das muss weg, die Seele muss sauber sein. Kleines Hobby, nachts draußen schlafen allein im Wald."

S.: „Na toll!" Ich weiß nicht, ob ich lachen oder weinen soll. Es kommt ein Lachen, dass nicht aus dem Herzen kommt und die Angst und das Weinen verdrängt. Holger wiederholt: Indem man gerade das tut, wovor man Angst hat, würde sich diese auflösen lassen durch eine realistische Handlung. Da er merkt, dass meine Angst von einer Nacht im Wald wohl nicht weggehen würde, schlägt er mir eine Visionssuche im Wald vor, wo ich längere Zeit allein draußen und der Natur ausgesetzt bin. Dies wäre eine unglaubliche Therapie bzw. eigentlich gar keine, da es einfach das Normale ist.

Phänomen: Augen öffnen/schließen sich asynchron
Ich erzähle Holger dann, dass ich versucht hatte, ins Dunkel zu schauen und sich dabei das Gefühl einstellte, dass mein rechtes Auge zugedrückt wird oder zugeht – als ob ein Tuch darüber gedeckt wäre.

H.: „Ja, das haben die meisten, dass das linke oder rechte Auge auf- oder zugeht. So ungleichmäßig, als ob die zwei selbstständig sind, nicht synchron. Das haben fast alle in der Dunkelheit. Warum das jetzt so ist, weiß ich nicht. Die normale Synchronizität fällt scheinbar aus."

Über Yoga-Sitz und Kopfstand

S.: „Noch was anderes. Beim Meditieren wird mir richtig heiß, bis hin zum Schwitzen. Wenn ich aber im Liegen meditiere, dann ist mir nicht warm, dann muss ich mich zudecken. Aber das Thema Hitze hatten wir ja schon besprochen."

H.: „Aber das ist schon interessant. Im Liegen schwitzt du nicht, aber im Sitzen. Warum muss man sitzen? Warum haben die Yogis den Yogasitz entwickelt? Da ist ja was dran, das ist kein Zufall."

S.: „Was ich darüber weiß ist, dass dann die Energie die Wirbelsäule aufsteigen kann, wenn sie ganz gerade ist wie im Yogasitz."

H.: „Das erscheint mir nicht logisch. Dann müsste man schon besser auf dem Kopf stehen, dass es von oben nach unten fließt, finde ich."

S.: „Aber die wenigsten Leute können stundenlang auf dem Kopf stehen. Allerdings können die meisten auch keinen Yogisitz."

H.: „Kopfstand ist die wichtigste Yogaposition. Je länger man Kopfstand machen kann, desto besser. Danach kannst du viel besser meditieren. Und, sagt man, es ist das beste Mittel für Heilung aller Art, sich mal umzupolen. Musst du machen, aber halt richtig, so wie es in den Büchern beschrieben ist."

Holger zeigt mir den Kopfstand und ich fühle, wie er seine Arme hat und wie sein Kopf ist und er erklärt mir, worauf ich achten soll, damit ich einen guten und stabilen Stand habe.

H.: „Ganz wichtig ist, dass du frei stehst, sonst hält man es nicht lange aus. Und mit dieser Stellung kannst du auch schwer umkippen. Allerdings musst du dann in drei Stufen runtergehen: erst die Unterbeine, Oberschenkel usw., **ganz langsam**, Stück für Stück musst du gucken, wie bist du drauf? Kannst du noch ein Stück? Ja. Dann noch ein Stück, dann kniest du, dann legst du dich langsam hin, ganz langsam, weil natürlich der Nacken auch steif ist. Also plötzlich darfst du nicht runtergehen. Das merkt man dann aber. Ganz vorsichtig immer, dann bleibt man eine Zeit lang liegen, bis wieder alles harmonisiert ist, Nacken und Kopf o. k. und dann meditierst du. Der Kopfstand ist die letzte Übung vor der Meditation. Zuerst alle Asanas, dann der Kopfstand, dann meditieren."

Ich bedankte mich bei Holger und berichtete ihm dann, wie es mit dem Skelett weiterging.

S.: „Es saß mir gegenüber und wir haben am Feuer meditiert. Ich schaute unverwandt in sein grinsendes Gesicht – unglaublich, es ist immer gut drauf. Das gemeinsame Sitzen hat mich angespornt und so meditierten wir stundenlang. Plötzlich ist es in mich rein gegangen und ich war das Skelett … Dann kroch die Flamme von dem Feuer in meinen Brustkorb, rollte sich dort zusammen und ist jetzt in mir … ja und seitdem bin ich das Skelett. Gibt nur noch eins und das bin ich jetzt." Ich muss darüber lachen. „Und jetzt sehe …"

Holger unterbricht mich: „Auch im Jetzt?"

S.: „Ja, ich kann mich *(während wir reden)* total als Skelett sehen." *(Ich kann jeden Knochen von mir sehen, den ich sehen möchte – als ob ich vor einem Durchleuchtungsapparat stehe.)*

H.: „Aha, … nicht schlecht."

S.: „Ich sehe die Knochen und alles, also das ist irre. Und bei der Meditation war es auch gleich viel besser, weil ohne Muskeln ist es viel leichter, sich zu entspannen." Ich muss wieder darüber lachen. Es ist halt zu ungewohnt, Skelett zu sein.

H.: „Ach komm, du meditierst als Skelett …"

S.: „Ich habe heute den Rest des Tages als Skelett meditiert."

H.: „Wenn ich das dem anderen erzähle, der lacht sich krank." *(Der Psychologe, der unter mir in der Etage in einem anderen Dunkelzimmer zur gleichen Zeit sitzt.)*

Ich muss wieder lachen. „Ich musste erst auch lachen, aber es war recht angenehm. Und jetzt, also diese Knochen … das ist so eigenartig."

H.: „Ja, du bist einfach an der Basis angekommen. Da wird man zum Skelett. Das Fleisch ist weggekocht."

S.: „Das ist eine starke Erfahrung mit den Knochen. Also dass das so ein Ende nimmt ... Ich hatte mir ja schon alle möglichen Enden ausfantasiert, z. B. dass das Skelett mir über den Rücken klopft und dann mein Fleisch abfällt, dass wir zusammen tanzen usw., aber all das hat nicht stattgefunden. Also alles, was ich mir in meiner Fantasie vorstellte, ist nicht eingetroffen. Es ist von allein etwas anderes gekommen."

Gefühl von Schauen

S.: „Und bei allen Meditationen heute hatte ich das Gefühl, ich schaue. Ich schaue, nicht mit meinen Augen, mit geistigen Augen. Ein Gefühl von ins Weite schauen. Das war heute ganz intensiv. Zum Teil war es ein bisschen hell, aber ich kann nichts sehen."

H.: „Diese Weite kommt dann und es wird da natürlich auch heller. Immer weiter ... Das ist der normale Prozess."

S.: „Dann hatte ich auch so eine Phase, wo ich dachte, ich mache alles falsch im Dunkeln, weil wieder mal nicht genügend passiert oder so. Aber ich habe mir sehr schnell bewusst gemacht, dass doch eine ganze Menge geschieht und dass es eine gute Möglichkeit wäre, zufrieden zu sein mit dem, was ist und was ich habe. Und dann ging das auch wieder weg."

H.: „Es ist immer das subjektive Empfinden, dass wenig passiert. Aber wenn du zusammenziehst was passiert, dann ist es sehr viel. Das ist so eine Zeitsache. Man kann natürlich, indem man spezifische Sachen denkt oder tief denkt, tiefe Probleme wälzt etc., diese noch mal in der Dunkelheit intensiver und gründlicher bearbeiten. Man kann bewusst etwas dazu beitragen, indem man sich meditativ oder konzentrativ hineinversetzt in spezielle große Fragen des DASEINS. Deswegen sind auch die Gespräche in der Dunkelheit wichtig, da kommt noch mal eine gewisse Anregung oder Inspiration. Ich würde sagen, die meisten würden ohne Gespräche aufhören nach kurzer Zeit."

S.: „Ja, ich kann mir das gut vorstellen. Es braucht die Analyse und da ich das gern mache *(und schon viel Vorarbeit in der Aufarbeitung meiner Vergangenheit geleistet habe),* kriege ich auch viel allein raus. Aber wer das nicht so kann … Mir helfen die Gespräche auch, schon um mal Abwechslung zu haben. Ist auch eine wichtige Anregung in vielen Prozessen, wo man festhängt oder Dinge nicht durchschaut."

Über Träume

Ich wechsle das Thema: „Was mir auffällt, ist, dass ich in dieser Dunkeltherapie fast gar nicht träume. Und wenn ich träume, dann ist es nichts, was gedeutet werden kann oder was Informationen sind für mich."

H.: „Das heißt nicht, dass es grundsätzlich schlecht ist, dass man nicht träumt. An sich ist das gut. Du träumst ja nur, weil du musst, da ist ein ungelöstes Problem. Ist kein Problem da, ist nichts zu lösen und dann musst du auch keine hochinteressanten symbolischen Problemträume haben."

(06/2010: Es könnte leicht der Eindruck entstehen, dass jemand, der nicht träumt, keine Probleme hat. Mir sind als Therapeutin viele Menschen begegnet, die eine Menge Probleme körperlicher und seelischer Art hatten, aber seit Jahren nicht mehr träumten. Der Zugang zur Seele war vollkommen verschlossen. Im Zuge der Aufarbeitung kamen sie sich selbst und ihrer Seele wieder näher, sodass auch wieder Träume auftraten. Auf einer bewusstseinsmäßig höheren Ebene können Träume auch andere Bedeutungen haben als Problemlösungen oder den Ist-Zustand der Seele/des Problems selbst in verschlüsselter Form darstellen.)

S.: „Dann wäre das ja ein Fortschritt gegenüber der ersten Dunkeltherapie."

Holger bestätigt und weist nochmal auf die Traumarten und darauf hin, dass außerkörperliche Erfahrungen nicht als Traum gedeutet werden dürfen.

Über außerkörperliche Erfahrungen

S.: „Wie macht sich die außerkörperliche Erfahrung bemerkbar?"

H.: „Nun, erst mal subjektiv. Du würdest sagen, dieser sogenannte Traum hatte eine völlig andere, ungewohnte Qualität. Dann hast du die ganzen Merkmale, z. B. wenn ein Knall da war oder du dich außerkörperlich fühltest oder spezielles Licht. Du weißt immer, du bist außerkörperlich. Das passiert dir zwar jede Nacht vier bis fünf Mal, wird aber selten erinnert. Da ist irgendwo ein Mechanismus, der das zurückhält. Habe ich noch nicht rausgefunden. Wenn alle Menschen ihre außerkörperlichen Erfahrungen dauernd erinnern würden, hätten wir als Menschheit ein konkretes und umfassendes Wissen von der Nachbardimension und das wäre inzwischen untersucht und systematisiert worden. Wenn das der Fall wäre, hätten wir eine andere Kultur, ein völlig anderes irdisches Leben. Wir wären keine Menschheit, wie das heute ist, wir hätten eine völlig andere Spezies. Das ist aber nicht der Fall und warum wir es nicht erinnern, ist mir nicht klar. Das ist ein ganz großes und zentrales Geheimnis unserer Humanität, das müssen wir knacken. Es gibt die Möglichkeit, dass es natürlich ist – es ist halt so – oder dass sozusagen Schloss und Riegel da eingebaut worden sind oder eine Vergessensaktion im Menschen, eben damit er nicht erwacht. Die außerkörperliche Erfahrung ist das zentrale Ereignis für die Menschheit zum Erwachen. Es kann sein, dass es eine bewusste Aktion von Nicht-Menschen ist, die die Erde und die Menschheit kontrollieren. Dass wir sozusagen blockiert sind, eingesperrt in unserem eigenen Gefängnis der Unwissenheit und wir so am Erwachen gehindert werden. Aber ich weiß es nicht. Habe ich auch noch nichts von gehört, hat keiner darüber geschrieben."

S.: „Wo du gerade die Nachbardimension ansprichst, kommt mir gerade noch mal die Lichtfrau in den Kopf, die mir in China erschienen ist. Macht es Sinn, sich auf sie zu konzentrieren? Ich wünsche mir sehr, wieder mit ihr in Kontakt zu kommen – oder ist das schon wieder mein Ego?"

H.: „Ist egal, wenn du das tun möchtest, kannst du das tun. Im Allgemeinen ist es so, da ist nichts wieder herholbar. Was war, war und fertig. Ist natürlich die Frage, was das für eine Gestalt war."

S.: „Sie war von Lichtstrahlen umgeben, strahlend hell …"

H.: „Ich meine, das kann jetzt ein Verwandter von dir sein."

S.: „Nein, auf keinen Fall. Ich kannte sie nicht, hatte aber den Eindruck, dass sie genau weiß, wer ich bin."

Über Intuition, Seelen- und Geistführer und Evolution

H.: „Es kann deine Geistführerin sein oder eine x-beliebige zufällige Gestalt."

S.: „Ja … Gibt es so was wie Geistführer?" *(06/2010: Ein Teil in mir weiß, dass es Geistführer gibt, der andere Teil bezweifelt das.)*

H.: „Ja, du hast die Seelenführer – das sind deine toten Verwandten, Freunde und Bekannte. Die sind im psychischen Bereich. Die gucken im Wesentlichen nach dir, haben aber nur eine beschränkte Beeinflussungsmöglichkeit für dich. Und dann gibt's natürlich die Höheren, die Geistführer, die müssen jetzt nicht aus deinem Klan stammen. Die sind höher strukturiert."

S.: „Und die nehmen wirklich Einfluss auf den Menschen?"

H.: „Ja, gelegentlich schon. Vermutlich öfter als wir denken. Sonst würden die meisten schon frühzeitig verstorben und kaputt gegangen sein. Die lenken durch Intuition und du denkst, es ist deine Intuition. Oder die lenken durch Glück, was Du als Glück interpretierst. Kein Glück, sondern Einfluss. Dauernd passieren solche Hilfs- und Rettungsaktionen von Geist- wie Seelenwesen. Wenn die Menschheit das erkennen würde, dass es ohne die gar nicht ginge! Es würde ja gar nichts laufen, die Menschen würden sich laufend verirren. Wo im Leben ist dir denn geholfen worden, wo du denkst, das kommt von dir?"

S.: „Mir würde da ein Tag in meinem Leben einfallen. Und insgesamt wäre ich schon sieben Mal tot gewesen, wenn ich nicht intuitiv am Zebrastreifen stehen geblieben wäre statt rüber zu gehen. Intuitiv habe ich gespürt, dass das herannahende Auto nicht anhält und ich blieb sicherheitshalber stehen, um zu schauen, ob es hält oder nicht. Wäre ich weitergelaufen, hätten die Autos mich umgefahren. Sie hatten mich nicht gesehen, waren zu schnell usw., haben volle Kanne auf den Zebrastreifen zugehalten, als ob da keiner wäre. Es gibt einen Tag in meinem Leben, wo ich mir sicher bin, dass das nicht meins ist, wo ich dachte, irgendwas muss doch da noch außerhalb von dir sein, Schutzengel oder so was. Ich hatte ein Gefühl von beschützt sein. Es ist Jahre her, da war ich an einem Tag dermaßen unkonzentriert, bin Auto gefahren und mehrfach an diesem Tag hätte ich einen Unfall gebaut, wäre in einen Straßengraben oder gegen einen Baum o. a. gefahren, wenn nicht irgendetwas in mir oder durch mich oder wie auch immer in letzter Sekunde mich hat konzentrieren lassen. Dabei hatte ich das Gefühl, das bin nicht ich. Die ‚Rettung' kam immer in letzter Sekunde und doch so rechtzeitig genug, dass ich das Unglück verhindern konnte. Mir saß jedes Mal der Schreck in den Gliedern. Das waren ca. acht oder neun Mal an einem Tag, also sehr auffällig. Bei den Situationen am Zebrastreifen dachte ich schon jedes Mal, das sei meine eigene Intuition."

H.: „Ja, das gibt's auch. Aber dann gibt's ganz eklatante Situationen, wo ganz klar ist, dass nicht du es bist. Die spirituelle Übung ist, das zu unterscheiden. Ich habe auch meine Intuition, da merke ich, o. k., die Gefahrensituation setzte ja plötzlich ein. Das ist so die letzte Kraft, die letzte Truppe wird jetzt mobilisiert, das ist die Intuition und das bist dann schon du. Aber da gibt es andere Sachen, wo deine Intuition gar nicht viel bewirken kann und in extrem kritischen Phasen, die so schnell kommen, speziell beim Auto fahren, kannst du gar nicht so schnell entscheiden. Da setzen dann die anderen ein. Da sind ja hunderttausende von Sachen, wo du bewusstlos bist. Wir sind bewusstlose Wesen. Ich möchte sagen, zu 95 % sind wir bewusstlos. Alleine kommt hier keiner groß durch. Keiner überlebt das 5. Lebensjahr, so sage ich. Keiner kommt – auch seelisch – weiter ohne diese Hilfen. Die meisten sind ja tiefe, breite, vage Inspirationen. Das mag nur ein kleiner Gedanke sein, was du jetzt machen sollst, was du nicht machen sollst, wo du langgehen sollst, was du lesen sollst, wie du dich verhalten sollst … Das sind die Sachen, wodurch du geführt wirst. Du musst immerhin bedenken, die Leute im Jenseits können ein paar Tage im Voraus sehen, was kommt. Die sehen jetzt schon das Auto um die Ecke, was du nicht siehst. Die arbeiten dauernd. Die arbeiten natürlich schnell, arbeiten mit Gedanken, verstehst du? 24 Stunden machst du Blödsinn und die müssen 24 Stunden da sein. Die schlafen natürlich nicht, von daher ist …"

Ich unterbreche ihn: „Arbeiten die über Gedanken, oder wie kann ich mir das vorstellen?"

H.: „Über Gefühle und Gedanken. Wir sind ja Gefühlswesen. Die leben gefühlsmäßig stärker als du, weil die nicht noch den Körper als Ballast haben. Dadurch sind die freier, flotter, flüssiger, direkter, schneller. Die Seelenführer machen zack und dann hast du es schon in dir."

S.: „Ich hatte das so verstanden: Wenn jemand stirbt, vergisst er das Irdische. Wie können sie sich dann an die Lebenden erinnern, die zurückbleiben?"

H.: „Für mich ist das so: Wenn du stirbst, musst dich erst mal akklimatisieren. Dann sind deine anderen Verwandten da, die kümmern sich bisschen therapeutisch um dich. Aber vorher bist du ja noch kurz ins Geistreich gewandert, da hast du alles vergessen von der Erde und willst da auch nie wieder hin. Du bist halt reiner Geist, fällst dann aber wieder nach kurzer Zeit zurück ins irdische Totenreich. Und jetzt wirst du langsam wach und lernst, wie es da funktioniert. Am Anfang gehst du auf beiden Füßen, bis du feststellst, hast gar keine Füße, kannst fliegen. Mehr noch, du bist dort, wo deine Gedanken sind, da es keinen Raum und keine Zeit gibt. Jetzt gestaltest du dir deine Umwelt entsprechend deinen Konzepten, die du dir hier *(auf Erden)* erworben hast. Bist du jetzt Katholik, glaubst an den Papst, dann betest du dort auch den Papst an, obwohl gar kein Papst da ist. Aber es sind auch andere spirituelle Gruppen dort. [...] Die Gruppen schaffen sich also im Jenseits ein irdisches Duplikat und es fällt ihnen dadurch schwer seelisch-gedanklich zu verstehen, dass nur **das** Wirklichkeit ist, was sie denken. Also du wirst dort genau das sehen, was in dir ist. Das wird die Stunde der Wahrheit sein, da kannst du noch so progressiv hier tun, dort wird alles, was tief in dir versteckt ist, zur Wirklichkeit deines Verhaltens."

S.: „Inwiefern kümmern sie sich dann um die noch lebenden Verwandten?"

Holger meint, dass z. B. ein toter Verwandter von mir für sich festlegt, mir zu helfen, vielleicht einfach weil er mich mag. Er würde mir dann über Gedanken helfen.

H.: „So gibt es da, wie auch hier, Helfer. Du bist also in deiner persönlichen, beschränkten Mission des Daseins auch im Jenseits und baust dir da deine subjektiv-halluzinative Welt auf. Die wirkt aber sehr real. Hier ist es ja genauso. Was du hier glaubst, das kommt auch. Wenn du überzeugter Katholik bist, lebst du in der katholischen Umwelt und so im Jenseits auch."

S.: „Ein Problem für die Menschen sind die vielen unbewussten Glaubenssätze. Sie kreieren sich eine Realität aus einem unbewussten Glaubenssatz heraus und denken dann, so ist die Welt oder die böse Umwelt usw., weil sie nicht merken, dass sie selbst ihre Realität ständig neu erschaffen, in jeder Sekunde. Die Glaubenssätze können bewusst gemacht und geändert werden und dann kreieren die Menschen eine andere Realität mit anderen Gefühlen."

(05/2011: Ich wollte damit sagen, dass sich „hier" veränderte Glaubenssätze auch auf das Sterben und das Erleben im „Jenseits" auswirken.)

H.: „Nimm dir mal diese Überzeugung: Alle in Westeuropa glauben, es gibt eine Evolution. Sie denken, es hat sich alles vom Affen zum Menschen entwickelt. Das ist in allen drin, das haben sie in der Schule gehört und überall. Das ist auch eine unbewusste theoretische Konstruktion. Das ist aber falsch, es gibt keine Evolution."

S.: „Wie ist das mit den Steinzeitmenschen bis zur Entwicklung des heutigen Menschen? Bei den Steinzeitmenschen waren andere Dinge wichtig. Die sind eben jagen gegangen und heute machen wir andere Sachen. Das ist doch eine Entwicklung. Da kann ich noch nicht ganz mitgehen, dass es keine Entwicklung gibt."

Leer-Werden

H.: „Da müssten wir uns im Speziellen unterhalten, das ist schwierig. Das Jenseits ist so wie du bist, das ist die Stunde der Wahrheit. Da kannst du dir nichts vormachen, deine inneren unbewussten Glaubenssysteme entfalten sich dort als Äußeres. Da wird es heftig. Das ist die Hölle pur dort. Die ganzen Triebe, Instinkte usw. entfalten sich enorm. Da toben gigantische Kriege usw., aber das sind alles wie Blasen. Du kannst in die Kriegsblase, die Bordellblase, die Politikblase usw. reingehen und dann bist du voll drin. Du kannst aber auch rausgehen. Aber das kannst du auch hier. Also das ist ein Spiegelbild. Ist nur das, was wir hier sind. Deswegen: Hier hast du eine gute Chance zu kontrollieren, jetzt hier auch in der Dunkelheit. Man sagt ja, die Dunkelheit ist eine Vorbereitung auf den Tod. Das ist die eigentliche zentrale Übung der Dunkelheit. Vorbereitung – so wie du hier bist, was du hier denkst, fühlst, siehst, wirst du sehen im Jenseits. Du hast hier eine Vorschau dessen, was dich erwartet. Deswegen ist es gut, wenn du deine Angst vor Männern im Wald hier auflöst, sonst erscheinen sie dir dort. Und zwar sehr realistisch, denn es gibt ja nur deine Gefühle und Gedanken. Hier (als Lebender) hast du den Vorteil, du kannst noch so viel fühlen, du gehst raus in den Wald und siehst jetzt keinen Mann. Aber dort gibt es keine objektive Realität. Da ist der Mann sofort da. Und wenn du es erinnerst, wie der an die Tür geklopft hat und mit dem Streichholz usw., schon ist er da. Deswegen ist es wichtig, hier diese ganzen Projektionen, Probleme, kleinen Ängste, alle abzubauen, aufzulösen, dass sie nicht im Jenseits auftauchen. Das ist der eigentliche Zweck von den Tibetern, warum die die Dunkelheit eingeführt haben. Dass du leer dort ankommst, das ist das Ziel."

S.: „Ich hatte dir ja schon erzählt, wie ich das mache mit dem Leer-Werden. Mit der Verarbeitung und Veränderung dessen, was ich als Kind erlebt habe und was mich geprägt hat. Es ist zwar schwer, die eigene Vergangenheit so zu ändern, dass sie mich nicht mehr berührt, aber es geht."

H.: „Psychotherapie usw. ist alles ganz nett, aber die einzige wirkliche Psychotherapie ist leer werden – vom Psychischen."

S.: „Ja, ich weiß."

H.: „Weil es **alles** Projektionen sind. Dunkeltherapie ist auch Entleerungstherapie."

S.: „Ja, passt gut der Begriff. Und das ist nicht die übliche Psychotherapie."

H.: „Nein. Und dann geht's einfach weiter. Wenn du jetzt im Jenseits schon leer ankommst, dann hast du eine Chance, gleich durchzurutschen ins Geistreich. Wenn du leer bist, gibt es keinen Grund für dich im Jenseits zu sein, weil das ja nur eine Spiegelwelt unserer Welt ist. Also du rutscht quasi nur durch und gehst ins Geistreich. Und das ist das Ziel."

Universelle Struktur

S.: „Und dann?"

H.: „Da wissen wir wenig drüber, weil hier kein Ego mehr ist, keine persönliche Geschichte. Du wirst eine universelle Struktur mehr und mehr."

S.: „Was verstehst du unter universeller Struktur?"

H.: „Was wir hier am meisten zu zweit besprechen, sind individuelle Egostrukturen. Wenn wir hier diskutieren, sprechen wir über dich oder über mich. Erlebnisse hin, Erlebnisse her usw., das ist total beschränkt, wie sehr wir auch alles auflösen und leeren und reinigen. Bringt letztendlich alles nicht viel, denn: Es bleibt immer egofixiert. **Ich** habe ein Problem, **ich** habe das Problem gelöst – wir sind immer im Egobereich. Wir haben bisher kaum gesprochen über universelle Strukturen, da wird es halt schwierig, schon sprachlich das zu formulieren, wird fast unmöglich. Jede Egostruktur und jedes Einzelding ist eine Illusion und existiert de facto nicht. Das jetzt zu spüren mehr und mehr, schließlich viele Dinge, schließlich alle Dinge zu erkennen, also mich eingeschlossen, als ein Ding, ein Wesen. Und da gibt es verschiedene Strukturen. Du erkennst das, nicht weil bei dir sich alles auf einen Punkt zusammenzieht und EINS wird, so ein Ding, sondern durch Analogien. Du erkennst jetzt in einem Frosch ein Haus. In deiner Mutter, dir und deiner Angst vor Männern im Wald erkennst du, was jetzt sprachlich kaum mitzuteilen ist, dass ihr Inneres von einer Struktur ist, dass sie im Grunde genommen das Gleiche sind. So lassen sich alle diese Fakten auf eines zurückführen. Das ist total abstrakt, aber so ist es, so läuft das, das erkennst du dann. Das kann man sprachlich nicht mehr vermitteln. Das sind die Analogien. Ana heißt: mit, zusammen, eins. Logie: logisch; Logos ist der Geist, das Gesetz. Also der Geist, der alles zusammenführt, vereint. Das ist eine Analogie. Und es geht im Leben im Grunde nur um eins, nämlich die Gesetze der Analogie zu erkennen und das Projekt der großen Vereinheitlichung aller Dinge voranzutreiben. Eine Vorstufe ist die Erkenntnis der Einheit meiner Psyche und wie das da alles strukturiert ist. Aber das ist alles nichts im Vergleich zur großen Vereinheitlichung im Geist in der Analogie. Ich habe noch keine Möglichkeit gefunden, das auch sprachlich so verständlich zu machen, dass es jeder verstehen kann. Mir fehlen noch die Worte. Man muss quasi eine neue Sprache kreieren, um diese hochabstrakte Sache, die man an sich nur fühlen kann, in die Sprache umzusetzen. Ich arbeite daran. Und dann erkennst du irgendwann in diesem Meer von Fakten, Dingen, Strukturen,

Farben, Formen etc., wie die zusammenfallen: wie das nur eine oberflächliche Täuschung war, dass ‚rot' eine Farbe und ‚schnell' eine Bewegungsform ist. Du erkennst dann, wie Bewegungsform und Farbform zusammenfallen. Das geht alles zusammen und dann vereinheitlicht sich das, dann wird es immer weniger und noch weniger, irgendwann bleibt EINS übrig. Und das kannst du jetzt Gott oder sonst was nennen, egal, und da hast du alles auf einmal. Und damit hast du das Universum verstanden, wirst es aber nie formulieren können. Darum geht's, das kannst du ultimative Psycho- und Geisttherapie nennen, aber das ist dann die Struktur des DASEINS. Die anderen Sachen sind Vorstufen und eine Vorreinigungsübung."

S.: „Das lässt sich nicht mit dem Verstand erkennen. *Das ist m. E. nach nur erfahrbar und darüber erkennbar.*"

H.: „Wenn du dir den Verstand genau anguckst, ist er gar nicht so schlecht, wie man ihm nachsagt, denn er ist auch eine Analogie. Er arbeitet auch analogisch, allerdings sehr grob, plump und mechanisch. Das heißt, die Mechanik ist eine Analogie auf tiefster Ebene, auf einer materiellen Verstandesebene. Die Analogien hat noch keiner herausgekriegt. Mir ist nicht bekannt, dass es einer geschafft hat."

S.: „Geschafft zu formulieren oder zu beweisen?"

H.: „Meines Erachtens nach kann man es beweisen. Ganz einfach mit normalen Worten, dass es auch jeder versteht. Ich gebe dir ein Beispiel: Ein Baum, nehmen wir ein Tanne. Da hast du unten die Wurzel, dann kommt der Stamm, dann kommen die Äste. Erst die großen Äste, dann die mittelgroßen, dann die kleinen und die winzigen. So, wenn du jetzt genau hinguckst – die Wurzelstruktur im Erdboden entspricht exakt der Aststruktur. Wenn du guckst, wie die großen Äste sich ausladen, ist es identisch wie sich die mittelgroßen, dann die kleinen und schließlich die winzigen ausladen. Du hast hier ein Wiederholungsprinzip, das auf allen Ebenen immer wieder vorkommt. Du denkst, das ist ein einmaliger Baum, aber das stimmt nicht, da ist gar kein Baum, sondern da ist nur eine bestimmte Struktur. Wenn du jetzt die Urstruktur der Tanne findest, die analogische Urstruktur, die sieht halt dann aus wie ein Tannenbaum. So wie im Großen, so im Kleinen. Also der Samen der Tanne sieht so aus wie die Tanne als Ganzes. Der Samen des Walnussbaumes sieht so aus wie der Walnussbaum im Ganzen etc. So kannst du das bei allen Dingen mehr oder weniger ableiten. Da siehst du immer das Letzte und Große wie im Kleinen. Und so kannst du mit allen Dingen und Bewegungsarten vorgehen, alles reduzieren sozusagen auf eine Sache, auf die Urstruktur. Jetzt kannst du weitergehen und 50.000 oder 100 Urstrukturen wieder zusammenführen zu vielleicht fünf Urstrukturen. Und diese fünf wieder zu einer. Da bist du dann schon ganz weit oben in der Hierarchie. Und dann hast du das Ganze, nämlich die Urform – reinen Geist. Das ist jetzt konstruiert, aber du kannst das auch erfahren, fühlen. Jetzt kannst du hingucken in die Welt, ins DASEIN und dann siehst du das. In dem Moment tauchst du in den Geist ein, bist Geist und erkennst die materielle Welt in ihrer tausendfältigen Vielfalt als EINES. Als ein einziges Wesen und Ding, nicht als eine Vielfalt. Das ist das große Projekt, dem so oder so alle Lebewesen folgen und wenn sie sterben, kommen sie ins Jenseits und dann gehen sie in den Geist. Oder du kannst es hier auch schon ein bisschen versuchen. Ich habe bisher keinen getroffen, der das wissenschaftlich verfolgt hat. Verstehen tun es einige, z. B. die Chaostheorie, die hat da jetzt einen kleinen Schritt gemacht."

S.: „Was besagt die Chaostheorie?"

H.: „Das ist die Sache mit den Fraktalen. Nehmen wir das Beispiel mit dem Tannenbaum. Ein Fraktal ist die Wurzel, dann die großen, mittleren und kleinen Äste usw., das sind die einzelnen Fraktale, die alle zusammengesetzt jetzt den Tannenbaum ergeben. Fraktal heißt, es wiederholt sich ein Prinzip, nämlich die Struktur der Äste oder Wurzeln, auf immer neuen Ebenen. Im Grunde ist immer nur dieses eine Fraktal da, sonst nichts.

Das Leben ist eine ständige Wiederholung des immer Gleichen. Nietzsche hat das schon erkannt als er sinngemäß sagte, das Leben sei die Wiederholung eines immer Gleichen. Aber er konnte es nicht so gut erklären. Das war nur sein tiefes Gefühl. Schopenhauer hat es auch erkannt, aber konnte es auch nicht formulieren. Das ist nicht so einfach. Die Chaostheorie könnte man heute benutzen, die hat ja da schon einen Ansatz, müsste man nur weiter ausbauen. Aber braucht man auch nicht unbedingt."

Versteinerungsgefühl

S.: „Mir fällt gerade noch was anderes ein. Wenn ich meditiere, dann presst sich, wenn ich tiefer bin, total fest mein Unterkiefer an den Oberkiefer, sodass beide fest zusammen sind. Ist das bei dir auch so?"

H.: „Wenn man richtig meditiert, darf das Kinn nie hängen. Das muss immer fest geschlossen sein. Bei manchen, wenn sie entspannen, hängt der Kiefer so runter. Wenn man richtig meditiert, kommt es automatisch, ob du willst oder nicht, dass er sich richtig zusammenpresst. Muss richtig zu sein, sonst hast du keine Kraft."

S.: „Das ist aber z. T. sehr unangenehm. Habe manchmal das Gefühl, der Unterkiefer schiebt sich bis zum Oberkiefer, bis zur Nasenwurzel durch."

H.: „Ja, deswegen knirschen bei der Meditation so viele mit den Zähnen."

S.: „Das geht nicht, so fest ist alles. Da ist keinerlei Bewegungsmöglichkeit mehr. Fest zu."

H.: „Das ist ein gutes Zeichen. Das heißt, du bist gut drin."

S.: „O. k. Und heute hatte ich das Gefühl, als ob mein ganzer Kopf richtig echt versteinert bis zum Hals. Das hat mir etwas Angst gemacht."

H.: „Ja, das ist auch gut. Es muss der gesamte Körper so versteinern, dass du ein einziger Stein bist. Nur durch das Gefühl kannst du dann auch lange meditieren, sonst kriegst du ja Knochenschmerzen. Das muss wie ein Korsett sitzen, steif und dann geht das Körpergefühl ganz verloren. Das muss so sein."

S.: „Ich dachte, es hängt mit Spannungen in mir zusammen. Aber als ich meine Lippen, meine Wangen geprüft habe, war alles locker und der Unterkiefer war auch noch am rechten Platz."

H.: „Ja, im Grunde bist du ganz locker und subjektiv hast du das gegenteilige Gefühl."

Damit ist unser Gespräch beendet und Holger verabschiedet sich.

16. Tag – Der Daseinspunkt

Traum: Nebel außerhalb der Stadt

Ich bin mit einem Patienten unterwegs und wir unterhalten uns noch ein wenig auf der Straße. In der Ferne, außerhalb der Stadt, zieht Nebel auf. Eine Frau kommt vorbei und fragt in unsere Richtung, ob es irgendwo brennt. Ich antwortete ihr: „Nein, es riecht ja nicht nach einem Brand, es ist einfach Nebel." Die Frau will das nicht so richtig glauben, sie sieht zweifelnd aus. Ich verabschiede mich von dem Patienten und gehe los in Richtung Bushaltestelle – die liegt außerhalb der Stadt auf dem Acker, genau in der Richtung, wo der dichte Nebel ist. Ich bin schon außerhalb der Stadt auf einer Landstraße und der Nebel wird immer dichter. Aus Richtung der Bushaltestelle kommt mir eine Frau entgegen. Ich frage sie, ob der Nebel von einem Brand herrührt. Sie verneint das und erzählt mir, dass sie zurückläuft, weil ihr dieser Nebel nicht geheuer ist und dass sie zu der anderen Bushaltestelle läuft, die mitten in der Stadt liegt. In der Stadt ist kein Nebel. Ich drehe nach einiger Zeit auch um – mir ist der Nebel auch unheimlich. Ein Traktor kommt mir entgegen, der fährt direkt auf mich zu. Ich gehe zur Seite. Der Traktor hält an und es steigt ein Institutsdirektor aus, den ich kenne. Er begrüßt mich freundlich. Sein Hund steigt auch mit aus. Ein großer, weißer Hund, der geht mir bis zur Hüfte hoch. Stolz sieht er aus und er blickt freudig. Der Direktor redet nur dämliches Zeug. Ich weiß gar nicht, was der von mir will, habe den Eindruck, der ist total verwirrt. Er erzählt mir von seiner Sekretärin, die eine Magenoperation in drei Etagen bekommt und jetzt eigentlich Kaffee kochen sollte. Er fragt mich, ob ich eine Nachtschicht eingelegt habe mit dem und dem – also er wusste genau Bescheid, mit wem ich unterwegs war. Dann bin ich aufgewacht. Ein sehr merkwürdiger Traum.

Mir geht nochmal unser Gespräch durch den Kopf über Psychotherapie und das Leer-Werden vom Psychischen. Darauf zielt auch meine Arbeit ab: die Projektionen und unbewussten Glaubenssätze zu erkennen, mir bewusst zu machen und zu schauen, woher sie kommen und wie sie in mir entstanden sind. Zu erkennen, was ich von meinen Eltern und anderen Menschen als Kind unreflektiert übernommen hatte, um es innerlich wieder zurückgeben zu können. Ich trage/trug so viel Übernommenes in mir, was ursprünglich nicht zu mir gehörte, glaubte aber später als Erwachsene, dass das mein Eigenes sei, dass ich das bin. Ich kannte mich ja nur so, weil es immer so war. Doch es waren alles nur Illusionen darüber, wer ich bin. Wer das nicht selbst an sich erfahren hat, dass vieles von dem, was er zu sich gehörig glaubt, nicht wirklich zu ihm, sondern z. B. zu Mutter oder Vater gehört, der glaubt das nicht. Und wer nicht selbst erfahren hat, dass das fremde Übernommene wieder zurückgegeben werden kann *(innerlich, energetisch)*, der glaubt das auch nicht. Es war für mich anfangs nicht mal vorstellbar, deshalb konnte ich es auch nicht allein ändern. Es brauchte dazu die Hilfe einer außenstehenden Person, mit der ich den Prozess durchgehen konnte. Wenn ich konsequent diese innere Arbeit mache, d. h. sortiere, was zu mir gehört und was nicht und mein Inneres auf die Art von Fremdem reinige, dann werde ich auch zunehmend leerer, denn am Ende bleibe nur noch

„ich" selbst übrig mit meinem eigenen Gewicht, ohne Fremdzugaben. Und das ist ein völlig anderes Gefühl als vorher. Da kehrt mehr Ruhe ein, wenn zudem auch all die Fehlzuordnungen und Glaubenssätze richtiggestellt sind. Das ermöglicht es, gelassener bleiben zu können im normalen Alltag, egal um welchen Sachverhalt es im Außen geht – mit meinen Gefühlen, also mit meiner Seele, nicht ohne sie – das ist mein Ziel. Es fällt schwer, die einverleibten Muster und Fremdenergien wieder loszulassen – denn wer bin ich dann ohne all das, ohne meine Gewohnheiten? Es macht Angst, das loszulassen, was ich auf meiner Festplatte fest eingespeichert habe, denn es gibt mir ein Gefühl von Halt und Sicherheit und die Illusion, alles unter Kontrolle zu haben. Ich habe mich ja innerlich damit identifiziert und glaube, dass ich das bin. Es macht daher Angst und es tut innerlich unglaublich weh, all das von klein auf Gehörte, Gesehene, Gelernte, Gefühlte und Einverleibte wieder loszulassen, die Festplatte in mir von meinen eigenen kindlichen Bildern und Vorstellungen und von den Vorstellungen und Gefühlen anderer nach und nach zu löschen bzw. durch reifere Ansichten zu ersetzen. Dieser Prozess fühlte sich an, als würde mir nach und nach die Haut vom lebendigen Leib abgezogen und war begleitet von dem Gefühl zu sterben. Parallel dazu kam aber mein wahres Selbst zum Vorschein, so wie ich wirklich bin. Also es stirbt etwas Altes, Angelerntes und Angepasstes in mir und im gleichen Atemzug kommt mein authentisches Selbst zum Vorschein – vergleichbar mit dem Gefühl, neu geboren zu werden. Doch das, was gestorben ist, ist nicht weg, es ist auch noch gleichzeitig da in mir, kann mich aber nicht mehr beeinflussen, hat keine Wirkung mehr. Es hat seinen Frieden gefunden und ist zur Ruhe gekommen in mir. Je mehr Altes in mir stirbt, umso mehr kommt parallel dazu das zum Vorschein, was schon immer in mir da war, aber sich nie zeigen konnte. Meine Festplatte war so voll mit anderen Dingen, dass mein wahres Selbst regelrecht zugeschüttet davon war. Meiner Meinung nach besteht das Problem darin, dass ich immer glaubte, ich sei die seit der Konzeption oder der Geburt bespielte Festplatte, während ich in Wahrheit das bin, was/wie ich vor dem Bespielen war. Das zu erkennen, ist schwer. Wieder zum ursprünglichen Zustand der Festplatte zurückzukommen – mit dem Bewusstsein eines Erwachsenen –, ist noch viel schwerer, aber es ist erreichbar.

Erlebnis: Daseins-Punkt SEIN

Es ist noch immer alles dunkel draußen. Ich mache mir gerade Gedanken darüber, wie ich den Daseinspunkt und die Saskia (die wie hypnotisiert den Daseinspunkt nicht sieht oder nicht wahrnimmt, ihn wohl spürt oder weiß oder fühlt, dass da was ist, aber es nicht wahrnimmt) miteinander verbinden kann. Dazu will mir einfach nichts einfallen. Das Bild, das der Daseinspunkt von der Saskia zeichnet, dass sie wie hypnotisiert oder schlafend mit wachen, offenen Augen aussieht, irritiert mich schon und macht mich irgendwie betroffen. Es erstaunt mich, weil ich dachte, ich wäre wach. So deutlich ist mir die Spaltung noch nie bewusst geworden. Nur in mir kann ich die Spaltung auflösen. Es macht mir irgendwie keinen Sinn, wenn Holger sagt, die Saskia ist nicht wichtig. Ich habe das Gefühl, die Verbindung zwischen beiden ist wichtig.

Bei den Gymnastikübungen merkte ich, dass der Körper sehr gelenkig ist. Ich probierte den Kopfstand nach Holgers Methode – funktionierte nicht. Nach Tai Chi machte ich meine eigene Kopfstandvariante – super Gefühl.

Seit ewig langer Zeit sitze ich in tiefer Meditation und betrachte das DASEIN, den Daseinspunkt und die blockierte Saskia. Ich kann super sitzen, der Körper fühlt sich ganz steif und die Kiefer so hart und fest an, dass z. T. sogar die Zähne wehtun.

Ich schaue aus der Sicht des Daseinspunktes auf Saskia – sie ist blockiert, ich fühle aber eine klare Verbindung zu ihr. Die Seiten wechselnd, gleite ich mit meinem Bewusstsein rüber, in Saskia hinein und schaue als Saskia auf den Daseinspunkt – ich sehe ihn, spüre jedoch keine Verbindung. Da ich auf keine Lösung komme, wie ich die Verbindung herstellen kann, gehe ich als Saskia in den Turm runter zum Skelett *(es ist mir wieder ein Gegenüber und für mich da)* und bitte es, mit mir zu meditieren. Wir richten, jeder für sich, den Meditationsplatz her und sitzen uns im Abstand von ca. 1,5 m gegenüber. Ich bitte das Skelett mir zu helfen, wie ich das Problem lösen kann, die Spaltung in Saskia zu überwinden, aber das Skelett antwortet nicht. Daher bitte ich intensiv immer wieder um höhere Unterstützung und warte einfach ab, auf das Skelett schauend. Plötzlich springt es blitzartig in mich hinein und ich bin von einer Sekunde auf die andere selbst das Skelett. Das Kissen vor mir ist leer. Als Skelett warte ich, immer wieder um höhere Unterstützung bittend und unbeirrt auf den Daseinspunkt schauend. Ich bin ganz auf das Problem, die Spaltung, fokussiert. Auf einmal merke ich, wie ich zu zerfallen beginne … nach unten in mich zusammenrutschend … als viele Aschekrümel langsam zu Boden rieselnd, bis nur noch ein Aschehaufen übrig ist. Aus diesem steige ich unmittelbar, nachdem auch das letzte Aschekrümel den Boden berührte, als Daseinspunkt auf *(der Auflösungsprozess begann von außen nach innen, an allen Knochen gleichzeitig, als ob Schicht um Schicht von den Knochen herunterrieselte, am Ende in sich selbst zu einem Haufen Krümel zusammenrutschend)*. „Ich" BIN jetzt der Daseinspunkt anstelle des Skeletts *(das Sprechen fällt schwer)* und fühle mich als Pünktchen … schwebe als Pünktchen den ganzen Turm nach oben … wie leicht das geht … direkt vor meine Eltern … sie sehen mich nicht, obwohl ich direkt vor und zwischen ihnen herumschwebe … blockiert sehen sie aus, wie ich vorher auch. Sie warten noch immer vor der Tür auf Saskia, die gar nicht mehr da ist *(jedenfalls nicht in der Form wie sie sie kennen)*. Ich schwebe an ihnen vorbei und habe das merkwürdige Gefühl, mit den beiden nichts zu tun zu haben … vollkommen neu … total ungewohnt … fühle mich völlig frei von beiden … schwebe wieder zurück … direkt vor sie … sie bemerken mich nicht ein bisschen … ich verabschiede mich dennoch und schwebe an ihnen vorbei … raus aus der Höhle in eine neblige Masse. Ich fühle mich ganz frei und ohne Ballast … ganz leicht … kann es nicht wirklich begreifen oder fassen … unglaublich …

Ich breche die Meditation ab, weil ich mich überwältigt fühle. Das muss ich erst mal verdauen. Und schon meldet sich der Zweifler wieder zu Wort: „Ja, das erlebst du jetzt, weil du das gehört hast. Ist ja alles nur eine Vorstellung, ist alles gar nicht echt.“ Gleichzeitig kann ich wieder Pünktchen sein und schwebe verwundert und erstaunt herum … ist ja verrückt. Ich fühle mich unbeschreiblich gut nach diesem Punkt-Sein-Erlebnis. Jetzt verstehe ich auch Holgers Aussage, dass „die Saskia“ nicht wichtig ist.

Euphorie: Frei von den Eltern

Euphorie erfasst mich und ich singe lauthals fröhlich ein selbst kreiertes Lied. Am liebsten würde ich sofort rausgehen, Fasten beenden, Holger zum Essen einladen und den Rest der Woche hier im Schwarzwald verbringen – mit Holger in die Höhlen fahren und in die Natur. Ach, mich hält es fast nicht mehr hier drin. Ich überlege, ob ich nicht morgen schon wieder anfange mit essen. Ich werde am Sonntag rausgehen und … Ich singe und schreie alles in meiner Euphorie aus mir heraus … FREI …

Noch immer euphorisch, erstaunt, begeistert: Keine Verbindung zu den Eltern! Wirklich nicht da!!! Ich checke auch meine engsten Angehörigen und Freundeskreis durch: überall frei!!!!! Ich hätte nie für möglich gehalten, dass das geht. (*Es ist vom Verstand nicht fassbar in dem Moment für mich; ist eher ein Erfassen von einer anderen Ebene aus; bin ergriffen, tief bewegt, erstaunt, freudig überwältigt.*)

Im ganzen Körper ein flirrendes … vibrierendes … rauschendes Gefühl. Es strömt … fließt … bin Energie … alles fließt in mir. Gleichzeitig bin ich Punkt … überwältigend … bewegend … erstaunlich. In diesem winzig kleinen Pünktchen ist die große Saskia enthalten … und all die vielen Kleinen auch! COOL! Ich bin jetzt wieder als Pünktchen vor meinen Eltern – kann jetzt nicht mehr sagen, dass sie meine Wurzeln sind, weil da ja gar keine Verbindung ist! Absolut absurd! Mein ganzes Weltbild wird erneut völlig durcheinander gewirbelt. Das passt alles gar nicht in mein bisheriges! Aber so ist es. Meine Eltern sind nicht meine Wurzeln!!! In meinem Kopf wuselt alles durcheinander – alles in mir ist aufgewirbelt. Jetzt kann ich auch nicht mehr sagen: „Ich bin meine Eltern." Geht nicht mehr.

(02/2007: Es brauchte für mich diese Erfahrung, um mich halbwegs aus dem Feld der Eltern/Familie entfernen zu können. Aber nicht im Sinne von mich abwenden oder eines Beziehungsabbruchs, sondern die Eltern im Herzen tragend gehe ich jetzt in meiner eigenen Spur meinen eigenen Weg. Die Fläche vor mir ist unberührt und wartet darauf, von mir gestaltet zu werden. Ich kann die Eltern achten und so lassen wie sie sind, ziehe nicht mehr auf unbewusster Ebene an ihnen, will sie nicht mehr anders haben, habe keinerlei Erwartungen, Wünsche, Hoffnungen an sie, wenn ich in diesem Bewusstsein bleibe. Bis heute vergesse ich das oft noch und die alten Muster ziehen mich hinein in das Feld der Familie, wo ich in gewissem Grade ihren und meinen Emotionen ausgesetzt bin.)

Ich bin nicht meine Eltern. Auf einer gewissen Ebene stimmt das – ich bin meine Eltern und ich bin es auch nicht. Total unverständlich … paradox … komisch.

Oh Mann! Der Verstand rattert alles Weitere durch – jetzt geht es mit den Kindern weiter. Ich bin auch nicht die Mutter von meinen Kindern. Och … ist ja unglaublich … ich bin ihre Mutter und bin es auch wieder nicht. *(Ich lache leise vor mich hin.)* Wenn ich das meinen Kindern erzähle, werden sie denken, ich sei jetzt völlig durchgeknallt …

[06/2010: Es gibt verschiedene Ebenen: Auf der untersten Ebene (ohne Wertung der Ebenen) sind die Eltern meine biologischen Eltern – **ich habe Eltern** *und sie sind meine Wurzeln. Eine Ebene höher: Die Eltern sind meine Wurzeln und* **ich bin meine Eltern**. *Nächsthöhere Ebene:* **frei**

von *Bindung zu* **den Eltern** *u. a. Personen (Partner, Kinder, andere Verwandte, Freunde …), bin DASEINs-Punkt, das DASEIN, das SEIN. Auf der Ebene gibt es auch die Person „Saskia" nicht mehr. Jede Ebene hat ihre Wahrheit und bringt spezielle Erfahrungen mit sich.]*

Besuch Alexanderplatz
Es ist ein unglaubliches Freiheitsgefühl … fühle mich abgehoben … abgehoben und den Menschen weit entrückt … schwebe zum Alex in Berlin, zum großen Fernsehturm *(meine Sprache hört sich schwer an, als ob es schwer fällt zu sprechen)* … schaue mir alles an … schwebe auf dem Platz vor dem Fernsehturm, dann außen am Fernsehturm nach oben … Der Körper fühlt sich plötzlich ganz schlapp … Mir ist richtig übel …

Gespräch mit Holger
Die Menschheit schläft, niemand ist wach
Ich berichte Holger von meiner gestrigen Erfahrung bezüglich des Daseinspünktchens und der Saskia, die wie hypnotisiert oder schlafend mit offenen Augen das DASEIN nicht erkennt, es zwar tief in sich fühlt, aber nicht wirklich wahrnimmt. *(Ich erzähle es ihm so, als ob ich die Erfahrung des Daseinspunktes noch nicht hatte.)*

S.: „Du sagtest, dass die Saskia an sich nicht wichtig ist. Aber die Spaltung besteht doch in der Saskia, deswegen nehme ich das DASEIN ja nicht wahr. Also kann ich es doch nur in mir auflösen, oder?"

Holger lacht vor sich hin: „Keiner von uns ist erwacht! Wir sind alles Schlafmützen. Das wissen wir ja nun."

Ich muss auch lachen. „Ja, ja, aber es ist erschreckend, das zu sehen."

H.: „Je tiefer du es siehst, desto erschreckender ist es, wenn du es sehr tief siehst, stirbst du gerade. Der Schock ist zu groß. Das wird natürlich verhindert. Der Ursprung dieses Nicht-Sehens, dieser Nicht-Erwachtheit ist mir völlig unklar."

S.: „Aber hast du nicht manchmal das Gefühl, ein Stück aufgewacht zu sein, ein Gefühl von innerem Erwachen?"

H.: „Ich habe das auch ab und zu, aber letztendlich ist es eine Lüge, ist es nichts im Vergleich zu dem, was möglich ist. Du kannst arbeiten, kannst kämpfen und du hast jetzt hier einen Blick reingeworfen in diese monströse Öffnung, in ein weites Feld hinein. Damit fällt die Saskia weitgehend weg, die wird sehr klein und sehr bescheiden, nicht mehr so wichtig. Es gibt eine Hoffnung, wenn du weitergehst. Aber das ist dann der individuelle einsame Weg, worüber du mit niemandem sprechen kannst."

Ich spiele Holger die Tonbandaufnahme meines heutigen Tages vor und er hört sich die Erfahrungen mit dem Daseinspunkt, der Euphorie und dem Zerfall meines Weltbildes an und wie sich der Körper total schlapp anfühlt.

H.: „An sich gibt es nicht viel zu sagen, ist ja alles selbstevident, was du gefühlt hast. So ist es ganz einfach. Wir sind eine Saskia oder ein Holger und wir sind gleichzeitig das DASEIN pur. Wir sind zwar Kinder unserer Eltern, Eltern unserer Kinder, aber gleichzeitig sind wir reines SEIN und das muss man einfach unterscheiden können. Da du nun Saskia geworden bist, musst du im Alltag auch so tun, als ob du Saskia bist. Gleichzeitig aber – und das ist dein Wesen, deine wesentliche Basis und dein echter Ursprung – bist du dieser Daseinspunkt, d. h. das reine SEIN. Das war jetzt ein Daseins**punkt**. Dieser Daseinspunkt kann sich erweitern und größer und größer werden."

S.: „Der Punkt kann größer werden, wie eine Sonne z. B.?"

H.: „Ja, bis es alles umfasst und dann wird es natürlich immer kritischer, die Saskia gelegentlich aufrecht zu erhalten. Das ist ganz klar und jeder Mensch endet irgendwo. Die meisten kommen gar nicht zum Daseinspunkt, einige kommen dorthin, einige gehen noch darüber hinaus. Aber das ist der eigentliche Auftrag des Menschen, ins SEIN zu kommen. Das war eine echte Freiheitserfahrung, die viel größer ist als eine intellektuelle Erkenntnis. Auch die intellektuelle Erkenntnis ist schon ein kleiner

Daseinspunkt, die aber immer falsch sein kann. Wir können nie sicher sein, ob intellektuell was stimmt. Beim Daseinspunkt sind wir immer richtig, denn das ist das allgemeine, grundlegende Seins-Gefühl und das eigentlich sind wir und da hast Du jetzt einen Blick hineingeworfen. Daraufhin ist es ganz euphorisch und es erscheint einem als das Ende, also als die höchste Erfahrung. De facto ist das nicht der Fall, deswegen BLEIBT man auch in der Dunkelheit, weil es dann noch weitergeht. Du warst auch ein Stück weit im Plasma, diese, wie du es genannt hast, neblige Masse. Das ist ein guter Anfang, da kann man noch weiter reingehen. Also ich würde jetzt erst mal da bleiben, wo du bist und erst mal ausruhen sozusagen und das überdenken und fühlen. Es wäre jetzt nicht produktiv für dich rauszugehen. Nicht an diesem Punkt abbrechen, obwohl ich das verstehe: Man will dann rausgehen, weil man das tiefe Gefühl hat, jetzt hab ich eine große Zäsur, jetzt habe ich es irgendwo geschafft, jetzt kann ich auch mal abbrechen. Das ist verständlich, legt sich aber wieder, denn morgen oder übermorgen ist das wieder weg und dann siehst du, dass du weitergehen kannst, der Forschungsprozess geht weiter, der Daseinspunkt kann vergrößert werden. Es ist ja so: Du hast das jetzt und wenn du dann draußen bist, vergisst du hin und wieder den Daseinspunkt, dann leuchtet er mal wieder auf, kommt so als Reflex, ein Echo zurück. Aber im Grunde nicht sehr stark. Es geht darum, dass dieser Daseinspunkt immer da ist, dann hast du nicht mehr diese Probleme der Egoneurosen und der persönlichen Geschichte. Sie sind zwar noch da, aber sie sind relativ unwichtig. Aber auch die Welt, wie sie so ihren Gang nimmt, wird dann relativ unwichtig. Du siehst dann die Welt mehr von außen in ihren großen Zügen, in ihrer wahren Bedeutung usw. Und dann bist du auch nicht mehr so fixiert. Es geht dann die Angst vor dem Tod usw. schrittweise verloren, weil du das übergeordnet erschauen kannst. Speziell wenn du dann tiefer ins Plasma reingehst, siehst du, dass du ja eigentlich dort wohnst und hier nur

Gast bist. Gast in einem Körper auf einem materiellen Planeten. Und dadurch relativiert sich alles hier. Dadurch gehen auch die Ängste verloren und das ist jetzt, könnte man sagen, die ultimative Psychotherapie – es geschieht einfach von selbst dadurch, dass du einen größeren Daseinspunkt hast. Das ist wirklich schön. Und da kann man immer tiefer reingehen. Das eigentlich bist du. Und das ist jetzt ein Aspekt der Geistqualität. Noch nicht der ganze Geist, aber ein Aspekt oder ein verdünnter Aufguss. Kannst du dir noch zweimal so stark vorstellen – zehnmal so stark kannst du dir schon nicht mehr vorstellen."

S.: „Zehnmal so stark wie was?"

H.: „Wie jetzt deine Erfahrung war. Aber wenn du dann zehnmal so stark bist, kannst du dir zwölf- oder 13-mal so stark vorstellen, aber schon nicht mehr 20-mal so stark. Aber es kann zehnmal so stark werden. Das kommt häufig in der Dunkelheit vor, wenn man länger drin ist. Das gehört einfach dazu. Hier kommt man zur Wurzel des DASEINS. Ist alles sehr einfach. Das ist dein Weg, dein Auftrag. Wenn du mal am Daseinspunkt gerochen hast, willst du immer weitergehen. Das ist der Weg des Menschen oder aller Wesen."

Was ist der Verstand?

S.: „Ja, war schon eine tolle Erfahrung. Mein Verstand hat gestreikt, der kam da nicht mehr mit – war echt interessant. Das ist jenseits dessen, was der Verstand begreifen kann."

H.: „Na ja, was ist Verstand?"

S.: „Mein Denken, das gesagt hat: Ich bin meine Eltern, die Eltern sind meine Wurzeln usw. Wenn du dem Verstand das hättest ausreden wollen, hätte der es nicht zugelassen."

H.: „Aber wenn du genau hinguckst, wirst du feststellen, da ist gar kein Verstand. Sondern dieser sogenannte Verstandeskomplex ist nur das allerletzte Echo der Euphorie-Erfahrung, wie man es so nennt, die du jetzt hattest. Das ist das letzte, tiefste, dunkle Echo. So gehört also der Verstand auch zur Seins-Erfahrung, ist aber ziemlich verdunkelt. Es gibt nur ein Kontinuum, es gibt keine unterschiedlichen Bewusstseinszustände, ist alles ein Kontinuum vom reinen Geist, der sich dann immer mehr verdichtet. Die unterste Stufe ist der sogenannte Intellekt. Wenn du das tiefer analysierst, siehst du, das ist wie ein großer universeller Fluss. Und dann musst du nicht mehr mit einzelnen Worten rumjonglieren und die gegeneinander diskutieren und deine Zeit damit verlieren. Untersuche das mal, das ist wichtig. Dein Verstand ist nicht schlecht, das ist Geist pur, aber halt ein wenig verdichtet. Man lehnt den Verstand nicht ab, sondern sieht ihn als Kind des Geistes."

S.: „Ich meinte es so: Der Verstand tut sich schwer damit, was ich erlebt habe. Er allein hätte es nicht gefasst. Es ist keine Ablehnung darin, sondern es brauchte diese Erfahrung, um den Verstand zu überzeugen, dass es anders ist, um seine eingefahrenen Überzeugungs- und Denklinien oder -muster zu erweitern. Ohne die eigene Erfahrung – also bei Wissen aus Büchern – findet der Verstand immer etwas, was für ihn dagegen spricht, da ist er ganz stur. Nur die eigene Erfahrung überzeugt ihn, wenn auch sehr schwerfällig."

H.: „Diese Erfahrung war ja in der Meditation, oder?"

S.: „Ja."

H.: „Na ja, dann meditierst du weiter."

S.: „Ich lege erst mal eine Pause ein, ich bin so gefüllt."

Holger zeigt mir zum Abschluss unseres heutigen Gesprächs noch mal den Kopfstand und gibt mir den Tipp, diesen auf dem harten Fußboden, nicht auf der weichen Matte zu probieren.

Ich fantasiere darüber, dass ich wohl nächsten Sonntag rausgehen werde, den Nachmittag in der Natur verbringe und abends mit Holger lecker essen gehe. Mir läuft das Wasser schon im Mund zusammen. Noch eine ganze Woche hier drin! Ich nehme jetzt noch ein Bad, trinke Gemüsesaft und dann gehe ich ins Bett. Bin ganz schön müde.

17. Tag – Abschied vom Turm

Es ist noch Nacht und ich krieche immer wieder in den Kessel, um dieses wunderbare Gefühl in mir zu festigen – es ist ein tiefes Grundgefühl von Halt, Sicherheit, Geborgenheit, sich geliebt fühlen.

Ich träume, dass ich studiere und schwierige Matheaufgaben löse, die gleichzeitig tiefe Gefühle in mir auslösen. Auf die Art und Weise mache ich einen tiefen Prozess durch, während alle anderen eben einfach nur Mathe machen.

Sonntagmorgen – mir geht es gut und ich überlege, wie ich den Daseinspunkt vergrößern kann … Auch gehe ich immer wieder in das Gefühl des Daseinspunktes, um dieses tolle Freiheitsgefühl in mir tief zu verankern.

Abschied vom Turm

Ich bin gerade unten im Turm und besuche noch mal den Kraken – er ist gewachsen, sieht viel größer aus. Oder er erscheint mir nur größer, weil ich ein Punkt bin. Als Saskia kann ich jetzt nicht mehr hier unten laufen, weil die nicht mehr da ist. Ich verlasse den Kraken wieder und gehe noch mal in den Gold-Raum. Schaue mir all die Dinge aus Gold an: die Ketten, Halsbänder, Ringe, Fußbänder, Kronen, Ohrringe … Der ganze Raum ist voll von altertümlichem Schmuck. Es reizt mich nicht, davon zu nehmen. Ich weiß, es ist immer da, alles ein Teil von mir. Es ist, als ob ich die Probe im Goldraum schon vor langer Zeit *(vor Jahrhunderten)* bestanden habe. Auch Silber und Edelsteine liegen hier. Ich verlasse, einen Abschiedsblick zurückwerfend, diese Gold-Oase und gehe in den Raum, wo das Skelett zu Hause ist. Die Türen gehen von allein auf und hinter mir zu. Allein durch meine Absicht, hinein- oder rauszugehen, öffnet sich die Tür. Die Absicht ist mit dem Herzen verbunden und das Herz spricht diesen Wunsch als Bitte aus. Im Skelett-Raum steht jetzt nur noch der Kessel einsam und leer herum; das Feuer ist aus. Das Häufchen Asche vom Skelett liegt noch da. Es ist nicht wirklich Asche, es sind die Skelettknochen, die zu Krümeln und feinerem Mehl zerfallen sind. Der Kessel ist leer. Das Knochenmehl liegt auf dem Meditationskissen und ein wenig davor, wo die Beine vorher waren. Ich überlege, ob ich alles so liegenlasse oder das Mehl wegräume. Nein, es fühlt sich am besten an, alles so zu lassen, wie ich es jetzt hier vorgefunden habe – zur Erinnerung. Ich bin die Einzige, die diese Räume hier unten besucht. Ich lasse meinen Blick noch ein letztes Mal durch den ganzen Raum schweifen und verlasse ihn dann mit einem erfüllten Gefühl, den Raum verschließend. Gehe noch mal zu dem Kraken rein. Der ist in eine Art Schlaf gefallen … er sieht sehr groß, friedlich und zufrieden aus. Ich gehe wieder raus. Hier unten scheint jetzt alles erledigt. Da ist noch der dritte Raum, wo der Tisch drin stand. Der Raum wirkt leer, ohne Bedeutung jetzt. Ich lasse auch diesen Raum so wie er ist und gehe wieder raus. Ich habe das klare Gefühl oder Wissen, dass die Aufgaben, die es hier unten im Turm zu lösen gab, alle gelöst sind. In mir ist eine Stimmung wie Abschied, etwas ist zu Ende gegangen – wie wenn man vor einem Umzug noch mal zum Abschied durch alle Räume der alten Wohnung geht, bevor man sie für immer verlässt.

Ich schwebe wieder aufwärts. Oben stehen immer noch meine Eltern und warten, dass die Saskia aus der Höhle wieder rauskommt. Ja, wird sie nicht … jedenfalls nicht so, wie sie sich das vorstellen. Als Punkt können sie mich nicht sehen. Sie sehen schon völlig entnervt aus, machen sich ziemliche Sorgen, weil ich ja schon eine ganze Weile da unten bin – schon vier oder fünf Tage? Sie sehen aus wie wartende Eltern vor einem OP-Saal, die sich Sorgen um ihr Kind machen, das drinnen seit Tagen operiert wird in einer schwierigen OP, wo es um Leben und Tod geht. Ich empfinde tiefes Mitgefühl mit ihnen und fühle mich ihnen in großer Dankbarkeit verbunden. Jetzt stehe ich gerade vor einem Problem: Obwohl ich als Punkt direkt vor ihnen bin, kann ich doch keinen Kontakt zu ihnen herstellen, weil sie mich nicht wahrnehmen können. Wie sage ich ihnen, dass alles gut ist? Ich habe eine Idee: Ich schicke ihnen einen Boten, der ihnen einen Brief übergibt, in dem steht, dass sie nach Hause gehen können, sich keine Sorgen machen brauchen, weil alles gut ist und dass ich durch einen Hinterausgang rausgegangen und längst wieder zu Hause bin. Bei Gelegenheit werde ich ihnen alles erzählen. Ich schwebe aus der Höhle raus und bin plötzlich wieder in normaler Saskia-Form. Ich gehe wieder zurück und rufe meine Eltern, die mir mit dem Rücken zugewandt stehen und auf die Tür schauen. Sie drehen sich um und kommen, sich laut darüber wundernd, dass ich schon draußen bin, auf mich zu. Sie hätten gar nicht bemerkt, dass ich rausgekommen sei, wo ich denn war so lange, sie hätten sich Sorgen gemacht usw. Ein groteskes Gefühl, Dinge gesagt zu bekommen in der Annahme, ich wüsste sie noch nicht – dabei ist mir alles genauestens bekannt. Da ich nicht weiß, wie ich die Sache mit dem Punkt erklären kann, behelfe ich mir mit einer kleinen Notlüge. Ich erzähle ihnen, dass ich durch einen Hinterausgang rausgekommen bin, der sehr weit weg war, deshalb hätte es so lange gedauert. Ich würde ihnen später alles erzählen, jetzt könnten sie erst mal nach Hause gehen, es ist alles in Ordnung mit mir. Wir umarmen uns alle drei … ein schönes Gefühl …

Gespräch mit Holger
Über Mönche und Meditation

Holger und ich reden darüber, wie tibetische Mönche ausgebildet werden. Er erklärt, dass es bestimmte Schritte und Phasen gibt und die Ausbildung wie in einer Schule ein gestaffeltes System sei, innerhalb dessen Schriften gelesen und Übungen gemacht werden. Meditiert werden könne mit offenen oder geschlossenen Augen, das sei egal.

H.: „Du siehst ja dann eh nichts mehr. Du weißt nichts mehr und guckst nur, was kommt und das ist objektiv, das ist dein

Wissen. Das ist ein nichtindividuelles Wissen, ist keine Indoktrination. Das ist was völlig anderes."

Ich frage Holger, ob er sich was Bestimmtes vorstellt, um sich im Seins-Bewusstsein zu halten. Das könne man, so Holger, als Übung mal machen, aber im Allgemeinen nicht. Sich ständig daran zu erinnern, eine Seele, ein Punkt zu sein, könne in einem Kampf ausarten, weshalb er davon abrät. Es sei gut, bei den spirituellen Übungen locker zu bleiben. Man müsse nicht perfekt werden, sondern locker. Alles sollte von allein kommen, nicht durch das Ego. Das würden viele verwechseln, weshalb dann nur Indoktrination, Kampf und Neurose rauskomme.

H.: „Das ist kein einfacher Weg. Du musst Intelligenz besitzen und großes Wissen und auch die angeborene Struktur haben, um das zu schaffen. Wenn du die nicht hast, kannst du in 10.000 Schulen gehen, es wird nie was rauskommen. Das ist eine angeborene Struktur. Angeboren heißt, du hast das schon häufig in vielen vorangegangenen Leben geübt, hast also eine gewisse Kompetenz. Du kannst nicht in einem Leben ein yogisches Leben aufbauen, das geht nicht. Jeder hat seine Grenzen und muss diese erkennen."

Ich stimme Holger zu und wechsle das Thema, indem ich ihm von meiner Erkenntnis berichte, dass die Orientierungslosigkeit aus der ersten Dunkeltherapie mit meinem damaligen Zustand zu tun gehabt hat. Seinerzeit waren, rückblickend betrachtet, lauter Fragezeichen in mir und ich wusste nicht, wie es nach der Trennung von meinem Mann in meinem Leben weitergehen würde. Holger meint, es gäbe einerseits die Möglichkeit, dass es mit meinem inneren Zustand zu tun haben könnte, andererseits gäbe es eine allgemein menschliche Desorientierung im leeren Raum in der Dunkelheit. Das seien normale Phasen, die meist nur kurz andauerten.

S.: „Ich finde das eine total spannende Sache: Es kommt ja im Dunkeln wirklich alles hoch und ich finde die Klarheit, mit der die Dunkelheit das aufzeigt, schon irre."

H.: „Ja – du siehst dein eigenes Inneres sozusagen als Film oder Bild, je nachdem."

S.: „Und deswegen denke ich, dass auch die Orientierungslosigkeit oder solche Räume, die man sieht – z. B. der Boden mit den vielen Balken oder die Treppe – in das Dunkel reinprojiziert gewesen ist. Die Balken waren Widerstände, die mir noch im Weg waren wie Steine auf einem Weg … Oh – was ist denn mit meiner Zunge los … irgendwie ist sie wie gelähmt. Sie fühlt sich wie fremd an in meinem Mund, wenn ich spreche, als ob sie nicht zu mir gehört."

(02/2007: Auf der Kassette ist deutlich zu hören, dass was nicht stimmt. Holger ging aber nicht darauf ein. Ich habe es noch gut in Erinnerung: Die Zunge fühlte sich wie gelähmt an, das Sprechen fiel schwer, weil die Zunge nicht mitmachte – ich konnte nur „lallen" – ähnlich dem Zustand, wenn ich früher zu viel Alkohol getrunken hatte. In dem Zustand ist die Zunge nicht wirklich frei und leicht bewegbar.)

[06/2010: Mir ist heute bewusst, dass ich Holger an der Stelle unbedingt überzeugen wollte von meiner „Wahrheit" über die Orientierungslosigkeit. Es steckt eine Betriebsamkeits-Energie drin, ich bin also innerlich bereits in einem Muster und habe meinen authentischen Bereich verlassen, spreche nur aus dem Kopf heraus, nicht in Verbindung mit meinem Herzen. Ich finde es ganz interessant, dass sich an der Stelle das Zungenphänomen zeigt, was die Lehre der traditionell-chinesischen Medizin bestätigt. Danach öffnet sich das Herz in die Zunge, die hier gelähmt ist als Zeichen dessen, das ich nicht ganz in meiner Mitte bin, nicht mit meiner authentischen Zunge rede sozusagen. Die Energie der Worte kommt aus dem Überlebensmechanismus (Pig Parent, Anpasser), nicht aus meinem Herzbereich. Der enge Zusammenhang zwischen Seele und Körper wird mir noch bewusster – jede seelische Verfassung hat auf der Körperebene sofort Auswirkungen. Ich merke, dass ich mir dessen nicht immer so bewusst bin wie gerade in diesem Moment.]

Holger ist wieder gegangen.

Habe noch ein paar Gedanken zum Thema „sich stoßen". Ich stelle fest, ich stoße mich bedeutend weniger als bei der ersten Dunkeltherapie, nämlich dann, wenn ich mich unaufmerksam hier im Dunkeln bewege. Solange ich aufmerksam bin, passiert das nicht. Z. B. habe ich mich gerade im Bad gestoßen. Das Handtuch war von der Heizung gefallen und ich hatte mich blindlings oder automatisch danach gebückt, ohne mich bewusst zu bücken. Prompt bin ich mit meiner Stirn mit ziemlichem Schwung an den Heizungsrippen gelandet. Ich habe mir ein mächtiges Horn gehauen. So weit zu meiner eigenen Unachtsamkeit und Unbewusstheit in diesem Moment. Achtsam und aufmerksam kann ich nur im JETZT sein – dann bin ich auch gleichzeitig sehr bewusst und es geschehen andere Dinge als im unbewussten Zustand. Leider bin ich draußen nur wenige Augenblicke am Tage wirklich bewusst und präsent. Den größten Teil der Zeit bin ich nicht im JETZT.

(06/2010: Der Zustand der Nicht-Authentizität oder Nicht-Präsenz geht parallel einher mit Unachtsamkeit – ich holte mich über die Beule auf schmerzhafte Weise wieder in das JETZT, in die Gegenwart zurück. Achtsamkeitsübungen, Yoga, Tai Chi, Autogenes Training und Meditation z. B. können hilfreich sein, sich die eigene Nicht-Präsenz bewusster zu machen.)

18. Tag – Der Fischschwarm oder: Der Eine Mensch

Erkenntnis zu den Balken

Es ist immer noch in der Nacht zum Montag. Mir kommt die Erkenntnis: Die Balken, die ich in der ersten Dunkeltherapie gesehen habe, stehen für Schwierigkeiten, die ich für Schwierigkeiten hielt ohne zu erkennen, dass das nur Illusionen waren. Diese Balken bzw. Schwierigkeiten behinderten mich zwar auf meinem Weg, aber sie hinderten mich nicht daran weiterzulaufen. Ich musste sie halt nur umschiffen, umgehen. In der Treppe verbarg sich die Lösung für die Balken, nämlich die Illusion bzw. die Projektion zu erkennen. Es hat sich in der ersten Dunkeltherapie sowohl das Problem gezeigt als auch die Lösung dafür, ohne dass ich es erkannt hatte. Das Stückchen Treppe, das nach unten führte, und die Tür auf der linken Seite sahen genauso aus wie das letzte Stückchen im Turm, wo ich runtergelaufen bin, um zu den Türen zu kommen. Da war die Lösung drin *(die Treppe runterzugehen, statt vor ihr wegzulaufen).*

Gedanken zum Daseins-Punkt
Ich habe in der Nacht zum Montag ganz viele Gedanken zum Daseinspunkt, zu vielen Daseinspunkten, zu 6 Mrd. Daseinspunkten, so viele, wie es Menschen gibt und zu dem EINEN, dem Göttlichen, das diese Daseinsenergiewolke umhüllt. Ich werde das Holger beim Montagabendgespräch vorspielen.

Es ist immer noch stockdunkel draußen. Ich bin bestimmt schon zwei Stunden wach, wenn nicht noch länger. Mein Kopf qualmt ziemlich von den vielen Bildern, die ich habe über die Daseinswolke und über das Göttliche und wie alles in allem in der Wolke enthalten ist.

Ich habe bis schätzungsweise vormittags im Bett gelegen, konnte aber nicht noch mal einschlafen. Habe Tai Chi, Sport und Kopfstand gemacht, bin baden gegangen, habe meditiert – meine Zunge ist immer noch wie lahm. Nach der Meditation habe ich mich hingelegt und im Liegen weiter meditiert. Bin ab und zu weggetreten – hörte mein eigenes leises atmen, wovon ich wieder aufwachte.

Trinke jetzt eine heiße Brühe, es ist kalt heute. Ich werde Holger fragen, ob er nicht die Heizung wieder anschalten kann.

Die Zunge könnte so gelähmt sein vom Meditieren, weil dabei der ganze Kopf bis zum Halsbereich steinhart wird. Aber auch wenn ich nicht meditiere, pressen sich die Kiefer zusammen – trotzdem sind die Kaumuskeln ganz locker. Ich scheine in einem dauermeditativen Zustand zu sein und das könnte Auswirkungen auf die Zunge haben. Die ist wie gelähmt und taub, als hätte ich einen getrunken. Sie gehorcht mir nicht wie gewohnt beim sprechen, ist schwerfällig und ich mache mir für ein paar Augenblicke lang Sorgen. *(Als Heilpraktikerin und Tierärztin kommen mir Gedanken an einen Schlaganfall, es ist ein typisches Symptom.)*

Traum: Mühe zu laufen
Ich sehe mich mit allergrößter Kraftanstrengung nach Hause rennen. Es kostet mich Mühe überhaupt zu laufen. Ich weiß nicht, warum ich nicht normal gehe, sondern ich will rennen und muss größte Mühe aufbringen, nicht umzufallen. Ich torkle auch mehr als dass ich gehe oder laufe. Ende.

Ich deute das als Hinweis auf meinen gegenwärtigen Zustand – real torkle ich genauso, Tai Chi kostet mich große Kraftanstrengung, ebenso das Aufstehen, um zur Toilette zu gehen. Dazu der eigenartige Zustand meiner Zunge …

In der Sitzung meint Holger dazu, der Traum weise auch darauf hin, dass ich hier raus und nach Hause wolle.

Gespräch mit Holger
Wie stellen Tote den Kontakt zu den Lebenden her?
Holger ist gekommen und ich stelle ihm folgende Frage: „Wie stellen Tote den Kontakt zu den Lebenden her, wenn sie doch beim Eintritt ins Geistreich alles Irdische vergessen? Auf welche Art und Weise kommt dann die Verbindung zu den Lebenden wieder zustande?“ *(Ich hatte ihm die Frage schon mal gestellt, dennoch war mir das immer noch unklar.)*

H.: „Was Du als Mensch warst, was du da gemacht hast, dass du da Kinder hast usw., das ist dir schon präsent. Aber: Das muss man sich ganz klar vorstellen. Sagen wir mal so: Du bist jetzt mit uns nach Bali gereist. Kaum bist du in Bali, ist es doch so – so geht's mir zumindest –, dass deine Existenz hier in Bali ist. Was du arbeitest, deine Wohnung usw. ist weit, weit weg. Wie geht dir das? Ist doch irgendwie verschwommen, verliert sich … und jetzt das hoch 10, so musst du es dir dann vorstellen, wenn du im Jenseits bist. Verstehst du, es ist nicht vergessen, aber es ist halt wie irreal und unrealisiert. Du bist da in Bali unter tropischen Pflanzen und hier ist Schnee – das weißt du alles logisch, aber letztendlich kannst du gar nichts damit anfangen, weil du in einer anderen Realität lebst. Es ist vergessen und doch nicht vergessen. Selbst wenn jemand nur zwei Minuten tot ist, geht er ins Geistreich, geht er ins Jenseits und was stellt er fest? Er hat keinerlei Interesse mehr an seinem irdischen Leben. Das reißt dermaßen schnell ab, weil die Zeit- und die Daseinsqualität im Jenseits eine völlig andere ist als hier. Du bist auf dem Daseinspunkt, wie du gesagt hast, angelangt. Da hast du kein Interesse mehr an diesem ganzen Wirrwarr und Hin und Her, sozialen Bindungen usw. Das erscheint dir alles völlig erkünstelt, völlig absurd. Wenn du im Jenseits bist, fällt alles von dir ab. Deine ganzen Introjektionen, deine ganzen Identifikationen, das fällt deswegen ab, weil die Seele sich vom Körper getrennt hat. Du hast schon kein Raum-Zeit-Gefühl mehr. Du hast keine Körperidentifikation, du hast keine Körperbasis mehr. Und daher fallen auch deine ganzen künstlichen Identifikationen weg: Name, Beruf, Titel, Lebensgeschichte, deine Neurosen, deine Erfolge, deine Liebhaber usw. Das erscheint dir so schal, so nichtig, so blass, denn jetzt bist du im Daseinspunkt."

S.: „Trotzdem kreiere ich mir noch immer das Gleiche wie auf Erden …"

H.: „So, jetzt kommt es natürlich: Kaum bist du aus dem Geistreich zurück, bist du wieder im Jenseits, d. h. du legst dir jetzt gewissermaßen wieder deine irdische Hülle an, also deine Seelenkonzeption. Die sind jetzt plötzlich wieder voll da, holen dich wieder ein."

S.: „Ach so, nur im Geistreich ist alles abgefallen …"

H.: „Ja, nur im Geistreich. Und du musst bedenken: Es ist was anderes, ob du nur zwei Minuten im Jenseits bist oder ob du wirklich tot bist und nicht mehr zurückkommst. Das muss man unterscheiden. Bei den Nahtoderlebnissen bleiben die meisten ja nur kurz im Jenseits, sehen z. B. nur kurz den toten Vater und dann werden sie schon wieder zurückgezogen *(ins Leben)*. Die haben gar nicht groß die Möglichkeit, sich dort *(im Jenseits)* wieder normal zu verlebendigen. Aber die, die länger da sind, ziehen wieder ihre irdische Seelenhülle sozusagen an, weil es ja letztendlich nicht wirklich aufgearbeitet ist. Und dann sehen sie das, was **in** ihnen ist. Im Jenseits siehst du das, was **in** dir ist und was du denkst."

S.: „Ja, das ist mir klar."

H.: „Das ist ja hier auch so. Aber du kannst dir jetzt nicht vorstellen, da steht kein Haus – obwohl da ein Haus steht – und dann ist es auch nicht mehr da. Da musst du schon überneurotisch sein … Aber im Jenseits ist das so. Nicht weil da keine realen Hausstrukturen, Steine und Planeten rumwirbeln, sondern da ist gar nichts. Wie soll ich sagen, das ist nur wie eine Leinwand oder wie Luft und du projizierst deine Ideen in die Luft und dann werden es Wirklichkeiten."

S.: „Das ist klar. Mir ging es nur noch mal darum, wie der Kontakt zu den Lebenden hergestellt wird."

Unterschied zwischen Diesseits und Jenseits

H.: „Du hast eine ganz tiefe Erinnerung, wie eine Vision an deinen Sohn meinetwegen. Du bist also seelisch jetzt mit ihm verbunden. Dadurch kriegst du mit, wann es ihm schlecht geht. Und je tiefer deine Bindung ist, umso mehr willst du ihm helfen. Dadurch rückst du selbst aber in die Nähe des materiellen Planeten, wirst also von dessen Aura gewissermaßen eingefangen und selbst so ein bisschen halbstofflich. Wenn du dich jetzt um deinen Sohn kümmerst, während er Auto fährt, kannst du ihn vielleicht vor einem Unfall bewahren. Du bist aber selbst eingefangen in dieser materiellen Aura. Das ist der Nachteil, d. h. du schwebst hart an der Materie, du bist nicht weit von denen und dadurch leidest du eben auch, du bist total in der Fixierung drin. Das ist die Kehrseite der Medaille. Also das Jenseits ist so, wie es hier ist. Da gibt es auch Religion, Buddhisten und Christen und die machen alles, was hier ist. Der Mensch behält dort alles, er geht auch dort wählen, es ist ganz unglaublich da. Aber der Unterschied zu hier ist so: Es gibt halt die Stadt Berlin, die gibt es definitiv, ob ich daran glaube oder nicht, ist egal. Im Jenseits kann einer an Berlin glauben und dann kann er nach Berlin gehen. Aber ich glaube vielleicht nicht an Berlin, das habe ich vielleicht vergessen oder kenne die Stadt gar nicht, dann gibt es für mich kein Berlin im Jenseits, auch wenn es für dich existiert. Das ist der Unterschied."

Wie viele Engel können auf einer Nadelspitze tanzen?
S.: „Kann ich sagen, dass es so viele Daseinspunkte gibt wie es Menschen gibt?"

H.: „Auf dem Daseinspunkt treffen sich alle Wesen. Es gab im Mittelalter die scholastische Frage: Wie viele Engel können auf einer Nadelspitze tanzen? Die Leute haben dann überlegt und 1.000, 5.000 oder 50 vermutet. Alles falsch. Alle Engel können auf einer Nadelspitze tanzen. Warum? Weil Engel keine physische Ausdehnung haben. Damals haben die viele solche Fragen entwickelt, um ihre Schüler zu testen. Also der Daseinspunkt ist nicht dein Daseinspunkt, sondern das ist der von allen. Da trifft sich gewissermaßen alles. Das ist ein ausdehnungsloser Raum. Wenn du noch tiefer reingehst, stellst du fest: Das ist das reine SEIN, wo alles drin ist."

Erkenntnisse/Erfahrungen zum Daseins-Punkt
S.: „Ja, ich habe in der letzten Nacht viele Gedanken/Erfahrungen dazu gehabt. Ich spiele dir mal vor, was ich aufgenommen habe[2]:"

> *In jedem Daseinspunkt ist der ganze Mensch vom Säugling bis zum alten Menschen enthalten, so wie im Samen der Tanne schon die große Tanne enthalten ist.*

---

[2] Im Folgenden ist der vorgespielte Text vom Tonband in Kursivschrift dargestellt.

Holger bestätigt das auf meine Nachfrage und ich sage: „Aber trotzdem gibt es nur einen Daseinspunkt insgesamt."

H.: „Ja, eine Fläche als Daseinspunkt. Aber was heißt jetzt Säugling – alter Mensch? Ich meine, es gibt weder Säuglinge noch alte Menschen. Der Säugling ist der gleiche wie der alte Mensch. Die haben alle den gleichen Daseinspunkt. Nur dass dein Körper jetzt altert, du erreichst eine andere Form. Aber der Daseinspunkt kann doch nicht altern."

S.: „Nein, habe ich auch nicht gesagt und meine ich auch nicht. Ich dachte zuerst, dass es mein Daseinspunkt ist und dass es dann so viele Daseinspunkte geben müsste, wie es Menschen gibt, also jeder Mensch seinen eigenen Daseinspunkt hat."

H.: „Nein, das kann ja nicht sein. Wenn du noch tiefer gehst, dann erweitert sich der Daseinspunkt noch mehr und die evolutive Kette der Menschheit ist im Daseinspunkt. Im Fischschwarm zählt das einzelne Fischlein nicht, das ist der Schwarm."

S.: „Ja, die Gedanken haben sich am Ende in die Richtung entwickelt. Es ging aber so los mit der Überlegung, ob jeder Mensch einen eigenen Daseinspunkt hat. Lass uns mal weiter hören:

Im Moment der Befruchtung der Eizelle eines Menschen ist dieser Daseinspunkt schon da und es entsteht im Laufe der Zeit der Mensch aus der Eizelle. Der entwickelt sich und macht seine Erfahrungen usw. Wie ist das mit den verstorbenen Seelen, haben die auch einen Daseinspunkt? Theoretisch müssten die auch einen haben.

H.: „Saskia, was bist du? Du bist eine Seele. Daseinspunkt und Seele sind zwei Worte für ein und dieselbe Sache." Wir müssen beide darüber lachen.

S.: „Ja. Da bin ich am Ende auch hingekommen."

H.: „Das ist identisch. Die wirkliche Seele hat ja kein Raum-Zeit-Gefühl. Daher ein Daseinspunktgefühl, nennen wir es mal so. Das ist dein wahres Seelengefühl."

S.: „Ja. Ich bin da auch hingekommen, das waren Gedanken oder Stufen, die ich dir gerade vorspiele, die sich in der Nacht so entwickelt hatten."

Was ist dieser Daseinspunkt? Es ist reines Bewusstsein. Reine Bewusstseinsenergie. Dann haben wir im Prinzip 5 Mrd. Bewusstseinsenergie-Daseinspunkte. Ich sehe einen riesigen „Fischschwarm", wo alle 5 Mrd. Menschen mitschwimmen. Einige schwimmen am Rande, einige in der Mitte, auf jeden Fall hat jeder seinen Platz. Das, was im Kopf des Fischschwarmes passiert, hat auch Auswirkungen auf den Schwanzbereich, weil über die Energie die Impulse der Einzelnen weitergeleitet werden.

S.: „Gehst du bis hierhin mit, dass der Daseinspunkt reines Bewusstsein ist, Holger?"

H.: „Ja."

S.: „Aber es ist nicht so, dass es 5 Mrd. Daseinspunkte gibt, sondern es ist ein Punkt, ein Bereich."

H.: „Ja."

S.: „O. k. Ich hatte in der Nacht noch weitere Gedanken."

Dann gibt es wahrscheinlich noch die Daseinspunkte der Toten, die auch noch mittendrin sind und die auch noch mitmischen und mit beeinflussen, sodass das eine riesige Bewusstseinswolke ist, eine Bewusstseinsenergiewolke. Ich sehe, dass diese Wolke die Lebenden wie die Toten umfasst, es ist eins, kein Unterschied. Insofern gibt es weder Leben noch Tod. Es ist einfach reines Bewusstsein, egal ob im Körper oder nicht im Körper, ob lebendig oder tot. Im Körper macht man zwar noch andere Erfahrungen, aber es gibt nicht wirklich den Tod. Dann gibt es aber auch nicht wirklich Leben bzw. Leben und Tod ist ein und dasselbe.

S.: „Stimmst du dem so zu?"

H.: „Ja."

Ich schaue auf die Erde insgesamt. Sehe die gesamte Menschheit als ein Einzelindividuum, das sich aus Einzelenergien zusammensetzt. Zusammen ergibt das einen einzigen großen Bewusstseins-Energiekomplex. Die Bewusstseinswolke hat eine dichtere Energie als das, was um sie herum ist – vergleichbar mit einer Wolke und um sie herum klarer

Himmel. Um diese Wolke herum, also über die Wolke hinaus, fühlt es sich subtiler an, wie leer. Leer, weil es eben nicht so dicht ist, weil es subtiler ist. So subtil, dass es als leer erscheint. Es ist noch reineres oder höheres Bewusstsein, das den Raum zwischen den Planeten ausfüllt. Der interplanetare und – noch subtiler – der intergalaktische Raum besteht aus diesem ganz reinen, wie leer erscheinenden Bewusstsein oder einfach SEIN. Das hat die Qualität reiner Liebe, reiner Schöpfungskraft, das, was ich unter göttlicher Schöpfungskraft oder reines SEIN verstehe. Diese Bewusstseinswolke, die sich aus allen Einzelenergien (aller Lebenden und Toten) zusammensetzt, ist eingehüllt und eingebettet in diese reine Schöpfungskraft, diese reine Liebe, dieses reine Göttliche. Mir kommt wieder die Frage: Wie ist die Verbindung zwischen der Bewusstseinswolke und der reinen Schöpfungskraft? Genauso wie im Daseinspunkt der gesamte Mensch enthalten ist, ist jetzt in der größeren Schau in der reinen Schöpfungskraft die Bewusstseinswolke enthalten – sie geht aus dem reinen SEIN hervor, vom reinen SEIN erschaffen.

(Gedanken 01/2008: So ergibt sich daraus die Verbindung, ähnlich der Verbindung zwischen Mutter und Kind, die auch nach dem Durchtrennen der Nabelschnur unsichtbar bestehen bleibt. Das reine SEIN ist hier die „Geburtsmutter", aus der alles geboren wird und auch hier besteht immer eine unsichtbare Verbindung zu allem, was sie hervorbringt.)

Das reine SEIN ist das EINE, aus der die Vielfalt hervorgeht. Letztendlich kann man die ganze materielle Welt in dieses reine SEIN, in diesen reinen GEIST – ähnlich einer zusammengedrückten Spirale – hineinschieben. Am Ende gibt es nur das EINE. (Oder andersherum: Die materielle Welt, die Vielfalt, geht aus dem EINEN hervor.) So wie im reifen Menschen alle jüngeren Entwicklungsstadien auch enthalten sind, so ist die ganze Welt, die Materie, in diesem reinen Geist, dem EINEN, enthalten. Das EINE bringt die Vielfalt hervor, das EINE enthält die Vielfalt, das EINE ist die Vielfalt. Das EINE und die Vielfalt sind ein und dasselbe bzw. die Vielfalt geht auf das EINE zurück. Darum ist die Vielfalt und das EINE das gleiche. Damit ist der Schuh gleich einer Birne, um auf die Analogien zurückzukommen.

S.: „Kannst du bestätigen, was ich geschaut habe?"

H.: „Ja, voll und ganz. Du bist der geborene Philosoph."

S.: „Du würdest das nicht anders sehen oder ergänzen wollen?"

H.: „Nein."

S.: „Also bis auf diese Daseinspünktchen, dass es nicht viele sind, sondern ein Bereich. Oder setzen die sich zu einer Wolke zusammen? Nein, das wird ein Bewusstsein sein."

(06/2010: Ich war hier noch z. T. in den Formen gefangen, deshalb fiel es mir an der Stelle schwer zu sehen, dass es nur einen Daseinspunkt gibt. Daher verstand ich auch Holgers nachfolgende Frage nicht.)

H.: „Guck dir doch mal deine Mitmenschen an. Meinst du wirklich, du bist so viel besser oder anders als sie?"

Ich bin verwundert über die Frage: „Nein, ich halte mich nicht für besser. Ich verstehe die Frage jetzt nicht in dem Zusammenhang."

H.: „Diese persönliche Individualität, die sich ergibt aus der verschiedenen Lebenserfahrung, anderen Ländern, andere Sprache usw., kannst du alles Schritt für Schritt wegstreichen. Übrig bleibt ein identisches Bewusstsein. Die Menschen halten sich nur an der Oberfläche, lässt du alles weg, siehst du identische Bewusstseinsenergie. Emanuel Swedenborg hat das den Homo maximus, den großen Menschen, genannt. Also die ganze Menschheit **ein** Mensch. Jetzt sind tausend kleine Details scheinbar aufgespielt, SCHEINBAR. Und das ist unsere Illusion."

S.: „Ja, das ist mir heute Nacht klar geworden, als ich das alles geschaut habe. Oder sagen wir mal klarer, ich muss mir das immer wieder vor Augen halten."

H.: „Ja, das ist schwer, an sich kann man das gar nicht glauben. Aber da ist was dran. Das ist so, wenn du tief reingehst. Man hält es halt schwer aus, man hat einen Widerstand, weil das eigene ICH damit auch wegfällt. Man ist ja so was Spezielles, ich bin ja anders als du, ich möchte nicht sein wie du. Natürlich nicht, aber: Das sind alles Oberflächlichkeiten."

S.: „Die 5 Milliarden Menschen sind wie **ein** Fischschwarm. Jeder trägt durch sein Dasein, durch das, was er ist, wie er ist usw. zum Ganzen bei. Es braucht jeden Einzelnen, es geht nicht ohne den."

H.: „Ja. Ein Fischschwarm ist an sich ein schöner Vergleich, weil – das Witzige ist, es sind alles Einzelfische und trotzdem reagieren die wie *ein* großer Fisch."

S.: „Genau. So habe ich es gesehen."

H.: „Das ist ganz unfassbar. Da kommt das interessante Gesetz der Synchronizität oder Synergie zum Tragen: Wenn ein Fisch sich nach rechts bewegt, bewegen sich die umliegenden Fische auch nach rechts. Und so setzen sich die Schallwellen fort und der ganze Fischschwarm bewegt sich nach rechts, weil von dort ein Feind kommt. Stößt der in den Fischschwarm rein, geht einer weg und zugleich auch die anderen und der Feind schwimmt durch den Schwarm. Und so sind wir auch. Im Grunde reagiert oder vibriert die Menschheit immer als Ganzes. Wenn irgendwo etwas passiert, vibrieren die anderen mit. Und jeder denkt, er ist was total anderes und bringt den anderen um, weil der anders ist. Aber das ist nicht so. Das ist **eine** große Menschheit und wir sind wieder mit anderen Menschheiten und weiß der Teufel was verbunden. Und so kannst du das ganze Universum mit all seinen verschiedenen Sternen, Planeten, Wesen auf eine Figur reduzieren. Aber es geht nicht nur um das intellektuelle Verständnis, sondern das tief zu erfahren. Das hast du ja jetzt gemacht, das hast du halbintellektuell gemacht …"

S.: „Ja, das ist wohl noch intellektuell …"

H.: „Nein, nein, nicht nur. Das ist schon gefühlt. Und damit du es überhaupt formulieren kannst, hast du noch ein bisschen den Intellekt behalten."

(03/2007: Es war wie eine Schau – ich stellte mir die Fragen und als Antworten kamen die Bilder, die ich schaute, wie zur Erklärung. Alles

Beschriebene breitete sich vor mir aus und aus dem Geschauten ergaben sich die nächsten Fragen, worauf hin sich das Geschaute änderte und immer so weiter. Die Erkenntnis, das alles mit allem verbunden ist und **jede** *Handlung, ja, sogar jeder Gedanke Auswirkungen auf der ganzen Erde und sogar im Universum hat, ist einerseits eine überwältigende, andererseits eine bis in Mark und Zelle schockierende Erfahrung, wird doch zugleich das Ausmaß an Verantwortung bewusst, die diese Erkenntnis mit sich bringt. Ich konnte das damals nur in Ansätzen fühlbar erfassen, konnte es nicht in seiner ganzen Tragweite an mich heranlassen – die Bedeutung dessen war zu groß, zu tief, zu umfassend in ihren Auswirkungen.)*

(01/2008: Das Tun eines Einzelnen hat Auswirkungen auf alle und das Tun aller im Schwarm wirkt sich auf das Tun des Einzelnen aus. Alle Menschen sind untereinander verbunden wie Einzelfische im Schwarm und wir reagieren genauso als Gesamtheit wie der Fischschwarm. Mein Handeln hat Auswirkungen auf die Menschen z. B. in Afrika und deren Tun hat Auswirkungen auf mich. Daraus ergibt sich eine gehörige Portion Verantwortung für mein Tun. Dadurch dass wir **ein einziger großer Mensch** *sind, bin ich an allem, was auf der Erde durch die Menschen geschieht, mitbeteiligt und trage mit Verantwortung. Die Kriege und Katastrophen an den verschiedenen Orten der Welt sind wie Krebsgeschwüre innerhalb des einen großen Menschen. Diese Krebsgeschwüre sind die Folgen unseres Handelns, Tuns und unseres Nicht-Tuns und Nicht-Handelns und nur wir selbst, wir alle im Schwarm, können dies ändern über unser Bewusstsein und verändertes Tun. Wenn sich innerhalb des Schwarms das Bewusstsein und damit das Handeln im größeren Maßstab ändert, so nimmt der gesamte Schwarm eine andere Richtung. Die Krebsgeschwüre könnten mehr zur Ruhe kommen, wenn mehr und mehr Einzelindividuen sich in ihrer Mitte, im Gleichgewicht befinden. Das würde zu mehr Gleichgewicht im einen großen Menschen führen. Die Krebsgeschwüre haben eine wichtige Funktion: sie weisen darauf hin, dass etwas in unserem Denken und Handeln nicht stimmt, nicht im Gleichgewicht ist mit dem tieferen Sinn des SEINS, dass Kopf und Herz nicht eine gemeinsame Sprache sprechen.)*

Unterschied innere Bilder (Vorstellungen) und Visionen

Da Holger sich nicht weiter äußert, wechsle ich das Thema und erzähle Holger von einem Wachtraum, in welchem ich ganz lange Zeit auf eine Graslandschaft im Licht (wie im Mondlicht) schaute. Als ich die Augen öffnete, um zu testen, ob ich die Landschaft dann auch sehe, verschwand alles, was mich ärgerte.

H.: „Verstehe ich ehrlich gesagt nicht. Weil im Dunkeln ist ja kein Unterschied. Bist zwar ein wenig mehr verinnerlicht durch geschlossene Augen, aber letztendlich ist es egal."

[06/2010: Nach meiner heutigen Erkenntnis hing das mit dem Einsetzen der Logik, des Verstandes (linke Gehirnhälfte) zusammen. Der Verstand wollte etwas herausfinden, etwas prüfen. In dem Moment wurde der Zustand des Schauens verlassen und die Landschaft verschwand. Dass ich mich darüber ärgerte, weist darauf hin, dass das Ego mit im Spiel war – siehe auch Wachtraum Karate-Kids S. 119 und Analyse dazu S. 142 ff.]

S.: „War das eine Vision? Eine Erscheinung war das nicht."

H.: „Nein. Na da müssen wir einen Namen für finden, weil die anderen – Visionen, Erscheinungen – sind alle schon so abgenutzt."

S.: „Es war auch kein inneres Bild. Es war, als ob ich auf eine Landschaft von außen schaue. Aber mit offenen Augen war die Landschaft halt weg."

H.: „Das ist ein inneres Bild, was dann in der Dunkelheit automatisch als außen erscheint. Jetzt kannst du das eine Vision nennen. Aber wir müssen definieren, was eine Vision ist."

S.: „Ich weiß es nicht. Ein inneres Bild nenne ich innere Vorstellung. Da habe ich nicht den Eindruck, ich schaue wie von außen auf eine Landschaft."

[06/2010: Es war, als ob ich real im Mondlicht vor einer Wiese stand und sie betrachtete. Es ist ein Unterschied, ob ich real auf einer Wiese stehe und sie mir anschaue oder ob ich mir eine Wiese vorstelle. Ich habe das heute für mich so sortiert: Die **Vorstellung** *ist wie ein inneres Bild. Es fehlt die Qualität der Lebendigkeit und das Gefühl und Wissen des Sich-vor-Ort-Befindens. Wenn ich in der* **Realität der materiellen Welt**

auf einer Wiese bin, fühlt sich das lebendig an verbunden mit dem Gefühl und Wissen des Vor-Ort-Seins. Hier kann ich mit Absicht agieren, z. B. eine Blume pflücken oder mich ins Gras legen. Das geht bei inneren Bildern nicht – ich kann mir zwar vorstellen, eine Blume zu pflücken, es findet aber real nicht statt und ich weiß, ich habe nicht wirklich eine Blume gepflückt, sondern es mir nur vorgestellt. Dann gibt es die **Realität der seelischen Welt** *– ein riesiges Universum an realer Innenwelt (analog der Außenwelt). Die Erfahrungen haben auf der Ebene – wie das Erleben in der materiellen Wirklichkeit – eine sehr lebendige Realität verbunden mit dem Gefühl des vor-Ort-Seins, die jedoch mit der Realität der Materie nicht gleichzusetzen ist. Die Gesetze der Physik als auch Raum und Zeit sind hier außer Kraft. Hier sind Dinge veränderbar – ich kann auch auf der seelischen Ebene eine Blume pflücken, was sich genauso real anfühlt wie in der materiellen Welt, während sich jedoch der Körper zugleich auf der materiellen Ebene z. B. in einem Raum befindet (statt auf der Wiese). Was auf der seelischen Ebene geschieht, hat eine unmittelbare Wirkung auf den Körper. Die* **Schau** *findet auf der geistigen Ebene statt. Es ist ein Zustand des Beobachtens und zugleich Nicht-Beobachtens, ohne Absicht, absichtsloses Tun in einem „Raum" oder „Feld" aller Möglichkeiten. Die Schau findet mit nicht-physischen Augen/3. Auge statt.]*

H.: „Das ist klar, aber nur weil es hell ist. Hier ist es dunkel. Alles, was innen ist, erscheint dir außen oder leicht und schnell außen. Wäre es jetzt hell, würdest du es als inneres Bild von dir bezeichnen. Aber eine Vision ist ja im Allgemeinen so definiert: Man sieht etwas, meint es außen zu sehen, aber trotzdem kommt es von innen."

Jetzt bin ich verwirrt: „Dann ist es doch eine Vision?" Holger meint, dass es so genannt werden könnte, die Gefahr dabei sei jedoch, dass das Wort Vision in der heutigen Kultur im Allgemeinen überbewertet wird. Es würde aus einem Menschen, der sagt, er hätte eine Vision gehabt, sofort ein Supermystiker gemacht, obwohl er keiner ist und es nur ein inneres Bild war. Das Wort Vision löse heute im Menschen falsche Erwartungen aus. Daher wäre es lt. Holger besser, neue Begriffe zu finden, um die Leute nicht in falsche Richtungen zu leiten.

S.: „Es kann ja genau beschrieben werden, was man selber unter Vision versteht. Aber wenn jeder einen anderen Begriff für ein und dasselbe benutzt, ist das dann nicht auch schwierig zu verstehen und den Durchblick oder den Überblick zu behalten?"

H.: „Ja, schon. Aber es ist ja mit den vereinheitlichten Begriffen so: Alle reden mit den gleichen Worten und jeder meint was anderes. Deswegen ist ja das ganze Missverständnis."

Analyse: Gefühl des Rausgetragen-Werdens

Ich wechsle das Thema und komme auf eine Erfahrung in der letzten Nacht zu sprechen. Vor dem Einschlafen hatte ich um Unterstützung gebeten, Erkenntnisse zu bekommen auf die Frage: Was ist das DASEIN? In dem Erlebnis, das nach dem Wachtraum mit der Wiese kam, hatte ich das klare Gefühl, rausgetragen zu werden – hinaus zu den Ereignissen der Tür. Dann wurde mir das bewusst und ich wurde ganz schnell wieder zurückgetragen.

H.: „Zu dieser Tür hier?"

S.: „Das kann ich nicht mehr sagen – war im Halbschlaf und habe es so auf das Band gesprochen wie ich es eben erzählt habe. Ich habe nicht gesagt: zu den Ereignissen an oder vor die/der Tür, sondern zu den Ereignissen der Tür."

H.: „Das ist interessant. Das heißt vielleicht auf Deutsch: zu den Ereignissen draußen hinter der Tür oder so. Du musst also durch die Tür, denn du kommst ja hier nicht zu den Ereignissen, ohne durch die Tür zu gehen. Du musst durch die Tür, so scheint mir. Das ist schon interessant – du wurdest getragen."

S.: „Ja, ich hatte das Gefühl, ich werde getragen."

(Gedanken 03/2007: Ich lag waagerecht und hing ca. 1 m über dem Boden in der Luft in diesem tragenden Gefühl. Hatte nicht das Gefühl, dass ich auf etwas liege und doch lag mein gesamter Körper ganz waagerecht, wie auf einer unsichtbaren Unterlage.)

H.: „Das heißt nicht, **du** gehst raus, sondern du wurdest rausgetragen. Klingt, als ob dein Seelisches, dein Seelenumfeld sich loslöst und rausgeht zu den Ereignissen der Welt. Eine Miniatur von Seelenablösung, die sich so ausdrückt, scheint mir, aber ich bin mir nicht ganz sicher."

Damit ist unser Gespräch beendet.

19. Tag – Sich beim Schlafen beobachten

Heute Nacht hatte ich – wie in den letzten Nächten schon – das Gefühl, als ob ich genau mitkriege, wie der Körper einschläft. Zugleich war ein Teil in mir immer wach und hat genau gemerkt, wenn Träume hochzogen oder sich irgendwelche Bilder entwickeln wollten – sofort war ich wieder wacher. Der Beobachter beobachtet ständig, was abläuft, während der Körper schläft. Also ich schlafe, weiß auch, dass ich schlafe und kriege alles mit, was in der Seele abläuft und um mich herum. Ist schon sehr seltsam *(dass das geht)*.

Ich liege in meinem Kessel *(brauche dazu nicht mehr in den Turm gehen, um mich wie im Kessel zu fühlen)* und genieße mal wieder das Gefühl, gehalten zu sein … mich geborgen zu fühlen. Ich festige auch das Erleben des Daseins-Punktgefühls in mir: stehe als Punkt vor meinen Eltern … ein gutes Gefühl … so frei … ich bin einfach …

Alles Mögliche geht mir durch den Kopf – Kindheit, Lehre, Studienzeit, Ehe, bevorstehende Scheidung. Kreuz und quer taucht alles kurz auf und verschwindet wieder. Vor allem aber das Thema Essen schiebt sich immer wieder in den Vordergrund. In Gedanken kreiere ich die tollsten Essen. Ich male sie mir aus, stelle die verschiedensten Rezepte zusammen, schreibe ein dickes Kochbuch in meiner Fantasie.

Ich bin heute den ganzen Tag wieder total träge. Habe kein Tai Chi oder sonstige Übungen gemacht, obwohl ich mir das so fest vorgenommen hatte. Habe vor mich hingedämmert. Bin immer müde dadurch, dass ich nicht richtig schlafen kann – kriege ja immer alles mit und bin dann sofort wach. Ich schlafe und schlafe doch nicht. Ist schon irgendwie blöd.

Holger ist gekommen.

Gespräch mit Holger

Ich komme auf das Gefühl zu sprechen, einzuschlafen und zugleich wach zu sein und alles zu beobachten. Der wache Teil bemerkt genau, was abläuft, wann ein Traum kommt und der lässt mich dann zu klarerem Bewusstsein kommen, um alles auf Kassette zu sprechen. Dadurch habe ich immer das Gefühl, wach zu sein und nicht zu schlafen. Aber andererseits schlafe ich doch, denn ich spüre genau, wenn der Körper einschläft.

H.: „Das ist gut. Bist du weitergekommen mit der Einschlaf- und Wachwerdbeobachtung?"

S.: „Beim Einschlafen versuche ich, mich wach zu halten. Dann schlafe ich doch ein, kriege aber sofort mit, wenn ein Traum kommt, werde wieder wacher und spreche ihn auf. Dann bin ich aber wach, schlafe nicht mehr. Ich habe das Gefühl, höchstens drei bis vier Stunden nachts zu schlafen."

Holger denkt, dass ich doch schlafe. Insgesamt, meint er, sei das Sich-selbst-im-Schlaf-Beobachten ein gutes Zeichen und ein guter Zustand, den ich unbedingt forcieren solle, immer tiefer in den Daseinszustand hinein. Wenn Ängste kommen oder andere Dinge, sei das nicht so schlimm, Angst hätte ja nur das Ego. Ich solle mich davon überhaupt nicht beeindrucken lassen und immer weitergehen, dann würde man Ego-los. Das ICH löse sich dann auf und ein Gefühl von Aufgelöst-Sein würde da sein. Ich könne diesen Zustand tiefer erfahren, mich immer tiefer reindrücken in das Daseinsgefühl. Diese Übung sollte ich mal machen.

Unterschied zwischen seelischem und geistigem Daseins-Punkt

S.: „Ich habe noch eine Verständnisfrage zu deiner Aussage gestern, dass Daseinspunkt und Seele zwei Begriffe für ein und dasselbe seien. Die Seele gehört doch zu der Seelenebene, mit all ihren Mustern. Der Daseinspunkt ist frei von Mustern, ist reines Gewahr-Sein, gehört zur Geist-Ebene. Wie kann das dann das Gleiche sein?"

H.: „Zum Unterschied zwischen seelischem und geistigem Daseinspunkt sage ich folgendes: Es ist ein Unterschied zwischen dem reinen Dasein im psychischen und im geistigen, wobei das Geistige subtiler als das Psychische ist. Das Psychische drückt sich z. B. aus in wunderbaren Daseinsaugenblicken. Du sitzt am Meer, trinkst deinen Kaffee, plötzlich geht die Zeit verloren. Du sitzt wie ewig, wie zeitlos da. Das ist ein ganz wunderbares, tiefes seelisches Gefühl. Das gehört zum Menschsein. Also einfach schöne Augenblicke, tief die Schönheit des Daseins genießen. Das erhebt und das erleuchtet und das ist ein tiefer seelischer Daseinspunkt. Also Weisheitszustände, Schönheitszustände, Liebeszustände tiefster Natur, das können tiefe Daseinspunkte im Seelischen sein. Dann gibt es noch andere Seins-Punkte im Geistigen. Die haben einen höheren Abstraktheitsgrad. Da fällt sozusagen das Psychische, das ICH-Gefühl, das ICH, das noch fühlt, weg. Wir sind dadurch noch freier, völlig losgelöst von uns selbst. Das ist noch erholsamer und darum geht es."

Ich erzähle Holger, dass ich bei der Meditation tief abtauche unter die Gedankenschicht, wo ich meine Ruhe habe, weil dort keine Gedanken mehr kommen. Holger sagt dazu, dass diese Ruhe auch durchdringbar und nüchtern analysierbar sei. Das sei nicht das Ende, sondern der Anfang. Diese ruhige Meditationsschicht sei nur eine Form wie eine weiße Leinwand und die müsse man durchstoßen, weil auch sie nur eine Täuschungsillusion genau wie dieses Meer von Gedanken ist. Das fühle sich zwar ganz gut an, aber wenn ich das untersuche, würde ich merken, dass auch das eine Form von Bewusstlosigkeit und nicht das

Ende ist, weil auch da eine Art von Versumpfungszustand im reinen Bewusstsein drin ist. Ich erwähne, dass ich in der ruhigen Tiefe in einem Bewusstseinszustand großer Klarheit bin, worauf Holger bestätigt, dass dies ein guter Zustand sei. Mit meiner Aussage, dass alles ein Prozess sei und ich mir diese Ruheschicht noch genauer anschauen werde, ist das Gespräch beendet. Ich bin ihm dankbar für diesen Hinweis.

Nachdem Holger gegangen ist, wollte ich mir das Gespräch noch mal anhören, weil ich das total spannend und wichtig fand, und merkte, dass ein großer Teil fehlte. Ich hatte während des Gespräches beim Wechsel der Kassette statt auf record auf play gedrückt, sodass eine ganze Kassettenseite (45 Minuten) nicht aufgenommen wurde. Das stimmt mich nachdenklich, offensichtlich sollte es nicht sein. Deshalb gehe ich jetzt das Gespräch noch mal gedanklich durch und gebe aus meiner Erinnerung wieder, wie sich Holger zu der einen oder anderen Frage äußerte.

Zu meiner Frage, wie ich mit Seelen- und Geistführern in Kontakt kommen kann, sagte Holger, dass man wohl mehr zu den Seelenführern als zu den Geistführern Kontakt bekommt. Zu den Seelenführern komme man in Kontakt, indem man sich völlig in den seelischen Zustand hineinversetzt. Zudem sei es nicht so leicht für die Seelenführer, zu uns durchzudringen. Sie müssten ein Loch in der Raum-Zeit-Achse finden, um uns etwas mitzuteilen. Aber wenn man eingestimmt ist, bekomme man die Antwort. Es erscheint dann für uns aber so, als ob es sich um die eigene Intuition oder die eigene Einsicht handelt. In Wirklichkeit kommt es aber nicht von uns selbst, sondern von den Seelenführern. Zu den Geistführern in Kontakt zu kommen, sei schon schwieriger, da sie sich nicht mit banalen Alltagsfragen abgeben. Da müsse man schon mit großen und tiefen Fragen kommen, ehe die darauf antworten. Die Voraussetzung dafür sei, dass man tief im Geistigen drin sei und dann wäre es wiederum schwierig, eine Frage zu stellen.

Ich fragte Holger weiter: „Wie kann ich mir vorstellen, wie das mal ursprünglich alles entstanden ist: das EINE und die ganzen Seelen und daraus dann die Materie? Auch das EINE muss doch irgendwie mal angefangen haben? Und vermehren sich die Seelen oder werden die weniger im Laufe der Jahrmillionen? Aber es gibt ja wiederum keine Zeit."

Holger meinte dazu, dass das große tiefe Fragen sind, die man gar nicht so ohne Weiteres beantworten könne. Da müsse man selber tief ins Dasein und ins Geistige reingehen, um eine Antwort zu bekommen. Wahrscheinlich würde man **die** ultimative Antwort aber sowieso nie erhalten.

Holger sagte noch, dass es schwierig sei, sich in dem Seins-Gefühl zu halten, weil das Ego einen immer wieder rein- oder runterziehen wolle. Und das dürfe man einfach nicht zulassen, sondern man müsse im Seins-Gefühl bleiben und einfach stur noch tiefer gehen, ohne sich auf das Ego einzulassen, das einen immer wieder zurückziehen will.

Ich habe das Gefühl, total übersättigt zu sein von den Erfahrungen, sodass ich einfach nicht mehr kann. Stimmt schon, ich will wirklich raus, ich will die Sache eigentlich beenden hier und bin nur noch am „Durchhalten bis zum Ende". Scheinbar ist im Moment meine Grenze erreicht. Mehr geht nicht. Das werde ich achten. Ich werde mich einfach ganz auf die beiden Gefühle (im Kessel und im Daseinspunkt sein) konzentrieren und sie in mir festigen. Weil es einfach so gut tut … Diese Lustlosigkeit zu überwinden ist **verdammt** schwer. Das ist, als ob jegliche Willenskraft in mir ausgelöscht ist und ich wie lahm gelegt bin. Ich **muss** mich wirklich absolut aufraffen, um wenigstens zum Tisch, zum Klo, ins Bad zu gehen, um die nötigsten Dinge zu tun *(trinken, Toilette, sich waschen)*.

War gerade baden – das belebt ein bisschen. Mich hielt im Bad nur der Gedanke aufrecht, dass ich jetzt endlich ins Bett kann. Ich bin **total** erschöpft und freue mich sehr auf mein Bett. Es ist völlig erstaunlich für meinen Verstand, dass man sich

so aufs Bett freuen kann nach einem ganzen Tag rumliegen und rumsitzen. Ich bin k. o. und fühle mich **total fertig**, als hätte ich den ganzen Tag körperlich schwer gearbeitet …

Es ist in der Nacht und mir fällt ein, dass Holger wissen wollte, ob ich mich schon gefragt habe, wie denn jetzt mein Lebensweg weitergehen würde oder ob ich das schon wisse. Ich hatte geantwortet, dass ich nicht weiß, wie es weitergeht. Kein Plan.

Traum: Bootsfahrt
Wir fahren auf einem See … meine Kinder, der Bootsfahrer und ich wollen da etwas beobachten. Wir sind angekommen und alle steigen aus, außer mir – ich sitze noch drin. Meine Kinder fangen an, am Boot hoch und runter zu schaukeln. Sie freuen sich, machen sich einen Spaß daraus und ziehen das Boot unter Wasser, sodass ich bis zum Kopf im Wasser stehe, mit den Füßen noch im Boot. Ich sage ihnen: „Aber bitte nicht mit dem Kopf unter Wasser, weil das Wasser noch dreckig ist." Es ist ja aufgewühlt von den Kids. Als das Boot runter auf den Grund geht, habe ich ein Gefühl wie im Riesenrad, wenn es abwärts geht. Mein Bauch kribbelt, das ist schrecklich und ich wache auf.

Bin schon wieder ewig lange wach. Ständig gehen die Gedanken zu Klienten. Ich erkenne, dass ich mich noch viel zu sehr um sie kümmere.

Während ich das auf Kassette spreche, spüre ich Aufregung und Ärger in mir. Ich spüre dem Ärger nach und erkenne, dass es in der Tiefe mit meiner Mutter (Pig-Parent-Energie) zu tun hat. Ich ändere das in mir, indem ich mit meiner Mutter ein langes Gespräch führe, mich abgrenze und ihr alle Verantwortung für ihr Leben überlasse. Auch mit meinem Stiefvater (Pig-Parent) kläre ich einiges und ich nehme meinen Platz, der mir als Kind zukommt, beiden gegenüber wieder ein. Ich (PE/RI i. V. m. innerem Kind) gebe ein dickes, großes Paket an meine Mutter zurück. Es ist so groß und zweimal so breit wie ich und schwer wie eine Waschmaschine. Meine Mutter stöhnt ziemlich, als sie vor dem großen Paket steht, das ich ihr vor langer Zeit abgenommen und für sie getragen hatte (Anpasser-Selbst). Jetzt verstehe ich auch, warum ich immer Rückenschmerzen hatte als Kind. Das Paket war viel zu groß und schwer für meinen Rücken – es war nicht meins. Ich sehe beide, Mutter und Stiefvater, vor der übergroßen „Waschmaschine" stehen. Sie sehen hilflos und betreten aus, auch erschrocken, was ich da getragen habe, ohne dass es ihnen bewusst war. Ich ziehe mich diskret zurück mit einer Verbeugung vor ihrem Schicksal und lasse sie mit dem großen Paket allein.

Danach bin ich ruhiger und mein Ärger ist weg. Eine riesige Last ist von mir abgefallen.

(06/2010: Heute ist mir noch bewusster als damals, dass diese Art „Hilfe" keine Hilfe, sondern Retten ist, mein Überlebensmechanismus. Es ist mein Anpasser-Selbst, dass sich mit dem Retten wohl fühlt, weil ich das seit meiner Geburt mache und es tief verinnerlicht habe in jeder Zelle. Es geht jedoch auf Kosten des Inneren Kindes und kostet mich in mir selbst meine Energie. Es ist meine Aufgabe als Erwachsene, mehr und mehr die Anpasser-Energie in mir zu erkennen und zu transformieren und wahre Hilfe von Retten unterscheiden zu lernen. Ich bin wirklich dankbar, dass ich darüber ein Bewusstsein habe, weil „Retten" in unserer Gesellschaft allgemeinhin als wertvolle „Hilfe" angesehen und sogar erwartet wird. Wenn Retten von Hilfe nicht unterschieden werden kann, besteht die Gefahr, im Burn-out-Syndrom u. a. Krankheiten zu landen. Ich unterscheide „Retten" von „Helfen" für mich ganz einfach. Wenn ich etwas für einen anderen Menschen aus einem Verpflichtungsgefühl heraus tue, obwohl ich es im Inneren nicht wirklich tun möchte, sondern „muss", damit der andere nicht verärgert reagiert, dann befinde ich mich im „Retten" – ich rette den anderen vor seinem Ärger auf mich und ich rette mich vor dem Ärger des anderen und vor meinem schlechten Gewissen, das auftreten würde, wenn ich es nicht tue. Das schlechte Gewissen ist dabei ein guter Wegweiser. Helfen heißt für mich: Ich stehe in erster Linie zu mir, übergehe mich nicht, folge

meiner inneren Wahrheit, auch wenn ich dadurch den Wünschen anderer Menschen nicht nachkommen kann. Auf unangemessene Forderungen anderer mir gegenüber gehe ich nicht ein, auch wenn es bedeutet, dass andere dann auf mich „sauer" sind. Beim Helfen frage ich mich: Wie komme ich in mein größtes Potential und wie kommt der andere durch mein Tun in sein größtes Potential? Die größere Hilfe bedeutet oftmals „nein" zu anderen zu sagen. Wer tiefer in das Thema einsteigen möchte – siehe Buch von Bert Hellinger: „Ordnungen des Helfens.")

20. Tag – Mondlandschaft

Es ist Mittwochmorgen und ich mache das Badfenster zu. Es ist verdammt schwierig, mich auf den Kessel oder den Daseinspunkt zu fokussieren. Immer wieder lande ich in Alltagssituationen. Ich bin nur kurz im Kessel- oder Seins-Gefühl und stelle Minuten später fest, dass ich wieder ganz woanders bin. Da mir die Konzentration nicht gelingt, stehe ich jetzt auf.

Habe mich zum Tai Chi aufgerafft und es war eine schöne Übung. Wenn ich mich nur darauf konzentrierte, klappte es gut. Konzentrierte ich mich auf meinen Körper, merkte ich, auf welch wackligen Beinen ich stehe und dann ging gar nichts.

Danach meditierte ich und war sehr lange in einem sehr tiefen Zustand. Es dauerte lange, bis der Bauch ganz locker war. Nach der langen Meditation machte ich ein paar Dehnungsübungen. Kann völlig mühelos den Kopf auf beiden durchgestreckten Knien bzw. zwischen den Beinen auf dem Boden ablegen. Ich fühle mich total locker und frei. Supergefühl.

Holger kommt und ich erzähle ihm den Traum von der Bootsfahrt mit den Kindern und dem Bauchkribbeln, wovon ich aufgewacht war.

Analyse Traum: Bootsfahrt

Holger meint dazu, das wäre nicht unbedingt ein Traum, sondern das Gefühl, in dem ich mich befinde. In der Dunkelheit würde ich tief ins Seelische reinkommen. Ich sei halt im Wasser, in der Seele, das wäre alles – eine Zustandsbeschreibung in Sinnbildern, symbolisch. Das schreckliche Gefühl, dass mein Magen nach oben ging und wovon ich aufwachte, findet er interessant und deutet das so, dass ich tiefer in die Psyche eingedrungen sei, was mir dann aber zu viel oder zu ungewohnt gewesen wäre. Wenn ich so versacke oder wie beim Riesenrad runterfalle und davon erwache, wäre dies ein Hinweis dafür, dass ich quasi **tiefer** in die Grundschichten des Seelischen eintauche. Da ich das aber nicht gewohnt sei, würde ich einen Schreck bekommen und aufwachen.

H.: „Man kann so richtig abtauchen in das rein Psychische. D. h. da sind noch keine einzelnen psychischen Strukturen, sondern nur das Psychische an sich."

S.: „Was meinst du mit einzelnen psychischen Strukturen?"

H.: „Neurosen, Erinnerungen, Vorstellungen usw., was sich halt alles im Psychischen so herumtummelt. Aber es geht zentral um das Psychische an sich und das ist eine Energie, die drückt sich z. B. durch tieferes Sinken ins Wasser aus. Und wenn du da ganz hineinversinkst …"

S.: „Mit dem Kopf auch noch unter Wasser?"

Gefühl: Seele verlässt den Körper

H.: „Ja, also für dich stellt es sich ja als ein Versinken dar. Aber in Wirklichkeit ist es genau das Umgekehrte. Das ist immer der Paradoxeffekt, nämlich die Seele verlässt den Körper. Es gibt drei oder vier Möglichkeiten, wie sich das Gefühl ‚Seele verlässt Körper' darstellt. 1. Wir haben ein Fallgefühl, als ob man vom 3-m-Brett springt. Oder ein Versinken-Gefühl, das ist das gleiche wie in Wasser oder in der Erde. Auf jeden Fall sinken wir auch in die Erde. Dann haben wir 2. ein Aufstiegsgefühl nach oben und 3. haben wir ein Gefühl herauszurollen aus sich selbst. Das sind die drei Modalitäten wie wir es empfinden. Nach oben, nach unten, zur Seite. Du hattest das Gefühl, es ging nach unten – unten ist natürlich Wasser. Oben ist kein Wasser – da hättest du genau sagen können, ich hatte das Gefühl, ich schwebe. Bei vielen wird das dann so ausgedrückt: Sie fliegen mit dem Flugzeug. Oder die fahren mit dem Fahrstuhl hoch oder der Fahrstuhl reißt und fällt runter. Also all diese Fahrstuhl- und Flugträume sind alles keine Träume, sondern da liegt der Versuch der Seele vor, sich abzulösen. Und alle diese Träume enden mit einem Schreck und man wird dadurch wach. Das ist das Gesetz. Im Traum, d. h. im Schlaf, fällst du ja, wie der Begriff schon sagt, in den Schlaf. Aber du fällst nicht in den Schlaf, sondern die Psyche fällt aus dem Körper."

Hypnose: Was ist mein wahrer Weg?

Holger fragte mich, ob ich eine Hypnose haben möchte und ich stimmte zu. Er suggerierte Schwere, Wärme und dass ich durch das Bett durchfalle, immer tiefer und tiefer in den Bereich darunter. Ich landete in einer Art Unterwelt, wo ich die Bäume, die Baumwurzeln usw. alles von unten gesehen habe. Wie ein Wald, aber halt von unten, vom Wurzelbereich aus gesehen. Ich war in zwei Bereichen zugleich: einmal die Erde, wo die Bäume normal nach oben wachsen, und das gleiche noch mal nach unten, vom Erdreich aus gesehen. Da ging ein Weg lang. Ich habe die Wurzeln klar gesehen, war sehr beeindruckend. Dann stellte Holger mir die Frage: „Wer bist du da unten und was ist dein wahrer Weg?" Dann ist Holger gegangen und die beiden Fragen hallten in mir nach.

Anfangs hatte ich das Gefühl, in der Unterwelt einen Körper zu haben, aber irgendwie war es doch nicht wirklich ein Körper. Es war wie ein Scheinkörper, mit dem ich den Weg entlanglief und mir die Wurzeln von unten angeschaute. Zunehmend bekam ich das Gefühl, dass ich nur noch ein Punkt bin, der sich da lang bewegt. Ich stellte wieder und wieder die Frage: „Was ist mein wahrer Weg?“ oder: „Wohin führt mein wahrer Weg?“ und „lief“ immer weiter den Waldweg entlang, auf die beiden Fragen fokussiert. Ich kam an einen steilen Sonnenstrahlweg, der im Winkel von 45° nach oben führte. Meine Eltern, mein Mann, meine Kinder standen am Beginn des Sonnenstrahlweges, um mich zu verabschieden. Ich stieg dann den Weg hoch – mit meinem Scheinkörper, den ich wieder genau fühlte, konnte ich auf diesem Sonnenstrahl laufen. Ich lief immer weiter und immer weiter … auf einen gelben Sonnenball zu … irgendwann schaute ich einmal zurück – da sah ich alle in der Ferne ganz klein stehen und mir zuwinken. Sie waren weit zurück … ich lief und lief … und kam auf eine andere Ebene. Ich befand mich in einer trostlosen Landschaft mit großen Steinen ringsherum, ein paar kleinen Löchern und es war staubig. Wohin ich auch schaute, es war nur eine ebene Fläche und überall dieses gleiche, trostlose Bild. Ich war ganz allein, nichts weiter zu sehen außer große Felsen, Löcher, staubiger Boden und staubiges Gestein. Erinnerte mich an den Mond … Hier gab es weder Sonne noch Mond, trotzdem erhellte ein durchgängig dämmriger Lichtschein die Fläche um mich herum. Aber mir war sehr klar, dass das Licht weder von der Sonne noch vom Mond stammte. Es war vergleichbar mit Vollmondlicht. Dieses Licht ist immer da *(Tag und Nacht)*, in der immer gleichen Stärke und Helligkeit. Es war leer hier oben. Ich versuchte mich fortzubewegen, wusste aber erst mal nicht, in welche Richtung, denn egal wohin ich schaute, es sah alles gleich aus. Ich rammte einen Stock in den Boden an dem Punkt, wo ich angekommen war. Ich lief zunächst nach rechts, nach Osten, aber es änderte sich nichts. Ich lief die halbe Nacht umher und erkundete die Gegend. Aber die Landschaft blieb immer gleich leer. Ich war allein, es war irgendwie trostlos … Aber es war nicht wirklich ein Gefühl da – weder schön noch schlecht, weder euphorisch noch deprimierend; einfach leer um mich herum … alles wirkte fremd … trostlos … bizarr … Ich wusste nicht weiter …

Traum: Fremde wollen in meinen Raum

Ich war hier im Raum, hatte gerade gebadet und war noch nackt. Schulmädchen kamen und wollten in mein Zimmer. Ich hielt schnell die Tür zu und sagte, dass es hier nicht reingeht. Sie erschraken doll und gingen weiter, offensichtlich hatten sie sich verlaufen. Gleich darauf kamen ein paar Männer, die auch in mein Zimmer wollten. Da ich noch immer keine Sachen anhatte – ich hielt ständig die Tür zu – war es mir nicht möglich rauszugehen, um aufzuklären, dass ich hier wohne. Die Männer gingen nach einer Weile und es erschienen zwei kleine Jungs, ca. 12/13 Jahre alt, die ebenfalls in mein Zimmer wollten, aber nicht reinkamen, weil ich die Tür noch immer zuhielt. Sie gingen in die Küche und bedienten sich an meinem Kühlschrank. Da hat's mir gereicht. Ich zog mich schnell an und stürmte aus meinem Zimmer. Die beiden Jungs wollten wegrennen, doch den einen konnte ich fangen, weil ihm der Küchenschrank bei der Flucht im Weg stand, sodass er in der Klemme saß und sich nicht so schnell befreien konnte. Ich fragte ihn, was das soll und habe ihn dann rausbefördert. Ich fühlte mich wieder gut, weil mein Innenraum wieder leer war von diesen fremden Menschen. Ich wachte auf.

Ich gehe wieder auf die Ebene der Mondlandschaft und stelle mir immer wieder die Frage: „Wohin führt mein wahrer Weg?“, aber außer dieser Mondlandschaft stellt sich nichts weiter ein. Ich weiß die Antwort noch nicht, kann mit der Mondlandschaft nicht viel anfangen.

Nach einiger Zeit habe ich einen Traum, der zugleich auch Erlebnis ist.

Traum/Erlebnis: Nach oben schweben

Ich bin in einem Hotel, esse mein Frühstück und frage die Bedienung, ob sie noch ein Stückchen Kirschkuchen hat. Die Kellnerin bestätigt und geht los, um mir ein Stück zu holen. Die Zeit vergeht, sie kommt und kommt nicht. Mir dauert das zu lange. Ich gehe nach vorn an die Bar, um mich in Erinnerung zu bringen und schaue den Küchenfrauen bei den Frühstücksvorbereitungen zu. Sie schneiden Brot und decken die Tische mit Besteck und Geschirr ein. Plötzlich löse ich mich von meinem Barhocker und hebe langsam nach oben ab. Ich greife schnell nach der Bar-Tischkante, um mich festzuhalten, doch ich rutsche ab und bekomme die Theke nicht zu fassen. Ein Schreck durchfährt meine Glieder und ich denke: „Nein, doch nicht jetzt! *(abheben)* Was sollen die denn von dir denken?" Ich schwebe bis hoch zur Decke … hier geht es nicht mehr weiter. Mit der Decke am Kopf schaue ich auf die Küchenfrauen und den ganzen Küchenbereich herunter. Zum Glück hat noch niemand mitgekriegt, dass ich hier oben bin und ich überlege, wie ich aus der „misslichen" Situation rauskomme. An der Stelle werde ich mir dessen bewusster.

Dieses Nach-oben-Schweben war ein sehr eigenartiges Gefühl. Ich hörte kurz danach ganz klar und deutlich ein Baby lachen und quietschen vor Freude. Das war total niedlich und süß.

21. Tag – Absolute Trägheit und Kraftlosigkeit

Es ist Donnerstagfrüh, ich schließe das Badfenster. Die Nacht ist endlich vorbei. Ich kann mich nachts nicht konzentrieren. Geht nicht. Einfach nicht möglich. Das ist ein Zustand zwischen Dahindämmern und gleichzeitiger richtiger Wachheit, sodass ich weder richtig schlafen noch richtig wach sein kann.

Ich will mir unbedingt einen Reiseführer über Tibet kaufen. Und 1 kg Weizenkleie, damit ich wieder Bananenbrot backen kann.

Nach Saft trinken und Tai Chi setze ich mich zur Meditation.

Ich konnte gut in den Bauch reinatmen und war recht locker, die Gedanken sind oft weggegangen. Auf dem Heuboden lag noch etwas Käse und ein wenig Milch war auch noch da; trotzdem stellte ich Frisches hin. Die Sonne schien rein, es war sehr warm auf dem Heuboden. Ich schob das Tor ein bisschen zu – oh, meine Zunge ist immer noch schwer und wie gelähmt – damit es nicht so heiß ist. Ich ging in die Wohnstube, schaute nach den Tomaten und pflückte alle ab, da sie überreif waren. Auch ein paar reife Sonnenblumen erntete ich, die anderen stehen noch in voller Blüte.

Holger hat mir gestern erzählt, dass er heute ein Keltenfest hat und deswegen das heutige Gespräch ausfällt.

Traum: Absturz von den Klippen
Ich bin mit einer Freundin unterwegs am Strand. Wir laufen die Klippen entlang, dabei rutsche ich aus Versehen ab und stürze ca. 50 m in die Tiefe. Aber die Klippen laden unten aus, sodass ich mit beiden Füßen im Sand aufkomme und die letzten 10 – 15 m im Sand runterschlittere, bevor es dann noch mal ein Stückchen tiefer geht und die Fläche im Meer mündet. Mir ist nichts passiert, aber ich hatte ein furchtbares Gefühl im Magen – als ob er oben zum Hals rauskommt. In der Zeit des Fallens konnte ich meinen Körper bewusst steuern und schauen, wie ich vielleicht den Absturz überleben kann. Ich hatte Angst … Als ich der Erde näher kam, sah ich, dass die Klippen unten in einer Sandfläche ausluden oder ausliefen. Im Bruchteil einer Sekunde erfasste ich die gesamte Situation und Umgebung und wusste, was ich tun muss, um vielleicht eine Überlebenschance zu haben. Der einzige Gedanke in dem Moment war, unbedingt mit beiden Beinen im Sand aufzukommen und dann weiter schräg

abzurutschen. Es ging besser als ich dachte, ich bin gut im Sand „gelandet" – das hat meinen Aufprall gedämpft. Ich kam praktisch wie ein Skispringer auf und rutschte dann weiter im Sand noch ein Stück abwärts. Der Absturz war sehr unfreiwillig. Freiwillig wäre ich niemals in diese Tiefe gesprungen.

„Schlafkrankheit"

Nur das allgemein menschliche Toilettenbedürfnis reißt mich noch wirklich hoch. Wenn ich nicht aufs Klo müsste, würde ich nicht aufstehen. Ich würde echt den ganzen Tag liegen bleiben und am liebsten nur schlafen. So müssen sich Menschen mit Schlafkrankheit fühlen, die einfach nicht zu Potte kommen und immer nur schlafen wollen.

Habe mich mit **viel** Mühe und Kraftaufwand in die Sitzhaltung begeben. Mir tun beide Hüften weh vom überwiegenden Liegen auf dem harten Boden …

Ich sitze bestimmt schon eine halbe Stunde im Stuhl rum und kann mich zu nichts aufraffen. Eigentlich würde ich gern noch mal Tee trinken, damit ich nachher in der Nacht nicht so oft raus muss. Aber dazu müsste ich aufstehen, um mir die Teekanne zu holen vom kleinen Tisch, der 1,5 m rechts neben mir steht. Das ist schon wieder zu viel. Ich fange doch an zu überlegen, ob diese Trägheit einen tieferen Hintergrund für mich hat, einen tieferen Sinn, ob das ein Spiegel für mich ist oder ob das einfach nur die Müdigkeit ist, weil ich nachts nicht schlafen kann oder nur so wenig schlafe? Ich weiß es nicht. Ich glaube eher, es ist wirklich, weil ich so wenig schlafe.

(06/2010: Diese Müdigkeit und Herumliegen ist der komplette Gegensatz zu dem, was ich all die Jahre zuvor gelebt habe – wo ich energetisch immer präsent war, immer funktionierte. Es erinnert mich an meine Mutter, die ich als Kind immer müde und kaputt erlebte – könnte eine übernommene Energie von ihr sein. Es wäre auch möglich, dass es einfach ein Nachholbedürfnis des Körpers ist, der sich jetzt an Ruhe und Erholung nimmt, was er sonst nie von mir bekam.)

Ich werde doch mal näher reinschauen in den Sumpf, in dem ich mich befinde.

Hatte gerade meine Trägheit überwunden und Tai Chi gemacht. Es ist erstaunlich, wie gut in dieser Trägheit Tai Chi klappt. Der Verstand arbeitet nicht und der Körper folgt einfach der Vorstellung hinterher. War gut im Gleichgewicht, bis eine Mücke kam. Ihr Summen brachte mich sofort heraus. Ich bin abgelenkt, meine Konzentration geht auf die Mücke hin und schon klappt nichts mehr. Erstaunlich, wie eine kleine Mücke einen Menschen aus dem Gleichgewicht bringen kann.

(1.4.07: Es ist wohl eher erstaunlich, wie sehr ich mich von einer Mücke ablenken ließ. Ich lenkte meine Aufmerksamkeit auf das Außen, dadurch brachte ich mich selbst aus dem Gleichgewicht.)

Das ist ein schönes Beispiel dafür, wie Ablenkungen funktionieren und wie stark der Mechanismus ist, dass die Konzentration sofort ins Außen geht, statt im Inneren zu bleiben.

22. Tag – Außerkörperliche Erfahrung

Jetzt ist schon freitagmorgens. Diesmal bin ich gleich aufgestanden, statt noch Stunden im Bett zu verbringen.

Meditation: dichte, weiße Masse

Ich meditiere seit Stunden … kam schnell ganz tief. Auf dem Heuboden schaue ich aus dem Tor – es ist neblig heute draußen. Dichter, weißer Nebel, gleichzeitig ist es angenehm warm. Ich blicke auf ein paar vereinzelt hängende gründe Tomaten und einige Sonnenblumen in voller Blüte. Das Meiste ist schon abgeerntet. Ich steige ab in die Ruhezone, gehe tief runter in den Bauch … hier ist absolute Ruhe … und eine dichte, weiße Masse … bohre mich durch diese milchige Masse … nutze dafür die Schlangenkraft … schlängle durch diesen dichten Nebel … komme mir vor wie eine Samenzelle, die sich zur Eizelle durchbohrt … Es geht unglaublich in die Tiefe … hört gar nicht auf diese Schicht …

Meine Haut ist total weich und zart geworden und fühlt sich ganz rein an … habe ich schon nach den ersten drei bis vier Fastentagen festgestellt.

In einer weiteren Meditation lande ich wieder auf der Ebene der Mondlandschaft. Ich düse alle vier Himmelsrichtungen im Umkreis von ca. 5 km ab. Überall das ziemlich gleiche Bild – Mondlandschaft, wohin ich schaue, bis auf eine kleine Ruine im Westen. Es scheint eine Art Mond … es ist aber nicht der Mond … die Sonne ist es auch nicht … oh, meine Zunge ist schwer …

(04/07: Die *Stimme hört sich total schläfrig an und ich rede so langsam, als ob ich jeden Moment einschlafe. Auch nuschle ich ganz schön, weil ich die Wörter nicht richtig aussprechen kann wegen der gelähmten Zunge; mir wird bewusst, wie wichtig die Zunge zum Sprechen ist).*

Nein, die Sonne ist es nicht – jedenfalls nicht klar und strahlend wie die Sonne. Höchstens wie die Sonne in der Nacht – so sieht es aus. Sie strahlt nicht, ist einfach groß und dunkelgelb – ich kann völlig ungeblendet, mit ganz offenen Augen in die Lichtquelle schauen, es blendet nicht. Ansonsten ist es hier oben sehr klar, sehr rein …

Ich gehe vor die Höhle und tauche noch mal in die milchig-neblige Masse ein. Habe eine Sicherheitsleine dabei, um den Rückweg wiederzufinden … Komme nicht weiter … es ist einfach nur Nebel … dicht … dichter Nebel … ist ein bisschen unheimlich … sehe die Hand vor Augen nicht … gehe tief runter in den Beckenboden und noch tiefer … es geht Kilometer weit tief in dieses Neblige … ziemlich tief … fast zu tief für mich … bin eingeschlafen …

Warten auf Mittagessen – Wut

Es ist Freitagmittag, wenn nicht schon Nachmittag. Ich schätze, es ist schon nach 14:00 Uhr. Ich habe mit Fasten aufgehört und warte auf mein Mittagessen. Es ist schon interessant zu beobachten, wie grantig ein Teil von mir werden kann, weil das Essen noch nicht da ist. *(Wie ein Baby, das sofort losschreit, wenn es Hunger hat und nicht schleunigst etwas bekommt.)*

Ich trinke jetzt Saft. Eigentlich habe ich nicht wirklich Hunger – aber ich habe Appetit!!! Ich möchte Kartoffeln essen. Spannend zu beobachten, wie das Ego wieder etwas haben möchte. Auf dem Beobachterposten spüre ich die Bockigkeit darüber, dass mein Mittag noch nicht da ist, weniger.

Wenn man wartet, dass die Zeit vergeht, vergeht sie überhaupt nicht. Das ist ja ein bekanntes Phänomen und ich bin in diese Zeitfalle getappt. Ich bin so froh, wenn dieser Freitag heute um ist! Meines Erachtens ist es schon mindestens 16:00 Uhr und Holger hat mein Mittagessen immer noch nicht gebracht. Ich habe echt Mühe, nicht sauer auf Holger zu sein.

Holger kommt sicher heute nicht mehr … er wird mich wohl vergessen haben. Nach meinem Gefühl ist es schon abends. Ein Teil in mir ist unglaublich wütend auf ihn.

Holger ist endlich da mit meinem Abendbrot – Schock. Total versalzen! Es ist tatsächlich schon abends; er konnte wegen seinem Keltenfest nicht eher kommen, was ihm sehr leid tut. Meine Wut ist wieder verraucht und wir haben das Freitagabendgespräch.

Analyse Hypnose-Erfahrung

H.: „Wir hatten ja die Hypnose gemacht. Was du dabei erlebt hast, hast du gerade erzählt. Dabei muss man ganz streng und scharf unterscheiden zwischen den Archetypen und Vorstellungen, die hoch kommen und die jetzt eine Unterwelt symbolisch-irdisch darstellen und dem realen Verlassen des Körpers bzw. einem realen Sein in der Unterwelt. Das sind zwei völlig verschiedene Dinge. Deine Erfahrung war eine Imagination, wie die Unterwelt sein könnte. Aber so ist sie natürlich nicht und man muss lernen, klar unterscheiden zu können, was eine reale Erfahrung ist und was imaginiert ist. Vorstellungen können interessant sein und sie können in der Tat auch gewisse Echos des realen Jenseits verkörpern, weil wir ja unbewusst instinktiv, intuitiv doch eine ganze Reihe wissen über das Jenseits, auch wenn wir es bewusst nicht so reflektieren. Und dann kommen Echos des Jenseits in deinem Imaginationsbild vor. Etwas ganz anderes ist es, wenn du den Körper verlässt. Das merkst du auch sofort, das ist eine völlig andere Qualität, hat nichts mit Vorstellung, Traum oder inneren Bildern zu tun. Die meisten Menschen schmeißen das durcheinander, einfach weil sie keine echten Erfahrungen bisher hatten."

S.: „Diese andere Ebene mit der Mondlandschaft – die ging ja nach oben – wie ist die einzuordnen?"

H.: „Ja, könnten wir jetzt ein bisschen in diese Richtung deuten, aber es ist nach wie vor deine Vorstellungswelt. Das klingt ganz gut, was da intuitiv aus dir wider dein Wissen herausgekommen ist."

Analyse Erlebnis/Traum: Nach oben schweben

Holger meint, es lohne sich nicht, die Mondlandschaft weiter zu verfolgen. Ich belasse es auch dabei und erzähle ihm von meinem Erlebnis des Hochschwebens, während ich auf den Kirschkuchen wartete und dass ich davon aufgewacht bin.

H.: „Das war jetzt ein reales Erlebnis."

S.: „Das war, also das war … mir fehlen die Worte …"

H.: „Ja, da merkst du jetzt, das ist ganz klassisch, du bist zwar nicht dazu gekommen, aber im Allgemeinen ist es so: Aus einem völlig unerfindlichen, lächerlichen Grund heraus – also im Grunde gar keiner bei dir, die macht da halt das Brot – hebst du ab. Aber gerade **das** ist ein charakteristisches Zeichen: Hier wollte die Seele sich ablösen, aber im Allgemeinen hat der Mensch davor Angst und wird wach."

S.: „Ich habe einen Schreck bekommen – wie du das letztens sagtest mit dem Fallen: man kriegt einen Schreck. Von meinem Gefühl her waren das von der Bar bis zur Decke des Hotels oder der Gaststätte … ich schätze 2 m … die bin ich hoch geschwebt."

H.: „Ach, du bist schon 2 m hoch geschwebt?"

S.: „Ja, ich schwebte oben an der Decke, direkt über der Bar-Theke und den Barhockern und hatte einen größeren Überblick über den hinteren Küchenbereich. Ich sah das Küchenpersonal von oben. Und dann bin ich wach geworden."

H.: „Das sind schon 2 m. Nun überleg dir mal, was das heißt. An sich ist es gigantisch. Du bist mit deiner Seele außerhalb des Körpers, und nur **dadurch**, dass du einen Schreck kriegst, zieht sich die Seele in den Körper zurück. Denn was heißt Schreck? Tiefes, individualpsychisches Geschehen, sehr subjektiv, sehr menschlich und **das** zieht die Seele zurück. Also eine menschliche Emotion. Das können wir jetzt Schreck nennen und dadurch wirst du wach."

S.: „Die Emotion war da, als ich nach oben schwebte. Ich dachte: ‚Was sollen die von dir denken?'"

[05/2011: Das innere Kind fühlte sich von der verinnerlichten Pig-Parent-Stimme („Was sollen die von dir denken?!") kritisiert, was den Schrecken (Peinlichkeitsgefühl und Angst vor Ärger) auslöste.]

H.: „Ja, das ist ganz typisch, dieses Peinlichkeitsgefühl. Es passieren diese außerkörperlichen Erfahrungen meistens in völlig banalen Situationen, aber man hat dann immer diese ethischen Verhaltensweisen – ist lächerlich – aber das zieht uns zurück. Jetzt wäre zu gucken, warum diese Umgebung da war, die ja an sich belanglos ist. Dazu kannst du nichts sagen?"

S.: „Im Moment drängt sich das Thema Essen total auf, vielleicht deswegen."

H.: „Das könnte gut sein, dass das halt noch da war. Aber warum … aber das ist ja schon interessant … das war kein Traum. Du hattest den Körper verlassen …"

S.: „Ja, ich hatte das Gefühl, es war real."

H.: „Ja, das kannst du unterscheiden, ob es imaginiert, vorgestellt oder eine reale Sache ist. Das heißt, deine Emotion hat dich aus einer anderen Dimension zurückgeholt. Das musst du dir mal überlegen! Das ist an sich ein ungeheuerlicher Vorgang."

S.: „Wie meinst du das jetzt?"

H.: „Du warst mit deinem Seelenkörper außerhalb – das ist schon mal ein unglaubliches Faktum. Das Nächste ist, dass du ihn per Willen zurückholen kannst. Nicht per ‚Ich will', sondern per Emotionsgefühl. Aber du kannst ihn nicht umgekehrt per Emotion rausschicken, das geht nicht. Das kannst du nur, wenn du lange, lange übst. So banal das Ganze jetzt klingt, es ist **unglaublich**. War zwar eine kurze Sache, aber trotzdem …"

S.: „… eine interessante Erfahrung. Noch zwei Sachen wollte ich erzählen, die in der Nacht passiert sind. Einmal habe ich ganz laut und klar ein Baby, vor Freude quietschend, drollig lachen gehört und bin davon aufgewacht.

H.: „Warum bist du wach geworden davon?"

S.: „Ich fand es so schön, es war herrlich anzuhören. Offensichtlich verfolgt der Beobachter in mir alles und lässt mich sofort wach werden, damit es mir bewusst wird … ich weiß es nicht. Danach hatte ich einen Traum, wo ich die Klippen abstürzte und dabei steuern konnte, wie ich unten lande."

H.: „Ist auch interessant. Einmal steigst du auf, einmal fällst du. Vorher haben wir die Hypnose gemacht. Das ist irgendwie kein Zufall. Durch die Hypnose warst du suggestiv aufnahmebereit. Zwar nicht vom Bewusstsein her, aber vom Unbewussten hat das dann in die Richtung weiter gewirkt und dann bist du gefallen. Aber bei dem Fallen ist nichts passiert. Normalerweise hättest du dich im Fall, weil man da ja stirbt, loslösen sollen."

S.: „Ich hatte dieses Riesenradbauchgefühl wieder im Magen. Der Magen ging nach oben und boahh … furchtbar, schrecklich."

H.: „Du hast dich nicht losgelöst, aber es ging in diese Richtung. Ganz interessant, gehört alles zusammen. Die Hypnose, aufsteigen, fallen. Da siehst du, wie wir *(Menschen)* arbeiten. Das geht unbewusst und dann kommt es zu so einem Traumbild. Das war jetzt auch kein deutbarer Traum, den du psychologisch deuten kannst in diesem Zusammenhang. Das war einfach die Nachwirkung dieser sogenannten Hypnose. Heute, bevor du ins Bett gehst, legst du dich noch mal hin und machst das selbst – Schwere, Wärme, dann drehen … Also wenn du wirklich bleischwer bist, machst du die Drehübung oder Aufstieg oder die Fallübung, was so von selbst kommt. Du machst es konsequent und beobachtest die Gefühle dabei."

S.: „Es kommt Angst auf. Ich habe das ein paar Mal versucht."

H.: „Dann untersuchst du die Angst."

S.: „Angst, nicht in den Körper zurückzukommen."

H.: „Da kannst du auch sagen, ist mir egal und machst weiter. Du lässt dich jetzt von dir selbst nicht einkriegen. Arbeitest mit der Angst, gehst in die Angst rein. Machst mal keinen Kompromiss."

Ich antworte sehr zweifelnd, zögerlich: „Na, mal schauen …"

Ansonsten habe ich heute den ganzen Tag versucht, den Daseinspunkt zu halten. In der Meditation klappt das recht gut. Wie gesagt, die Mondlandschaft hatte ich heute noch mal versucht weiter zu erkunden, hat aber nichts weiter ergeben und du sagtest ja auch, das bringt da nichts weiter. Dann habe ich erneut versucht, unten vor der Höhle in diese milchige, neblige Masse zu gehen – die ist wirklich total dicht, da kannst du die Hand vor den Augen nicht sehen! Sobald ich ein Stück in den Nebel reingehe, ist es unheimlich, dadurch gehe ich immer wieder zurück. Auch habe ich versucht, in diese Ruhezone zu gehen, wo du sagtest, das wäre auch nur eine Illusion. Ich wollte sie durchbrechen. Da geht es ebenso ganz tief in die Tiefe und auch dort ist so ein nebliges Zeug … aber es ist anderer Nebel … Die Schicht ist so tief, dass die gar nicht aufhört. Das war mir dann zu tief."

H.: „Ist ja interessant, dass du da aufhörst. Also an sich kann man so sagen: Wer Angst vor der Sache hat, hat eine Begabung dafür. Wer keine Angst vor der Sache hat, der hat keine Begabung dafür. Es ist genau umgekehrt. Wenn du vor etwas Angst hast, dann ist da eine Kraft. Hast du keine Angst, bist du irgendwie desinteressiert."

Mit der Angst in der Meditation umgehen

H.: „Angst ist oft nicht schlecht."

S.: „Ist es bei dir auch so, dass das *so tief* geht oder ist das nur eine dünne Schicht? Oder ist das ein Widerstand in mir, der das so tief erscheinen lässt?"

H.: „Es ist so: Du bist in der Meditation … dann kommst du irgendwann zu einem Punkt, ich weiß nicht, ob du das kennst, wo du nicht weiter machen willst, du kriegst Angst."

S.: „Ja, ja, genau."

H.: „Dann hörst du halt auf. Beim nächsten Mal kannst du den Angstpunkt ein bisschen länger aushalten oder du wagst dich eine Minute länger in deinen Trip und dann machst du wieder eine Minute länger und so hast du zwar immer Angst, aber hast den Angstpunkt weiter rausgeschoben, weil du immer eine Minute länger meditierst. Bei über 100 Meditationen kannst du eine Stunde länger so sitzen. Also der Angstpunkt ist immer da bei den Menschen, nur unterschiedlich weit rausgeschoben. Nimmt kein Ende sozusagen. Es gibt Angst, auch bevor du ins Geistreich gehst."

S.: „O. k. Mich interessiert noch mal der Nebel vor der Höhle – was ist das? Und diese Ruheschicht – ist das normal, dass die Kilometer tief ist oder ist das ein unbewusster Widerstand in mir?"

H.: „Also diese Ruheschicht ist sehr ruhig und sehr tief. Sie führt ja zum NICHTS, zum GAR-NICHTS. Aber du hast natürlich auch einen Widerstand dagegen, das ist klar. Aber das hast nicht nur du, sondern das haben alle Wesen. Das ist der Widerstand des materiellen Körpers und des Verstandes, die das nicht wollen und auch nicht können, denn das heißt ja für sie Tod. Also muss man sie schon lassen, das ist keine Beschränktheit von dir oder mir oder von anderen, sondern das ist so. Die Materie wehrt sich dagegen, zu sterben. Das müssen wir ihr auch zugestehen. Trotzdem müssen wir das bekämpfen. Das **ist** so tief … Weltalltief … Das ist keine Kleinigkeit.“

S.: „Ja, gut, ich wollte es nur wissen; es erschien mir schon fast unwahrscheinlich, weil das **so** in die Tiefe ging.“

H.: „Nein, das ist das Wahrscheinlichste. Das DASEIN ist unglaublich tief. Ist doch gut, bist dahin gekommen, du siehst jetzt, wie das DASEIN ist … Die Tiefe ist zwar auch nur eine Metapher sozusagen aus der Sprache, aber haut schon hin … so ist das halt. Mein lieber Mann!“

Gespräch über den Nebel

S.: „Und dieser Nebel?“

H.: „Also es gibt zwei Möglichkeiten. Man kann sich was vorstellen, wie die Unterwelt ist, und man kann real in der Unterwelt mit der Seele sein. Jetzt gibt es auch noch was Drittes. Ein Zwischending zwischen diesen beiden. Das war hier der Fall. Du warst noch nicht mit deiner losgelösten Seele im Jenseits, in der Unterwelt. Aber … da ist vermutlich folgendes passiert. Deine Seele – entweder war sie sehr wach, sehr seelisch wach oder sie hat sich z. B. nur einen Millimeter vom materiellen Körper gelöst und schon treten solche Erscheinungen auf. Du siehst eine Höhle, Symbol der Unterwelt, du siehst den Nebel, das Plasma … aber du **bist** noch gar nicht in der Unterwelt. Das nimmt das jetzt quasi vorweg und dann hat man so eine Zwischenerfahrung, die halb symbolisch, halb real ist. Schwer, das ist verwirrend irgendwie …“

S.: „Was mache ich mit dem Nebel – weiter reinlaufen oder …?“

H.: „Ja. Du musst immer in den Nebel rein und durch. Die Zwischenzustände sind schwer zu beschreiben. Verstehst du, die Seele kann sich z. B. nur Millimeter von deinem Körper entfernen. Das kann Krankheit oder auch Bewusstlosigkeit bewirken. In der Bewusstlosigkeit ist auch die Seele ein Stück vom Körper gelöst, aber da ist sie noch im Körper. Du siehst jedoch nichts, bewegst dich nicht, bist aber auch noch nicht tot. Und es gibt drittens tiefere seelische Erfahrung. Diese **tiefen** seelischen Erfahrungen sind alles Seelenloslösungen Millimeter außerhalb des Körpers. Es kann sogar sich nur ein Bein, ein Arm, ein Ohr in die Nachbardimension bewegen, der Rest des Körpers bleibt voll im Hier und Jetzt. Das gibt's. Dadurch kommen diese paranormalen Dinge zustande."

S.: „Wenn ich bei der Meditation ganz in die Tiefe gehe, dann reagiert der Körper entweder mit Herzklopfen oder mit Schwindel oder auch mit beidem."

H.: „Das sind die Vorstadien für die Körperablösung."

S.: „Der Schwindel oder was?"

H.: „Ja. Da kannst du nichts machen."

S.: „Dann höre ich immer auf, das ist mir zu …"

H.: „Ja, ja, hörst eben auf und bleibst dann noch 15 – 20 Sek. länger. Das hält man schon noch aus. Nicht ewig lange, aber ein kleines bisschen. Dabei kannst du das Phänomen studieren, wie das geht, woher die Angst kommt und vielleicht kannst du feststellen, dass sie unbegründet ist. Aber Angst haben wir alle. Das ist gar keine Angst, das ist nur ein Reflex."

S.: „Bewusst spüre ich keine Angst, aber die Körperphänomene sagen mir, dass große Angst da sein muss."

(29.4.07: Die auftretenden Körperphänomene, v. a. auf Herzebene, machen mir Angst, weniger der Nebel selbst. Ich kann mir vorstellen trotz mystischer Stimmung weiterzugehen, wenn der Körper ruhig bleiben würde.)

H.: „Genau, der Körper weiß schneller als wir, was los ist und dass die Seele im Grunde abhauen will. Das ist ja seine liebste Freundin, die er nicht verlieren will. Dadurch werden wir entsprechend wach. Im Wachzustand kann die Seele den Körper nicht verlassen, weil sie da **total** vom Ego, vom Wachbewusstsein geprägt und festgehalten ist. Da ist sie voll im Gefängnis drin. Wach werden heißt, Gefängnis zuschließen – zack. Hochinteressant. Und da zeigt der Körper halt Phänomene verschiedener Art. Es gibt 1.000 Phänomene, die Seele in ihr Körpergefängnis zurückzubeordern. So sind diese ganzen Körper- und seelischen Phänomene einzuordnen. Es ist einfach Angst, tiefer zu fallen. Wenn du Klienten hast, musst du ihnen diese Zustände erklären. Sonst deuten sie das falsch und sind dann blockiert. Wenn man das richtige Verhalten dazu hat, nimmt man öfter wahr, dass das passiert … Ist doch interessant, wie sich das entwickelt hat."

Körper und Seele sind getrennt

S.: „Mit dem Baby, was hat es damit auf sich?"

H.: „Es ist auf jeden Fall ein häufiges Phänomen, dass man Stimmen, Schreie, Geräusche hört. Meistens jedoch Stimmen von Menschen und Stimmen von Tieren. Z. B. ein Uhu schreit oder ein Vogel kräht. Auch ein Baby ist nicht selten, ist also ein typisches Phänomen, nicht irgendwas Traumhaftes. Steht im Zusammenhang mit der außerkörperlichen Erfahrung. Neben den Menschen- und Tierstimmen kommen noch die Klopfgeräusche hinzu, die meistens dreimal oder einmal gehört werden, nie zweimal, nie viermal. D. h. entweder sie kommen in den Körper zurück oder sie verlassen mit der Seele den Körper. In diesem Rahmen steht auch das Babyschreien, aber ich kann es jetzt hier nicht einordnen, weil du keine Erinnerung von davor oder danach hast. Aber es passt mit Sicherheit in das ganze Szenario Ablösung der Seele oder wieder zurückkommen. Und typischerweise wird man davon immer wach, d. h. mit der Emotion über die rationale Wirklichkeit. Warum ist das so? Stell dir vor, die Seele ist außerhalb … jetzt mit einem Schlag, **zack**, warum auch immer, fällt sie zurück in den Körper. Dieses Zurückfallen äußert sich z. B. in einem Knall oder einem Babyschreien. Warum? Kann ich nur einen Vergleich bringen. Wenn du klatscht, geht das nur mit zwei Händen. Ein ZEN-Koan heißt, höre das Klatschen einer Hand – das geht nicht. Eine Hand ist dein Körper, die andere deine Seele. Wenn beide zusammentreffen, ist es so ähnlich, als wenn du eine Kaffeetasse auf den Unterteller stellst – es klackert halt. Und so ist das auch, wenn diese zwei völlig heterogenen Körper wieder zusammenkommen. Genauso umgekehrt, wenn sich die Seele loslöst vom Körper, ist das so, als wenn die Kaffeetasse am Unterteller festgeklebt ist. Ziehst du die Tasse weg, macht es ‚zscht'. So ein Phänomen ist das. Oder wie beim Küssen – du ziehst die Lippen zurück und dann gibt es das Geräusch – wie ein Unterdruckphänomen. In dem Rahmen steht dieses Babygeräusch. Da ist irgendwie was passiert in diesen langen drei Tagen."

S.: „Wenn ich das mal so richtig lange erfahren könnte … nicht nur sekundenweise wie mit dem Schweben oder Fallen, das sind ja immer nur recht kurze Momente. In einem längeren Zeitraum könnte ich die Trennung zwischen Körper und Seele noch klarer und vor allem bewusster fühlen. Dann wäre das Thema Sterben und Tod auch kein Thema mehr für mich."

[06/2010: Obwohl ich schon mehrfach die Erfahrung in meinem Leben gemacht hatte, dass Körper und Seele zwei verschiedene Dinge sind, zweifelte ein Teil (Zweifler = Pig-Parent-Energie) in mir das immer wieder an. Dieser Zweifel war damals noch so stark, dass er mein inneres Wissen lautstark übertönte, sodass ich es in dem Moment kaum oder gar nicht hören konnte – als hätte ich alles vergessen, was ich in anderen Momenten sicher wusste. Der Zweifler forderte immer wieder und wieder neue und andere Beweise. Immer wenn ich versuchte, diese zu liefern, kam ich den Erwartungen der Pig-Parent-Energie (PP) nach, um das PP zufrieden zu stellen (= Anpasser, Überlebensmechanismus), statt meine eigene Position zum Thema zu finden und diese souverän dem PP gegenüber zu vertreten.]

H.: „Im Alltag kannst du Übungen machen und dauernd spüren, kannst es psychologisch untersuchen: ‚Ich bin nicht mein Körper. Ich **besitze** einen Körper. Ich bin auch nicht meine Aktentasche, aber ich habe eine. Da sind zwar alle Unterlagen von mir drin, aber ich **bin nicht** meine Aktentasche.' Das muss man sich immer wieder sagen und dadurch, dass man es immer wieder wiederholt, wird eine Distanz zwischen Körper und Seele erzeugt."

S.: „Aber ist das nicht eine Autosuggestion?"

H.: „Am Anfang hat es einen autosuggestiven Charakter, aber dadurch, dass es eine Wahrheit ist, unterstützt es sozusagen suggestiv das Ablösen des Seelenkörpers. Die Seele lebt unabhängig vom Körper. Also beeinflusst du, oder wenn ich rede als Hypnotherapeut, ein Wesen, das nicht in diese Dimension gehört, das nur meine Worte hört, aber auch nur deswegen, weil es in deinem Körper ist und verschaltet ist mit deinem Ohr und Innenohr. Das ist ein Phänomen des Mensch-Sein. Das muss man sich klar machen, du hast Körper und Seele, das sind immer zwei Dimensionen, die miteinander verquickt sind."

S.: „Also vom Prinzip her ist es mir klar, aber es ist noch mal ein Unterschied zwischen dem Verstand, der das weiß und dem eigenen Erleben. Es ist eine andere Wahrheit, eine innere Wahrheit. Das hat eine andere Tiefe und die Wahrheit wird **so unumstößlich wahr** für mich, dass ich sie nicht mehr anzweifle, weil ich es selbst klar erlebt habe. Es ist dann kein äußeres Wissen oder nachplappern mehr, weil ich es irgendwo gelesen oder gehört habe. Es ist mir durch meine Erfahrungen schon sonnenklar, dass Seele und Körper zwei verschiedene Sachen sind. Ich sehe die Verflechtungen und weiß aus eigener Erfahrung um sie und trotzdem brauche ich noch mal und noch mal und noch mal und immer noch mal den Beweis, um den Zweifler in mir zu überzeugen. Verstehst du?"

H.: „Wie oft in deiner Arbeit, im Alltag erfährst du, dass die Seele und der Körper getrennt sind?"

S.: „Gar nicht. Nur in tiefer Meditation oder in Träumen, aber im Alltag bei normalem Wachbewusstsein nicht. Da ist es eher so, dass die Seele im Körper ist, nicht dass sie der Körper ist, sondern sie ist im Körper, besitzt einen Körper, hat einen Körper, ist darin gefangen, also wie im Gefängnis, aber kommt da eben nicht raus." *(Ich erfahre beides nicht als getrennt, sondern im-*

mer zusammen, weiß aber schon, dass ich im Gefängnis sitze, kenne jedoch den Ausgang nicht.)

H.: „Wir reden über ein schwerwiegendes Thema. Das kannst du mit kaum jemandem besprechen. Und allein dieses Reden darüber geht auch tief in die Seele hinein. Der Körper ist ein Spiegelbild der Seele. Ich mit meinem Leben und meiner Subjektivität bin ein exaktes Spiegelbild meiner Seele. Das spürt man dann ganz tief."

S.: „Es ist mir ganz klar, dass der Körper ein Spiegelbild der Seele ist. Die Schmerzen auf der Körperebene drücken den seelischen Schmerz aus."

H.: „Aber du hast keine Erfahrung, ist nur ein intellektuelles Wissen?"

S.: „Ist eine Erfahrung im Behandeln. Indem ich die Seele heile, verschwinden die Körpersymptome. Ich habe viele meiner seelischen ‚Knoten' weitgehend gelöst und machte dabei die Erfahrung, dass parallel dazu sofort die Körperbeschwerden weggingen, wenn das Thema, was sie ausdrücken wollten, erfasst und gelöst wurde. Wenn ich mich seelisch ausgeglichen und gut fühle, geht's auch dem Körper gut. Geht's mir seelisch schlecht, tut sofort irgendwo was im Körper weh. In der ersten Dunkeltherapie merkte ich auf ganz subtiler Ebene genau den Zusammenhang zwischen seelischer Anspannung und daraus resultierender körperlicher Spannung, z. B. im Bauch, Rücken, Kopf usw. und auch jetzt im Dunkeln sehe und fühle ich sehr genau die Verbindung zwischen Körper und Seele und wie beide miteinander verflochten sind und untereinander in Wechselbeziehung stehen."

H.: „Ist das eine Erfahrung oder …?"

S.: „Das sind meine eigenen Erfahrungen und die Erfahrungen mit Klienten. Es gibt überhaupt keinen Zweifel mehr in dieser Richtung, dass das so **ist**."

H.: „Aber doch hast du gesagt, da fehlt was …"

S.: „Ich spüre klar die Abhängigkeit, die Wechselwirkungen zwischen Körper und Seele **innerhalb** des Körpers. Aber ich habe bisher kaum die Erfahrung gemacht, außer bei der Geschichte mit dem Schweben und Fallen und einigen anderen Erfahrungen, dass die Seele **getrennt** sein kann vom Körper. Diese klare bewusste Erfahrung, die fehlt mir, dass die Seele **außerhalb und unabhängig** vom Körper sein und leben kann. Das ist für mich wie eine Abhängigkeit, als ob die Seele nur **im** und mit dem Körper leben kann."

(06/2010: Bei allen außerkörperlichen Erfahrungen, die ich bis dahin gemacht hatte, war kein so starker Eindruck entstanden, der sofort alle Zweifel endgültig aus dem Weg geräumt hätte. Alles hatte nicht die Kraft wie bei der Erfahrung mit der Lichtfrau, wo jeglicher Zweifel innerhalb von Sekunden in mir ausgeräumt wurde, ob es so was wie Lichtwesen oder göttliche Wesen gibt oder nicht. Mir war damals nicht bewusst, dass die Erfahrung mit der Lichtfrau bereits der „indirekte" Beweis ist – ich habe sie ja als Energiewesen, also körperlos und dennoch von sehr lebendiger strahlender Kraft erfahren.)

H.: „Wenn du oft dran denkst, dich da tief einfühlst, ist das die Vorbereitung dafür, dass sich, wie wir gestern und heute gesehen haben, die Seele öfter mal abtrennt. Sie tut es eh dauernd, nur man merkt es nicht. Also muss man die Seelenabtrennung nicht erzeugen, sondern feststellen, dass es dauernd passiert."

S.: „Wie stelle ich das fest? Offensichtlich fehlt mir die Wahrnehmung dafür."

H.: „Indem du viel darüber nachdenkst, das untersuchst, auch intellektuell dich beobachtest, andere beobachtest. Dann wird sozusagen eine Aura geschaffen, ein Umfeld, wodurch dann der Abtrennungsvorgang der Seele, die sich ja ohnehin dauernd abtrennt vom Körper, gelegentlich oder öfter mal auch ins Bewusstsein kommt."

S.: „Also die Seele trennt sich nicht nur nachts vom Körper, sondern auch öfters am Tage?"

H.: „Ja, in Miniaturintervallen, dauernd. Es gibt die zwei Wege: Bewusst die Seele ablösen oder das gar nicht wollen, sondern nur beobachten, **wie** sie sich dauernd ablöst. Das ist mehr der passive, volksnahe Weg. Der andere ist mehr der Weg des Yogis, das ist nicht für jedermann."

Holger beendet das Gespräch und verabschiedet sich. Ich gehe jetzt baden und ins Bett, schlafe ganz schnell ein.

23. Tag – Das letzte Gespräch

Nacht, noch alles dunkel draußen. Mir kommen Gedanken an meine Söhne und wie oft sie sich streiten … Das löst einen tiefen inneren Gefühls-Prozess in mir aus, der meine Mutter, meinen Vater und auch meinen Bruder betrifft. Am Ende fühle ich mich sehr erleichtert, viele Dinge aus- und angesprochen und richtiggestellt zu haben. Es fühlt sich wie aufgeräumt an.

(16.6.07: Wenn Geschwister sich streiten, ist das oft der nicht ausgetragene Streit zwischen den Eltern. Kinder sind der Spiegel der Eltern.)

Draußen wird es hell, ich schließe das Badfenster, setze mich zur Meditation … und meditiere bis zum Frühstück. Ein leckeres Ei, Tomaten und Toastbrot verschwinden mit großem Appetit in mir. Bis zum Mittagessen meditiere ich weiter, zwischendurch Tai Chi. Nach dem Mittag bin ich so müde, dass ich seitdem nur noch liege und schlafe – hatte ja nachts auch nicht geschlafen.

Gespräch mit Holger
Holger kommt zum Gespräch und ich stelle ihm folgende Frage:

Kann ich in der Meditation real sterben?
„Holger, du sagtest gestern zu der inneren Ruheschicht, dass die ganz tief ist, zum Geist gehört und die Materie sich dagegen

wehrt, weil das für sie den Tod bedeutet. Habe ich es jetzt richtig verstanden, dass man real stirbt, wenn man im Geist ankommt? Oder ist es nur das Ego, das stirbt und der Körper lebt natürlich weiter?"

H.: „Nein, du musst dir das so vorstellen – du hast deinen Körper. Vom Körper geht wie ein Draht zur Seele – ein Astralband oder auch mehrere feine Fäden, entweder von der Stirn oder Nabel oder von verschiedenen Chakren usw., aus. Das können teilweise einige Leute sehen. Und solche Bänder gehen auch von der Seele zum Geistkörper. Wenn diese gekappt werden, bist du tot. Werden die nicht gekappt, bist du noch lebendig."

S.: „Also in der Meditation kannst du nicht sterben?" *(Die Frage speiste sich aus meiner Angst vor dem Tod.)*

H.: „Nein. Jetzt *(im Leben)* sind wir ja diese drei Körper. Wir denken nur, wir sind im Wesentlichen physischer Körper, das ist aber ein Trugschluss. Wir sind zur selben Zeit psychische Wesen. Wir denken, wir fühlen – das ist die psychische Welt. Dann sind wir aber noch mehr – reiner Geist. Im Grunde ist auch das permanent präsent, aber da das ein so weites Feld ist – das geht gewissermaßen über deinen Augenhorizont hinaus –, nimmst du es, obwohl es das stärkste ist, gar nicht als Feld wahr. Unser Hauptproblem als menschliche Wesen ist, dass wir diese drei Zustände nicht klar erkennen – Körper, Seele, Geist sind ja Dimensionen – und so tun, als seien wir nur Körper. Aber das Geistfeld kann man fast nicht beschreiben, weil das *alles* ist. Das Leben selbst, was du jetzt Daseinspunkt nennst, das SEINS-Gefühl insgesamt ist quasi nicht fassbar und dafür müssen wir uns ein bisschen präparieren. Dahin wollen uns alle Religionen mit ihren verschiedenen Methoden führen, das Geistfeld oder auch das Psychefeld stärker wahrzunehmen. Manche Leute, musst du bedenken, haben ja gar keinen Kontakt zur Psyche. Sie denken, sie sind nur Körper. Selbst diese Verbindung haben sie verloren. Mit denen hast du es im Wesentlichen zu tun. Aber wer die Psyche verloren hat, hat auch den Geist verloren, also beides."

S.: „Stimmt. Mich hatte dein Satz: ‚Wenn du im Geist ankommst, bedeutet das für den materiellen Körper den Tod' irritiert. Es machte mir keinen Sinn zu meditieren, um dann real zu sterben."

H.: „Es gibt zwei Möglichkeiten. Jetzt, so wie wir hier sitzen, sind wir Geist, Psyche und Körper. Nun gibt es auch noch eine zweite Möglichkeit. Ich verliere ein bisschen meinen Kontakt zum Körpergefühl, bisschen meinen Kontakt zur Seele und bin dann primär bewusst für das Geistige. Der erste Schritt ist, wenn du im Daseinspunkt bist. Da hast du nicht mehr so ein Gefühl für den Körper, was der macht oder deine psychischen Strukturen sind auch weggefallen. Deswegen bist du aber nicht tot."

S.: „So wie du es jetzt erklärst, ist das anders als vorher und o. k. für mich."

Ich berichte Holger dann, dass ich gestern mit meiner Übung nicht weit gekommen war, weil ich total schnell eingeschlafen war.

S.: „Das ist immer die Gefahr bei Müdigkeit, schnell einzuschlafen – keine Chance wach zu bleiben."

H.: „Ja, deswegen ja der Meditationssitz. Das ist schon genau überlegt."

Lähmende Müdigkeit und Schlaflosigkeit

S:. „Ansonsten hatte mich fast die ganze Zeit über eine lähmende Müdigkeit erfasst. Nachts war ich zwar hellwach, bin aber unfähig gewesen, zu meditieren. Manchmal hatte ich innere Prozesse, manchmal lag ich auch einfach nur dösend herum, da waren nicht mal Gedanken da, das Gehirn hat nicht gearbeitet. Am Tage war ich total müde und alles war schwer. Es ist so etwas Lähmendes, wo **alles**, selbst sich aufrichten, zum Klo gehen oder den 1 m zum Tisch laufen, allergrößten Kraftaufwand gekostet hat. Da war überwiegend eine Alles-ist-schwer-Energie – das kenne ich sonst von mir so nicht. Gelähmt müde."

H.: „Aber wenn ich dann komme und du sprichst mit mir, bist du top.“

S.: „Das ist was anderes, dein Kommen zieht mich da raus. Aber das hält danach nicht an. Nach unserem Gespräch war ich immer froh, danach ins Bett gehen zu können. Obwohl ich den ganzen Tag nur rumgelegen habe, war ich abends wie erschossen.“

H.: „Das geht allen so. Obwohl sie nichts zu tun haben, sind sie trotzdem erschöpft. Es ist an sich ein normaler Prozess, dass man in diese Phase des Vor-sich-hin-Dämmerns kommt. Anders kann das gar nicht sein in der Dunkelheit, ohne Abwechslung. Aber bei den meisten dauert das nur kurz.“

Holger verwies darauf, dass diese Phase in meinem Fall ungewöhnlich lange anzuhalten schien und dass er dafür auch keine unmittelbare Erklärung finden konnte.

S.: „Wie kann ich das nur beschreiben. Das war ein Zustand, wo absolut **alles** träge ist. Ich konnte sogar zugucken, wie die Gedanken in den Leitungen laufen. Im Allgemeinen kenne ich meinen Verstand so: Alles läuft schnell, die Gedanken sind wie ein schneller Fluss, sodass du sie gar nicht alle überschauen und schon gar nicht erfassen kannst. Du kannst gar nicht folgen, nur Einzelnes wird bewusst. Bildlich gesehen sind die Gedanken normalerweise wie ein schnelles Aufblitzen von Punkten, die auf unübersichtlich sich kreuzenden Bahnen blitzschnell hin und her fließen. Ein ununterbrochenes Blitzlichtgewitter, ständig im Fluss, in schneller Bewegung. Im Zustand der lähmenden Müdigkeit ist alles wie in Zeitlupe. Der Körper lief auf Sparflamme, alle Bewegungen nur ganz langsam. Es kostete allergrößte Überwindung und Kraftanstrengung, mich überhaupt zu bewegen. Selbst der Verstand arbeitet dann in Zeitlupe. Die Punkte blitzten nur noch vereinzelt auf, liefen auf den sonst total unübersichtlichen und nicht erkennbaren Bahnen so langsam, dass ich sie gut verfolgen konnte, ich sogar die Bahn, auf denen der einzelne Punkt oder Gedanke entlangfloss, erkennen konnte – das ist ganz erstaunlich. Und ich war so was von träge …"

H.: „Wie war denn das Raum- und Zeitgefühl?"

S.: „Ich hatte den Eindruck, ich habe ein gutes Zeitgefühl." *(Es war eher ein inneres Wissen, wie spät es ist.)*

H.: „Wusstest du immer, wie groß der Raum ist?"

S.: „Ja … Gute Orientierung auch."

H.: „Das war letztes Mal auch so?"

S.: „Ja, aber auch Phasen von Orientierungslosigkeit."

H.: „Wie unterschiedlich das sein kann. An sich ein guter Zustand, so wie du das mit den Gedanken beschreibst. Aber der Zustand sollte sich weiterentwickeln. Das hat er aber nicht getan, deswegen könnte man von einer Art Stagnation sprechen, warum auch immer die eingetreten ist, kann ich nicht beurteilen. Man kann in jeder Phase stecken bleiben aus irgendwelchen Gründen."

S.: „Aber in diesen Phasen haben sich all die Dinge ereignet, das mit dem Skelett, mit dem Kessel …" *(Ich verstand seinen Verweis auf die Stagnation nicht, wo doch so viel passiert war.)*

H.: „Ja. Die Phase ist an sich nicht schlecht. Aber sie hätte sich noch weiterentwickeln können. Es sind ja interessante Sachen passiert, aber keine Phase ist für alle Ewigkeit – es hätte die nächste Phase kommen sollen – ist sie aber nicht. Deswegen ist es ganz wichtig, dass wir das jetzt besprechen und analysieren."

S.: „Was meinst du mit nächste Phase? Wie sieht die aus?"

H.: „Nächste Phase: kein Zeitgefühl, nicht desorientiert, sondern der Raum würde größer werden – so groß wie das Universum. Das Ich-Gefühl hört auf, ist starken Schwankungen ausgesetzt, d. h., das Ich-Gefühl würde verfallen, du könntest nicht mehr so glatt sprechen."

S.: „Meine Zunge ist oft so gelähmt …"

H.: „Ja, du warst an sich am Ansatz, hätte noch bisschen weitergehen können, dann wäre die Phase durchbrochen worden. Die drückt sich dann auch noch weiter aus durch Raum-,

Zeit- und Ich-Verlust, das Plasmalicht wird stärker, auch die psychischen Erfahrungen, die du hattest, Kessel usw., ziehen sich dann zurück. Solch interessante Sachen treten dann nicht mehr auf so. Stattdessen kommen mehr Synergien, Einheitserfahrungen, wo sich Dinge irgendwie zusammenziehen. Ziemlich irreal, also für Außenstehende, für dich selbst gar nicht, da ist alles normal. Du verbindest Dinge, die man im Alltag überhaupt nicht verbinden kann, das würde völlig unsinnig erscheinen. Simpelstes Beispiel: Du hast eine 100%ige Sicherheit und Gefühl dafür, dass der Stuhl, in dem ich hier sitze, und die Toilette irgendwie im Grunde das gleiche sind. Es sind natürlich gewisse Ähnlichkeiten, man kann sich auf beides setzen. Oder weitgehender: dass der Stuhl und das Kissen darauf **eine** Sache sind. Oder wenn ich jetzt drin sitze, hast du das Gefühl, dass der Stuhl an mir fest ist. Du siehst jetzt eine Verbindung zwischen der Existenz des Stuhles und mir. Erscheint im Normalzustand völlig absurd, für dich ganz und gar nicht. Alles verbindet sich. Z. B. hörst du draußen ein Geräusch, ich komme zufällig hoch und das Essen, was du isst … alles wird zu **einer** kausal zusammenhängenden logischen Kette. Du hast dann eine ganz andere, eine supermagische Weltsicht, die dir normal erscheint, Außenstehenden allerdings nicht mehr."

Ich verstehe genau, wovon Holger redet und muss bei der Vorstellung herzlich lachen, sodass mir die Tränen kommen. „Man ist quasi verrückt und hält das für völlig normal, was es ja auch ist."

H.: „Ja, so kannst du sagen. Wenn du dir eine Paranoia anguckst, ist das ja so. Die verbinden alles Mögliche miteinander und meinen das absolut logisch. Und das hast du auch in diesen Zuständen, allerdings bist du nicht paranoid, sondern hast eine tiefe philosophische Einsicht in die Natur der Wirklichkeit. Du bist auf der richtigen Seite."

S.: „Diese Erfahrungen hatte ich hier jetzt nicht, trotzdem weiß ich, wovon du redest."

H.: „Da war eine Stagnation – würde ich so benennen. Aber was heißt Stagnation? Ich will mal so sagen: Du bist dort angekommen, wo du jetzt bist. In dieser zwar trüben Phase sind trotzdem all diese Dinge passiert. Das müssen wir auch wieder sehen. Wir können nicht einfach sagen: Es war eine trübe Phase, alles umsonst, sondern in dieser Phase sind all diese Dinge passiert und können auch weitgehend nun doch passieren. Ich sage können, müssen nicht. Es gibt die gleichen Erfahrungen wie du sie hattest, aber trotzdem ist man hellwach. Am Anfang ist es meistens so, dass diese Trübheitsphase kommt. Bei den meisten hellt die sich dann wieder auf. Das war bei dir nicht der Fall."

S.: „Stopp mal. Als ich beim Skelett und im Kessel war, war ich geistig hellwach, nicht träge oder trüb. Körperlich war ich die ganze Zeit träge, aber nicht geistig. Das müssen wir vielleicht noch mal differenzieren. Also diese Trägheit bezieht sich v. a. auf den Körper. Wo ich nachts hätte meditieren können, habe ich es nicht gemacht, ging nicht, zu träge, um aufzustehen, zu sitzen usw."

H.: „Also können wir so sagen: Die Körperträgheit hat die Meditation, die ja zunächst auch körperlich ist, man muss sich ja irgendwie hinsetzen, verhindert."

S.: „Ja, kann man schon so sagen."

H.: „Ja, das ist halt so. Der Körper muss fit sein. Deswegen gibt's ja Hatha-Yoga. Erst muss der Körper stabilisiert werden, dann kann man ordentlich sitzen. Hat alles seinen Sinn und Zweck. Wenn der Körper träge ist, kannst du nicht meditieren. Du schläfst ein und fällst um. Das ist natürlich das Normale, dass der Körper hier drin zumindest vorübergehend träge wird. Aber das war doch ein bisschen lange."

S.: „Ich glaube, das hat mit meinem Schlafmangel zu tun."

H.: „Aber warum hast du Schlafmangel gehabt?"

S.: „Das hatte ich bei der ersten Dunkeltherapie auch, ich weiß nicht warum. Ich habe ganz wenig geschlafen, dadurch bin ich immer müde am Tag."

Holger überlegt. „Das müsste man an sich klären."

S.: „Sobald ich einen Traum oder eine Erkenntnis oder Erfahrung hatte, war ich sofort wach. Da gibt es auch keine Aufwachphase bei mir. Entweder ich muss aufs Klo, dann bin ich sofort wach oder ich habe einen Traum, bin ich auch sofort wach und spreche das auf. Ich kriege einfach **alles** mit an Gedanken und Träumen. Dann sagt aber irgendwann mein Kopf: ‚Eh, es ist doch noch nachts, ist doch noch dunkel, schlaf weiter.' So und dann drehe ich mich um, will weiterschlafen, kann aber nicht einschlafen. Und so versuche ich stundenlang noch mal einzuschlafen, um immer wieder festzustellen, dass ich noch nicht schlafe. Irgendwann ist es dann morgens und ich mache das Badfenster zu. Am Tage schlief ich auch nicht. Da waren Gedanken, die aufgestiegen sind und über die ich dann nachgedacht habe. Oder ich bin in einen Prozess gekommen mit dem Skelett oder dem Kessel oder mit Mutter und Vater oder oder oder, z. T. war ich sehr aktiv …"

Wir waren uns beide einig, dass ich nicht schlafen konnte, weil sich so viele verschiedene detaillierte Dinge in mir abgespielt hatten. Darüber hinaus hatte ich auch meine innere Haltung verändert.

S.: „Aufgrund der anderen Einstellung habe ich mich diesmal nicht mehr gezwungen, etwas zu tun, wenn ich keine Lust dazu habe – also meine Zunge, die ist wirklich merkwürdig *(ich nuschle die Wörter z. T.)*. Das förderte vielleicht diese Trägheitsphasen."

H.: „Warst nicht übermotiviert. Das ist an sich die richtige Einstellung. Wie ist das denn sonst bei dir im normalen Leben? Willst du da immer was machen?"

S.: „Früher war ich der Macher, jetzt bin ich viel gelassener."

H.: „Dann war es genau richtig – zu lernen, das Leben gelassen so zu nehmen wie es kommt. Das ist auch dein Leben, diesem Leben auf die Spur zu kommen. Das wird sich bestimmt auch echoartig auf den Alltag auswirken. Ganz unbewusst kommt das dann. Da kann man insgesamt sagen, so wie es gelaufen ist, war es für dich genau richtig. Es kann auch nicht anders kommen als es kommt. Es gibt keine andere Möglichkeit. Der psychische Prozess ist immer stimmig."

S.: „Ja, bin auch ganz zufrieden und freue mich, morgen wieder rauszukommen. Es ist so viel geschehen, dafür bin ich sehr dankbar. Vor allem an diese tieferen Schichten kommt man ja im Alltag nicht so leicht heran. Es war für mich total wichtig, in dieser Tiefe die verschiedenen Themen aufzulösen bzw. zu bearbeiten."

H.: „Ja, so geht es jetzt zu Ende. Das war noch mal ein ganz gutes Abschlussgespräch."

Holger verabschiedet sich bis zum nächsten Tag.

Den Tag rückblickend betrachtet, war es heute beim Meditieren schwierig, in die Tiefe zu kommen. Ich fühle, wie ich innerlich wieder höher bin, etwas aufgestiegen aus der Tiefe. Die Gedanken gehen oft raus in die Außenwelt. Freue mich auf morgen … Ich habe keine Lust mehr, hier drinnen zu sein.

Wachtraum: Drei Welpen

Ich komme gerade vom Spaziergang zurück und sehe die drei Welpen und deren Mutter wieder, denen ich auf dem Hinweg schon begegnet war. Ein Welpe ist schon tot, zwei leben noch und die Mutter ist ganz schwach. Meine Hündin Cassy knurrt den einen Welpen an und nimmt ihn ins Maul, beißt aber nicht zu. Ich sehe, dass er noch atmet, aber er ist schon so geschwächt, dass er sich gar nicht mehr rührt. Ich überlege, was ich mit dem Welpen und der Hündin mache. Einerseits tun sie mir leid, andererseits möchte ich nicht in die Natur eingreifen.

Ich bin wach und sehe in großen Abständen Licht – als ob ein Scheinwerfer immer wieder vorbeigeht.

Die ganze Dunkelzeit über haben meine Augen mehr oder weniger stark geträнt; manchmal musste ich ständig die Tränen wegwischen. Nicht gejuckt, nicht weh getan, nur getränt, getränt, getränt. Das kommt mir wie ein Reinigungsprozess vor.

Mir wird nochmals ganz bewusst: Wirklich mit **aller** Aufmerksamkeit beim Essen zu sein, macht gleichzeitiges Reden unmöglich. Durch das Reden kommen andere Gedankengänge dazu, wodurch die Aufmerksamkeitsenergie vom Essensvorgang und von der Nahrung abgezogen wird – hin zu den Gedanken.

24. Tag – Begegnung mit der Welt

Es regnet morgens. So ein Mist, hoffentlich hört das nachher wieder auf. Ich will ja heute raus!

Bei der Meditation gehen die Gedanken ständig dahin, ob Holger mir Frühstück bringt oder nicht. Wir hatten gestern Abend darüber nicht gesprochen.

Ich nehme den strömenden Regen als Übung, im JETZT zu sein/bleiben, es offen zu lassen, ob Holger Frühstück bringt oder nicht. Seine Ansicht ist ja, man muss ohne Essen in die Natur gehen und dann erst essen. Könnte also durchaus sein, dass er kein Frühstück bringt.

Zusätzlich zum strömenden Regen ist ein starker Sturm und Wind aufgekommen. Cool, hier im Warmen und Trocknen zu sitzen. Es hört sich an wie eine Sintflut.

Holger war gerade hier und hat mich gefragt, ob ich was essen möchte. JA!!! Innerer Jubel!!! Das ist so belebend. Der Körper will einfach eine Stulle haben, keinen Gemüsesaft und keinen Apfel.

Wie eine Fressraupe oder wie ein hungriges Tier hat der Körper alle Stullen weggeputzt, die Holger gemacht hatte. Unglaublich, was der Magen schon wieder alles fasst. Ich hätte noch weiter essen können, wenn noch mehr dagewesen wäre – als ob der Magen ein Loch hat. Erstaunlich, wie all die Stullen im Körper verschwunden sind in Nullkommanichts …

Ich habe ein paar Bilder zum Ego. Das Ego sehe ich als eine dicke Himmelskruste und unter dieser spinnt es sich seine eigene Welt zusammen, die dann als Realität erscheint. Es sind jedoch **alles** Illusionen … Nicht so leicht, diese dicke Himmelskruste als solche zu erkennen und aufzubrechen, um rauszukommen aus dem Gefängnis.

Ich fühle mich super nach diesem tollen Frühstück und der Tatsache, dass ich heute rausgehe – Energie ohne Ende. Draußen haben die sintflutartigen Regenfälle nachgelassen. Es nieselt und tröpfelt so vor sich hin und ich habe das Gefühl, es könnte noch aufhören. Aber das bisschen ist kein Problem. Hauptsache keine Sintflut mehr.

Beim Tai Chi hatte ich ein super Gefühl. Langsam, ganz im Gleichgewicht, ruhig und locker, floss ich durch die Übung. Ich setze mich ein letztes zur Meditation und habe das Gefühl, dass ich mich jetzt gut konzentrieren kann, weil das Hungergefühl und die Angst, nichts zu essen zu kriegen, nicht mehr im Vordergrund stehen.

Im Geiste habe ich in der Zwischenzeit drei Kochbücher vollgeschrieben, mit vielen schönen Bildern vom Gericht.

Ich gehe raus

Holger hat mich gerade rausgeführt. Ich habe eine dicke Augenbinde vor den Augen und stehe jetzt hier mitten im Wald. Holger entfernt sich zügig und ich nehme schnell die Augenbinde runter, weil ich als Erstes auf einen Menschen schauen wollte, um vielleicht die Aura zu sehen … stechender Schmerz!!! … ganz kurzer Blick nur … sehe Holger in einiger Entfernung hinter einer Wegbiegung verschwinden … starker Schmerz in den Augen … ich schließe schnell die Augen und nehme im gleichen Augenblick schützend beide Hände vors Gesicht – es ist viel zu hell!!! … auch über dem Kopf und um den Körper herum … gehe in die Hocke … Bin auf einer Lichtung, rings um mich Wald. … Ab und an riskiere ich einen kurzen Blick … ich sehe alles nur ganz unscharf … aua, meine Augen! … Es ist viel zu hell, obgleich keine Sonne scheint, alles dicht bewölkt ist … Schmerzen hinter den Augen und im Kopf … Was ist bloß mit meinen Augen? … Ich beruhige mich damit, dass dies nach so langer Dunkelheit wohl normal ist … Wieder ein kurzer Blick … der Wald, die Lichtung … welch ein leuchtendes Grün! … Bin Teil der Umgebung … in Verbindung … mittendrin … grenzenlos … Es hat aufgehört zu regnen … mir ist schwindlig irgendwie … torkle den Waldweg lang … torkle auf mir und in mir entlang … ich bin die Erde, auf der ich laufe und ich bin auch die Luft, durch die ich laufe … ich laufe in mir und auf mir selbst entlang und durch mich selbst hindurch … sieht alles so unwirklich aus … bin wie benebelt … und das Moos! … das leuchtet. … *Mir ist,* als hätte ich einen Presslufthammer vor den Kopf gekriegt … *sehe* alles gestochen scharf und gleichzeitig total unscharf …*Es ist,* als ob der Körper sich von allein fortbewegt … „ich" laufe gar nicht, der Körper läuft … und das Farn und das Moos! … strahlt kraftvoll grün … Ich komme mir vor, als wäre ich betrunken … Ich esse eine grün schillernde Birne und einen grün-rötlich flammenden Apfel … sitze auf einem Gefährten, dem Baumstamm … bin immer noch wie benebelt … es ist wie ein Schock diesmal … ab und zu reißt ein wenig der Himmel auf … sofort lugt verschmitzt ein leuchtendes Blau hervor … selbst die dicken Regenwolken haben sich gräulich-weißlich geschminkt … die Sonne schaut durch das kleine Loch am Himmel … und lässt alles kräftiger, intensiver, fröhlicher erscheinen … und die „Luft" … ja, wie sieht die aus? … Kann ich nicht beschreiben … bin an einem Fluss angekommen … liebliches Murmeln verzaubert die Ohren … weich und leicht schlängelt er sich durch die Landschaft, der kleine Fluss … zartes Wesen … kraftvoll fließend … Da wo die Sonne die Blumen liebkost, leuchten brillante, schwere Regentropfen-Diamanten unter den Blättern hervor … flimmernde Blumen und Gräser … Der Weg führt bergauf … Alles ist immer noch so … unwirklich … einerseits alles glasklar und rein … andererseits so, als ob ich jeden Moment das Bewusstsein verliere … noch immer das Gefühl, als hätte ich einen Hammer vor den Kopf gekriegt … setze mich auf eine Bank an einer Lichtung … die Sonne scheint … und taucht die Wiese in leuchtendes Grün … herrlich … als hätten diese 25 Tage gar nicht stattgefunden … die Haut fühlt sich total weich an … Ich bin immer noch total rammdösig im Kopf. Ich schätze, dass ich seit einer Stunde hier sitze … schaue wie durch einen Schleier auf den Wald … bin in eine andere Zeit versetzt … in die Dinosaurierzeit … fühle mich wie in der Ur-Zeit … der Zeit entrückt …die Bäume sehen aus wie riesige Urwaldfarne und monströse Urwaldbäume … Vergangenheit und Gegenwart ist eins … alles gleichzeitig da … Ich vergleiche mit den Erinnerungen an das Ende der ersten Dunkeltherapie, wo die ganze Natur hier Mitte Juli voller Blüten, Blumen und Farben war … Jetzt, Mitte September, ist nichts mehr davon da … nur noch vereinzelte bunte Farbtupfer im schimmernden Grün… alles sieht so ganz anders aus … aber nicht weniger eindrucksvoll … Alles ist immer noch total unwirklich … Ich laufe weiter … es ist ein Gefühl, als ob ich … durch eine Wand laufe … keine feste Wand … eine durchsichtige Wand …nein … keine Wand … alles um mich herum besteht aus diesem durchsichtigen Etwas … ich laufe in einer durchsichtigen … hm … weiß ich nicht … Nebel ist es nicht … gehe wie durch eine durchsichtige Masse, die zugleich die Wand ist … ist nicht wirklich eine Wand, aber es fühlt sich so an, als ginge ich durch einen nie endenden durchsichtigen Stoffvorhang oder eine weiche Wand … bin da mittendrin und verbunden … laufe darin … durchsichtiges Etwas … grenzenlose Masse … **alles** enthaltend …

Ich lief langsam nach Hause, jeder Schritt ein Genuss, jeden Fleck Erde unter den Füßen spürend, die Bäume und Tiere und den Himmel grüßend, Holger umarmend. Ich erzählte ihm von meiner Tour und was ich erlebte. Wir unterhielten uns noch sehr lange und ich lud ihn wie versprochen zum Essen ein.

Am nächsten Tag brachte mich ein fröhlich singender Zug, durch eine bezaubernde Landschaft rasend, nach Hause. Ich fühlte mich ein paar Tage wie nicht von dieser Welt, alles war so unwirklich und doch zugleich sehr über-wirklich. Ich war vorwiegend überwältigt von allem, was ich sah, Tränen flossen selbst beim Anblick einer vom Leben so einzigartig und kunstvoll gestalteten Mücke … immer wieder staunend über die Wunder der Natur und das Wunder Mensch.

Nach ungefähr zwei Wochen normalisierte sich meine Zunge, sodass ich wieder ein „gesundes" Gefühl beim Sprechen hatte.

Was bleibt, sind die Erfahrungen in den Tiefen meiner Seele …

Nachwort

Ich hatte mich ziemlich unbedarft in das Dunkelabenteuer gestürzt, geleitet von innerer Neugier, einem inneren Ruf folgend. Von der Landkarte über die menschliche Psyche besaß ich ein paar gehörte und einige erfahrene Puzzlestücke – zu wenig, um wirklich einen Einblick zu haben. So konnte ich die verschiedenen psychischen Ebenen in der Dunkelheit z. T. weder erkennen noch zuordnen; ich bewegte mich häufig in unbekanntem Raum und fragte mich dann, wo ich mich befand – gefangen von meinen Projektionen und im Bann der Realität der tieferen Schichten.

Einerseits kann meine Unwissenheit ein Nachteil gewesen sein – mehr Hintergrundwissen hätte vielleicht zu weiterreichenden Erkenntnissen und Einsichten geführt. Andererseits mag sie auch von Vorteil gewesen sein, da ich durch meine damalige Naivität und Unbedarftheit die einzelnen Erfahrungen, vor allem die der Archetypen, in vielen Details und sehr intensiv erfuhr, woraus sich mir eigene Erkenntnisse über die „Funktionsweise" der Psyche ergaben.

Die „inneren" Bereiche zu erforschen, ist vergleichbar mit dem Aufwand für Forschungen in den „äußeren" Wissenschaften – so brauchte ich mehrere Jahre an Nacharbeit, Integration der Erfahrungen und weiterer innerer Reifung, um die Erlebnisse in ihrer Tiefe besser zu verstehen und einen größeren Überblick über die einzelnen Bereiche von persönlichen und transpersonalen Ebenen zu erhalten. Es ist eine Erfahrungswissenschaft, die das ganze Leben in Anspruch nehmen kann.

Der Dunkelaufenthalt war für mich ein dauermeditativer Zustand. Die beschriebenen Phänomene, Träume und Erlebnisse sind auffallend ähnlich im Vergleich mit

- Autobiographien über Yogis
- Beschreibungen im tibetischen Totenbuch
- Beschreibungen über Nahtoderfahrungen

- Beschreibungen Sterbender bzw. den Berichten von Hospizhelfern

- meinen eigenen Erfahrungen in langjähriger Meditation und in der Begleitung Sterbender.

In diesem Vergleich entstand in mir das Bild, dass Meditation einer Brücke gleicht, die Leben und Tod miteinander verbindet.

Da sich sowohl in der Dunkelheit als auch in regelmäßiger mehrjähriger Meditationspraxis die einzelnen Schichten mit einer gewissen Gesetzmäßigkeit entblättern, könnte jeder, der das möchte, sich bereits zu Lebzeiten einen Einblick verschaffen in jene Bereiche unseres Selbst, zu denen die meisten Menschen im westlichen Kulturraum den Zugang verloren haben, mit denen wir aber ausnahmslos **alle** am Lebensende konfrontiert sind. Mehr eigenes Erfahrungswissen über unsere Seele und wie diese in den Körper hineinwirkt und sich dort ausdrückt hilft Ängste abzubauen, sodass auf die Themen Krankheit und Heilung, Leben und Tod mit anderen Augen geschaut werden könnte.

Noch immer mit einem 49-tägigen Aufenthalt in völliger Dunkelheit liebäugelnd, erforsche ich täglich weiter die Tiefen des inneren Universums …

Sollten Sie den Impuls verspüren mir schreiben zu wollen, um mir Feedback über das Gelesene zu geben oder um mir über eigene ähnliche oder gänzlich andere Erfahrungen zu berichten, dann fühlen Sie sich bitte einfach herzlich von mir dazu eingeladen. Ich freue mich über jede Mitteilung und Nachfrage genauso wie über Anfragen zu Vorträgen über meine Erfahrungen im In- und Ausland. Sie können meine Kontaktdaten auf meiner Website www.saskiajohn.de finden.

Saskia John
Juni 2011

Danksagung

Mein tiefster Dank geht an Gabriele Fröhlich für ihre jahrelange Hilfe und Unterstützung in meinem Prozess des Erwachsen-Werdens, bei der Überarbeitung des Manuskriptes und ihre klaren Worte, wann immer ich ihrer bedurfte. Ebenso innigsten Dank an Holger Kalweit für seine Begleitung durch die Dunkelzeit, die sofortige Bereitschaft zur Dokumentation aller Gespräche und den Anstoß zu diesem Buch, auch wenn die Veröffentlichung fünf Jahre länger dauerte als ursprünglich geplant. Ohne euch beide wäre dieses Buch nicht entstanden – habt herzlichen Dank!

Großen Dank an meine Eltern, die mir bei vielen Nachfragen wieder und wieder Auskunft gaben und ihr Gedächtnis bemühten, wenn die Erinnerungslücken bei mir zu groß waren oder ich mir bestimmte Gefühle nicht erklären konnte. Vielen Dank, ihr habt mir geholfen, mich besser zu verstehen!

Besonderer Dank an Bert und Sophie Hellinger für die Weisheit, Klarheit und Intuition – von beiden fühlte ich mich in etlichen Seminaren zum Familienstellen und indirekt über die Bücher von Bert Hellinger auf wunderbare Weise getragen und unterstützt. Ich konnte und kann vieles von euch lernen und in mein Herz nehmen – meinen aufrichtigen Dank dafür.

Herzlichsten Dank an Thomas Hübl, alle aus dem TWT 1, alle FreundInnen und alle anderen Weggefährten, die mir mit ehrlichem Feedback, kritischen Fragen, mitfühlenden Worten, erfrischenden und klärenden Reedings oder einer Umarmung von Herz zu Herz die Kraft gaben, mein „Baby“ tatsächlich zur Welt zu bringen. Danke euch allen!

Vielen Dank an den Verleger Joachim Kamphausen und Stephanie Ehrenschwendner für die vielen hilfreichen Hinweise und das Feedback zum ursprünglichen Manuskript. Dadurch bekam alles mehr Form und mir wurde klarer, was ich möchte. Vielen Dank!

Ich danke unseren vier wundervollen Kindern für ihre offenen Ohren, das Interesse und die Freude, die ihr zeigtet, wenn ich euch vom Buch erzählte. Habt vielen Dank!

Ein herzliches Dankeschön an Sandra Schmidt für das Lektorat und ihre große Bereitschaft, meine Wünsche umzusetzen und alles in das rechte Format zu bringen. Dem Wagner-Verlag mein großer Dank für die Unterstützung, aus dem Manuskript ein Buch zu machen und dieses in die Welt zu bringen.